Conrad Diefenbach

Social TV

Passauer Schriften
zur Kommunikationswissenschaft

herausgegeben von

Prof. Dr. Ralf Hohlfeld
und
Prof. Dr. Alexander Godulla

Band 8

LIT

Conrad Diefenbach

Social TV

Die Eignung von Fernsehen
als soziales Medium

LIT

Umschlagbild: Conrad Diefenbach

Gedruckt auf alterungsbeständigem Werkdruckpapier entsprechend
ANSI Z3948   DIN ISO 9706

Bibliografische Information der Deutschen Nationalbibliothek
Die Deutsche Nationalbibliothek verzeichnet diese Publikation in der
Deutschen Nationalbibliografie; detaillierte bibliografische Daten sind
im Internet über http://dnb.d-nb.de abrufbar.

ISBN 978-3-643-13971-9 (br.)
ISBN 978-3-643-33971-3 (PDF)
Zugl.: Passau, Univ., Diss., 2017

© LIT VERLAG Dr. W. Hopf Berlin 2018
Verlagskontakt:
Fresnostr. 2   D-48159 Münster
Tel. +49 (0) 2 51-62 03 20
E-Mail: lit@lit-verlag.de   http://www.lit-verlag.de

Auslieferung:
Deutschland: LIT Verlag, Fresnostr. 2, D-48159 Münster
Tel. +49 (0) 2 51-620 32 22, E-Mail: vertrieb@lit-verlag.de
E-Books sind erhältlich unter www.litwebshop.de

VORWORT

Die vorliegende Publikation stellt die überarbeitete und aktualisierte Version meiner Dissertationsschrift dar, die ich im Dezember 2016 an der Universität Passau eingereicht habe. Mein Dank gilt zahlreichen Personen, die mich während der Promotion unterstützt haben. An erster Stelle möchte ich mich bei meinem Doktorvater Prof. Dr. Ralf Hohlfeld bedanken, der mir die wissenschaftliche Freiheit zur Realisierung meines Forschungsvorhabens gab. Diese Offenheit sowie seine konstruktive Kritik haben den Boden bereitet, auf dem diese Arbeit gedeihen konnte. Ein herzliches Dankeschön gilt auch Prof. Dr. Alexander Godulla, der nicht nur für das Zweitgutachten zur Verfügung stand, sondern mich zudem stets mit fachlichen Ratschlägen und motivierenden Hinweisen vorangebracht hat.

Besonderer Dank gebührt der Hanns-Seidel-Stiftung, die mich als Promotionsstipendiat aufnahm. Durch die Teilnahme an zahlreichen Seminaren sowie an dem Promotionskolleg „Medien in Europa" unter der Leitung von Prof. Hans-Peter Niedermeier und Isabel Küfer (Hanns-Seidel-Stiftung) sowie Prof. Dr. Ludwig Hilmer (Rektor der Hochschule Mittweida) und Prof. Dr. Gerd Strohmeier (Rektor der Technischen Universität Chemnitz) habe ich wertvolle Impulse erhalten. Hierbei seien auch meine Ko-Stipendiaten erwähnt, bei denen ich mich herzlich für anregende Diskussionen sowie hilfreiches Feedback bedanke.

Danken möchte ich zudem allen Studienteilnehmern und Interviewpartnern, die mir hilfsbereit zur Verfügung standen und für die erfolgreiche Umsetzung des empirischen Vorhabens von zentraler Relevanz waren. Für das Korrekturlesen bin ich Monika Miebach und meiner Schwester Isabelle dankbar. Für eventuell noch bestehende Rechtschreib- und Grammatikfehler ist natürlich ausschließlich der Autor dieser Arbeit verantwortlich.

Darüber hinaus hat mir sehr geholfen, dass mich meine Eltern Doris und Willi in den letzten 30 Jahren gefördert und stets darin bestärkt haben, meine Pläne umzusetzen. Eine wesentliche Stütze war auch meine Freundin Andrea. Sie stand mir nicht nur bei herausfordernden Fragestellungen und Korrekturarbeiten zur Seite, sondern half mir zudem, die Welt außerhalb der Dissertation nicht zu vergessen.

Conrad Diefenbach   München, Oktober 2017

INHALTSVERZEICHNIS

ABBILDUNGSVERZEICHNIS

TABELLENVERZEICHNIS

1.   EINLEITUNG

*Die Digitale Revolution verändert die Medienlandschaft von
Grund auf: Das klassische Fernsehen als einstiges ‚Lagerfeuer
der Nation' wird immer mehr zu einem Teil des Netzes.*
(Schächter 2011: 25)

Im Jahr 2011 wies der damalige ZDF-Intendant Markus Schächter auf den
Wandel des Fernsehens hin, eine Folge des durch den technischen Fortschritt ausgelösten Umbruchs der Medien. Die steigende individualisierte
TV-Rezeption, die Abnahme der linearen Fernsehnutzung sowie die Verlagerung von Massenkommunikation hin zu einer ausdifferenzierten Individualkommunikation stellen den aktuellen Status des audiovisuellen Mediums
in Frage. Neue Übertragungswege bringen Änderungen sowohl für die Bereiche Produktion, Distribution als auch Rezeption mit sich (vgl. Eichner/
Prommer 2014: 9). Drei Jahre nach der oben präsentierten Aussage von
Schächter strahlte das ZDF im Dezember 2014 die 215. und letzte Ausgabe
der Unterhaltungsshow *Wetten, dass..?* aus und stellte die einstige Lagerfeuer-
Sendung der deutschen Fernsehnation nach 34 Jahren aufgrund mangelnder
Resonanz ein. Die Fernsehsender müssen sich den neuen Gewohnheiten
und Praktiken der Zuschauer anpassen und können den Erfolg eines Formates nicht mehr ausschließlich anhand der ausgewiesenen Einschaltquoten
ermitteln. Wie Unternehmen anderer Medienbranchen stellen sich die TV-
Sender vermehrt crossmedial auf und übermitteln ihre Angebote über mehrere Medienkanäle hinweg. Einstige distinkte Massenmedien nähern sich an
und werden miteinander kompatibel. So sind TV-Bewegtbildangebote „in
ein crossmediales Umfeld aus schriftlichen Texten, Bild- und Tonbeiträgen
eingebettet, das oftmals noch durch interaktive Kommunikationsmöglichkeiten wie Foren, Chats und Social Media ergänzt wird." (Renner 2012: 113)

Kurze Zeit, nachdem der frühere Unterhaltungs-Leuchtturm *Wetten, dass..?*
eingestellt wurde, schaffte es die seit 2013 auf ZDFneo ausgestrahlte Late-
Night-Show *Neo Magazin Royale*[1] erstmals in das Hauptprogramm der öffentlich-rechtlichen Sendeanstalt. Die von Jan Böhmermann moderierte und
wöchentlich ausgestrahlte Sendung erzielt – anders als *Wetten, dass..?* zu seinen besten Zeiten – zwar bei der linearen Ausstrahlung keine besonders
hohen Einschaltquoten, die Stärke des Formats liegt jedoch in der Reich-

---

[1] Bis dato hieß die Sendung *Neo Magazin*, der Zusatz *Royale* wurde erst mit dem Start der
Übertragung im ZDF-Hauptprogramm (5. Februar 2015) ergänzt.

weite der Onlineangebote und den darauf bezogenen Interaktionen der Zuschauer. Auf YouTube verbreitete sich beispielsweise Böhmermanns satirischer Rap-Song „Ich hab Polizei" viral und hat bereits über 24 Millionen Aufrufe erreicht (Stand: August 2017). Exklusivmaterialien sowie Ausschnitte der Sendung werden via Social Media geteilt, geliked und kommentiert. Der Austausch der Zuschauer findet primär online statt und nicht – wie einst bei *Wetten, dass..?* – mit mitschauenden Freunden bzw. Familienmitgliedern oder am darauffolgenden Tag mit Kollegen bzw. Mitschülern. Zugleich bieten sich neue Potentiale zur interaktiven Beteiligung der Zuschauer wie etwa die Teilnahme an der Redaktionskonferenz.

Die beispielhaft am ZDF geschilderte Entwicklung zeichnet sich in ähnlicher Weise bei anderen – sowohl öffentlich-rechtlichen als auch privaten – Fernsehsendern ab. Einerseits wird für bestehende Formate, wie zum Beispiel die im Social Web intensiv diskutierte ARD-Krimiserie *Tatort*, ein programmbegleitendes Angebot erstellt, andererseits experimentieren die TV-Sender mit neu entwickelten und speziell auf Interaktion und Partizipation ausgelegten Formaten, wie etwa *About:Kate* (ARTE), die *Rundshow* (BR) oder *Rising Star* (RTL). Das Vorhandensein des sozialen Potentials des Fernsehens heißt jedoch nicht automatisch, dass die Zuschauer hiervon Gebrauch machen. Auf Social-Media-Plattformen stieg das Diskussionsvolumen über Fernsehinhalte im Jahr 2015 zwar deutlich an (vgl. MediaCom 2016b), viele lineare Formate haben jedoch mit der wachsenden Beliebtheit von Streaming-Angeboten zu kämpfen.

1.1 Entdeckungszusammenhang und Zielsetzung

Das Medium Fernsehen wird seit langer Zeit als Leitmedium[2] der Mediengesellschaft und integraler Bestandteil des Alltagslebens der deutschen Bevölkerung angesehen (vgl. Mikos 1994: 5; Mehling 2007: 20). Das gemeinschaftliche Erleben und der kommunikative Austausch über das Gesehene machen die Fernsehrezeption schon immer zu einem sozialen Erlebnis. Bereits in der frühen Verbreitungsphase des Fernsehens wurden Großevents wie die Olympischen Sommerspiele vor rund 80 Jahren (1936) in Gemeinschaft rezipiert und diskutiert. Das Fernsehen befindet sich jedoch in einem tiefgreifenden Transformationsprozess und auch das Nutzungsverhalten der

---

[2] Ein „Leitmedium" ist Wilke (1999: 302) zufolge „ein Medium, dem gesellschaftlich eine Art Leitfunktion zukommt, dem Einfluß auf die Gesellschaft und auf andere Medien beigemessen wird."

TV-Zuschauer hat sich gewandelt. Auf Seiten soziokultureller Bedingungen haben eine wachsende Mobilität der Gesellschaft und sinkende Haushaltsgrößen bei gleichzeitiger Zunahme des TV-Gerätebesitzes dazu geführt, dass Menschen zunehmend alleine und nicht mehr mit anderen Haushaltsmitgliedern TV-Inhalte rezipieren (vgl. Kessler/Kupferschmitt 2012: 623 f.). Zudem hat die technologische Weiterentwicklung die Fragmentierung des Programmangebots sowie die Nutzung nicht-linearer Inhalte verstärkt. Aufgrund dieser Entwicklungen ist sowohl von Forschern als auch Medienpraktikern vielfach ein Niedergang des Fernsehens durch das Internet prophezeit worden. Dieser scheint bislang ausgeblieben, da die Nutzungsreichweite und -intensität des Mediums trotz Wachstum der Onlinenutzung nach wie vor hoch ist (vgl. Breunig/van Eimeren 2015: 509 ff.; AGF/GfK 2016b) und Fernsehen noch immer die Liste der beliebtesten Freizeitbeschäftigungen der Deutschen anführt (vgl. Stiftung für Zukunftsfragen 2016). Geändert haben sich allerdings die Rezeptionssituationen. Fernsehen wird immer häufiger mobil, individualisiert, zeit- und ortsunabhängig rezipiert. Ebenso wird Bewegtbild verstärkt über die mit dem TV konkurrierenden Angebote wie Videoportale, Streaming-Dienste, Videopodcasts oder Social Networks genutzt (vgl. Kupferschmitt 2016). Das Internet hat dementsprechend die Monopolstellung des Leitmediums Fernsehen bzw. das Duopol des dualen TV-Systems aufgelöst, es bis dato jedoch nicht verdrängt. Es zeichnet sich vielmehr eine, bereits in der frühen Verbreitungsphase des Internets von Negroponte (1996: 48) prognostizierte, Verschmelzung von Fernsehen und Internet ab. Die einst klar voneinander zu trennenden Medien konvergieren, wodurch sich neue Möglichkeiten der Erweiterung des passiven Fernsehkonsums durch eine aktive und parallele Mediennutzung ergeben.

Die rasante Verbreitung internetfähiger mobiler Endgeräte hat, vor allem bei jüngeren Zuschauern, die Parallelnutzung von Fernsehen und Internet begünstigt (vgl. Best/Handel 2015; Koch/Frees 2016). Auf den parallel zum Fernsehen verwendeten zweiten Bildschirmen (Second Screens) werden einerseits programmferne Aktivitäten wie Chatten, das Lesen und Schreiben von E-Mails, Shoppen oder Spielen ausgeübt, die das Fernsehen zum „Nebenbeimedium" (Kuhlmann 2008) degradieren. Andererseits kann sich die Parallelnutzung auf das laufende TV-Programm beziehen, etwa wenn der User nach Zusatzinformationen zu einer Sendung recherchiert oder sich online über das Gesehene austauscht. Bei der zweiten Praktik handelt es sich um Social TV, also die Verknüpfung von Fernsehinhalten mit interaktiven und sozialen Onlineangeboten.

Das Internet und speziell die Social-Media-Plattformen erweitern das Medium Fernsehen um einen Rückkanal, die Einbahnstraßen-Kommunikation
der TV-Sender wird hierdurch beendet. Social TV ermöglicht somit ein
bereits viel versprochenes, aber bisher immer wieder gescheitertes interaktives TV-Erlebnis (vgl. Strippel 2013: 193). Für die Sender bietet sich hierbei
die Chance, mit dem Publikum in Dialog zu treten und somit Feedback in
Echtzeit zu erhalten. Auf der Seite der Zuschauer ergeben sich neue Möglichkeiten der Interaktion, Partizipation und Vernetzung. Zugleich wird
durch Social TV „eine neue Ära des gemeinschaftsbildenden Fernsehens
eingeläutet." (Groebel 2013: 68) Spätestens jetzt erweist sich das „kultur-
pessimistische Schreckbild vom passiven, einsamen, vielfältig manipulativen
und gleichgeschalteten Zuschauer" (Klemm 2000: 13) als paradox. Die programmbezogene Kommunikation ist nicht mehr von der physischen Anwesenheit der Interaktionspartner abhängig (vgl. Kneidinger 2014: 233; Muk-
herjee/Jansen 2014: 317), sie kann nun über räumliche Distanz virtuell sowohl mit bekannten Freunden und Familienmitgliedern als auch mit unbekannten Personen privat, teilöffentlich oder öffentlich stattfinden. Denkbar
ist jedoch auch, dass die Nutzung rein passiv erfolgt, indem Kommentare
anderer User oder Zusatzinformationen ausschließlich und ohne eigene
aktive Beteiligung rezipiert werden. Fraglich ist zudem, ob Social TV als
Rettungsanker für das lineare Fernsehen dienen kann, oder ob der soziale
Nutzungsaspekt dem Wunsch nach zeitlich unabhängiger Bewegtbildrezeption unterlegen ist bzw. sich auf nicht-lineare Bewegtbildangebote verlagert.
Ob Social TV die soziale Dimension des Fernsehens vitalisieren und erweitern kann, ist in erster Linie von der Aneignung der TV-Zuschauer und deren Beweggründen der Nutzung abhängig. Vor diesem Hintergrund leitet
sich die Zielsetzung der vorliegenden Studie ab. Sie besteht darin, die Eignung des Fernsehens in seiner heutigen Form als soziales Medium zu überprüfen. Daraus ergibt sich die übergeordnete Forschungsfrage: *Wie wirkt sich
die Social-TV-Nutzung und deren Motivation auf das soziale Erlebnis Fernsehen aus?*

Erst durch die Aneignung wird ein technisches Medium zu einer sozialen
Praktik. Zur Klärung der forschungsleitenden Frage ist daher zunächst das
generelle Social-TV-Nutzungsverhalten zu betrachten, bevor die Gratifikationen der Nutzung fokussiert und mit denen der klassischen Fernsehnutzung verglichen werden können. Zudem sind die Zukunft des sozialen
Fernsehens und deren Bedeutung für das lineare Programm von Interesse.
Die Forschungsfrage ist nicht nur aus wissenschaftlicher Perspektive relevant, sondern auch für die Akteure der Bewegtbildbranche von Bedeutung.
Social TV wird auf Konferenzen und Veranstaltungen der Fernsehbranche

häufig thematisiert, die Bayerische Landesanstalt für neue Medien (BLM) veranstaltet beispielsweise seit 2012 jährlich den „Deutschen Social TV Summit". In Deutschland gibt es jedoch bislang kein Erfolgsrezept, die Fernsehsender befinden sich überwiegend in einer Experimentierphase. Das Potential kann jedoch nur ausgeschöpft werden, wenn Erkenntnisse über die Praktiken und Bedürfnisse der Social-TV-Nutzer vorhanden sind. Hierzu fehlt es jedoch bislang an fundierten Untersuchungen, die Social TV systematisch erfassen und analysieren. So konstatieren Buschow, Ueberheide und Schneider (2015: 82): „Wenn Social TV einer der wichtigsten Trends in der Fernsehindustrie ist, wie Praktiker und Forscher betonen, werden weiterführende Studien nötig sein, um das Phänomen besser zu verstehen."

1.2 Forschungsstand und theoretischer Bezugsrahmen

Social TV hat in der Forschung bislang weitaus weniger Aufmerksamkeit erhalten als das klassische Massenmedium Fernsehen sowie die sozialen Online-Medien. Innerhalb verschiedenster Forschungsdisziplinen (vgl. Hickethier 1992: 9) sowie speziell der kommunikationswissenschaftlichen Forschung ist das Fernsehen facettenreich untersucht worden. Einen großen Anteil der Fernsehforschung nimmt die Erforschung des Publikums bzw. der Fernsehnutzung ein.[3] Während quantitative Zuschauerforschung die Fernsehnutzung messbar macht und sich auf Sachverhalte wie Fernsehverhalten, Einschaltquoten oder Empfangsart bezieht, „beschäftigt sich die qualitative Zuschauerforschung mit der Gewinnung von Erkenntnissen über die individuellen Zustände der Menschen." (Schössler 2001: 85) Hierbei werden Aspekte wie Akzeptanz, Selektion, Präferenzen, Verarbeitung, Einstellung und Bedürfnisse hinterfragt (vgl. Krotz 2001b: 104). Die jeweiligen Fragestellungen sind dabei häufig an aktuelle Entwicklungen des audiovisuellen Mediums gebunden, wie beispielsweise die steigende Bedeutung nichtlinearer Bewegtbildangebote (z. B. Haridakis/Hanson 2009; Hasebrink 2009; Rudolph 2014). Soziale Online-Medien (Social Media) sind in den letzten Jahren verstärkt zum Gegenstand der sozialwissenschaftlichen Forschung geworden (vgl. Welker/Kloß 2014: 129). Die Analyse sozialer Medien fokussiert sich auf die neuen Onlineangebote, im Zusammenhang mit klassischen Massenmedien wird der soziale Aspekt in letzter Zeit vernachlässigt. Ver-

---

[3] Einen ausführlichen Überblick zur Fernseh- sowie Zuschauerforschung bieten beispielsweise Klingler/Roters/Zöllner (1998); Hasebrink (2003); Schröder et al. (2003); Plake (2004); Rusch (2007); Bleicher (2013b); Springer/Bilandzic/Pürer (2014: 334 ff.).

wiesen wird hierbei lediglich auf frühere Befunde, die betonen, dass Medien aus sozialen Beweggründen genutzt werden und somit als sozial einzustufen seien. Folglich wird dem Fernsehen etwa eine gemeinschaftsstiftende Funktion zugesprochen und die Nutzung als kommunikative Handlung bezeichnet (z. B. Morley 1986; Mikos 1994; Lee/Lee 1995; Hepp 1998; Gauntlett/Hill 1999; Klemm 2000: Westerik 2009; Westerik/Renckstorf 2009b; Zillich 2013; Seier/Waitz 2014). Die kombinierte Betrachtung von Fernsehen und Social Media ist neuer Bereich, der sowohl von kommerzieller als auch von wissenschaftlicher Forschung Interesse auf sich zieht.

Erste Studien zum Themenspektrum Social TV entstanden vor allem im englischsprachigen Raum. Hierbei handelt es sich neben frühen wissenschaftlichen Studien (z. B. Harboe et al. 2007; Chorianopoulos/Lekakos 2008; Schatz et al. 2008; Cesar/Geerts/Chorianopoulos 2009; Geerts 2009; Cesar/Geerts 2011a; Ducheneaut et al. 2008; Deller 2011; Greer/Ferguson 2011; Wohn/Na 2011) um Studien von Medienunternehmen bzw. der kommerziellen Marktforschung (z. B. Ericsson ConsumerLab 2011, 2012; Nielsen 2012; Brandwatch 2013; Viacom 2013). Ebenso lieferten Medienpraktiker erste Auseinandersetzungen mit Marketingaspekten des sozialen Fernsehens (z. B. Proulx/Shepatin 2012). In Deutschland setzte das Interesse an Social TV etwas später ein, vor allem seit dem Jahr 2012 beschäftigen sich zahlreiche Untersuchungen mit der neuen Fernsehpraktik. Auch hierbei stammt ein Großteil der Studien von der kommerziellen Marktforschung, sie wurden oftmals von Medienunternehmen in Auftrag gegeben (z. B. Anywab 2012; InterOne 2012; SevenOne Media 2012b; smartclip 2012; Interactive Media/United Internet Media 2013; Fittkau & Maaß Consulting 2013b; IP Deutschland 2013a, 2013b). Diese Studien bieten erste Einblicke in das Nutzungsverhalten von Social TV, deuten auf eine steigende Akzeptanz der Parallelnutzung hin oder liefern Auswertungen der Social-TV-Interaktionen zu deutschen TV-Sendungen. Der Fokus liegt hierbei jedoch meist auf der allgemeinen Second-Screen-Nutzung und nicht ausschließlich auf Social TV. Oftmals werden, entsprechend dem Eigeninteresse der Studien-Auftraggeber, nur werberelevante Zielgruppen in die Untersuchungen einbezogen. Dementsprechend divergieren die ausgewiesenen Zahlen, eine systematische Auseinandersetzung mit Social TV findet hierbei in der Regel nicht statt. Aktuellere Befunde sind ebenfalls überwiegend deskriptiver Natur und liefern im Umfeld der Second-Screen-Analyse quantitative Ergebnisse zur Nutzungsintensität der bewegtbildbezogenen Parallelnutzung (z. B. Busemann/Tippelt 2014; United Internet Media 2014; ALM 2015a; Nielsen 2015b; Tippelt/Kupferschmitt 2015; Kupferschmitt 2016).

Die wissenschaftlichen Auseinandersetzungen mit Social TV fokussierten sich zunächst – vor allem in den USA – auf die technische Perspektive bzw. die Entwicklung spezieller Social-TV-Systeme. Mittlerweile ist Social TV Gegenstand zahlreicher Forschungsdisziplinen und wird etwa von den Bereichen Informatik, Wirtschaft, Recht, Psychologie oder Linguistik betrachtet. Die Verknüpfung von Fernsehen und Internet weckt auch das Interesse der internationalen sowie speziell der deutschen kommunikationswissenschaftlichen Forschung (vgl. Segado/Grandío/Fernández-Gómez 2015: 230; Bautista/Lin/Theng 2016).[4] In Deutschland wurden bislang vor allem quantitative Nutzungsdaten zur Akzeptanz von Social TV erhoben sowie Falluntersuchungen zu einzelnen Fernsehsendungen bzw. -sendern vorgenommen, oftmals im Zuge von universitären Seminarprojekten oder Abschlussarbeiten (z. B. Johannsen 2012; Stoppacher 2012; Spieß/Sehl 2013; Kneidinger 2014; Schmidt 2014b; Krüger 2015a; Possler et al. 2015; Schoft 2015). Hierbei handelt es sich neben der Fokussierung auf ein bestimmtes TV-Format meist um ein spezifisches Nutzungsszenario, bei dem die Nutzung auf einer bestimmten Plattform, wie Facebook oder Twitter, betrachtet wird. Dies trifft auch überwiegend auf die Beiträge des Sammelbandes „Social TV" (Sigler 2013a) der Hochschule der Medien Stuttgart zu, die das soziale Fernsehen primär aus betriebs- bzw. medienwirtschaftlicher Perspektive betrachten. Eine erste ausführliche Auseinandersetzung mit Social TV bietet das Forschungsprojekt des Instituts für Journalistik und Kommunikationsforschung (IJK) der Hochschule für Musik, Theater und Medien Hannover. Hierbei wurden u. a. Interaktionen zu TV-Sendungen inhaltsanalytisch untersucht, Social-TV-Nutzer quantitativ und Experten qualitativ befragt. Der im Jahr 2015 im Auftrag der Niedersächsischen Landesmedienanstalt veröffentlichte Sammelband „Social TV in Deutschland" (Buschow/Schneider 2015b) bündelt die Ergebnisse und enthält interdisziplinäre Beiträge aus den Bereichen Nutzung, Inhalte, Markt und Recht sowie Technik und Methoden. Die Untersuchungen des IJK wurden überwiegend in den Jahren 2012 und 2013 durchgeführt, als Social TV in Deutschland noch in den Kinderschuhen steckte. Aufgrund der rasanten Entwicklung des Social-TV-Marktes und der Nutzung ist die Aktualität und Gültigkeit der Befunde fraglich. Ebenso gilt zu berücksichtigen, dass Social TV hierbei

---

[4] Eine ausführliche Präsentation des Social-TV-Forschungsstandes erfolgt aufgrund der Vielfalt des Phänomens nicht gebündelt, sondern an jeweils passender Stelle der vorliegenden Arbeit. So werden Befunde zum allgemeinen Nutzungsverhalten (z. B. Geräte, Plattformen, Zeitpunkte oder Praktiken) in Kapitel 4.3 dargestellt und Kapitel 5 diskutiert Ergebnisse speziell im Hinblick auf die Gratifikationen der Social-TV-Nutzung.

zunächst ausschließlich als der synchrone Online-Austausch während der linearen TV-Ausstrahlung einer Sendung definiert wurde. Es sind jedoch weitere Nutzungspraktiken sowie asynchrone Nutzungszeitpunkte denkbar (siehe Kap. 4.1.3). Ebenfalls im Jahr 2015 erschien die von der Landesanstalt für Medien Nordrhein-Westfalen (LfM) beauftragte und von dem Marktforschungsinstitut Goldmedia durchgeführte Studie „Social TV – Aktuelle Nutzung, Prognosen, Konsequenzen" (Goldhammer et al. 2015).[5] Zur Ermittlung des Ist-Zustandes wurden hierbei eine Bestandsaufnahme des deutschen Social-TV-Markte vorgenommen, Fokusgruppen-Gespräche und Inhaltsanalysen zur Hypothesengenerierung eingesetzt, Social-TV-User quantitativ befragt und qualitative Experteninterviews durchgeführt. Die Untersuchung bietet einen systematischen Überblick des deutschen Social-TV-Marktes und berücksichtigt bei der Nutzeranalyse verschiedenste Nutzungsszenarien. Die zahlreichen Methoden sind allerdings nicht hinreichend begründet, das methodische Vorgehen ist nicht ausreichend nachvollziehbar dokumentiert. Der Ertrag dient in erster Linie den Akteuren der Fernsehbranche. Der Fokus liegt hierbei nicht auf einer kommunikationswissenschaftlichen Betrachtung, die Untersuchung ist nicht erkennbar in einen theoretischen Rahmen eingebettet und daher wissenschaftlich nur wenig anschlussfähig (vgl. Strippel 2016: 1).

Die vorhandenen Politstudien können nicht darüber hinweg täuschen, dass es der kommunikationswissenschaftlichen Forschung an einer differenzierten Betrachtung des aktuellen Social-TV-Nutzungsverhaltens mangelt, bei der alle denkbaren Nutzungsszenarien berücksichtigt und zugleich die funktionale Perspektive im Vergleich zur klassischen TV-Rezeption betrachtet wird. Diese Forschungslücke soll die vorliegende Arbeit schließen, indem sie zunächst eine theoretisch fundierte Auseinandersetzung mit dem sozialen Fernsehen im Umfeld des Medienumbruchs bietet. Hierbei sollen aktuelle und bei der bisherigen Forschung vernachlässigte Entwicklungen Berücksichtigung finden, wie etwa die Nutzung von Social TV vor oder nach der linearen Ausstrahlung einer Sendung (vgl. Wiesinger/Pagel 2015: 460) sowie der private Austausch über geschlossene Instant Messenger (vgl. Segado/Grandío/Fernández-Gómez 2015: 232; Wiens/Buschow/Schneider 2015: 6). Eine fundierte Definition ist schließlich grundlegend, um die funktionale Perspektive umfassend empirisch untersuchen zu können und nicht, wie es häufig der Fall ist, nur einzelne Nutzungsszenarien einzubeziehen.

---

[5] Bei Erscheinen der Goldmedia-Studie waren die empirischen Untersuchungen der vorliegenden Arbeit bereits abgeschlossen.

Die forschungsleitende Frage knüpft an mehrere Forschungsfelder der Kommunikationswissenschaft an. So sind zunächst Aspekte der *Kommunikatorforschung* betroffen, da die Akteure auf dem deutschen Social-TV-Markt – vor allem die Fernsehsender – diskutiert werden. Von Interesse sind hierbei etwa die Beweggründe zur Beteiligung an Social TV, das Handeln beim Anbieten von programmbezogenen Angeboten bzw. die Organisation und Durchführung von Social-TV-Aktivitäten. Diesbezüglich existieren vor allem Auseinandersetzungen mit den Strategien von TV-Sendern bzw. einzelner Sendungen (z. B. Aresin et al. 2013; Aydin/Boss 2013; Eble 2013; Geser 2014; Kneidinger 2014; Cuntz-Leng/Einwächter/Stollfuß 2015; Gosling et al. 2013; Wolf/Buschow/Schneider 2015). Die Betrachtung mit den Akteuren ist oftmals mit einer inhaltlichen Analyse der Darstellungen und Diskussionen verbunden. Dieser Bereich der *Medieninhaltsforschung* findet in der vorliegenden Arbeit ebenfalls Anwendung, da die inhaltliche Gestaltung der Angebote, geeignete Formate sowie die Inhalte des bewegtbildbezogenen Austauschs thematisiert werden. Dies dient primär der ganzheitlichen Betrachtung des Phänomens des sozialen Fernsehens und trägt nur beiläufig zur Klärung der Forschungsfrage bei. Ähnlich verhält es sich mit dem kommunikationswissenschaftlichen Teilgebiet der *Medienforschung*. Social TV ist eine Erweiterung des klassischen Fernsehens. Es gilt daher, sowohl die heutige Struktur des Mediums Fernsehen aufzuzeigen als auch eine Systematisierung der Beschaffenheit von Social TV zu liefern. Die Aktivitäten, Formen und Inhalte der Kommunikation sind schließlich an die gegebenen Infrastrukturen der technischen Medien gebunden (vgl. Pürer 2014: 206).

Zentral für die Beantwortung der Frage nach dem sozialen Potential des Fernsehens ist die *Medienaneignungs- bzw. Rezeptionsforschung*. Durch die Analyse der Social-TV-User und deren Nutzungsverhalten kann einerseits die Akzeptanz und Aneignung des sozialen Fernsehens betrachtet und andererseits die soziale Relevanz für den Rezipienten im Vergleich zur klassischen TV-Nutzung fokussiert werden. Die Untersuchung reiht sich in die Tradition der Uses-and-Gratifications-Forschung ein, die davon ausgeht, dass sich aktiv handelnde Rezipienten bewusst Medien zuwenden, um einen sozialen Nutzen zu erhalten (vgl. Katz/Blumler/Gurevitch 1973; Rubin 2000). Vereinzelt wurde die Bedürfnisstruktur bereits als Erklärungsgrundlage der Social-TV-Nutzung herangezogen (z. B. Womser 2013; Buschow/Schneider 2015c; Kneidinger 2015; Krämer et al. 2015; Shim et al. 2015). Oftmals fehlt hierbei eine vorausgehende Definition und Systematisierung, sodass lediglich vereinzelten Nutzungsszenarien eine isolierte Beachtung geschenkt wird. Ein direkter Vergleich der Gratifikationen von klassischem Fernsehen und der bewegtbildbezogenen Parallelnutzung findet nur in den seltensten Fällen statt (z. B. Dinter/Pagel 2013). Zudem mangelt es an einer dem Uses-and-Gratifications-Ansatz entsprechenden Differenzierung zwischen gesuchten und erhaltenen Gratifikationen. Somit besteht die Forderung nach einer fundierten Auseinandersetzung mit den Beweggründen zur Nutzung des sozialen Fernsehens (vgl. Womser 2013: 125; Cohen/Lancaster 2014: 512; Segado/Grandío/Fernández-Gómez 2015: 232). Diesem Forschungsdesiderat soll die vorliegende Untersuchung entgegen wirken.[6]

1.3   Methodisches Vorgehen und Struktur der Arbeit

Um den Untersuchungsgegenstand Social TV wissenschaftlich definieren und empirisch untersuchen zu können, müssen zunächst die beiden relevanten Bestandteile soziale Medien und Fernsehen betrachtet werden. Kapitel 2 setzt sich daher mit sozialen Medien auseinander, indem es auf Grundlage eines kommunikationswissenschaftlichen Medienbegriffs eine Definition dieser vornimmt und zugehörige Charakteristika ableitet. Ebenso erfolgt eine Auseinandersetzung mit den sozialen Aspekten der Mediennutzung.

Kapitel 3 wendet sich speziell dem Medium Fernsehen zu und zeigt zunächst anhand der Entwicklungsphasen dessen Wandel auf. Dabei wird ein spezieller Blick auf frühere Entwürfe interaktiver TV-Angebote gerichtet. Neben den Rahmenbedingungen des Fernsehens hat sich auch dessen Rezeption verändert, was ebenfalls diskutiert wird. Auf Basis des Wandels des Mediums Fernsehen und dessen Nutzung wird schließlich eine Beschreibung des Fernsehens in seiner heutigen Form herausgearbeitet.

In Kapitel 4 erfolgt die Verknüpfung der beiden vorhergehenden Teilstücke. Hierbei wird nach einer kurzen Skizzierung der Entwicklung von Social TV eine Begriffsbestimmung des Untersuchungsgegenstandes vorgenommen. Ebenso werden zur Bestandsaufnahme die auf dem Markt des sozialen Fernsehens agierenden Akteure und deren Angebote bzw. Intentionen präsentiert. Neben den Anbietern werden die Nutzer[7] der Social-TV-Angebote in Deutschland auf Basis der vorhandenen Forschung betrachtet.

---

[6] Dabei finden alle relevanten Studien Berücksichtigung, die vor dem 30.09.2016 publizierten wurden. Neuere Forschungsarbeiten (z. B. Merten et al. 2016; Blake 2017; Göttlich/Heinz/Herbers 2017) werden nicht ausführlich behandelt.

[7] Gender-Hinweis: Aus Gründen der besseren Lesbarkeit wird in der vorliegenden Arbeit auf die Verwendung sowohl männlicher als auch weiblicher Sprachformen verzichtet.

Anknüpfend an die strukturelle Beschreibung von Social TV erfolgt in Kapitel 5 eine Auseinandersetzung mit der funktionalen Perspektive. Hierzu wird der Forschungsstand zu den Motiven der Social-TV-Nutzung und den daraus resultierenden Nutzertypologien aufgearbeitet und systematisiert. Ebenso wird die Bedeutung der Motivgruppen klassischer Motivkataloge (kognitiven, affektiven, sozialen und identitätsbezogenen) für Social TV diskutiert. Des Weiteren werden die aus den Charakteristika sozialer Medien abgeleiteten Motive mit bestehenden Gratifikationen der Mediennutzung konfrontiert. Der hierdurch entstehende erweiterte Bedürfniskatalog zur Nutzung bildet die Grundlage für die nachfolgende empirische Untersuchung des sozialen Fernsehens. Zu beachten sind jedoch zunächst potentielle Einflüsse, vor allem solche soziodemografischer und persönlichkeitsspezifischer Natur, auf die Gratifikationssuche sowie Hemmnisse der Nutzung, die das soziale Erleben beeinträchtigen können.

Aufbauend auf dem theoretischen Grundgerüst wird in Kapitel 6 das entwickelte Forschungsdesign erläutert. Hierbei werden zunächst die Forschungsfragen und entwickelten Hypothesen präsentiert, die mittels eines Mehrmethodendesigns untersucht werden. Zur Analyse der Social-TV-Nutzer und deren Motivation wird zunächst eine quantitative Befragung (N = 1.456) vorgenommen. Um die Perspektive der Anbieter zu berücksichtigen und diese bei der Ergebnisinterpretation sowie Validierung der Nutzerbefragung einzubeziehen, werden zudem qualitative Interviews mit Vertreten von zwölf deutschen Fernsehsendern geführt. Die Methoden der beiden Teilstudien im Einzelnen werden getrennt dargelegt. Ebenso werden in Kapitel 7 die angewandten Auswertungsverfahren, relevante Gütekriterien sowie grundlegende Befunde zunächst der quantitativen und anschließend der qualitativen Studie gesondert geschildert.

Die Prüfung der Hypothesen und die Präsentation der zentralen Ergebnisse in Kapitel 8 basieren auf den Auswertungen beider Untersuchungen, die an dieser Stelle miteinander verknüpft werden. Die Befunde gliedern sich in drei Teilblöcke: dem grundlegenden Social-TV-Nutzungsverhalten, den Gratifikationen der Nutzung sowie dem zukünftigen Potential des sozialen Fernsehens. Die Arbeit schließt in Kapitel 9 mit einem zusammenfassenden Fazit und einer kritischen Reflexion des methodischen Vorgehens der Studie. Zudem werden Forschungsdesiderate für zukünftige Untersuchungen identifiziert.

1.4   Soziale Medien vs. Social Media

Da der soziale Aspekt der Medien fundamentaler Bestandteil der vorliegenden Arbeit ist, soll zu Beginn ein terminologischer Hinweis gegeben werden. Der Ausdruck „soziale Medien" fungiert in der vorhandenen Literatur primär als deutsche Übersetzung der englischen Bezeichnung „Social Media". Da soziale Medien und Social Media meist gleichgesetzt werden, beziehen sie sich beide auf die interaktiven Angebote des Internets und sind dementsprechend „eng verknüpft mit dem Begriff Web 2.0." (Hohlfeld/Godulla 2015: 12) Im Hinblick auf die deutsche Bedeutung des Adjektivs „sozial" ist diese Übersetzung jedoch problematisch, da soziale Medien des Internets wie Facebook oder Twitter nicht ausschließlich fürsorglich oder kümmernd sind, sondern „auch für a-soziale Zwecke wie Mobbing oder Datenmissbrauch verwendet werden." (Schmidt 2013c: 15) Der englische Terminus „social" hingegen betont die gemeinschaftliche und interaktive Dimension (vgl. Ebersbach/Glaser/Heigl 2011: 34). Demzufolge müsste Social Media im Deutschen korrekterweise als „Mitmachmedien" (Geißler 2010: 31) oder „gesellschaftliche Medien" (Sen 2011) übersetzt werden. Der Ausdruck soziale Medien für Social Media ist jedoch mittlerweile weit verbreitet und wird trotz begrifflicher Schwächen beibehalten.

Diese Untersuchung wendet sich nicht ausschließlich den sozialen Medien des Internets zu, sondern untersucht das soziale Potential von Medien im Allgemeinen, speziell des Massenmediums Fernsehen. Eine ausführliche Differenzierung beider Aspekte erfolgt im nachfolgenden Kapitel. An dieser Stelle soll jedoch bereits darauf hingewiesen werden, dass diese nicht synonym verwendet werden. Ist nachfolgend von „sozialen Medien" die Rede, so werden hiermit alle Medien im kommunikationswissenschaftlichen Sinne bezeichnet. Wird hingegen der englische Terminus „Social Media" verwendet, handelt es sich ausschließlich um die sozialen Medien des Internets (Netzmedien). Diese Einteilung mag willkürlich erscheinen, zur Vermeidung von Verständnisschwierigkeiten und zugunsten einer übersichtlicheren Auseinandersetzung erweist sie sich jedoch als sinnvoll.

2. SOZIALE MEDIEN UND IHRE NUTZUNG

Medien sind sozial: alle Medien, immer schon.
(Münker 2009: 9)

Die vorliegende Arbeit geht der Frage nach, welches soziale Potential im Medium Fernsehen steckt. Im Rahmen dieses Kapitels ist deshalb zunächst zu klären, was ein soziales Medium aus kommunikationswissenschaftlicher Perspektive auszeichnet. Hierzu muss die Bezeichnung „soziale Medien" in ihre Einzelteile zerlegt und sowohl der soziale Aspekt als auch der zugrundeliegende Medienbegriff beleuchtet werden (Kap. 2.1). Da in der Forschung bislang keine vertiefende Auseinandersetzung mit den typischen Eigenschaften sozialer Medien im Sinne dieser Arbeit vorhanden ist, werden diese von den sozialen Funktionen der Massenmedien hergeleitet (Kap. 2.2). Neben der Beschreibung des Gegenstandes „soziale Medien" ist weiterhin von Interesse, was die Rezipienten dieser Medien zur Nutzung bewegt (Kap. 2.3). Medienzuwendung wird hierbei als soziales Handeln verstanden, bei der Individuen Medien aktiv zur Befriedigung ihrer Bedürfnissen nutzen.

2.1 Rahmenbedingungen und Definition sozialer Medien

Soziale Medien sind in den letzten Jahren zunehmend zum Forschungsgegenstand geworden; hierbei stehen jedoch primär die sozialen Medien des Internets im Fokus. Ausgangspunkt für die Auseinandersetzung mit sozialen Medien ist die Erläuterung des in diesem Zusammenhang verwendeten Medienbegriffs (Kap. 2.1.1). Berücksichtigt werden muss jedoch auch der Umbruch der Medien sowie der damit verbundene Öffentlichkeitswandel (Kap. 2.1.2), die zu einem veränderten Mediennutzungsverhalten geführt haben (Kap. 2.1.3). Schließlich ist auf die sozialen Medien des Internets einzugehen (Kap. 2.1.4), bevor abgrenzend eine Definition sozialer Medien im Allgemeinen vorgenommen werden kann (Kap. 2.1.5).

2.1.1 Kommunikationswissenschaftlicher Medienbegriff

Menschliche Kommunikation ist grundsätzlich ein vermittelter Prozess. Jede Kommunikation bedarf eines Mediums, mit dessen Hilfe Mitteilungen generiert und artikuliert werden können (vgl. Knilli 1979: 235; Hickethier 1988: 53; Merten 1999: 139; Pürer 2014: 68). Der Terminus „Medium" (aus dem Lateinischen: „Mittel") wird sowohl in der Alltagssprache als auch von verschiedenen Wissenschaftsdisziplinen verwendet, jedoch mit unterschiedlichen Geltungen (vgl. Beck 2003b: 79; Mock 2006: 186). Im Laufe der Zeit hat sich die lexikalische Bedeutung des Medienbegriffs gewandelt. Ende der 1960er-Jahre hat sich das Wort „Medium" als Sammelbegriff durchgesetzt, der „vor allem für die technisch apparativen Medien" (Hickethier 2010: 20) verwendet wird. In der Alltagssprache wird ein Medium heute primär als Kommunikationsmittel bzw. Träger von Kommunikation aufgefasst (vgl. Mock 2006: 185; Bonfadelli 2010: 136) und meist im Plural („Medien") verwendet (vgl. Burkart 2002: 39). Der unterschiedliche wissenschaftliche Gebrauch des Begriffs „Medium" ist sowohl auf die Komplexität des Gegenstandsbereiches als auch auf die unterschiedlichen Interessen der verschiedenen Forschungsbereiche zurückzuführen (vgl. Hickethier 2010: 18; Beck 2013c: 80 f.). Auch innerhalb der einzelnen Wissenschaftsdisziplinen herrscht oftmals keine Übereinstimmung bezüglich des Medienbegriffs.[8] Weitestgehend wird ein weit gefasster Medienbegriff verwendet.

Solch eine weite Begriffsdefinition liefert Knilli (1979: 233 ff.), der den physikalischen Begriff des Mediums auf die Kommunikation überträgt und alles als Medium ansieht, was Übermittlung vollzieht. Er differenziert dabei zwischen Orts- und Zeitmedien. Hickethier (1988: 53) merkt an, dass diese Perspektive u. a. zu technisch orientiert sei. Der kanadische Medientheoretiker McLuhan (1962, 1964) fasst den Medienbegriff ebenfalls weit; Medien sind ihm zufolge sowohl psychisch als auch physisch gesehen Erweiterungen menschlicher Sinne („extensions of man"). Ferner ist nach McLuhan die Botschaft des Mediums zweitrangig, im Vordergrund stehe dessen Materialität: „The medium is the message" (ebd.: 23, vgl. auch 1994: 21). Bei diesem philosophischen Medienverständnis ist vor allem die zu breite Auslegung kritisch angesehen, „sein heuristischer Wert [ist] wegen der schieren Grenzenlosigkeit massiv eingeschränkt." (Godulla/Hohlfeld 2013: 419)

Ein weniger technikzentrierter, sondern mehr phänomenologisch orientierter Medienbegriff stammt von Luhmann. Er betrachtet Medien aus einem systemtheoretischen Blickwinkel als Teil eines Systems und setzt sie mit „Möglichkeiten" gleich. Demnach wären neben klassischen Massenmedien auch Kunst, Gesellschaft, Zeit oder Geld als Medien zu verstehen. Luhmann (2001: 81 f.) unterscheidet zwischen „Interaktionsmedien" (z. B. Sprache), „Verbreitungsmedien" (z. B. Schrift) sowie „symbolisch generalisierten Kommunikationsmedien" (z. B. Kunst, Wahrheit, Liebe).

---

[8] Mit der Frage „Was ist ein Medium" innerhalb der verschiedenen Wissenschaftsdisziplinen beschäftigt sich der Sammelband von Münker/Roesler (2008).

Die erläuterten Ansätze zeigen, dass der jeweils verwendete Medienbegriff stark von der eingenommenen Perspektive abhängt. In der Kommunikationswissenschaft ist der Terminus bislang nicht genuin definiert (vgl. Saxer 1980: 532; Merten 1999: 133; Faulstich 2002: 19; Münker/Roesler 2008: 11; Godulla/Hohlfeld 2013: 418).[9] Die verschiedenen Perspektiven lassen Bentele und Beck (1994: 40) zufolge eine Differenzierung zwischen „materiellen Medien" (z. B. Licht, Luft, Wasser, Stein), „kommunikativen Medien" (z. B. Sprache, Bilder), „technischen Medien" (z. B. Kamera, Mikrofon) sowie „Medien als Institutionen" (Medienunternehmen) zu. Mock (2006: 189 ff.) kommt mittels Analyse vorhandener Mediendefinitionen[10] zu einer Unterscheidung zwischen einem physikalischen, codebezogenen, technischen und soziologischen Medienbegriff (siehe Tab. 1).

Tab. 1: Medienbegriffe der Kommunikations- und Medienwissenschaft

Medium als…	Kriterium	Medienbegriff	Beispiele
Mittel der Wahrnehmung: Physikalische Medien	Wahrnehmung	physikalisch	Luft, elektromagnetische Felder
Mittel der Verständigung: Semiotische Medien	Zeichen	codebezogen	Sprache, Schrift, Geräusche, Gestik, Mimik
Mittel der Verbreitung: Technische Medien	Technik	technisch	Papier, Telefon, TV, Computer, Internet
Form von Kommunikation	Institution	soziologisch	Brief, Telefon, E-Mail, Zeitung, TV, Radio

Quelle: Mock (2006: 195).

In der Kommunikationswissenschaft liegt der Schwerpunkt auf den kommunikativen Medien (vgl. Beck 2013c: 84). „Dieses systembedingte Ausblenden abweichender Ansätze reduziert die Komplexität des Medienbegriffs auf ein festes (gleichwohl erweiterungsfähiges) Repertoire von Strukturierungsaussagen." (Godulla/Hohlfeld 2013: 419) Die vorliegende Arbeit folgt diesem Prinzip und fokussiert die Medien der Kommunikation. Um den Fokus zu schärfen, werden die bekanntesten Verständnisse des Medienbegriffs, strukturiert nach ihren Orientierungsschwerpunkten, erläutert.

---

[9] Auflistungen vorhandener Mediendefinitionen innerhalb der Kommunikationswissenschaft liefern Hoffmann (2002: 12); Kübler (2003: 102 ff.); Mock (2006: 188); Pürer (2014: 207 ff.).

[10] Mock (2006) hat über 20 medien- und kommunikationswissenschaftliche Definitionen, Typologien und Modelle des Medienbegriffs analysiert.

Technisch orientierter Medienbegriff

Viele Mediendefinitionen orientieren sich aus pragmatischen Gründen an technischen Aspekten. Medien werden dabei als Träger und Übermittler von Informationen angesehen (vgl. Hiebel 1997: 8). Ein zentraler Vertreter des technisch orientierten Medienbegriffs ist Wilke (2008: 1), der Medien als „jene technischen Mittel […], die zur Verbreitung von Aussagen an ein potentiell unbegrenztes Publikum geeignet sind (also Presse, Hörfunk, Film, Fernsehen)", bezeichnet. Da Medientechnologien sich stetig verändern, können technisch geprägte Einteilungen schnell an Trennschärfe verlieren (vgl. Beck 2013c: 85). Zudem wird kritisiert, dass eine technische Perspektive nicht ausreiche, weil darin „eine unzuverlässige Verkürzung des Verständnisses von Medium bzw. Massenmedien zu sehen" sei (Pürer 2014: 206; vgl. auch Hickethier 1988: 53 ff.; Bentele/Beck 1994: 40; Mock 2006: 193; Bonfadelli 2010: 136 f.; Beck 2014: 3).

Eine weit verbreitete Klassifikation von Medien stammt von Pross (1972: 127 ff.), der auf Grundlage von Produktions- und Empfängerbedingungen zwischen primären, sekundären und tertiären Medien differenziert (siehe Tab. 2). Im Vergleich zum rein technisch orientierten Medienbegriff wird bei dieser Betrachtung das Zugriffsspektrum erweitert.

Tab. 2: Medienklassifikation nach Pross

Medientyp	Merkmal	Beispiele
Primäre Medien	Keine technischen Hilfsmittel	Sprache, Mimik, Gestik
Sekundäre Medien	Technische Geräte für Produktion, jedoch nicht für Rezeption nötig	Rauchzeichen, Feuer, Flaggensignale, Buch, Zeitschrift
Tertiäre Medien	Technische Geräte für Produktion und Rezeption nötig	Telefon, Radio, TV, Film, Computer
Quartäre Medien	Wie tertiäre Medien, es sind jedoch Rollenwechsel und Interaktivität möglich	Websites, Foren, Chats, E-Mail

Quelle: Eigene Darstellung in Anlehnung an Pross (1972).

Primärmedien sind laut Pross (1972: 128) „Medien des menschlichen Elementarkontaktes" (z. B. Sprache, Mimik, Gestik), für die keine technischen Hilfsmittel zwischen den Kommunikationspartnern nötig sind. Die Kommunikation mit Primärmedien setzt lediglich die räumliche und zeitliche Nähe der Kommunikationsteilnehmer voraus. Sekundäre Medien erfordern Pross zufolge lediglich auf der Produktionsseite ein technisches Hilfsmittel (z. B. Rauchzeichen, Buch, Zeitung). Bei tertiären Medien benötigen sowohl die Produktions- als auch die Empfängerseite ein technisches Gerät (z. B. Telefon, Radio, Fernsehen). Deshalb werden sie auch als „elektronische Medien" bezeichnet. Die Klassifikation von Pross kann um „quartäre Medien" (auch: digitale Medien) ergänzt werden (vgl. Faßler 1997: 117 ff.). Diese setzen ebenfalls auf beiden Seiten technische Hilfsmittel voraus, die Sender- und Empfängerrollen sind jedoch flexibel, Interaktivität wird möglich. Die Systematik von Pross lässt erkennen, dass die bloße Übertragungstechnik nicht als Kommunikationsmedium verstanden werden kann.

Differenzierung von Medientypen nach Öffentlichkeitscharakter

In der Kommunikationswissenschaft wurde lange Zeit eine starre Differenzierung zwischen Kommunikationsmedien als Mittel der privaten Kommunikation (Individualmedien) sowie als Mittel der öffentlichen Verbreitung von Botschaften an eine Vielzahl von Menschen (Massenmedien) vorgenommen (vgl. Godulla/Hohlfeld 2013: 412; Godulla 2017: 47 f.). Um zwischen beiden Typen unterscheiden zu können, müssen zunächst die Begriffe Individual- und Massenkommunikation voneinander abgegrenzt werden.

Kommunikation kann auf verschiedene Arten zustande kommen. Sie kann sowohl auf direkter als auch indirekter, wechselseitiger oder einseitiger Basis beruhen und privat oder öffentlich, in An- oder Abwesenheit stattfinden (vgl. Maletzke 1963: 21; Pürer 2014: 76). Die sogenannte „Individualkommunikation" kann als direkte interpersonale Kommunikation ohne Medieneinsatz erfolgen, sie wird daher auch als „zwischenmenschliche Kommunikation", „interpersonale Kommunikation" oder „Face-to-Face-Kommunikation" bezeichnet. Zentrale Merkmale der Face-to-Face-Kommunikation sind: Wechselseitigkeit (Reziprozität), Intentionalität (Zielgerichtetheit), Anwesenheit (Wahrnehmbarkeit), Sprachlichkeit (Zeichen, Symbole etc.), Wirkung (beobachtbare Folgen) sowie Reflexivität in Zeit-, Sach- und Sozialdimension (vgl. Merten 1977: 77 ff.; Schenk 2009: 65; Rau 2013: 30 ff.). An dieser Stelle wird nicht näher auf die Merkmale der Face-to-Face-Kommunikation eingegangen, da für die vorliegende Untersuchung vielmehr die „technisch-vermittelte interpersonale Kommunikation" (Schenk 2009: 66) von Relevanz ist.

Der deutsche Terminus „Massenkommunikation" wurde in den 1960er-Jahren aus dem angloamerikanischen Begriff „mass communication" übernommen (vgl. Kübler 2000: 10; Pürer 2014: 64) und lässt sich in die zwei Bestandteile „Masse" und „Kommunikation" zerlegen. Der Begriff „Masse" ist überwiegend negativ konnotiert (vgl. Kunczik/Zipfel 2005: 48; Jäckel 2011: 71). Blumer (1946: 178 ff.) differenziert deshalb zwischen Masse, Menge, Gruppe und Öffentlichkeit. Als Masse versteht er ein Publikum, das aus geographischer Sicht weit verstreut ist. Maletzke (1963: 30) spricht in diesem Zusammenhang von einem „dispersen Publikum", das in der Regel räumlich voneinander getrennt ist und keine direkte zwischenmenschliche Beziehung aufweist. Es entsteht kein überdauerndes soziales Gebilde, da sich das Publikum immer wieder neu formiert. Das „Präsenzpublikum" hingegen ist, zum Beispiel bei Konzerten, Theaterstücken oder Vorträgen, räumlich versammelt (vgl. Pürer 2014: 80).

Für den Prozess der (Massen-)Kommunikation sind vier Faktoren notwendig: ein Sender (Kommunikator), ein Kommunikationsinhalt (Botschaft), eine Übermittlungskanal (Medium) sowie ein Empfänger (Rezipient) (vgl. Maletzke 1978: 37; Beck 2013b: 155; Pürer 2014: 65). Zur Visualisierung des Kommunikationsprozesses wurde eine Reihe verschiedener Modelle entwickelt, die mehrheitlich eine heuristische Funktion erfüllen (vgl. Bonfadelli 2001: 26; Godulla 2017: 63 ff.).[11] Die im deutschen Sprachraum bekannteste Definition von Massenkommunikation stammt von Maletzke, sie lässt jedoch keinen Rollentausch von Kommunikatoren und Rezipienten zu. Maletzke (1963: 32) beschreibt dabei Massenkommunikation als „jene Form der Kommunikation, bei der Aussagen öffentlich […] durch technische Verbreitungsmittel (Medien) indirekt […] und einseitig […] an ein disperses Publikum […] vermittelt werden." Da Interaktion zwischen Sender und Empfänger dieser Definition zufolge nicht stattfinden kann, handelt es sich um „Einbahnstraßen-Kommunikation" (Luhmann 2009: 10; Jäckel 2011: 63). Der Kommunikationsprozess muss nicht immer einseitig sein, Interaktion und Rollentausch sind prinzipiell möglich (z. B. Call-in-Sendungen). Das Merkmal der Einseitigkeit muss zudem hinterfragt werden, weil direkte Formen der Publikumsbeteiligung durch neue Interaktionsmöglichkeiten

---

[11] Zum Beispiel die Modelle von Lasswell (1948); Lazarsfeld/ Berelson/Gaudet (1948); Shannon/Weaver (1949); Schramm (1954); Katz/Lazarsfeld (1955); Westley/McLean (1957); Riley/Riley (1959); Maletzke (1963, 1988); DeFleur (1966: 152); Reimann (1966: 88); McQuail (1983: 54); Burkart/Hömberg (1997); Hall (1999: 97). Godulla (2017: 243 ff.) hat ein integratives Modell öffentlicher Kommunikation entwickelt.

des Internets zunehmen (vgl. Burkart/Hömberg 1997: 80; Berghaus 1999: 35; Burkart 2002: 171; Münker 2002: 21; Kübler 2003: 41; Rudolph 2014: 31 f.): „Mass communication is now a much more egalitarian process, in which the masses can now communicate to the masses." (Napoli 2010: 509) Das disperse Publikum kann im Internet selbst journalistische Vermittlungs- leistungen erbringen, ein Rollentausch kann sich problemlos vollziehen (vgl. Leggewie/Bieber 2004: 7; Neuberger 2009: 40). Ebenso wird der Begriff des „dispersen Publikums" kritisch gesehen. Massenkommunikation wendet sich verstärkt an spezifische und kleine Zielgruppen. Kübler (2000: 15 ff., 2003: 123 ff.) hat daher die Definition von Maletzke überarbeitet und erwei- tert. Er definiert dementsprechend Massenkommunikation, die zu medialer Kommunikation aufgeweicht sei, folgendermaßen:

> „Unter Medialer Kommunikation verstehen wir die (sich mehr und mehr verbreitende) Form der Kommunikation, bei der Zeichen [...] privat oder öffentlich durch technische Ver- breitungsmittel [...] analog oder digital [...] anonym, ver- schlüsselt oder explizit simultan oder zeitversetzt bei räumli- cher Distanz ein- oder wechselseitig [...] an einzelne, mehrere oder viele (Adressaten/Zielgruppen) vermittelt werden." (Kübler 2003: 124)

Aufgrund der Dysfunktionalität des Terminus Massenkommunikation (vgl. Krotz 2007: 214 ff.; Pürer 2014: 78) und der Verwirrung über den Begriffs- bestandteil „Masse" werden neben dem von Kübler verwendeten Ausdruck „mediale Kommunikation" (vgl. auch Unz/Blanz 2014: 107 f.) alternative Bezeichnungen wie „öffentliche Medienkommunikation" (Beck 2013c: 130) oder „massenmedial vermittelte öffentliche Kommunikation" (Godulla/ Hohlfeld 2013: 412) als passender angesehen. Einen bereits derartig ge- bräuchlichen Begriff der Fachsprache zu ersetzen ist jedoch allein aus pragmatische Gründen problematisch (vgl. Burkart 2002: 167). Dement- sprechend wird öffentliche Medienkommunikation nach wie vor häufig als Massenkommunikation betitelt. Abzugrenzen ist hierbei die öffentliche Kommunikation, sie beschreibt „Kommunikationsprozesse und -strukturen, die öffentlich stattfinden und häufig – aber nicht zwingend – durch Mas- senmedien vermittelt sind." (Bentele/Brosius/Jarren 2003: 7) Massenkom- munikation kann Teil der öffentlichen Kommunikation sein, im Gegensatz zur dieser setzt sie neben Öffentlichkeit auch technische Verbreitungsmittel voraus.

Dichotomie von Individual- und Massenkommunikation

Sowohl bei interpersonaler Kommunikation als auch bei Massenkommunikation sind Sender, Botschaft und Empfänger vorhanden, dennoch unterscheiden sie sich im klassischen Verständnis hinsichtlich mehrerer Aspekte (vgl. Bentele/Beck 1994: 34 f.; Pürer 2014: 80 f.). Massenkommunikation ist nicht nur an eine Person (One-to-One), sondern an eine Vielzahl von Menschen (One-to-Many) gerichtet und verläuft unidirektional. Massenmedien können als Medien der Massenkommunikation bezeichnet werden. Die technischen Medien müssen in einen sozialen Prozess integriert sein (vgl. Burkart 2002: 172). Umgekehrt kann Massenkommunikation als spezieller Typ der Kommunikation verstanden werden, bei der Aussagen über Massenmedien verbreitet werden. Während Massenkommunikation für einen Kommunikationsprozess steht, benötigen Massenmedien „entsprechende Organisationen, Träger und Technologien." (Jäckel 2011: 63) Als weitere prägnante Merkmale werden die Öffentlichkeit, Aktualität, Periodizität sowie Universalität angeführt (vgl. Kammerl 2006: 133). Individualmedien hingegen dienen der Individualkommunikation, bei denen ein Informationsfluss in beide Richtungen stattfindet. Sie sind „*technische Mittel,* die *zweiseitige* Kommunikation zwischen *Individuen* und/oder kleineren *Gruppen* ohne räumliche und zeitliche Anwesenheit der Kommunikationspartner (= *indirekt*) ermöglichen" (Schweiger 2007: 17, H.i.O.).

Durch technologische Weiterentwicklungen der Kommunikationskanäle neu entstandene Partizipations- und Interaktionsmöglichkeiten haben dazu geführt, dass eine klare Grenzziehung zwischen Medien der Individual- und Massenkommunikation nur noch schwer möglich ist.[12] „Das Hypertext-Prinzip und die Integration multimedialer Elemente schaffen einen hochgradig adaptionsfähigen Kommunikationsraum, in dem die Modalitäten fließend variieren." (Godulla/Hohlfeld 2013: 421) Die bisher angenommenen Grenzen lösen sich auf, neue Kommunikationsweisen entstehen. Die klassische Rollenverteilung zwischen Kommunikator und Rezipient ist nicht mehr zutreffend, da Rezipienten zu potentiellen Kommunikatoren werden, was O'Sullivan (2009) als „masspersonal communication" bezeichnet.

---

[12] Die Konvergenz von interpersonaler Kommunikation und öffentlicher Medienkommunikation wird in der Literatur immer wieder betont (z. B. Mast 1986: 164 ff.; Höflich 1997: 85; Faulstich 2002: 41; Kübler 2003: 102; Rössler 2003: 505; Mock 2006: 82; Krotz 2007: 16; Schulz 2009: 171; Wilke 2009: 329; Bonfadelli 2010: 139; Knieper/Tonndorf/Wolf 2011: 43; Renner 2012: 113; Beck 2013c: 86; Godulla/Hohlfeld 2013: 414; Nuernbergk 2014: 191; Wladarsch 2014: 113; Bilandzic/Schramm/Matthes 2015: 21).

Doppelnatur der Medien

Das Vorhandensein einer Kommunikationstechnologie allein reicht nicht zur Mediennutzung aus, Saxer (1975: 209) spricht deshalb von einer „Doppelnatur des Systems Medium". Medien verfügen demnach sowohl über ein kommunikationstechnisches als auch ein soziales Potential. Das kommunikationstechnische Potential beschreibt die Optionen zur technischen Verbreitung von Informationen. Da Kommunikationstechniken allein aussageneutral sind, formieren sich um sie herum Sozialsysteme zur Erfüllung einer sozialen Wirkung. Um dieser Doppelnatur gerecht zu werden, definiert Saxer (1980: 532, 1998: 54) Medien als „komplexe institutionalisierte Systeme um organisierte Kommunikationskanäle von spezifischem Leistungsvermögen", Faulstich (2002: 26, 2004: 18) ergänzt: „mit gesellschaftlicher Dominanz". Medien sind demnach: (1) technische Kommunikationskanäle, die Zeichensysteme transportieren. Zugleich sind es (2) Organisationen und (3) Institutionen, die (4) komplexe Systeme bilden. Ihre Auswirkungen können (5) funktional als auch dysfunktional sein (vgl. Saxer 1999: 5 f.).

In Anlehnung an Saxer definiert auch Beck (2014: 3) Medien „als technisch basierte Zeichensysteme, die im sozialen Zusammenhang von Menschen zum Zwecke der Verständigung in institutionalisierter und organisierter Form verwendet werden". Speziell die Bezeichnung von Medien als Institutionen und Organisationen führt zu der Frage, „ob eine solche Mediendefinition im Onlinezeitalter nicht einen Anachronismus darstellt" (Künzler et al. 2013: 14). Schließlich können Inhalte von Online-Medien nicht nur von institutionalisierten Organisationen, sondern auch von den Nutzern selbst produziert werden. Burkart (1999: 68 f.) betont, dass gerade im Online-Zeitalter die Definitionsbestandteile Organisationen und Institutionen entscheidend für einen adäquaten Medienbegriff seien. Diesbezüglich können Medien in zwei Ordnungen gegliedert werden, um die technischen und organisatorischen Ebenen zu trennen (vgl. Kubicek/Schmid/Wagner 1997: 32 ff.).[13] Medien *erster Ordnung* stellen die technischen Möglichkeiten zum Austausch, Speichern und Abrufen von Mitteilungen bereit. Sie verfügen über keine Organisation und „bestimmen folglich nicht, was kommuniziert werden soll" (ebd.: 32). Bei den Medien *zweiter Ordnung* haben sich hingegen soziale Institutionen gebildet, die zur Herstellung und Verbreitung von Inhalten technische Mittel verwenden.

---

[13] Die Unterscheidung in zwei Ordnungen erfolgt in Anlehnung an Braun und Joerges (1994).

Aufgrund der massenhaften Nutzung könnte das Internet als Massenmedium bezeichnet werden (vgl. Morris/Ogan 1996: 41 f.; Kübler 2003: 102; Sutter 2010: 101), was jedoch kein angemessenes Kriterium für ein Massenmedium ist. Es kann nicht ausschließlich als Medium der Massenkommunikation angesehen werden, da es sich im Vergleich zu traditionellen Massenmedien hinsichtlich seiner Organisation, Formen, Funktion und der beteiligten Kommunikationspartner unterscheidet (vgl. Döring 2003: 36; Beck 2014: 4). Die klassische mediale Periodizität wird durch Merkmale wie Heterogenität und permanente Aktualisierbarkeit im Internet. Der vorhandene Rückkanal ermöglicht eine dialogische und partizipative Kommunikation, Nutzern werden gesteigerter Rückkopplungs- und Eingriffsmöglichkeiten geboten (vgl. Rogers 1986: 21; Mehler/Sutter 2010: 7; Bucher 2013: 77 f.). Lediglich bestimmte Angebote des Internets weisen Parallelen zur Massenkommunikation auf, nicht aber das Internet als Ganzes (vgl. Beck 2006: 23). Somit ist das Internet nicht nur Massenmedium, „sondern es ist *auch Massenmedium.*" (Berghaus 1999: 35, H.i.O.; vgl. auch Strohmeier 2004: 46). Da das Internet als technische Infrastruktur verschiedene Kommunikationsmodi ermöglicht und die bisherige Anwendung von sowohl Massen- als auch Individualmedien integriert, wird es häufig als „Multimedium" (Lehman-Wilzig/Cohen-Avigdor 2004: 708) bzw. „multioptionales Medium" (Neuberger 2011: 82), „Integrationsmedium" (Krotz 2007: 188), „Dialogmedium" (von Gehlen 2011: 378) oder „Hybridmedium" (z. B. Kerlen 2003: 261; Krotz 2007: 187; Beck 2014: 8 f.; Breunig/Hofsümmer/Schröter 2014: 143) bezeichnet. Der Begriff Hybridmedium erweist sich als sinnvoll, da er den übergreifenden Charakter hervorhebt.

Die vorliegende Untersuchung folgt einem Medienverständnis, das neben den technischen Aspekten das soziale Potential der kommunikativen Medien sowie die erläuterte Konvergenz von Individual- und Massenkommunikation berücksichtigt. Gleichzeitig soll ein zu komplexer und überladener Medienbegriff vermieden werden. Die Differenzierung zwischen dem kommunikationstechnischen und sozialen Potential bzw. zwischen Medien erster und zweiter Ordnung erscheint deshalb als geeignet. Somit kann der Blick sowohl auf technische und soziale als auch ökonomische Aspekte von Medien gerichtet werden, wobei hierbei vor allem die sozialen Gesichtspunkte von Relevanz sind. Da die Struktur der Medien als Systeme, Institutionen und Organisation durch den Medienumbruch sowie dem damit zusammenhängenden Öffentlichkeitswandel beeinflusst wird, müssen die Wandlungsprozesse näher betrachtet werden.

2.1.2 Medienumbruch und Öffentlichkeitswandel

Technische Innovationen und speziell das Internet wirken sich auf alle Bereiche des Lebens aus (vgl. Castells 2010) und haben zu einem radikalen Umbruch der Medienlandschaft geführt, der auch von den Mediennutzern wahrgenommen wird (vgl. Müller 2016). Der Begriff „Medienwandel" ist „in den letzten Jahren eines der bestimmenden Schlagwörter im kommunikations- und medienwissenschaftlichen Fachdiskurs geworden." (Kinnebrock/Schwarzenegger/Birkner 2015b: 13) Der Wandel der Medien ist jedoch kein neues Phänomen, da die gesamte Mediengeschichte eine Geschichte des Medienwandels ist.[14] Dementsprechend ist die Bezeichnung Medienwandel tautologisch, Medien sind stetig technischen Veränderungen ausgesetzt (vgl. Hohlfeld/Strobel 2011: 18 f.). Es erscheint daher zutreffender, radikale Veränderungen Medienlandschaft mit dem Terminus „Medienumbruch" zu betiteln. „Als *Medienumbruch* kann somit eine besondere Form des Medienwandels gelten, nämlich ein Wandel, der sich nicht evolutionär, sondern revolutionär vollzieht." (Garncarz 2016: 59, H.i.O.)

Der Umbruch der Medien wird an den Wandlungsprozessen der kommunikativen Öffentlichkeit sichtbar. Somit muss neben dem Medienumbruch zusätzlich der Öffentlichkeitswandel berücksichtigt werden (vgl. Hohlfeld/ Strobel 2011: 32; Wendelin 2014: 85; Hahn/Hohlfeld/Knieper 2015a: 11). Beide Aspekte dürfen nicht ausschließlich auf technische Innovationen zurückgeführt werden, der Wandel ist vielschichtig und wird von mehreren Metaprozessen[15] gerahmt. Neben einer Vielzahl an Randfaktoren sind vor allem die Metaprozesse Digitalisierung, Konvergenz, Globalisierung, Individualisierung, Mobilisierung sowie Mediatisierung für den Medienumbruch und Öffentlichkeitswandel prägend (vgl. Kammerl 2006: 136 ff.; Bonfadelli/ Friemel/Wirth 2010: 646; Richter 2010: 152; Hohlfeld/Strobel 2011: 18; Donges 2013: 201; Godulla/Hohlfeld 2013: 427 ff.; Godulla 2017: 31 ff.).

---

[14] Ausführlich zum Terminus und Verlauf des Medienwandels siehe Kinnebrock/Schwarzenegger/Birkner (2015a); Garncarz (2016); Müller (2016: 25 ff.).

[15] Der Wandel ist eine kontinuierliche Entwicklung und kann daher als Prozess beschrieben werden. In den Sozialwissenschaften wird ein „Prozess" laut Krotz (2007: 11 ff.) als „räumlich und zeitlich umgrenzte Entwicklung mit einem klaren Anfangs- und Endpunkt" bezeichnet. Der mediale und kulturelle Wandel ist jedoch sowohl zeitlich, räumlich als auch in Bezug auf seine sozialen Folgen unbegrenzt. Die lang andauernden kulturübergreifenden Wandlungsprozesse werden daher als „Metaprozesse" gefasst.

Digitalisierung und Konvergenz

Die Digitalisierung ist der technische Kern des medialen Umbruchs. Sie bewirkt, dass elektronische Signale nicht mehr analog, sondern in einer Folge von Binärcodes (0 und 1) umgewandelt und übertragen werden können. Dadurch verbessert sich zum einen die Qualität des Empfangs, zum anderen werden die Daten komprimiert übertragen, was die Kapazitäten der Übertragungstechniken deutlich entlastet und die Transportgeschwindigkeit erhöht. Des Weiteren werden durch die Digitalisierung etablierte Strukturen der Medienmärkte aufgebrochen. Es kommt zu einer Deregulierung und Entstehung neuer Geschäftsmodelle, da der Eintritt neuer Wettbewerber ermöglicht wird (vgl. Wilke 2010: 30).

Der maßgebliche Grundstein für die Konvergenz der Medien wurde durch die Digitalisierung gelegt (vgl. ebd.: 27). Der Terminus „Konvergenz" (Latein „convergere" = sich einander nähern) beschreibt allgemein den Prozesse der gegenseitigen Annäherung und findet in vielen Wissenschaftsdisziplinen Anwendung (vgl. Wartanowa 2010: 95).[16] Der Begriff „Medienkonvergenz" steht hierbei für einen Transformationsprozess der Medien „im Sinn von Annäherung, Vermengung und Überschneidung bisher getrennter Subsektoren" (Latzer 1997: 16). Die Konvergenz muss neben den technologischen Dimensionen auch industrielle (Produktion), kulturelle (Inhalte) und soziale (Rezeption) Aspekte berücksichtigen (vgl. Jenkins 2006: 15 f.; Schneider 2008: 27). Der technologische Bereich der Medienkonvergenz umfasst das Verschmelzen von Telekommunikations-, Informations- und Medientechnologiebranche (vgl. Gomez 2007: 36). Durch die Digitalisierung nähern sich verschiedene Technologien an, so findet beispielsweise das Internet sowohl am PC als auch auf dem Smartphone, Tablet oder Fernsehgerät Eingang. Medien können kaum anhand von Eigenschaften bestimmter Geräte definiert werden, „sondern viel eher über die *Dienste*, für die man sie in Anspruch nimmt." (Burkart 2007: 161, H.i.O.; vgl. auch Ricke 2011: 35) Die Medienstruktur verändert sich hierdurch, da die Bindung verschiedener Kommunikationsformen an spezifische Einzelmedien aufgelöst wird. Die technologische Konvergenz der Medien hat zu einer Konvergenz der Inhalte bzw. Angebote geführt. Identische Inhalte unterschiedlicher Machart können über verschiedene Plattformen verbreitet

---

16 Eine detaillierte Definition und Beschreibung des Begriffs „Konvergenz" im Zusammenhang mit Medien liefen u. a. Latzer (1999); Meier (1999: 31 ff.); Atkin (2002); Gomez (2007: 35 ff.); Richter (2010); Wagner (2010: 69 ff.); Wartanowa (2010: 95 ff.); Schüller (2015: 26 ff.).

und wiedergegeben werden (vgl. Godulla/Hohlfeld 2013: 427). Klassische Massenmedien wie Print, Hörfunk oder Fernsehen haben längst ihr Angebot auf das Internet ausgeweitet. Für die Anbieter ermöglicht dies zum einen die Optimierung der Verbreitungskanäle (vgl. Oehmichen/Schröter 2000: 359), da Produktion, Distribution sowie Vermarktung crossmedial gedacht werden können (vgl. Jenkins 2006: 15 f.). Zum anderen müssen sie ihre regulatorischen ökonomischen Begebenheiten, Aufgaben und Funktionen neu definieren (vgl. Wagner 2010: 70; Breitenborn/Frey-Vor/Schurig 2013: 9). Die Kombination aus technologischer und inhaltlicher Konvergenz führt, wie im vorhergehenden Kapitel erläutert, zu einer Auflösung der Grenzen zwischen interpersonaler und massenmedialer Kommunikation. Die Konsumenten werden in den sozialen Medien des Internets zu Prosumenten,[17] da sie selbst als Produzenten aktiv werden.

Globalisierung

Die Digitalisierung hat die Globalisierung der Kommunikation und der Medien vorangetrieben (vgl. Büttner 2015: 52 f.). Der Begriff „Globalisierung" beschrieb zunächst primär eine überregional ausgerichtete Wirtschaft, wurde aber mit der Zeit ausdifferenziert und steht mittlerweile für vielfältige Veränderungen in Politik, Wirtschaft und Kultur (vgl. Lule 2012: 31). Die Globalisierung prägt maßgeblich Kommunikation bzw. Medien und ist zugleich selbst von diesen tangiert.[18] Medieninhalte werden über Landesgrenzen hinweg verkauft, Medienproduktion, Distribution sowie Rezeption weisen grenz- und kulturüberschreitende Dimensionen auf (vgl. Krotz 2002: 185, 2007: 27; Schneider 2008: 26; Werle 2008: 207; Rudolph 2014: 33). McLuhan (1962) prophezeite bereits vor Jahrzehnten, dass sich die elektronische Interdependenz Welt zu einem „global village" (globalem Dorf) formen werde. Aus technischer Hinsicht wurde dies spätestens durch das Internet möglich, das Inhalte rund um die Uhr in jedem Land verfügbar macht. Kommunikative Verbindungen können, vor allem mit Hilfe sozialer Netzwerke, über weite Distanzen aufrecht erhalten werden (vgl. de Kerck-

---

[17] Der Begriff „Prosument" (englisch „prosumer") wurde von Toffler (1980) eingeführt und bezeichnet Verbraucher („consumer"), die zugleich als Produzenten („producer") tätig sind. Die Prosumenten machen ihre eigenen Inhalte für die Öffentlichkeit zugänglich, sie produzieren jedoch meist nicht aus monetären Gründen (vgl. Hess 2011: 300). Bruns (2008) hält Tofflers Bezeichnung für antiquiert und bevorzugt das Kofferwort „Produtzer".

[18] Zum Begriff der „Globalisierung" aus kommunikationswissenschaftlicher Perspektive siehe Bauer (2011).

hove 1999: 186; Hepp 2003: 194 f.; Kammerl 2006: 137; Schattle 2012: 1). „The globalization of easy social contact allows audience membership of virtual communications worldwide, enhancing our interactions with others." (Wilson 2004: 32) Dem Internet wird vielfach ein demokratisches Potential zugesprochen, da es die Entstehung einer weltweiten Kommunikationsgesellschaft fördere (vgl. Toffler/Toffler 1995: 95; Gerhards 1998a: 42 f.) und eine „Weltarena" (Emmer/Vowe 2003) entstehen lasse. Diese Erwartungen sind oftmals zu hoch gegriffen, da Sprachbarrieren bestehen und einige Menschen angesichts mangelnder Ressourcen keinen Zugang zur Weltöffentlichkeit haben (vgl. Hafez 2007: 170; Godulla/Hohlfeld 2013: 429).

Individualisierung und Mobilisierung

Die Ausdifferenzierung der Medienlandschaft, neue Formen der Individualkommunikation sowie soziale Mobilisierungs- und Bildungsprozesse fördern den Prozess der Individualisierung (vgl. Gerhards 1998a: 38; Krotz 2002: 187; Höflich/Gebhardt 2005: 7; Mühl-Benninghausen/Friedrichsen 2010: 33). Der aus der Soziologie stammende Begriff „Individualisierung" bezeichnet generell die Befreiung sozialer und struktureller Zwänge und Traditionen sowie den damit einhergehenden Übergang von der Fremd- zur Selbstbestimmung (vgl. Jäckel 1996: 44; Bjur 2009: 273; Kammerl 2006: 136). Dies bedeutet jedoch nicht die Auflösung der Gesellschaft, „sondern stellt einen besonderen Prozess der Entwicklung von Gesellschaftsformation unter den Bedingungen der reflexiven Moderne dar." (Mikos 2006: 93) Es existiert eine Vielfalt moderner, freigewählter Lebensmuster (vgl. Giannakopoulos 2008: 181). So gibt es viele unverheiratete oder kinderlose Paare, alleinerziehende Elternteile oder Singles. Eine Auswirkung des gesellschaftlichen Individualisierungsprozesses ist, dass Medien vermehrt individuell genutzt werden und das Publikum sich dadurch segmentiert (vgl. Schneider 2008: 24). Nutzer wenden sich individuell Inhalten zu, denen sie hohe Relevanz zusprechen (vgl. Godulla/Hohlfeld 2013: 430). Traditionelle Massenmedien können aufgrund der Zersplitterung des Publikums nicht mehr so große Massen gleichzeitig erreichen, wie es früher der Fall war. Den sozialen Netzwerken des Internets wird das Potential zugesprochen, Isolierungstendenzen der fragmentierten Gesellschaften durch den Aufbau von Netzwerken und Gemeinschaften aufheben zu können (vgl. Schneider 2008: 25; Schatter 2010: 67; Godulla 2017: 38). Hinzu kommt, dass Medien aufgrund der Mobilisierung der Bevölkerung sowie der Verbreitung mobiler Endgeräte vermehrt mobil genutzt werden (vgl. Bächle/Thimm 2014).

Mediatisierung

Verbunden mit dem Wandel von Medientechnologien werden in der Forschung Zusammenhänge von medialen und gesellschaftlichen Transformationsprozessen betont (vgl. Töpfl 2011: 37 f.; Fraas/Meier/Pentzold 2013: 7; Krotz 2015). Die Theorie der Mediatisierung[19] besagt, dass Kommunikation durch den Medienumbruch zunehmend medial vermittelt wird und deshalb ihre Struktur verändert (vgl. Krotz 2007: 31; Einspänner-Pflock/Dang-Anh/Thimm 2014: 6). So können Mittelteilungen bei digitaler Kommunikation im Vergleich zur Face-to-Face-Kommunikation zeitverzögert und schriftlich übermittelt werden. Gleichzeitig wird durch den Wandel der medialen Kommunikation auch das Gesellschaftskonstrukt verändert. Die Mediatisierungsforschung untersucht daher den Medienwandel „als einen Wandel der individuellen, der institutionellen, gruppenbezogenen und der gesellschaftlichen Kommunikation" (Krotz 2007: 47). Im Fokus stehen dabei die Folgen der Bedeutung der Medien für Werte und Identitäten, Funktionssysteme sowie soziale Beziehungen (vgl. Meyen 2004: 8; Thimm 2011: 23). Neben diesem breiten Verständnis von Mediatisierung existiert eine engere Variante, die sich auf die publizistischen Massenmedien fokussiert und untersucht, „ob und wie sich Akteure, Organisationen, Institutionen an der Logik der Massenmedien orientieren" (Meyen 2009: 25).

Wechselwirkung der Metaprozesse

Zwischen den erläuterten Metaprozessen ergeben sich Wechselwirkungen. So ist die Digitalisierung „die kongeniale Technologie für alle Erscheinungsformen der Individualisierung und zugleich ein starker Motor der Globalisierung." (Schneider 2008: 27) Individualisierung und Globalisierung tragen einerseits zu mehr medialisierter Kommunikation bei, andererseits sind sie von Mediatisierung abhängig, da Menschen zur Vernetzung und Mobilität medialisierte Informationen benötigen (vgl. Krotz 2006: 35). In Bezug auf das Internet haben die Metaprozesse zu einer zeitlichen, räumlichen und sozialen Entgrenzung der Medien beigetragen (vgl. ebd. 2007: 95). Früher waren Medien an *zeitliche* Strukturen gebunden und dienten den Rezipienten als Orientierungsinstanz zur Zeitstrukturierung. So war beispielsweise das Schauen der *Tagesschau* um 20 Uhr ein tägliches Ritual und fester Bestandteil

---

[19] In der Kommunikationswissenschaft werden die Begrifflichkeiten „Medialisierung" und „Mediatisierung" meist synonym verwendet.

des Tagesablaufs vieler Fernsehzuschauer (vgl. Hickethier 1998: 205; Thomas 1998: 211 ff.; Naab 2013: 122; Stolz 2016: 39). Da die meisten Inhalte mittlerweile auf Abruf verfügbar sind, entfällt die zeitlich konstante Orientierungsfunktion der Medienangebote (vgl. Neverla 2007: 50).

So wie in zeitlicher Hinsicht waren die Medien sowie die Mediennutzung einst auch *räumlich* an Orte gebunden (vgl. Krotz 2007: 95). Beispielsweise standen der Fernseher meist im Wohnzimmer, das Telefon im Flur und der Computer auf dem Schreibtisch. Die Mediennutzung war allein durch die Platzierung dieser Einzelmedien von anderen Handlungen abgrenzbar. Mittlerweile gibt es immer weniger medienfreie Orte, da Medien fast überall präsent sind und man sich ihnen kaum noch entziehen kann. Digitalisierung und Mobilisierung haben zu einer räumlichen Entgrenzung geführt, wodurch die gemeinschaftliche Medienrezeption abnimmt.

Medien entgrenzen sich nicht nur zeitlich und räumlich, sondern auch in *sozialer* Hinsicht, weil sie „in immer mehr Situationen und Kontexten, mit immer mehr Absichten und Motiven verwendet werden, und zwar sowohl kommunikator- als auch rezipientenseitig." (ebd.: 96) Da das Internet sämtliche Einzelmedien vereint, hat sich das alltägliche Leben mittlerweile zu einem erheblichen Teil ins Netz verlagert. Durch das mobile Internet und das Social Web finden auch soziale Aktivitäten vermehrt online statt. Informationen können permanent an jedem Ort abgerufen werden: „The Right Information, at the Right Time, in the Right Place" (Wolf/Hohlfeld 2012: 86). Die Metaprozesse führen also nicht nur zu einem Medienumbruch, sondern rahmen auch den Öffentlichkeitswandel. Es besteht die „Notwendigkeit, die Begriffe Öffentlichkeit und öffentliche Kommunikation neu zu definieren." (Hohlfeld/Strobel 2011: 19)

Öffentlichkeitswandel

Die Bedeutung des Terminus „Öffentlichkeit"[20] hat sich im Laufe der Zeit gewandelt und hängt von der jeweiligen Perspektive ab. Heute ist mit dem

---

[20] Zur vertiefenden Auseinandersetzung mit dem Begriff der „Öffentlichkeit" siehe Habermas (1962); Meyrowitz (1994); Neidhardt (1994a); Gerhards (1998a, 1998b); Krotz (1998); Marschall (1999); Schiewe (2004); Lucht (2006: 33 ff.); Albrecht, Hartig-Perschke/Lübcke (2008); Neuberger (2008, 2009); Münker (2009); Donges/Imhof (2010); Neuberger/Quandt (2010); Hohlfeld/Strobel (2011); Wendelin (2011); Hermida (2012); Godulla/Hohlfeld (2013); Nuernbergk (2013: 34 ff.); Schmidt (2013b, 2013c); Hasebrink/Hölig (2014); Hohlfeld/Godulla (2015); Hahn/Hohlfeld/Knieper (2015b); Godulla (2017: 26 ff.).

Begriff primär „ein bestimmter Kreis von Personen gemeint [...], die Zugang zu Informationen haben, über die sie ohne (oder nur unter geringen) Beschränkungen miteinander kommunizieren (können)." (Pöttker 2013: 252) Ein wesentliches Merkmal des mehrschichtigen Kommunikationsprozesses ist die Unabgeschlossenheit der Adressaten. Neben normativ-funktionalen Ansätzen, die primär Ansprüche und Forderungen an Öffentlichkeit stellen,[21] existieren empirisch-analytische Öffentlichkeitstheorien. Die empirisch-analytische Herangehensweise unterscheidet zwischen Akteuren und Rollen in der Öffentlichkeit. So können Akteure der Öffentlichkeit als Sprecher oder Vermittler fungieren oder dem Publikum angehören (vgl. Neidhardt 1994b: 12 ff.; Donges/Imhof 2010: 189 ff.). Die Sprecher sind „Angehörige kollektiver oder korporativer Akteure, die sich in der Öffentlichkeit zu bestimmten Themen zu Wort melden." (ebd.: 190) Journalisten nehmen die Rolle des Vermittlers ein, sie sind meist in Organisationen tätig. Sprecher als auch Vermittler richten sich an das Publikum, dessen Anwesenheit für Öffentlichkeit grundlegend ist.

Eine weitere empirisch-analytische Differenzierung betrifft die Ebenen von Öffentlichkeit. Es werden häufig drei Ebenen von Öffentlichkeit unterschieden: die Encounter-Ebene, die Themen- oder Versammlungsöffentlichkeit sowie die Medienöffentlichkeit (vgl. Neidhardt 1994b: 10; Stöber 2008: 71 ff.; Donges/Imhof 2010: 187 ff.; Godulla/Hohlfeld 2013: 424 f.). Die *Encounter-Ebene* steht für die zum Teil spontane öffentliche Kommunikation im Wohnbereich, am Arbeitsplatz oder auf der Straße. Es gibt dabei keinen Vermittler, jeder Teilnehmer kann zugleich als Sprecher oder Publikum auftreten. Auf der zweiten Ebene, der *Themen- und Versammlungsöffentlichkeit*, handelt es sich um thematisch zentrierte Handlungssysteme wie Demonstrationen, Kundgebungen oder Veranstaltungen. Auf der dritten Ebene, der *Medienöffentlichkeit*, vollzieht sich die öffentliche Kommunikation am erfolgreichsten (vgl. Donges/Imhof 2010: 188). Sie besteht dauerhaft und „ist in einem hohen Maß institutionalisiert, d. h., Publikums-, Sprecher- und Vermittlungsrollen sind festgelegt und die wechselseitigen Erwartungen eindeutig." (Beck 2013c: 116) Journalisten selektieren Themen sowie Meinungen und präsentieren diese dem Publikum. Öffentlichkeit wird im diesen Sinne in erster Linie durch professionelle Kommunikatoren (Journalisten) hergestellt, öffentliche Kommunikation ist primär durch Massenmedien vermittelte Kommunikation.

---

[21] Zu den normativ-funktionalen Ansätzen und Funktionszuschreibungen der Öffentlichkeit siehe Donges/Imhof (2010: 191 ff.); Schmidt (2013b: 46); Wendelin (2014: 75).

Durch das Internet und vor allem dem Aufkommen sozialer Medien hat ein Wandel eingesetzt, der zu einer „Fragmentierung der Öffentlichkeit" (Hahn/Hohlfeld/Knieper 2015a: 11) geführt hat. Das Drei-Schichtenmodel der Öffentlichkeit wird durch neue digitale Öffentlichkeitsformen herausgefordert, es ist bislang „noch nicht vollständig für die neuen Netzwerköffentlichkeiten adaptiert worden" (Hohlfeld 2015: 46). Online sind alle drei Ebenen von Öffentlichkeit zu finden, es zeichnen sich zudem weitere Sonderformen ab (vgl. Stöber 2008: 73 f.).

Öffentlichkeit ließ sich vor dem Aufkommen des Internets „als eine starre Dichotomie darstellen, in der das Publikum passiv und dispers (also verstreut) über Gatekeeper Zugang zu von deren Seite monopolisierten Quellen erhielt." (Hohlfeld/Godulla 2015: 28) Die Produktion war aufgrund der erforderlichen Ressourcen nur wenigen Anbietern vorbehalten. Den Zugang zur Öffentlichkeit bezeichnet Bourdieu (1998: 15) daher auch als „Verfügungsgewalt über die Produktionsmittel." Heute hingegen sind keine komplexen Technologien mehr notwendig, um die Informationen aufzubereiten und zu verbreiten. Alle Internetnutzer können ohne Institutionen anzugehören selbst Inhalte (User-Generated-Content)[22] produzieren und ein Publikum erreichen (vgl. Schmidt 2013c: 48). Die öffentliche Kommunikation verändert sich „von einer sozial selektiven, linearen und einseitigen zu einer *partizipativen, netzartigen und interaktiven Kommunikation*" (Neuberger 2008: 22, H.i.O.). Dadurch wird der professionelle Journalismus nachhaltig verändert, er verliert das Monopol zur Aufarbeitung und Bereitstellung von Informationen (vgl. Hohlfeld 2010: 24, 2015: 38; Dohle/Loosen 2014: 3; Serong 2014: 106). Medienöffentlichkeit ist nicht mehr nur auf Massenmedien und journalistische Vermittlungsleistung angewiesen, sondern beruht auch auf partizipativer und technischer Vermittlung (vgl. Neuberger 2009: 55; Hohlfeld/Strobel 2011: 31).[23] Dieses Phänomen wird vielfach als „Entgrenzung" öffentlicher Kommunikation bezeichnet (z. B. Neuberger 2004; Loosen 2007; Pörksen/Scholl 2012). Hinzu kommt, dass die sozialen Medien des Internets Anschlusskommunikation fördern, da in sozialen Netzwerken über aktuelle Themen diskutiert wird (vgl. Kepplinger 2010: 259; Eble 2011; Schmidt 2013c: 55; Hohlfeld/Godulla 2015: 30).

---

[22] User-Generated-Content ist öffentlich verfügbar, erfordert kreative Leistung und entsteht außerhalb professioneller Routinen (vgl. Vickery/Wunsch-Vincent 2007: 9).

[23] Die traditionelle Gatekeeper-Theorie bedarf diesbezüglich einer Erweiterung, da im Netz neben Journalisten auch Nutzer oder Algorithmen (wie z. B. bei *Google News* oder *Rivva*) als Gatekeeper fungieren können (vgl. Shoemaker/Vos 2009).

2.1.3 Wandel der Mediennutzung

Die digitale Evolution und der damit verbundene Medienumbruch haben zu Veränderungen bzw. neuen Formen des Mediennutzungsverhaltens geführt, die wiederum die Konvergenz von Fernseh- und Onlineangeboten antreiben (vgl. Wilke 2010: 32). Nicht nur Medien selbst, sondern auch ihre Nutzung sind einem stetigen Wandel unterworfen. Schrape (2001: 16) hat bereits im Jahr 2001 zwischen vier Phasen der Mediennutzungsentwicklung differenziert. Während die *Ausgangsphase* von einer straken Dominanz der Printmedien geprägt sei, lasse die *erste Expansionsphase* in den 1970er- und 1980er-Jahren eine starke Verbreitung des Fernsehens und elektronischer Unterhaltungsgeräte erkennen, was zu einem Anstieg der Mediennutzung geführt habe. Die *zweite Expansionsphase* wiederum verknüpft Schrape mit der Öffnung des Rundfunkmarktes für private Veranstalter ab dem Jahr 1984: „Hauptkennzeichen dieser Phase sind zum einen die Ausweitung und Vervielfältigung des Programmangebotes [...] und zum anderen der Ausbau der technischen Reichweiten zur Versorgung der Bevölkerung." (ebd.) Die vierte Phase schließlich verortet Schrape in den 1990er-Jahren und bezeichnet sie als *Transformationsphase*. Hierbei würde durch Digitalisierung und Konvergenz ehemals getrennter Branchen eine neue Mediengeneration entstehen. Diese Phase wurde durch die Entstehung des sogenannten „Web 2.0" (siehe Kap. 2.1.4) auf eine neue Ebene gehoben, da die interaktive und partizipative Mediennutzung hierdurch gefördert wurde; „es bestehen auch kaum mehr ökonomische wie technische Barrieren, Botschaften jeder Art an einen beliebigen Interessenskreis öffentlich zu machen." (Hohlfeld/Strobel 2011: 16) Als weitere Entwicklungsstufe kann die Verbreitung bzw. Verfügbarkeit von mobilen Endgeräten sowie des mobilen Internets ergänzt werden.

Der Medienumbruch wird an den Daten zur Mediennutzung sichtbar, ein allzu starker Einbruch der Mediennutzung ist hierbei allerdings nicht zu erkennen. So verbrachte die deutsche Bevölkerung laut der im Auftrag der ARD/ZDF-Medienkommission kontinuierlich im Fünfjahresrhythmus durchgeführten Langzeitstudie Massenkommunikation im Jahr 2015 rund neuneinhalb Stunden (566 Minuten) pro Tag mit Medien (vgl. Engel/Breunig 2015: 312; Breunig/van Eimeren 2015: 506).[24] Die tagesaktuellen Medien, die 90 Prozent des Medienkonsums ausmachen, werden seit 2005 achteinhalb Stunden pro Tag genutzt. Hierbei entfallen im Jahr 2015 rund 208

---

[24] Für die Befragungswelle 2015 wurden insgesamt 4.300 telefonische Interviews von GfK Media & Communication Research durchgeführt (vgl. Engel 2015: 343).

Minuten der täglichen Nutzung auf das Fernsehen, zwölf Minuten weniger als zehn Jahre zuvor (vgl. ebd.: 511). Auch die Nutzungsdauer von Radio (2005: 221 Min.; 2015: 173 Min.) und Tageszeitung (2005: 28 Min.; 2015: 23 Min.) sind gesunken. Deutlich hinzugewonnen hat allerdings das Internet. Mit 107 Minuten täglicher Nutzung zeigt sich hierbei ein Zuwachs von 63 Minuten innerhalb von zehn Jahren. Insgesamt werde die Konvergenz von Individual- und Massenkommunikation sichtbar, dennoch vollziehe sich der Medienumbruch langsamer als gemeinhin angenommen. Zu einem vergleichbaren Fazit kommt auch der Media Activity Guide von SevenOne Media (2015a: 12 f.), der für 2015 eine gesamte tägliche Mediennutzung von 557 Minuten ausgibt.[25] Bei diesen Zahlen muss bedacht werden, dass sie einerseits von Rundfunkanbietern stammen und sich andererseits bei altersspezifischer Betrachtung ein deutlich differenzierteres Bild ergibt. Der Medienumbruch vollzieht sich schneller, wenn es sich um junge Menschen handelt oder die Nutzer einen deutlichen Mehrwert erkennen, der spezifische Nutzungsbedürfnisse befriedigt (vgl. ebd.: 13).

Die Internetnutzung wird seit 1997 jährlich von der ARD/ZDF-Onlinestudie untersucht. Lag der Anteil Onlinenutzung im Jahr 1997 lediglich bei sieben Prozent, waren es fünf Jahre später 44 Prozent und im Jahr 2012 bereits 76 Prozent (vgl. Mende/Oehmichen/Schröter 2013: 34). Nach 2012 ist der Anteil nur noch moderat angestiegen und liegt im Jahr 2016 bei rund 84 Prozent (vgl. Koch/Frees 2016: 419 f.).[26] Das Internet nimmt einen bedeutenden Stellenwert im Leben der deutschen Bevölkerung ein, 65 Prozent (45,1 Millionen Personen) nutzen es zufolge täglich. Die Allensbacher Computer- und Technikanalyse (ACTA) 2014 kommt zu dem Befund, dass deutliche Unterschiede zwischen den Generationen bestehen. Die Studie ermittelt für Personen unter 20 Jahren einen Nutzungsanteil von 98 Prozent, während dieser bei ab 60 Jahren lediglich bei 43 Prozent liegt (vgl. IfD Allensbach 2014: 2).[27] Der Anteil der gesamten Internetnutzung wird hierbei mit 76 Prozent um vier Prozentunkte geringer als bei der zwei Jahre später veröffentlichen ARD/ZDF-Onlinestudie eingestuft. Zu dem gleichen Anteil an Onlinern kommt auch die Studie „internet facts" der

---

[25] Das Sample des Media Activity Guides umfasst 3.032 deutschsprachige Personen ab 14 Jahren, die durch Forsa telefonisch befragt wurden (vgl. SevenOne Media 2015a: 50).

[26] Für die ARD/ZDF-Onlinestudie 2016 wurden 1.508 deutschsprachige Onliner ab 14 Jahren telefonisch (via Festnetz und Mobilfunk) interviewt (vgl. Koch/Frees 2016: 419).

[27] Die Untersuchung des Instituts für Demoskopie Allensbach befragte im Jahr 2014 8.156 deutschsprachige Personen ab 14 Jahren (vgl. IfD Allensbach 2014: 5).

Arbeitsgemeinschaft Online-Forschung (AGOF), sie bezieht allerdings Personen ab einem Alter von zehn Jahren ein. Für 2015 beziffert die AGOF (2015: 6, ähnlich auch 2016b: 3) die Bevölkerung ab zehn Jahren auf 73,5 Millionen Menschen, von denen 76 Prozent innerhalb der letzten drei Monate online waren.[28] Im Jahr 2016 liegt die tägliche Nutzungsdauer bei 128 Minuten, das Internet wird mit 258 Minuten am intensivsten von Personen zwischen 14 und 29 Jahren genutzt (vgl. Koch/Frees 2016: 422).

Der Anstieg der Internetnutzung bzw. der Nutzungsdauer „wäre nicht ohne die steigende Verfügbarkeit neuer mobiler bzw. portabler Endgeräte möglich gewesen." (Breunig/van Eimeren 2015: 517) Mobile Endgeräte wie Smartphones oder Tablets sind leicht zu bedienen und können sowohl zuhause als auch unterwegs genutzt werden (vgl. Wolf 2014b: 52). Laut United Internet Media (2015: 16) verwenden im Jahr 2015 rund 90 Prozent der Onliner ein Smartphone, während es zwei Jahre zuvor (2013) 70 Prozent waren. Die Zahl der Tablet-Nutzer wird auf 57 Prozent beziffert. Laut ARD/ZDF-Onlinestudie hat das Smartphone im Jahr 2016 den Laptop als wichtigstes Gerät zur Internetnutzung überholt (vgl. Koch/Frees 2016: 422). Der Besitz eines mobilen Endgerätes bedeutet nicht zwangsläufig, dass hiermit außer Haus mobil gesurft wird. Die Etablierung von Smartphones, die verbesserte technischen Grundversorgung (Ausbau der LTE- sowie WLAN-Netze) sowie erschwinglichere Kosten für die mobile Datennutzung haben jedoch die mobile Onlinenutzung gefördert. Von 2007 bis 2012 hat sich der Anteil der mobilen Internetnutzung (zumindest selten) laut der Onlinestudie fast verdreifacht (vgl. Mende/Oehmichen/Schröter 2013: 34). Der Anteil lag 2012 bei 23 Prozent, im Jahr 2016 sind es bereits 68 Prozent und bei den 14- bis 29-Jährigen sogar 92 Prozent (vgl. Koch/Frees 2016: 425).

Ab dem Jahr 2008 hat sich eine rasante Verbreitung sozialer Netzwerke abgezeichnet, vor allem bei den 14- bis 19-Jährigen (vgl. Mende/Oehmichen/Schröter 2013: 43). Die ARD/ZDF-Onlinestudie beziffert den Anteil Social-Media-Nutzer auf 55 Prozent (vgl. Koch/Frees 2016: 435). Facebook ist hierbei nach wie vor eine dominante Plattform, sie wird von 41 Prozent der Onliner mindestens wöchentlich genutzt. Das Fotonetzwerk Instagram erreicht 8 Prozent der Onliner, weiter abgeschlagen folgt Twitter (2%). Bei den Angaben muss bedacht werden, dass Nutzer unter 14 Jahren unberücksichtigt bleiben.

---

[28] Die zwischen Januar und März 2015 durchgeführte Studie (N = 118.622) basiert auf Tracking, einer On-Site-Befragung sowie einer telefonischen Befragung (vgl. AGOF 2015: 60).

2.1.4   Soziale Medien im Internet (Social Media)

Das Internet wurde zur Ermöglichung kommunikativer Verbindungen konzipiert und verfügt daher aus technischer Sicht schon immer über ein soziales Potential (vgl. Hohlfeld/Godulla 2015: 11 f.). Die Entwicklung basiert auf der Evolution des Computers, dessen erste Entstehungsspuren bereits im 18. Jahrhundert nachweisbar sind und der sich spätestens seit den 1990er-Jahren für den Heimgebrauch eignet (vgl. Stockmann 2004: 160 ff.). Der Ursprung des Internets liegt im ARPANET, das in den 1960er-Jahren vom US-Verteidigungsministerium zum Aufbau eines flächendeckenden Netzwerks entwickelt wurde (vgl. Owen 2000: 199; Wilke 2009: 331 f.). Zunächst kam es in erster Linie für militärische Interessen und zur Vernetzung von Forschungseinrichtungen an Universitäten zum Einsatz.[29] 1973 wurden verschiedene Netze zu einem einheitlichen Netz – dem Internet – kombiniert (vgl. Strohmeier 2004: 46). Heute werden die Begriffe „Internet" und „World Wide Web" (WWW oder auch Web) häufig synonym verwendet, obwohl das Internet leidglich die Netzbasis für das seit 1993 öffentlich zugängliche WWW ist und die Nutzung weiterer Dienste, wie E-Mail, Chat und Telefonie, ermöglicht.[30] Die Elemente des Word Wide Web sind vielfältig, neben Text können auch Fotos, Videos oder Audio übertragen werden. Dennoch waren die sich daraus ergebenden Kommunikationsinhalte „zunächst statischer Natur und wurden in ähnlicher Weise linear rezipiert – vom Sender zum Empfänger." (Hohlfeld/Godulla 2015: 14) Das Internet hat sich jedoch zu Beginn des 21. Jahrhunderts von einem mono-direktionalen Informationsmedium bzw. einer besseren „Litfasssäule" (Münker 2015: 60) zu einem dialog-orientierten „Mitmachmedium" (Ackermann 2011: 61; Walsh 2011: 4) emanzipiert, das die Nutzer stärker in die Gestaltung von Inhalten einbindet (vgl. Haas et al. 2007: 215).

Das Konstrukt „Web 2.0" wurde erstmals im Dezember 2003 in einem Artikel des IT-Magazins CIO erwähnt (vgl. Anastasiadis/Thimm 2011: 11). Zudem wurde der Begriff im Jahr 2004 auf einer vom O'Reilly Verlag organisierten Technologiekonferenz in San Francisco verwendet. Populär wurde

---

[29] Zur vertiefenden Auseinandersetzung mit den Entstehung und Geschichte des Internets siehe Moschovitis et al. (1999); Kerlen (2003: 263 ff.); Lang/Bekavac (2004: 438 ff.); Beck (2006: 7 ff.); In der Smitten (2007: 67 ff.); Bunz (2009); Castells (2010: 45 ff.); Ryan (2010); Ebersbach/Glasser/Heigl (2011: 16 ff.).

[30] Das World Wide Web wurde ab 1989 von Tim Berners-Lee am Europäischen Kernforschungszentrum CERN entwickelt (vgl. Berners-Lee 2000).

Web 2.0 aber vor allem durch das Essay „What is Web 2.0" (O'Reilly 2005). Ein zentrales Merkmal ist des Web 2.0 ist, dass eine ansteigende Anzahl von Nutzern gleicher Anwendungen das Nutzungserlebnis erhöht. Durch das Interaktivitätspotential können die Nutzer selbst aktiv am Geschehen teilhaben; das Web 2.0 „erlaubt seinen Nutzern eine aktive Partizipation mit geringen Einstiegshürden." (Leiner/Hohlfeld/Quiring 2010: 48) Das Internet ist deshalb nicht mehr allen voran eine Angebotsfläche, sondern wandelt sich zu einer Anwendungsumgebung (vgl. Münker 2009: 21).

Neuberger (2009: 30) merkt an, dass Web 2.0 in der öffentlichen Thematisierung häufig idealisiert werde. Kritisiert wird am Begriff Web 2.0 vor allem, dass er einen Versionssprung des World Wide Webs vom Web 1.0 zum Web 2.0 suggeriere. Dies sei jedoch nicht der Fall, da es keinen festen Zeitpunkt gab, an dem das Web 1.0 abgeschaltet oder ersetzt wurde und das World Wide Web nicht aus einer einzelnen zu erneuenden Software bestehe (vgl. Münker 2009: 21; Schmidt 2013c: 15). Zudem ist eine klare Abgrenzung zwischen beiden Webformen nicht möglich, da sie Überschneidungen aufweisen. Eine fehlende verbindliche Definition führe dazu, dass Web 2.0 vor allem als Marketingblase oder Mythos diene, da eine genaue Beschreibung der Weiterentwicklung vermeiden werde (vgl. Alby 2008: 18 f.; Schmidt 2011b: 23 f.). Weiterhin lege die Bezeichnung nahe, dass das Internet nun interaktiver als vorher sei, obwohl bereits im Web 1.0 zahlreiche Communities (z. B. Chats oder Foren) existierten. Tim Berners-Lee, dem Entwickler des Webs, zufolge stand der soziale Aspekt bereits bei Web 1.0 im Vordergrund: „I designed it for a social effect – to help people work together – and not as a technical toy." (Berners-Lee 2000: 123) Doch die vorhandene Technik wurde zunächst nicht intensiv genutzt und erst ab dem Jahr 2004 verstärkt von den Nutzern angeeignet (vgl. Hohlfeld/Godulla 2015: 21). Deshalb ist zwischen dem Potential und dem tatsächlichen Gebrauch der sozialen Online-Kommunikation zu differenzieren.

Aufgrund der Kritik an der Bezeichnung „Web 2.0" wird vereinzelt der Begriff „Social Web" bevorzugt, da er besser den sozialen Charakter sowie die Umgangsformen der User betone und keine Unterscheidung zeitlichen Phasen impliziere (vgl. Anastasiadis/Thimm 2011: 12; Nuernbergk 2013: 141). Eine synonyme Verwendung ist jedoch problematisch, da sich das Social Web lediglich auf einzelne Teilbereiche des Web 2.0 bezieht, die primär die sozialen Strukturen und Interaktionen fokussieren, während Web 2.0 im Ganzen auch ökonomische, technische oder rechtliche Faktoren berücksichtigt (vgl. Ebersbach/Glaser/Heigl 2011: 27, 33). Im Zusammenhang mit Web 2.0 werden häufig die Bezeichnungen „Social Software" und „Social Media" erwähnt. Social Software meint technische Webapplikationen, die der direkten und indirekten zwischenmenschlichen Kommunikation, Interaktion sowie dem Aufbau von Gemeinschaften dienen und es der Community erlauben, sich selbst zu regulieren (vgl. Alby 2008: 89). Social Media umfasst neben den Webapplikationen auch User-Generated-Content und beschreibt digitale Medien, für die das Web 2.0 als Plattform dient (vgl. Münker 2009, 2015; Ewig 2011: 287). Während Web 2.0 als umfassende Begriffsbezeichnung den Wandel von technischen und sozialen Aspekten beschreibt, fokussiert Social Software primär die technischen Hilfsmittel zur Kommunikation, Interaktion sowie Kollaboration. Social Media hingegen berücksichtigt neben diesen Techniken auch die nutzergenerierten Inhalte und fokussiert die Unterstützung sozialer Strukturen sowie die webbasierte kommunikative Interaktion (vgl. Hattendorf 2011: 58).

Für die vorliegende Arbeit ist vor allem der Begriff Social Media relevant, da sich dieser auf den sozialen Aspekt des Internet konzentriert. In Anlehnung an bzw. bei Kombination der Definitionen von Münker (2009) Ebersbach, Glaser und Heigl (2011), Steinmetz (2013) sowie Hohlfeld und Godulla (2015) werden die sozialen Medien des Internets als auf Social Software basierende Anwendungen bezeichnet, die den Informationsaustausch und den Aufbau bzw. die Pflege von sozialen Beziehungen durch unterschiedliche Kombination der Kategorien Kommunikation, Interaktion, Partizipation, Kollaboration und Vernetzung fördern. Sie sind zwischen der massenmedialen und der interpersonalen Kommunikation zu platzieren.

Schmidt (2006: 37, 2011b: 195 f.) zufolge dient die Social-Media-Nutzung folgenden drei Basisfunktionen: *Identitäts-* (die persönliche Darstellung ausgewählter Eigenschaften seiner selbst), *Beziehungs-* (die Pflege bzw. das Knüpfen von Kontakten) und *Informationsmanagement* (Selektieren, Filtern oder Bewerten von Informationen). Diese Funktionen können von verschiedenen Onlineangeboten erfüllt werden. Die prototypischen Angebote des Web 2.0 klassifiziert Schmidt (2011b: 25 ff.) in Plattformen, Personal Publishing, Wikis, Instant Messaging und Werkzeuge des Informationsmanagements. An dieser Stelle soll primär auf Plattformen, Personal Publishing und Instant Messaging eingegangen werden, da diese als Infrastruktur für Social-TV-Interaktionen dienen. Zu den *Plattformen* zählen Social Network Sites (kurz: SNS), die auch „Social Networks", „soziale Netzwerke" oder „Online-Communities" genannt werden. Die nachfolgende Definition verdeutlicht die elementaren Funktionen sozialer Netzwerke:

"We define social network sites as web-based services that al-
low individuals to (1) construct a public or semi-public profile
within a bounded system, (2) articulate a list of other users
with whom they share a connection, and (3) view and traverse
their list of connections and those made by others within the
system." (Boyd/Ellison 2007: 211)

Die User registrieren sich auf einer Plattform und hinterlegen Informationen zur ihrer eigenen Person, können sich mit anderen Nutzern vernetzen und ihr persönliches Netzwerk aufbauen. Von den Netzwerkplattformen können Multimediaplattformen abgegrenzt werden, bei denen weniger das individuelle Nutzerprofil, sondern mehr der Inhalt im Vordergrund steht. Sie veröffentlichen Inhalte wie Videos (z. B. YouTube), Fotos (z. B. Flickr), Audio (z. B. Spotify) oder Präsentationen (z. B. Slideshare).

Zu den *Personal Publishing*-Angeboten zählen Weblogs sowie Microblogs. Die Bezeichnung Weblog (kurz: Blog) basiert auf einer Kombination der Termini „Web" und „Logbuch". Blogs bestehen aus einzelnen Einträgen, die jeder auf einer öffentlichen Website einsehen kann und die rückwärts chronologisch sortiert sind, der aktuellste Beitrag steht also oben. Charakteristisch für die Kommunikationsform von Blogs sind die Individualisierung der Kommunikation, die Reflexivität der Medienkommunikation, die Verlinkung und Vernetzung der Webkommunikation, die Filterung und Selektion der Webkommunikation durch die Blogger, die Interaktivität zwischen den Beteiligten sowie die Grenzaufhebung zwischen Rezipient und Produzent (vgl. Bucher/Büffel 2005: 91). Microblogs folgen einer ähnlichen Logik, sie beschränken jedoch die Länge der einzelnen Beiträge. So dürfen die Textmitteilungen des Microblogs Twitter nicht mehr als 140 Zeichen enthalten. Aufgrund der Kürze der Nachrichten sind Microblogs zur Nutzung auf mobilen Endgeräten prädestiniert (vgl. Murthy 2012: 10) Die gestiegene Verfügbarkeit von mobilen Endgeräten kommt nicht nur Social Networks und Microblogs, sondern auch dem *Instant Messaging* (englisch für „sofortige Nachrichtenübermittlung", kurz: IM) zugute. Die Interaktionspartner können sich hierbei in Echtzeit miteinander verbinden und sich unterhalten (chatten). Die User können Kontakte pflegen und in Echtzeit sehen, welche Personen derzeit verfügbar sind.

Social-Media-Inhalte sind generell thematisch offen und umfassen formal alle Darstellungsformen, Medien- und multimedialen Formate, ihre Gestalt ist nicht beständig (vgl. Hohlfeld/Godulla 2015: 13). Sie unterscheiden sich jedoch in mehrfacher Hinsicht von klassischen Massenmedien (siehe Tab. 3).

Während bei traditionellen Massenmedien die Kommunikation üblicherweise einseitig verläuft, ist bei Social Media das Feedback der Empfänger ein zentraler Bestandteil, Mehrwegkommunikation wird möglich. Die Nutzer sind bei den sozialen Medien nicht ausschließlich Informationsempfänger, sondern Prosumenten, denen unbeschränkte Kommunikationsmöglichkeiten zur Verfügung stehen. Die einst isolierten Mitglieder des dispersen Publikums können sich in Social Networks untereinander vernetzen. Die Zugangsbarrieren sind gering, da die Kosten für Produktion, Veröffentlichung und Verbreitung niedrig sind. Im Internet können Inhalte unmittelbar verbreitet werden und sind nicht an feste Sendezeiten gebunden.

Tab. 3: Unterschiede zwischen Massenmedien und Social Media

Traditionelle Massenmedien	Social Media
Einwegkommunikation	Mehrwegkommunikation, Interaktion
Nutzer als Empfänger	Nutzer als Prosument
Isoliertes, disperses Publikum	Vernetzung der User
Hohe technologische und ökonomische Zugangsbarrieren	Niedrige technologische und ökonomische Zugangsbarrieren
Selektion der Informationen	Ungefilterte Informationen, jedoch Einfluss von Suchmaschinen
Veröffentlichung mit Zeitverzögerung	Unmittelbare Veröffentlichung
Änderungen sind nicht mehr möglich	Änderungen sind jederzeit möglich

Quelle: Eigene Darstellung.

2.1.5   Soziale Medien im Allgemeinen

Was macht ein Medium zu einem sozialen Medium? Um dieser Frage nachzugehen, muss die Bezeichnung zunächst in seine Einzelbestandteile zerlegt werden. Der Medienbegriff wurde bereits definitorisch erläutert (vgl. Kap. 2.1.1), der Terminus „sozial" (aus dem Lateinischen „socialis" bzw. „socius") bedeutet im Deutschen „gesellschaftlich", „gemeinsam", aber auch „fürsorglich" oder „kümmernd" (vgl. Schmidt 2013c: 15). Das Verhalten von Lebewesen gilt als sozial, wenn es „eine Reaktion auf das Verhalten anderer Lebewesen darstellt und selbst wiederum die Reaktion anderer Lebewesen beeinflußt" (Burkart 2002: 21), die Verhaltensweisen sind also aufeinander bezogen. Werden dabei auch Bedeutungen vermittelt, so hat das soziale Verhalten einen kommunikativen Charakter.

Der Ausdruck „soziale Medien" intendiert, dass es auch Medien gibt, die nicht sozial sind. Laut Münker (2009: 9) sind jedoch alle Medien als sozial einzuordnen. Wenn Medien schon immer sozial waren, stellt sich die Frage, was Social Media von den sozialen Eigenschaften klassischer Massenmedien unterscheidet. Der Hauptunterschied besteht laut Münker darin, dass bei Social Media der Kern des Mediums selbst als sozial zu bezeichnen ist, während bei konventionellen Massenmedien die Funktionen soziale Eigenschaften besitzen. Das Engagement der Nutzer ist eine elementare Voraussetzung für die sozialen Medien des Internets (vgl. Zerfaß/Sandhu 2008: 285), ihre Entstehung wird erst durch den gemeinsamen Gebrauch möglich (vgl. Busemann/Gscheidle 2012: 386; Münker 2015: 66). Die soziale Dimension ist hierbei ein zentraler Bestandteil „bzw. die conditio sine qua non, ohne die das Medienangebot nicht existent oder zumindest ein anderes wäre." (Bilandzic/Schramm/Matthes 2015: 202) Medien allgemein sind Kommunikationsmittel und daher immer an einen Austausch zwischen Menschen geknüpft. Kommunikationsmedien wie Telefon oder Brief dienen eindeutig der Herstellung sozialer Interaktion. Aber auch Massenmedien wie Zeitung, Radio oder Fernsehen

> „sind zweifellos zutiefst soziale Medien, dienen sie doch der sozialen Integration und Differenzierung ihrer Nutzer in gesellschaftlichen Zusammenhängen – und ermöglichen als Integrationsmedien die Anschlussfähigkeit an gesamtgesellschaftliche Kommunikation ebenso wie sie als Differenzierung die Bildung unterschiedlicher Gruppen fördern."
> (Münker 2009: 9)

Massenmedien erbringen Leistungen für das Gesellschaftssystem, sie erfüllen schon immer soziale Funktionen (vgl. Burkart 2002: 383). Die Fernsehnutzung ist ein sozialer Prozess, bei dem sich die Zuschauer aufeinander beziehen oder sich aneinander orientieren (vgl. Kap. 2.3.3). Anschlusskommunikation kann allen Massenmedien folgen, doch in der Prä-Web-2.0-Ära war dies nur begrenzt möglich. Die sozialen Vorgänge blieben daher meist auf das häusliche bzw. familiäre Umfeld beschränkt (vgl. Stauff 2014: 114) oder fanden zu einem späteren Zeitpunkt statt. Durch die Möglichkeit des unmittelbaren Austauschs via Social Media sind Massenmedien nun in der Lage, ihre Sozialität vital werden zu lassen. Es gilt daher zwischen Medien zu unterscheiden, die in ihrem Kern sozial sind sowie solchen Medien, die soziale Funktionen erfüllen und durch technologische Neuerungen in der Lage sind, ihr soziales Potential voll auszuschöpfen.

2.2   Charakteristika sozialer Medien

Die Charakteristika sozialer Medien ergeben sich aus denjenigen Eigenschaften, die ihren zugeschriebenen sozialen Funktionen dienen. Nachfolgend wird daher diskutiert, ob die Social-Media-Kriterien Kommunikation, Interaktion, Partizipation, Kollaboration und Vernetzung sowie Gemeinschaftsbildung den sozialen Funktionen von Medien zugutekommen und somit als allgemeine Charakteristika sozialer Medien eingeordnet werden können. Sofern dies der Fall ist, werden sie später auf den zentralen Untersuchungsgegenstand Fernsehen hin betrachtet. Zunächst ist es jedoch notwendig, die sozialen Funktionen von Medien zu umreißen.

Der Terminus „Funktionen" stammt aus der systemtheoretischen Perspektive. Bei den Funktionen der Medien geht es um die Aufgaben, die dem Mediensystem innerhalb des Gesellschaftssystems zugeschrieben werden (vgl. Luhmann 2009: 116 ff.; Töpfl 2011: 104 ff.). Sie können Leistungen für andere soziale Systeme der Mesoebene (z. B. Politik, Wirtschaft) oder das übergeordnete Sozialsystem Gesellschaft (Makroebene) erbringen (vgl. Beck 2013c: 97). Medien werden also bestimmte Leistungen im Hinblick auf den Fortbestand des Gesellschaftssystems attestiert (vgl. Burkart 2002: 378 f.). Die gesellschaftliche Umwelt, in der massenmedial vermittelte Kommunikation stattfindet, kann in soziale, politische und ökonomische Subsysteme unterteilt werden, wie Abb. 1 veranschaulicht.

Abb. 1: Funktionen der Massenmedien nach Burkart

Funktionen der Massenmedien		
soziale	politische	ökonomische
	← Informationsfunktion →	
Sozialisationsfunktion Orientierungsfunktion Rekreationsfunktion Integrationsfunktion	Herstellen von Öffentlichkeit Artikulationsfunktion Politische Sozialisations- und Bildungsfunktion Kritik- und Kontrollfunktion	Zirkulationsfunktion + Wissensvermittlung + Sozialtherapie + Legitimationshilfe Regenerative Funktion Herrschaftliche Funktion
Soziales	Politisches	Ökonomisches
Gesellschaftliches System		

Quelle: Burkart (2002: 382).

Als zentrale und die drei Subsysteme übergreifende Funktion gilt die Informationsfunktion. Informationen können durch Primärerfahrung (direkt)
oder als Sekundärerfahrung (indirekt) gewonnen werden. Während Primärerfahrung durch Erlebnisse im direkten Umgang gemacht werden, kommen
Sekundärerfahrungen nicht durch persönliches Erleben zustande, sie werden
kommuniziert (vgl. ebd.: 404). Die Informationsfunktion der Massenmedien
dient vor allem der Erweiterung des Kenntnisstandes in der Sekundärerfahrung. Massenmedien sollen dafür sorgen, dass die einzelnen Personen
das demokratische System begreifen und in dem politischen Prozess so
unterrichtet sind, dass sie sich selbst daran beteiligen können.

Die sozialen Funktionen summieren sich aus jenen Leistungen, die Massenmedien „im Hinblick auf die gesellschaftliche Umwelt als soziales System
erbringen bzw. erbringen sollen." (ebd.: 383; vgl. auch Godulla 2017: 53 f.)
Dazu zählen die Sozialisationsfunktion, die soziale Orientierungsfunktion,
die Rekreationsfunktion sowie die Integrationsfunktion. Die *Funktion der
Sozialisation* ist zentral für das Zusammenleben von Menschen und dient
dem Erhalt und der Weiterentwicklung der Gesellschaft. Sozialisation bezeichnet das Erlernen von Gesellschaftsrollen und -normen (vgl. Beck
2013c: 100). Massenmedien fördern die Sozialisation der Individuen und der
Gesellschaft, indem sie Handlungsmuster, Rollenverhalten, Normen und
gesellschaftliche Werte bzw. Normen vermitteln. Da Kinder in Industriege-
sellschaften nicht alle von ihnen erwarteten Rollen ausschließlich von Pri-
märgruppen (z. B. Familie, Freunde) oder Sekundärgruppen (z. B. Schule,
Kindergarten) vermittelt bekommen können, greifen sie zum Erlernen der
Rollenmuster auf Massenmedien zurück. Durch den Medienkonsum fühlt
sich das Individuum zugleich bestimmten sozialen Gruppen zugehörig.

Eng verbunden mit der Sozialisationsfunktion ist die *soziale Orientierungsfunktion*. Dieser nach sollen Massenmedien durch Vermittlung von Umwelt-
kenntnissen dazu beitragen, dass sich die Gesellschaftsmitglieder in ihrer
unüberschaubaren Industriegesellschaft zurechtfinden (vgl. Burkart 2002:
385 f.; Beck 2013c: 102). Medien sollen Probleme lösen, die erst durch das
hochdifferenzierte System der Gesellschaft geschaffen wurden. Die verlo-
rengegangene Gemeinsamkeit im Erleben und Handeln der Menschen soll
dabei durch die soziale Orientierungsleistung bzw. das Schaffen einer gemeinsamen Hintergrundwirklichkeit kompensiert werden.

Die *Rekreationsfunktion*, auch Gratifikationsfunktion oder Eskapismusfunkti-
on genannt, soll dem Bedürfnis der Menschen nach Ablenkung und Entlastung zugutekommen (vgl. Merten 1999: 364; Beck 2013c: 102). So können

sich Individuen durch das Rezipieren von Medieninhalten von der Arbeit erholen, entspannen oder unterhalten lassen. Medien können auch die Realitätsflucht der Rezipienten unterstützen, indem sie ihnen verhelfen, „die Sorgen des Alltags zu vergessen, gleichsam geistig ‚unterzutauchen', um sich sozusagen vor der eigenen Realität zu verstecken" (Burkart 2002: 387).

Der *Integrationsfunktion* zufolge wirken Medien der Desintegration aufgrund ansteigender Differenzierung der Gesellschaft durch vielfältige Interessen entgegen (vgl. Beck 2013c: 101 f.).[31] Integration vollzieht sich vor allem durch Kommunikation. Da die gesellschaftliche Kommunikation weitgehend über Massenmedien vermittelt wird, kommt diesen eine zentrale Integrationsfunktion zu. „Integration herzustellen und zu bewahren kann daher als ein gesellschaftliches Ziel begriffen werden, das in industriellen Großgesellschaften nur mehr mit Hilfe der Massenmedien erreicht werden kann." (Burkart 2002: 387) Medien vermitteln gesellschaftlich anerkannte Verhaltensweisen bzw. -normen und stellen Zustimmung zu diesen her (vgl. Ronneberger 1971: 16; Lucht 2006: 250). Durch die Integration kann sich der Mensch als Teil der Gesellschaft fühlen und sich mit ihr identifizieren, was wiederum dem Systemerhalt zugutekommt (vgl. Maletzke 1984: 139; Gehrau 2011: 20). Besonders dem Fernsehen wird eine integrierende Funktion zugesprochen. So stellte das Bundesverfassungsgericht in seinem zweiten Rundfunkurteil bereits 1971 fest, dass die öffentlich-rechtlichen Fernsehanstalten eine „integrierende Funktion für das Staatsganze" (zitiert nach Saxer 1990: 718) habe; es machte allerdings keine genauen Vorgaben, wie diese zu erfüllen seien. Vielfach wurde betont, dass Fernsehen den Zusammenhalt der Gesellschaft fördern könne (vgl. Vlasic/Brosius 2002: 93; Plake 2004: 321; Lucht 2006: 245). Fernsehen kann aber auch zur Integration beitragen, in dem es Gesprächsstoff verbreitet, über den sich Menschen austauschen können (vgl. Jäckel 1996: 269; Krotz 2002: 196). Es gibt allerdings kaum wissenschaftliche Belege über die tatsächlichen Integrationsleistungen des Fernsehens sowie der Massenmedien allgemein, was primär der Komplexität des Gegenstandes zu Schulden ist (vgl. Vlasic/Brosius 2002: 93; Kübler 2003: 156). In den meisten Auseinandersetzungen wird lediglich unzulänglich geklärt, welche konkreten Dimensionen von Integration betroffen sind.

---

[31] Die Integrationsfunktion der Medien wurde im wissenschaftlichen Diskurs vielfach aufgegriffen. Stellvertretend für viele andere vgl. Lange (1980); McQuail (1983); Maletzke (1984, 2002); Rühl (1985); Saxer (1990); Jarren (2000); Imhof/Jarren/Blum (2002); Reinhardt/Jäckel (2002); Vlasic/Brosius (2002); Weßler (2002); Vlasic (2004); Lucht (2006).

Nicht unerwähnt bleiben sollte, dass alle Funktionen idealtypisch formuliert sind. Sie sind als normative Aufgaben zu verstehen, die den Massenmedien zugeschrieben werden. Es kann passieren, dass sich Funktionen in Dysfunktionen umwandeln (vgl. Burkart 2002: 381). So besteht neben dem Integrationspotential die Gefahr der Desintegration, etwa in Form einer Spaltung der Gesellschaft in informierte und uninformierte Bevölkerungsteile (vgl. Maletzke 2002: 7 ff.). Die Funktionen hängen zudem von der Generalisierung der Medienangebote ab. Je individueller Angebote werden, „desto weniger werden diese Leistungen erbracht werden können." (Sutter 2010: 101)

Die genannten Kriterien der sozialen Medien sind im Gegensatz zu den Medienfunktionen deskriptiv und nicht normativ. Sie beschreiben die Eigenschaften der Online-Kommunikation und sind nicht als Aufgaben zu verstehen. Nachfolgend werden die Kriterien Kommunikation, Interaktion, Partizipation, Kollaboration sowie Vernetzung/Gemeinschaft erläutert und es wird diskutiert, ob sie für die sozialen Medienfunktionen förderlich sind.

2.2.1 Kommunikation

Der Begriff „Kommunikation" stammt von den lateinischen Wörtern „communicare" (= Anteil haben, gemeinsam machen, mitteilen) bzw. „communicatio" (= Mitteilung, Verbindung, Verständigung") (vgl. Beck 2013b: 155). Auch hierbei sind vorhandene Definitionen heterogen.[32] So wurden im Jahr 1977 bereits 160 verschiedene Begriffsbestimmungen aus zwölf Disziplinen ermittelt (vgl. Merten 1977: 94 ff.). Nach dem Kommunikationsverständnis der Systemtheorie kommt Kommunikation durch einen dreistelligen Selektionsprozess (Information, Mitteilung und Verstehen bzw. Missverstehen) zustande, deren Zusammenspiel für das Entstehen von Kommunikation unerlässlich sei (vgl. Luhmann 1984: 194, 2001: 78 ff.). Luhmann sieht eine erfolgreiche inhaltliche Verständigung *nicht* als Bedingung der Kommunikation an. „Kommunikation ist vielmehr dann erfolgreich, wenn sie erfolgt." (Berghaus 1999: 42) Dieser Anspruch an den Begriff der Kommunikation mit der Einschränkung auf intentionales Handeln steht im Gegensatz zur Annahme von Watzlawick, wonach Verhalten jeder Art als Kommunikation anzusehen ist: „Man kann nicht nicht kommunizieren." (Watzlawick/Beavin/Jackson 1996: 51)

---

[32] Als Hindernisse zur Definition des Terminus „Kommunikation" nennt Merten (1999: 15): Profanität, Universalität, Flüchtigkeit, Relationalität sowie Heterogenität. Beck (2013c: 15 f.) ergänzt die Selbstbezüglichkeit. Zur Erläuterung siehe auch Godulla (2017: 41 ff.).

In vielen Begriffsbestimmungen wird Kommunikation als Prozess der Bedeutungsvermittlung, der Zeichenübertragung oder des Informationsaustausches zwischen Lebewesen beschrieben. Hierbei wird vernachlässigt, dass es sich bei dem Kommunikationsprozess um ein Geben und Nehmen handelt (vgl. Maletzke 1998: 38). Neuere Definitionen gehen vielmehr von einem dynamischen, wechselseitigen Prozess zwischen Personen mit einem gemeinsamen Symbolvorrat aus. Vorhandene Begriffsbestimmungen können somit in engere und weitere Kommunikationsbegriffe unterteilt werden (vgl. Pürer 2014: 64). Während Kommunikation im *weiteren Sinne* alle Prozesse der Übertragung von Informationen meint, fokussiert sich der Kommunikationsbegriff im *engeren Sinne* auf die Verständigung zwischen Lebewesen bzw. einen sozialen Prozess. Kommunikation zwischen Menschen ist eine Form sozialen Handelns, „das mit subjektivem Sinn verbunden sowie auf das Denken, Fühlen und Handeln anderer Menschen bezogen ist." (ebd.: 65) Somit besteht Kommunikation aus zwei Aspekten: dem verbalen und/oder nonverbalen In-Beziehung-Treten (Interaktion) und dem Austausch von Informationen (inhaltliche Bedeutungsprozesse) (vgl. Krotz 2001b: 48; Burkart 2002: 30; Schulz 2009: 169; Beck 2013c: 32; Pürer 2014: 65). Vereint man diese beiden Aspekte, so kann Kommunikation als „verbales und/oder nonverbales Miteinander-in-Beziehung-Treten von Menschen zum Austausch von Informationen" (Pürer 1998: 18) definiert werden.

Den sozialen Medien des Internets wird das Potential zugesprochen, die Kommunikation zu fördern. Ein erheblicher Anteil der zwischenmenschlichen Kommunikation hat sich ins Netz verlagert. In Bezug auf die sozialen Funktionen von Medien ist festzustellen, dass Kommunikation sowohl der Sozialisationsfunktion als auch der sozialen Orientierungsfunktion dienen kann, da inhaltliche Bedeutungsprozesse sowohl für das Erlernen von Normen und Rollen, dem Vermitteln von Werten als auch für das Schaffen gemeinsamer Hintergrundwirklichkeiten unabdingbar sind. Sie können ohne Kommunikation nur schwer vermittelt werden. Kommunikation kann auch der Ablenkung, Unterhaltung oder Realitätsflucht dienen. Sofern dafür eine hohe Aktivität auf Nutzerseite erforderlich ist, kann sie für diese jedoch auch anstrengend werden und Entspannung verhindern. Für die Integrationsfunktion ist Kommunikation ein zentraler Bestandteil, da der Austausch integrierend wirken kann. Eine besondere Rolle kommt hierbei der Anschlusskommunikation zu, da gemeinsame Gesprächsthemen verbinden.

2.2.2 Interaktion

Eng verwoben mit Kommunikation ist der Begriff „Interaktion", der sich aus den lateinischen Komponenten „inter" (= zwischen) und „agere" (= handeln) zusammensetzt. Der soziologischen Sichtweise zufolge steht Interaktion für die Beeinflussung durch wechselseitiges und aufeinander bezogenes Handeln von zwei oder mehreren Akteuren. Dieser Gedanke knüpft an Max Webers Verständnis von sozialem Handeln an, „welches seinem von dem oder den Handelnden gemeinten Sinn nach auf das Verhalten *anderer* bezogen wird und daran in seinem Ablauf orientiert ist." (Weber 1976: 1, H.i.O.) Interaktion beschreibt somit einen „Handlungsablauf" (Jäckel 1995: 463) und betont die Eigenschaften sozialer Beziehungen. Soziale Interaktion meint das wechselseitige Geschehen zwischen zwei oder mehreren Lebewesen, „welches mit einer Kontaktaufnahme [...] beginnt und zu (Re-)Aktionen der in Kontakt stehenden Lebewesen führt." (Burkart 2002: 30) Kommunikation und Interaktion können jedoch – wie es gelegentlich der Fall ist[33] – nicht als Synonyme angesehen werden, da Interaktion das In-Beziehung-Treten beschreibt und Kommunikation die inhaltliche Ebene in den Vordergrund stellt. Somit „liegt der Akzent bei Kommunikation eher auf Verständigung, bei Interaktion mehr auf sozialem Handeln." (Maletzke 1998: 43) In der Kommunikationswissenschaft gibt es divergierende Auffassungen über das Verhältnis von Interaktion und Kommunikation. So wird Interaktion einerseits als Teilmenge von Kommunikation angesehen (z. B. Merten 1977: 163; Rafaeli 1988: 111; Jäckel 1995: 467; van Dijk/de Vos 2001: 447), während anderseits genau umgekehrt Kommunikation als eine Ausprägung von sozialer Interaktion aufgefasst wird (z. B. Bucher 2001; Burkart 2002: 30; Blanz 2014: 30; Springer/Pürer/Eichhorn 2014: 92). Da zwischenmenschliche Kommunikation durch Wechselseitigkeit (Reziprozität) gekennzeichnet ist, bedingen sich Interaktion und Kommunikation gegenseitig (vgl. Graumann 1972: 1179; Pürer 2014: 65).

Ein zentrales Element der soziologischen Definition von Interaktion ist die physische Präsenz der Interaktionspartner. Diese eröffnet weitreichende Möglichkeiten und des Ausdrucks (z. B. Mimik und Gestik) und der direkten Rückkopplung (vgl. Sutter 2010: 88). Demnach wird Interaktion durch Zwischenschaltung medialer Technik ausgeschlossen (vgl. Merten 1977: 64 f.; Jäckel 1995: 463, Burkart 2002: 69; Luhmann 2009: 10). Höflich (2003: 84 f.)

---

[33] Bohnsack (1998: 38) kann beispielsweise keinen systematischen Unterschied zwischen Kommunikation und Interaktion ausfindig machen.

vertritt die Ansicht, dass Interaktion auch ohne physische Präsenz der Kommunikationspartner stattfinden könne. In diesem Fall handele es sich um medienvermittelte Interaktion, bei der die Interaktionspartner geographisch getrennt seien. Auch eine zeitliche Kluft sei kein Hindernis, sofern die Interaktionspartner Bezug aufeinander nehmen (z. B. Kommunikation per E-Mail). Die räumliche Präsenz der Interagierenden wird hierbei nicht als relevanter Definitionsbestandteil angesehen. In Bezug auf die Qualität der Interaktion wird zwar die physische Anwesenheit als Idealfall bezeichnet (vgl. Thiedeke 2003: 29), doch die Präsenz kann technisch zunehmend besser, etwa mit Videotelefonie, nachgebildet werden. Bei klassischer Massenkommunikation kommt hinzu, dass sowohl die physische Präsenz als auch die Wechselseitigkeit nicht gegeben sind (vgl. Kap. 2.1.1). Dies widerspricht dem traditionellen Interaktionskonzept. Dennoch wird auch im Kontext der klassischen Massenkommunikation von Interaktion gesprochen, die hierbei aber primär für Aktivitäten seitens des Publikums sowie für die parasoziale Interaktion[34] steht (vgl. Höflich 2003: 85; Schmidt 2011a: 165). Diese Interaktion wird daher als „inszeniert" bezeichnet (vgl. Luhmann 2009: 10), die „pseudo-interaktive Verhältnisse" (Sutter 2001: 28) vortäuscht und aufgrund fehlender Rückkopplungsmöglichkeiten unverbindlich ist (vgl. Krotz 1992: 237; Ulrich/Knape 2015: 202).

Interaktion wird im alltäglichen Sprachgebrauch häufig mit Interaktivität gleichgesetzt, obwohl es sich hierbei um zwei verschiedene Konzepte handelt (vgl. Kleinsteuber/Hagen 1998: 63; Neuberger 2007: 55). Die Wurzeln des Interaktivitätsbegriffs gehen allerdings auf das Interaktionskonzept zurück. Der Begriff „Interaktion" wird im Kontext von Multimedia und digitaler Kommunikation durch die Bezeichnung „Interaktivität" ersetzt. Dabei wird sowohl auf das soziologische Konzept als auch auf das Verständnis von Interaktion in der Informatik zurückgegriffen (vgl. Goertz 1995: 478; Springer/Pürer/Eichhorn 2014: 93 f.). Während der soziologische Interaktivitätsbegriff, wie bereits erläutert, primär das Miteinander-in-Beziehung-Treten sowie das wechselseitige aufeinander bezogene Handeln von Interaktionspartnern bezeichnet, fokussiert das Begriffsverständnis der Informatik Prozesse und Beziehungen zwischen Mensch und Maschine. Die Informatik berücksichtigt nicht die Kommunikation zwischen Menschen mittels einer Maschine. Interaktivität kann sich jedoch sowohl auf Interaktion zwischen Mensch und Medium (technikorientierte Perspektive: Mensch-

---

[34] Das Konzept der parasozialen Interaktion wird in Kapitel 2.3.3 genauer erläutert.

Computer-Kommunikation) als auch auf die Interaktion zwischen Menschen mittels Medium (sozialorientierte Perspektive: computervermittelte Kommunikation) beziehen (vgl. Höflich 1997: 98, 2003: 90 ff.). Die Kommunikationswissenschaft „ist gleichsam das Bindeglied zwischen beiden Perspektiven" (Quiring/Schweiger 2006: 7) und stellt den technisch vermittelten Kommunikationsprozesses in den Mittelpunkt. Technisch gesehen muss für das Zustandekommen von Interaktivität ein Rückkanal vorhanden sein. Die technische Komponente nimmt daher eine „Schlüsselstellung im Kommunikationsprozess" (ebd.: 9) ein.

Die Definitionen des Interaktivitätsbegriffs sind den heterogenen Sichtweisen entsprechend differierend. Rafaeli (1988: 110) wies bereits im Jahr 1988 auf eine fehlende einheitliche Definition hin. Um dem entgegenzuwirken, beschreibt er Interaktivität folgendermaßen: „Interactivity is an expression of the extent that in a given series of communication exchanges, and third (or later) transmission (or message) is related to the degree to which previous exchanges referred to even earlier transmissions." (ebd.: 111) Neuberger (2007: 45) knüpft an Rafaelis Prozessvorstellung an und bezeichnet Kommunikation als interaktiv, „wenn ein menschliches Gegenüber auf eine Anfrage individuell reagiert und sich eine mehr oder weniger lange Kette von Interaktionen ergibt."

Neuberger liefert zudem einen schlüssigen Vorschlag für eine Unterscheidung, indem er zwischen Interaktivität als Potential und Interaktion als Prozess differenziert. Interaktivität sei dementsprechend das Potential „eines technischen Einzelmediums oder einer Kommunikationssituation, das interaktive Kommunikation begünstigt" (ebd.: 43 f.). Diesem Verständnis wird in der vorliegenden Arbeit gefolgt: Interaktivität bezeichnet das Potential, technisch vermittelte Interaktionen (aufeinander bezogenes Handeln) zwischen Menschen oder zwischen Menschen und Maschinen zu ermöglichen. Interaktion hingegen bezeichnet die Umsetzung dieses Potentials und die konkrete Nutzung dieser Möglichkeiten. Da Interaktivität die Möglichkeiten zur aktiven Einflussnahme des Nutzers auf die Medienprodukte beinhaltet, besteht ein enger Zusammenhang mit der Eigenschaft Partizipation. Das Ausmaß der Partizipation wird am Grad der Interaktivität sichtbar. Dementsprechend werden bestehende Versuche zur Kategorisierung von Interaktivität im Zusammenhang mit dem Charakteristikum Partizipation diskutiert.

Das Internet hat die Bedingungen für Interaktion im öffentlichen Raum verändert. Vor allem das Social Web ermöglicht gesteigerte Rückkopplungs- und Eingriffsmöglichkeiten in medial vermittelte öffentliche Kommunikation, die keine physische Präsenz erfordern (vgl. Vesper 1998: 22 f.; Sutter 2010: 88). Bei Social-Media-Anwendungen spielt Interaktion eine zentrale Rolle, da der Akt des In-Beziehung-Tretens für das Zustandekommen von Kommunikation nötig ist und soziale Beziehungen häufig auf das Internet verlagert werden. Somit dient Interaktion auch den Funktionen der Sozialisation und der sozialen Orientierung. In Bezug auf die Rekreationsfunktion verhält es sich wie bereits zuvor bei Kommunikation, Interaktion kann dieser einerseits zugutekommen, aber andererseits auch das Gegenteil bewirken. Für die Integrationsfunktion ist Interaktion unabdingbar, da das In-Beziehung-Treten ein erster Schritt in Richtung Integration ist.

2.2.3 Partizipation

Das Konzept der Partizipation stammt aus der Demokratietheorie und bezeichnet hierbei die „politische Beteiligung möglichst vieler über möglichst vieles, und zwar im Sinne von Teilnehmen, Teilhaben, Seinen-Teil-Geben und innerer Anteilnahme am Schicksal eines Gemeinwesens." (Schmidt 2010: 236) Heute besitzt der Begriff verschiedene Konnotationen, die sich sowohl auf politische, soziale und kulturelle als auch wirtschaftliche Zusammenhänge beziehen (vgl. Einspänner-Pflock/Dang-Anh/Thimm 2014: 7). Die Verbreitung des Internets hat dazu geführt, dass sich neue Formen medialer bzw. digitaler Partizipation gebildet haben, „die von den veränderten technologischen und medialen Rahmenbedingungen profitieren." (Bürger/Dorn-Fellermann 2014: 43) Das Vorhandensein eines Rückkanals im Internet wirkt sich demokratietheoretisch positiv aus (vgl. Hohlfeld/Kendlbacher/Behmer 2015: 326) und erhöht prinzipiell die Chance auf Partizipation an der Öffentlichkeit. Partizipative Online-Technologien haben sich zu einer der „Hauptantriebsfedern des Netzes" (Anastasiadis/Thimm 2011: 10) formiert. Partizipation wird im Zusammenhang mit Online-Medien „heute beinahe inflationär und oftmals unspezifisch verwendet" (Einspänner-Pflock/Dang-Anh/Thimm 2014: 7), was vor allem daran liegt, dass Interaktion und Partizipation sowohl theoretisch als auch empirisch schwer zu differenzieren sind (vgl. Serong 2014: 107).[35] Eine Unterscheidung ist jedoch gerade in Bezug auf Social Media notwendig, da

---

[35] Neuberger (2007: 43) weist auf ein „Spannungsverhältnis" zwischen Interaktion und Partizipation hin. So könnten Schwierigkeiten bei der Wechselwirkung sowie dem Rollentausch entstehen, da eine zunehmende Teilnehmerzahl die Chance mindert, dass sich die Teilnehmer aufeinander beziehen.

der prozentuale Anteil derjenigen Nutzer, die sich aktiv an der Fortentwicklung eines Inhaltes oder einer Diskussion beteiligen, in der Regel gering ist. Eine trennscharfe Differenzierung ist nicht möglich, da Partizipation beispielsweise auf den Handlungsablauf sozialer Beziehungen angewiesen ist. Ferner handelt es sich bei Interaktion um eine formale Kategorie, während Partizipation als inhaltliche Kategorie zu fassen ist. Partizipation geht in Bezug auf Inhalte einen Schritt weiter als Interaktion, da der Nutzer Inhalte aktiv beeinflussen kann. Bürger und Dorn-Fellermann (2014: 48) beschreiben daher mediale Partizipation als wechselseitigen Austausch von Medieninhalten „mit zunehmenden Gestaltungsmöglichkeiten der Infrastruktur und damit zur Mitbestimmung des eigenen Partizipationsprozesses im Medium."

Medien unterscheiden sich generell hinsichtlich ihres Interaktivitätspotentials. Dementsprechend gibt es zahlreiche Versuche, Interaktivität von Medienanwendungen zu kategorisieren.[36] Dabei ist zwischen ein- und mehrdimensionalen Konzepten zu unterscheiden, wobei sich die mehrdimensionalen Ansätze „als valider und damit als zweckmäßiger" (vgl. Stark 2006: 30) erwiesen haben. Bei den vorhandenen Einteilungen tauchen vor allem immer wieder nachfolgende Dimensionen auf: die Komplexität der Auswahlmöglichkeit der Nutzer, der Input eines Nutzers in ein System sowie die Anpassungsfähigkeit des Mediums an den jeweiligen Nutzer (vgl. ebd.: 33). Das Spektrum der Interaktivität kann sich im Laufe der Zeit verändern.

Partizipation ist nicht nur ein Charakteristikum des Social Web, sie kommt auch den sozialen Funktionen von Massenmedien zugute. So fördern aktive Teilhabe und Diskussionen die Sozialisation, aber auch das Schaffen einer gemeinsamen Hintergrundwirklichkeit, die der sozialen Orientierung dienen. Durch ein zu breites Beteiligungsangebot kann die Orientierung andererseits auch verloren gehen. Nutzer können sich aufgrund einer Fülle an Angeboten überfordert fühlen. Dies kann sich wiederum negativ auf den Wunsch nach Unterhaltung und Entspannung auswirken. Die Möglichkeit zur Teilhabe fördert die Integration, da Nutzer Bestandteil der Angebote werden und mitentscheiden können, auch wenn es hierbei Unterschiede bezüglich der Intensität gibt. Die Beteiligung an Diskussionen über spezielle Medieninhalte kann auch zur Integration in soziale Gruppen führen.

---

[36] Siehe z. B. die Dimensionen von Heeter (1989: 221 ff.); Goertz (1995: 486 ff., 2004: 4 ff.); Foscht (1998: 17 ff.); Jensen (1998: 200 ff.); Rössler (2003: 506).

2.2.4 Kollaboration

Eine weitere wesentliche Eigenschaft des Social Web sind die von Usern kollaborativ zusammengetragenen Inhalte (vgl. Ebersbach/Glaser/Heigl 2011: 34; Neumann-Braun/Autenrieth 2011: 9). Kollaboration (aus dem Lateinischen „collaborare") steht allgemein für die Zusammenarbeit mehrerer Personen bzw. Gruppen und ist dementsprechend definiert als die „Zusammenarbeit von Individuen auf Basis einer Kooperation und geschaffenen Koordinations- und Kommunikationsvoraussetzungen unter Berücksichtigung der organisationalen und persönlichen Kontexte." (Narr 2013) In der öffentlichen, medienvermittelten Kommunikation haben Kooperationen durch das Internet deutlich an Relevanz gewonnen (Neuberger 2015: 29). Kollaboration ist im Gegensatz zu Kooperation primär auf den Prozess des Zusammenarbeitens fokussiert und weniger auf das Erreichen gemeinsamer Ziele (vgl. Döbler 2010: 390). Die beteiligten Mitglieder arbeiten von Anfang an zusammen, „wobei einzelne Funktionen im Rahmen des Gruppengeschehens eher spontan und in geringem Ausmaß auf verschiedene Gruppenmitglieder verteilt werden." (ebd.)

Kollaboration war bereits bei der Entwicklung des Internets von zentraler Bedeutung, vernetzte Computer wurden beispielsweise zum wissenschaftlichen Austausch eingesetzt. Das Web 2.0 nutzt dieses Prinzip vor allem zum gemeinsamen Wissensaufbau in Wikis, aber auch bei Blogs oder Podcasts. Erfolgreiche internetbasierte Kollaboration benötigt gemeinschaftliche Prinzipien und Konventionen, soziale Faktoren sowie technische Voraussetzungen. Durch das Verfolgen eines gemeinsamen Ziels wird eine gemeinsame Hintergrundwirklichkeit geschaffen, welche die soziale Orientierung begünstigt. Kollaboration kann ablenken und Flucht aus dem Alltag bieten, allerdings erfordert sie Aktivität und erschwert somit das Eintreten von Entspannung. Durch Zusammenarbeit mit anderen Personen wird eine Integration in die jeweilige Gruppe mit dem gemeinsamen Ziel ermöglicht.

2.2.5 Vernetzung und Gemeinschaftsbildung

„Eng im Zusammenhang mit Kommunikation und Interaktion steht das Beziehungsgeflecht eines Menschen." (Thimm 2011: 31) Soziale Netzwerke bilden sich sowohl offline als auch online, ihr Zusammenspiel prägt die Beziehungen zwischen den Menschen. Gemeinschaften können somit auch überregional bzw. international hergestellt werden, Menschen mit ähnlichen Interessen können sich über das Internet vernetzen (vgl. Rainie/Wellman

2012: 22). Der Netzwerkgedanke gilt als „treibende Kraft sozialer Medien" (Hohlfeld/Godulla 2015: 12). Der Begriff der Gemeinschaft steht daher oftmals für „die besonderen interaktiven Qualitäten vernetzter Internetkommunikation" (Sutter 2010: 15).

Vernetzung und Gemeinschaftsbildung sind grundsätzlich keine neuen Eigenschaften, da das Eingehen von sozialen Bindungen und die Kontaktpflege menschliche Grundbedürfnisse darstellen (vgl. Zillich 2013: 104). Geändert haben sich nur die Art und Weise des Zustandekommens. Gruppen zeichnen sich allgemein durch eine starke Abgrenzung, eine differenzierte Beziehung unter den Mitgliedern sowie relative Dauerhaftigkeit aus (vgl. Dollhausen/Wehner 2003: 78). Die Mitglieder einer Gruppe sind emotional mit dieser verbunden, es entwickelt sich ein Gemeinschaftsgefühl (auch: „Wir-Gefühl"). Schäfer (1999: 20 f.) definiert eine soziale Gruppe wie folgt:

> „Eine soziale Gruppe umfaßt eine bestimmte Zahl von Mitgliedern (Gruppenmitgliedern), die zur Erreichung eines gemeinsamen Ziels (Gruppenziel) über längere Zeit in einem relativ kontinuierlichen Kommunikations- und Interaktionsprozeß stehen und ein Gefühl der Zusammengehörigkeit (Wir-Gefühl) entwickeln."

Die zentralen Merkmale dieser Definition treffen bei virtuellen Gruppen nur bedingt zu. Thiedeke (2003: 60) bezeichnet virtuelle Gruppen daher als Sonderform sozialer Gruppen, die sich im Sinne von Luhmann „in ihren Systemstrukturen einerseits von flüchtigen Interaktionssystemen und lockeren Netzwerken sowie anderseits von metastabilen, formalen Organisationen" unterscheiden. Etwas weiter als der soziologische Gruppenbegriff ist das Konzept der Gemeinschaft gefasst. Anknüpfend an eine grundlegende Gemeinschaftsbeschreibung von Tönnies (1979) definiert Weber (1976: 21) den Begriff „Vergemeinschaftung" als soziale Beziehung, die auf das Zusammengehörigkeitsgefühl der Beteiligten basiert. Ausführlich beschreibt Hamman (2003: 217) Gemeinschaften im soziologischen Sinn als 1) eine Gruppe, „2) die in sozialen Interaktionen steht, 3) einige gemeinsame Bindungen zwischen sich und den anderen Mitgliedern der Gruppe aufweisen 4) und die schließlich zweiweise einen gemeinsamen Ort frequentieren."

Netzgemeinschaften werden anlehnend an Rheingold (1994) auch als „virtuelle Gemeinschaften" („virtual communities") bezeichnet.[37] Rheingold ist der Frage nachgegangen, wie virtuelle Gemeinschaften über computervermittelte Kommunikation konstruiert werden. Er hat dabei virtuelle Gemeinschaften als soziale Zusammenschlüsse eingeordnet, „die dann im Netz entstehen, wenn genug Leute diese öffentlichen Diskussionen lang genug führen und dabei ihre Gefühle einbringen, so daß im Cyberspace ein Geflecht persönlicher Gefühle entsteht." (Rheingold 1994: 16) Eine virtuelle Gemeinschaft ist abzugrenzen von der Virtualisierung bereits zuvor existierender Offline-Gemeinschaften (vgl. Deterding 2009: 116). Gemeinschaften in Social Networks bestehen meist aus einer Mischung von Kontakten, zu denen bereits im realen Leben eine Bindung bestand, und Personen, die man erst im Internet kennengelernt hat (vgl. Kneidinger 2012: 82).[38] Virtuelle Gemeinschaften setzen sich meist aus Mitgliedern zusammen, die online zueinander gefunden haben. Um soziale Beziehungen innerhalb von virtuellen Gemeinschaften zu fassen, eignet sich die Theorie sozialer Netzwerke.

Der Netzwerkgedanke beschreibt nicht nur die technische Vernetzung durch das Internet, sondern besitzt auch eine soziale Dimension. Zwischenmenschliche Beziehungen (Brücken) sind laut Moreno (1974: 268 ff.) emotionale Verbindungen zwischen Individuen (Knoten), deren Geflecht einem Netz ähnelt. Soziale Netzwerke sind eine „als durch bestimmte Beziehungen verbundene Menge von sozialen Einheiten, wie z. B. Personen, Gruppen und Organisationen." (Schenk 2009: 75)[39] Sie bestehen aus der Gesamtheit aller sozialen Beziehungen (vgl. Puffert 2009: 45). Granovetter (1983: 201) unterscheidet in Bezug auf soziale Netzwerk-Beziehungen zwischen starken Bindungen („strong ties") zu nahestehenden Personen und schwachen Verbindungen („weak ties") zu flüchtigen Bekannten oder Arbeitskollegen. Das Netz fördert primär schwache Beziehungen (vgl. Ebersbach/Glaser/Heigl 2011: 198). Diese gewinnen gerade in modernen, individualisierten Gesellschaften an Bedeutung. Geschätzt wird daran vor allem „die Unverbindlich-

---

[37] Alternativ kommen folgende Bezeichnungen zum Einsatz: Elektronische Gemeinschaft, Digitale Gemeinschaft, Online-Gemeinschaft, Online-Community, Virtuelle Community, E-Community, Net-Community oder Cyber-Community.

[38] Eine Befragung von 41.000 Social Network-Nutzern zeigt, dass diese überwiegend ihren bestehenden Freundeskreis im Internet abbilden (vgl. Leiner/Hohlfeld/Quiring 2010: 48).

[39] Zum Begriff der (sozialen) Netzwerke siehe auch Schäfer (1999: 26); Döring (2003: 409 ff.); Beck (2006: 174 ff.); In der Smitten (2007: 120 ff.); Castells (2010); Rainie/Wellman (2012: 39 ff.); Ebersbach/Glaser/Heigl (2011: 196 ff.).

keit sozialer Beziehungen jenseits der alltäglichen Verbindlichkeit." (Beck 2006: 170). Durch das Konzept der sozialen Netzwerke kann ein Großteil der Sozialbeziehungen im Social Web gefasst werden. Dieser macht es möglich, verschiedene Sozialgebilde zu vergleichen, „ohne als Ergebnis vorwegzunehmen, ob es sich um *Gruppen, Gemeinschaften, Organisationen oder flüchtige Interaktionssysteme* (soziale Kontakte) handelt." (ebd.: 176, H.i.O.)

Die Vernetzung kann die Sozialisation fördern, da der Anschluss zu Personen bzw. Gruppen mit gleichen Werten und Normen erleichtert wird. Eine starke Vernetzung kann auch dazu führen, dass Menschen mit vielen verschiedenen Gesellschaftsrollen konfrontiert werden. Allerdings ist dies selten der Fall, da meist eine Vernetzung von Personen mit ähnlichen Interessen und Wertevorstellungen erfolgt. Zwar kann die Teilhabe an virtuelle Gemeinschaften auch als eine Art Flucht aus der realen Welt und der Unterhaltung dienen, doch die starke Vernetzung und das Agieren in Gemeinschaften führen eher zu aktiven Verhaltensweisen anstatt zu Entspannung. Desto größer das persönliche Netzwerk, desto leichter kann die Integration in Gemeinschaften mit ähnlichen Interessen erfolgen, da zahlreiche potentielle Gesprächspartner für Anschlusskommunikation vorhanden sind.

Zusammenfassende Betrachtung der Charakteristika

Die vorherige Abhandlung der einzelnen Social-Media-Charakteristika in Bezug auf die sozialen Funktionen von Massenmedien hat gezeigt, dass die Eigenschaften Kommunikation, Interaktion, Partizipation, Kollaboration und Vernetzung bzw. Gemeinschaftsbildung überwiegend den Funktionen der Sozialisation, sozialen Orientierung, Rekreation und Integration zugutekommen. Zwar sind nicht alle Eigenschaften ausschließlich und zweifelsfrei für die sozialen Funktionen förderlich, dennoch überwiegen deutlich die positiven Einflüsse (vgl. Abb. 2). Somit können die Social-Media-Merkmale als allgemeine Charakteristika von sozialen Medien eingeordnet werden.

Es muss darauf hingewiesen werden, dass die Charakteristika keinen Anspruch auf Vollständigkeit erheben. Ebenso kann keine eindeutige Trennschärfe hergestellt werden, da sich die einzelnen Eigenschaften teilweise überschneiden. Ob sich die vorgenommene Charakterisierung als zielführend erweist, wird die empirische Überprüfung zeigen. Zunächst ist jedoch zu klären, was die Beweggründe zur Nutzung sozialer Medien sind.

Abb. 2: Matrix der Charakteristika sozialer Medien

Soziale Funktionen / Charakteristika	Sozialisationsfunktion = Erlernen von Gesellschafts-rollen u. -normen, Rollen u. Werte vermitteln	Soziale Orientierungsfunktion = Schaffen gemeinsamer Hinter-grundwirklichkeit, Zurechtfinden in Gesellschaft	Rekreationsfunktion = Ablenkung, Unterhaltung, Entspannung, Realitäts-flucht	Integrationsfunktion = Desintegration entgegen wirken, Teil der Gesellschaft bzw. einer sozialen Gruppe
Kommunikation = der Verständigung dienende Bedeu-tungsprozesse	✓ Die Verständigung durch Kommunikation ist zur Vermittlung von Werten und Normen notwendig	✓ Orientierung kann ohne Kommunikation nicht vermittelt werden	Alle Charakteristika können prinzipiell zur Ablenkung oder Un-terhaltung beitragen und somit der Rekrea-tionsfunktion dienen	✓ Kommunikation dient der Integration in sozia-len Gruppen
Interaktion = Handlungsablauf sozialer Beziehungen	✓ Interaktion mit dem so-zialen Umfeld fördert die Sozialisation	✓ Interaktion kommt dem Zurechtfinden in der Ge-sellschaft zugute	✓	✓ In-Beziehung-Treten ist der erste Schritt in Rich-tung Integration
Partizipation = Beteiligung (Initia-tion und Reaktion)	✓ Durch aktive Teilhabe und Diskussionen kön-nen Werte entwickelt sowie verbreitet werden	✓ Beteiligung kann gemein-same Hintergründe schaf-fen ✗ Orientierung kann durch zu breites Beteiligungsan-gebot verloren gehen	Alle Charakteristika erfordern eine Aktivi-tät auf Nutzerseite. Diese ist jedoch nicht immer erwünscht, da sie Anstrengung ver-ursachen kann und somit eine Entspan-nung verhindert. Ent-spannung wird primär durch passives Rezi-pieren hervorgerufen	✓ Teilhabe integriert den Nutzer, die Diskussion etc. über Medieninhalte kann auch der Gruppen-integration dienen
Kollaboration = vernetztes Zusam-menarbeiten	✓ Kollaboration erfordert gemeinsame Werte; soziale Sinnstiftung för-dert Sozialisation	✓ Zusammenarbeiten fördert Orientierung und Zurecht-finden	✗	✓ Das gemeinsame Arbei-ten mit anderen kann Integration in Arbeits-gruppen ermöglichen
Vernetzung, Ge-meinschaftsbildung = Ausbau des eigenen Netzwerks, Gemein-schaftserlebnis	✓ Vernetzung fördert Sozi-alisation, Anschluss an Gruppen mit gleichen Werten/Normen	✓ Vernetzung wirkt Einsam-keit im Erleben und Han-deln der Menschen entge-gen ✗ Starke Vernetzung kann zu Orientierungslosigkeit führen		✓ Vernetzung fördert die Integration in Gruppen mit gemeinsamen Inte-ressen, Gemeinschafts-bildung

Quelle: Eigene Darstellung.

2.3 Mediennutzung als soziales und aktives Handeln

Die Kerngebiete der kommunikationswissenschaftlichen Forschung können in die Bestandteile der Formel von Lasswell (1948) eingeteilt werden: Wer (Kommunikator-/Journalismusforschung) sagt was (Medieninhaltsforsch-ung) in welchem Kanal (Medienforschung) zu wem (Nutzungsforschung) mit welchem Effekt (Wirkungsforschung)? Während die ersten drei Forsch-ungsbereiche „die medialen Voraussetzung für die Mediennutzung klären" (Schweiger 2007: 24), beziehen sich die Wirkungs- und Nutzungsforschung beide auf die Interaktionen zwischen Medien und ihrem Publikum. Die Wirkungsforschung geht der Frage nach, was die Medien mit den Menschen machen. Die rezipientenorientierte Perspektive hingegen betrachtet den Kommunikationsprozess aus Sicht des Individuums und fragt, was der Mensch mit den Medien macht (vgl. Katz/Foulkes 1962: 378; Ronge 1984: 74; Renckstorf 1989: 318 f.; Maletzke 1998: 119 f.). Mediennutzung ist in Anlehnung an den Symbolischen Interaktionismus als eine Form sozialen Handelns zu konzeptualisieren, da es sich hierbei um ein absichtsvolles Nutzen von medialen Angeboten zur Befriedigung bestimmter Bedürfnisse handelt (vgl. Bonfadelli/Hättenschwiler 1994: 58; Charlton/Sutter 2001). Der Rezipient muss dazu seinen Bedürfnismangel erkennen und wissen, wie er diesen beheben kann. Das Publikum besteht aus aktiven Individuen, die intentional handeln, also zielgerichtet von Medien und ihren Inhalten Gebrauch machen (vgl. Donnerstag 1996: 231; Burkart 2002: 220). Somit wird auch Fernsehnutzung als soziales Handeln eingestuft (vgl. Teichert 1973; Ayaß 1993: 36; Mehling 2007: 143 ff.), „hinter dem spezifische kommunikative Erfahrungen, Erwartungen und Absichten stehen." (Krotz 2001b: 48)

Da es keinen umfassenden Theorieansatz der Mediennutzung gibt, differenziert Meyen (2004) zwischen motivationalen und kontextbezogenen Ansätzen. Während *motivationale Ansätze* die Mediennutzung über menschliche Grundbedürfnisse erklären, fokussieren *kontextbezogene Ansätze* die sozialen Faktoren der Medienaneignung. Laut Schweiger (2007: 32) umfasst die Mediennutzungsforschung alle Ansätze, „die Mediennutzungsepisoden, Mediennutzungsmuster oder Medienbewertungen/-kompetenzen von Individuen, sozialen Gruppen oder Medienpublika beschreiben oder anhand einschlägiger Faktoren erklären." Er schlägt eine Dreiteilung in funktionale, prozessuale und strukturelle Perspektiven der Mediennutzungsforschung vor (vgl. ebd.: 20 ff.). Die *funktionale Perspektive* geht der Frage nach, warum Menschen Medien nutzen und fokussiert somit die Ursachen der Mediennutzung unter Berücksichtigung der individuellen Bedürfnisse. Die *prozessuale Perspektive* hingegen untersucht, wie Menschen mit Medien umgehen und zielt auf die Analyse konkreter Mediennutzungsprozesse ab. Die *strukturelle Perspektive* schließlich fragt nach den Bedingungen der Mediennutzung. Für die vorliegende Arbeit ist primär von Belang, ob Social TV den sozialen Bedürfnissen der Zuschauer dient, also die funktionale Perspektive.

Die kommunikationswissenschaftliche Rezeptionsforschung, die das „Verarbeiten und Erleben von Medien und medienvermittelten Inhalten" (Bilandzic/Schramm/Matthes 2015: 11) erforscht,[40] beruft sich seit langer

---

[40] Kommerzielle Mediennutzungsforschung bzw. kommerzielle Publikumsforschung verfolgt in erster Linie das Ziel, Nutzergruppen soziodemografisch zu beschreiben (Reichweitenforschung). Da die kommunikationswissenschaftliche Nutzungsforschung „über die reine *Beschreibung der Mediennutzung* hinausgeht und *theoretische Erklärungen* liefern möchte" (Bilandzic 2014: 347, H.i.O.), wird sie alternativ als „Medienrezeptionsforschung" bezeichnet. Mit Rezipieren ist hierbei nicht ausschließlich das Empfangen von Mitteilungen eines passiven Rezipienten gemeint: „Der Empfänger im Prozess der Massenkommunikation greift aktiv in diesen Prozess ein" (Pürer 2014: 323).

Zeit auf den Uses-and-Gratifications-Ansatz (auch: Nutzen- und Belohnungsansatz), der Erklärungen für die Mediennutzung sucht. Der Ansatz geht über das reine Beschreiben von Verhalten hinaus, im Fokus „steht der Zuwendungs- und Rezeptionsprozeß als dynamischer Prozeß." (Lindner-Braun 2007: 271) Es wird dabei von einem aktiven Publikum ausgegangen, das sich intentional und zielgerichtet bestimmten Medienangeboten zuwendet, um Bedürfnisse zu befriedigen. Social TV, der Untersuchungsgegenstand der vorliegenden Studie, ist aus der Aktivität der Nutzerschaft heraus entstanden (vgl. Kap. 4.1.1). Auch hierbei ist anzunehmen, dass die Nutzung zielgerichtet zur Bedürfnisbefriedigung erfolgt.

2.3.1 Uses-and-Gratifications-Ansatz

Der Uses-and-Gratifications-Ansatz gilt spätestens seit den 1980er-Jahren als weit verbreitetes Konzept zur Untersuchung von Mediennutzung. Eine einheitliche Perspektive hat sich trotz zahlreicher Studien und einer langen Entwicklungsphase dennoch nicht herausgebildet (vgl. Schenk 2007: 684). Weitestgehende Einigkeit besteht jedoch über folgende fünf zentrale Annahmen, die von Katz, Blumler und Gurevitch (1973: 510 f., 1974: 21 f.) stammen, von Rubin (2000: 138, 2009: 167) überarbeitet wurden und sich als Basis der Nutzen- und Belohnungsforschung herausgebildet haben:

1. Die Auswahl und Nutzung von Medien ist zielorientiert, absichtsvoll und motiviert.

2. Das Publikum ist aktiv, Nutzer der Massenmedien entscheiden selbst und willentlich, wann sie welche Medien rezipieren wollen, um ihre Bedürfnisse zu befriedigen.

3. Das Mediennutzungsverhalten sowie die Erwartungen an die Medien werden durch soziale und psychologische Faktoren beeinflusst oder gefiltert.

4. Die Massenmedien stehen in direkter Konkurrenz zu anderen Quellen der Bedürfnisbefriedigung. Bedürfnisse können nicht nur durch Mediennutzung, sondern auch durch „functional alternatives" (Katz/Blumler/Gurevitch 1973: 511) befriedigt werden.

5. Der Rezipient prägt die Beziehung zwischen Medium und Individuum, er hat meist den stärkeren Einfluss.

Verwirrung gibt es immer wieder hinsichtlich der für diesen Ansatz elementaren Begriffe „Bedürfnis", „Motiv" bzw. „Motivation" sowie „Gratifikation". Sie werden häufig synonym verwendet, obwohl sie von unterschiedlicher Bedeutung sind (vgl. Meyen 2004: 18; Schweiger 2007: 75). *Bedürfnisse* können in grundlegende und weniger grundlegende bzw. Primär- und Sekundärbedürfnisse unterteilt werden. Primärbedürfnisse sind für das Überleben des Organismus unabdingbar, dazu zählt beispielsweise das Bedürfnis nach Essen und Trinken. Sekundärbedürfnisse, wie das Bedürfnis nach Sicherheit, bilden sich hingegen individuell aus und werden vom sozialen Umfeld eines Individuums beeinflusst (vgl. Maslow 1954).

Sowohl Bedürfnisse als auch Motive sind „Mangelzustände, die ein Individuum überwinden möchte" (Meyen 2004: 18). Ein Bedürfnis ist ein allgemeines Mangelgefühl, während ein *Motiv* ein gezieltes Mangelgefühl ist, das nach einem bestimmten Zielzustand strebt. Bedürfnisse können sich in Interaktion mit psychischen und sozialen Faktoren zu Problemen entwickeln (vgl. Drabczynski 1982: 33). Motive hingegen konstituieren sich aus der Kombination dieser Probleme und den potentiellen Lösungsmöglichkeiten (vgl. Rosengren 1974: 276; Drabczynski 1982: 36). Sie stellen einen bewussten Antrieb zur Handlung dar, sind „aber noch nicht auf eine konkrete Handlung gerichtet" (Bilandzic 2004: 6). *Motivation* wiederum kann als ein bewusstes Anstreben von Zielen bezeichnet werden. Im Gegensatz zum Motiv, das als eine überdauernde Handlungsbereitschaft einer Person zu umschreiben ist, bezieht sich Motivation auf einen aktuellen Prozess und ist somit eine „momentane Gerichtetheit auf ein Handlungsziel" (Heckhausen 1989: 3). Sie entsteht aus einem Wechselspiel zwischen den persönlichen Motiven und situativen Einflussfaktoren. *Gratifikationen* schließlich sind befriedigte Bedürfnisse bzw. der Nutzen, den Rezipienten aus den Medien ziehen können (vgl. Meyen 2004: 18; Schenk 2007: 681). Hierbei kann zwischen gesuchten und erhaltenen Gratifikationen differenziert werden. Während gesuchte Gratifikationen als Verhaltensursachen zu verstehen sind und dementsprechend mit Motiven gleichgesetzt werden, bezeichnen erhaltene Gratifikationen bereits eine Wirkung (vgl. Bilandzic 2004: 6).

Entstehung und Entwicklung des Uses-and-Gratifications-Ansatzes

Die Ursprünge des Nutzen- und Belohnungsansatzes sind bereits in den 1940er-Jahren zu finden (vgl. Papacharissi 2009: 137 f.). Als Pionierarbeit gilt die von Herta Herzog (1944) durchgeführte Untersuchung zu den Gratifikationen der Radionutzung in den USA. Sie stellte dabei fest, dass amerikanische Hausfrauen durch das Rezipieren von Seifenopern nicht erfüllte Wünsche kompensieren und einen Ausgleich der eigenen Lebenssituation erfahren können. Es folgten zahlreiche weitere Studien, wobei mehrere Phasen erkennen werden, in denen sich der Ansatz in der Kommunikationswissenschaft etablierte (vgl. Blumler/Katz 1974a; Palmgreen/Wenner/Rosengren 1985; Schweiger 2007: 60; Jäckel 2011: 90 ff.; Bonfadelli/Friemel 2015: 81).

In der ersten Phase, zu der Herzogs Studie zählt, konzentrieren sich die kommunikationswissenschaftlichen Studien auf die Deskription von Gratifikationen der Mediennutzung, primär auf die Nutzung von Radio und Zeitung. Blumler und Katz (1974a: 13) bezeichnen diese Phase als „Kindheit" des Ansatzes. Eine Auseinandersetzung mit theoretischen Grundlagen findet hierbei nicht statt. Stark im Fokus steht die Erforschung der eskapistischen Mediennutzung. Die Eskapismus-These nimmt an, dass Medien zur Realitätsflucht und Ablenkung genutzt werden (vgl. Katz/Foulkes 1962). Dem audiovisuellen Medium Fernsehen wird besonders viel Potential für die Förderung eskapistischer Tendenzen zugeschrieben. Bemängelt wird jedoch das Fehlen einer theoretischen Grundlage (vgl. Meyen 2001: 5) sowie die negative Auslegung des Eskapismus-Konzeptes (vgl. Schenk 2007: 684).

In den 1960er-Jahren folgt eine Phase der Operationalisierung bzw. die „Jugendzeit" (Blumler/Katz 1974a: 13), in der soziale und psychologische Einflussfaktoren auf die Mediennutzung untersucht werden. Es entstehen erste Typologien von Mediennutzungsmotiven (vgl. Rosengren 1996: 18), das Mediennutzungsverhalten wird allerdings immer noch nicht erklärt. Die dritte Phase der 1970er bzw. 1980er-Jahre kann als „Reifezeit" (Lindner-Braun 2007: 248) bzw. „Blütezeit" (Schweiger 2007: 60) bezeichnet werden. Diese Phase ist geprägt durch die Entwicklung theoretischer Modelle, die beispielsweise den Zusammenhang zwischen gesuchten und erhaltenen Gratifikationen fokussieren. Zu dieser Zeit erscheinen zwei zentrale Publikationen: der von Blumler und Katz (1974b) herausgegebene Band „The Uses of Mass Communications" sowie die Fortführung von Rosengren, Wenner und Palmgreen (1985) mit dem Titel „Media Gratifications Research: Current Perspectives".

In dem ersten Sammelband beschreiben Katz, Blumler und Gurevitch (1974: 20) die bereits zu Beginn dieses Kapitels genannten Grundelemente der Gratifikationsforschung. Schenk (2007: 686) fasst diese überblicksartig zusammen (siehe Abb. 3). Der Nutzen- und Belohnungsansatz beschäftigt sich demnach mit den Bedürfnissen der Mediennutzer und ihren Ursprüngen, die sozial oder psychologisch begründet sein können. Die zunächst medienunabhängigen Bedürfnisse erzeugen wiederum Erwartungen an Massenmedien. Diese medienbezogenen Bedürfnisse bzw. Erwartungen führen zu verschiedenen Mustern der Mediennutzung, woraus im optimalen Fall eine Bedürfnisbefriedigung resultiert. Möglich sind aber auch andere Konsequenzen der Mediennutzung, die meist unbeabsichtigt sind.

Abb. 3: Elemente des Uses-and-Gratifications-Ansatzes

Quelle: Schenk (2007: 686).

Rosengren (1974: 270 f.) entwickelte ein ähnliches Modell, das eine differenziertere Systematisierung enthält und eine vielfältigere Beziehungen zwischen den einzelnen Elementen herstellt. Die ablaufenden Prozesse bei der Mediennutzung werden demnach einerseits durch die Grundstrukturen der jeweiligen Gesellschaft inklusive dem in ihr bestehenden Mediensystem gerahmt, andererseits durch individuelle Charaktere der Nutzer, die von psychologischen Aspekten und grundsätzliche menschlichen Bedürfnissen geprägt sind. Diese Faktoren und die Grundbedürfnisse führen zu individuell wahrgenommenen Problemstellungen sowie Möglichkeiten der Problemlösung. Die Kombination dieser beiden Bereiche führt zur Entwicklung von Motiven zur Lösung des Problems, die entweder durch Mediennutzung oder anderes Verhalten erreicht werden kann. Daraus kann schließlich eine Bedürfnisbefriedigung resultieren. Schweiger (2007: 75) merkt an, dass eine nachvollziehbare Grenze zwischen den einzelnen Konstrukten fehle.

Eine maßgebliche Weiterentwicklung des Uses-and-Gratifications-Ansatzes ist das sogenannte „GS/GO-Modell". Greenberg (1974: 89) plädiert für eine Differenzierung zwischen gesuchten (GS = „gratifications sought") und erhaltenen (GO = „gratifications obtained") Gratifikationen. Um zu erklären, welche Medien genutzt werden, müsse demnach die Diskrepanz zwischen den beiden gemessen werden. Dabei wird angenommen, dass Nutzer diejenigen Medien bevorzugen, die ihren gesuchten Gratifikationen am ehesten entsprechen (vgl. Palmgreen 1984b: 54). Der Vergleich zwischen gesuchten und erhaltenen Gratifikationen ermöglicht eine Prüfung der Frage, inwiefern die Angebote der Medien den Bedürfnissen der Nutzer entsprechen. Soziale und psychologische Ursprünge bleiben jedoch unbeachtet.

Abb. 4: Erwartungs-Bewertungsansatz (GS/GO-Modell)

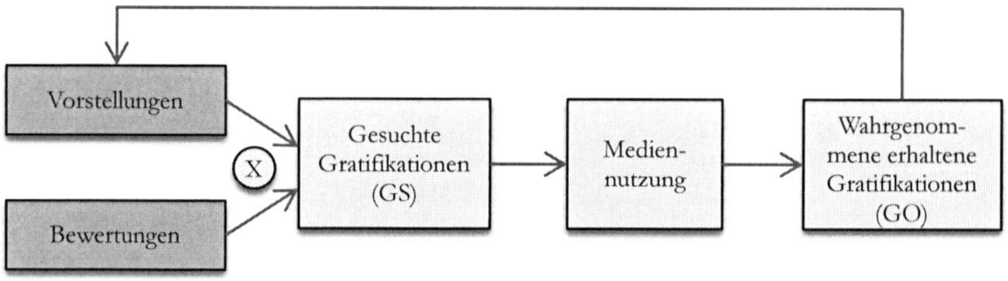

Quelle: Palmgreen (1984a: 74, 1984b: 56).

Das GS/GO-Modell wird im „Erwartungs-Bewertungsansatz" (Expectancy-Value) der Mediennutzung (siehe Abb. 4). aufgegriffen und weiterentwickelt (z. B. Palmgreen/Rayburn II 1982, 1985; Palmgreen 1984a, 1984b). Dieser Ansatz basiert auf der Erwartungs-Werttheorie, die Einstellungen aus sozialpsychologischer Perspektive zu erklären versucht (z. B. Fishbein 1963; Fishbein/Ajzen 1975). Demnach sind gesuchte Gratifikationen als Funktion von zu erwartenden Effekten und einer affektiven Bewertung diese Effekte, also dem Grad einer positiven oder negativen affektiven Einstellung zu einer Eigenschaft, zu verstehen (vgl. Palmgreen 1984a: 73). Es wird einerseits erfasst, welche Attribute Medien bzw. Medieninhalten zugeschrieben werden und andererseits, wie wünschenswert diese den Mediennutzern erscheinen. Die Auswahl der Medien oder bestimmter Medieninhalte erfolgt anhand des Produktes aus Erwartungen und darauf bezogenen Bewertungen. Sofern der erhaltene Nutzen groß ist, wird der Nutzer bei ähnlicher Bedürfnislange zukünftig wahrscheinlich zum gleichen Nutzungsverhalten tendieren.

Palmgreen (1984a: 75 ff., 1984b: 57 f.) fasst die Erkenntnisse der Gratifikationsforschung in einem „integrativen Gratifikationsmodell der Mediennutzung" zusammen. Neben der Unterscheidung zwischen gesuchten und erhaltenen Gratifikationen bzw. der Berücksichtigung rückwirkender Einflüsse erhaltener Gratifikationen auf die gesuchten Gratifikationen werden in diesem integrativen Modell soziale sowie psychologische Ursprünge von Bedürfnissen, Werten und Vorstellungen einbezogen. Aus diesen resultieren schließlich Motive für ein spezifisches Verhalten. Das komplex erscheinende integrative Modell impliziert nicht „die Erhaltung des *status quo* – es stellt im Gegenteil mehrere Ausgangspunkte für Veränderungen dar." (Palmgreen 1984a: 76, H.i.O.) Schönbach (1984: 64) kritisiert die Annahme, dass alle Wünsche durch Mediennutzung erfüllt werden können: „Nur aus dem, was Medien in einer Gesellschaft tatsächlich anbieten, und dem, was dann auch dem Rezipienten zugänglich ist, kann ausgewählt werden."

Der Uses-and-Gratifications-Ansatz wird in der Literatur häufig mit dem Nutzenansatz gleichgesetzt. Der Anfang der 1970er-Jahre entstandene Nutzenansatz (z. B. Teichert 1973; Renckstorf 1973, 1977, 1989) ist jedoch keine deutsche Variante des Uses-and-Gratifications-Approach (vgl. ebd. 1977: 327). Er kombiniert vielmehr die Annahme eines aktiven Publikums mit handlungstheoretischen Elementen des Symbolischen Interaktionismus. Der Nutzenansatz fokussiert sich weniger auf die psychologischen Aspekte (Motive), sondern vielmehr auf die Interpretation der Inhalte. Das Handeln der Rezipienten wird weitreichender betrachtet, da neben der Medienauswahl auch die kognitive Konstruktivität einbezogen wird. Medieninhalte werden von den Rezipienten auf Basis ihrer Interpretationsmuster und Bedürfnisse genutzt. Nicht die Kommunikatoren, sondern die Nutzer „entscheiden über Botschaft und Wirkung." (Beck 2013c: 203) Der Nutzenansatz behebt zwar einige Schwächen des Uses-and-Gratifications-Ansatzes, dennoch „scheint es bis dato nicht gelungen zu sein, den hohen handlungstheoretischen Anspruch empirisch wirklich fruchtbar zu machen." (Schweiger 2007: 71)

Kritik und Renaissance

Im Laufe seiner Entwicklung wurde der Uses-and-Gratifications-Ansatz in vielfacher Hinsicht kritisiert. Einer der Hauptkritikpunkte ist Theorieschwäche, immer wieder ist der Ansatz dem Vorwurf der Theorielosigkeit ausgesetzt (vgl. Elliott 1974: 246; Merten 1984: 67; Pfaff-Rüdiger/Meyen 2012: 73). Da kein geschlossenes theoretisches Konzept vorhanden ist, wird er meist als eine Forschungsstrategie bzw. theoretische Perspektive verstanden (vgl. Swanson 1979: 214) und nicht ohne Grund als „Ansatz" (approach) bezeichnet (vgl. Schweiger 2007: 65). Somit ist der Uses-and-Gratifications-Ansatz ein „Denkansatz, auf dessen Grundlage kommunikationswissenschaftliche Hypothesen und Theorien entwickelt werden können" (ebd.: 67).

Als kritisch wird des Weiteren eine Verknüpfung mit traditionellen funktionalistischen Theorieansätzen erachtet, da hierbei Medienselektion ausschließlich als Ergebnis rationaler Entscheidungen verstanden werde (vgl. Merten 1984: 67; Schweiger 2007: 69). Vielfach wird dabei eine Überbetonung der Aktivität des Publikums bemängelt, schließlich könnten auch unbewusste Motive und ritualisiertes Handeln die Mediennutzung bestimmen (vgl. Palmgreen 1984a: 77). „Menschen entscheiden keineswegs immer rational, sondern oft impulsiv, vereinfacht und habituell." (Meyen 2004: 17) Ein weiterer Kritikpunt richtet sich an die zu starke Konzentration auf das Individuum. Die Nutzer werden als eine isolierte, „atomisierte Mengen von

Individuen gedacht, losgelöst von ihren Gruppenbezügen und Subkulturen, die doch erst den Rahmen für die Bedeutung ihrer Handlungen liefern." (Morley 1996: 38) Der Uses-and-Gratifications-Ansatz untersucht primär die persönlichen Bedürfnisse von Individuen und klammert soziale Interaktionen vor und während der Mediennutzung meist aus.

Methodische Kritik richtet sich primär auf die Tatsache, dass sich Studien überwiegend auf Selbstberichte der Nutzer durch standardisierte Befragungen (Self-Report) verlassen und annehmen, dass die Rezipienten in der Lage sind, ihre Motive zu benennen (vgl. Teichert 1975: 271). Es ist umstritten, ob Nutzer sich über die Motive der Mediennutzung vollständig bewusst sind und diese artikulieren können (vgl. Mikos 1994: 49; Bonfadelli/Friemel 2015: 85) oder ob Antworten durch die Befragungsmethodik verzerrt werden (vgl. Meyen 2004: 18) bzw. sich die Nutzer für sozial erwünschte Motive entscheiden (vgl. Schenk 2007: 698; Beck 2013c: 204). Rubin (2009: 169) betont jedoch, dass die Validität der Gratifikationsskalen durch Methodentests ausreichend gesichert werden kann. Bei der methodischen Kritik handelt es sich „eher um eine allgemeine Kritik gegenüber der Methodik der Befragung zur Erforschung innerer Prozesse" (Jers 2012: 97).

Trotz der Kritik zählt der Uses-and-Gratifications-Ansatz nach wie vor zu einem der einflussreichen Ansätze der Rezeptionsforschung. Sein Einsatz hat in den letzten Jahren nicht nachgelassen, ganz im Gegenteil, seine Erklärkraft hat sich mit dem Aufkommen des Internets und konvergenten Medienlandschaften verstärkt (vgl. Livaditi et al. 2003: 2; Kaye/Johnson 2004: 197; Sundar/Limperos 2013: 504). Die Grundannahme eines aktiven und zielgerichteten Handelns der Nutzer „kann für die Internetnutzung eher als gültig betrachtet werden als im Bereich der klassischen Medien." (Suckfüll 2004: 39) Dies gilt in besonderer Weise für die interaktiven und partizipativen Angebote des Social Web, bei denen der aktive Nutzer eine zentrale Rolle einnimmt. Aus diesen Gründen erweist sich der Uses-and-Gratifications-Ansatz als ein geeigneter Rahmen für den Untersuchungsgegenstand der vorliegenden Studie, da es sich bei Social TV um eine interaktive Mediennutzung handelt, bei der den Zuschauern eine aktive Rolle zugesprochen wird. Die Social-TV-Nutzung kann einerseits erfolgen, um bestehende Bedürfnisse zu befriedigen, die bei der klassischen TV-Rezeption nicht erfüllt werden können. Ebenso ist es möglich, dass die Nutzung des sozialen Fernsehens aufgrund der Suche nach Gratifikationen erfolgt, die bei der klassischen Fernsehnutzung nicht von Belang sind.

2.3.2 Bedürfniskataloge des Uses-and-Gratifications-Ansatzes

Im Zuge der Uses-and-Gratifications-Forschung sind zahlreiche Bedürfniskataloge[41] entstanden. Da das Fernsehen im Mittelpunkt der vorliegenden Arbeit steht, orientiert sich die nachfolgende Auseinandersetzung mit vorhandenen Bedürfniskatalogen primär an diesem Medium.[42] Ebenso von Belang sind bisher ermittelte Motive von Onlineangeboten bzw. Social-Media Anwendungen, da diese bei Social TV in Kombination mit Fernsehinhalten genutzt werden. Das Fernsehen ist in der Nutzungsforschung in vielfacher Hinsicht untersucht worden, diese Arbeit kann daher auf eine Fülle an empirischer Forschung aufbauen. Eine frühe Typologisierung von Mediennutzungsmotiven wurde von Lasswell (1948) vorgeschlagen und später von Wright (1974) zu den vier Dimensionen: „Surveillance" (Überwachung), „Correlation" (Bindung), „Entertainment" (Unterhaltung) sowie „Cultural Transmission" (Kulturelle Übertragung) weiterentwickelt. Diese Typologie wurde von McQuail, Blumler und Brown (1972) aufgegriffen und mit Hilfe von qualitativen Interviews sowie Gruppendiskussionen mit briti-

---

[41] In der vorhandenen Literatur zur Uses-and-Gratifications-Forschung werden die Kataloge verschiedentlich benannt. So werden die Bezeichnungen Motiv-, Gratifikations- bzw. Bedürfniskataloge und Bedürfnisbatterien bedeutungsgleich eingesetzt (vgl. Schweiger 2007: 75). Da mit allen Begriffen dasselbe gemeint ist, werden sie auch in dieser Arbeit synonym verwendet.

[42] Die vorhandenen TV-Gratifikationsstudien betrachten mehrheitlich die Motive der allgemeinen Fernsehnutzung bzw. bieten einen Vergleich dieser mit den Motiven anderer Medienangebote (z. B. McQuail 1972, 1983; McQuail/Blumler/Brown 1972; Palmgreen/Rayburn II 1979, 1982; Rubin 1981, 1983; Wenner 1982; Webster/Wakshlag 1983; Kubey 1986; Finn/Gorr 1988; Conway/Rubin 1991; Fowles 1992; Cooper 1993; Lin 1993; Schmitz et al. 1993; Abelman/Atkin/Rand 1997; Burst 1999; Adams 2000; Gleich 2001; Ridder/Engel 2001; Scherer/Schlütz 2002, 2004; Dehm/Storll 2003; Reitze/Ridder 2011; Dinter/Pagel 2013; Breunig/Hofsümmer/Schröter 2014; Breunig/Engel 2015). Es existieren zudem Untersuchungen, bei denen die TV-Nutzungsmotive einer Ziel- bzw. Zuschauergruppe – etwa Schüler, Frauen, Singles oder Gemeinschaftsnutzer – im Fokus stehen (z. B. Greenberg 1974; Rubin 1979; Perse/Rubin 1990; Brown 1994; Vincent/Basil 1997; Kronewald 2007; Roe/Minnebo 2007; Zillich 2013; Müller/Röser 2017). Einige Studien vergleichen die Motive der Nutzung bestimmter Fernsehformate bzw. konzentrieren sich auf ein spezielles Genre. So wurden Motive für die Rezeption folgenden Genres ermittelt: Nachrichten (Levy 1978; Palmgreen/Wenner/Rayburn II 1981; Rayburn II/Palmgreen/Acker 1984; Wenner 1985; Rubin/Perse 1987b; Westerik/Renckstorf 2009a; Sommer 2010), Politik (McLeod/Becker 1981; Brubaker 2010), Geschichte (Meyen/Pfaff 2006), Talk-/Late-Night-Shows (Weiss 1999; Hartmann 2006), Reality (Schorr/Schorr-Neustadt 2000; Reiss/Wiltz 2004; Papacharissi/Mendelson 2007; Barton 2009; Godlewski/Perse 2010), Seifenopern (Greenberg et al. 1982; Rubin/Perse 1987a; Rössler 1988; Babrow 1989), Sport (Schramm/Klimmt 2003), Horror (Brosius/Schmidt 1990).

schen Fernsehzuschauern speziell auf die Gratifikationen der Fernsehnutzung zu vier Motivgruppen umgewandelt. Das Cluster „Diversion" (Eskapismus/Unterhaltung) umfasst sowohl Items zur Realitätsflucht bzw. zur Ablenkung von Problemen des Alltags als auch zur emotionalen Entspannung. Die Motivgruppe „Personal Relationships" (persönliche Beziehungen) beinhaltet den Aspekt der Geselligkeit durch Bindungen zu anderen Menschen als auch parasoziale Beziehungen. „Personal Identity" (persönliche Identifikation) beschreibt, dass Rezipienten Medien zur Selbstwertsteigerung nutzen, beispielsweise indem sie sich und ihre Lebensumstände in Bezug zu den Medieninhalten bzw. -akteuren setzt. Medien bieten den Rezipienten zudem die Möglichkeit, sich über das Weltgeschehen zu informieren und sich zu orientieren, was die Motivgruppe „Surveillance" (Kontrolle der Umwelt) repräsentiert. Diese Typologie modifizierte McQuail (1983: 82 f., 1984) später hin zu vier Dimensionen: Information, persönliche Identifikation, Integration und soziale Interaktion sowie Unterhaltung.

Die von Greenberg (1974) ermittelte Motivliste zur Fernsehnutzung basiert nicht ausschließlich auf Selbstauskünften der Nutzer. Greenberg ließ zunächst 180 Schüler in Großbritannien ein Essay zum Thema „Why I like to watch television" schreiben, wertere diese inhaltsanalytisch aus und ermittelte acht Motivgruppen bzw. 31 Items. Die übergeordneten Motivdimensionen (Entspannung, Geselligkeit, Information, Gewohnheit, Zeitfüller, Selbstfindung, Spannung und Eskapismus) überprüfte er anschließend quantitativ durch das Befragen von 726 Schülern in London.

Palmgreen und Rayburn II (1979: 163) identifizierten mittels einer quantitativen Befragung von 526 Personen in den USA sieben Motive der TV-Nutzung: Entspannung, Lernen, Gesprächsstoff sammeln, Eskapismus, Zeitfüller, Geselligkeit sowie Unterhaltung. Auf Basis von Greenbergs ermittelten Motivgruppen befragte Rubin (1981) 626 Personen und ermittelte neun Motivdimensionen, die zum Teil von Greenbergs Cluster übernommen wurden. Als neues Motiv fügte er hinzu, Fernsehen wegen eines spezifischen Programminhalts zu rezipieren (vgl. ebd.: 148). Vor allem die Skalen von Greenberg und Rubin wurden im Laufe der Zeit immer wieder verwendet. Komplett neue Motivdimensionen sind jedoch nicht ermittelt worden. In den vorhandenen Bedürfniskatalogen tauchen immer wieder folgende vier Motivgruppen auf:

1. *Kognitive Motive:* Information, Orientierung, Lernen, Neugier;

2. *Affektive Motive:* Unterhaltung, Entspannung, Ablenkung, Eskapismus, Erregung, Zeitvertreib, Langeweile bekämpfen;

3. *Soziale Motive:* Gemeinschaft, sozialer Kontakt, Integration, Anschlusskommunikation, parasoziale Interaktion;

4. *Identitätsbezogene Motive:* Identifikation, sozialer Vergleich, Selbstfindung, Meinungs- und Wertebestätigung, Selbstdarstellung.[43]

Es muss bedacht werden, dass die Motive nicht für alle Zuschauer generalisiert werden können. Sie variieren je nach Präferenz der Rezipienten, für verschiedene Zuschauer können identische Inhalte einen unterschiedlichen Nutzen haben (vgl. Mehling 2007: 33). Da die TV-Motive vielfältig sind und das TV somit prinzipiell eine Fülle an Funktionen erbringt, wird es auch „Allround-Medium" (van Eimeren/Ridder 2002: 80) genannt. Laut Meyen (2004: 124 f.) ist das Fernsehen aber vor allem deshalb zum Leitmedium geworden, weil es die zwei bedeutendsten Erwartungen der Menschen an Medien erfülle, nämlich die Suche nach Information und Unterhaltung. Diesbezüglich hat das TV Konkurrenz durch das Internet bekommen.

Wie bereits erwähnt, gilt der Uses-and-Gratifications-Ansatz als besonders geeignet für Erforschung interaktiver Medienanwendungen. Dementsprechend wurden die Motive der Nutzung von Onlineangeboten bereits in vielfältiger Weise untersucht. Die dabei ermittelten Motive variieren je nach untersuchter Online-Anwendung, teilweise überschneiden sie sich mit klassischen Nutzungsmotiven. In einer frühen Untersuchung der Nutzungsmotivation von Webseiten zeigte sich beispielsweise, dass diese sich überwiegend mit denen der klassischen Mediennutzung decken (vgl. Eighmey/McCord 1998: 193). Auch die von Papacharissi und Rubin (2000: 192) identifizierten Motive von 279 Studierenden zur Nutzung des Internets entsprechen überwiegend früheren Motivdimensionen: Informationssuche, Zeitvertreib, sozialer Nutzen, Bequemlichkeit und Unterhaltung. Zillien (2006: 203 ff.) ermittelte Information, Kommunikation, Transaktion sowie Unterhaltung als zentrale Nutzungsfunktionen des Internets, die sich je nach Angebotsform und Nutzungspraktik in ihrem Ausmaß unterscheiden. Studien, die speziell nach den Gründen der Nutzung von Social Networks fragen, diagnostizie-

---

[43] Die Strukturierung der zentralen Motive vorhandener Kataloge erfolgt in Anlehnung an Schweiger (2007: 80 f.). Ähnliche Einteilungen nehmen Kunczik/Zipfel (2005: 345); Beck (2013c: 201 f.); Bilandzic/Schramm/Matthes (2015: 53 f.); Bonfadelli/Friemel (2015: 83) vor.

ren neben der Informationssuche spezifische Motive wie Vernetzung, Zugehörigkeit oder Selbstdarstellung (z. B. Raacke/Bonds-Raacke 2008; Unger/Kolo 2009; Park/Kee/Valenzuela 2009; Papacharissi/Mendelson 2011; Busemann/Fisch/Frees 2012).[44]

Insgesamt zeigt sich bei Online-Gratifikationen eine Kombination aus Motiven traditioneller Mediennutzung (z. B. Information, Unterhaltung, Zeitvertreib) mit spezifischen, neu aufgedeckten Gründen (z. B. Selbstdarstellung, Partizipation). Diese netzwerkspezifischen Motive resultieren primär aus dem Interaktivitätspotential des Internets und der damit verbundenen Optionen zur aktiven Teilhabe. In diesem Zuge erwähnen einige Studien auch das Motiv zur Erstellung und Veröffentlichung nutzergenerierter Inhalte (z. B. Beck 2007; Daugherty/Eastin/Bright 2008). Die neueren Befunde lassen sich jedoch prinzipiell aus Erkenntnissen der frühen Gratifikationsforschung übertragen, da die ermittelten Motivdimensionen oft starke Ähnlichkeiten mit der klassischen Klassifizierung in kognitive, affektive, soziale sowie identitätsstiftende Motive aufweisen (z. B. Leung 2009; Jers 2012).

Einige Untersuchungen fokussieren speziell die funktionalen Differenzen von Fernsehen und Internet. Lin (1999) ermittelte schwache Korrelationen

---

[44] Ein Großteil der Forschungsliteratur bezieht sich auf die Nutzung des Internets an sich bzw. wie dieses von spezifischen Zielgruppen genutzt wird (z. B. Eighmey/McCord 1998; Kaye 1998; Korgaonkar/Wolin 1999; Wirth/Schweiger 1999; Ferguson/Perse 2000; Papacharissi/Rubin 2000; Ruggiero 2000; Stafford/Stafford 2001; Charney/Greenberg 2002; Kaye/Johnson 2002; LaRose/Eastin 2004; Song et al. 2004; Ko/Cho/Roberts 2005; Zillien 2006; Leung 2007; Meyen et al. 2009; Roy 2009; Ji/Fu 2013; Neuberger 2014; Tan/Yang 2014; van Deursen/van Dijk 2014). Einige Studien untersuchen spezifische Motive einzelner Online-Dienste, wie etwa E-Mails (z. B. Dimmick/Kline/Stafford 2000), Instant Messaging (z. B. Leung 2001), Empfehlungs-/Bewertungsportale (z. B. Hicks et al. 2012; Kim 2014) oder Online-Games (z. B. Wu/Wang/Tsai 2010; Hassouneh/Brengman 2014; Wei/Lu 2014). Ein weiterer erforschter Aspekt ist die Frage nach der Nutzungsmotivation von Angeboten des Web. 2.0, vor allem von Social-Media-Plattformen bzw. Social Networking Sites wie Facebook (z. B. Grace-Farfaglia et al. 2006; Bumgarner 2007; Ellison/Steinfield/Lampe 2007; Raacke/Bonds-Raacke 2008; Sheldon 2008; Park/Kee/Valenzuela 2009; Unger/Kolo 2009; Correa/Hinsley/de Zúñiga 2010; Quan-Haase/Young 2010; Neuberger/Gehrau 2011; Papacharissi/Mendelson 2011; Busemann/Fisch/Frees 2012; Ferguson 2012; Hoffman/Novak 2012; Hunt/Atkin/Krishnan 2012; Jers 2012, 2013; Nadkarni/Hofmann 2012; Wang/Tchernev/Solloway 2012; Bitkom 2013; Greenwood 2013; Jenkins-Guarnieri/Wright/ Johnson 2013; Reich/Vorderer 2013) oder von Microblogs wie Twitter (z. B. Johnson/Yang; Chen 2011; Greenwood 2013). Weiterhin widmen sich vereinzelte Studien den Motive zur Produktion von User-Generated-Content, wie etwa Blogs oder Wikis (z. B. Chung 2002; Kaye 2005; Schmidt/Wilbers 2006; Papacharissi 2007; Schroer/Hertel 2009; Leung 2009; Shao 2009; Hollenbaugh 2010; Ekdale et al. 2010; Neuberger 2012).

zwischen klassischen Fernsehmotiven und Online-Nutzungsmotiven: „[T]hese two sets of motives may be parallel in a broad sense but diverge when specific content access is considered." (ebd.: 83) Auch Ferguson und Perse (2000: 168 ff.) sind durch Befragung von 236 Studenten zu dem Ergebnis gekommen, dass Fernsehen und Internet hinsichtlich ihrer Funktionalität zwar Überschneidungen aufweisen, doch dass die Fernsehrezeption stärker dem Bedürfnis nach Entspannung diene. Bei diesen frühen Vergleichen muss bedacht werden, dass zur damaligen Zeit das Internet primär als textbasiertes Informationsmedium angesehen wurde und Bewegtbildinhalte sowie Social-Media-Plattformen noch nicht von Relevanz waren. Zum Vergleich der Gratifikationen von Fernsehen und Internet führten Scherer und Schlütz (2004) eine quantitative Befragung mit 190 Personen durch und stellten fest, dass Entspannung sowie Unterhaltung bei der Fernsehnutzung von höhere Relevanz sind als bei der Internetnutzung. Das Internet erzielte vor allem im Orientierungs- und Informationsbereich hohe Werte. Ebenso kommen Dehm, Storll und Beeske (2006) durch Befragung von 552 Onlinern zu dem Befund, dass Fernsehen und Internet ähnliche Funktionen erfüllen, jedoch mit unterschiedlichen Gewichtungen: „Im Ganzen spielen die Erlebnisfaktoren Emotionalität (vor allem die Entspannungsfunktion) und Ausgleich beim Internet eine geringere Rolle [...], während die Faktoren Zeitvertreib und Soziales Erleben beim Internet von großer Bedeutung sind." (ebd.: 100) Das Bedürfnis nach Orientierung könne hingegen vom Internet im gleichen Maße wie vom Fernsehen erfüllt werden.

Die Langzeitstudie Massenkommunikation, die seit 1964 die Mediennutzungsgewohnheiten der Deutschen untersucht, beinhaltet bereits seit der ersten Erhebung Fragen zum Vergleich der Nutzungsmotive tagesaktueller Medien. Während bei den Wellen zwischen 1964 und 1995 zwischen 14 und 16 Motiv-Items abgefragt wurden, kommt seit 2000 eine Batterie mit neun Items zum Einsatz (vgl. Engel/Best 2010: 5). Seit 1964 konstant sind jedoch die vier abgefragten Funktionsbereiche: Information, Ratgeber/Alltagsinfo, Unterhaltung und Eskapismus. Hierbei hat sich lediglich die „Gewichtung und Differenzierung der Itembatterie weg vom Funktionsbereich Information hin zum Funktionsbereich Unterhaltung bewegt" (ebd.: 4). Die eingesetzten Items sowie die ermittelten Werte für Fernsehen und Internet der Erhebung 2015 sind in Tab. 4 ersichtlich.

Tab. 4: Motive laut ARD/ZDF-Langzeitstudie Massenkommunikation

Motivkategorie	Ich sehe fern/ nutze das Internet,...	Fernsehen	Internet
Information	weil ich mich informieren möchte	81%	90%
	weil ich Denkanstöße bekomme	47%	60%
Ratgeber/ Alltagsinfo	weil ich dort Dinge erfahre, die für meinen Alltag nützlich sind	56%	82%
Unterhaltung	weil ich dabei entspannen kann	78%	36%
	weil ich mich ablenken möchte	58%	38%
	weil es mir Spaß macht	79%	75%
	weil es aus Gewohnheit dazu gehört	55%	45%
	damit ich mitreden kann	52%	47%
Eskapismus	weil ich mich dann nicht allein fühle	25%	14%

Quelle: Breunig/Engel (2015: 325, 328); N_{TV} = 3.953, $N_{Internet}$ = 3.257. Kategorisierung nach Engel/Best (2010: 5).

Die elfte Erhebungswelle von 2015 zeigt, dass Information (81%), Spaß (79%) und Entspannung (78%) primäre Nutzungsmotive für die Fernsehzuschauer sind (vgl. Breunig/Engel 2015: 324). Bei der Internetnutzung erzielt die Informationssuche einen höheren Wert (90%), an zweiter Stelle folgt das Bedürfnis, Nützliches für den Alltag zu erfahren (82%) sowie die Suche nach Spaß (75%) (vgl. ebd.: 328). Um die Funktionen von verschiedenen Medien deutlicher gegenüberstellen zu können, fragt die Langzeitstudie zudem danach, auf welches Medium die einzelnen Motive am meisten zutreffen. Auch hierbei entpuppt sich das Fernsehen als „das führende Medium, um mitreden zu können, sich zu entspannen, um Spaß zu haben, um sich nicht allein zu fühlen und sich abzulenken." (ebd.: 329) Das Internet wiederum diene primär als Informationslieferant.

Wird das Internet nicht als Gesamtheit betrachtet, so können erhebliche Unterschiede zum Vorschein kommen. Rudolph (2014) stellte bei einem Vergleich der Funktionen von Fernsehen und YouTube durch Befragung von 2.036 Personen fest, dass bei beiden Nutzungsweisen die Dimension Unterhaltung an erster Stellte steht. Es bestätige sich die Annahme, „dass zwischen beiden Medien ein Konkurrenzverhältnis bestehen könnte, da beide Medien augenscheinlich weitgehend gleiche Gratifikationen befriedigen können und dabei offenbar ähnlich nutzbringend sind." (ebd.: 252) Zudem weist Rudolph darauf hin, dass die sozialen Nutzungsdimensionen sowohl für Fernsehen als auch für YouTube nur von geringer Relevanz seien. Haridakis und Hanson (2009) ermittelten hingegen durch Befragung von 427 YouTubern, dass für diese der soziale Nutzungsaspekt von zentraler Bedeutung ist: „Taken as a whole, the findings suggest that people do use YouTube to enhance their social circles and social lives." (ebd.: 331) Die sozialen Motive sind auch Bestandteil der TV-Gratifikationen. So bestätigen Ergebnisse der Studie Massenkommunikation 2015, dass das Fernsehen mit 25 Prozent im Vergleich zum Internet (14%) einen höheren Wert in Bezug auf das Item „weil ich mich dann nicht allein fühle" erzielt (vgl. Breunig/Engel 2015: 325 ff.). Ebenso liegt das Fernsehen (52%) bei dem Motiv „Mitreden können" vor dem Internet (47%).

Auch wenn Fernsehen zunächst vielfach als isolierende und ungesellige Tätigkeit aufgefasst wurde (vgl. Arnheim 1935: 197; Klemm 2000: 13), haben mittlerweile zahlreiche Studien Fernsehen als eine soziale Aktivität eingestuft. Fernsehen kann die Soziabilität sowohl direkt (Gemeinschaftserlebnis) als auch indirekt (Basis für soziale Interaktion) fördern. Zudem kann parasoziale Interaktion eine soziale Motivation sein, da sie dem menschlichen Bedürfnis nach sozialen Beziehungen entgegenkommt.

2.3.3 Soziale Motive der Fernsehnutzung

Zur Beleuchtung des sozialen TV-Erlebnisses sind die sozialen Beweggründe der Zuschauer von besonderem Interesse. Wie die Präsentation vorhandener Bedürfniskataloge gezeigt hat, werden insbesondere die Motive der gemeinschaftlichen Rezeption, Anschlusskommunikation sowie parasozialen Interaktion als soziale TV-Nutzungsmotive eingestuft.

Gemeinschaftliche Rezeption

Fernsehrezeption in der Gemeinschaft spielt seit Einführung des Mediums eine bedeutende Rolle (siehe Kap. 3.4). Fernsehzuschauer können sich als Teil einer Gemeinschaft fühlen, da sie nicht allein eine Sendung schauen, sondern Millionen von Menschen der gleichen Aktivität nachgehen (vgl. Hickethier 1998: 204, 2010: 281). Dadurch erfolgt eine Integration des Zuschauers in die Gesellschaft, der sich trotz räumlicher Entfernung mit anderen Zuschauern verbunden fühlt (vgl. Dayan/Katz 1992: 120; Hartmann/Dohle 2005: 299). Durch die Rezeption identischer Inhalte werden kollektive Erfahrungen sowie gemeinsames Wissen ermöglicht, es kommt hierbei zu einer Vergemeinschaftung durch Medienaneignung (vgl. Hepp 2014;

Hepp/Berg/Roitsch 2014). Die Rezeption von Fernsehinhalten erfolgt zudem oft in Gemeinschaften, die sich öffentlich oder privat versammeln.[45] Das Fernsehen wird in diesem Zusammenhang immer wieder als „Lagerfeuer" der Nation (vgl. Doelker 1989: 103; Münker 2009: 42; Schatter 2010: 69; Kessler/Kupferschmitt 2012: 623; Stolz 2016: 39), „elektronisches Herdfeuer" (Schächter 2011: 28) oder „Begegnungsstätte" (Naab 2013: 115) betitelt. Diese metaphorischen Bezeichnungen stehen für die „Identität stiftende oder doch zumindest Zugehörigkeit verstärkende Funktion des Fernsehens" (Hickethier 1998: 3). Für Münker (2009: 42) ist dies der zentrale Nutzen: „Die gemeinschaftsstiftende Funktion ist die eigentliche, die wichtigste Funktion des Massenmediums TV." Der Wunsch nach sozialem Anschluss zählt zu den menschlichen Grundbedürfnissen und führt dazu, dass Personen bestrebt sind, mit anderen Menschen zu interagieren und stabile Beziehungen aufrecht zu erhalten bzw. neu aufzubauen (vgl. Baumeister/Leary 1995: 499 ff.; Silverstone 1994: 32; Gehrau 2014: 341). Das „Connectedness-Model" unterscheidet zwischen drei Formen der Zuschauerbeziehungen. So können Zuschauer entweder mit dem Fernsehprogramm, mit einem Fernsehcharakter (parasoziale Interaktion) oder mit anderen Zuschauern interagieren (vgl. Russel 2004: 278 f.). Dabei wird vor allem die Relevanz der sozialen Interaktion zwischen den Fernsehzuschauern betont: „This type of relationship supports the idea that a program can contribute to viewer's social identity." (ebd.: 279)

Zahlreiche Forscher betonen, das Fernsehen in Familien als zentrale Interaktions- und Sozialisationsinstanz fungiere (z. B. Kubey/Csikszentmihalyi 1990: 109 ff.; Dayan/Katz 1992: 121; Krotz 2001b: 20; Münker 2009: 42; Weber 2015: 99 ff.). In der Forschung wurde deshalb mehrfach untersucht, welche sozialen Funktionen das gemeinschaftliche Fernsehen für Familienmitglieder einnimmt. Rosenblatt und Cunningham (1976) zeigten, dass Fernsehen in Familien eine konfliktmeidende Funktion hat. Im Rahmen der Cultural Studies identifizierte Lull (1980, 1988, 1990) weitere soziale Nutzungsmotive der Fernsehnutzung von Familien. Lull untersuchte über einen Zeitraum von drei Jahren das fernsehbezogene Handeln von rund 200 Familien mittels teilnehmenden Beobachtungen sowie Tiefeninterviews. Daraus entwickelte er eine Typologie, die zwischen einem strukturellen und einem relationalen Aspekt differenziert (vgl. ebd.: 35 ff.). Der *strukturelle*

---

[45] Unter „gemeinschaftlicher Fernsehnutzung" wird in der vorliegenden Arbeit verstanden, dass mehrere Personen ihre gemeinsame Aufmerksamkeit einer laufenden Fernsehsendung zuwenden (vgl. Weber/Ziegele 2012: 246).

Bereich beschreibt das Fernsehen als alltäglichen Begleiter mit regulierenden Funktionen (z. B. Strukturierung von Zeit). Der *relationale* Aspekt hingegen betrachtet den praktischen sozialen Gebrauch, wie etwa soziales Lernen oder die Erleichterung von Kommunikation. Morley (1986: 8) stellte in seiner Studie (Gruppeninterviews mit 18 Londoner Familien) fest, dass TV-Nutzung primär innerhalb sozialer Beziehungen stattfindet. Die Rezeption von Gemeinschaften außerhalb der Familie findet hierbei keine Berücksichtigung. Trotz der langen Forschungtradition zu Fernsehnutzungsmotiven gibt es nur wenige Studien, bei denen die Gründe der gemeinsamen Fernsehnutzung allgemein ermittelt wurden. Zu einer dieser wenigen Untersuchungen zählt die Studie des Marktforschungsunternehmens Zehnvier, bei der 513 Zuschauer in der Deutschschweiz nach ihren Motiven der gemeinsamen Rezeption befragt wurden. Dabei erwiesen sich Spaß (85%), Gemeinschaftsgefühl (67%) sowie ein intensiveres Erleben (63%) als primäre Antriebe zur Fernsehrezeption in der Gruppe (vgl. Koob/Bollinger 2012: 6). Zillich (2013) untersuchte den Einfluss der gemeinschaftlichen Rezeption auf das individuelle Unterhaltungserleben und konnte bekräftigen, dass Fernsehen in der Gruppe ein soziales Bedürfnis befriedigt. Dies zeige sich insbesondere an den Motivation nach Gruppenzugehörigkeit, gemeinsamen Erleben sowie Geselligkeit (vgl. ebd.: 112 ff.).

Die Teilnehmer einer Zuschauergemeinschaft interagieren sowohl sprachlich als auch nonverbal. Die verbale Interaktion dient beispielsweise der Verarbeitung des emotionalen Erlebens sowie dem Verstehen und Interpretieren des Gezeigten (vgl. ebd.: 257; Renner 2012: 75 f.). Gespräche über TV-Inhalte finden nicht nur parallel zur Fernsehrezeption statt. Fernsehgemeinschaften setzten sich oft im Alltag fort, „da sich über das zugleich, aber getrennt Gesehene im Gespräch am Arbeitsplatz, in der Kneipe oder beim Kaffeekränzchen tatsächlich eine soziale Gemeinschaft herstellen läßt." (Mikos 1992: 186)

Basis sozialer Interaktion

Das Gros der Uses-and-Gratifications-Bedürfniskataloge berücksichtigt, dass Menschen Medien nutzen, um Gesprächsstoff zu sammeln und mit anderen Personen über Medieninhalte zu kommunizieren, also um von einem sozialen Anschlussnutzen profitieren zu können (vgl. Fiske 2011: 77). Obwohl Anschlusskommunikation, die alternativ auch als „Folgegespräche", „Thematisierung" oder „Gespräche über Medien" bezeichnet wird (vgl. Sommer 2010: 20), seit geraumer Zeit Gegenstand der Kommunikationswissenschaft ist, erfolgt nur selten eine definitorische Bestimmung des Begriffs. Meist wird Anschlusskommunikation allgemein als eine Kommunikation über Medieninhalte (vgl. Charlton/Klemm 1998: 723) oder als eine „an die Massenkommunikation anschließende Kommunikation" (Sutter 1999: 292) beschrieben. Sie setzt voraus, dass eine soziale Interaktion zwischen mindestens zwei Personen erfolgt, die sich thematisch auf Medieninhalte bezieht. Somit macht sie die Massenkommunikation zu ihrem Gegenstand. Dementsprechend definiert Sommer Anschlusskommunikation

> „als eine *Schnittmenge* aus interpersonaler Kommunikation und Massenkommunikation […]. Sie ist gekennzeichnet durch *Merkmale der interpersonalen Kommunikation*, da sie *sozial interaktiv* abläuft. Darüber hinaus *beinhaltet sie Massenkommunikation*, weil sie diese zu ihrem *Gegenstand* macht. Dieser kann gleichermaßen *Bedingung* wie *Resultat* der Anschlusskommunikation sein." (Sommer 2010: 26, H.i.O.)

Die interpersonale Kommunikation über Medieninhalte kann sowohl privat als auch öffentlich erfolgen, Face-to-Face oder technisch vermittelt sein und synchron oder auch asynchron zur Mediennutzung stattfinden (vgl. ebd.: 62; Nuernbergk 2013: 208). Weber und Ziegele (2012: 244) vertreten die Ansicht, die Definition von Sommer grenze „nicht hinsichtlich aller relevanten Dimensionen zweifelsfrei ab." Um den jeweiligen Untersuchungskontext von Anschlusskommunikation zu verdeutlichen sei es unabdingbar, auf folgende fünf Dimensionen einzugehen: Erkennbarkeit des Bezugs (implizit oder explizit), raum-zeitlicher Kontext (physisch wahrnehmbar oder nicht), zeitlicher Bezug (vor, während, nach der Rezeption), (Nicht-)Institutionalität (wer verweist auf wen) sowie Prozess, Interaktivität bzw. Gegenstand (Ablauf der Kommunikation) (vgl. ebd.: 247 ff.). Zudem begreifen Weber und Ziegele Anschlusskommunikation als einen Teil eines übergeordneten Konzepts, das sie als „Gemeinschaftliche Einbindung von Massenmedien" (ebd.: 246) bezeichnen. Die gemeinsame Mediennutzung bildet den zweiten Teil dieses übergeordneten Konzepts. Die Schnittmenge der beiden Teilkonzepte ist Anschlusskommunikation während der gemeinsamen Mediennutzung.

Für Klemm (2000) ist Anschlusskommunikation der kommunikative Teil der Fernsehaneignung. Er versteht unter Fernsehaneignung „jegliche Auseinandersetzung des Zuschauers mit einem Fernsehtext" (ebd.: 73). Die Aneignung kann entweder kommunikativ oder nicht-kommunikativ erfolgen, je nachdem, ob der Rezipient sich mit anderen Personen über das Gesehene austauscht oder aber sich allein mit einer Sendung auseinandersetzt (vgl.

ebd.: 47 f.). Die kommunikative Aneignung, also Anschlusskommunikation, unterteilt Klemm (2000: 76 ff.) in primäre Thematisierung während der Fernsehnutzung und sekundäre Thematisierung nach der Rezeption (vgl. auch Püschel 1993: 115). Die primäre Thematisierung, auch „fernseh-begleitendes Sprechen" (Klemm 2000: 149) genannt, erfolgt in Fernseh-gemeinschaften bzw. Gruppen, die gemeinsam fernsehen und parallel inter-personal kommunizieren. Die nachträgliche Thematisierung ist ein perma-nenter Prozess der „Nachverbrennung" (ebd.: 78).

Massemedien allgemein dienen als Themenlieferant für Gespräche (vgl. Döring 2003: 419; Höflich 2005: 79; Schenk 2009: 65; Friemel 2013: 29 ff.), sie werden also *sekundär* thematisiert. In der Literatur wird vielfach darauf hingewiesen, dass das Fernsehen neutrale Gesprächsthemen liefere (z. B. Barwise/Ehrenberg 1988: 19; Morrison/Krugmann 2001: 145) und als Quelle gemeinsamer Erfahrung bzw. gemeinsamer Referenzpunkt angese-hen werden könne (z. B. Gauntlett/Hill 1999: 139; Krotz 2002: 191). Ge-spräche in Familien, mit Freunden, in der Schule oder auch am Arbeitsplatz drehen sich häufig um das, was am Tag zuvor im Fernsehen lief. Diese Art der Kommunikation bzw. Themensetzung wird als „Kaffeepauseneffekt" (Anderson 2007: 34) bzw. im englischsprachigen Raum als „Watercooler-Effekt" (Putnam 2000; Nathan et al. 2008: 85 f.) bezeichnet, da private Bü-rogespräche wohl häufig am Wasserspender stattfinden. So gaben im Jahr 1994 von 1.254 befragten Personen zwischen 16 und 60 Jahren 43 Prozent an, nach einem Wochenende mit Kollegen und Freunden über Fernsehinhal-te zu sprechen (vgl. Rohde 1994: 119). Bereits 1986 ermittelten Kepplinger und Martin (1986: 121 f.) im Zuge einer teilnehmenden Beobachtung von 180 Alltagsgesprächen in 77 Prozent der Gespräche die Thematisierung von Massenmedien, das Fernsehen stand dabei mit 41 Prozent an erster Stelle. Lee und Lee (1995) konstatieren, dass die Rolle des Fernsehens als Basis sozialer Interaktion eine der wichtigsten Funktionen für die Zuschauer sei. Fernsehen bezeichnen sie somit als „lubricant to interpersonal communica-tion." (1995: 14) Auch Holtz-Bacha und Peiser (1999: 48 f.) erkennen einen „kommunikationsfördernden Faktor" des Fernsehens. Gauntlett und Hill (1999) ermittelten in einer Tagebuchstudie, dass für die von ihnen befragten Personen Anschlusskommunikation eine denkwürdige Rolle für ihren Alltag spielt, da sie die Kommunikation mit anderen Personen erleichtert (vgl. ebd.: 139). In einer Studie von Gehrau und Goertz (2010: 169) gaben im Jahr 2007 89 Prozent der Befragten an, dass sie in der zurückliegenden Woche Unterhaltungen über Medien geführt haben. Über die Hälfte (51 Prozent) der Gespräche über Medien hatten dabei Fernsehinhalte zum Gegenstand.

Die Langzeitstudie Massenkommunikation 2010 brachte hervor, dass 58 Prozent der Befragten Fernsehen schauen, um mitreden zu können (vgl. Ridder/Engel 2010: 538). Ähnliche Befunde liefert eine Studie von Emnid, bei der 52 Prozent der befragten Personen zustimmten, das Fernsehen für sie ein Themenlieferant für Gespräche sei (vgl. IT Times 2010). Im Jahr 2011 gaben 56 Prozent der Deutschen zwischen 14 und 49 Jahren an, sich häufig über Fernsehinhalte zu unterhalten, bei den Jugendlichen (14 bis 19 Jahre) waren es sogar 65 Prozent (vgl. Storll/Friedmann 2011: 21). Bei der ARD/ZDF Onlinestudie 2014 stimmten 15 Prozent der 1.434 befragten Onliner ab 14 Jahren voll und ganz zu, dass sie sich häufiger mit Freunden über rezipierte Fernsehinhalte austauschen (vgl. Koch/Liebholz 2014: 402). Speziell in Bezug auf jugendliche Mediennutzer kommt Weber (2015: 319) auf Grundlage seiner quantitativen und qualitativen Studien zu folgendem Ergebnis: „Narrative audiovisuelle Medieninhalte gemeinsam mit Freunden zu nutzen und zu besprechen ist für die Mehrheit der Jugendlichen integraler Bestandteil ihrer alltäglichen Interaktion und Freizeitgestaltung."

Die sekundäre Thematisierung von Fernsehinhalten wurde empirisch oftmals speziell in Bezug auf Familien untersucht. Die Konstanzer Forschungsgruppe um Hunziker (1976, 1977) analysierte mittels einer Befragung von 107 Familien das Beeinflussungspotential des Fernsehens auf Familien und stellte dabei fest, dass es Kommunikation sowohl fördern als auch verhindern könne. Zur Anschlusskommunikation käme es jedoch selten und wenn, dann meist außerhalb der Familie (vgl. ebd.: 278). Auch bei der Untersuchung von Hurrelmann (1989) zeigte sich, dass in den 400 befragten Familien häufig gemeinsam ferngesehen wird (85% täglich), jedoch wird das Gesehene „nicht einmal in der Hälfte der Familien wenigstens einmal pro Woche im Gespräch aufgenommen und verarbeitet." (ebd.: 90) Beckmann und Görtler (1989), die 158 Personen zum Einfluss der Massenmedien auf den politischen Diskurs in der Familie befragten, kamen zu dem Befund, dass vor allem das Fernsehen sich dazu eigne, „Unterhaltungen und Diskussionen in der Familie zu stimulieren" (Thomas 1998: 322). Teichert (1977) kritisiert, dass viele Schlussfolgerungen auf Selbsteinschätzung der Befragten beruhen und plädiert für eine Protokollierung und Auswertung einer natürlichen Rezeptionssituation. Eine solche konversationsanalytische Studie nahm Keppler (1994) in ihrer Analyse zu familiären Tischgesprächen vor, bei der sie speziell das Fernsehen als Themengeber der Alltagskommunikation identifizierte. Die Studie „Mediennutzung im Familienkontext" ermittelte, dass 64 Prozent von den 388 Befragten bis 19 Jahren mindestens mehrmals pro Woche mit anderen Familienmitgliedern über das Fernsehen bzw. Fernsehinhalte sprechen (vgl. Ebert et al. 2012: 199).

Die *primäre Thematisierung* von Fernsehinhalten, also die rezeptionsbegleitende Anschlusskommunikation, wurde ausführlich von dem DFG-Forschungsprojekt „Über Fernsehen sprechen" (Holly/Püschel/Bergmann 2001) untersucht. Dazu wurden zwischen 1995 und 1997 über zwei Zeiträume von 14 Tagen hinweg teilnehmende Beobachtungen an mehreren Standorten durchgeführt. Die Kommunikation während der Rezeption sowie die betrachtenden Fernsehinhalte wurden aufgezeichnet, damit Strukturen, Sprachhandlungsmuster, soziale Funktionen sowie Themen der Zuschauerkommunikation exemplarisch erfasst werden konnten. Es zeigte sich, dass fernsehbegleitendes Sprechen in struktureller Hinsicht im Vergleich zu klassischen Konversationen einige Besonderheiten aufweist. Es handelt sich hierbei um empraktische Kommunikation, das Sprechen begleitet also eine andere Tätigkeit, in diesem Fall das Fernsehen (vgl. Charlton/Klemm 1998: 719; Baldauf 2001: 81). Da es bei der fernsehbegleitenden Kommunikation oft lange Phasen des Schweigens gibt, kann diese auch als „Häppchenkommunikation" (Baldauf/Klemm 1997; Klemm 2000: 271 ff.) etikettiert werden. Wie genau über das Fernsehen kommuniziert wird, hängt von der Zusammensetzung der Zuschauergruppe sowie dem rezipierten Fernsehgenre ab (vgl. Charlton/Klemm 1998: 721). Klemm (2001: 109 ff.) systematisiert die fernsehbegleitenden Sprechakte nach den Funktionen, die sie für die Zuschauergruppe erfüllen. Er fasst die Sprechhandlungen zu vier wesentlichen Makrofunktionen der Zuschauerkommunikation zusammen: (1) Unterstützen beim Verstehen, Interpretieren und Bewerten des Medienangebots; (2) Bezüge zwischen Fernseh- und Alltagswelt herstellen; (3) Vergemeinschaftung der Zuschauergruppe und (4) Erzeugung einer vergnüglichen und geselligen Stimmung.

Durch die verbreitete Nutzung von Internet und Social Media hat die elektronisch vermittelte Anschlusskommunikation zugenommen (vgl. Krotz 2007: 200; Weber/Ziegele 2012: 242; Weber 2015: 150). Öffentliche Anschlusskommunikation im Internet wird definiert als „die kommunikative *Resonanz* […], die Aussagen in professionellen oder partizipativen Kommunikationsformaten in Form von *manifesten Folgekommunikaten* und Bezugnahmen unmittelbar oder zeitlich versetzt auslösen können." (Nuernbergk 2013: 209, H.i.O.) So kann Anschlusskommunikation über Fernsehsendungen über Social Networks oder Instant Messaging stattfinden. Es handelt sich hierbei dennoch um interpersonale Kommunikation, die auf Medieninhalte bezogen ist (vgl. Weber 2015: 36). Bereits Ende der 1990er-Jahre wurde die an Daily Soaps bzw. Daily Talks angrenzende Internetkommunikation von Jugendlichen untersucht (z. B. Paus-Haase et al. 1999; Krotz 2001a, 2007: 184 ff.). Dabei zeigte sich, dass die Anschlusskommunikation im Internet meist genutzt wird, um Langeweile entgegenzuwirken, aber auch um Kontakte zu anderen Zuschauern herzustellen und aufzubauen.

Aufgrund der durch das Internet neu entstandenen Formen der Anschlusskommunikation spricht Eble (2011) von „Anschlusskommunikation 2.0". Neu ist vor allem, dass diese nun in mediatisierter Form öffentlich stattfinden kann (vgl. Neuberger 2009: 40). Während klassische interpersonale Anschlusskommunikation überwiegend mit Beziehungspartnern, Kollegen oder Freunden geführt wird (vgl. Gehrau/Goertz 2010: 163), kann diese im Internet mit unbekannten Personen stattfinden oder aber, sofern sie öffentlich einsehbar ist, von fremden Personen nachverfolgt werden. Vor allem durch die starke Vernetzungsfähigkeit sowie Teilbarkeit der Anwendungen des Social Web haben sich die Möglichkeiten der Anschlusskommunikation vervielfältigt (vgl. Nuernbergk 2014: 190 f.). Inwiefern sich die elektronisch vermittelte Anschlusskommunikation strukturell von einer persönlich-unmittelbaren unterscheidet hängt davon ab, ob die Kommunikation mündlich oder schriftlich erfolgt bzw. ob sich die Gesprächspartner gegenseitig sehen können (vgl. Weber 2015: 102). So sind etwa nonverbale Elemente textbasierten Konversationen – abgesehen von Emoticons – nicht wahrnehmbar. Die Bereitschaft zur Preisgabe der eigenen Meinung steigt hierbei.

Parasoziale Interaktion

Das Konzept der parasozialen Interaktion (PSI) wurde von Horton und Wohl (1956, 1986) entwickelt. Es geht davon aus, dass TV-Rezeption eine aktive soziale Handlung des Zuschauers ist, da dieser mit Fernsehpersonen interagiert. Ziel ist dabei das Erreichen „des Gefühls, Teil einer kommunikativen Gemeinschaft zu sein, welche die raumzeitlichen Grenzen der Distanzkommunikation vermeintlich überschreitet" (Ulrich/Knape 2015: 213). Die Wahrnehmung der Medienakteure, die Horton und Wohl als „Personae" (Einzahl: Persona) bezeichnen, läuft ähnlich ab wie die Wahrnehmung von Menschen im realen Leben. Somit verhalten sich sowohl Medienakteure als auch Rezipienten ähnlich wie bei einer Face-to-Face-Situation.

Das Fernsehen als audiovisuelles Medium eignet sich besonders zur parasozialen Interaktion, „da es Größen abbildet, auf die soziale Wahrnehmung normalerweise gerichtet ist" (Hippel 1992: 135). Die parasoziale Interaktion wird durch den „conversational style" (Rubin/Perse/Powell 1985: 156) der Medienakteure, deren Mimik und Gestik (z. B. Blick in die Kamera) oder durch direkte Ansprache der Rezipienten unterstützt. Sie erzeugt eine Illusion von realen Face-to-Face-Beziehungen bzw. der persönlichen Nähe und Intimität (vgl. Horton/Wohl 1956: 215). Aufgrund der fehlenden Wechselseitigkeit ist diese Form der Interaktion nicht reziprok.[46] Die Fernsehakteure können die Zuschauer nicht sehen und somit auch nicht direkt auf deren Interaktionen reagieren. Bei einer herkömmlichen sozialen Interaktion hingehen können sich die Interaktionspartner gegenseitig beobachten, ihr Verhalten aufeinander ausrichten und auf eine Aktion mit einer Reaktion kontern (vgl. Hartmann 2010: 13; Bröckling 2012: 131). Die Rezipienten sind sich zwar über diese Situation bewusst, dennoch fühlen sich für sie parasoziale Interaktion nahezu wie eine wechselseitige Interaktion an (vgl. Hartmann 2010: 25). Die Unterschiede zur klassischen sozialen Interaktion können für die Zuschauer vorteilhaft sein, da ihnen Interaktionsmöglichkeiten eröffnet werden, die bei normalen Interaktionen nicht existieren (vgl. Hippel 1992: 137). Im Gegensatz zum zwischenmenschlichen Handeln ist die parasoziale Interaktion „durch keine persönlichen Verpflichtungen, keinen physischen und psychischen Aufwand, keine Verantwortung und keine sozialen Zwänge und Risiken gekennzeichnet" (Pürer 2014: 487).

Sofern der Zuschauer einen Medienakteur aktiv wahrnimmt und auf dessen Kommunikationsnagebote reagiert, entwickeln sich Rollenbeziehungen zwischen Kommunikator und Rezipient. Aus wiederholten parasozialen Interaktionen können schließlich parasoziale Beziehungen (kurz: PSB) entstehen (vgl. Six/Gleich 2000: 364; Schweiger 2007: 123 f.; Hartmann 2010: 51 ff.; Wirth/Schramm 2010: 595). Bei dem Rezipienten entsteht dabei die Illusion, er kenne die Fernsehperson aus seinem realem Umfeld (vgl. Horton/Wohl 1956: 228; Gleich 1997: 251). Dementsprechend ist eine parasoziale Beziehung eine „durch Gewohnheit, kognitive Operationen und Emotionen vermittelte situationsübergreifende Bindung." (Krotz 1996: 80) Die Intensität der parasozialen Beziehung ist vom Grad der realistischen Annäherung, der Häufigkeit des Auftretens sowie dem Verhalten und der Ansprache der Medienpersonae abhängig (vgl. Rubin/Perse/Powell 1985: 156). Den Zusammenhang von parasozialen Interaktionen und Beziehungen skiz-

---

[46] In der Literatur wird betont, dass sich PSI in mehrfacher Hinsicht von sozialer Interaktion unterscheidet (vgl. Hippel 1992: 136; Gleich 1997: 195 f.; Keppler 2001: 134 f.; Giles 2002: 283 ff.; Wirth/Schramm 2010: 594 f.; Bröckling 2012: 131; Pürer 2014: 487).

ziert Gleich (1997: 73 f.) in einem „Kreis-Prozess-Modell". Er geht davon aus, dass der aktuelle Zustand einer Beziehung von vorhergehenden Interaktionen geprägt ist und zugleich zukünftige Interaktionen bestimmt.

Innerhalb der Uses-and-Gratifications-Forschung wird parasoziale Interaktion als ein mögliches Motiv der Mediennutzung angesehen, da es dem menschlichen Bedürfnis nach sozialen Beziehungen zugutekommt. Gleich (2014b: 243 f.) kritisiert jedoch eine Gleichsetzung von parasozialer Interaktion mit Motiven: „Eine solche Sichtweise erleichterte zwar den empirischen Zugang, entfernte sich jedoch von der ursprünglichen Idee von PSI als rezeptionsbegleitendem und dynamischem Phänomen." Diese Kritik geht mit der Frage einher, ob es sich bei parasozialer Interaktion um ein ergänzendes Nutzungsmotiv oder aber als Ersatzbefriedigung für fehlende soziale Interaktionen handelt. Horton und Wohl (1956: 222) ordnen die parasoziale Interaktion als Ergänzung zu normalen sozialen Interaktionen ein. Sie gehen jedoch nicht näher auf die Gratifikationen der parasozialen Interaktion ein. Schweiger (2007: 128) resümiert, dass parasoziale Interaktion „sowohl ein Nutzungsmotiv als auch eine Kategorie des Rezeptionserlebens" sei. Während die parasoziale Interaktion in Uses-and-Gratifications-Studien als Nutzungsmotiv angesehen wird (z. B. Rosengren/Windahl 1972; Nordlund 1978; Palmgreen/Wenner/Rayburn II 1980; Levy/Windahl 1984), betonen Konzepte des Symbolischen Interaktionismus (z. B. Teichert 1973; Krotz 1996) sowie medienpsychologische Beiträge (z. B. Gleich 1997, 2014b; Giles 2002; Hartmann/Schramm/Klimmt 2004) vor allem Aspekte der Beziehungen und des Erlebens.

Das Konzept der parasozialen Interaktion wurde empirisch als auch theoretisch häufig angewandt.[47] Zur Messung der parasozialen Interaktion entwickelten Rubin, Perse und Powell (1985) eine aus 20 Items bestehende Skala („Parasocial Interaction Scale"). Diese kommt bei der Befragung von Nutzern zur Anwendung und basiert somit auf Selbstauskünften der Rezipienten. Da die Skala die kognitiven und emotionalen Prozesse der Fernsehzuschauer fokussiert, ist sie mit dem PSI-Konzept von Horton und Wohl kompatibel (vgl. Gleich 1997: 113). Die PSI-Skala wurde mehrfach kritisiert (vgl. Ulrich/Knape 2015: 218 f.). Dabei wurde vor allem gefordert, parasoziale Interaktionen und Beziehungen getrennt zu analysieren.

---

[47] Einen Überblick zu PSI-Studien bieten Bilandzic/Schramm/Matthes (2015: 136 ff.).

2.4 Zusammenfassung zentraler theoretischer Befunde I

Die vorhergehenden Ausführungen haben sich mit sozialen Medien und ihrer Nutzung auseinandergesetzt. Da sich die Forschung zu sozialen Medien primär auf Online-Anwendungen bezieht, musste zunächst eine Differenzierung zwischen sozialen Medien im Internet und im Allgemeinen vorgenommen werden. Der dabei zugrundeliegende Medienbegriff ist weder rein technisch orientiert noch differenziert er Medienanwendung ausschließlich nach ihrem Öffentlichkeitscharakter. Vielmehr erweist sich eine Abgrenzung zwischen dem kommunikationstechnischen Potential (Medien erster Ordnung) und institutionalisierten Organisationen, die von der technischen Infrastruktur Gebrauch machen (Medien zweiter Ordnung), als sinnvoll. Dementsprechend wird das Internet als Hybridmedium angesehen.

Die strukturellen Veränderungen der Medien als Institutionen und Organisationen und der damit einhergehende Öffentlichkeitswandel sind neben einer Vielzahl an Randfaktoren vor allem das Resultat folgender Metaprozesse: Digitalisierung, Konvergenz, Globalisierung, Individualisierung, Mobilisierung sowie Mediatisierung. Diese haben zur Entwicklung des Internets bzw. zur Weiterentwicklung zum Web 2.0 und rasanten Aneignung dieser Anwendungen beigetragen. Als soziale Medien des Internets (Social Media) werden auf Social Software basierende Angebote eingestuft, die dem Informationsaustausch dienen und den Aufbau bzw. die Pflege sozialer Beziehungen durch unterschiedliche Kombination der Kategorien Kommunikation, Interaktion, Partizipation, Kollaboration und Vernetzung bzw. Gemeinschaftsbildung fördern. Der Kern von Social-Media-Angeboten ist als sozial zu bezeichnen. Massenmedien hingegen erfüllen zwar schon immer soziale Funktionen, sind jedoch durch die Integration onlinebasierter Anwendungen nun in der Lage, ihr soziales Potential aufleben zu lassen.

Es stellt sich die Frage, ob die Eigenschaften der sozialen Medien des Internets durch die Neuerungen auch als Charakteristika sozialer Medien im Allgemeinen angesehen werden können. Hierzu wurde diskutiert, ob diese den normativ zugeschriebenen sozialen Funktionen von Massenmedien entsprechen. Es zeigte sich, dass die Social-Media-Eigenschaften überwiegend den Funktionen der Sozialisation, sozialen Orientierung, Rekreation und Integration zugutekommen. Dementsprechend werden diese als Eigenschaften sozialer Medien im Allgemeinen gefasst.

Um die Relevanz sozialer Medien für ihre Nutzer ermitteln zu können, muss eine rezipientenorientierte Forschungsperspektive eingenommen werden.

Hierzu eignet sich für die vorliegende Arbeit der Uses-and-Gratifications-Ansatz, der die aktive Rolle der Rezipienten im Umgang mit Medien untersucht und dementsprechend fragt: Was machen Menschen mit Medien? Ziel des Ansatzes ist es, die Motive der Medienzuwendung herauszufinden. Dazu nimmt die Forschungsstrategie an, dass Menschen Medien absichtsvoll und aktiv auswählen, um ihre eigenen Bedürfnisse zu befriedigen. Für diese Untersuchung ist vor allem die Differenzierung zwischen gesuchten (gratifications sought) und erhaltenen (gratifications obtained) Gratifikationen von Interesse. Das Aufkommen des Internets hat den Einsatz des Uses-and-Gratifications-Approach verstärkt, da die Grundannahmen eines aktiven und zielgerichteten Handelns der Nutzer auf die interaktiven Onlineangebote in besonderer Weise zutreffen. Somit kommt der Ansatz auch für die vorliegende Untersuchung zum Einsatz, um die Beweggründe zur Nutzung der interaktiven Social-TV-Anwendungen zu ermitteln.

Es existiert eine Vielzahl von Bedürfniskatalogen, die nach den Beweggründen der Mediennutzung fragen. Hierbei lassen sich vier zentrale Motivdimensionen herausfiltern: kognitive, affektive, soziale sowie identitätsbezogene Motive. Laut der vorhandenen Forschung ist das Medium Fernsehen führend hinsichtlich der Motive Entspannung, Spaß, Gemeinschaft und Ablenkung, während das Internet weniger zur Ablenkung als zur Information dient. Sofern das Internet nicht als Einheit betrachtet wird, sondern etwa ausschließlich die Online-Bewegtbildnutzung berücksichtigt wird, zeigt sich jedoch ein anderes Bild. Für den Untersuchungsgegenstand Social TV, der Fernseh- und Internetangebote verknüpft, bleibt zu prüfen, inwiefern die Gratifikationen denen klassischer Bedürfniskataloge ähneln.

Von besonderem Interesse sind die sozialen Motivdimensionen. Diese „sind bei der Medienrezeption in vielfältiger Weise betroffen: Medien werden aus sozialen Motiven heraus genutzt" (Bilandzic/Schramm/Matthes 2015: 217). Speziell für das Fernsehen werden in der Forschung das Erlebnis der gemeinschaftlichen TV-Rezeption, der Austausch über das Gesehene während oder nach dem Fernsehen sowie die parasoziale Interaktion als soziale Dimensionen genannt. Um einen möglichen Wandel des sozialen Erlebnisses Fernsehen fassen zu können, untersucht die vorliegende Studie, inwiefern sich die sozialen Motive bei der Social-TV-Nutzung von denen der klassischen Fernsehnutzung unterscheiden bzw. ob sie eine Erweiterung erfordern. Bevor die klassische Fernsehnutzung mit der Nutzung von Social TV gegenübergestellt werden kann, bedarf es einer Definition und Erläuterung der beiden Nutzungsoptionen.

3.   FERNSEHEN UND SEINE NUTZUNG IM WANDEL

*Wie kaum ein anderes Medium beeinflußt das Fernsehen unsere
Wahrnehmungswelt, den Alltag, die gesellschaftliche Kommunikation.*
(Hickethier 1992: 9)

Das Fernsehen hat sich zu einem integralen Bestandteil im Leben vieler
Menschen entwickelt, das ritualisiert und habitualisiert rezipiert wird. Der
Medienumbruch bringt sowohl technische, strukturelle als auch programmatische Veränderungen mit sich, ebenso wandelt sich das Nutzungsverhalten
der Zuschauer. Dies führt dazu, dass die Rolle des Leitmediums Fernsehen
in Frage gestellt wird. So prophezeite Reed Hastings, der Gründer und Ge-
schäftsführer von Netflix, 2015 in einem Interview mit der Frankfurter Allgemeinen Sonntagszeitung das Ende des klassischen Fernsehens, da dieses
durch Streaming-Dienste ersetzt werde (vgl. Weiguny 2015). Bereits acht
Jahre zuvor prognostizierte der Microsoft-Gründer Bill Gates auf dem
Weltwirtschaftsforum in Davos den Tod des Mediums binnen fünf Jahren
(vgl. Quandt 2007). Sowohl von Medienvertretern und Fachautoren als auch
von Wissenschaftlern wurde vielfach das Ende des Fernsehens – primär
aufgrund der Konkurrenz des Internets – vorausgesagt. Das Fernsehen wird
dabei als „Auslaufmodell" (Kaumanns/Siegenheim/Sjurts 2008a) bezeichnet, das „seine Zukunft längst hinter sich gelassen" (Hündgen 2012) habe
bzw. dessen „Ende" nah sei (Katz/Scannell 2009; Przybylski 2010: 15;
Clark/Sherr 2013). Ebenso wurde es bereits für „tot" erklärt und zu Grabe
getragen (Dambeck 2006; Pevere 2010; Fülbeck/Meyerhöfer/Schönleben
2014; Rosenbaum 2014; Yarow 2015).

Einerseits wird der Niedergang des Fernsehens bereits seit der führen Verbreitungsphase des Internets thematisiert (vgl. Lotz 2007: 1; Breunig/van
Eimeren 2015: 505). Andererseits wird betont, dass das Fernsehen nicht
aussterbe, sondern vielmehr revolutioniert werde und sich getreu dem Mot-
to „Das Fernsehen ist tot. Lang lebe das Fernsehen" (Frost 2014; Baumer
2015) lediglich neu erfinde (z. B. Lotz 2007; Spigel/Olsson 2004; Greenberg
2016; Stolz 2016). Angesichts der Dynamik des Internets und dem Hintergrund neuer Distributions- und Nutzungsoptionen von Bewegtbildinhalten
kann jedoch nicht abgestritten werden, dass das Fernsehen einem Transformationsprozess ausgesetzt ist.

Die Notwendigkeit einer Anpassung des audiovisuellen Mediums ist kein
neues Phänomen, da Fernsehen „im Laufe seiner Geschichte fortwährend
Veränderungen ausgesetzt war." (Keilbach/Stauff 2011: 156) Dement-

sprechend entwickelt sich das Fernsehen „mit seinen multiplen Facetten
kontinuierlich weiter und reflektiert dabei aktuelle gesellschaftliche Dimensionen." (Eichner/Prommer 2014: 10) Die Auswirkungen der gesellschaftlichen Metaprozesse innerhalb der letzten Jahre (siehe Kap. 2.1.2) fordern das
Leitmedium jedoch in besonders gravierender Weise heraus. In jüngster
Entwicklungsphase erschweren die aus der Social-Media-Nutzung resultierenden partizipativen Nutzungspraktiken eine Beschreibung dessen, was
unter dem Terminus „Fernsehen" zu verstehen ist. Um das Fernsehen von
heute dennoch fassen zu können, wird zunächst die technische und strukturelle Entwicklung des Mediums skizziert (Kap. 3.1), bevor unter Berücksichtigung der Transformationsprozesse eine Beschreibung des Fernsehens in
seiner heutigen Form sowie eine Abgrenzung von Online-Bewegtbildangeboten erfolgt (Kap. 3.2). Gesondert wird auf den Aspekt der Interaktivität
eingegangen (Kap. 3.3). Ebenso werden sich aus dem TV-Wandel ergebende
Spannungsfelder der Rezeption aufgezeigt (Kap. 3.4).

3.1   Technische und strukturelle Entwicklung

Um die Komplexität und die vielschichtigen Eigenschaften des Fernsehens
fassen zu können, ist eine Betrachtung der Ursprünge sowie der einzelnen
Entwicklungsphasen hilfreich. Dazu werden die Meilensteine der Fernseh-
geschichte überblicksartig aufgezeigt.[48] Die Epochen der Fernsehentwicklung werden in der Literatur in unterschiedlicher Weise gruppiert (z. B. Ellis
2002: 39 ff.; Rogers/Epstein/Reeves 2002: 43 ff.; Lotz 2007: 7 ff.; Thoma
2008: 15; Bjur 2009: 50; Uricchio 2009: 71; Groebel 2013: 15; Mundhenke
2013: 97 f.). Speziell für die Entwicklung in Deutschland kann vor allem
zwischen drei großen Phasen differenziert werden. Diese sind die *Etablierung
und Institutionalisierung* des klassischen Fernsehens (Kap. 3.1.1), die *Dualisierung* des Rundfunksystems und die damit verbundene *Angebotsvielfalt* ab den
1980er-Jahren (Kap. 3.1.2) sowie die Ära der *Digitalisierung und Konvergenz* ab
Mitte der 1990er-Jahre (Kap. 3.1.3).

---

[48] Ausführliche Auseinandersetzungen mit der Entstehung und Entwicklung des Fernsehens
bieten z. B. Uricchio (1991, 2004, 2009); Bleicher (1992); Elsner/Müller/Spangenberg (1992);
Kreuzer (1992); Hickethier (1998, 2010: 271 ff.); Schwarzkopf (1999); Abramson (2002);
Kerlen (2003: 222 ff.); Plake (2004: 13 ff.); Lotz (2007: 7 ff.); Donsbach/Wilke (2009: 599 ff.);
Grisko (2009: 13 ff.); Dussel (2010); Mundhenke (2013); Pürer (2014: 254 ff.).

3.1.1   TV 1.0: Etablierung und Institutionalisierung

Den Grundstein der Fernsehtechnologie legte Paul Nipkow im Jahr 1884 mit der Erfindung der „Nipkow-Scheibe", die Bilder in Hell-Dunkel-Signale zerlegen und wieder zusammensetzen kann (vgl. Hickethier 2010: 271). Die erste elektronische Fernsehübertragung wurde mittels der 1897 von Karl Ferdinand Braun entwickelte Kathodenstrahlröhre („Braun'sche Röhre") möglich. Nach weiteren technischen Entwicklungsschritten gelang im Jahr 1928 auf der fünften Funkausstellung in Berlin die erste tatsächliche TV-Übertragung. 1934 erfolgte die erste Ausstrahlung einer Fernsehsendung in Deutschland, ein Jahr später startete die Reichs-Rundfunk-Gesellschaft am 22. März 1935 das regelmäßige Fernsehprogramm. Gesendet wurde an drei Tagen der Woche in den Abendstunden. Fernsehen war jedoch zu Beginn kein Massenmedium. Die Anschaffungskosten waren hoch, sodass nur sehr wenige Haushalte über ein eignes TV-Gerät verfügten. Die Reichspost richtete jedoch öffentliche Fernsehstuben ein, Fernsehschauen wurde zu einem gemeinschaftlichen Erlebnis (vgl. Krotz 2001b: 106; Schatter 2010: 70). Das erste im Fernsehen übertragene Großereignis waren die Olympischen Sommerspiele 1936, die rund 160.000 Zuschauer in Fernsehstuben verfolgten (vgl. Donsbach/Wilke 2009: 600). Mit Beginn des Zweiten Weltkrieges 1939 wurde die Weiterentwicklung des Fernsehens stillgelegt. Das Fernsehen wurde nur noch von den Nationalsozialisten zu Propagandazwecken eingesetzt (vgl. Kreuzer 1992: 145 ff.), bevor 1944 der deutsche Sendebetrieb gänzlich eingestellt wurde. Das Fernsehen blieb vor 1945 primär ein „Versuchsbetrieb" (Hickethier 2010: 272). Auch nach Kriegsende ging die TV-Entwicklung zunächst nur schleppend voran.

Ausgehend von Mediensystem Fernsehen und kulturellen Verflechtungen bezeichnet Lotz (2007: 9 ff.) die Etablierungsphase des Fernsehens in den USA ab 1952 als „network era". Für das geteilte Deutschland muss zwischen den Entwicklungen in Ost- und Westdeutschland differenziert werden, doch auch hier können die 1950er-Jahre als eigentlicher Beginn des konventionellen Fernsehens angesehen werden. In der DDR startete im Dezember 1952 das offizielle Staatsfernsehen, das unter staatlicher Kontrolle stand. Aufgrund der Erfahrungen mit der NS-Diktatur förderten die West-Alliierten einen staatsfernen und föderal organisierten Rundfunk. Im Juni 1950 wurde deshalb die „Arbeitsgemeinschaft der öffentlich-rechtlichen Rundfunkanstalten der Bundesrepublik Deutschland" (ARD) gegründet. Am 25. Dezember 1952 ging in Westdeutschland die erste öffentlich-rechtliche TV-Sendung des Nordwestdeutschen Rundfunks (NWDR) auf

Sendung, der offizielle Sendebeginn des ARD-Gemeinschaftsprogramms „Deutsches Fernsehens" war am 1. November 1954 (vgl. Hickethier 1998: 110). In den 1960er-Jahren bauten die Landesrundfunkanstalten der ARD eigenständige, sogenannte „Dritte Programme" auf. Der damalige Bundeskanzler Konrad Adenauer plante die Einführung eines halbstaatlichen Senders und gründete die Deutschland Fernsehen GmbH. Das sogenannte „Adenauer-Fernsehen" wurde jedoch für verfassungswidrig erklärt (vgl. Kreuzer 1992: 149). Stattdessen folgte der Rundfunkstaatsvertrag über die Errichtung des „Zweiten Deutschen Fernsehens" (ZDF), das am 1. April 1963 den Sendebetrieb aufnahm.

Im Jahr 1953 besaßen weniger als tausend Bundesbürger ein Fernsehgerät (vgl. Opaschowski 1993: 3). Bis zur Gründung des ZDF breitete sich die Fernsehnutzung jedoch enorm schnell aus, die Empfangsgeräte wurden erschwinglicher. 1963 waren etwa 35 Prozent der bundesdeutschen Haushalte mit einem Fernsehgerät ausgestattet, Ende der 1960er-Jahre waren es bereits rund 85 Prozent (vgl. Hickethier 1998: 112; 2010: 272). Das lineare Programmfernsehen war zunächst stark durch Live-Übertragungen geprägt (vgl. Mikos 1992: 182) und als Familienprogramm konzipiert. Das gemeinsame Fernsehen wurde in die Alltagsroutinen und die Kommunikation eingebunden und beeinflusste die Gestaltung der Familienfreizeit (vgl. Langenbucher 1992: 20; Bachmair 1996: 282). Das Fernsehen entwickelte sich dadurch schnell zum Massenmedium und löste das Radio als bisheriges Leitmedium ab. Der Fernsehkonsum bestimmte ab den 1960er-Jahren „zunehmend das Alltagsleben, den Tagesrhythmus, Gespräche am Arbeitsplatz und in der Freizeit" (Groebel 2013: 11), der TV-Konsum hatte eine „freizeitfüllende Funktion" (Opaschowski/Pries/Reinhardt 2006: 191). Gefördert wurde die Beliebtheit der Freizeitbeschäftigung Fernsehen auch durch die Einführung des Farbfernsehens im Rahmen der Funkausstellung von 1967. Die zunächst geringe Auswahl an Sendern sowie das umständliche Umschalten direkt am Fernsehgerät führten dazu, dass ein großes und zerstreutes Publikum, also ein disperses Massenpublikum, erreicht wurde.

3.1.2   TV 2.0: Dualisierung und Angebotsvielfalt

Die zweite Phase der deutschen Fernsehentwicklung startete Anfang der 1980er-Jahre und ist durch technische Weiterentwicklungen sowie die Erweiterung des Programmangebots gekennzeichnet. Die rasante Verbreitung von Fernsehgeräten mit Fernbedienung kam der Programmkontrolle des Zuschauers zugute, hierdurch wurde schließlich das unkomplizierte Wechseln des Senders („Zappen") möglich (vgl. Owen 2000: 106). 1980 führten ARD und ZDF in einem Feldversuch den Teletext, in Deutschland auch Videotext genannt, ein. Der Zuschauer bekam hierdurch die Möglichkeit, das Fernsehen in einer neuen Form aktiv zu nutzen (vgl. Garling 1997: 71). Durch die Entwicklung von Videorecordern wurde den Zuschauern erstmalig die Möglichkeit geboten, Sendungen zeitsouverän zu rezipieren.

Mit dem dritten Rundfunkurteil erkannte das Bundesverfassungsgericht im Juni 1981 den privaten Rundfunk als verfassungsgemäß an und beendete die Monopolstellung des öffentlich-rechtlichen Rundfunks (vgl. Lucht 2006: 177; Thoma 2008: 15 ff.). In der Folge des Rundfunkurteils wurden Landesmediengesetze zur Zulassung und Aufsicht privater Rundfunksender erlassen. Die technischen Voraussetzungen der Dualisierung wurden nach einem Kabelpilotprojekt ab 1984 durch die Einrichtung flächendeckender Kabelnetze und dem späteren Start des Satelliten-Fernsehens geschaffen (vgl. Hickethier 1998: 418 ff.). Im Gegensatz zum Kabelfernsehen fallen beim Satellitenfernsehen keine monatlichen Gebühren an, sondern lediglich Anschaffungskosten. Am 1. Januar 1984 ging der kommerzielle Sender PKS (heute: Sat.1) auf Sendung, einen Tag später nahm RTL plus den Sendebetrieb auf. Dieser Zeitpunkt wird in Deutschland als Start der Dualisierung der TV-Landschaft angesehen (vgl. Woelke 2013: 165). Ein Jahr nach dem vierten Rundfunkurteil von 1986 wurde das duale Rundfunksystem im „Staatsvertrag zur Neuordnung des Rundfunkwesens in Deutschland" gesetzlich ausgestaltet (vgl. Hickethier 2010: 273). Hierbei wurde festgelegt, dass öffentlich-rechtliche Rundfunkanstalten einen Grundversorgungsauftrag zu erfüllen haben und mit ihrem Angebot die Bereiche Information, Bildung und Kultur sowie Unterhaltung ausreichend abdecken müssen. Während der öffentlich-rechtliche Rundfunk primär gebührenfinanziert[49] ist, erfolgt die Finanzierung privater Anbieter durch Werbeeinnahmen.

In den darauffolgenden Jahren wurden weitere private Vollprogramme, wie beispielsweise Tele 5 (1988), ProSieben (1989) oder Eurosport (1989), zugelassen. Aus der deutschen Wiedervereinigung resultierte die Gründung zweier weiterer ARD-Landesrundfunkanstalten (MDR und ORB), ab 1992 starteten weitere private Spartenprogramme (z. B. Kabelkanal, VOX, RTL II) (vgl. Hickethier 1998: 503 f.; Woelke 2013: 166). Vier Jahre später

---

[49] Im Jahr 2010 wurde eine Reform der öffentlich-rechtlichen Rundfunkfinanzierung beschlossen, die seit Januar 2013 in Kraft ist. Gebühren werden nicht mehr pro Gerät entrichtet, jeder Haushalt muss eine pauschale Rundfunkgebühr entrichten.

(1996) startete in Deutschland DF1 (ab 1998 Premiere), ein digitaler Bezahl-sender, der sich aus monatlichen Abogebühren finanzierte (vgl. Winter 2008: 352). Durch die Vielzahl an Sendern und die Ausstrahlung rund um die Uhr und wurde das Programmangebot sukzessiv erweitert (vgl. Merten 1996: 152; Hickethier 1998: 414). In Anlehnung an Lotz (2007: 12 ff.) kann diese Phase als „multi-channel transition" (Multi-Kanal-Ära) bezeichnet werden. Im Jahr 1988 empfingen die Haushalte durchschnittlich sieben Sen-der, 1995 waren es 32 Sender (vgl. AGF/GfK 2016c). Auch inhaltlich ent-wickelte sich das Fernsehen in den 1990er-Jahren weiter, es entstanden zahl-reiche neue Formate (z. B. Castingshows, Reality-TV). Aus der Vielzahl an Auswahlmöglichkeiten resultierte eine Ausdifferenzierung und Segmentie-rung der Zuschauer. Nur einzelnen Sendungen – meist Live-Shows oder Sportformate – gelang fortan das Erreichen eines großen Massenpublikums. Die Vorstellungen „vom kollektiven Publika für bestimmte Sendungsan-gebote wichen seit den 1980er Jahren den immer genauer ausdifferenzierten Zielgruppen kommerzieller Sendeanstalten." (Bleicher 2014: 82) Zu Beginn des dualen Systems hatten ARD und ZDF noch deutlich höhere Marktantei-le als RTL plus und Sat.1, die 1985 weniger als ein Prozent Marktanteil vor-weisen konnten (vgl. Krüger 2001: 43 f.). Danach sanken jedoch die Markt-anteile der öffentlich-rechtlichen Sender und die der Privatsender stiegen an, gegen Ende der 1990er-Jahre war die Verteilung größtenteils konsolidiert.

Das Fernsehen nahm weiterhin einen wichtige Rolle für den Alltag und die Freizeit der Bundesbürger ein: „Freizeitleben und Fernsehkonsum bildeten eine Erlebniseinheit." (Opaschowski 1993: 5) Mit Beginn der 1990er-Jahre konkurrierte das Fernsehen allerdings mit anderen Freizeitaktivitäten, zudem stellte sich zunehmend ein Parallelkonsum ein (vgl. ebd.: 8 f.; Groebel 2013: 14). Da die Anschaffungskosten für Fernseher immer weiter sanken, nahm die Anzahl der Fernsehgeräte pro Haushalt zu. Dies führte in Kombination mit der Programmvielfalt zu einer Aufweichung des gemeinschaftlichen TV-Erlebnisses. Die Individualisierung des Publikums wurde durch die Mitte der 1990er-Jahre beginnende Digitalisierung verstärkt.

3.1.3   TV 3.0: Digitalisierung und Konvergenz

Die dritte, Mitte der 1990-Jahre gestartete Entwicklungsphase des Fernse-hens ist stark von den Metaprozessen des Medienumbruchs (vgl. Kap. 2.1.2) geprägt, in besonderer Weise von Digitalisierung und Konvergenz. Digitale Fernsehübertragung wurde in vereinzelten Gebieten Deutschlands bereits in den 1990er-Jahren getestet (vgl. Bleicher 1996: 113), im Jahr 2003 wurde die analoge (terrestrische) Ausstrahlung auf eine digitale Sendetechnik umgestellt, 2012 erfolgte die Einstellung der analogen Satellitenverbreitung. Durch die Digitalisierung wurde die Frequenzknappheit der analogen Übertragungstechnik beendet und somit das verfügbare Angebot vervielfacht. Die Übertragung des digitalen Fernsehens (DVB: Digital Video Broadcasting) kann terrestrisch mittels Antenne (DVB-T/2), über Kabel (DVB-C/2) oder Satellit (DVB-S/2) erfolgen. Ebenso möglich ist der digitale Empfang via Internet Protocol Television (IPTV), für das ein kostenpflichtiges Abonnement sowie eine Set-Top-Box[50] notwendig sind. Weitere Vorteile der Digitalisierung sind eine höhere Empfangsqualität (z. B. HDTV), erweiterte Rückkanäle sowie multimediale Zusatzangebote (vgl. Scolik 2007: 8; Donsbach/Wilke 2009: 638). Die Digitalisierung ermöglichte im Jahr 1997 zunächst bei ARD und ZDF die Einführung eines elektronischen Programmführers („Electronic Program Guide", kurz: EPG) als eine Art elektronische Programmzeitschrift. Dieser bietet neben weiterführenden Informationen weitere Funktionen, die zum Beispiel eine personalisierte Fernsehnutzung erlauben (vgl. Stark 2006: 73 ff.; Mayer 2013a: 55). Zudem bieten die Rückkanäle neue Formen der Interaktivität und Zuschauerbeteiligung, bei der die klassische Einweg-Kommunikation aufgehoben wird (vgl. Döring 2003: 122; Gerhards 2013: 92). Dem Zuschauer wird das Potential zugesprochen, sich dem Fernsehen aktiver zuzuwenden und die Fernsehnutzung seinen Interessen entsprechend anzupassen (vgl. Lotz 2007: 59; Fleury et al. 2012: 104).

Die frei gewordenen Übertragungskapazitäten und gesunkenen Übertragungskosten haben bewirkt, dass die Markteintrittsbarrieren gesunken und neue Anbieter auf den Markt getreten sind (vgl. Funk/Pagel 2009: 41). Die Anzahl an empfangenen TV-Sendern in einem durchschnittlichen Haushalt stieg von 52 Sendern im Jahr 2006 auf 78 Sender im Jahr 2015 an (vgl. Eisenblätter/Hermann 2016: 36). Auch auf die Entwicklung des Pay-TV-Marktes hat sich die Digitalisierung positiv ausgewirkt (vgl. Groebel 2013: 185). Dieser fand in Deutschland aufgrund des breiten Angebots der deutschen Free-TV-Senderlandschaft zunächst lediglich geringe Akzeptanz (vgl. Michel/Riffi 2013: 24). Inzwischen ist das Bezahlfernsehen jedoch wirtschaftlich profitabler geworden, der Pay-TV-Marktführer Sky Deutschland konnte 2012 erstmals operative Gewinne ausweisen (vgl. ebd.). Im Jahr 2015 gab es 86 lizensierte Pay-TV-Sender (vgl. ALM 2016: 64).

---

[50] Eine Set-Top-Box (englisch für „Draufstellkasten") ist ein Empfangsgerät, das am Fernsehgerät angeschlossen wird, mit Zusatzfunktionen ausgestattet ist und einen Rückkanal zur Verfügung stellt (vgl. Kaumanns/Siegenheim/Sjurts 2008b: 455; Godefroid 2015: 250 f.).

Eng verknüpft mit der Digitalisierung des Fernsehens ist die Konvergenz. Diese bezog sich zunächst in erster Linie auf die Angleichung der Programmprofile im dualen System (vgl. Hohlfeld 2000). Aufgrund der drohenden Konkurrenz der privaten Anbieter passten sich die öffentlich-rechtlichen Sender mit ihrem Programmangebot stärker an diese an und entwickelten neue Unterhaltungsformate. Ebenso bauten die Privatsender ihr Informationsangebot aus, sodass sich eine Annäherung des Programmangebots andeutete (vgl. Merten 1996: 153 ff.; Bleicher 2014: 81). Im diesem Zusammenhang postuliert die bereits Anfang der 1990er-Jahre aufgestellte „Konvergenz-Hypothese", dass „es statt der erhofften Steigerung der Programmvielfalt eher zu einer Angleichung zwischen den öffentlich-rechtlichen und den kommerziellen Fernsehprogrammen komme." (Schatz 1994: 67) Die Angleichung wurde empirisch auf mehreren Ebenen untersucht (z. B. Merten 1996; Maier 2002). Die Konvergenz-Hypothese ist jedoch nicht eindeutig bewiesen, von einigen Studien wurde sie widerlegt, da trotz vereinzelter Annäherungen weiterhin Differenzen der Anbieter festgestellt wurden (vgl. Hohlfeld 2000: 77; Lucht 2006: 214 ff.; Donsbach/Wilke 2009: 639 ff.). Ein Blick auf die jährlich durchgeführte Programmanalyse zeigt ebenfalls, dass bei ARD und ZDF die Informationsanteile deutlich größer sind als bei privaten Anbietern, bei denen wiederum Unterhaltungsangebote dominieren (vgl. Krüger 2015b: 162, 2016b: 183 ff.).[51] Seit 2011 zeigt sich eine Tendenz dahingehend, dass die TV-Sender mit ihren Programmen versuchen, „die Intensität der Aufmerksamkeitsreize zu erhöhen, um die Zuschauer stärker an die Sender zu binden." (ebd.: 362) Eine weitere Konvergenz ereignet sich durch das Schwinden der Grenzen zwischen Free- und Pay-TV: „Die einst allein im Free-TV-Markt agierenden Anbieter drängen weiter auf den Pay-Markt, um ihre Abhängigkeit von konjunkturellen Schwankungen der Werbewirtschaft zu reduzieren." (ALM 2016: 102). Ebenso platzieren Bezahlsender Angebote im Free-TV, Sky strahlt den Sportkanal Sky Sport News HD seit Dezember 2016 frei empfangbar aus.

Neben der programmatischen und strukturellen Annäherung bezieht sich die Konvergenz auch auf die Verschmelzung der einst strikt getrennten Infrastrukturen von TV und Internet (vgl. Goertz 2004: 3; Hasebrink 2004: 69; Langheinrich 2013: 15). Die Digitalisierung hat sowohl die Fernsehnutzung via Internet als auch die Internetnutzung auf dem Fernsehgerät

---

[51] Die generelle Programmstruktur des deutschen Fernsehens erläutern Krüger (2015b, 2016a, 2016b) sowie die ALM (2016: 77 ff.). Zur Programmgeschichte des deutschen Fernsehens siehe Ludes (1999).

ermöglicht. Einerseits können audiovisuelle Inhalte auf diversen elektronischen Endgeräten jederzeit rezipiert werden. Andererseits überträgt das im Jahr 2006 in Deutschland gestartete IPTV Fernsehsignale per Internet Protocol und bietet somit die Möglichkeit, Fernsehsignale nicht über klassische Empfangswege, sondern über das Internet auf dem Fernseher zu empfangen. Durch die Verknüpfung von Fernseh- und Computertechnik sind hybride Fernsehgeräte (Smart TVs) mit Webanbindung entstanden, die neben der Bewegtbildübertragung über zahlreiche weitere Funktionen verfügen. Das Internet wurde jedoch „weit mehr als ein neuer Ausspielkanal neben den herkömmlichen Übertragungswegen." (Renner 2012: 113) Die Fernsehsender erweiterten ihr Angebot und strahlten nicht mehr ausschließlich ein lineares Fernsehprogramm aus. Schon Mitte der 1990er-Jahre entwickelten die Fernsehanstalten eigene Onlineangebote; so ging beispielsweise 1996 das Onlineportal der ARD-*Tagesschau* an den Start. Auf *tagesschau.de* waren Sendungen kurz nach der linearen Ausstrahlung verfügbar, zunächst jedoch in sehr langsamer Übertragungsgeschwindigkeit und schlechter Bildqualität (vgl. Matzen 2016). Der technologische Fortschritt führte zu einer stetigen Anpassung und Weiterentwicklung des Onlineangebots. So werden einerseits ausgewählte Sendungsinhalte als Stream oder auf Abruf (z. B. Mediatheken, Videopodcasts) zur Verfügung gestellt (vgl. Breunig/van Eimeren 2015: 505). Andererseits können mehrere Darstellungsformen parallel und weiterführende Ergänzungen plattformübergreifend zum Einsatz kommen. In diesem Zusammenhang sind die Begriffe Multimedia, Crossmedia und Transmedia zu nennen, die oftmals synonym verwendet werden.

Der Begriff *Multimedia*, der 1995 von der Gesellschaft für deutsche Sprache zum Wort des Jahres gekürt wurde, bezeichnet „die gleichzeitige Verwendung verschiedener Darstellungsformen in einem Medium" (Vesper 1998: 28). Multimediale Produkte basieren auf der Digitaltechnik, kombinieren mehrere (mindestens zwei) Darstellungsformen (z. B. Text, Foto, Grafik, Audio, Video) zur Aufbereitung eines Inhaltes und stellen somit die Möglichkeit zur interaktiven Nutzung bereit (vgl. Burkart 2002: 363; Lang 2004: 308 ff.; Kunczik/Zipfel 2005: 57 f.). *Crossmedia* bedeutet, „dass Einzelmedien auf der Ebene der Angebote und Organisationen verknüpft sind, um sich ein- oder wechselseitig zu unterstützen." (Neuberger 2009: 32) Im Gegensatz zu Multimedia kommen hierbei mehrere (mindestens zwei) Plattformen bzw. Medienformen zum Einsatz (vgl. Jakubetz 2011: 19), der Bezeichnung entsprechend kommt es zur Überschreitung medialer Grenzen. *Transmedia* (auch: Transmedia Storytelling) schließlich beschreibt das Erzählen einer inhaltlich verbundenen Geschichte über mehrere Medienkanäle hinweg mit unterschiedlichen Darstellungsformen (vgl. Murray 2012; Gerhards 2013: 107 ff.; Goderbauer-Marchner/Büsching 2015: 30 f.; Jenkins 2015). Die kanalspezifischen Teilgeschichten des Transmedia Storytellings sind für sich verständlich und funktionieren unabhängig von den anderen Kanälen, die Erzählformen müssen an die kanalspezifischen Eigenheiten angepasst werden (vgl. Jenkins 2006: 97). „Die Inhalte unterscheiden sich voneinander, sie entspringen aber dem gleichen Erzählkosmos." (Gerhards 2013: 89) Der Einsatz von transmedialen Formaten wird durch die häufige Second-Screen-Nutzung während des Fernsehens begünstigt. Bislang wird das transmediale Erzählen primär für fiktionale Inhalte verwendet, wie etwa im Jahr 2011 bei *Wer rettet Dina Foxx?* des ZDF (vgl. ebd.: 112 ff.; Nagel/ Fischer 2013: 215 f.). Hierbei wurde zunächst ein Krimi im Fernsehen ausgestrahlt, anschließend konnten die Zuschauer die Ermittlungen online weiterführen und somit rausfinden, ob die Hauptperson Dina unschuldig ist. Rund 60 Videoclips, 25 Audioclips und 20 Social-Media-Profile auf unterschiedlichen Plattformen waren Teil des Erzähluniversums. Das Projekt endete mit der Reportage *Wer löst das Rätsel um Dina Foxx?*, die auf ZDFinfo ausgestrahlt wurde. Im Jahr 2014 gab es mit *Dina Foxx – Tödlicher Kontakt* eine Fortsetzung des transmedialen Projektes. Eine ähnliche Vorgehensweise zeigt auch das bereits seit 2012 mehrmals durchgeführte Projekt *Tatort+*, bei dem der im TV ausgestrahlte *Tatort* online verlängert wird (siehe Kap. 4.1.1).

Das Internet stellt für etablierte Fernsehsender nicht ausschließlich ein „ideales Ergänzungsmedium" (Neuberger 2002: 60) dar, es erzeugt auch neue Konkurrenzverhältnisse. Die klassischen Medienunternehmen konkurrieren mit einer Vielzahl an neuen Anbietern audiovisueller Inhalte, der Fernsehmarkt hat sich fragmentiert (vgl. Przybylski 2010: 201 ff.; Geser 2014: 141; Egger/van Eimeren 2016: 108 f.). Die neuen Angebote stammen in erster Linie von VoD-Anbietern (z. B. Netflix, Amazon Prime, Maxdome), Internetsendern (z. B. Rocket Beans TV), Webvideo-Produzenten bzw. Multi-Channel-Netzwerke (z. B. Allyance Network, Mediakraft Networks) sowie branchenfremden Playern (z. B. Verlagshäuser, Telekommunikationsdienstleister). Aufgrund der Entgrenzung und Aufhebung der Monopolstellung von etablierten Fernsehsendern und Produktionsfirmen spricht Lotz (2007: 15 ff.) von einer „post-network era". Das Fernsehen wird in dieser Multi-Plattform-Phase aufgrund der Kombination von linearen Programmfernsehen und non-linearem Abruffernsehen auch als „TV 3.0" bezeichnet (vgl. Beiler/Zenker 2008: 1; Mayer 2013a: 21). Bewegtbildinhalte sind nicht mehr an bestimmte Kanäle gebunden, sondern können über verschiedenste Empfangsgeräte mobil und zeitsouverän abgerufen werden.

Bezüglich der Auswirkungen des Internets auf das Fernsehen und der Konkurrenz neuer Angebote wird bereits seit Ende der 1990er-Jahre diskutiert, ob es sich hierbei um Komplementarität oder Verdrängung handelt (z. B. Oehmichen/Schröter 2000; Trepte/Baumann 2004; Stipp 2009; Pevere 2010; Seufert/Wilhelm 2013). In der deutschsprachigen Kommunikationswissenschaft wird in diesem Zusammenhang häufig auf das sogenannte „Riepl'sche Gesetz" verwiesen. Die bereits von Wolfgang Riepl (1913) formulierte These lautet, dass etablierte Medien niemals gänzlich durch neue Medien verdrängt, sondern lediglich ergänzt werden und sich anpassen müssen. Kritisiert wird jedoch, dass es dieser Annahme an empirischem Gehalt mangele und sie häufig unreflektiert verwendet werde (vgl. Neuberger 2001: 237 ff.; Peiser 2008: 162 ff.). Während einerseits das Riepl'sche Gesetz auch in Bezug auf das Fernsehen als zutreffend gilt (z. B. Posch/Englert 2008: 163; Wagner 2010: 83), wird dies andererseits als Ausrede identifiziert, „um sich nicht an die digitale Medienrealität und die Wünsche eines neuen, anspruchsvolleren Publikums anpassen zu müssen." (Gutjahr 2013b) Bislang dominieren jedoch Ansichten und empirische Befunde zum Nutzungsverhalten dahingehend, dass hierbei eine komplementäre Beziehung besteht (z. B. Groebel 2013: 184; Zillich 2013: 15; Frees 2014: 417; Rudolph 2014: 297; Egger/van Eimeren 2016: 113). Das Internet sollte daher in erster Linie nicht als Konkurrenz, sondern vielmehr „als Chance zur Neupositionierung des Mediums Fernsehen gesehen werden." (Rudolph 2014: 305)

Die sich durch Digitalisierung und Konvergenz ergebenden Veränderungen stellen den traditionellen Rundfunkbegriff und die damit verbundene Medienregulierung in Frage (vgl. Doetz 2008: 426 f.; Schulz 2008: 389 ff.; Wilke 2009: 339 f.; Groebel 2013: 61). Eine Abgrenzung zwischen klassischen Rundfunk- und Telemedien[52] wird aufgrund der Verschmelzung von Fernsehen und Internet immer komplexer. Während IPTV etwa als Rundfunk einzuordnen ist, gelten Abrufdienste und Mediatheken der Sender als Telemedien. Die traditionelle kommunikationswissenschaftliche Perspektive, bei der Rundfunk als öffentliche Kommunikation „in Gestalt eines *Ablauf- oder Programm-Mediums*" (Beck 2003a: 331, H.i.O.) angesehen wird, muss aufgrund der strukturellen Veränderungen kritisch hinterfragt werden.

---

[52] Als „Telemedien" werden in der Rechtssprache elektronische Informations- und Kommunikationsdienste bezeichnet, die weder Telekommunikationsdienste im Sinne des Telekommunikationsgesetzes noch Rundfunk im Sinne des Rundfunkstaatsvertrages sind.

3.2　Vom linearen TV zum multioptionalen Bewegtbildmedium

*The key to the future of television is to stop
thinking about television as television.*
(Negroponte 1996: 48)

Während die drei zuvor erläuterten Phasen in der Retrospektive verhältnis-
mäßig leicht voneinander abgegrenzt werden können, erweist sich eine Einordnung der aktuellen Entwicklungen des Fernsehens als diffizil. Fest steht,
dass heutiges Fernsehen sich von dem unterscheidet, was es in den früheren
Entwicklungsstufen einmal war (vgl. Keilbach/Stauff 2011: 155). Die Inhalte des Fernsehens sind, „abseits der üblichen Verbreitungswege des linearen
Programmfernsehens, im Internet auf unterschiedlichen Plattformen abrufbar." (Godulla/Hohlfeld 2013: 437) Durch das Hinzutreten neuer Akteure
ist fraglich, welche Verbreitungswege und Formen der Bewegtbildkommunikation noch unter den Fernsehbegriff fallen. Ebenso ist zu überdenken, ob
die Rezeption von Bewegtbild ohne festen Programmablauf und vorgegebenen Sendezeiten nicht mehr als „fernsehen", sondern vielmehr als
„watching programs" (Hasebrink 2009: 10) bezeichnet werden müsste. Neben der Entgrenzung des TV deutet sich eine Rückkehr der gemeinschaftsbildenden Funktion durch die ab dem Jahr 2012 verstärkte Verknüpfung von
Fernsehen und Social Media an (vgl. Groebel 2013: 15).

Um das Fernsehen von heute fassen zu können, muss zunächst der traditionelle Fernsehbegriff betrachtet werden. Hierbei stellt man schnell fest, dass
es „das Fernsehen" nicht gibt, da eine Definition von der Perspektive des
Betrachters abhängt. So bezeichnet der Begriff „Fernsehen" sowohl ein
„technisches Medium", „die Kulturtechnik der Rezeption" als auch „das
System der Sendeanstalten" (Münker 2013: 173). In begrifflichen Annäherungen wird Fernsehen vor allem auf den technologischen Aspekt fokussiert. So wird laut Wirtz (2013: 390) unter Fernsehen „der audiovisuelle Teil
des Rundfunks verstanden. Es stellt ein Massenmedium zur Übermittlung
und Widergabe von aufgenommenen Bild- und Tonsignalen dar." Im Lexikon für Medien und Kommunikation betont auch Hickethier (2006: 115) die
Technik des Fernsehens: „Akustische und visuelle Informationen werden
von einem Sender […] verbreitet, über Kabelanschluss, Antenne oder Satellit empfangen und mit Hilfe eines Fernsehgeräts […] rezipiert." Um den
Folgen der Digitalisierung gerecht zu werden, müssten hierbei neue Übertragungswege über das Internet, der Empfang über internetfähige Endgeräte
sowie non-lineare Inhalte hinzugefügt werden. Einige Autoren nehmen eine
Begriffsbestimmung vor, die neben der technischen Perspektive zusätzlich

Aspekte, wie die institutionelle Verankerung oder gesellschaftliche bzw. individuelle Funktionen, einbezieht (z. B. Lotz 2007: 29; Berger 2008: 7; Katz 2009: 6 f.; Bleicher 2013a: 83). Den vorhandenen Begriffsbestimmungen ist gemein, dass sie die Medialität des Fernsehens eindeutig verorten und es als audiovisuelles Massenmedium beschreiben. Fernsehsender sind dementsprechend „arbeitsteilig zusammengeschlossene Organisationen, deren primärer Zweck auf der Veröffentlichung von Inhalten für ihre Publika liegt." (Jungnickel/Schweiger 2014: 19) Der Komplex Fernsehen ist jedoch mittlerweile medial so ausdifferenziert und zeichnet sich durch eine komplexe Struktur aus, sodass die Einordnung als tertiäres Medium (vgl. Burkart 2007: 160) bzw. „die Beschreibung genau *einer* spezifischen Medialität das Medium nicht länger zu fassen vermag." (Münker 2013: 174, H.i.O.)

Die Schwierigkeit der begrifflichen Ausdifferenzierung des Fernsehens von heute wird auch an einem divergierenden Begriffsverständnis der Zuschauer deutlich. Was diese als Fernsehen bezeichnen, hängt von den jeweiligen Zielgruppen ab (vgl. Barkhuus 2009: 2484). So zeigt eine im Jahr 2015 durchgeführte Goldmedia-Studie (N = 1.187), dass ältere Zuschauer unter Fernsehen nach wie vor das verstehen, „was linear von einem klassischen Fernsehsender auf das heimische Fernsehgerät geliefert wird." (Kerkau 2016) Personen unter 20 Jahren hingegen fassen den Fernsehbegriff weiter, rund 50 Prozent dieser Altersgruppe bezeichnen die Bewegtbildnutzung über das Smartphone ebenfalls als Fernsehen. Eine definitorische Beschränkung auf eine bestimmte Übertrags- oder Empfangstechnik erscheint daher nicht sinnvoll. Einige Autoren tendieren deshalb dazu, sowohl von TV-Sendern erstellte Inhalte als auch sonstige professionell produzierte Bewegtbildinhalte als Fernsehen zu klassifizieren (z. B. Montpetit et al. 2012: 2). Bei dieser Sichtweise erübrigt sich die Frage, ob das Fernsehen an Relevanz verliert: „Wenn man den Fernsehbegriff um professionell produzierte Inhalte erweitert, dann schauen die Zuschauer demnach nicht weniger, sondern diversifizierter fern – in Summe wird mehr ferngesehen." (Frees 2014: 419) Andererseits wird eine Gleichsetzung von Fernsehen und Online-Bewegtbild als unzutreffend angesehen: „Video im Internet ist nicht Fernsehen." (Gerhards 2013: 98) Auch Bleicher (2012: 110) bezeichnet eine Gleichsetzung von Fernsehen und Onlinevideo als unangemessen: „Der Begriff Fernsehen wird […] auf etwas übertragen, das überhaupt kein Fernsehen im traditionellen Sinne ist." Sie plädiert vielmehr dafür, zunächst den Gegenstandsbereich des vielschichtigen Begriffs Fernsehen genau einzugrenzen und daran anknüpfend die Begrifflichkeiten im Kontext des konkreten Untersuchungsgegenstandes anzupassen.

3.2.1   Online-Bewegtbildangebote

Unter dem vielschichtigen Begriff „Internetfernsehen" wird häufig eine Reihe von Bewegtbildinhalten subsumiert, ohne dass hierbei eine Differenzierung vorgenommen wird. Es kann zunächst zwischen IPTV und Onlinevideo unterschieden werden (vgl. Weiß/Trebbe 2013: 101). IPTV nutzt Internet als Übertragungstechnik, um Rundfunkinhalte kostenpflichtig auf das Fernsehgerät zu übertragen. Onlinevideo ist hingegen ein Oberbegriff für alle Bewegtbildformate, die über das World Wide Web mittels internetfähigen Endgeräten abgerufen werden können (vgl. Gugel/Flecken 2012: 30). Alternativ wird auch die Bezeichnung „Online-Bewegtbild" verwendet, um alle im Internet zur Verfügung stehenden audiovisuellen Inhalte zusammenzufassen, „seien es allgemein Videos – vom Profi produzierte auf Verlagsseiten oder vom Amateur auf Videoportalen platzierte – ganze Fernsehsendungen oder Ausschnitte daraus sowie Videopodcasts und sonstige bewegte Bilder." (Frees/van Eimeren 2011: 350)[53] Sofern die synchrone Online-Übertragung von Rundfunksignalen nicht berücksichtigt wird, lassen sich Online-Bewegtbildformate mehrheitlich den drei Bereichen Mediatheken, Video-on-Demand-Plattformen sowie Videoportale zuordnen (vgl. Stückler 2013: 36; Rudolph 2014: 55 ff.). Ergänzt werden könnte die Platzierung von Bewegtbildinhalten auf Social-Media-Plattformen.

Mediatheken sind – in der Regel kostenlos von Fernsehsendern angebotene – Plattformen, die in erster Linie für das Fernsehprogramm professionell produzierte Sendungen zur Verfügung stellen, wie beispielsweise die 2007 gestarteten Mediatheken von ARD und ZDF. Sie werden auch als „Catch-up TV" betitelt, da ihre Inhalte in der Regel zuerst im linearen TV-Programm ausgestrahlt werden (vgl. Grimme-Institut/MMB-Institut 2013: 60). Bei den öffentlich-rechtlichen Sendern unterliegen die Mediatheken durch den Rundfunkstaatsvertrag festgelegten Zeiteinschränkungen. So dürfen einige Genres (z. B. Sportereignisse) lediglich 25 Stunden zur Verfügung gestellt werden, andere Formate (z. B. kulturelle Beiträge) wiederum bis zu fünf Jahre. Ein Gros der Sendungen steht bis zu sieben Tage nach der Ausstrahlung kostenfrei zur Verfügung. Oftmals ist dies auch bei Angeboten der Privatsender der Fall, danach fallen jedoch Gebühren für Inhalte an.

---

[53] Als weitere Bezeichnung für Online-Bewegtbildangebote wird auch der Begriff „Web-TV" eingesetzt (z. B. Wilke 2009: 343 f.; Sewczyk/Wenk 2012: 178).

Überwiegend gebührenpflichtig und auf professionell produzierte Inhalte ausgelegt sind auch *Video-on-Demand-Angebote* (kurz: VoD, auch: Online-Videotheken), deren Inhalte zu jeder beliebigen Zeit durch Kauf oder Ausleihe einzelner Formate oder mittels Plattform-Abonnement (Flatrate) rezipiert werden können (vgl. Martens/Hefert 2013: 101 f.; Goldhammer et al. 2015: 56).[54] Die VoD-Plattformen werden teilweise mit Beteiligung von Fernsehkonzernen betrieben; so ist etwa die Plattform Maxdome ein Unternehmen der ProSiebenSat.1-Gruppe (vgl. Woldt 2013: 122). Weitere bekannte Angebote sind Videoload der Deutschen Telekom, Amazon Prime sowie Watchever, das jedoch Ende 2016 aufgrund der großen Konkurrenz eingestellt wurde. International ist Netflix der bekannteste VoD-Anbieter, dessen Angebote seit 2014 auch in Deutschland zugänglich sind. Durch die weltweite Expansion stieg die Anzahl der Abonnenten auf mehr als 75 Millionen, im vierten Quartal 2015 erwirtschaftete Netflix einen Nettogewinn von rund 43 Milliarden US-Dollar (vgl. Jacobsen 2016). In den USA verzeichnet Netflix bereits mehr Nutzer als traditionelle TV-Sender (vgl. Pelz 2013b). Video-on-Demand-Anbieter produziere vermehrt eigene Formate. Einen entscheidenden Schritt hierzu machte Netflix mit der seit 2012 ausgestrahlten Serie *House of Cards*, deren ersten beiden Staffeln für rund 100 Millionen US-Dollar produziert wurden (vgl. Woldt 2013: 115).

Bei den Mediatheken sowie Video-on-Demand-Plattformen sind nutzergenerierte Inhalte nicht von Belang, bei *Videoportalen* hingegen sind diese ein zentraler Bestandteil. Ein Videoportal (auch: Videoplattform oder Videocommunity) ist eine Plattform, die sowohl (semi-)professionell als auch nutzergenerierte Inhalte bündelt und sich überwiegend über Werbung finanziert (vgl. Gugel/Flecken 2012: 32). Die Videos können mittels Streaming jederzeit und in der Regel kostenlos abgerufen werden, einige Anbieter ermöglichen auch das Live-Streaming. Marktführer ist die im Jahr 2005 gegründete und Plattform YouTube, die inhaltlich ein breites Themenspektrum abdeckt. Der Erfolg von Webvideos, die speziell für Videoportale produziert werden, hängt maßgeblich von den Interaktionen der Nutzer bzw. ihrem Erfolg in Social Networks ab (vgl. Hündgen/Argirakos 2013b: 55 f.). Es existieren auch Videoplattformen mit Senderbeteiligung, wie beispielsweise Clipfish (RTL Group) oder MyVideo (ProSiebenSat.1).

---

[54] Während bei Video-on-Demand Inhalte völlig unabhängig von Sendezeiten rezipiert werden können, erfolgt beim sogenannten „Near-Video-on-Demand" die mehrmalige Ausstrahlung audiovisuelle Angebote in einem bestimmten Intervallen auf verschiedenen Kanälen (vgl. Plake 2004: 344; Hess/Picot/Schmid 2007: 138; Rimmelspacher 2007: 23).

3.2.2   Das Fernsehen von heute

Wie der Abriss über die Möglichkeiten zur Bewegtbildrezeption zeigt, ist die Vielfalt der Inhalte und Empfangswege so groß wie nie zuvor. Auch die Optionen zum klassischen TV-Empfang sind multipel. Fernsehinhalte können auf diversen Bildschirmen (z. B. konventionelles TV-Gerät, Smart TV, PC, Laptop, Tablet, Smartphone) stationär oder mobil, analog oder digital (z. B. Terrestrik, Kabel, Satellit, IPTV, Streaming), synchron oder zeitversetzt rezipiert werden. Aufgrund dieser technik- und plattformübergreifenden Rezeption wird das Fernsehen von heute auch als „multioptional" charakterisiert (vgl. Frees/van Eimeren 2013: 373).[55]

Unabhängig von Übertragungswegen und Empfangsgeräten wird traditionell zwischen linearem Programmfernsehen und nicht-linearen Bewegtbildangeboten differenziert (vgl. Weiß/Trebbe 2013: 100 f.). Die Systematisierung bezieht sich dabei primär auf die zeitgleiche bzw. synchrone (lineare) oder zeitversetzte bzw. asynchrone (nicht-lineare) Nutzung von audiovisuellen Inhalten. Dementsprechend ist lineares Fernsehen „die Anordnung von Sendungen in parallel laufenden, zeitlich strukturierten Programmen" (Hasebrink 2009: 12). Lineare TV-Sendungen werden zu festen Sendezeiten auf einem bestimmten Kanal ausgestrahlt, sind in einen Programmfluss eingebettet und werden synchron zur Ausstrahlung rezipiert. Bei nicht-linearen Angeboten (Einzelsendungen ohne festen Programmablauf) ist zwischen nutzerbasierten Aufzeichnungen (z. B. VHS-, DVD- oder Festplattenrecorder) und anbieterbasierten Abrufangeboten (z. B. Videothek, Mediathek, Podcast, Video-/VoD-Portale) zu unterscheiden (vgl. Wilde/Hess 2008: 26 f.; Hasebrink 2009: 7; Jandura/Ziegler 2011: 286). Fernsehinhalte konnten in der zweiten TV-Entwicklungsphase lediglich nutzerbasiert, also mittels Videorecorder, aufgezeichnet und unabhängig von Programmstrukturen rezipiert werden. In der dritten Entwicklungsstufe haben sich die Optionen der nicht-linearen Bewegtbildnutzung enorm vervielfältigt. Während zunächst DVD- sowie Festplattenrecorder die VHS-Videorecorder ablösten (vgl. Stark 2006: 66 ff.), wurden diese an Geräte gebundenen („client based") Aufnahmemöglichkeiten um internetbasierte („server based") Abrufangebote ergänzt (vgl. Jandura/Ziegler 2011: 286).

---

[55] Ähnlich bezeichnet Curtin (2010: 13) das TV als „Matrix-Medium": „It was no longer a broadcast-medium or a network medium, or even a multichannel medium; television had become a matrix medium, an increasingly flexible and dynamic mode of communication."

Durch die Vielzahl an Wahlmöglichkeiten nimmt die zeitversetze Bewegtbildnutzung zu (vgl. Kap. 3.4) So schätzen laut der Langzeitstudie Massenkommunikation 77 Prozent der Bevölkerung ab 14 Jahren, dass die Fernsehangebote in Zukunft immer häufiger zeit- und ortsungebunden genutzt werden (vgl. Engel/Breunig 2015: 320). Mit einem gänzlichen Ableben des linearen Programmfernsehens wird jedoch in kurzfristiger Perspektive überwiegend aufgrund des gelernten Verhaltens älterer Generationen nicht gerechnet: „Spezielle Nutzungsszenarien […] werden die Rezeption des klassisch-linearen Fernsehens ergänzen, sie jedoch bis auf Weiteres nicht ersetzen." (Michel/Riffi 2013: 25) Das Programm könnte sich nach der synchronen bzw. zeitversetzten Nutzung differenzieren. Hierbei spielen die jeweiligen Formate zentrale Rolle. Das lineare Fernsehen könnte sich zur Rezeption von Live-Events/Unterhaltungsshows und Sportübertragungen durchsetzen, während verpasste Serien, Filme oder sonstige Formate, bei denen die Live-Rezeption nicht von Belang ist, primär zeitsouverän abgerufen werden (vgl. Gräßer/Riffi 2013a: 110; Groebel 2013: 185; Engel/Breunig 2015: 321). Es zeigt sich jedoch eine Tendenz dahingehend, dass sich ein wachsender Teil der Bewegtbildnutzung Streaming-Angeboten [zuwendet], die live […] sind." (ALM 2016: 94) So erfreut sich etwa der auf YouTube live ausgestrahlte Internetsender Rocket Beans TV zunehmender Beliebtheit. Auf langfristige Sicht ist daher denkbar, dass auch Live-Formate verstärkt ins Internet wandern und das lineare Programm sich zu einem Teilbereich der internetgestützten Bewegtbildkommunikation wandelt.

Aus Basis der vorhergehenden Erläuterungen können zwischen dem konventionellen Fernsehen und dem heutigen Fernsehen folgende Unterschiede ausfindig gemacht werden: Klassisches Fernsehen ist unidirektionales Massenmedium, das durch ein lineares Programm zeitlich strukturiert ist und über ein Fernsehgerät empfangen wird. Das multioptionale Fernsehen hingegen kann sowohl linear als auch non-linear sein und ist nicht an eine feste Programmstruktur gebunden. Fernsehen hat sich zu einem bidirektionalen Medium gewandelt, das sowohl selektiv (zeit- ort- und gerätesouverän) als auch interaktiv genutzt werden kann. Für diese Arbeit ist der Aspekt der interaktiven Fernsehnutzung von besonderem Interesse. Social TV verknüpft das Fernsehen mit den interaktiven Angeboten des Hybridmediums Internet, eine traditionelle Technologie ist hierbei mit einer neueren Technologie verzahnt (vgl. Costello/Moore 2007: 128). Hieraus ergibt sich ein neues interaktives und soziales Potential, da die Fernsehrezeption um „gemeinschaftliche partizipative Praktiken" (Cuntz-Leng/Einwächter/Stollfuß 2015: 451) ergänzt wird. Fernseh- und Bewegtbildinhalte werden vermehrt auf

Social-Media-Plattformen diskutiert, bewertet oder geteilt. Die Fernseh-sender sind in den Social Networks aktiv und beziehen diese als Rückkanal ein (vgl. Busemann/Tippelt 2014: 411). Diese „bewusste Verknüpfung von Fernsehsendungen mit interaktiven Online-Angeboten" (Kneidinger 2014: 229) verdeutlicht erneut die Verschmelzung von Fernsehen und Internet.

Durch die Konvergenz von Fernsehen und Social Media werden die klassi-schen Strukturen der TV-Produktion aufgeweicht, Sender werden selbst zu Empfängern und Zuschauer können selbst zu Produzenten werden (vgl. Eble 2013: 73; Voß 2013: 34; Gräßer/Riffi 2013a: 111; van Dijck/Poell 2015: 149). Dies bringt Veränderungen institutioneller und produktions-technischer Prozesse mit sich, klassische Fernsehsender entwickeln sich zu „Multimedia-Unternehmen" (Schächter 2011: 34), die ihre strategischen Geschäftsmodelle und Wertschöpfungsketten anpassen müssen (vgl. Posch/Englert 2008: 167; Gugel 2010: 310 ff.; Przybylski 2010; Geser 2014). So ist beispielsweise bei ProSiebenSat.1 TV-Unterhaltung längst nicht mehr das einzige Geschäftsfeld (vgl. van Rinsum 2016a: 21, 2016b), das Medien-unternehmen wandelt sich nach dem eigenen Verständnis in ein digitales „Entertainment and Commerce Powerhouse" (Benninghoff 2014). Die Sender versuchen vermehrt, auf allen Kanälen präsent zu sein, um die po-tentiellen Zuschauer auf den von ihnen präferierten Plattformen zu errei-chen (vgl. Gräßer/Riffi 2013b: 11). Dementsprechend wurde 2014 beschlos-sen, die linearen TV-Sender EinsPlus und ZDFkultur einzustellen und statt-dessen online einen neues ARD-ZDF-Jugendangebot als Content-Netzwerk (Verteilung der Inhalte auf Drittplattformen) anzubieten. Dieses startete im Oktober 2016 unter dem Namen „Funk". Die Interaktion mit den Usern soll hierbei eine zentrale Rolle einnehmen: „Die Drittplattformen stellen den Erstkontakt zwischen Nutzer und Angebot her, dienen zur Verbreitung der Inhalte sowie zur Interaktion und Kommunikation mit Usern." (ARD/ZDF 2015: 11)

3.3   Interaktives Fernsehen

Versuche, Fernsehen mit interaktiven Elementen zu verbinden, existieren schon seit dem Aufstieg Mediums Fernsehen zum Leitmedium (Kap. 3.3.1). Hierbei kann zwischen verschiedenen Formen der Interaktivität differen-ziert werden (Kap. 3.3.2). Trotz der vorhandenen Angebote fand das inter-aktive Fernsehen bislang in Deutschland wenig Anklang, was sich allerdings durch technische Neuerungen (Rückkanäle) ändern könnte (Kap. 3.3.3).

3.3.1 Begriffsdefinition und Entwicklung

Ähnlich wie bei der Definition von Interaktion allgemein, existieren auch für die Beschreibung von Interaktivität im Zusammenhang mit dem Medium Fernsehen verschiedene Ansätze. Die technisch vermittelte, wechselseitige Kommunikation zwischen Sender und Empfänger steht im Vordergrund der meisten Definitionen des interaktiven Fernsehens (auch: iTV), die vor allem Mitte der 1990er-Jahre entstanden sind (vgl. Stark 2006: 40). So ist das iTV laut Reinhard und Salmony (1994: 141 f.) „durch die kausal zusammenhängende Abfolge von Datentelekommunikation eines Empfängers, externer Reaktionen und individueller Rückkopplungen an den Empfänger charakterisiert." Voraussetzung dafür ist das Vorhandensein eines Rückkanals, bei dem die einseitig gerichtete Kommunikation des Fernsehens überwinden werden kann und somit direkte Interaktion möglich macht (vgl. Forman/ Wippersberg 2007: 57; Kaumanns/Siegenheim/Sjurts 2008b: 456). Da diese Form der Interaktion nicht ohne Rückkanal auskommt, handelt es sich hierbei nicht um klassische zwischenmenschliche Kommunikation (Face-to-Face). Während Heinemann (1997: 35) den Kommunikationsaustausch mit anderen Zuschauern mittels des Fernsehens („Mensch-Maschine-Mensch-Interaktion") fokussiert, erwähnt Garling (1997) sowohl die Kommunikation zweier Personen mittels des Mediums Fernsehens als auch die „Mensch-Maschine-Interaktion". Demnach ist interaktives Fernsehen „die indirekte Kommunikation mit einem anonymen oder personifizierten Kommunikator auf dialogischer Basis." (ebd.: 24) Da in beiden Fällen der Dialog mit den Zuschauern im Vordergrund steht, ist die Massenkommunikation beim interaktiven Fernsehen individualisiert, eine räumliche Trennung der Kommunikationspartner bleibt jedoch bestehen. Dahm, Rössler und Schenk (1998: 18) sprechen in diesem Zusammenhang von einer Quasi-Interaktivität: „Der Begriff der Interaktivität ist hier mehr in einem technischen Sinne zu verstehen, keinesfalls aber im Sinne einer sozialen oder kommunikativen bzw. reflexiven Handlung". Mit dem Voranschreiten der Digitalisierung rückten hingehen neue technische Möglichkeiten bzw. Rückkanäle für das interaktive Fernsehen in den Fokus der Definitionen (z. B. Schwalb 2003: 1; Mahr 2004: 93; Kühhirt/Rittermann 2007: 192).

Vorhandene Erklärungsansätze des interaktiven Fernsehens können nach zwei verschiedenen Ausprägungen kategorisiert werden. Es gibt Definitionen mit einem engen, technisch orientieren Verständnis und mit einem weiter gefassten, nutzerorientierten Verständnis (vgl. Forman/Wippersberg 2007: 56 f.; Rimmelspacher 2007: 9 ff.). Bei dem eher *engen* und technisch orientieren Verständnis ist das Vorhandensein eines direkten Rückkanals Grundvoraussetzung für das interaktive Fernsehen (z. B. Heinemann 1997: 34 ff.; Dahm/Rössler/Schenk 1998: 15 ff.; Clement 2000: 9 ff.; Stipp 2001: 369 ff.).[56] Ein Medienbruch soll laut der engen Definition verhindert werden. Es wird dabei jedoch nicht begründet, wieso eine Interaktion mit Medienbruch (z. B. Meinungsäußerung per Telefon) weniger spontan sein sollte (vgl. Rimmelspacher 2007: 9 f.). Die *weitere* Perspektive orientiert sich primär an den Inhalten und lässt verschiedene Rückkanäle für das Fernsehen zu (z. B. Raffée 1994: 23; Reinhard/Salmony 1994: 141 ff.; Schrape 1995: 28; Hachmeister/Zabel 2004: 147 ff.; Mahr 2004: 92 ff.; Woldt 2004: 307). Demnach ist die Interaktivität im Fernsehen nicht abhängig von der Art des Rückkanals, sondern vielmehr von dem jeweiligen Angebot. Dieser Sichtweise folgt die vorliegende Untersuchung und fokussiert sich auf die Interaktivität im Sinne des Potentials, Feedbackprozesse zwischen Zuschauern und Kommunikatoren zuzulassen bzw. dem Zuschauer die Einflussnahme auf die Inhalte zu ermöglichen. Für die Interaktion bedarf es eines Rückkanals, der jedoch nicht identisch mit dem Empfangsweg sein muss.

In Deutschland konnten Zuschauer bereits in den 1950er-Jahren bei „Mitratekrimis" den Mörder durch Zuschauerzuschriften enttarnen (vgl. Bleicher 1995: 76). Die interaktive Unterhaltungsshow *Der Goldene Schuss* (ZDF) bediente sich ab 1964 dem Kommunikationsmedium Telefon als Rückkanal. Neben den vier Kandidaten im Studio nahmen zusätzlich vier Zuschauer per Telefon teil (vgl. Goertz 2004: 9). Ab 1969 gab es in der Sendung *Wünsch Dir was* (ORF/ZDF) die erste zeitgleiche kollektive Interaktion. Die Zuschauer bestimmten den Sieger einer Sendung, indem sie Elektrogeräte einschalteten oder die Toilettenspülung betätigten. Die Abstimmung war allerdings auf eine Stadt beschränkt, in der die Stadtwerke den Strom- bzw. Wassermehrverbrauch direkt auswerteten und somit den Sieger der Sendung ermittelten (vgl. Garling 1997: 71; Schock 2004). Bei dem im Jahr 1970 gesendeten Fernsehfilm *Das Millionenspiel* (ARD) wurden die Zuschauer dazu aufgerufen, den vor Auftragskillern flüchtenden Kandidaten einer fiktiven Fernsehshow zu unterstützen bzw. ihn auffliegen zu lassen. Die *Sportschau* (WDR) setzte ab 1971 auf einen schriftlichen Rückkanal, die Zuschauer sollten eine Postkarte an den Sender schicken und somit das „Tor des Monats" wählen.

---

[56] Während bei einem *direkten* Rückkanal der Rückkanal integriert ist, wird bei einem *indirekten* Rückkanal ein weiteres Medium benötigt (vgl. Scolik/Wippersberg 2007: 47).

Ab den 1970er-Jahren wurde das Kabelfernsehen als Chance für einen neuen Rückkanal angesehen. Der amerikanische Kabelanbieter Warner Cable bot bereits 1977 das erste Kabelfernsehen mit Rückkanal („Qube") an, das allerdings 1984 aufgrund mangelnder Profitabilität eingestellt wurde (vgl. Woldt 2004: 304). Der Plan, aus dem unidirektionalen Fernsehen ein „Zwei-Wege-Fernsehen" zu machen, scheiterte zu dieser Zeit (vgl. Ruhrmann/ Nieland 1997: 51; Stark 2006: 35). Der Form der Abstimmung per Telefon wurde ab 1979 durch die Einführung des sogenannten „Teledialog-Verfahrens" (kurz: TED) verbessert. Diese Methode wurde vom ZDF gemeinsam mit der Deutschen Bundespost entwickelt und ermöglicht es, dass die Zuschauer aus mehreren Antwortmöglichkeiten auswählen können, indem sie die jeweils zugehörige Telefonnummer wählen. Alle Stimmen werden per Computer erfasst und das Ergebnis kann direkt in der Sendung verkündet werden (vgl. Hess/Picot/Schmid 2007: 127). Bekannt wurde dieses System primär durch die ZDF-Show *Wetten, dass..?*, die seit 1983 die Zuschauer dazu animierte, die Wett-Könige per TED zu bestimmen.

„In den neunziger Jahren verzeichnen die interaktiven Sendeformate einen regelrechten Boom." (Garling 1997: 72) Im Gameshows wie *Hugo* (Kabel 1) konnten Zuschauer eine Spielfigur per Telefontastatur steuern (vgl. Bleicher 1996: 113). Einige Formate griffen interaktive Spielfunktionen auf (z. B. *Games World* von Sat.1 oder *X-Base* von ZDF), waren jedoch meist erfolglos und wurden nach kurzer Zeit wieder aus dem Programm genommen. Von Nachteil war hierbei, dass meist nur Zuschauer mitspielen konnten, die per Telefon zum Sender durchkamen es in die Sendung schafften. Auch der Videotext bot ab Mitte der 1990er-Jahre interaktive Spiele an (vgl. Garling 1997: 72). Eine andere Form der Interaktion ermöglichte der 1991 von ARD und ZDF ausgestrahlte Krimi *Mörderische Entscheidung*. Dieser wurde auf zwei Kanälen ausgestrahlt und aus zwei unterschiedlichen Perspektiven erzählt. Mittels Fernbedienung konnte der Zuschauer die Perspektive wechseln und zwischen den parallel gesendeten Erzählungen hin und her schalten (vgl. Beckert 2002: 62). Das Telefon wurde in vielen neuen Formaten nicht mehr ausschließlich für quantitative Abstimmungen eingesetzt, sondern Anrufer konnten bei sogenannten „Call-In-Sendungen" mit dem Moderator einen direkten Dialog führen (z. B. *Schimpf* oder *VIVA-interaktiv*).

Ab der zweiten Hälfte der 1990er-Jahre brachte der Ausbau der Breitbandtechnologie neue Chancen für interaktive TV-Angebote (vgl. Bleicher 1995: 70; Hess/Picot/Schmid 2007: 127). Zugleich wurde durch die Digitalisierung der Fernsehtechnik ein direkter Rückkanal ermöglicht (vgl. Clement

2000: 13; Forman/Wippersberg 2007: 60; Mayer 2013a: 39). Sofern die technische Ausstattung vorhanden ist, kann die Interaktion beispielsweise über die Fernbedienung des Fernsehers erfolgen. Die ARD bot ab 1999 zu Sportevents, wie die *Tour de France*, interaktive Zusatzangebote an (vgl. Woldt 2004: 306). Der Krimi *Eine mörderisches Spiel* des ZDF ermöglichte es den Zuschauern im Jahr 2003, sich per Internet, SMS oder Telefon an der Mördersuche zu beteiligen. „In den Visionen wurde der bislang passive Fernsehzuschauer zum eigenen Programmdirektor und das Ende herkömmlicher unidirektionaler Massenmedien verkündet" (Stark 2006: 11). Doch diese Visionen traten nicht ein, da sich das iTV auch Anfang 2000 immer noch im Versuchsstadium befand (vgl. Zimmer 2000: 121).

Laut Jensen (2008: 8) ist diese Phase des interaktiven Fernsehens durch drei Bereiche gekennzeichnet: „Enhanced TV", „Personalized TV" sowie „Cross-media interaction TV". Das *Enhanced TV* gibt dem Zuschauer Zugang zu zusätzlichen Angeboten mit Sendebezug. Mit Hilfe des sogenannten „Red Button", ein roter Knopf auf der Fernbedienung, kann beispielsweise zu einer Ebene mit mehr Auswahlmöglichkeiten gewechselt werden. Durch *Personalized TV* nimmt die Abhängigkeit des Zuschauers vom linearen TV-Programm ab. *Cross-media interaction* bezieht sich auf die verschiedenen Medien, die in Kombination zum Fernsehen als Rückkanal genutzt werden. Dazu zählen neben den Telefonfunktionen auch mobile Dienste wie SMS bzw. Online-Funktionen wie E-Mail oder Chat. Die Form des interaktiven Angebots wird durch den Grad der Interaktivität beeinflusst, der von sehr niedrig bis zu sehr hoch sein kann.

3.3.2   Formen des interaktiven Fernsehens

Unterscheidungen interaktiver TV-Angebote werden meist von der Art des Rückkanals abhängig gemacht und sind technisch orientiert. Generell kann in begrenzte bzw. lokale und erweiterte Möglichkeiten der Interaktivität unterteilt werden (vgl. Bleicher 1995: 71 ff.; Gomez 2007: 73). Während der Zuschauer bei der *lokalen* Interaktivität lediglich mit seinem Fernseher interagiert (z. B. Teletext), tritt er bei der *erweiterten* Interaktivität über einen Rückkanal mit dem Sender oder anderen Zuschauern in Kontakt. Garling (1997) unterscheidet drei Arten Interaktionen aus technischer Sicht, nämlich solche die ohne einen Rückkanal und solche die mit einem einfachen oder einem vollwertigen Rückkanal auskommen. Entsteht die Interaktionen vollkommen ohne Rückkanal, so wird diese als lokale Interaktivität eingeordnet. Bei einem *einfachen* Rückkanal hingegen wird beispielsweise das Telefon als

Rückkanal genutzt. Somit werden interaktive Angebote wie TED, Home-shopping oder Call-In zugänglich gemacht. Ein *vollwertiger* Rückkanal ermöglicht das Handeln in beide Richtungen problemlos. Eine direkte Mensch-Maschine oder Mensch-Mensch-Interaktion über das Medium Fernsehen ist dabei möglich (vgl. Clement 2000: 18). Auch Kühhirt und Rittermann nehmen diese Einteilung vor, sie betiteln lediglich die Interaktion mittels einfachen Rückkanal als „unidirektional" und die Interaktion mittels vollwertigen Rückkanal als „bidirektional" (vgl. Kühhirt/Rittermann 2007: 19). Höing und Treplin (1994: 7) sowie Schrape (1995: 28 f.) differenzieren zwischen fünf verschiedenen Stufen, die vom Ein-/Umschalten bis zur Zwei-Wege-Kommunikation reichen. Diese Einteilungen basieren jedoch auf Marktstudien, sind „eher wirtschaftlich orientiert und besitzen leider nur geringen wissenschaftlichen Wert." (Garling 1997: 43)[57] Zu einer ähnlichen Gruppierung kommen jedoch auch Ruhrmann und Nieland (1997: 87 ff.), auf die in der wissenschaftlichen Literatur häufig verwiesen wird:

1. *Traditionelles TV 1:* Interaktion als Ein-, Aus- bzw. Umschalten;
2. *Traditionelles TV 2:* Interaktion als Abstimmung (offline: TED);
3. *Paralleles TV:* Übertragung auf mehreren Kanälen (Near-VoD);
4. *Additives TV:* Zusatzinformationen (z. B. Teletext oder EPG);
5. *Media-on-Demand:* Inhalte können zeitsouverän angerufen werden;
6. *Kommunikatives TV:* Aktive Beteiligung der Zuschauer.

Bei der sechsten Interaktivitätsstufe handelt es sich um eine „Zwei-Wege-Kommunikation". Hier ist ein Wechsel von Kommunikator- und Rezipientenrollen möglich, da der Nutzer selbst Programme senden kann (User-Generated-Content). „Auf diesem Level ermöglicht das Fernsehen neuartige zeitgleiche und soziale Nutzungskontexte." (ebd.: 93) Erst bei dieser letzten Stufe handelt es sich um tatsächliche Interaktivität, die durch den direkten Rückkanal zweiseitige Kommunikation bzw. Interaktion möglich macht. Die vorherigen Stufen ermöglichen hingegen lediglich einseitige (unidirektionale) Kommunikation vom Sender zum Zuschauer. Weiterhin kritisch erscheint, dass das primäre Untersuchungskriterium bei dieser Einteilung vielmehr Individualisierung als Interaktivität ist (vgl. Garling 1997: 45; Beckert 2002: 74). Mit steigender Individualisierung nimmt nicht immer gleichzeitig die Interaktivität zu.

---

[57] Höing und Treplin (1994) erstellten eine Marktübersicht im Auftrag der MediaGruppe-München (MGM) und Schrape (1995) für die Prognos AG im Auftrag der Bayerischen Landeszentrale für neue Medien und der Landesanstalt für Rundfunk Nordrhein-Westfalen.

Andere Ansätze (z. B. Noam 1996) fokussieren nicht den Aspekt der Interaktivität, sondern die Personalisierung, wie das pyramidenartige Modell
veranschaulicht (siehe Abb. 5). Desto höher ein Format in der Personalisierungspyramide einzuordnen ist, desto höher ist auch der Grad der Individualisierung. Der Sockel der Pyramide hat die geringste Interaktivität und Personalisierung zu verzeichnen, es handelt sich um lineares Fernsehprogramm.
Die nächste Stufe der Pyramide besteht aus dem Special Interest- bzw. Spartenprogramm, aber auch Near-Video-on-Demand zählt dazu. Die dritte
Pyramidenstufe beschreibt einen Wechsel vom linearen Programm zum
personalisierten Programm, der Zuschauer gestaltet sich sein eigenes Programm (vgl. Barwise/Ehrenberg 1988: 154). Die Spitze der Pyramide nennt
Noam (1996: 11) „Me-Channel", sie verfügt über den höchsten Individuali-
sierungsgrad. Es handelt sich dabei um ein voll standardisiertes Programm,
das dem individuellen Interesse des Rezipienten entspricht. Die grundlegende Voraussetzung hierfür ist ein integrierter Rückkanal. Dabei werden jedoch neuere technische Entwicklungen nicht angemessen abgebildet: „Im
Internet sind bereits heute hochgradig personalisierbare Dienste realisiert."
(Beckert 2002: 76)

Abb. 5: Personalisierungspyramide des Fernsehens

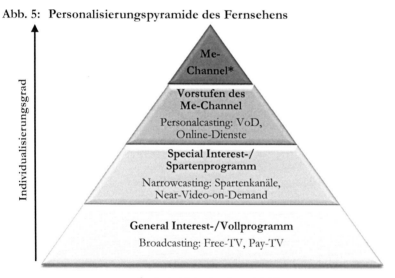

* erfordert integrierte Interaktivität

Quellen: Eigene Darstellung in Anlehnung an Beckert (2002: 76); Hermann (2002: 22);
Hess/Picot/Schmid (2007: 130).

Weiterhin gibt es Ansätze zur Einteilung des interaktiven Fernsehens, die nicht auf technische Aspekte fokussiert sind. Van Dijk und de Vos (2001) unterschieden vier Ebenen der Interaktion: Zweiseitigkeit oder Multilateralität, Synchronizität, Kontrolle und Verständigung. Diese Ebenen übertragen van Dijk und de Vos auf die Einsatzbereiche des interaktiven Fernsehens (ähnlich auch Hachmeister/Zabel 2004: 148 ff.; Woldt 2004: 301 f.; Gomez 2007: 74). Dabei ergeben sich vier Niveaus des interaktiven Fernsehens. Die Stufe *Auswahl von Programmen und Kanälen* bezieht sich primär auf Anwendungen des digitalen Fernsehens. Im Vordergrund steht die erweiterte Programmwahl. Bei der *Auswahl von Menüs und Transaktionen* kommt eine Zwei-Wege-Kommunikation zustande, da der Empfänger Signale zurück zum Sender schickt. Allerdings sind die Auswahlmöglichkeiten des Zuschauers nur begrenzt. Dies ist etwa bei Auswahlmöglichkeiten bezüglich der Kameraperspektive oder des Sprachkanals der Fall. Bei der *Produktion von Information* wird das Programm von den vom Zuschauer abgeschickten Signalen beeinflusst. Das Interaktionsniveau steigt jedoch bei Anwendungen, die der Zuschauer kommentieren kann oder bei denen er selbst zum Teil der Sendung wird. Auf der letzten Stufe kommt es zum *Austausch bzw. zur Kommunikation*. Das Fernsehen dient dabei lediglich als Kanal, über den Informationen getauscht werden.

Eine allgemeingültige Einstufung der Interaktivitätslevel, wie bereits Forman und Wippersberg (vgl. 2007: 60) feststellten, ist nicht möglich. Einigkeit besteht hingegen darin, dass zwischen interaktiven Angeboten ohne direktem Zusammenhang („Stand-Alone-Angebote") und mit direktem Zusammenhang („Enhanced TV") zu Fernsehsendungen unterschieden werden kann (vgl. Schäfer 2004: 83; Woldt 2004: 302).

3.3.3 Scheitern und Renaissance

Die Interaktivität des Fernsehens ist nur ein Potential. Ob dieses genutzt wird, hängt von den Nutzern ab, die Mehrwert erkennen müssen (vgl. Quiring 2007a: 376). Laut vorhandener Forschung ist das beim klassischen iTV nicht der Fall (vgl. Berghaus 1995; Opaschowski/Pries/Reinhardt 2006: 194; Stark 2006; Forman/Wippersberg 2007: 57). „Eine TV-Generation, die über fünf Jahrzehnte lang pausenlos passiv war, kann *nicht plötzlich grenzenlos interaktiv* sein." (Opaschowski 2008a: 216, H.i.O.) Trotz der langen Geschichte des interaktiven Fernsehens enttäuschte es immer wieder die Erwartungen. „Presumably, no other technology has been characterized by so many ‚false starts', so many hyped beginnings, and so many stumbling launches." (Jensen 2008: 2) Die Gründe für das Scheitern des interaktiven Fernsehens in Deutschland sind vielfältig. Zunächst waren die technischen Infrastrukturen zu schwach. Der propagierte Rückkanal per Kabelfernsehen fand zunächst nur unter Laborbedingungen statt und wurde aufgrund zu hoher Kosten nicht realisiert (vgl. Kleinsteuber 1996: 107). Dem Rückkanal wurden Fähigkeiten und Qualitäten zugesagt, die er nicht erfüllen konnte. Auch die Digitalisierung der Fernsehtechnik ab Mitte der 1990er-Jahre konnte dem interaktivem Fernsehen nicht zum Durchbruch verhelfen. Die damalige Infrastruktur war zu schwach und die nötigen Netzkapazitäten für einen Rückkanal waren noch nicht ausreichend vorhanden (vgl. Zimmer 2000: 111). Diese technischen Limitierungen wurden durch den Breitbandausbau behoben. Seit Ende 2010 bieten fast alle deutschen Sender interaktive Anwendungen per HbbTV an. Internetfähiger Fernsehgeräte sollen den Erfolg des interaktiven Fernsehens möglich machen (vgl. Sewczyk/Wenk 2012: 178 ff.), dieser bleibt jedoch aus. Zwar war ein Rückkanal aus technischer Sicht nun problemlos herzustellen, doch ein negativer Aspekt blieb weiterhin bestehen: die schlechte Bedienbarkeit (Usability).[58]

Das Problem der Usability besteht seit Beginn des interaktiven Fernsehens. Wie die Nutzer mit den Angeboten umgehen können, hängt von ihren individuellen Fähigkeiten ab. Kritiker beanstandeten immer wieder, dass die Bedienung der Programme zu kompliziert und nicht nutzerfreundlich sei und vor allem ältere Menschen damit überfordert wären (vgl. Garling 1997: 107; Hachmeister/Zabel 2004: 162; Woldt 2004: 308). Erfolgt die Interaktion mit einem direkten Rückkanal über das Fernsehgerät, so ist eine Tastatur bzw. Fernbedienung zur Steuerung nötig. Doch die Bereitschaft zur Nutzung interaktiver Angebote „über eine auf den Knien geschaukelte Infrarot-Tastatur ist gering." (Eisner 2002: 188)

Neues Potential für das interaktive Fernsehen ergibt sich durch die inzwischen weit verbreitete parallele Nutzung eines zweiten Gerätes während des Fernsehens, wie beispielsweise Notebook, Smartphone oder Tablet. Der Bedienkomfort bei diesen meist griffbereiten Geräten ist weitaus größer als bei der Steuerung mittels Fernbedienung oder Tastatur (siehe Kap. 4.1.3). Ebenso könnte die Konvergenz von Fernsehen und Internet bzw. Social Media sowie verändertes TV-Nutzungsverhalten das Interesse an interaktiver TV-Nutzung aufleben lassen.

---

[58] Mit „Usability" ist in diesem Zusammenhang die Bedienoberfläche bzw. die Informations- und Transaktionsarchitektur der interaktiven Fernsehangebote gemeint.

3.4 Spannungsfelder der Fernsehrezeption

Der Begriff „Fernsehnutzung" umfasst für gewöhnlich sowohl die Selektion als auch Nutzung von Fernsehinhalten und wird dementsprechend als die „gesamte Klasse von Handlungen bzw. beobachtbaren Verhaltensweisen bezeichnet, in deren Verlauf es zu einem wie auch immer gearteten Kontakt zwischen Rezipienten und den Angeboten des Fernsehens kommt." (Hasebrink/Krotz 1996: 118) Der dynamische Fernsehbegriff erschwert jedoch die explizite Beschreibung dessen, was als Fernsehnutzung einzuordnen ist. Die TV-Nutzung kann nicht mehr ausschließlich an der Verwendung eins Fernsehgerätes erkannt werden. Die technischen Neuerungen und der strukturelle Wandel des Fernsehens führen zu einer Ausdifferenzierung der TV-Nutzungsmodi, die teilweise mit früheren Nutzungsmustern kollidieren. Hierbei lassen sich vier Spannungsfelder der TV-Rezeption identifizieren, die nachfolgend diskutiert werden.

Linearität vs. orts-, zeit- und gerätesouveräne Nutzung

Ein starker Einbruch der linearen Fernsehnutzung ist auf dem ersten Blick nicht zu erkennen. In der Gesamtbevölkerung ab 14 Jahren lag die tägliche Reichweite des linearen Fernsehens laut der ARD/ZDF-Langzeitstudie Massenkommunikation im Jahr 1964 bei unter 50 Prozent, erreichte 2005 mit 89 Prozent den Höchstwert und fiel bis zum Jahr 2015 auf 80 Prozent zurück (vgl. Engel/Breunig 2015: 312). Die tägliche Nutzungsdauer der Personen ab 14 Jahren ist – mit kleineren Ausnahmen – im Laufe der Jahre kontinuierlich angestiegen und hat sich von 1970 (112 Minuten) bis 2010 (220 Minuten) fast verdoppelt (vgl. Breunig/van Eimeren 2015: 509). Für 2015 wird sie auf 208 Minuten beziffert: „Damit bleibt lineares Fernsehen die mit Abstand meist genutzte ‚Video-Anwendung' im Medienalltag der Bevölkerung in Deutschland." (ebd.: 510) Die gesamte durchschnittliche Bewegtbildnutzungsdauer liegt bei 214 Minuten, dabei entfallen 97 Prozent des Bewegtbildkonsums auf das lineare Fernsehen. Auf etwas höhere Werte kommt die Fernsehforschung von AGF/GfK (2016a), sie ermittelt eine tägliche Sehdauer des linearen Fernsehens von 237 Minuten. Der Media Activity Guide von dem ProSiebenSat.1-Tochterunternehmen SevenOne Media (2015a: 15) attestiert eine noch höhere Nutzung und gibt an, dass 2015 noch 93 Prozent der Bewegtbildnutzung auf das lineare Fernsehen entfallen, was einer Sehdauer von 254 Minuten pro Tag entspricht.

Bei allen genannten Studien wird deutlich, dass Personen zwischen 14 und 29 Jahren deutlich weniger linear fernsehen. Die ARD-Langzeitstudie kommt bei dieser Altersgruppe auf eine tägliche Sehdauer von 144 Minuten bzw. 67 Prozent Reichweite (vgl. Breunig/van Eimeren 2015: 512), laut AGF/GfK (2016a) sind es 118 Sehminuten. Da die Bevölkerung durchschnittlich immer älter wird und mit steigendem Alter die TV-Nutzung ansteigt (vgl. Zubayr/Gerhard 2016: 142), fällt die geringere lineare Nutzung jüngerer Personen im Gesamtdurchschnitt bisher nur geringfügig auf. Aufgrund des demografischen Wandels ist jedoch damit zu rechnen, dass es in den kommenden Jahren stärkere Einbrüche geben wird (vgl. Kerkau 2014a).

Bislang dominiert bei den Deutschen die TV-Nutzung über herkömmliche Empfangswege, wobei Kabel und Satellit jeweils mit rund 46 Prozent gleichauf liegen, während Antennenfernsehen und IPTV jeweils unter zehn Prozent einnehmen (vgl. ALM 2016: 37; Kunow 2016: 41 ff.; Zubayr/ Gerhard 2016: 143). Die digitale Übertragung ist vorangeschritten, 90 Prozent (34 Millionen) der deutschen TV-Haushalte empfangen digitale Fernsehsignale (vgl. Kunow 2016: 38). Das TV-Gerät wird immer noch am häufigsten für die Bewegtbildnutzung verwendet, laut dem Digitalisierungsbericht 2016 ist es für 66 Prozent der Bevölkerung das wichtigste Endgerät zur Videonutzung (vgl. ebd.: 45). Es folgen Notebook (9%), PC (8%), Smartphone (6%) sowie Tablet (4%). Bei den Personen im Alter von 14 bis 29 Jahren ist auch der Fernseher das beliebteste Endgerät zur Bewegtbildnutzung (40%), doch Notebook/Netbook (20%) sowie Smartphone (17%) haben hier einen höheren Stellenwert. Durch mobile Endgeräte dringt die Bewegtbildnutzung in Situationen ein, wo sie früher ausgesperrt war. Die Rezeption von Fernsehinhalten auf mobilen Endgeräten bedeutet nicht automatisch, dass diese außer Haus stattfindet (vgl. Kunow 2014: 40). Mit der Übertragung von Fernsehinhalten auf mobile Endgeräten (Mobile TV, Mobil-TV oder Mobilfernsehen genannt) sowie speziell auf Handys (Handy TV) wird bereits seit mehreren Jahren experimentiert (vgl. Lotz 2007: 65 ff.; Jungwirth 2009: 85 f.; Przybylski 2010: 72 f.; Schüller 2015: 94). Die entwickelten Standards DMB (Digital Media Broadcasting) sowie DVB-H (Digital Video Broadcasting Handheld) konnten jedoch in Deutschland keinen Erfolg verbuchen. Die mobile Bewegtbildnutzung wurde vielmehr durch rasante Marktdurchdringung von Smartphones, Tablets sowie schnellere Mobilfunkstandards (LTE) vorangetrieben. Ein erneuter Schub der mobilen Bewegtbildnutzung ist durch die bis zum Jahr 2020 geplante Verfügbarkeit des Mobilfunks der fünften Generation (5G) zu erwarten.

Die Verbreitung des mobilen Internets sowie die Nutzung von TV-Inhalten auf mobilen Endgeräten stärken wiederum das nicht-lineare bzw. zeitsouveräne Abruffernsehen (vgl. Voigt 2012: 193). Die zeitversetzte Nutzung liegt zwar bislang, wie oben erläutert, hinter der linearen Rezeption, sie nimmt jedoch kontinuierlich zu. Dies wird beispielsweise an der ARD/ZDF-Onlinestudie deutlich, die seit dem Jahr 2006 quantitative Daten der Online-Bewegtbildnutzung erhebt.[59] Demnach wuchs der Anteil der deutschen Onliner ab 14 Jahren, die zumindest selten Videos im Netz abrufen, von 28 Prozent (2006) auf 82 Prozent im Jahr 2015 (vgl. Kupferschmitt 2015: 383 f.). Im Jahr 2016 nutzen 72 Prozent der Bevölkerung ab 14 Jahren zumindest gelegentlich Online-Bewegtbild (vgl. Kupferschmitt 2016: 448 f.). Hierbei bestehen jedoch gravierende Unterschiede zwischen jüngeren und älteren Generationen. Bei den Personen unter 50 Jahren liegt die Reichweite von Online-Bewegtbild bei über 90 Prozent, bei Personen über 70 Jahren sind es 30 Prozent. Täglich und habitualisiert werden Online-Bewegtbildinhalte von 26 Prozent der Deutschen rezipiert (vgl. ebd.: 450).

Da auch die synchrone Videonutzung (z. B. Livestream) der Online-Bewegtbildnutzung zugeschrieben wird, bedeutet die Online-Videonutzung nicht automatisch, dass diese zeitversetzt erfolgt. Deshalb müssen die Angebotsformen ausdifferenziert betrachtet werden. Fernsehsendungen schauen 42 Prozent der Onliner ab 14 Jahren zumindest selten live oder zeitversetzt im Netz, dies sind 12 Prozent mehr als im Jahr 2012 (vgl. ebd.: 449). Mediatheken nutzen rund 37 Prozent der gesamten Onliner bzw. 49 Prozent der 14 bis 29-Jährigen zumindest selten. Insgesamt sind es vor allem Videoportale, die mit 59 Prozent [mind. seltener] Nutzung bei allen Onlinern und 94 Prozent bei unter 30-Jährigen einen hohen Wert erreichen. Die zumindest seltene Nutzung von VoD-Diensten liegt 2016 bei 18 Prozent bzw. bei der jüngeren Generation bei 38 Prozent (ebd.: 451).[60]

---

[59] Es existieren zahlreiche weitere Studien zur Online-Bewegtbildnutzung (z. B. Bitkom 2015b; SevenOne Media 2015a; TNS Infratest 2015; Ünal 2015; ALM 2016: 80 ff.; Kunow 2016; Nielsen 2016b). Da die Befunde keine fundamentalen Differenzen aufweisen, werden an dieser Stelle primär die Ergebnisse der ARD/ZDF-Onlinestudie präsentiert.

[60] Der Onlinestudie 2016 zufolge nutzen zwölf Prozent der Onliner ab 14 Jahren zumindest selten Amazon Prime, sieben Prozent Netflix, vier Prozent iTunes und drei Prozent Maxdome (vgl. Kupferschmitt 2016: 453). Der Digitalisierungsbericht berücksichtigt ausschließlich Personen ab 14 Jahren, die mindestens einmal im Monat VoD-Inhalte nutzen und nennt hierbei folgende Anteile: Amazon Prime (2015: 25%; 2016: 36%), Maxdome (2015: 9%; 2016: 11%), Netflix (2015: 8%; 2016: 21%) (vgl. ALM 2016: 96; Kunow 2016: 48).

Auf Basis dieser Befunde kann bislang keine maßgebliche Verdrängung des linearen Fernsehens durch Online-Bewegtbildinhalte attestiert werden: „Eine Trendwende weg vom linearen Fernsehen hin zum allerorts und jederzeit verfügbaren Bewegtbild-Inhalt ist in der Gesamtbevölkerung nicht zu erkennen." (Egger/van Eimeren 2016: 112) Ein mögliches Hemmnis der Online-Bewegtbildnutzung ist die Unüberschaubarkeit des Angebots. TV-Sender übernehmen die Funktion eines Aggregators und wählen Inhalte für das Publikum aus. Das Programmschema des linearen Fernsehens dient der Reduktion von Komplexität, es „bietet Orientierungspunkte, strukturiert den Alltag und vermittelt das Gefühl der Verbundenheit." (Frees/van Eimeren 2011: 355) Die Nutzer von Online-Bewegtbild müssen sich hingegen das Programm selbst zusammensuchen und können sich nicht so leicht „berieseln" lassen. Durch die Vielzahl vorhandener Plattformen sind die Inhalte stark zerstreut und nicht an einer zentralen Stelle gebündelt. Die Suche nach relevanten Onlinevideos erfordert eine gewisse Medienkompetenz für Umgang mit der Inhaltsüberflutung (vgl. Voigt 2012: 194).

Leitmedium vs. Nebenbeimedium

Die rein quantitativen Daten zur täglichen TV-Nutzungszeit sagen nichts über die qualitative Aufmerksamkeit der Rezeptionssituation (Involvement) aus. Es könnte schließlich sein, dass die durchschnittliche Nutzungszeit konstant bleibt bzw. ansteigt, TV jedoch verstärkt nebenbei genutzt wird. Die Ausübung anderer nicht-medialer Tätigkeiten sowie die parallele Nutzung weiterer Medien während des Fernsehens ist grundsätzlich nichts Neues. Dementsprechend wurde die Nebenbeinutzung des Fernsehens bereits vielfach untersucht (z. B. Neverla 1992; Opaschowski 1993; Jäckel 1996; Ottler 1998; Wolling/Kuhlmann 2006; Jäckel/Wollscheid 2007; Kuhlmann 2008; Hassoun 2014; Voorveld/Viswanathan 2015). Nicht-mediale Tätigkeiten wie Essen, Telefonieren oder das Erledigen von Haus- und Schularbeiten begleiten bis heute den Fernsehkonsum (vgl. Klemm 2014: 588).

Ob die primäre Aufmerksamkeit dem Fernsehgeschehen oder der Parallelaktivität zukommt, hängt von den parallel ausgeübten Tätigkeiten ab. Neverla (1992: 178 ff.) betont, dass Fernsehen bei der Ausübung weiterer paralleler Tätigkeiten meist als nachrangige Sekundäraktivität zu verstehen sei und verwendet daher den Begriff des „Marginalsehens". Bezüglich dem Grad der Aufmerksamkeit für das Fernsehgeschehen differenzieren Lee und Lee (1995: 11) zwischen vier verschiedene Stufen: (1) Fernsehen als einzige Beschäftigung; (2) Fernsehen ist eine von zwei Aktivitäten, die Aufmerksamkeit ist geteilt; (3) Fernsehen ist die Nebentätigkeit sowie (4) Fernsehen läuft lediglich im Hintergrund. Eine ähnliche Abstufung nehmen auch Kuhlmann und Wolling (2004: 389) vor. Durch Interviews mit 302 Personen sowie Analyse von 255 Tagebüchern stellten sie fest, dass die konzentrierte TV-Nutzung lediglich während der Primetime dominiert und sonst die Nebenbeinutzung überwiegt. „Der Umgang der Nebenbeinutzung wird vor allem durch gleichzeitige Gespräche, Essen und Hausarbeit bestimmt." (ebd.: 409) Auch die Interaktion über das Gesehene mit anderen Zuschauern kann das Fernsehen zum einem „Hintergrundmedium" (Holly 2001: 13) degradieren.

Mit der Domestizierung des Internets hat die parallele Mediennutzung deutlich zugenommen. Aufgrund der Angebotsfülle, der Vielfalt der Plattformen sowie dem begrenzten Mediennutzungsbudget werden Medien im Allgemeinen sowie TV und Internet im Speziellen verstärkt gleichzeitig genutzt (vgl. Groebel 2013: 83; Wegener 2014: 197). Dies bedeutet jedoch nicht automatisch eine gänzliche Abkehr von der Fernsehrezeption. Laut der ARD/ZDF-Langzeitstudie Massenkommunikation ist die parallele Nutzung von tagesaktuellen Medien von 16 Minuten im Jahr 2000 bis hin zu 41 Minuten im Jahr 2015 angestiegen (vgl. Best/Handel 2015: 543 f.). Seit der Erhebungswelle im Jahr 2010 ist die Parallelnutzung allerdings stabil geblieben, weshalb die Langzeitstudie von einem Sättigungseffekt ausgeht. Speziell die zeitgleiche Nutzung von Fernsehen und Internet stellt „mit 16 Minuten täglicher Nutzungsdauer die relevanteste Medienkombination dar, verstärkt bei den 14- bis 29-Jährigen (22 Min)." (ebd.: 562) Auch SevenOne Media (2015a: 23 f.) stellt bei Personen zwischen 14 und 49 Jahren einen deutlichen Anstieg der zumindest seltenen Onlinenutzung während des Fernsehens von lediglich 16 Prozent im Jahr 2001 bzw. 40 Prozent im Jahr 2010 hin zu 75 Prozent (33% häufig) im Jahr 2015 fest. Den Angaben der ARD/ZDF-Onlinestudie 2016 zufolge nutzt mit 53 Prozent „mehr als die Hälfte der Bevölkerung (36,4 Mio. Personen) Fernsehen und Internet zumindest gelegentlich parallel, das sind 9 Prozentpunkte mehr als noch 2015." (Kupferschmitt 2016: 454) Die tägliche, habitualisierte Parallelnutzung wird dabei auf 17 Prozent beziffert. Die zunehmende Vielfalt portabler internetfähiger Endgeräte stellt sich als weiterer Treiber der Parallelnutzung heraus (vgl. ebd.: 458). Dementsprechend fokussieren sich zahlreiche Untersuchungen auf die Verwendung eines Second Screens während des Fernsehens.[61]

---

[61] In Kapitel 4.3.1 werden die für diese Arbeit relevanten Studien erläutert, bei denen die komplementäre Parallelnutzung Berücksichtigung findet.

Lean-Back vs. Lean-Forward

Ein weiterer Erklärungsgrund für die Parallelnutzung des Fernsehens ist, dass dieses im klassischen Sinne kaum Interaktion von den Zuschauern abverlangt. Das Fernsehen wird traditionell als „Lean-Back"-Medium aufgefasst, das von einer tendenziell passiven Rezeption geprägt ist (vgl. Doelker 1989: 21; Rott/Zabel 2009: 95). Die Programmstrukturen des linearen Fernsehens sind von Fernsehsendern vorgegeben, der Zuschauer nimmt eine Lean-Back-Haltung ein, er lehnt sich also zurück und konsumiert das Programm zur Entspannung und Unterhaltung. Dem gegenüber steht die „Lean-Forward"-Nutzung, die durch Aktivität und Interaktion geprägt ist und als klassisches Merkmal der Internetnutzung angesehen wird (vgl. Kaumanns/Siegenheim/Sjurts 2008a: 456). Eine strikte Trennung zwischen einer passiven TV-Rezeption und einer aktiven Onlinenutzung ist allerdings kaum noch möglich, da einerseits das Fernsehen in Kombination mit Online-Anwendungen verstärkt aktiv und partizipativ genutzt wird (vgl. Michel/Riffi 2013: 22; Kneidinger 2014: 231) und andererseits das Internet der Unterhaltung und Rezeption von Bewegtbildinhalten dient (vgl. Frees/van Eimeren 2011: 357). Weder die Fernseh- noch die Internetnutzung lassen sich ausschließlich als aktiv oder passiv bezeichnen, „da sowohl strukturelle Determinanten als auch rituelle und instrumentelle Nutzungsmotive in bestimmten Nutzungssituationen zum Tragen kommen" (Rudolph 2014: 184).

Die TV-Zuschauer können durch aktive Teilhabe am TV-Geschehen partizipieren oder selbst audiovisuelle Inhalte generieren und sich vom „Couch-Potato" (Vorderer 2000: 27) zum Prosumenten wandeln. In Zusammenhang mit dem Medium Fernsehen werden die Prosumenten auch als „Viewser" betitelt (vgl. Opaschowski 2008b: 53), eine Kreuzung aus den englischen Bezeichnungen Viewer (passiver Zuschauer) und User (aktiver Nutzer). Voraussetzung hierfür ist allerdings, dass die Zuschauer aktiv werden wollen: „Ohne ein Mindestmaß an Publikumsaktivität dürften interaktive Medienangebote erfolglos bleiben." (Schenk 2007: 658) Ob dies tatsächlich er Fall ist und der passive Fernsehkonsum abgelöst wird, bleibt aufgrund des Scheiterns früherer interaktiver TV-Anwendungen fraglich. Der Langzeitstudie Massenkommunikation von ARD und ZDF zufolge glauben 65 Prozent der befragten Personen ab 14 Jahren, dass sich die Zuschauer in der Zukunft intensiver an einem aktiven „Mitmachfernsehen" beteiligen werden (vgl. Engel/Breunig 2015: 320). Dieser Entwicklungstrend erhält jedoch im Vergleich zu den anderen abgefragten Items die schwächste Zustimmung.

Gemeinschaftsnutzung vs. Individualisierung

Während dem Computer vor Erscheinen der Web 2.0-Anwendungen nur wenig soziales Potential zugesprochen wurde (vgl. Morrison/Krugmann 2001: 143 f.), ist Fernsehen schon immer ein kollektives Erlebnis, das durch die gemeinsame Rezeption mit Familienmitgliedern oder Freunden an privaten oder öffentlichen Orten geprägt wird (vgl. Kap. 2.3.3). Vor allem in der Anfangsphase des Fernsehens dominierte die gemeinschaftliche TV-Nutzung in öffentlichen Fernsehstuben und Gastwirtschaften, da Fernsehgeräte zunächst ein Luxusgut waren (vgl. Kap. 3.1). Ab den 1950er-Jahren wurden Personen, die keinen eigenen Fernseher besaßen, oftmals von Freunden oder Nachbarn zum gemeinsamen Fernsehen eingeladen (vgl. Hurrelmann 1989: 11). „Fernsehen wirkte dadurch als ein gesellschaftliches Ereignis, war damit auch in neuer Weise kontaktfördernd" (Hickethier 2007: 65). Fernsehgeräte wurden ab den späten 1960er-Jahren zunehmend erschwinglicher; das gemeinsame Fernsehen wurde zu einer Familienaktivität (vgl. Lull 1988: 17; Hurrelmann 1989: 67). Die Einführung des dualen Systems in den 1980er-Jahren und die damit zunehmende Programmvielfalt setzte allerdings eine Zersplitterung des Publikums in Gang.

Die sogenannte „Fragmentierungsthese" nimmt in diesem Zusammenhang an, dass die von der Publikumszersplitterung ausgelöste Reduzierung der Anschlusskommunikation dazu führt, dass Medien allgemein sowie speziell das Fernsehen ihre Integrationsfunktion verlieren (vgl. Holtz-Bacha/Peiser 1999: 42; Münker 2009: 43). Empirisch konnte die Fragmentierungsthese allerdings bislang nur mäßig belegt werden (vgl. Handel 2000: 137; Lucht 2006: 254 ff.; Gehrau/Goertz 2010: 157). Eine Tendenz zur Fragmentierung zeigt sich jedoch daran, dass die zusammengefasste Reichweite der etablierten Fernsehsender (Das Erste, ZDF, ARD-Dritte, RTL, Sat.1, ProSieben) in den letzten Jahren gesunken ist. Im Jahr 1995 lag dieser bei 81 Prozent, zehn Jahre später sind es 60 Prozent (vgl. Zubayr/Gerhard 2016: 145). Lediglich ARD und ZDF erreichen noch Marktanteile über zehn Prozent, 2010 waren es noch fünf Sender (vgl. Peters/Niederauer-Kopf/Eckert 2012: 73). Dementsprechend resümieren Zubayr und Gerhard (2016: 154): „Alles in allem war das Fernsehjahr 2015 von der weiteren Fragmentierung des Zuschauerverhaltens geprägt." Eine allzu starke Fragmentierung ist jedoch nicht zu beobachten, was auch an der Anzahl der tatsächlich genutzten Sender deutlich wird. Die TV-Haushalte empfangen zwar durchschnittlich 78 Sender (vgl. AGF/GfK 2016c), laut SevenOne Media (2015b) konzentrieren sich die Zuschauer jedoch auf sieben Sender.

Das digitale Zeitalter ist nicht nur von Fragmentierung, sondern auch von Individualisierung gekennzeichnet (vgl. Boudgoust 2011: 75; Gleich 2012). Dies ist einerseits eine Auswirkung des Mitte des 19. Jahrhunderts eingesetzten gesellschaftlichen Individualisierungsprozesses (siehe Kap. 2.1.2). Im Jahr 1991 lebten in 34 Prozent der Haushalte nicht mehr als eine Person, im Jahr 2014 gab es bereits 41 Prozent Einpersonenhaushalte (vgl. Statistisches Bundesamt 2015: 49). Die durchschnittliche Anzahl der Personen pro Haushalt lag 2014 bei 2,01 Personen, 1991 waren es 2,27 Personen. Andererseits ist die individualisierte Mediennutzung auf technologischen Fortschritt zurückzuführen. Während die Haushaltsgrößen gesunken sind, hat gleichzeitig die Anzahl der Fernsehgeräte pro Haushalt zugenommen. Im Jahr 1992 verfügten die Haushalte durchschnittlich über 1,09 Fernsehgeräte, 2011 waren es bereits 1,46 TV-Geräte (vgl. Kessler/Kupferschmitt 2012: 623). Im Jahr 2015 stehen laut Digitalisierungsbericht im Durchschnitt 1,5 Fernsehgeräte in den deutschen TV-Haushalten (vgl. ALM 2015b: 11). Der Anteil von Menschen, die in einem Haushalt mit nur einem Fernseher leben, hat in den letzten Jahren kontinuierlich abgenommen und liegt 2015 bei 63 Prozent (vgl. ebd.: 9 f.). Neben erschwinglicheren Anschaffungskosten haben „neuen Techniken (HD, 3D, Flachbild, HbbTV) […] dazu geführt, dass es vermehrt zu Neuanschaffungen von Fernsehgeräten kam" (Kessler/Kupferschmitt 2012: 623). Zugleich hat die Anzahl an vernetzen Endgeräten zugenommen, auf denen Fernsehinhalte rezipiert werden können. So stieg die Anzahl der bewegtbildtauglichen Endgeräte pro Haushalt innerhalb von fünf Jahren von 1,90 Geräten (2008) auf 3,13 Geräte im Jahr 2013 (vgl. Engel 2014: 48). Während man früher gemeinsam vor dem „Lagerfeuerersatz der Familie" (Krotz 2002: 189) saß und Sendungen gemeinsam anschaute, findet der TV-Konsum heute individualisiert, unabhängig von anderen Personen, zeitversetzt, in den eigenen Räumlichkeiten oder mobil statt: „Jeder sitzt gleichsam an seinem eigenen Herd, kocht sein eigenes Süppchen nach eigenem Gusto." (Schächter 2011: 30)

Das gemeinschaftliche TV-Erlebnis scheint aufgrund des individualisierten TV-Konsum rückläufig zu sein. Dieser Eindruck wird dadurch bestätigt, dass laut AGF/GfK-Fernsehforschung der Anteil der gemeinschaftlichen TV-Nutzung von rund 55 Prozent im Jahr 1992 bis zum Jahr 2011 auf ein Drittel (33%) des gesamten privaten Fernsehkonsums absank (vgl. Kessler/Kupferschmitt 2012: 625 ff.). Bei Personen unter 30 Jahren war der Anteil der gemeinsamen Fernsehnutzung (27%) am geringsten. Zieht man neben der Häufigkeit der gemeinsamen TV-Nutzung zusätzlich die Zeit dieser Nutzung hinzu, so zeigt sich, dass diese seit 1992 annähernd konstant ge-

blieben ist und 2011 bei rund 80 Minuten lag (vgl. ebd.: 625). Die Alleinnutzung hat hingegen deutlich (um rund 60 Minuten) zugenommen. Kessler
und Kupferschmitt (ebd.) ziehen daraus folgende Schlussfolgerung: „Es ist
also nicht anzunehmen, dass gemeinsames Fernsehen im Zeitverlauf an
Bedeutung verloren hat und von Alleinnutzung substituiert wurde." Eine
Repräsentativbefragung von SevenOne Media kommt zu einem ähnlichen
Befund: „Fernsehen stellt auch im Zeitalter der Digitalisierung klar ein soziales Medium dar" (Storll/Friedmann 2011: 25). Bei dieser Studie sind die
Werte der gemeinschaftlichen TV-Rezeption jedoch noch etwas höher:
50 Prozent der Personen zwischen 14 und 49 Jahren gaben an, daheim meist
gemeinsam fernzusehen (vgl. ebd.: 16 f.). Weitere elf Prozent sagten, dass
sie außer Haus gemeinsam mit anderen Personen Fernsehinhalte rezipieren.
Laut dem DigitalBarometer 2011 entfallen sogar 76 Prozent der Sehbeteiligung auf die gemeinschaftliche Rezeption von Personen zwischen 14 und
59 Jahren (vgl. IP Deutschland/TNS Emnid 2011b: 2).

Es besteht trotz der Individualisierung offenbar nach wie vor das Bedürfnis,
nicht ausschließlich isoliert voneinander fernzusehen und sich über das Gesehene auszutauschen. Dies zeigt sich auch an dem gemeinsamen Verfolgen
von medialen Großereignissen im öffentlichen Raum, dem sogenannten
„Public Viewing" (vgl. Schatter 2010: 71; Gehrau 2014: 361 f.; Höflich
2014). Spätestens seit der Fußball-Weltmeisterschaft 2006 ist die gemeinschaftliche Rezeption auf öffentlichen Plätzen oder in Gaststätten mit
Großleinwänden verbreitet (vgl. Gerhard/Kessler/Gscheidle 2010: 382).
Ebenso verabreden sich untereinander bekannte Zuschauer zur häuslichen
TV-Rezeption in Kleingruppen (vgl. Bjur 2009: 158), das gemeinsame Fernsehen wird hierbei zu einem „Event" (Zillich 2013). Dementsprechend ermittelte das AGF/GfK-Fernsehpanel im Jahr 2010 eine Gästenutzung von
vier Mininuten pro Tag, bei Personen im Alter von 20 und 29 Jahren waren
es zehn Minuten (vgl. Gscheidle/Mohr/Niederauer-Kopf 2011: 196 f.).

Die zuvor präsentierten Studien zur gemeinschaftlichen TV-Rezeption
stammen überwiegend aus den Jahren 2010 bzw. 2011. Doch auch bei einer
im Jahr 2015 in Nordrhein-Westfalen durchgeführte Befragung (N = 3.002)
gaben 48 Prozent an, häufig oder zumindest gelegentlich ein „Wir-Gefühl"
beim Fernsehen zu erleben, zwischen den soziodemografischen Gruppen
ergeben sich dabei keine gravierenden Differenzen (vgl. Kloppenburg et al.
2016: 378 f.). Da die Verbreitung mobiler Endgeräte schnell vorangeschritten ist und das zielgruppenspezifische Bewegtbildangebot stetig ansteigt, ist
eine weitere Zunahme der alleinigen Fernsehnutzung nicht auszuschließen.

3.5   Zusammenfassung zentraler theoretischer Befunde II

Die Ausführungen des dritten Kapitels haben gezeigt, dass Fernsehen einem stetigen Wandel ausgesetzt ist. Dementsprechend hat sich das audiovisuelle Medium in den verschiedenen Entwicklungsphasen immer wieder neuen Gegebenheiten angepasst (siehe Tab. 5).

Tab. 5: Evolution des Mediums Fernsehen

Kategorie	TV 1.0 ab 1950	TV 2.0 ab 1980	TV 3.0 ab 1995
Technologie	analog	Kabel, Satellit, Videokassette	digital, mobil, DVB, IPTV, VoD, Streaming, Mediatheken, DVD, Festplattenrecorder
Bedienung	am TV-Gerät	Fernbedienung	EPG, mobile Endgeräte, Apps, Sprachsteuerung
Rezeptions-situation	in Gemeinschaft	individualisiert	in virtueller Gemeinschaft
Rezeptions-zeitpunkt	in Echtzeit (linear)	zeitversetzt	zeit-, ort- und gerätesouverän
Programm-vielfalt	begrenzt	groß	unbegrenzt
Inhalte-selektion	Programm-macher	Zuschauer	Metadaten, Filter
Reichweite	national	transnational	weltweit
Publikum	Massen-publikum	Segmentpublikum	Nischenpublikum
Rückkanal	stark begrenzt	begrenzt	unbegrenzt

Quelle: Eigene Darstellung in Anlehnung an Uricchio (2009: 71).

Nach der zunächst schleppenden Etablierung des Fernsehens in Deutschland ab den 1950er-Jahren wurden erste Sendeanstalten gegründet und schließlich 1984 das duale Rundfunksystem eingeführt. Das Fernsehen entwickelte sich zum Massenmedium, löste das Radio als Leitmedium ab und gehörte vermehrt zur Freizeitbeschäftigung der Bevölkerung. Mit dem Hinzutreten neuer Akteure nahm die Angebotsvielfalt zu. Verstärkt wurde diese Tendenz durch die in den 1990er-Jahren startende Digitalisierung, welche die Frequenzknappheit der analogen Sendetechnik aufhob und die Empfangsqualität verbesserte. Eng verbunden mit der Digitalisierung ist die Konvergenz des Fernsehens, die sich einerseits auf eine programmatische Annäherung der Sender im dualen System bezieht. Die Konvergenzhypothese konnte allerdings nie eindeutig nachgewiesen werden, öffentlich-rechtliche und private TV-Sender zeigen nach wie vor Unterschiede in ihren Programmprofilen. Andererseits bezieht sich die Konvergenz auf die Verschmelzung von Fernsehen und Internet. Fernsehinhalte können nicht mehr ausschließlich synchron über ein klassisches TV-Gerät, sondern auch auf diversen Endgeräten mit Internetanbindung zeitversetzt rezipiert werden. Fernsehsender nutzen das Internet nicht nur zur Ausspielung von TV-Inhalten, sondern auch für erweiterte und plattformübergreifende Angebote, die sowohl crossmedial als auch transmedial ausgerichtet sein können. Neben den sendereigenen Angeboten im Internet gibt es eine Vielzahl weiterer Bewegtbildanbieter, die mit klassischen TV-Sendern konkurrieren.

Die Wandlungsprozesse führen dazu, dass die Medialität des Fernsehens aufgrund seiner komplexen Struktur nicht mehr eindeutig verortet werden kann und in Frage gestellt werden muss, ob es sich immer noch um ein Massen- bzw. Leitmedium handelt. Es ist bislang umstritten, ob bzw. welche Online-Bewegtbildangebote als Fernsehen einzuordnen sind. Während Mediatheken in der Regel von den Sendern selbst betrieben werden und ausschließlich professionell produzierte Formate anbieten, bündeln Videoportale sowohl (semi-)professionelle als auch nutzergenerierte Inhalte, die sie meist kostenlos zum Abruf oder als Stream zur Verfügung stellen. Video-on-Demand-Plattformen bieten professionell produzierte Inhalte gegen eine Gebühr an. Die Optionen zum Fernsehempfang sind so vielfältig wie nie zuvor: TV-Inhalte können auf diversen Bildschirmen stationär oder mobil, analog oder digital genutzt werden. Das unidirektionale Massenmedium wandelt sich zu einem multioptionalen Fernsehen, das nicht mehr an lineare Programmstrukturen gebunden ist. Das Fernsehen ist interaktiver und bidirektionaler denn je.

Die Ansichten darüber, was genau in diesem Zusammenhang unter Interaktivität zu verstehen ist und welche Stufen der Interaktivität es gibt, divergieren. Die Intensität der Interaktivität kann von der einfachen Auswahl von Programmen bis hin zum Austausch mit anderen Zuschauern oder dem Sender reichen. Für die vorliegende Arbeit ist Letzteres, also die Interaktion zwischen Zuschauern untereinander oder Zuschauern und Sendern über einen Rückkanal, der nicht dem Empfangsweg entsprechen muss, von besonderem Interesse. Frühere Versuche des iTV scheiterten immer wieder, vor allem aufgrund fehlender Rückkanäle und komplizierter Usability. Durch die Verwendung von Second Screens und Social Media als Rückkanäle wird dem interaktiven TV wieder neues Potential zugeschrieben.

Die sich durch Social TV ergebenden Interaktions- und Partizipations-
prozesse haben die Relevanz der aktiven Lean-Forward-Nutzung erhöht.
Dennoch ist bislang davon auszugehen, dass nicht alle Zuschauer aktiv werden möchten. Mit dem Aufkommen des Internets ist hingegen die parallele
Mediennutzung angestiegen, TV wird vermehrt mit Internet parallel genutzt. Oftmals haben die dabei online ausgeübten Aktivitäten jedoch keinen
Bezug zum Fernsehprogramm. Andererseits kann sich die parallele Nutzung
auf das Fernsehprogramm beziehen, was dem linearen Fernsehen zugutekommen könnte. Die Nutzung des linearen Fernsehens ist zwar nach wie
vor hoch, doch die Möglichkeiten der zeitversetzen Rezeption werden zunehmend, vor allem von jüngeren Personen, wahrgenommen. Fernsehen ist
immer noch ein intensiv genutztes Medium, die Art der Rezeption hat sich
jedoch gewandelt. Durch die weite Verbreitung von erschwinglichen TV-
Geräten, abnehmenden Haushaltsgrößen und der durch die Digitalisierung
gestiegene Anzahl von Programmen und hat sich die TV-Nutzung individualisiert, das Massenpublikum hat sich fragmentiert. Durch die Konvergenz von Fernsehen und Internet kann das gemeinschaftliche TV-Erlebnis
virtuell erfolgen.

4. SOCIAL TV: FERNSEHEN ALS SOZIALES MEDIUM

Im Zeitalter der Digitalisierung wird nicht mehr eindimensional vom Sender zum Empfänger kommuniziert, sondern in alle Richtungen. Massenkommunikation wird dadurch begleitet, dass wir uns gleichzeitig online miteinander darüber austauschen, was Massenmedien inhaltlich anbieten. So wie aus linearen TV-Programmen non-lineare Bewegtbildangebote werden, so wird aus passivem Medienkonsum aktives Kommunizieren.
(Schneider 2014: 1)

Das vorstehende Zitat ist ein Auszug aus der Eröffnungsrede von Siegfried Schneider, dem Präsidenten der Bayerischen Landeszentrale für neue Medien, anlässlich des „Social TV Summit" 2014 in München. Es verdeutlicht, dass sich nicht nur das Medium Fernsehen im Lauf der Zeit gewandelt hat, sondern dieser Wandel mit grundlegenden Folgen für die Fernsehrezeption verbunden ist. Der Einfluss von Social Media auf das Fernsehen betrifft sowohl die TV-Branche als auch die Zuschauer. Das Ende der Einbahnstraßen-Kommunikation des klassischen Sender-Empfänger-Modells soll das soziale TV-Erlebnis stärken. Allein das technische Potential reicht jedoch nicht aus, die Zuschauer zu aktiv partizipierenden Nutzern zu machen, hierzu bedarf es auch deren Wunsch nach einer Lean-Forward-Haltung. Bevor der Frage nach dem sozialen Aspekt des Mediums Fernsehen nachgegangen werden kann, muss das Phänomen Social TV beschrieben werden.

4.1 Das Phänomen Social TV

Die Suche nach dem Begriff „Social TV" in wissenschaftlichen Dokumenten via „Google Scholar" führt zu rund 4.900 Treffern, fast 3.700 davon wurden seit dem Jahr 2012 publiziert (Stand: August 2017). Social TV ist immer häufiger Gegenstand wissenschaftlicher Auseinandersetzungen, zugleich wird die Bezeichnung von Akteuren wie Fernsehsendern, Werbetreibenden, Hardwareherstellen oder Journalisten verwendet. Social TV wird somit aus unterschiedlichen Perspektiven betrachtet, was dazu führt, dass Social TV heterogen definiert wird. Zum grundlegenden Verständnis des Phänomens wird daher nachfolgend die Entwicklungsgeschichte skizziert (Kap. 4.1.1), bevor bestehende Begriffsverständnisse diskutiert und eine für diese Arbeit maßgebende Definition erarbeitet werden kann (Kap. 4.1.2). Aufbauend auf diese Definition wird eine Kategorisierung bestehender Social-TV-Angebote entwickelt (Kap. 4.1.3).

4.1.1   Entstehung und Entwicklung

Interaktive TV-Angebote gibt es quasi seit der Einführung des audiovisuellen Mediums (vgl. Kap. 3.3.1). Neben der Annahme, dass alle Medien sozial sind (vgl. Kap. 2.1.5), wird in der Literatur immer wieder betont, dass das Fernsehen schon immer mit sozialen Aspekten verwoben ist (z. B. Cricri et al. 2009: 116; Hatcher King et al. 2012: 34; Lochrie/Coulton 2012b: 1; Nagel/Fischer 2013: 134; Harrington 2014: 239; Holanda et al. 2015: 182; Kneidinger 2015: 219; Krämer et al. 2015: 256; Taylor 2015: 55). Fernsehen wird dementsprechend auch als „soziale Veranstaltung" (Keppler 1994: 50 ff.; Hepp 1998: 49 ff.; Klemm/Michel 2014: 4) angesehen. Die Kernelemente des sozialen Erlebnisses Fernsehen, wie etwa gemeinschaftliche Rezeption oder Anschlusskommunikation, prägen die gesamte Entwicklung des Mediums. Bei Social TV rückt die soziale Komponente besonders in den Fokus.

Eine exakte Verortung der Entstehung von Social TV ist nicht möglich und hängt davon ab, welche Angebote sowie Bestandteile Social TV zugeordnet werden. Bestrebungen, die gemeinschaftliche Medienrezeption eines räumlich getrennten Fernsehpublikums zu ermöglichen, reichen bis in die 1980er-Jahre zurück. So brachte der US-amerikanische Fernsehhersteller Zenith 1980 das sogenannte „Spacephone" auf den Markt. Durch die Verbindung von TV und Telefon befähigte dieses Gerät parallel zum Fernsehprogramm über einen digitalen Übertragungsweg eine Interaktion zwischen physisch getrennten Personen. Die Kommunikation wurde durch ein im TV integriertes Mikrofon und den TV-Audioausgang ermöglicht. Während der Kommunikation verstummte allerdings das eigentliche TV-Audiosignal. Dies ist sicherlich einer der Gründe, weshalb der Vertrieb des Spacephones bereits nach wenigen Jahren eingestellt wurde (vgl. Harboe 2009: 3). Als einer der ersten Social-TV-Angebote kann auch der von Dan O'Sullivan entwickelte „Prisoner Chat" benannt werden, ein Chat-Forum zur Fernsehshow *The Prisoner* (vgl. Chorianopoulos/Lekakos 2008: 115). Ab dem Jahr 2000 führten viele Länder den „SMS-TV-Chat" ein, bei dem kostenpflichtige SMS auf Videotextseiten transportiert werden und Zuschauer somit kommunizieren können. Der SMS-TV-Chat ist daher eine „Vorform einer kollaborativen Fernsehnutzung mittels eines weiteren Kommunikationskanals" (Schatter 2010: 73). Ebenfalls im Jahr 2000 brachte der Telekommunikationsanbieter AOL eine Set-Top-Box namens „AOL TV" auf den Markt, die das Chatten auf dem Fernsehgerät ermöglichte. Der Service wurde zwar 2002 eingestellt, doch die Chatfunktion tauchte bei einigen weiteren netzbasierten Fernsehsystemen wieder auf.

Ab Mitte der 2000er-Jahre wurden sowohl von Unternehmen als auch von akademischen Einrichtungen zahlreiche Social-TV-Prototypen entwickelt (z. B. AmigoTV, CollaboraTV, ConnecTV, FanFeed, InhabitedTV, Rendez-Vous, ResNet.TV, Zoost), bei denen Social TV hauptsächlich als technisches Konstrukt zur Ermöglichung eines gemeinsamen Fernseherlebnisses für räumlich getrennte Zuschauer angesehen wurde (vgl. Chorianopoulos 2007: 24). Die meisten Social-TV-Konzepte von Unternehmen waren lediglich Testanwendungen und wurden nicht der breiten Öffentlichkeit zugänglich gemacht. Die Prototypen unterscheiden sich in der Art und Weise, wie die gemeinschaftliche Fernsehrezeption ermöglicht werden sollte. Hierbei kann zwischen den Modalitäten Text, Video und Audio differenziert werden. Alcatel entwickelte beispielsweise „AmigoTV". Dieser Prototyp beinhaltet sowohl personalisierte Inhalte sowie auch mehrere Kommunikationsmöglichkeiten (vgl. Coppens/Trappeniers/Godon 2004; Gross/Fetter/Paul-Stueve 2008: 158, 2009: 51). Die Nutzer bekommen die Aktivitäten ihrer Freunde in Kontaktlisten angezeigt, können sehen, welche Inhalte die Freunde momentan anschauen, und dann ebenfalls zu diesen Programmen schalten. Sobald mindestens zwei Freunde das gleiche Programm rezipieren, können sie miteinander kommunizieren. Dieser Austausch über das Programm kann jedoch nur in Echtzeit erfolgen. Andere Systeme unterstützen auch asynchrone Kommunikation (vgl. Basapur et al. 2012: 87). „CollaboraTV" beispielsweise wurde von AT&T Labs speziell für Zuschauer entwickelt, die zu unterschiedlichen Zeiten Formate anschauen. Der Nutzer kann während der Sendung Kommentare schreiben, die an der jeweiligen Stelle der Sendung gespeichert werden und dann für andere User zu beliebigen Zeitpunkten sichtbar sind (vgl. Amento et al. 2009: 220).

Die Anfang des 21. Jahrhunderts gestarteten und getesteten Social-TV-Anwendungen, die in erste Linie als One-Screen-Lösungen konzipiert waren, hatten am Markt nur mäßig Erfolg. Dies ist vor allem auf nötige Anschaffungskosten sowie mangelhafte Usability zurückzuführen, „the User Interface (UI) design made the interaction disruptive on the TV experience." (Roebuck 2011: 1) Da mobile Endgeräte noch nicht weit verbreitet waren, fand der Online-Austausch über Fernsehinhalte primär in Form von Anschlusskommunikation über den stationären PC in Fan-Foren statt (vgl. Franz 2008). Einen enormen Aufschwung hat Social TV jedoch durch den Medienumbruch und die damit einhergehende veränderte Mediennutzung erfahren. Diese Wende wird abgrenzend von den ersten geringfügig erfolgreichen Versuchen als Beginn der Ära des „Social TV 2.0" (Schatz et al. 2008: 2) etikettiert. Durch die Potentiale des Internets sind Interaktivität und

Partizipation für Fernsehmacher wieder interessant geworden. Die zunehmende Nutzung sozialer Online-Netzwerke sowie die rasante Verbreitung
von vernetzten Endgeräten haben die Art und Weise verändert, wie das
soziale Erlebnis Fernsehen zustande kommt. Die fernsehbegleitende Kommunikation findet dabei meist nicht oral, sondern in schriftlicher Form statt
(vgl. Schneider/Buschow 2013: 7; Klemm/Michel 2014: 4). Die Kommunikation über Fernsehinhalte im Wohnzimmer hat sich durch Social-Media-
Angebote, die als „digital water cooler" (Summa 2011: 9) bezeichnet werden,
ins Internet verlagert. Die gemeinsame Nutzung und Kommunikation über
Fernsehinhalte ist auch dann möglich, wenn sich die Interaktionspartner
physisch an verschiedenen Orten befinden. Die soziale Handlung gewinnt
dadurch an Bedeutung, das Fernsehen erfährt eine „Renaissance als gemeinschaftsbildendes Medium" (Groebel 2013: 184).

Social TV ist kein Produkt, das von Organisationen strategisch entwickelt
wurde (vgl. Gormász 2012: 44; Buschow/Ueberheide/Schneider 2015: 67).
Der eigentlich Ursprung liegt auch nicht in der technischen Konvergenz von
Fernsehen und Internet, sondern in neuen Formen der Mediennutzung (vgl.
Strippel 2013: 195), die das Ergebnis des gesellschaftlichen Wandels mit
seinen Metaprozessen Digitalisierung, Konvergenz, Globalisierung, Individualisierung, Mobilisierung und Mediatisierung sind (vgl. Kap. 2.1.2). Die
Formierung von Social TV ist in den USA deutlich früher als in Deutsch-
land gestartet.[62] Der Sender ABC stellte bereits im Jahr 2006 einzelne Sen-
dungsepisoden kostenlos auf seiner Website zur Verfügung und bot zugleich
eine Kommentarfunktion zu diesen Videos an. Somit konnten die Zuschauer erstmalig Content auf einer Website anschauen und kommentieren (vgl.
Wohn 2013). Bei Video-Plattformen wie YouTube ist es bereits seit der
Entstehung im Jahr 2005 möglich, Videos zu bewerten, zu teilen und in
Form von asynchroner Kommunikation zu kommentieren. Die ab Mitte der
2000er-Jahre entstandenen Social Networks entwickelten sich schnell zu
Plattformen für fernsehbegleitende Kommunikation. Es entstanden erste
virtuelle Fernsehgemeinschaften, die das Programm untereinander verbreiten und kommentieren. Zur Amtseinführung des US-Präsidenten Barack
Obama am 21.01.2009 wurden über 600.000 Microblogging-Nachrichten
gepostet (vgl. Schatter 2010: 74). Im selben Jahr integrierte auch Facebook
einen Livestream zu verschiedenen Sendungen, der von Facebook-Nutzern
kommentiert oder geteilt werden konnte.

---

[62] Da die USA in Bezug auf Social TV als Vorreiter gelten, wird neben der Entwicklung in
Deutschland auch auf den Verlauf in den USA eingegangen.

In den USA wurde der Einfluss von Social Media auf das Medium Fernsehen besonders im Jahr 2010 spürbar (vgl. Ferguson 2012: 40). Bei der Verleihung der *Grammy Awards* stieg die Einschaltquote im Vergleich zum Jahr 2009 um 35 Prozent an, was auch auf die starke Beteiligung der Zuschauer im Social Web zurückgeführt wird (vgl. Gormász 2012: 51). Diese ansteigende Relevanz veranlasste das Massachusetts Institute of Technology im Jahr 2010 dazu, Social TV in den Top 10 der wichtigsten Technologie- und Medientrends aufzuführen (vgl. Bulkeley 2010). Im Juli 2011 fand in Los Angeles der erste „Social TV Summit" statt. Die royale Hochzeit von Kate Middleton und Prinz William in London wurde im April 2011 auf Twitter (#royalwedding) weltweit mit mehr als 2.000 Tweets pro Minute begleitet (vgl. Harrington 2014: 240). Im selben Jahr wurden in den USA zu Serien wie *Bones* oder *Glee* sowie zur Verleihung der *Comedy Awards* Twitter-Hashtags eingeblendet (vgl. Knox 2011; Laumann 2011: 24), um die Zuschauer zur Beteiligung im Social Web zu animieren. Das ansteigende Interesse an Interaktionen via Social-Media-Plattformen speziell in den USA wird an der Zunahme von programmbezogenen Tweets deutlich. So erhöhte sich die Anzahl von fernsehbezogenen Tweets von 8,8 Millionen im Jahr 2011 auf über 75 Millionen Tweets im Jahr 2012 (vgl. Efert 2013). Zu den Top Themen der Social-Media-Interaktion zum Liveprogramm zählten 2012 beispielsweise sportliche Events wie der *Super Bowl XLVI*, Nachrichten zum Hurrikan Sandy sowie die 57. Präsidentschaftswahl (vgl. Cameron/Geidner 2014: 401). Das Jahr 2012 zeigte in den USA deutlich die ansteigende Relevanz sozialer Netzwerke als Akteur der Fernsehwelt. Ende 2012 gab es dort bereits über 200 Second-Screen-Apps (vgl. Lee/Andrejevic 2014: 42).

In Deutschland stand Social TV im Jahr 2011 noch am Anfang seiner Entwicklung (vgl. Laumann 2011: 25; Buschow/Schneider 2015a: 18). Als eine der ersten Social-TV-Formate kann die interaktive Politsendung *log in* bezeichnet werden, die ab November 2010 (bis November 2014) wöchentlich auf ZDFinfo ausgestrahlt wurde und die Zuschauer via Blog, Chat und soziale Netzwerke an der Diskussion beteiligte. Vereinzelt wurden bereits Zusatzinformationen bereitgestellt oder Vernetzungsmöglichkeiten für Fans geboten, wie etwa von den Apps zur RTL-Show *Deutschland sucht den Superstar* oder zu *The Voice of Germany*[63] von ProSiebenSat.1. Die RTL II Reality-Soap *Berlin – Tag und Nacht* führte Ende 2012 erstmals zu hohen Inter-

---

[63] Nähere Informationen zu den interaktiven Elementen von *The Voice* in Deutschland sowie in den USA liefern Benninghoff (2012: 188); Johannsen (2012); Meedia (2012); Röbbeln/Aßmann (2012); SevenOne Media (2012b); van Es/Müller (2012); van Es (2015).

aktionsraten auf dem programmbegleitenden Social-Media-Angebot. Das ZDF blendete im Februar 2012 zum ersten Mal Hashtags in das laufende Programm ein. Der Polit-Talk *Berlin direkt* bat darum, sich auf Twitter (#berlindirekt) an der Diskussion zu beteiligen, und schaffte es in die weltweiten Twitter-Topthemen (vgl. Schünemann/Rzepka 2012). Die ARD bespielte zur Präsidentschaftswahl in den USA diverse Social-Media-Kanäle und interagierte mit den Zuschauern während einer Wahlsendung (vgl. Richter 2012). In der Literatur wird daher 2012 als Geburtsjahr des neuen sozialen Fernsehens in Deutschland bezeichnet (vgl. Bitomsky 2013), doch „der Durchbruch des Social TV lässt noch auf sich warten." (Knabe 2012)

Die TV-Sender begannen, in dieser ersten Phase mit Social-TV-Projekten zu experimentieren. So startete beispielsweise der Bayerische Rundfunk im Mai 2012 ein Social-TV-Format namens *Rundshow*, das einen Monat lang montags bis freitags um 23.15 Uhr ausgestrahlt wurde. Die Zuschauer konnten hierbei Vorschläge für die Themenfindung einbringen bzw. über das Thema des Abends abstimmen. Während der Live-Sendung mit dem Anchorman Richard Gutjahr erfolgte eine Integration der Zuschauer via Facebook, Twitter, Google+, Google Hangouts und Skype sowie per Telefon. Ebenso kam eine speziell für die Sendung entwickelte App namens „Die Macht" zum Einsatz, mit der die Nutzer abstimmen, kommentieren und eigene Bilder oder Videos hochladen konnten. Die Möglichkeiten der Teilhabe wurden von mehreren Studien untersucht. So analysierte Spieß (2012) für seine Abschlussarbeit in einer Vollerhebung 16.075 Textbeiträge sowie 32.202 Votings des gesamten Pilotzeitraums. Hinsichtlich der genutzten Plattformen zeigte sich, dass das Feedback via Twitter mit 77 Prozent dominierte. Mit deutlichem Abstand und jeweils rund acht Prozent folgten die sendungseigene App sowie Facebook. Eine tiefgreifende Partizipation wurde jedoch nur von wenigen Zuschauern wahrgenommen, das Interesse an der Sendungsvorbereitung bzw. der Teilhabe an der Redaktionskonferenz war äußerst gering (vgl. Spieß/Sehl 2013). Auch Kneidinger (2014) setzte sich mit der *Rundshow* auseinander und führte eine inhaltsanalytische Auswertung der TV-Sendung sowie des Facebook-Profils durch. Dabei zeigte sich ein Anstieg der Partizipation im Verlauf der vier Sendewochen, der Einbezug von Publikumsmeldungen erfolgte am häufigsten durch Tweets (54%), gefolgt von Facebook-Posts (42%) und Kommentaren via App (32%). Von den 533 Facebook-Posts der Sendung führte jedes Posting durchschnittlich zu sieben Reaktionen. Kneidinger (ebd.: 246) resümiert, dass die *Rundshow* „durchaus ernsthafte Partizipationsmöglichkeiten und Inkludierungsanstrengungen des Publikums in den Online- und TV-Auftritt realisieren konnte".

Ein weiteres TV-Projekt im Jahr 2012, bei dem ebenfalls eine starke Integration von Zuschauermeinungen via Social Media erfolgen sollte, war die halbstündige ARD-Vorabendsendung *Gottschalk Live*. Das Format wurde allerdings bereits nach 135 Tagen abgesetzt, da ein Großteil der Zuschauerinteraktionen keinen Einzug in die Sendung fand, was schnell zu einer Ernüchterung führte (vgl. Röbbeln/Aßmann 2012). Die Verbindung mit der interaktiven Formatidee ließ sich nicht erfolgreich mit der Glaubwürdigkeit und dem Technikumgang des Moderators Thomas Gottschalk verbinden. Ein transmediales Projekt, das auch Social-TV-Aktivitäten beinhaltete, war der im Jahr 2012 erstmals angebotene *Tatort+*. Die Folge „Der Wald steht schwarz und schweigt" (SWR) wurde innerhalb der TV-Handlung nicht restlos aufgeklärt, der Krimi wurde im Nachgang linear verlängert und die User konnten sich im Internet als Ermittler betätigen. Die Möglichkeit des virtuellen und gemeinschaftlichen Ermittelns nahmen rund 110.000 Nutzer wahr (vgl. Knauth 2015: 71), in Relation zur gesamten Zuschauerzahl von rund acht Millionen entspricht dies einem Anteil von einem Prozent (vgl. Gerhards 2013: 121). Das Projekt wurde in den darauffolgenden Jahren weiter erprobt und eingesetzt. Der SWR testete ab dem Jahr 2012 zahlreiche Social-TV-Anbindungen zu Formaten wie dem Spielfilm *Rommel*, der Unterhaltungsshow *Verstehen Sie Spaß?*, der TV-Fastnachtssitzung *Mainz bleibt Mainz*, dem Musikfestival *Rock am Ring* sowie der fiktionalen Serie *Die Kirche bleibt im Dorf* (vgl. Beck 2012, 2013a; Knauth 2015: 67 ff.).

Auch die Privatsender experimentierten im Jahr 2012 mit interaktiven Elementen. So brachte etwa RTL die App „RTL Inside" auf den Markt, über die Nutzer sich mit anderen Zuschauern unterhalten und exklusive Informationen erhalten können. Das vorhandene Bedürfnis der Zuschauer, sich über das Programm auszutauschen, zeigte sich im Jahr 2012 vor allem während der Fußball-Europameisterschaft. Während des Finalspiels Spanien gegen Italien am 1. Juli 2012 wurden allein auf Twitter durchschnittlich 15.000 Tweets pro Sekunde abgeschickt (vgl. Stüber 2012). Weltweit wurden die Olympischen Sommerspiele so stark wie nie zuvor via Social Media diskutiert und deshalb auch als „Socialympics" bezeichnet (vgl. Vidyarthi 2012; Hwang/Lim 2015). Ebenso wurde der *Eurovision Song Contest* in Baku stark auf Twitter thematisiert, Highfield, Harrington und Bruns (2013) sammelten 688.266 Tweets von rund 272.000 Unique Usern zur Show. Obwohl erste Smart-TV-Geräte mit vorinstallierten Social-TV-Apps auf den Markt kamen, zeigte sich 2012 bereits eine starke Dominanz der Social-TV-Nutzung via Second Screen. Da Applikationen für mobile Endgeräte beliebter wurden, startete auch hier zu Lande die Entwicklung von Social-TV-Apps.

Seit dem Jahr 2013 blendet in den USA ein Großteil der Fernsehsendungen offizielle Hashtags ein. Zum *Super Bowl XLVII* am 3. Februar 2013 wurden 27,2 Millionen Tweets, 2,8 Millionen Facebook-Posts und insgesamt rund 30,6 Millionen Erwähnungen in sozialen Netzwerken während der Show gemessen, was im Vergleich zum Vorjahr einer Zunahme von 150 Prozent entspricht (vgl. Bluefin Labs 2013). Damit war der *Super Bowl* 2013 bis dato das Ereignis mit der höchsten gemessenen Social-Media-Interaktion zu einem Fernsehevent (vgl. Bergman 2013b). Während Social TV in den USA ab dem Jahr 2013 zum „Mainstream" wurde (vgl. Copeland 2013; Nielsen 2014a), begann in Deutschland erst die „Social TV-Revolution" (Bartl 2014).

Deutsche Fernsehzuschauer tauschten sich im Jahr 2013 vermehrt via Social Media über gesehene Sendungen aus. Während des Kanzler-Duells zwischen Angela Merkel und Peer Steinbrück wurden beispielsweise rund 132.000 Tweets veröffentlicht (vgl. Ipsos 2013). Die Social-TV-Jahresauswertung 2013 von MediaCom wies 2,4 Millionen sendungsbezogene Posts auf Facebook und Twitter zu 94 einbezogenen Formaten aus (vgl. Bartl 2014). ARTE startete in Zusammenarbeit mit Ulmen TV die vierzehnteilige Serie *About:Kate*, bei der die Grenzen zwischen Realität und Virtualität verwischen.[64] Mittels Transmedia Storytelling wurde die Geschichte der Protagonistin Kate Harff, die sich selbst in eine Psychiatrie einliefert, auf mehreren Kanälen erzählt. Neben der eigenen App und der Facebook-Anbindung gab es eine Website, die alle crossmedialen Kanäle bündelte. Die Nutzer konnten eigens erstellte Bilder und Videos einstellen, die dann in die Handlung einbezogen wurden. Ebenso war die Interaktion mit der Hauptdarstellerin auf Facebook sowie mit anderen Zuschauern möglich. Da die App sich via Audiosignal mit dem Inhalt synchronisierte, funktionierte das Second-Screen-Angebot nicht nur während der linearen Ausstrahlung. Im August 2013 trat der Social-TV-Sender namens „joiz" auf den deutschen Markt, bei dem die Interaktion mit den Zuschauern elementarer Bestandteil des Senderkonzeptes war. Der werbefinanzierte Sender startete 2011 bereits in der Schweiz.

In den USA wurde im Jahr 2014 der Online-Austausch zur Verleihung der Oscars zu einer Massenerscheinung. Hierbei wurden allein auf Twitter über 19,1 Millionen Tweets von über fünf Millionen Nutzern veröffentlicht, die rund 37 Millionen Menschen erreichten. „That's nearly as many as the 43 million people who watched the show." (Fleischman 2014) In Deutschland

---

[64] Ausführlich zu *About:Kate* siehe Sigler (2013b: 23 ff.); Nandzik (2014); Cuntz-Leng/Einwächter/Stollfuß (2015: 452 ff.); Zimmermann (2015).

zeigte sich einerseits, dass Fernsehsender zunehmend auf dem Social-TV-Markt aktiv wurden (vgl. Buschow/Schneider/Ueberheide 2014a: 5). Anderseits befanden sich die TV-Sender auch im Jahr 2014 noch in einer Experimentierphase und hatten sich noch nicht ausreichend professionalisiert: „Sie sind weit davon entfernt, alle möglichen Potenziale auszuschöpfen." (Buschow et al. 2015: 192) Die Sender experimentierten mit interaktiven, auf Social TV ausgerichteten Formaten, wie zum Beispiel *Rising Star* (RTL) oder *Keep Your Light Shining* (ProSieben), die jedoch nur geringen Zuspruch bei den Zuschauern fanden und nach kurzer Zeit aufgrund der geringen Einschaltquoten wieder abgesetzt wurden. Die starke Beteiligung vieler Drittanbieter und Startup-Unternehmen auf dem deutschen Social-TV-Markt führte langsam zu einer Konsolidierung, viele Startups mussten Insolvenz anmelden (vgl. Kap. 4.2.2). Die programmbezogenen Interaktionen via Social Media nahm hingegen weiter zu. Die MediaCom-Jahresauswertung 2014 wies 5,8 Millionen Tweets bzw. Facebook-Posts zu 137 deutschen TV-Sendungen aus und konstatierte: „Für eine große Zahl an TV-Zuschauern ist es damit mittlerweile Normalität, mit ihren Freunden und Followern via Social Media über TV-Inhalte zu sprechen." (Blecken 2015) Vor allem bei reichweitenstarken TV-Events nahm die programmbezogene TV-Kommunikation zu. So führte die Fußball-Weltmeisterschaft 2014 zu einem enormen Social-TV-Traffic, das Halbfinalspiel zwischen Deutschland und Brasilien war mit 280 Millionen Facebook-Interaktionen und 35,6 Millionen Tweets das meistdiskutierte Sportevent, insgesamt führte die Weltmeisterschaft zu rund 672 Millionen Tweets (vgl. Busemann/Tippelt 2014: 415; Keuter 2014). Die Social-TV-Kommunikation zum *Eurovision Song Contest* stellte mit über 410.000 Tweets einen neuen Rekord auf (vgl. Zarges 2014). Vier der fünf für Social TV beliebtesten Formate stammten von öffentlich-rechtlichen Sendern (*Tatort, Tagesschau, Wetten, dass..?* sowie *Eurovision Songcontest*), diese schaffen „es damit auch bei der digitalen Zielgruppe, Leuchtturm-Events zu platzieren." (MediaCom 2015)

Im Jahr 2015 waren ähnliche Sendungen wie ein Jahr zuvor in den Top 5 der Jahrescharts vertreten, lediglich *Wetten, dass..?* wurde durch die ProSieben Castingshow *Germany's next Topmodel* ersetzt (vgl. Franzen 2016). Die Diskussion zu *Topmodel* wurde durch eine Bombendrohung während der Finalshow, die schließlich zum Abbruch der Sendung führte, getrieben. Ein Tweet der YouTuberin Dagi Bee hierzu wurde mit über 24.000 Interaktionen schließlich „der erfolgreichste Tweet zu Social TV im Jahr 2015." (ebd.) Alles in allem verfassten die Social-TV-Nutzer im Jahr 2015 10,1 Millionen Postings zu 179 Sendungen. Das *Neo Magazin Royale* landete im Jahr 2015 auf dem zehnten Platz der MediaCom-Jahrescharts und ist ein Beispiel dafür, dass Formate mittels Social TV online mehr Menschen als über die lineare Ausstrahlung erreichen können. Die Sender sind deshalb dazu übergegangen, Social Networks mit exklusiven und eigenständigen Inhalten zu bestücken: „Aus Online First wurde Online Original und Social First." (Gugel 2015) Als weiterer Trend können Social-TV-Interaktionen zu Serien identifiziert werden, deren Fanbasis über den weiteren Handlungsverlauf spekuliert. Der Start der sechsten Staffel der Serie *Game of Thrones* im April 2016 führte zu mehr als 27.000 Postings (vgl. MediaCom 2016a). Ein Jahr später zum Start der siebten Staffel waren es bereits rund 55.000 Postings (vgl. Franzen 2017). Es wurde deutlich, dass eine zu strake Fokussierung auf Social TV nicht automatisch zielführend ist und der erfolgreiche Aufbau einer ausreichend große Community nicht immer gelingt. Ebenso herausfordernd ist die Finanzierung der interaktiven Angebote, die primär online stattfinden und bisher nicht in die TV-Einschaltquote einfließen. So musste joiz Germany im Dezember 2014 Insolvenz anmelden und wurde daraufhin zu einem Web-Sender umgewandelt. Im August 2016 wurde bekannt, dass der Social-TV-Sender in der Schweiz eingestellt wird, einen Monat später folgte die Einstellung in Deutschland (vgl. Krei 2016).

4.1.2 Definition von Social TV

Die Vorstellungen darüber, was genau Social TV ist, sind breit gefächert und gehen in verschiedene Richtungen. In der Fachliteratur ist trotz der vermehrten Auseinandersetzung mit Social TV bislang keine kongruente wissenschaftliche Definition erkennbar. Dies liegt nicht zuletzt daran, dass unterschiedliche Forschungsrichtungen verschiedene Herangehensweisen haben und je nach Kontext unterschiedliche Schwerpunkte setzen. In dieser Arbeit erfolgt die definitorische Annäherung aus einem kommunikationswissenschaftlichen Blickwinkel. Zur Erarbeitung einer entsprechenden Begriffsbestimmung werden zunächst vorhandene Definitionen vergleichen. Dabei wird zugleich ersichtlich, wie sich der Terminus im Laufe der Zeit gewandelt hat. Erste Social-TV-Definitionen erschienen gegen Ende der 2000er-Jahre und stammen überwiegend aus der Informatik bzw. Computerwissenschaft (siehe Tab. 6).

Tab. 6: Erste Definitionen von Social TV (bis 2009)

Definition	Quelle
„We define a ‚Social TV' application to be part of an audio-video system which allows distant viewers to communicate with each other using several interpersonal communication modalities, such as open audio channel, instant messaging, emoticons, etc."	Chorianopoulos (2007: 24)
„Social TV is a label for Interactive TV (iTV) systems that support the sociable aspects of TV viewing. Although in principle this includes improvements to collocated interaction, most of the work on social television involves integrating remote communication capabilities with a broadcast TV feed."	Harboe et al. (2007: 117)
„Social TV itself is a form of computer mediated communication that primarily addresses solitary viewers feeling short of collocated peers: it aims to *provide multiple remote viewers with a joint watching experience*. The strategy is to provide mediated social presence, a sense ‚of being together'."	Schatz et al. (2007: 265, H.i.O.)
„We define a Social TV system to be part of an easy-to-use audiovisual system and to support distant or collocated viewers to communicate with each other by employing several synchronous or asynchronous interpersonal communication modalities, such as open audio channel, instant messaging, and emoticons."	Chorianopoulos/Lekakos (2008: 115)
Social TV is „the increasing integration of television and computer technology to support sociable, computer-mediated group viewing experiences."	Ducheneaut et al. (2008: 136)
„Social TV is viewed as an emerging category of interactive video services [...]. Social TV applications are geared primarily at real-time interactivity with peer groups (shared viewing) and peer recommendations (what are my friends watching right now? what are their ‚favorites'?)."	Klym/Montpetit (2008: 1 f.); vgl. auch Montpetit/Klym/Blain (2010: 320)
„So, the concept of ‚Social TV' is being promoted as the medium that supports communication and social interactions – remote or co-located – in a TV-watching content, or related to a TV experience, and technology that supports these communications and interactions."	Mantzari/Lekakos/Vrechopoulos (2008: 81)
„[S]ocial television systems [...] allow remote viewers to interact with each other via the television set or via PC [...]. Features include remote talking or chatting while watching television, sending recommendations, buddy lists with information on which television shows each buddy is watching or sharing video clips."	Geerts/De Grooff (2009: 595 f.)

Quelle: Eigene Darstellung.

Harboe (2009: 6) stellte bei einem Vergleich vorhandener Definitionen fest, dass zwischen einem weiten und einem engen Begriffsverständnis differenziert werden kann.[65] Demnach betrachten *weite Definitionen* Social TV als jede Technologie, die soziale Praktiken im Zusammenhang mit dem Medium Fernsehen unterstützt. Social TV wird aus dieser Perspektive als „label for Interactive TV (iTV) systems that support the sociable aspects of TV viewing" (Harboe et al. 2007: 117) beschrieben. Die *engen Definitionen* hingegen begrenzen Social TV auf ein System, das räumlich getrennten Zuschauern ein Gefühl einer gemeinschaftlichen Rezeption vermittelt, indem es Technologien in den Rezeptionsprozess integriert (z. B. Schatz et al. 2007: 265; Ducheneaut et al. 2008: 136; Klym/Montpetit 2008: 5). Auch eine der ersten deutschen Definitionen versteht Social TV in diesem Sinne als ein System, „das zwei oder mehrere räumlich getrennte Zuschauer in die Lage versetzt, sich über ein gemeinsames Audio-Video-Angebot mittels eines elektronischen Kommunikationskanals zu verständigen." (Schatter 2010: 73)

Die früheren Definitionen, bei denen Social-TV-Anwendung in erster Linie als One-Screen-Lösungen konzipiert waren, sind stark technisch geprägt (vgl. Chorianopoulos 2009: 245). Im Laufe der Entwicklung rückte jedoch immer mehr die soziale Interaktion in den Vordergrund und die technische Komponente in den Hintergrund (siehe Tab. 7). „Interactive television[66] thus becomes a concept rather than a technology, which enables people to interact with television content on any device" (Chorianopoulos/Geerts 2011: 149). Social TV ist dementsprechend eine moderne Art und Weise der gemeinschaftlichen Fernsehrezeption und dient der Kommunikation über das Fernsehprogramm.

---

[65] Bei beiden Definitionsarten bleibt jedoch unklar, was genau als Fernsehen bezeichnet wird (vgl. Harboe 2009: 7).

[66] Chorianopoulos et al. (2011) verwendeten zu diesem Zeitpunkt die Begriffe „Interactive television" und „Social TV" als Synonyme.

Tab. 7: Social-TV-Definitionen mit Fokus auf der sozialen Interaktion

Definition	Quelle
„Social TV allows remote viewers to socially interact with each other via the television set, smart phones, tablets or the PC. Viewers might be separated in time and/or space."	Cesar/Geerts (2011b: 2)
„Als ,Social TV' wird jede Art von TV-Konsum bezeichnet, die dem TV-Erlebnis eine soziale Ebene hinzufügt, d. h. soziale Interaktionen verfügbar macht."	Neef/Schroll/ Hirsch (2011: 12)
„Social television is an emerging new technology medium that supports and integrates social interaction, recommendations, ratings, reviews, and interactive participation among viewers via text chat, audio, or even videoconferencing [...]."	Pagani/Mirabello (2011: 43)
„In sozialen Netzwerken wie Twitter hat sich bereits zu bestimmten Fernsehsendungen eine Kultur des Austausches insbesondere innerhalb des Publikums entwickelt, was als Social TV bezeichnet wird [...]."	Spieß/Sehl (2013: 1)
„Social TV bezeichnet eine neue Form des Fernsehens. Im Vordergrund steht die soziale Interaktion von Zuschauern, die räumlich voneinander getrennt sind, sich aber vor, während oder nach der Fernsehrezeption über das Programm austauschen."	Womser (2013: 12)
„Social TV is a general term for television viewers using communication technologies to connect with their friends and family, even when they are not watching the same screen."	Bellman et al. (2014: 1)
„[...] Social TV has to do with the way people stay in touch with each other: the reference here is to all kinds of interaction generated by audiences with respect to used devices (tablet, smartphone, laptop), inhabited online environments (social media and apps), live/non-live interaction flows, before-during-after program conversations, TV genres and motivations to interact [...]."	Marinelli/Andò (2014: 29)
„Als Social TV werden dem entsprechend Anwendungen bezeichnet, die automatisch anzeigen, welche ,Freunde' die gleiche Sendung sehen wie man selbst, und solche, die einen kommunikativen Austausch über die Sendungen ermöglichen oder ein individualisiertes ,Programm' auf Basis der Vorlieben anderer FernsehzuschauerInnen mit ähnlichem ,Profil' zusammen stellen."	Stauff (2014: 113)
„[...], the term ,Social TV' actually refers (a) to the growing set of technologies that enable synchronous social interaction between television viewers at a distance and (b) to the use of those technologies during viewing."	Ji/Raney (2015: 223)

Quelle: Eigene Darstellung.

Die Popularität von sozialen Netzwerken führte dazu, dass diese bei Social-TV-Definitionen in den Mittelpunkt rückten. Social TV wird in diesem Sinne als die Verbindung von Fernsehinhalten mit Social Media bzw. Social Networks beschrieben, wie Tab. 8 verdeutlicht.

Tab. 8: Social-TV-Definitionen mit Fokus auf Social Media

Definition	Quelle
„Social TV increasingly refers to the integration of TV services and hardware devices with social networks […]."	Mitchell et al. (2011: 3)
„In seiner einfachsten Form lässt sich Social TV auf die Formel ‚Fernsehen plus Social Web' reduzieren."	Gormász (2012: 44)
Social TV „is the term used to describe the current integration of social media interaction with television programming."	Hill/Benton (2013: 1)
„The term Social TV will […] be used to mainly describe the act of watching television together, so at the same time and via the use of a social networking site such as Twitter."	Skibbe (2013: 13)
„Unter Social TV kann dabei in erster Linie die Verbindung sozialer Online-Medien mit der Ausstrahlung von meist linearen Fernsehinhalten verstanden werden."	Strippel (2013: 193)
„Social TV […] steht für die begleitende Nutzung interaktiver Elemente des Web im Rahmen der Fernsehrezeption."	Dinter/Pagel (2014: 160)
„Social TV [ist] die systematische Verknüpfung des linearen (‚flüchtigen') Einwegmediums Fernsehen mit den interaktiven Kommunikationsinstrumenten sozialer Netzwerke […]."	Klemm/Michel (2014: 3 f.)
Social TV ist „die Verschmelzung von Fernsehen und Social Media."	Kneidinger (2014: 230)
„Social TV is defined as real-time backchannel communication on social networking sites (SNSs) during a live television broadcast."	Lim et al. (2015: 158)
Social TV ist „die wechselseitige Einbindung von Fernsehinhalten und Social-Media-Anwendungen […]."	Tippelt/Kupferschmitt (2015: 450)
„Attaching ‚social' as an adjective to television increasingly means braiding the conversational and creative strengths of networked platforms with the mass entertainment and audience engagement abilities of broadcast networks."	van Dijck/Poell (2015: 149)

Quelle: Eigene Darstellung.

Bei zahlreichen Definitionen wird die Verschmelzung von Fernsehen und Social Media als grundlegend angesehen. Besonders hervorzuheben ist die dadurch möglich gewordene direkte Rückkanalfähigkeit des Fernsehens. Die Potentiale der Social-Media-Nutzung scheinen das Ende der Einbahnstraße des Fernsehens endgültig einzuläuten, Fernsehen wird ein „dialogisches Medium" (Jakubetz 2013). Der Nutzer bekommt durch die kombinierte Nutzung von Fernsehen und Social Media die Möglichkeit das Fernsehprogramm zu kommentieren, zu bewerten oder direkt mitzugestalten. Social TV bietet Formen partizipativer Fernsehnutzung, die in diesem Ausmaß beim traditionellen Fernsehen nicht möglich waren (vgl. Groebel 2013: 50; Kneidinger 2014: 231). Die Erweiterung der passiven Fernsehrezeption um einen aktiven Partizipationsprozess ist daher ein weiterer Bestandteil von Social-TV-Definitionen. So hält Montpetit (2009: 3) fest: „Social TV combines the lean-back experience of entertainment with the lean-forward interaction of the Web." Dies ist verbunden mit der Annahme, dass der Fernsehzuschauer eine aktive Rolle einnehmen möchte und Fernsehen nicht nur als reines Konsumgut ansieht. Dies bedeutet jedoch nicht, dass sich jeder Zuschauer zum „multitaskingfähigen Fernsehuser" (Klemm/Michel 2014: 6) wandeln muss. Zudem kann die Intensität der Social-TV-Nutzung variieren, da sowohl das Lesen von Kommentaren als auch das Erstellen eigener Inhalte (User-Generated-Content) der Nutzung zuzuordnen sind.

Die habitualisierte Nutzung internetfähiger Endgeräten hat sich auf das TV-Nutzungsverhalten ausgewirkt: It „has made cozying up on the couch and being connected to the Internet in front of the television not only in vogue, but also a very natural and comfortable part of the TV experience." (Proulx/Shepatin 2012: 10) Im Gegensatz zu früheren Definitionen, die sich primär auf One-Screen-Lösungen fixierten, rückte deshalb im Laufe der Zeit der Second Screen zur Nutzung von Social TV in den Vordergrund. Vereinzelt wird Social TV ausschließlich als Parallelnutzung von Fernsehinhalten und Social Media via Second Screen bezeichnet und die Nutzung über One-Screen-Lösungen gänzlich ausgeschlossen. So beispielsweise bei folgender Definition: „Social TV is the extension of Social Media through the simultaneous use of tablet or smartphone while watching TV." (Research and Markets 2010: 45) Hierbei wird die für das soziale Fernsehen genutzte Second-Screen-Hardware auf Tablets und Smartphones beschränkt. Es muss bedacht werden, dass nicht jede Form der Second-Screen-Nutzung als Social TV zu bezeichnen ist (vgl. Kap. 4.1.3). Dies ist lediglich der Fall, sofern die Nutzung auf dem zweiten Gerät sich inhaltlich auf den Bewegtbildinhalt bezieht.

An der Definition von Research and Markets (2010) orientiert sich auch eine deutsche Begriffsbestimmung des Instituts für Journalismus und Kommunikationsforschung in Hannover. Das Forschungsprojekt des IJK beschäftigt sich bereits seit dem Jahr 2011 mit Social TV, die dabei zugrundeliegende Definition wurde im Forschungsprozess angepasst, wie Tab. 9 erkennen lässt. Zu Beginn der Forschungsarbeiten wurde unter Social TV die „*gleichzeitige Unterhaltung* mit anderen Zuschauern auf Online-Plattformen [...] *während eines speziellen Fernsehprogramms*" (Buschow/Schneider 2013b: 7, H.i.O.) erfasst. Somit wurden Möglichkeiten der asynchronen Kommunikation nicht einbezogen. An dieser Stelle besteht bei vielen definitorischen Annäherungen Uneinigkeit, häufig wird eine Begrenzung auf die Begleitkommunikation als unzulänglich angesehen (vgl. Pelz 2013b). Bei späteren Studien der IJK-Forschungsreihe wurden Interaktionen der Zuschauer „*vor, während* oder *nach einem speziellen Fernsehprogramm*" (Buschow 2014: 8, H.i.O.) berücksichtigt. Auf Grundlage einer Expertenbefragung wurde die Definition um Aspekte der Kommunikation über nicht-lineare Fernsehinhalte, die passive Nutzung und inhaltliche Aspekte, bei denen die Interkation mit dem Programm im Vordergrund steht, erweitert (vgl. Buschow et al. 2015: 198).

Sigler (2013b: 10) orientiert sich an der ersten Definition des IJK und arbeitet drei zentrale Dimensionen heraus: *Zeitdimension* (parallele Nutzung von TV und Social Media), *Contentdimension* (inhaltliche Verknüpfung) sowie *Zuschauerdimension* (Rolle und Integrationstiefe des Zuschauers), ergänzte sie um eine *Technologiedimension* und definiert Social TV somit als

> „die Verknüpfung von Bewegtbildinhalten, insbesondere im Medium Fernsehen, mit Sozialen Netzwerken auf zusätzlichen Endgeräten (Second Screens) unter Berücksichtigung der Parallelnutzung, des transmedialen Storytellings und der unterschiedlichen Einbindungsmöglichkeiten der Zuschauer und deren Rolle." (Sigler 2013b: 11)

Im Gegensatz zu zahlreichen Begriffsbestimmungen, bei denen Social TV nur in Bezug zu linearen Fernsehinhalten gesetzt wird, weist die Definition von Sigler auf eine Anwendbarkeit bei Bewegtbildinhalten aller Arten hin. Zudem ist erkennbar, dass die Intensität der Social-TV-Nutzung variieren kann und dass verschiedene Interaktionsmöglichkeiten bestehen. In Bezug auf die zu verwendende Hardware fokussiert sich diese Dimension im Wesentlichen auf Second Screens, One-Screen-Devices bleiben außen vor.

Tab. 9:   Social-TV-Definitionen des IJK der HMTM Hannover

Definition	Quelle
„Für uns ist Social TV die *gleichzeitige Unterhaltung* mit anderen Zuschauern auf Online-Plattformen wie *Facebook, Twitter* oder über *Apps während eines speziellen Fernsehprogramms.* Auch wenn du während des Fernsehens nur das liest, was andere online über die Sendung schreiben, handelt es sich dabei um Social TV."	Buschow/ Schneider (2013b: 7, H.i.O.)
Social TV ist „die Verknüpfung von linearem Fernsehen und Social Media".	Buschow et al. (2013a: 49)
„Wir orientieren uns in unserer Forschung an der Definition nach Research and Markets (2010): ‚Social TV ist die Erweiterung von Social Media in den Fernsehbereich hinein, indem sich Nutzer während des Fernsehens oder im Anschluss daran in sozialen Netzwerken oder entsprechenden Plattformen zu den Programminhalten äußern.' (Research and Markets 2010)"	Buschow et al. (2013b: 26)
„Für uns ist Social TV die *Unterhaltung* mit anderen Zuschauern auf Online-Plattformen wie Facebook, Twitter oder über Apps *vor, während* oder *nach einem speziellen Fernsehprogramm.* Auch wenn während des Fernsehens nur das gelesen wird, was andere online über die Sendung schreiben, handelt es sich dabei um Social TV."	Buschow (2014: 8, H.i.O.); vgl. auch Schneider/ Buschow (2014: 5)
„Social TV beschreibt die durch Fernsehinhalte stimulierte oder auf diese bezogene öffentliche Kommunikation, die sich vor, während und/oder nach der linearen Ausstrahlung des Inhalts vollzieht und durch Social Media [...] ermöglicht wird."	Possler et al. (2015: 281)
„Social TV ist die Erweiterung von Social Media *in den linearen oder nicht-linearen Bewegtbildbereich* hinein, indem sich Nutzer während des Sehens oder im Anschluss daran in sozialen Netzwerken oder entsprechenden Plattformen zu den Inhalten äußern *oder sich darüber informieren. Außerdem umfasst der Begriff Technologien wie Empfehlungs-Algorithmen und inhaltliche Konzepte wie transmediales Storytelling, bei denen weniger der Austausch mit anderen Nutzern als vielmehr die unterhaltene Interaktion mit dem Content im Vordergrund steht.*"	Buschow et al. (2015: 198, H.i.O.)

Quelle: Eigene Darstellung.

Wissenschaftliche Definitionen, die sowohl Entwicklungen der Technik als auch veränderte Nutzungsszenarien berücksichtigen, beinhalten überwiegend die soziale Interaktion und das Gemeinschaftserlebnis zwischen räumlich getrennten Fernsehzuschauern. Unterschiede zeigen sich vor allem hinsichtlich der dazu genutzten Hardware bzw. Plattform und dem Zeitpunkt der Interaktion. Eine zu starke Fokussierung auf einen bestimmten Aspekte bzw. eine zu enge Definition führt meist dazu, dass die Anwendungen, Plattformen und Nutzungsformen nicht in voller Bandbreite aufgeführt werden und das Phänomen Social TV nicht vollständig beschrieben wird. Einigen Definitionen fehlt es an einer Konkretisierung der verwendeten Begriffe. So ist die häufige Beschreibung von Social TV als Kombination von Fernsehinhalten und Social Media zu weit gefasst, da auch Social-Media-Anwendungen existieren, die selten oder gar nicht für Social TV genutzt werden (z. B. Weblogs oder Wikis).

Im Hinblick auf das Forschungsziel dieser Arbeit und unter Berücksichtigung vorhandener Begriffsbestimmungen sowie relevanter Nutzungskomponenten wird Social TV folgendermaßen definiert:

> Social TV bezeichnet die soziale Interaktion zwischen meist räumlich getrennten Zuschauern bzw. Zuschauern und Sendern/Produzenten, die sich (a-)synchron über das Gesehene austauschen oder sich aktiv am Sendegeschehen beteiligen. Dazu gehören auch die passive Rezeption (z. B. Lesen von Kommentaren) sowie das Abrufen zusätzlicher von Anbieterseite gestellter Inhalte. Die Nutzung kann mittels verschiedener internetfähiger Hardware (Connected TV oder Second Screen) auf diversen Plattformen (Social Networks, Microblogs, Instant Messenger, Social-TV-Apps etc.) erfolgen.

Die vorgenommene Begriffsbestimmung lässt erkennen, dass der Untersuchungsgegenstand Social TV breit gefasst wird. Dabei besteht die Gefahr, dass es der Definition durch das Schaffen eines „Catch-All-Begriffs" (Buschow/Schneider 2015c: 17) an Präzision mangelt. Da das Phänomen jedoch möglichst umfassend untersucht werden soll, wird ein zu enges Begriffsverständnis vermieden.[67] Zur Präzisierung und Vermeidung von Unklarheiten werden die zugrundeliegenden Bestandteile nachfolgend begründet und detaillierter beschrieben.

---

[67] Eine ebenfalls breit gefächerte Social-TV-Definition nehmen Goldhammer et al. (2015: 32) vor: „Social TV ist die TV-bezogene Nutzung von Social-Media-Plattformen wie Facebook und Twitter, Websites oder Apps, die über eine soziale Anschlussfunktion verfügen und oder eine Interaktion mit dem TV-Programm ermöglichen. Die Nutzung erfolgt über internetfähige Endgeräte synchron […] oder asynchron […] zum Fernsehkonsum." Es wird hierbei nicht deutlich, woraus sich die Definition der Goldmedia-Studie ergibt (vgl. Strippel 2016: 2). Zudem erschien diese erst nach Durchführung der Studien dieser Arbeit.

4.1.3   Kategorien zur Systematisierung

Die vorgenommene Kategorisierung von Social TV hängt davon ab, was genau unter diesem Phänomen verstanden wird. Dementsprechend existiert keine allgemeingültige Systematisierung.[68] Im Hinblick auf die zuvor präsentierte Definition kann Social TV anhand der Kategorien Hardware und Plattform, Zeitpunkt und Inhalt, Zugang, Interaktionspartner sowie Nutzungspraktiken systematisiert werden.

Infrastruktur: Hardware und Plattform

In technischer Hinsicht wird unterschieden, welcher Übertragungskanal für Social TV genutzt wird. Die dazu verwendeten Geräte sowie Plattformen variieren je nach Angebot und Vorlieben der Nutzer. Prinzipiell eignet sich jeder Dienst, der Interaktion ermöglicht (vgl. Primbs 2015: 142). Der Nutzer benötigt jedoch zunächst eine Hardware, auf der solch eine Plattform genutzt werden kann. Hierbei kann zwischen einem One-Screen-Device sowie einem Second-Screen-Device differenziert werden.

Bei einem *One-Screen-Device* wird die Interaktion über ein vernetztes TV-Gerät ermöglicht. Die Interaktion erfordert dabei keinen Gerätewechsel, sie ist „medienintegriert und über zeitliche und räumliche Grenzen verteilt." (Hauptmeier/Heß 2008: 129) Somit wird bei einem Connected TV kein weiteres Medium benötigt, der Fernseher bietet einen direkten Rückkanal. Die Kopplung mit internetbasierten Diensten kann entweder über einen in den Fernseher integrierten Direktanschluss erfolgen oder aber durch Anschluss eines internetfähigen Zusatzgerätes, wie etwa einer Set-Top-Box (z. B. Google TV, Apple TV, Boxee, Roku), eines Blu-ray-Players oder einer Spielekonsole (z. B. PlayStation 4 oder Xbox 360) (vgl. Nagel/Fischer 2013: 47). Die Begriffe „Smart TV", „Connected TV" oder „Hybrid TV" werden meist synonym verwendet, „wobei Hybrid TV stärker die Verbindung von klassischen TV- sowie Online-Funktionalitäten unterstreicht, während der Begriff Connected TV das Thema Heimvernetzung und Multiscreen in den Fokus rückt." (BLM 2012a) Die unterschiedlichen Begriffsbezeichnungen resultieren nicht zuletzt daher, dass die Gerätehersteller ihre vernetzten TV-Geräte nicht einheitlich benennen. Doch auch unter den Herstellern hat sich

---

[68] Siehe z. B. die Systematisierungen von Cesar/Geerts (2011b); Buschow/Schneider (2012a: 5); Sigler (2013b: 10); Womser (2013: 104); Klemm/Michel (2014: 5); Kneidinger (2014: 231); Buschow/Schneider (2015b: 17); Michel (2015b: 52).

für Geräte mit integriertem Anschluss vor allem der Sammelbegriff „Smart TV" (wörtlich übersetzt: intelligentes Fernsehen) durchgesetzt. Ob die Internetverbindung in das Fernsehgerät oder mittels eines Peripheriegerätes hergestellt wird, ist für Social TV nicht entscheidend. Dementsprechend werden alle One-Screen-Lösungen als „Connected TV" zusammengefasst.[69] Darunter werden somit vernetzte Fernsehgeräte gefasst, die Nutzern den Zugriff zu einer Vielzahl an zusätzlichen Inhalten ermöglichen.

Die Zusatzangebote können entweder über auf den Geräten installierte Applikationen oder mittels HbbTV genutzt werden. HbbTV (Hybrid Broadcast Broadband TV) ist ein europaweit anerkannter Standard für hybrides Fernsehen, der im Jahr 2010 vom Europäischen Institut für Telekommunikationsnormen (ETSI) anerkannt wurde und seit 2011 von allen großen deutschen TV-Sendern angeboten wird (vgl. Sewczyk/Wenk 2012: 181). Bei diesem Standard werden Digital Video Broadcasting (DVB) und Internetprotokoll (IP) miteinander kombiniert, wodurch multimediale Zusatzangebote am Fernsehbildschirm genutzt werden können (vgl. Riegler 2011: 15; Kurp 2013: 13). Eine HbbTV-Anwendung kann einen direktem Zusammenhang zum Fernsehprogramm haben („rundfunkbezogen") oder auch nicht („nicht rundfunkbezogen") (vgl. Godefroid 2015: 255.) In Bezug auf Social TV sind zwei Funktionen besonders hervorzuheben. Dies ist zum einen die Einbindung von sozialen Netzwerken wie Facebook oder Twitter, die von den Zuschauern auf dem Fernseher genutzt werden können und einen Austausch über Fernsehinhalte ermöglichen. Zum anderen dient der sogenannte „Red Button" zur Interaktion der Zuschauer mit Sendern oder Werbetreibenden. Der Red Button ist eine rote Taste auf der TV-Fernbedienung, über die der Zuschauer HbbTV-Anwendungen starten kann. Durch Einblendungen eines roten Punktes am unteren Bildschirmrand wird dem Zuschauer signalisiert, dass er durch Drücken der roten Taste Zusatzinhalte abrufen kann.

One-Screen-Devices bringen interaktives und soziales Potential mit sich und besitzen den für Social TV notwendigen Rückkanal. Dennoch wird ihr Nutzen als begrenzt angesehen (vgl. Hündgen/Argirakos 2013a: 46). Als Gründe werden beispielsweise unnötige Funktionen, zu komplizierte Bedienkon-

---

[69] Connected TV sollte nicht mit IPTV verwechselt werden. IPTV (Internet Protocol Television) ist der Empfang des Fernsehsignals über das Internet via Set-Top-Box. Beim Connected TV hingegen wird das Programm über einen herkömmlichen Empfangsweg übermittelt und die Internetanbindung ermöglicht zusätzliche HbbTV-Funktionen.

zepte sowie fehlende Mobilität genannt (vgl. Gutjahr 2013a: 84). Vor allem die schlechte Bedienbarkeit (Usability) wird vielfach als Mangel bezeichnet (z. B. Honan 2012; Mindshare 2012: 4; Buschow et al. 2013b: 28; Kurp 2013: 14). Die parallele Nutzung von Fernsehinhalten und sozialen Netzwerken auf dem Fernsehgerät erfordert meist ein hin- und herschalten, wobei entweder ein Teil der Sendung oder aber ein Teil der Kommentare verpasst wird. Alternativ kann zwar die Twitter-Timeline am Bildschirmrand angezeigt werden, doch dies führt meist zu Bildverzerrungen und kann auf Zuschauer störend wirken. Daher erscheint es naheliegend, dass Fernsehgeräte in Zukunft primär als Bildschirm dienen, die mittels Second-Screen-Device bedient werden (vgl. Gutjahr 2012; Banse 2013: 137).

Ein *Second Screen* an sich ist keine Hardware, der Begriff bündelt vielmehr verschiedene internetfähige Geräte, die während des Fernsehens genutzt werden und somit auch für Social TV relevant sind. Wie die Bezeichnung „Second Screen" schon andeutet, ist ein solches Device ein stationäres oder mobiles Endgerät, das als zweiter Bildschirm parallel zum ersten Bewegtbild-Bildschirm – meistens einem TV-Gerät – genutzt wird. Busemann und Gscheidle (2012: 388) beschreiben das Phänomen daher als „Internetnutzung, die auf einem zweiten Gerät parallel und oft ergänzend zum Fernsehen stattfindet".[70] In einigen Definitionen wird unter Second-Screen-Nutzung ausschließlich diejenige Internetnutzung auf einem zweiten Gerät während des Fernsehens verstanden, bei der eine inhaltliche Verbindung zum laufendem TV-Programm besteht (z. B. Anywab 2012: 5; Goldhammer/Wiegand/Birkel 2012: 16 f.; Fleury et al. 2012: 104; Gil de Zúñiga/Garcia-Perdomo/McGregor 2015: 795). Hierbei wird jedoch die Second-Screen-Nutzung nicht in ganzer Fülle beschrieben, da die parallele Nutzung nicht zwingend mit dem laufenden Programm verknüpft sein muss (vgl. Müller/Rott 2014: 28). So kann ein Second-Screen-User z. B. E-Mails abrufen, Einkaufen, Spielen, Chatten oder in Social Networks aktiv sein, ohne sich dabei auf das aktuelle Programm zu beziehen. Die Begriffe „Second Screen" und „Social TV" werden häufig synonym verwendet, obwohl es sich hierbei um zwei verschiedene Szenarien handelt, die sich überschneiden. Dementsprechend ist eine Abgrenzungen beider Phänomene unabdingbar (vgl. Busemann/Tippelt 2014: 408). Da die Second-Screen-Nutzung, wie zuvor erläutert, alle Tätigkeiten der Fernsehzuschauer auf einem zweiten

---

[70] Ähnliche Definitionen nehmen Doughty/Rowland/Lawson (2012: 80); van Eimeren/Frees (2012: 371); Busemann/Tippelt (2014: 408); Gleich (2014c: 111); Wegener (2014: 198) sowie Johnen/Stark (2015: 370) vor.

Gerät beinhaltet, ist Social TV vielmehr ein Teilaspekt der Second-Screen-Nutzung, der bewegtbildbezogen ist. Wegener (2014: 203) differenziert dementsprechend zwischen „Additional Screening", bei dem der User mit dem Programm interagiert, und „Non-additional Screening", „also einer Parallelnutzung, bei der die Inhalte der Screens zusammenhangslos sind und auch vom Nutzer in keinen expliziten Zusammenhang gestellt werden." Eine klare Trennung ist jedoch oftmals nicht möglich (vgl. Johnen/Stark 2015: 370).

Während in technischer Hinsicht zunächst überwiegend stationäre PCs oder Notebooks als Second Screens dienten, hat die steigende Verfügbarkeit von mobilen Endgeräten dazu geführt, dass diese verstärkt als Second-Screens eingesetzt werden (vgl. Chuang et al. 2013: 367; Busemann/Tippelt 2014: 408; Breunig/van Eimeren 2015: 517).[71] Die verschiedenen Second-Screen-Geräte bringen jeweils Vor- sowie Nachteile mit sich. Stationäre PCs sowie Notebooks sind mit ihrer Maus und Tastatur leicht zu bedienen, doch PCs können nur stationär verwendet werden. Tablets sind leicht in ihrer Handhabung und eignen sich gut zum Surfen im Internet, weshalb sie sich für die Nutzung vor dem Fernseher bestens eignen (vgl. Courtois/D'heer 2012). Vor allem die Einführung des Apple-iPad im Jahr 2010 bzw. des Apple-iPad Mini im Jahr 2012 hat die Verbreitung von Tablets und Second-Screen-Apps gestärkt (vgl. Warren 2013; Lee/Andrejevic 2014: 42; Wolf 2014a: 271). Das Smartphone hat sich zu multimedialen Alleskönnern entwickelt, die meisten Menschen haben es immer griffbereit, weshalb es sich auch für die spontane Social-TV-Nutzung besonders gut eignet. Als vorteilhaft erweist sich im Vergleich zu One-Screen-Devices neben der unkomplizierten Bedienbarkeit, dass andere Zuschauer durch die Nutzung nicht gestört werden. Second Screens wird daher das Potential zugesprochen, das Fernseherlebnis bereichern zu können (vgl. Cesar/Bulterman/Jansen 2008: 168).

Die Nutzung eines Second Screens kann dazu führen, dass die Aufmerksamkeit für den First Screen, also den Fernseher, sinkt (siehe Kap. 5.5). Diesbezüglich stellt sich die Frage, ob die Relevanz von Second Screens nicht sogar dazu führt, dass sie zum First Screen werden und das Fernsehgerät zum Second Screen degradieren. Hierauf gibt es bislang keine zufriedenstellende Antwort, da eine klare Grenzziehung zwischen First und Second

---

[71] Die Nutzung eines Second Screens ist kein gänzlich neues Phänomen (vgl. Basapur et al. 2012: 88; Fleury et al. 2012: 104; Armstrong 2014: 41). Bereits gegen Ende der 1990er-Jahre gab es erste Second Screen-Konzepte (vgl. Cesar/Bulterman/Jansen 2008: 170 f.).

Screen nicht möglich ist (vgl. Berkowitz 2012; Ankeny 2013; Buschow et al. 2015: 192). Die Studie namens „Catch Me If You Can" von Interactive Media und United Internet Media (2013: 28) kommt zu dem Ergebnis, dass es keinen fixen First Screen gibt: „Der First Screen ist jeweils der Screen, der gerade die Aufmerksamkeit der Konsumenten erfährt." Welches Gerät jeweils als First oder Second Screen zu bezeichnen ist, variiert und hängt von der jeweiligen Nutzungssituation ab. Um die Verwendung der Begriffe First und Second Screen zu umgehen, wird vereinzelt die Bezeichnung „Multi Screen" verwendet (z. B. Gudorf 2011: 36; Nagel/Fischer 2013: 19; Inter-One 2012; United Internet Media 2015: 17). Somit wird zwar das Szenario der parallelen Verwendung mehrerer Endgeräte beschrieben, es erfolgt jedoch keine Festlegung darauf, welches Gerät die primäre Aufmerksamkeit des Nutzers auf sich zieht. Zugleich wird hierbei nicht ausgeschlossen, dass mehr als zwei Geräte parallel verwendet werden, was durchaus vorkommen kann (vgl. Kurp 2013: 13). Diese Argumentation erscheint zwar sinnvoll, dennoch wird eine Unterscheidung zwischen First und Second Screen – vor allem wegen der Verständlichkeit – weiterhin überwiegend für sinnvoll erachtet (vgl. Buschow et al. 2015: 192). Dementsprechend werden in der vorliegenden Arbeit die Begriffe First und Second Screen beibehalten.

Zeitpunkt und Inhalt

Medienbezogene Interaktionen können sowohl vor und während als auch nach der Rezeption erfolgen (vgl. Levy/Windahl 1985: 113; Schweiger 2007: 340 ff.; Weber/Ziegele 2012: 250). In Bezug auf Social TV sind drei Situationen der gemeinschaftlichen Rezeption möglich: zeitgleiches (synchrones) Fernsehen an verschiedenen Orten, zeitversetztes (asynchrones) Fernsehen an verschiedenen Orten sowie zeitversetztes Fernsehen am selben Ort (vgl. Chorianopoulos/Lekakos 2008: 118; Chorianopoulos 2009: 248). Dementsprechend kann die Interaktion sowohl synchron (während der Rezeption bzw. Werbung) als auch asynchron (vor oder nach der Rezeption) erfolgen (vgl. Schatz et al. 2007: 265; Geerts/De Grooff 2009: 600; Shin 2013: 940; Goldhammer et al. 2015: 30; Keldenich 2015: 47).[72] Die verschiedenen zeitlichen Interaktionsphasen sind durch spezifische Kommunikationsinhalte geprägt. Bei der *Vorabkommunikation*, also der Phase vor der linearen Aus-

---

[72] In der vorhandenen Literatur werden unterschiedliche Bezeichnungen verwendet. So wird die Interaktion während der Sendung als „zeitgleich", „parallel", „synchron" oder „simultan" und die Interaktion vor und nach Sendungen als „zeitversetzt" oder „asynchron" bezeichnet.

strahlung, wird vor allem über mögliche Handlungen und die zu erwartende Qualität spekuliert. Sie gilt daher als bedeutender Treiber für die Selektion von Inhalten (vgl. Buschow/Schneider 2015c: 13). Parallel zur Sendung können sich die Zuschauer in Echtzeit austauschen (*Parallelkommunikation*). In dieser Phase ist der Austausch meist intensiver als vorher oder nachher (vgl. Anstead/O'Loughlin 2011: 440 f.; Quintas-Froufe/González-Neira 2014: 9; Possler et al. 2015: 289 f.; König/König 2016: 560 f.), sie wird deshalb auch als „Kern von Social TV" (Goldhammer et al. 2015: 34) bezeichnet. Die Kommunikation findet jedoch nicht konstant auf dem gleichen Level statt, Höhepunkte („Peaks") kommen etwa bei spannenden oder emotionalen Momenten einer Sendung zustande (vgl. Wiesinger/Pagel 2015: 453 f.). So werden beispielsweise bei einem Fußballspiel deutlich mehr Kommentare abgesetzt, sobald ein Tor fällt, und Kritik zum *Tatort* wird am häufigsten in der letzten Sendeminute gepostet (vgl. Burghardt et al. 2013: 8). Nach der Ausstrahlung einer Sendung folgt eine *Anschlusskommunikation* über Handlungsausgänge, die Qualität des Gesehenen sowie Spekulationen über zukünftige Handlungen. Sie dient also in erster Linie der Diskussion, Diffusion und Evaluation (vgl. Weber/Ziegele 2012: 251).[73]

In zeitlicher Hinsicht unterscheiden sich nicht nur die Möglichkeiten der Kommunikation, sondern auch der Partizipation (vgl. Kneidinger 2014: 233 f.). Vorab erfolgt die Einbindung des Publikums etwa durch Befragungen oder Beteiligung an Redaktionskonferenzen. In Bezug auf den synchronen Zeitpunkt differenziert Kneidinger (2014: 233) zwischen einer „direkten, aktiven Partizipation" einerseits und einer „teilhabenden, beobachtenden Partizipation" andererseits. Während bei der *aktiven Partizipation* etwa das Posten von Kommentaren oder Meinungen via Social Media, Chat oder SMS sowie die Teilnahme bei Call-In-Sendungen ins Gewicht fallen, ist bei der *passiven Partizipation* der Einfluss auf den Sendungsverlauf nur geringfügig oder gar nicht vorhanden. Der Nutzer nimmt dabei eine primär beobachtende Funktion ein, er liest z. B. Kommentare anderer Nutzer.

Das soziale Fernsehen kann prinzipiell mit jeglichen Bewegtbildangeboten kombiniert werden und umfasst somit neben dem linearen Fernsehen auch „Internet-Videos, IPTV, zeitversetztes Fernsehen auf Abruf [...], nutzer-

---

[73] Goldhammer et al. (2015: 33 f.) ergänzen die drei Phasen (vor, während und nach der TV-Ausstrahlung) um zwei weitere Zeitpunkte: vor und nach Format-/Staffelende. Hinsichtlich der zeitlichen Ebene kann zudem berücksichtigt werden, ob die Angebote der Sender temporär, termingebunden oder aber auf Dauer konzipiert sind (vgl. Klemm/Michel 2014: 5).

generierte Inhalte aus dem World Wide Web incl. Fotos, lokal gespeicherte Inhalte usw." (Schatter 2010: 74) Ein Beispiel ist „Netflix Party", hierbei wird das synchrone Streamen der auf Netflix verfügbaren Inhalte ermöglicht. So können Personen, die sich an verschiedenen Orten befinden, zeitgleich eine Serie starten und sich über ein integriertes Kommunikations-Tool austauschen. Ein anderes Beispiel ist die Applikation „Showgo", bei der die User ebenfalls Kommentare zu einer begrenzten Auswahl von Sendungen zeitversetzt verfolgen können. Mittels Audio-Synchronisation werden die Tweets anderer Zuschauer an zeitlich passender Stelle eingeblendet und somit wird die parallele Diskussion simuliert. Bedingt durch die steigende Nutzung nicht-linearer Angebote ist der Einbezug von Bewegtbildinhalten jeglicher Art sinnvoll: „Social TV gewinnt auch jenseits des linearen Fernsehens an Bedeutung: bei Video on Demand, Live-Streaming-Apps, Mediatheken und natürlich bei YouTube." (Schneider 2016)

Während das Publikum des klassischen Fernsehen in erster Linie im Anschluss einer Sendungen Feedback geben konnte, kann es nun zu jedem Zeitpunkt partizipieren (vgl. Kneidinger 2014: 232). Besonders betont wird die Relevanz der synchronen Rezeption: „Hier spielt ganz klar die Musik von Social TV." (Pelz 2013a; vgl. auch Schatter 2010: 74; Mukherjee/Jansen 2014: 323; Possler et al. 2014: 2). Ein virtuelles Gemeinschaftsgefühl kann bei zeitversetzter Social-TV-Nutzung schwerer zustande kommen, da die Kommentare anderer Zuschauer nachverfolgt werden müssen und man nicht live an der Diskussion teilhaben kann. Damit der dialogische Charakter der Netzkommunikation zu Geselligkeit führen kann, sollte Austausch daher synchron erfolgen (vgl. Döring 2003: 43; Ulrich/Knape 2015: 69).

Zugang

In vielen Social-TV-Begriffsbestimmungen bleibt der Zugang zur Interaktion ungeklärt. Dieser hängt generell von der verwendeten Plattform ab, die Kommunikation kann sowohl öffentlich, teilöffentlich (auch: halböffentlich) als auch geschlossen bzw. privat ablaufen. Die *(teil-)öffentliche* Kommunikation ist im Gegensatz zur Prä-Social-TV-Ära eine Besonderheit, da sich die Zuschauer zuvor lediglich per Post oder Telefon beteiligen konnten. Andere Zuschauer hatten zu diesen Reaktionen jedoch in der Regel keinen Zugang. Im Social-TV-Zeitalter hingegen kann jeder Nutzer öffentlich Position beziehen, Feedback geben und mit dem Sender bzw. anderen Usern kommunizieren. Die *öffentliche* Social-TV-Kommunikation findet über Plattformen statt, zu denen sich die Allgemeinheit Zugang verschaffen kann. So kann die

Kommunikation auf Twitter (mit Ausnahme der Direkt Message) uneingeschränkt von Internetusern verfolgt werden. Auf Facebook hingegen ist der
Austausch primär teilöffentlich, da er meist auf speziellen Fanseiten stattfindet oder die User bei den Privatsphäreneinstellungen angegeben haben,
dass lediglich vernetze Freunde die eigenen Inhalte sehen können. Zudem
erfordern viele soziale Netzwerke, Sender-Portale sowie Social-TV-Apps
eine Mitgliedschaft bzw. das Anlegen eines Benutzer-Accounts mit Passwort.
Geschlossen ist die Social-TV-Kommunikation, sofern es sich um einen privaten Chat eines Social Networks oder um einen Instant Messanger handelt.
Während sich Zuschauer mit anderen ihnen unbekannten Zuschauern in
erster Linie (teil-)öffentlich austauschen, findet die Kommunikation mit
Freunden primär privat statt (vgl. Wegener 2014: 208; Goldhammer et al.
2015: 119). Empirisch wurde vor allem die Relevanz der öffentlichen bzw.
teilöffentlichen Social-TV-Kommunikation nachgewiesen (vgl. Kap. 4.3).
Die geschlossene Kommunikation ist aufgrund ihrer Zugangshürden zwar
schwer zu ermitteln, sie sollte jedoch nicht unbeachtet bleiben (vgl. Womser
2013: 120; Buschow/Schneider 2015c: 15). Somit werden in der vorliegenden Arbeit alle drei Zugangsformen einbezogen.

Interaktionspartner

Die Kommunikation bei Social TV kann, wie bereits erwähnt, entweder
zwischen Sendervertretern bzw. Produzenten und Zuschauern oder aber
zwischen den privaten Rezipienten untereinander (innerhalb des persönlichen Netzwerks oder aber zwischen Fremden) vollzogen werden und hängt
vom Zugang zur Kommunikation ab (vgl. Arrojo 2015: 36). Einige Formate
bieten die Möglichkeit, mit einer bekannten Persönlichkeit (z. B. Politiker,
Produzent oder Regisseur) über das Thema einer Sendung zu chatten.
Ebenso beteiligen sich Akteure wie etwa Journalisten oder Politiker in Social
Networks an der Diskussion über Fernsehinhalte (vgl. Buschow/Schneider
2015c: 16). Die Kommunikationsteilnehmer können theoretisch quer über
den Globus verstreut sein: „Social TV ermöglicht auch die Verlagerung
klassischer Fernsehgespräche weg vom physischen Raum des Wohnzimmers
hin zu einem virtuellen Raum" (Kneidinger 2014: 233). Möglich ist auch
eine Interaktion zwischen Mensch und Maschine. Dies ist etwa der Fall,
wenn ein Nutzer an einem virtuellen Spiel teilnimmt, das in eine Fernsehsendung integriert ist oder an diese anknüpft.

Die Kommunikation zwischen Sender-Zuschauer oder Zuschauer-
Zuschauer kann sowohl direkt als auch indirekt stattfinden (vgl. Chorianop-

oulos/Lekakos 2008: 116). Während die Teilnehmer bei der *indirekten* Kommunikation keinen unmittelbaren Kontakt zueinander haben, wie es etwa bei einem Quiz der Fall ist, kommunizieren sie bei der direkten Kommunikation miteinander. Die *direkte* Kommunikation kann sowohl verbal als auch nonverbal über Text-, Audio- oder Videochat erfolgen. Sie kann einerseits von einem TV-Sender intendiert sein, beispielsweise dann, wenn die Zuschauer aufgefordert werden, sich online zu beteiligen und ihre Meinung zu einem bestimmten Thema preiszugeben. Die Kommunikation findet andererseits auch spontan und ohne Senderbeteiligung statt. „Ohne jegliche Organisation oder Moderation entstehen so Themenöffentlichkeiten unter Unbekannten" (Strippel 2013: 194).

Nutzungspraktiken

Welche Aktivitäten einer Social-TV-Anwendung beigemessen werden, hängt davon ab, ob das Phänomen eng oder breit definiert wird. Während ein enges Begriffsverständnis lediglich den programmbezogenen Austausch berücksichtigt, schließt eine weitere Betrachtung zusätzliche Praktiken mit ein (vgl. Kap. 4.1.2). Nach Cesar und Geerts (2011a: 348, 2011b: 2) sind die vier Hauptbestanteile von Social-TV-Angeboten (1) die Selektion bzw. das Teilen von Bewegtbildinhalten, (2) die Kommunikation über diese Inhalte, (3) die dadurch entstehende virtuelle Gemeinschaftsbildung sowie (4) die Möglichkeit andere Zuschauer per Status-Update wissen zu lassen, was man gerade anschaut. Auch Gugel (2012a) betont die Möglichkeiten der Selektion und Personalisierung von Programminhalten, die Interaktion der Zuschauer mit und über diese Inhalte. Zugleich spricht er von einer „Virtualisierung des sozialen Kontextes", womit die Verlagerung der sozialen Interaktion ins Internet gemeint ist. Als vierte Komponente fügt Gugel die Identifizierbarkeit der Nutzer hinzu, welche zu einer verstärkten Zuschauerbindung führen könne. Strippel (2013: 194) konstatiert, dass sich Social TV besonders durch die Selektion von Fernsehinhalten nach sozialen Kriterien, Themenöffentlichkeiten, die sich um diese Inhalte herum bilden, die aktive Teilnahme der Nutzer an diesen sowie direkte Feedbackmöglichkeiten mittels dem vorhandenen Rückkanal auszeichne. Es sind zahlreiche weiterer Auflistungen von Praktiken zu finden, die dem Phänomen Social TV zugeordnet werden (z. B. Mantzari/Lekakos/Vrechopoulos 2008: 82; Shade/Kornfield/Oliver 2015: 331 f.; Strippel 2017: 119 ff.). Als zentrale Bestandteile, die in unterschiedlicher Weise kombiniert werden können, sind Folgende zu nennen:

- *Diskussion:* Die Möglichkeit, sich an Diskussionen zu Sendungen zu beteiligen oder diese passiv zu verfolgen.

- *Bewertung und Interaktion:* Die Möglichkeit, Fernsehinhalte zu bewerten (z. B. 5-Sterne-Skala, Daumen hoch oder runter), für Kandidaten abzustimmen (z. B. Castingshow) oder an einer Umfrage teilzunehmen. Ebenso können eigens generierte Inhalte (z. B. Fotos) von den Zuschauern eingereicht werden, die in eine Sendung einfließen.

- *Einchecken:* Einchecken in Sendungen, die man gerade anschaut. Voraussetzung hierfür ist meist eine Registrierung.

- *Personalisierte Empfehlung:* Der Nutzer bekommt einen auf Basis des eigenen Nutzungsverhaltens erstellten Überblick zum laufenden TV-Programm oder er kann sehen, was Freude gerade anschauen.

- *Zusatzinformation:* Bereitstellung zusätzlicher Hintergrundinformationen oder Links zum laufenden Fernsehprogramm.

- *Gamification[74]:* Spielerische Interaktion zu einem Fernsehformat wie Gewinnspiele, das Sammeln von Belohnungen (z. B. Punkte, die gegen Prämien eingetauscht werden können) sowie weiterführende Online-Spiele (z. B. *Wer rettet Dina Foxx?* oder *Tatort+*).

- *Shopping:* Zum Fernsehinhalt passende Produkte (z. B. Outfit eines Schauspielers) können per Weiterleitung zum Shop gekauft werden.

Die Inhalte von Social-TV-Angeboten hängen primär von den Anbietern und deren Intentionen ab. Daher müssen diese genauer zu betrachten.

4.2   Akteure auf dem Social-TV-Markt und deren Angebote

Im Social-TV-Umfeld bewegen sich viele verschiedene Akteure, das Ökosystem verändert sich stetig. Social TV basiert meist auf der Kombination von Angeboten mehrerer Akteure. So bedarf es eines Inhaltes sowie einer Plattform. Es existieren bisher mehrere Gruppierungsansätze der vorhandenen Anbieter (z. B. Menzl 2012; Buschow/Schneider 2012a: 30, 2013b: 7; Gugel 2013a; Sigler 2013b: 13 f.; Kerkau 2014: 13; Goldhammer et al. 2015: 69 ff.).

---

[74] „Gamification" (auch: Gaming) bezeichnet den Gebrauch spielerischer Elemente in einem spielfremden Kontext (vgl. Deterding et al. 2011). Ein Spiel zu einer Sendung kann den Erlebnisfaktor und die Zuschauerbindung erhöhen (vgl. Almeida et al. 2012; Yanik 2013: 92).

Diese Kategorisierungen sind zwar nicht kongruent, es tauchen jedoch immer wieder folgende Akteure auf: Fernsehsender, Verlage, Hardware- bzw. Softwarehersteller, Drittanbieter von spezifischen Social-TV-Angeboten, Social-Media-Plattformen, Analyseunternehmen sowie die Werbebranche. Gruppiert man diese Akteure nach der Art ihres Angebots, so ergibt sich eine übergeordnete Struktur von drei Bereichen: Inhalte-Anbieter, Infrastruktur-Anbieter und Vermarkter. Die *Inhalte-Anbieter* sind unabdingbar für Social TV, ohne Content könnte auch kein Austausch über diese Inhalte stattfinden. Die Interaktion über diesen Content erfolgt primär auf Plattformen, die nicht vom Inhaltslieferanten selbst stammen, sondern von *Infrastruktur-Anbietern*, wie beispielsweise Social-Media-Plattformen oder spezielle Social-TV-Apps. Die Social-TV-Nutzung auf diesen Plattformen kann wiederum von *Vermarktern* analysiert werden. Ebenso bieten sich neue Möglichkeiten zur Platzierung von Werbung. Diese drei Bereiche können sich vermischen. So kommt es etwa vor, dass Inhalte-Anbieter eigene Plattformen entwickeln.

Bei einer Expertenbefragung des IJK Hannover wurden im Jahr 2012 die Technologiebranche als Treiber von innovativen Social-TV-Konzepten und die Fernsehsender als Bremser der Entwicklung beschrieben (vgl. Buschow/Schneider 2013a: 2). In einer erneuten Befragung im Jahr 2014 hingegen betonten die Interviewten, dass sich die TV-Sender vom Blockierer zum Entwickler gewandelt hätten und keine Branche mehr der Entwicklung im Weg stehe (vgl. Buschow et al. 2015: 194). Hardwarehersteller, Softwareentwickler sowie Verlage nehmen bisher eine marginale Rolle auf dem deutschen Social-TV-Markt ein. Gerätehersteller können etwa Fernseher mit erweiterten Funktionen zur Nutzerinteraktion ausstatten oder Apps auf mobilen Endgeräten integrieren und durch diesen Mehrwert der Geräte den Absatz ankurbeln, während Softwarehersteller ihre Systeme wiederum an die Gerätehersteller verkaufen können (vgl. Goldhammer et al. 2015: 95). Verlage können eigenen Social-TV-Content produzieren, einige Unternehmen haben bereits Fernsehprogramm-Apps mit eingebundenen Social-Funktionen (z. B. TV Spielfilm-App) auf dem Markt etabliert (vgl. Barth/Aßmann 2013; Goldhammer et al. 2015: 73). Auf diese Anbieter wird im Folgenden nicht gesondert eingegangen, der Fokus liegt auf den relevanten Hauptakteuren.

4.2.1   Fernsehsender

Die Fernsehsender liefern mit ihren Inhalten den kommunikativen Impuls für die Nutzung des sozialen Fernsehens. Ihnen wird dementsprechend der größte Einfluss auf das soziale TV-Erlebnis beigemessen: „Im Sinne der Agenda-Setting-Theorie bestimmten die TV-Sender damit die Themen, über die im Rahmen von Social TV diskutiert wird." (ebd.: 69 f.) Neben ihrer Funktion als Content-Lieferant stellen TV-Sender den Zuschauern Social-TV-Angebote auf eigenen oder externen Plattformen zur Verfügung, die Art und Intensität des Social-TV-Angebots variiert dabei. Social TV wird in diesem Fall explizit von den Programmmachern intendiert. Nachfolgend wird auf verschiedene Formen der Social-TV-Angebote auf diversen Plattformen eingegangen und die Eignung einzelner Formate thematisiert. Zudem werden die Potentiale und Risiken für TV-Sender diskutiert.

Gestaltung der Social-TV-Angebote

Die Gestaltung des Social-TV-Angebots eines Fernsehsenders ist von mehreren Faktoren abhängig, die insbesondere aus den in Kapitel 4.1.3 präsentierten Systematisierungskriterien resultieren. So ist etwa von Relevanz, auf welchen Plattformen und zu welchen Zeitpunkten das Angebot stattfindet, ob es sich auf lineare oder non-lineare Bewegtbildinhalte bezieht und um welches Format bzw. Zielgruppe des Formats es sich handelt. Die Bestandteile des Social-TV-Angebots können sowohl aktive als auch passive Social-TV-User bedienen und reichen von der Einbettung von Zuschauerkommentaren bis hin zur aktiven Teilhabe der Zuschauer an der Sendungsgestaltung (siehe Kap. 5.3). Sendereigene Social-TV-Apps[75] werden zwar in erster Linie von Privatsendern, insbesondere von ProSiebenSat.1 und der RTL-Gruppe, eingesetzt (vgl. Stelzig 2013: 50 ff.; Wolf/Buschow/Schneider 2015: 35), mittlerweile existieren jedoch auch einige Angebote von öffentlich-rechtlichen TV-Sendern. Dabei kann es sich entweder um eine senderbezogene oder aber eine formatbezogene App handeln (vgl. Proulx/Shepatin 2012: 89; Goldhammer et al. 2015: 78 f.). *Formatbezogene* Social-TV-Apps, zum Beispiel Apps der Sendungen *Aktuelle Stunde* (WDR), *Köln 50667* und *Berlin – Tag und Nacht* (RTL II), *Lindenstraße* sowie *Quizduell* (ARD), fokussieren sich inhaltlich auf ein spezielles TV-Format, wodurch der Zuschauer

---

[75] Mit sendereigenen Applikationen sind in diesem Fall Second-Screen-Angebote der TV-Sender gemeint. Prinzipiell können auch Applikationen für Smart TVs angeboten werden. Diese werden jedoch aufgrund ihrer marginalen Existenz an dieser Stelle vernachlässigt.

bestmöglich in die Sendung einbezogen werden kann. Der spezielle Bezug von formatbezogenen Apps bringt jedoch einen begrenzten Nutzen- und Informationsgehalt für den Zuschauer mit sich. *Senderbezogene* Apps, zum Beispiel 7TV, RTL Inside, VOX Inside und die ZDF-App, sind zwar auf sendereigene Formate beschränkt, sie bündeln jedoch mehrere Sendungen. Da sich die Zuschauer stärker mit speziellen Formaten als mit Sendern identifizieren, kann allerdings die Hemmschwelle zum Download einer senderspezifischen App größer sein (vgl. Proulx/Shepatin 2012: 89).[76]

Eigene Interfaces haben den Vorzug, dass sich auch Zuschauer an der Interaktion beteiligen können, die nicht bei Social Networks registriert sind. Allerdings ist hierzu in einigen Fällen wiederum eine Registrierung auf der Senderplattform notwendig, was viele Nutzer als zu umständlich empfinden (vgl. van Eimeren/Frees 2014: 382). Die Applikationen der TV-Sender haben den Vorteil, dass sie auf eine vorhandene Zuschauerbasis zurückgreifen können, sie bereits eine Markenbekanntheit haben und die Angebote über bereits existierende Plattformen leichter beworben werden können (vgl. Buschow/Schneider/Ueberheide 2014a: 5). Das Angebot muss jedoch kontinuierlich an die sich ändernden Marktgegebenheiten angepasst und den Nutzerbedürfnissen entsprechend gestaltet werden. Betont wird immer wieder, dass die Bedienbarkeit des Angebots einen entscheidenden Faktor zur Akzeptanz der Nutzung darstelle (vgl. Bernhaupt/Obrist/Tscheligi 2009: 119; Figuerola Salas/Kalva 2013: 2; Shin 2013: 941).

Sowohl in Bezug auf die eigenen Social-TV-Apps als auch auf sonstige Angebote der TV-Sender auf externen Plattformen zeigen sich Unterschiede zwischen öffentlich-rechtlichen und privaten Fernsehsendern (vgl. Cuntz-Leng/Einwächter/Stollfuß 2015: 452). So bieten die Privatsender nicht nur häufiger eigene Social-TV-Apps an, sondern in der Regel auch mehr Interaktionsoptionen (vgl. Wolf/Buschow/Schneider 2015: 38 f.). Die Social-TV-Aktivitäten der öffentlich-rechtlichen Sender können mit den Rundfunkgebühren gestemmt werden, während sich Privatsender primär durch Werbung bzw. Bezahlsender durch den Verkauf von Abonnements finanzieren.

---

[76] Aus technischer Perspektive kann zwischen Native-Apps, mobilen Webapplikationen sowie Hybrid-Apps differenziert werden (vgl. Godefroid 2015: 256 f.). Bisherige Social-TV-Angebote der TV-Sender basieren überwiegend auf Native-Apps. Ein als offene Webapplikation gestaltetes Konzept ist beispielsweise die ARD-Plattform „social.ard.de". Dieses Angebot ähnelt einem Liveblog und wird mittels des Tools „ScribbleLive" erstellt, das auf der Website integriert ist. Mittels ScribbleLive können Kommentare der Zuschauer ausgewählt und als Timeline oder Bilderwand präsentiert werden (vgl. Primbs 2015: 138).

Die vielen verschiedenen Vorgehensweisen bei der Konzeption und Anwendung von Social-TV-Angeboten verdeutlichen die Experimentierphase,
in der sich die TV-Sender befinden. Die Social-TV-Landschaft ist von viel-
fältigen Versuchen gekennzeichnet, Fernsehen und Internet zu verknüpfen,
von denen nicht viele erfolgreich sind (vgl. Voß 2013: 34). Basierend auf
Erfahrungen mit bisherigen Angeboten sowie angenommenen Nutzerbedürfnissen gibt es mehrere Empfehlungen zur Vorgehensweise bei der Konzeption von Social-TV-Angeboten. Büttner und Voß (2013: 37) nennen
Verlängern, Vernetzen und Intensivieren als zentrale Prinzipien bei der Erarbeitung von Social-TV-Lösungen: „Wir verlängern den Markenkern eines
Formats ins Web, vernetzen das Format mit seinen Zuschauern zu einer
Community und intensivieren das Entertainmenterlebnis". Womser leitet
aus ihrem erarbeiteten Social-TV-Nutzungsmodell eine ausreichend große
Community, eine aktive redaktionelle Betreuung auf den relevanten Platt-
formen, geeignete TV-Formate sowie direkte Beteiligungsaufforderungen an
die Zuschauer als Erfolgsindikatoren ab (vgl. Womser 2013: 126). Der Niel-
sen-Studie „Screen Wars" zufolge sind drei Strategien für einen Second-
Screen-Erfolg relevant (vgl. Nielsen 2015b: 8): (1) *Sei sozial:* Durch Social-
Media-Aktivitäten können die Aufmerksamkeit der Zuschauer und deren
Wunsch zur Teilhabe gesteigert werden. (2) *Sei (inter-)aktiv:* Durch interaktive
Elemente kann der Zuschauer in das Programm einbezogen werden, was
wiederum die Verweildauer erhöhen kann. (3) *Sei verfügbar:* Inhalte sollten
auf allen Plattformen verfügbar sein, die Zuschauer nutzen.

Speziell für die Plattform Twitter nennt MediaCom sechs Faktoren, „die
einen signifikanten Einfluss auf die durchschnittliche, prognostizierte Zahl
der Unique Authors zu einer Sendung auf Twitter haben" (Franzen et al.
2015: 51). Hierzu zählen zunächst drei quantitative Einflussgrößen: die Sendezeit, die Sehbeteiligung sowie die Sehdauer (vgl. ebd.: 56 ff.). Hinzu kommen drei qualitative Einflussgrößen: die Anzahl der Interaktionselemente
(z. B. Voting oder Online-Chat), das Vorhandensein eines offiziellen Twitter-
Accounts eines Formats sowie der Grad der Narration einer Sendung, da
narratives Storytelling hohe Aufmerksamkeit der Zuschauer verlangt und
seltener zum Twittern verleitet. Die Erläuterung bisher ermittelter Erfolgsfaktoren zeigt, dass diese vielfältig sind und nicht generalisiert werden können. Es wird darauf hingewiesen, dass die Nutzung von Social TV in Zusammenhang mit den Formaten stehe. Deshalb sollten potentielle Social-
TV-Angebote bereits bei der Konzeption neuer Sendungen bedacht werden
(vgl. Wolf/Buschow/Schneider 2015: 39).

Formate für das soziale Fernsehen

In der wissenschaftlichen Forschung werden Genre- und Formatbezeichnungen häufig vermischt (vgl. Rössler 2011: 22; Ulrich/Knape 2015: 114). Während der Begriff „Genre" sich primär auf fiktionale Fernsehangebote bezieht, wird zur Bezeichnung von Gattungen über alle Programmbereiche hin weg meist der Begriff „Format" verwendet (vgl. Renner 2012: 88). Er berücksichtigt nicht nur inhaltliche Eigenschaften einer Sendung, sondern erfasst zugleich charakteristische Strukturelemente (vgl. Bleicher 1997: 21). Dementsprechend wird in der vorliegenden Untersuchung unter Fernsehformat „ein in seinem Inhalt, seiner Binnenstruktur und seiner Präsentation auf ein klar definiertes Zuschauersegment und einen in die Sendestruktur eingebetteten Programmplatz abgestimmtes mehrteiliges Sendekonzept" (Meckel 1997: 478) gefasst.

Für die gemeinschaftliche Fernsehrezeption unter physischer Präsenz der Beteiligten wurden Sportformate, Unterhaltungsshows sowie serielle Formate als besonders geeignet identifiziert (vgl. Mikos 1994: 102; Barkhuus 2009: 2485; IP Deutschland/TNS Emnid 2011b: 6; Kessler/Kupferschmitt 2012: 630; Kloppenburg et al. 2016: 381). Als Beispiele werden Fußballspiele oder *Wetten, dass..?* genannt, der *Tatort* gilt als beliebteste fiktionale Sendung des gemeinschaftlichen Fernsehens (vgl. Gscheidle/Mohr/Niederauer-Kopf 2011: 202). Bezüglich der elektronisch vermittelten gemeinschaftlichen Rezeption wurde mehrfach festgestellt, dass die einzelnen Formate einen Einfluss auf die Intensität und den Inhalt der Kommunikation haben können (vgl. Schatz et al. 2008: 1; Buschow/Schneider 2012b: 26 f.). Hinsichtlich der Frage, welche TV-Formate sich besser oder schlechter für Social TV eignen, gibt es jedoch bislang stark divergierende Befunde, was auf mehrere Gründe zurückzuführen ist. Einerseits stammen die Studien nicht alle aus Deutschland, Differenzen zwischen den Ländern sind denkbar. Bei einem Vergleich der Reihenfolge der relevanten Formate von Deutschland mit der EU gesamt zeigen sich jedoch keine gravierenden Unterschiede (vgl. BVDW/IAB Europe 2013: 12). Andererseits beziehen sich nicht alle Erkenntnisse auf die bewegtbildbezogene Second-Screen-Nutzung, und falls doch, gehen sie teilweise von divergierenden Social-TV-Definitionen aus. Eine Vergleichbarkeit wird zudem durch unterschiedlich abgefragte Formate erschwert, da keine einheitliche Formatskala existiert. Dennoch lassen sich Gemeinsamkeiten und zentrale Tendenzen aus den vorhandenen Studien ausfindig machen (siehe Tab. 10).

Tab. 10: Für Social TV geeignete TV-Formate laut bisheriger Studien

Formate	Quelle
Sport, Quiz, Werbung	Baillie/Fröhlich/Schatz (2007)
Sport	Harboe et al. (2007)
Animation, Sport, Doku, Action, Reality-TV	Ducheneaut et al. (2008)
synchron: Nachrichten/Info, Soap, Quiz, Sport *asynchron:* Film, Nachrichten/Info, Doku, Musik	Geerts/Cesar/Bulterman (2008); Geerts/De Grooff (2009)
Reality-TV, Sport	IP Deutschland/TNS Emnid (2011)
geeignet: Sport, Reality-TV, Info, Debatten, Events *nicht geeignet:* Film, Serie	Ericsson ConsumerLab (2011)
Top 5: Unterhaltung, Nachrichten, Doku, Sport, Musik	BVDW/IAB Europe (2013)
synchron: Sport, Reality-TV, Soap, Comedy *asynchron:* Film, Doku, Nachrichten/Info, Musik	Figuerola Salas/Kalva (2013)
Top 5: Serie, Castingshow, Unterhaltung, Sport, Politische Talkshow	Buschow et al. (2013a); Buschow/Schneider (2013b)
relevante Faktoren: Aktualität und emotionale Ansprache, z. B. Castingshow, Sport, Live-Event	Buschow/Schneider (2012a, 2015c); Buschow/Schneider/Ueberheide (2014a); Buschow et al. (2013b); Wiens/Buschow/Schneider (2015)
Live-Event, Spieleshow, Castingshow, Reality	Buschow/Schneider (2012a, 2012b); Buschow/Schneider/Ueberheide (2015)
Quiz, Musik, Politik, Soap, Kochshow	IP Deutschland (2013)
Quiz, Castingshow, Serie	Müller/Rott (2014)
Sondersendungen, Fiktion, Sport, Film, Reality	Rao (2014)
Live-Events, Unterhaltung, Castingshow, Sport, Serie	Goldhammer et al. (2015)
Comedy, Drama, Animation, Doku, Action- und Abenteuer	Holanda et al. (2015)
emotionale und spannende Formate	Wiesinger/Pagel (2015)
Formate, die wenig Aufmerksamkeit einfordern bzw. die Pausen zulassen	Womser (2013); Franzen et al. (2015); Köhn/Lindermayer (2015); Wolk (2015)
Social-TV-Buzz Jahresauswertung 2015 – Top 5: Tatort, Tagesschau, Dschungelcamp, ESC, Topmodel	MediaCom (2016)

Quelle: Eigene Darstellung.

Erste Studienergebnisse zu geeigneten Social-TV-Formaten beziehen sich auf die Nutzung von speziell entwickelten Social-TV-Prototypen. So wurden etwa für das Konzept „AmigoTV" Sportevents, Quiz-Shows und Werbeunterbrechungen als besonders relevante Formate ermittelt (vgl. Baillie/ Fröhlich/Schatz 2007: 217 f.). Harboe et al. (2007: 123) bekräftigen, dass Sportformate die Nutzung der interaktiven Social-TV-Systeme fördern. Ducheneaut et al. (2008: 140) ergänzen, dass neben Sportsendungen auch Animations-, Dokumentations , Aktion- sowie Abenteuerformate bei der Nutzung von Social-TV-Audiosysteme gemeinschaftsfördernd wirken (ähnlich auch Holanda et al. 2015: 188). Geerts et al. (2008: 77 ff.), die sich ebenfalls auf interaktive Social-TV-Systeme beziehen, differenzieren hinsichtlich der Nutzungszeitpunkte (vgl. auch Geerts/De Grooff 2009: 603). So seien für die Interaktion parallel zur Ausstrahlung Seifenopern, Quizshows sowie Sportformate prädestiniert, während für die asynchrone Nutzung Filme, Dokumentationen und Musikformate besser geeignet seien. Newssendungen hingegen würden in beiden Phasen zum Austausch anregen.

Hinsichtlich der Social-TV-Nutzung mittels Second Screen werden ebenfalls Sportsendungen, Unterhaltungsformate sowie Reality-TV als Treiber von Diskussionen während der Ausstrahlung bezeichnet (vgl. IP Deutschland/TNS Emnid 2011a: 13; BVDW/IAB Europe 2013: 12; Rao 2014: 19). Ericsson ConsumerLab (2011: 58) ergänzt Informationsmagazine bzw. Debatten sowie Live-Events. Bei der Rezeption von Filmen und Serien hingegen würde seltener Second Screens mit Programmbezug genutzt werden. Diese würden primär asynchron diskutiert werden, da ihr Storytelling meist die volle Aufmerksamkeit der Zuschauer einfordere. Dementsprechend betonten weitere Autoren, dass für die synchrone Social-TV-Nutzung Formte, bei denen der Zuschauer nicht permanent aufmerksam sein muss und auch nach kurzen Pausen bzw. Fokussierung auf den Second Screen wieder in die TV-Handlung einsteigen kann, besonders geeignet seien (vgl. Franzen et al. 2015: 63; Köhn/Lindermayer 2015: 16; Wolk 2015: 44 f.). Als Besonderheit werden hierbei Formate angesehen, denen eine große Fangemeinschaft angehört, wie etwa die Krimiserie *Tatort*. Aufgrund des Austauschs dieser Fan-Communities kann bei Serien ein starker Social-TV-Buzz entstehen (vgl. Burghardt et al. 2013: 7; Womser 2013: 108). Quiz- und Castingshows können dazu führen, dass die Social-TV-User über die Kandidaten diskutieren oder sich an der Antwortsuche bzw. an Votings beteiligen (vgl. IP Deutschland 2013b; Müller/Rott 2014: 30).

Die Frage nach den für Social TV besonders geeigneten Formaten war auch Bestandteil der Studien des IJK Hannover. Im Rahmen einer Online-Nutzerbefragung (409 Social-TV-Nutzer) wurde ermittelt, dass die Social-TV-User sich am häufigsten zu Serien, Casting- sowie Unterhaltungsshows austauschen, gefolgt von Sportformaten und politischen Talkshows. Das geringste Interaktionsniveau wird für Quizshows sowie Werbespots attestiert (vgl. Buschow et al. 2013a: 54 f.; Buschow/Schneider 2013b: 15). Im Vergleich der vorhergehend genannten Studien stehen hierbei Serien weit vorne, während Reality-TV im Mittelfeld rangiert. Die IJK-Forscher betonen, dass die jeweiligen TV-Formate mit den für Social TV genutzten Plattformen zusammenhängen würden. Demzufolge sei beispielsweise Twitter für nahezu jedes Sendungsformat geeignet („Genre-Allrounder"), abgesehen von Filmen, Serien und Nachrichten. Diese würden wiederum bei der Facebook-Nutzung im Vordergrund stehen. Der Zusammenhang zwischen Format und Plattform sei primär auf strukturelle oder inhaltliche Faktoren zurückzuführen, „da etwa eine bestimmte Fan-Community nur bei Facebook angetroffen werden kann, oder weil ein Austausch möglichst schnell in wenig Zeichen erfolgen soll." (Buschow et al. 2013a: 54) Eine quantitative Inhaltsanalyse von rund 30.000 Tweets zu sieben TV-Formaten zeigt, dass vor allem Live-Events zu Social TV animieren (vgl. Buschow/Schneider 2012a: 48 ff., Buschow/Schneider/Ueberheide 2015: 143 ff.).

Neben Unterschieden bei der Interaktionsintensität zu den einzelnen Formaten variieren zudem die Formen und Inhalte der Kommunikation bei den Sendungen. Eine IJK-Befragung von 34 Experten konnte diese Befunde stützen und führte zur zentralen Erkenntnis, dass vor allem die zeitliche Aktualität (z. B. Nachrichten- und Politikformate) sowie eine emotionale Ansprache (z. B. das Mitfiebern bei Sportevents) zu einem regen Austausch der Zuschauer führen (vgl. Buschow/Schneider 2012a: 26 f., 2012b: 17 f., 2015c: 21; Buschow et al. 2013b: 28). In einer Delphi-Befragung von 51 Experten wurden diese Einschätzungen bestätigt und erneut Aktualität sowie Emotionalität als maßgebliche Social-TV-Treiber identifiziert (vgl. Buschow/Schneider/Ueberheide 2014a: 4; Buschow et al. 2015: 190 f.). Die besondere Wirkung von emotionalem Inhalt, der etwa zu Freude, Wut oder Überraschung führt, wird auch von Wiesinger und Pagel (2015) bekräftigt. Sie weisen darauf hin, „dass besonders emotionale und spannende Inhalte mit Wende- und Höhepunkten aktivierend auf den Rezipienten wirken und infolgedessen zu virtuellem Diskurs anregen können." (ebd.: 453 f.) Es muss berücksichtigt werden, dass sich die genannten Studien bei ihrer Untersuchung auf den synchronen Austausch fokussieren.

Die Studie von Goldmedia, bei der diverse Nutzungspraktiken sowie Zeitpunkte berücksichtigt werden, kommt jedoch zu ähnlichen Befunden und bezeichnet TV-Events, Unterhaltungs- bzw. Castingshows sowie Sportevents aufgrund ihres Live-Charakters und emotionalen Involvements als besonders geeignet (vgl. Goldhammer et al. 2015: 215). Die Relevanz emotionaler Inhalte bestätigt auch eine neurowissenschaftliche Studie von Nielsen (2015a), bei der während der Rezeption von Sendungen die physiologischen Maße von über 300 Probanden erhoben wurden. Hierbei zeigt sich, dass die Aktivität der Social-TV-User zunimmt, wenn diese mit dem gesehenen Content emotional oder kognitiv beschäftigt sind (vgl. ebd.: 10). Ebenso können aktuelle Ereignisse die Relevanz der Formate beeinflussen, etwa wenn gesellschaftlich kontroverse Themen zur Steigerung der Interaktionen führen. So landete etwa die *Tagesschau* im Jahr 2015 mehrmals auf dem ersten Platz des Social-TV-Buzz von MediaCom (2016b). Im Jahr 2016 landet die *Tagesschau* sogar auf Platz 1 der Jahrescharts (vgl. Franzen 2017).

In besonderer Weise wird das Potential von Live-Formaten betont. Bei Live-Formaten „schwingen zusätzlich zur Hauptbedeutung – *zeitliche Berichterstattung* – weitere Konnotationen mit: Aktualität, Dabei-Sein, Wichtigkeit, Bedeutsamkeit des übertragenen Ereignisses, Wirklichkeitsnähe, Spontanität." (Mikos 1994: 181, H.i.O.) Der Live-Charakter wird in Zeiten der zunehmenden nicht-linearen Bewegtbildnutzung als eine entscheidende Stärke des linearen Fernsehen angesehen (vgl. Lee/Andrejevic 2014: 40; Buschow et al. 2015: 190). Sendungen, die live ausgestrahlt werden (z. B. Sportereignisse oder TV-Events), werden nach wie vor primär während der Ausstrahlung rezipiert (vgl. Research and Markets 2010; Deller 2011: 222 ff.; Harrington/Highfield/Bruns 2013: 407; Harrington 2014: 241).

Potentiale und Risiken

Für Fernsehsender ist Social TV sowohl mit Potentialen als auch Risiken verbunden. Obwohl in der Literatur zahlreiche Vorteile von Social TV angepriesen werden (z. B. Benninghoff 2012: 187; Gormász 2012: 50 ff.; Schickler 2012: 5; Schneider/Buschow 2012: 42; Womser 2013: 112 f.; Cuman et al. 2014; Arrojo 2015: 40), können einige zentrale *Potentiale* herauskristallisiert werden. So kann durch das Liefern von programmbezogenen Erweiterungen sowie die Bereitstellung von direkten Austauschmöglichkeiten die Zuschauerbindung nachhaltig gestärkt werden. Die Begleitangebote sorgen schließlich dafür, dass sich die Zuschauer intensiver mit dem Programm auseinandersetzen und darüber diskutieren. Bei den Social-TV-

Usern kann sich dabei das Gefühl einstellen, Teil einer Sender- bzw. Sendungsgemeinschaft zu sein.[77] Ebenso können Fans von Sendungen noch stärker an ein Format herangeführt werden (vgl. Nielsen 2014). So ergab eine Studie von SevenOne Media (2012a: 22), dass die Nutzer der *The Voice*-App zugleich treue Fans des Formats sind. Dadurch verringert sich zugleich die Wahrscheinlichkeit, dass die Zuschauer umschalten und zur Konkurrenz wechseln (vgl. Pellikan 2011: 81; Interrogare 2013; InterOne 2012: 15).

Das programmbegleitende Angebote kann sich positiv auf die Außendarstellung der Fernsehsender auswirken (vgl. Bujotzek 2015: 366). Neben der Bindung bestehender Stammzuschauer können ebenso neue Zuschauer hinzugewonnen werden (vgl. Summa 2011: 26; Sutter 2013; Viacom 2013: 7; Wick 2013: 21; Nagy/Midha 2014: 452; Goldhammer et al. 2015: 91 f.). Die Diskussionen der Social-TV-User auf den verschiedensten Plattformen kann als Mund-zu-Mund-Propaganda betrachtet werden, die einer Sendung zu größerer Bekanntheit verhelfen kann: „Machen sich begeisterte Zuschauer im Netz zu Botschaftern ihrer Lieblingssendung, so betreiben sie damit zugleich Empfehlungsmarketing für Sender und Programm." (Gormász 2012: 55; vgl. auch Voß 2013: 36; Fossen/Schweidel 2016) Ob die Social-TV-Nutzung zur Erhöhung der Einschaltquote führt, ist nicht eindeutig geklärt (vgl. Walker/Muchnik 2013). Es gibt jedoch erste Hinweise darauf: So berichtet eine Studie von Nielsen, dass ein Zusammenhang zwischen der Anzahl von Tweets zu einer Sendung und deren Reichweite bestehe. Bei 29 Prozent von 221 analysierten TV-Formaten nahm mit zunehmender Twitter-Aktivität der Zuschauer ebenfalls die TV-Quote signifikant zu (vgl. Snider 2013; Stelter 2013). In einer weiteren Befragung von Nielsen (2015b: 6) gaben 49 Prozent von über 30.000 Onlinern aus 60 Ländern an, mehr lineares Fernsehen zu konsumieren, sofern es eine Social-Media-Verknüpfung biete. Ebenso stellten die Studien von Nagy und Midha (2014: 451) als auch von Viacom (2013: 7) fest, dass knapp 50 Prozent der Befragten das TV aufgrund der Social-Media-Nutzung einschalten. In umgekehrter Weise kann jedoch auch die Social-Media-Nutzung von der Fernsehrezeption profitieren. Dementsprechend gaben laut Viacom 53 Prozent der Befragten an, Social Media aufgrund einer Fernsehsendung zu nutzen. Eine exemplarische Sendung aus der deutschen TV-Landschaft ist die Reality-Soap *Berlin – Tag*

---

[77] Die Zuschauerbindung ist ein in der Literatur sehr häufig genannter Vorteil (z. B. Plake 2004: 351; Trebbe 2005: 79; Greer/Ferguson 2011: 199; Gugel 2011; Benninghoff 2012: 188; Gormász 2012: 52; SevenOne Media 2012b: 10; Buschow et al. 2013b: 27; Groebel 2013: 69; Busemann/Tippelt 2014: 414; Goldhammer et al. 2015: 92; Possler et al. 2015: 279).

und Nacht (RTL II), die im September 2011 startete und nach den ersten 15 Folgen im Schnitt nur 4,6 Prozent der werberelevanten Zielgruppe (14 bis 49 Jahre) erreichte (vgl. Schlüter 2011). Die Facebook-Community zur Sendung wuchs schnell stark an, sodass es ab der dritten Woche zu einem Wandel kam: Neben der Zunahme an Facebook-Fans (rund 3,1 Millionen im Jahr 2016) stiegen die Quoten, der Marktanteil konnte auf zwölf Prozent erhöht werden (vgl. Halberschmidt 2013).

Sofern die Social-TV-Nutzer eine Konfrontation mit „Spoilern" – also Zusammenfassungen der wesentlichen Handlungselemente – vermeiden möchten, müssen sie die Fernsehsendungen zu ihrem Ausstrahlungszeitpunkt anschauen: „Hier ist es plötzlich nicht mehr egal, wann die Sendung rezipiert wird, denn nur zur Ausstrahlungszeit lässt sich kommunikative Gemeinschaft erleben." (Ulrich/Knape 2015: 69) Davon könnte vor allem die lineare Ausstrahlung von Fernsehinhalten bzw. die Einschaltquote profitieren (vgl. Hsia 2010; Carter 2011: 19; Deller 2011: 222; Benninghoff 2012: 188; Ferguson 2012: 40; Viacom 2013: 7; Possler et al. 2014: 1; Arrojo 2015: 39; Goldhammer et al. 2015: 149; van Es 2015: 4). Gesteigerte Einschaltquoten können sich wiederum positiv auf Werbeeinnahmen auswirken. Social TV kann allerdings nicht jedes Format maßgeblich aufwerten: „Social media cannot save a bad TV show, product, or service. However, it can without a doubt enhance a good one." (Proulx/Shepatin 2012: 240)

Der vorhandene Rückkanal ermöglicht einen direkten Austausch zwischen Zuschauern und Programmmachern. Dadurch können die TV-Sender direktes Feedback bzw. Anregungen zu Sendungen erhalten und direkt auf die Kommentare reagieren bzw. auf deren Wünsche eingehen (vgl. Enli 2012: 133 f.; Kropp 2013: 1 f.; Kneidinger 2015: 218). Es besteht zwar die Möglichkeit, dass viel negatives Feedback auftaucht, doch hierbei besteht zugleich die Chance, mit den Meinungsmachern direkt in Kontakt zu treten, auf das negative Feedback einzugehen und Probleme zu lösen, was als „Viewer Relationship Management" (Bergman 2013a) bezeichnet wird. Sofern die TV-Sender aufrichtig antworten, Kritik ernst nehmen bzw. diese aufgreifen und negative Äußerungen zulassen, kann sich dies positiv auf die ihre Glaubwürdigkeit auswirken (vgl. Huber 2013: 205; Busemann/Tippelt 2014: 413). Das Zuschauerfeedback kann zudem bei der Programmgestaltung berücksichtigt werden (Informationsmanagement) und für die Konzeption oder Weiterentwicklung von Formate förderlich sein (vgl. Antonini et al. 2013: 20; Wolk 2015: 111). Es besteht die Möglichkeit, „die Meinungsvielfalt und Erfahrungswerte der aktiven User zielführend für die Weiterentwicklung der Dramaturgie und Charaktere einer Sendung zu nutzen." (Wiesinger/Pagel 2015: 459) Der Einbezug von Zuschauerbeiträgen kann auch die inhaltliche Konzeption von Sendungen beeinflussen. Jacobson (2013: 351) etwa kam durch Untersuchung von sendungsbezogenen Facebook-Posts zu einer amerikanischen Newsshow zu folgendem Ergebnis: „The results suggest that audience discussions in social media may be a component of the media's agenda-building process." Die Potentiale des unmittelbaren Feedbacks führen dazu, dass die TV-Sender eine ergiebigere Marktforschung betreiben können. Die Sammlung von Zuschauerdaten ist deutlich leichter geworden, die Erfolgsmessung ist in Echtzeit möglich (vgl. Networked Insights 2012: 3 f.; Antonini et al. 2013: 21; Possler et al. 2014: 1; Lin/Sung/Chen 2016: 176). Sowohl die Daten der aktiv partizipierenden Nutzer von Social Networks, sendereigenen Plattformen als auch externen Social-TV-Apps können zur Analyse verwendet werden. Diese Daten liefern „Erkenntnisse über Markenimage, mögliche Meinungsmacher und Multiplikatoren, Zuschauerresonanz, Wettbewerbsvergleiche, relevante Themen und andere Faktoren." (Wagner 2013: 12) Die private Nutzung via Instant Messanger kann hingegen nicht analysiert werden.

Neben den Chancen sollten zugleich mögliche *Risiken* bedacht werden. Viele Fernsehsender müssen sich erst den direkten Austausch gewöhnen und sich von dem Gedanken verabschieden, ausschließlich als Gatekeeper zu fungieren (vgl. Groebel 2013: 69; Mischok/Buschow/Schneider 2014: 30). Der falsche Umgang mit negativem Feedback kann schnell zu Kontrollverlust und zu einem sogenannten „Shitstorm" führen.[78] Shitstorms können dem Senderimage schaden, da sie sich schnell und viral verbreiten (vgl. Primbs 2015: 116). Wie bereits zuvor bei den Chancen erläutert, bietet sich anderseits durch den direkten Austausch die Möglichkeit, auf negatives Feedback schnell zu reagieren und mit Meinungsmachern zu diskutieren.[79]

---

[78] Ein „Shitstorm" bezeichnet einen Sturm der Entrüstung bzw. Kritikwellen im Internet. Shitstorms sind gekennzeichnet durch „eine massive, ggf. Tage anhaltende virale Verbreitung der Kritik über Soziale Netzwerke, teils indem kritische Post geteilt werden, teils durch immer neue oder neu wiederholte Vorwürfe und Schmäh- oder Spott-Inhalte." (Primbs 2015: 116)

[79] Ein Beispiel hierzu: Eine ZDF-Reporterin verwechselte im Juni 2015 in einem Bericht das Geburtsjahr des Winnetou-Darstellers Pierre Brice und erntete dafür viel Empörung auf Twitter. Die Redaktion handelte schnell und twitterte via @heutejournal Folgendes: „Ärgerlicher Versprecher. Autorin hat sich schon an den Marterpfahl gestellt. Richtiges Geburtsjahr von #PierreBrice: 1929. Hugh. #Winnetou". Durch dieses Vorgehen wurde ein drohender Shitstorm verhindert: „Die Reaktionen kehrten sich schnell ins Gegenteil: hauptsächlich Lob, Zustimmung und Verständnis." (Bujotzek 2015: 371)

Problematisch kann auch die Entscheidung sein, ob die Angebote auf sendereigenen oder ausschließlich externen Plattformen stattfinden. Das Anbieten einer eigenen App ist grundsätzlich mit dem Risiko verbunden, das trotz der hohen Kosten die Reichweite gering bleibt. Im Vergleich zur Gesamtzuschauerzahl wirkt die Nutzung sendereigener Apps meist rudimentär, so waren es im Jahr 2014 laut ARD/ZDF-Onlinestudie 2014 nur zwei Prozent der Onliner, die Senderapps nutzen (vgl. Busemann/Tippelt 2014: 411). Häufig werden Social Networks in die sendereigenen Angebote integriert, was „Kannibalisierungseffekte durch Traffic-Verlagerungen" (Schickler 2012: 5) hervorrufen kann, wenn die Nutzer sich von den Senderangeboten abwenden und primär in den sozialen Netzwerken diskutieren. Bei der Fokussierung auf sendereigene Angebote besteht die Gefahr, dass die Nutzung marginal ist, aber dennoch hohe Kosten entstehen (vgl. van Es 2015: 214). Da nicht jeder TV-Zuschauer gleichzeitig ein Social-TV-Nutzer ist, ist es ebenso möglich, dass ein Sender Stammzuschauer verliert, die sich durch die Social-TV-Angebote gestört fühlen (vgl. Schickler 2012: 5).

Eine weitere Herausforderung für Fernsehsender ist der Umgang mit rechtlichen Rahmenbedingungen. Neben den allgemeinen Richtlinien für TV-Sender sind bei Social TV juristische Auswirkungen durch die verknüpfte Nutzung von Connected TV (z. B. Müller-Terpitz/Rauchhaus 2011) sowie Social Media (z. B. Weinberg 2014: 401 ff.; Hornung/Müller-Terpitz 2015) zu beachten. Im Einzelnen sind für Social TV folgende Rechtsbereiche relevant: Rundfunkrecht, Telemedienrecht, Wettbewerbsrecht, Persönlichkeitsrecht, Datenschutz, Urheberrecht sowie Jugendschutzrecht (vgl. Goldhammer et al. 2015: 208 ff.; Graef 2015). Die Social-TV-Anbieter müssen zudem werberechtliche Anforderungen berücksichtigen. Werbung muss explizit als solche gekennzeichnet sein und darf die Nutzer nicht unzumutbar belästigen. Ebenso müssen die Rechte der Nutzer gewahrt werden, hier sind vor allem Persönlichkeitsrechte sowie Datenschutzrechte von Relevanz. Datenschutzrechtliche Aspekte sind speziell in Hinblick auf die Analyse der User des sozialen Fernsehens nicht zu vernachlässigen. Nach dem deutschen Bundesdatenschutzgesetz (BDSG) dürfen zwar personenbezogene Daten nicht ohne Zustimmung eines Nutzers erhoben werden, die Social-TV-Nutzer willigen jedoch in der Regel zur Verwendung der Nutzerdaten ein, indem sie die allgemeinen Geschäftsbedingungen (AGBs) der Social-TV-Apps akzeptieren. Obwohl sich durch Social TV einige rechtliche Fragen ergeben, wird bislang kein Bedarf für weitere Regulierungsmaßnahmen der Rechtslage gesehen und die Selbstregulierung der Inhalte als ausreichend betrachtet (vgl. Buschow et al. 2015: 196; Goldhammer et al. 2015: 20).

4.2.2   Drittanbieter von Social-TV-Apps

Ähnlich wie die sendereigenen Social-TV-Apps sind auch die Plattformen von Drittanbietern in der Regel als Second-Screen-Angebote konzipiert. Da sie die Inhalte von Fernsehsendern bündeln und in der Regel keine eigenen Bewegtbildinhalte produzieren, werden sie auch als „OTT-Anbieter" (OTT = Over-the-top content) bezeichnet (vgl. Kerkau 2012). Die Entwicklung von externen Social-TV-Apps wurde vor allem durch große US-Medienunternehmen vorangetrieben. Auch in Deutschland formierte sich eine hohe Dichte an Startup-Unternehmen, die sich auf Social-TV-Apps spezialisierten. Den Angeboten ist gemein, dass sie den Nutzern die Interaktion zu Bewegtbildinhalten oder damit in Zusammenhang stehendem Content über internetfähige Endgeräte als App oder browserbasiert ermöglichen (vgl. Gross/Paul-Stueve/Fetter 2009: 50). In der Regel integrieren sie mittels einer API-Schnittstelle (API = Application Programming Interface) Social-Media-Plattformen und filtern die zu einer Sendung zugehörigen Kommentare heraus. Trotz dieser Gemeinsamkeit bieten die bestehenden Social-TV-Apps eine Vielzahl an verschiedenen Funktionen.

Bei ersten Social-TV-Apps identifizierten Cesar und Geerts (2011a: 348) vier Hauptfunktionen: die personalisierte Empfehlung von Inhalten, der Austausch mit anderen Zuschauern, die Herstellung einer Gemeinschaft sowie das Teilen dessen, was man gerade anschaut. Die Funktionen haben sich jedoch durch die rasante Weiterentwicklung der Angebote ausgeweitet. Entsprechend den ausgeübten Social-TV-Praktiken der Nutzer (vgl. Kap. 4.1.3) lassen sich folgende Hauptfunktionen ausfindig machen: Check-In, Zusatzinformation/-material, Diskussion, Interaktion (z. B. Votings), Bewertung, Empfehlung, Gaming sowie Shopping. Die Apps können mehrere dieser Funktionen kombinieren oder sich auf einen Aspekt fokussieren. Laut einer Goldmedia-Analyse von 19 deutschen Social-TV-Apps im Jahr 2014 sind Diskussion (79%), Zusatzinformation (68%) und Gaming (58) die drei häufigsten Bestandteile der Applikationen (vgl. Kerkau 2014: 15). Bei einer erneuten Untersuchung ein Jahr später erwiesen sich neben der Ermöglichung von Diskussion die Programminformationen sowie das Liefern von Zusatzinfos als zentrale Funktionen (vgl. Goldhammer et al. 2015: 89).

Social-TV-Apps von Drittanbietern haben den Vorteil, dass sie sich auf Inhalte verschiedenster Sender beziehen und daher eine ganzheitliche Lösung bieten. Die User bekommen die zugehörigen Kommentare auf einen Blick und meist übersichtlicher als in Social Networks dargestellt (vgl. Schieb 2012). Die App-Anbieter können jedoch nicht auf exklusive Inhalte oder

Bonusmaterialien zu Sendungen zurückgreifen, da sie für diese keine Exklusivrechte besitzen (vgl. Krei 2014). Sie sind dementsprechend „gegenüber den Diensten von TV-Sendern weitaus unspezifischer." (Goldhammer et al. 2015: 74) Daher können sie auch keine direkten Einflussmöglichkeiten auf das Programm anbieten. Hinzu kommt, dass in der Regel eine Registrierung oder Anmeldung notwendig ist, um sich aktiv an einer Diskussion beteiligen zu können (vgl. Farahbakhsh 2013: 21). Im Vergleich zu anderen Social-Media-Plattformen ist es bei den spezifischen Social-TV-Apps zudem deutlich schwieriger, sich mit Personen aus dem Familien- oder Freundeskreis zu unterhalten. Abgesehen von Mehrwerten wie Zusatzinfos oder spielerischen Elementen bieten Social-TV-Apps den Nutzern keine Alleinstellungsmerkmale. Diese Nachteile führen dazu, dass die Nutzung von spezifischen Apps im Vergleich zu Social-Media-Plattformen gering ist (vgl. Walsh 2013). So resümiert wywy nach Einstellung der eigenen Social-TV-App, „dass senderunabhängige Social-TV-Apps sehr schwer eine große und damit relevante Reichweite aufbauen können" (Schroeter in Hüsing 2014).

Während Social-TV-Apps anfänglich als Revolution für die Zukunft des Fernsehens angesehen wurden, sind sie mittlerweile vielmehr als Nischenphänomen zu bezeichnen, ihnen werden lediglich geringe Zukunftschancen eingeräumt (vgl. Ary 2013; Buschow et al. 2015: 195). Die zahlreich angebotenen Apps von Startups[80] haben schnell zu einem Überangebot geführt, sodass in den USA bereits ab dem Jahr 2012 eine Konsolidierung eingesetzt hat (vgl. Wolk 2015: 46). Während sich einige Startups zusammenschlossen oder neu ausrichteten, wurden andere Angebote von Konkurrenten übernommen komplett eingestellt (z. B. BeeTV, GetGlue[81] bzw. tvtag, IntoNow, Matcha.tv, Miso, Tunerfish, ScreenTribe). In den USA gibt es trotz der zahlreichen Einstellungen von Angeboten immer noch (Stand: August 2017) einige Social-TV-Apps (z. B. ConnecTV, Shazam, Viggle). In Deutschland zeigt sich eine ähnliche Entwicklung, hier hat die Konsolidierung im Jahr 2014 begonnen. Auch hier wurden viele Angebote nach kurzer Zeit wieder

---

[80] In den USA gab es 2012 bereits über 80 Social-TV-Startups (vgl. Futurescape 2012).

[81] GetGlue war ein Angebot aus den USA, das 2010 als App startete und in der Hochphase im Jahr 2012 über drei Millionen User vorweisen konnte (vgl. Proulx/Shepatin 2012: 62; Aßmann/Barth 2013: 134). Die Nutzer konnten hierbei nicht nur TV-Inhalte, sondern auch Kinofilme, Bücher und Musik bewerten bzw. empfehlen. Für Aktivitäten wurden den Usern Punkte gutgeschrieben, die sie dann in Gutscheine oder Sticker eintauschen konnten. 2013 wurde GetGlue von i.TV übernommen und schließlich in „tvtag" umbenannt (vgl. Chariton 2013). Im Dezember 2014 wurde das Angebot endgültig eingestellt (vgl. Roettgers 2014a).

eingestellt (z. B. Shair, TunedIn, Tweek, Waydoo, wywy, Zapitano).[82] Die Drittanbieter verfolgen hinsichtlich der Erlösmodelle unterschiedliche Strategien (vgl. Haude/René-Pascal Berthold 2013), viele Geschäftsmodelle sind bislang nicht valide. Generell erfolgt die Finanzierung der Apps etwa über kostenpflichtige Angebote bzw. gebührenpflichtige Zusatzfunktionen einer zunächst kostenfreien App (In-App-Verkäufe), dem Anbieten von Analysedaten der Social-TV-Nutzer zum Zweck der Marktforschung sowie dem Verkauf des eigenen technischen Know-hows an andere App-Anbieter.

Eine der ersten Angebote auf dem deutschen Markt war die App namens „Couchfunk". Da diese noch existiert und als die bekannteste deutsche Drittanbieter-App für Social TV gilt (vgl. Buschow/Schneider 2013b: 21; Womser 2013: 20; Goldhammer et al. 2015: 139), wird Couchfunk nachfolgend exemplarisch vorgestellt. Couchfunk wurde im Oktober 2011 von Uz Kretschmar und Frank Barth in Radebeul bei Dresden gegründet. Die gleichnamige App fokussiert sich auf die Kommunikation der Zuschauer. Die App präsentiert das laufende TV-Programm sowie die Top 10 der meist diskutierten Sendungen. Durch Auswahl einer Sendung können die aggregierten Gespräche verfolgt werden. Sofern der User sich registriert, kann er in eine Sendung einchecken, sich an der Diskussion beteiligen und seine Posts gleichzeitig auf Twitter oder Facebook veröffentlichen. Ebenso kann der User teilen, was er gerade anschaut und das Gesehene mit bis zu fünf Sternen bewerten. Es besteht die Option, weitere Sendungsinformationen (z. B. Inhalt, Darsteller, interessante Fakten, Links) zu erhalten. Durch eine Kooperation von Couchfunk mit dem Internet-TV-Anbieter Zattoo ist es seit 2013 möglich, sich 21 öffentlich-rechtliche TV-Sender direkt in der App per Livestream anzuschauen (vgl. Zattoo 2013). Sofern der User ein kostenpflichtiges Pro TV-Paket besitzt, kann er weitere Sender nutzen und die Sendungen in höherer Qualität empfangen. Zudem bekommen Pro-User weniger Werbung angezeigt und haben Zugriff auf weitere Funktionen, wie etwa eine 14-Tage-Programmvorschau. Couchfunk finanziert sich durch mehrere Aspekte, wie private Investitionen, die Pro-Account-Gebühr sowie Werbeeinnahmen. Seit 2013 macht das Unternehmen auch Angebote für andere Business-Kunden und will „mit seinen Apps mit Videostreaming-, Community- und Analysefunktionen die passende Schnittstelle für Unternehmen bieten." (Ramisch 2013). Laut der AGOF (2016a: 3) erreicht Couchfunk pro Monat durchschnittlich 230.000 Unique User (ab 14 Jahren).

---

[82] Einen ausführlichen Überblick zu deutschen Social-TV-Apps bieten Goldhammer et al. (2015: 244 ff.).

Um die Akzeptanz der Social-TV-Apps zu erhöhen, sollten bei der Konzeption bestimmte Aspekte berücksichtigt werden. Den Ergebnissen einer qualitativen Befragung von Köhn und Lindermayer (2015: 18) zufolge sollten Social-TV-Apps die Faktoren Information, Interaktivität sowie kommunikativer Austausch erfüllen. Betont wird, dass sich die Apps in ihrer Funktionalität von gängigen Social-Media-Plattformen abheben und einen exklusiven Nutzen vorweisen müssen. Sie würden schließlich nur solange funktionieren, „wie Nutzer einen Grund haben für sie die großen Netzwerke links liegen zu lassen." (Pelz 2013a) McGinley (2008) ergänzt, dass die Apps nicht nur Bedürfnisse aktiver Social-TV-Nutzer bedienen, sondern Anreize für passive User bieten sollten. Große Herausforderungen für Drittanbieter sind somit die Ziele, die Zuschauer auf das Angebot aufmerksam zu machen, sie zum Herunterladen zu bewegen und einen exklusiven Nutzen anzubieten, um sich von Konkurrenten absetzen und finanzieren zu können.

4.2.3   Social-Media-Plattformen

Die sozialen Medien des Internets (Social Media) wurden in Kapitel 2.1.4 als auf Social Software basierende Anwendungen eingeordnet, die den Informationsaustausch und die Pflege vorhandener bzw. den Aufbau neuer Beziehungen fördern. Social-Media-Plattformen sind sowohl in sendereigene als auch in Angebote von Drittanbietern integriert und werden zudem für den Austausch der Zuschauer ohne Anbieterbeteiligung genutzt. Sie bilden daher die „technische Grundlage von Social TV." (Goldhammer et al. 2015: 134) Aufgrund ihrer Funktion als Echtzeit-Kommunikationskanal und ihrer großen Reichweite sind sie für Social TV von zentraler Relevanz. Dementsprechend wird ihnen unter den Anbietern das größte Potential zugesprochen (vgl. Proulx/Shepatin 2012: 10; Smith 2013; Han/Lee 2014: 236; Blecken 2015; Buschow et al. 2015: 193; Roettgers 2015). Für die Social-Media-Plattformbetreiber bietet die sozialen Interaktionen über TV-Inhalte einerseits die Chance, neue Nutzer zu gewinnen sowie die Nutzung bestehender User zu intensivieren. Andererseits entstehen für sie neue Geschäftsmodelle, etwa durch die Vermarktung der Nutzungsdaten. Innerhalb des weiten Angebotsspektrums der sozialen Medien des Internets eignen sich einige Angebote mehr für Social TV als andere. So finden in der Regel in Business-Communities wie Xing oder LinkedIn keine Social-TV-Interaktionen statt. Nachfolgend werden die relevantesten Plattformen mit öffentlichem, teilöffentlichem oder privatem Zugang vorgestellt.

Öffentlicher Zugang: Microblogs

Der bekannteste Microblogging-Dienst[83] Twitter (englisch für „Gezwit-scher") ermöglicht das Veröffentlichen von Kurzmitteilungen (Tweets) mit bis zu 140 Textzeichen. Twitter wurde im Jahr 2006 in San Francisco entwi-ckelt und ist seit 2007 eine eigenständige Firma (Twitter Inc.). Im November 2013 ging der Kurznachrichtendienst an die Börse. Tweets können neben Text auch Bilder, Videos oder Verlinkungen enthalten. Mittels des „Hash-tags" (Rautezeichen: #) können Wörter eines Tweets markiert und thema-tisch verschlagwortet werden. Durch das Platzieren des @-Zeichens vor einem Usernamen können Nutzer direkt angesprochen werden, ebenso ist das Senden einer persönlichen Direktnachricht möglich. Die Nachrichten aller User, denen man folgt, werden in der persönlichen Timeline in umge-kehrt chronologischer Reihenfolge angezeigt. Verfolger eines Twitter-Kanals (Follower) können Tweets kommentieren, zitieren, favorisieren oder sie an die eigenen Follower weiterleiten (retweeten). Die Funktionen des Kommu-nikationskanals sind vielseitig, sie lassen verschiedene Interaktions-, Kom-munikations- sowie Partizipationsformen zu: „Die grundlegende Struktur ist bestimmt von einer Mischung zwischen Newsmedium, synchroner interper-sonaler Kommunikation und sozialer Gruppenbildung." (Thimm/Dang-Anh/Einspänner 2011: 270) Bruns und Moe (2014: 16 ff.) teilen den Infor-mationsfluss auf Twitter in drei Bereiche ein: Auf der Mikroebene findet interpersonale Kommunikation statt (z. B. @Nutzername), während die Mesoebene das Follower-Netzwerk umfasst. Die Makroebene bezeichnet die Kommunikation, die sich durch die Verwendung von Hashtags bildet.

Twitter wird eigenen Angaben zufolge weltweit von 310 Millionen Men-schen (Stand: erstes Quartal 2016) mindestens einmal pro Monat verwendet (vgl. Twitter Inc. 2016: 2). Eindeutige Zahlen zur Nutzung in Deutschland gibt es nicht, laut Twitter selbst besuchen ca. zwölf Millionen Deutsche pro Monat die Twitter-Plattform (vgl. Zeit Online 2016). Die ARD/ZDF-

---

[83] Microblogs sind durch kurze Blog-Nachrichten auf einer Website gekennzeichnet (vgl. Kap. 2.1.4). Einige Autoren sehen in dieser Zuordnung eine zu starke Fokussierung auf die Blogging-Umgebung und bezeichnen Twitter als besondere Ausprägung eines Social Net-works (vgl. Deller 2011: 217; Bredl et al. 2014: 198). Andererseits wird angemerkt, dass Twit-ter nicht die typischen Eigenschaften eines Social Networks aufweist (vgl. Murthy 2012: 8; Rogers 2014: XV). Twitter kombiniert dementsprechend Elemente von sozialen Netzwerken und Blogs (vgl. Boyd/Golder/Lotan 2010: 2). Unumstritten ist, dass Twitter der Echtzeit-kommunikation und dem Teilen von Infos dient: „In this respect, Twitter is indeed and profoundly social media." (Schmidt 2014a: 12)

Onlinestudie 2016 geht davon aus, dass Twitter fünf Prozent der deutschsprachigen Onliner mindestens einmal pro Woche sowie zwei Prozent täglich nutzen (vgl. Koch/Frees 2016: 434 f.). Die Twitter-Nutzung in Deutschland liegt somit „im Bereich Special-Interest." (Frees/Koch 2015: 373) Hinzu kommt, dass deutlich mehr User, etwa zwei Drittel der deutschen Nutzer, Tweets ausschließlich passiv lesen und keine eigenen verfassen (vgl. Busemann 2013: 398). Die aktiven User twittern über alle Themen, die für sie aktuell von Relevanz sind. Dementsprechend weisen viele Tweets einen thematischen Bezug zu TV-Sendungen auf, vor allem während der Primetime. So kommt eine Studie von Twitter in Kooperation mit Fox, Advertising Research Foundation (ARF) und db5 zu dem Befund, dass 85 Prozent der während der Primetime aktiven Twitterer regelmäßig über TV-Inhalte twittern (vgl. Midha 2014a; Nagy/Midha 2014: 450). Der hohe Stellenwert von Tweets zu TV-Formaten zeigt sich auch daran, dass stark diskutierte TV-Formate häufig in den Top-10-Twitterthemen (Trending Topics) zu finden sind. Laut der ARD/ZDF-Onlinestudie nutzen jedoch nur drei Prozent der Onliner zumindest gelegentlich die Twitter-Angebote von Rundfunkanbietern (vgl. Tippelt/Kupferschmitt 2015: 446 ff.). Sowohl bei den Onlinern gesamt als auch bei den Personen zwischen 14 und 29 Jahren nutzen nur ein Prozent täglich Twitter-Angebote der Rundfunksender. Es handelt sich demzufolge lediglich um eine Randgruppe der gesamten Fernsehzuschauer.

Obwohl Twitter bislang nicht in der breiten Masse angekommen ist, betonen zahlreiche Autoren – vor allem aus dem englischen Sprachraum – die besondere Eignung von des Microblogs für Social TV: „Twitter, meanwhile, is increasingly becoming a mainstream activity around TV" (Bergman 2013a). Twitter bietet einen öffentlichen Raum für TV-Konversationen und kann TV-Zuschauer bzw. Fans verbinden. Dementsprechend wird Twitter als „electrocardiogram (EKG) of television's heartbeat" (Proulx/Shepatin 2012: 12), „key driver for Social TV interaction" (Turner 2013), „virtual loungeroom" (Harrington/Highfield/Bruns 2013: 405) oder „social soundtrack for TV" (Roy 2013; Mukherjee/Jansen 2014: 317) betitelt. In der Forschung wurde neben inhaltlichen Aspekten der Twitter-Diskussionen mehrfach die Bildung von Fan- bzw. Zuschauergemeinschaften auf Twitter zu speziellen TV-Formaten untersucht. So etwa geschehen zu den Serien *Glee* (Wood/Baugham 2012; Eble 2013: 81 ff.) und *Pretty Little Liars* (Barker 2014), dem *Eurovision Song Contest* (Highfield/Harrington/Bruns 2013), der Reality-Show *Dschungelcamp* (Michel 2015b) oder zur Krimireihe *Tatort* (Schoft 2015; König/König 2016). Eine zentrale Erkenntnis der Studien ist, dass die Twitter-Kommunikation zu Sendungen als gemeinschaftsbildendes

Erlebnis wahrgenommen wird und zum Einschalten bewegen kann. So resümieren etwa Highfield, Harington und Bruns (2013: 336): „In combination, it demonstrates Twitter's role as an important new medium facilitating the connection and communion of fans and audiences." Betont wird, dass ein Gemeinschaftserlebnis bei Twitter primär während der synchronen Ausstrahlung entsteht. Andererseits kann Twitter auch asynchron zu Partizipation und Anschlusskommunikation führen (vgl. Harrington/Highfield/Bruns 2013: 407). Laut der Studie von Twitter, Fox, ARF und db5 twittern die User zu TV-Sendungen sowohl während der Live-Ausstrahlung (72%) als auch zu einem späteren Zeitpunkt (58%), wenn sie die Inhalte über Abruf-Angebote rezipieren (vgl. Midha 2014a; Nagy/Midha 2014: 451).

Zur Bildung der Gemeinschaften dient das Hashtag, da hiermit ein gesammelter Abruf der Interaktionen zu einer speziellen Sendung ermöglicht wird. Damit die Zuschauer den offiziellen Hashtag zu einer Sendung nicht erst suchen müssen, wird dieser bei manchen Formaten im TV-Bildschirm angezeigt. Durch die Einblendung des Hashtags kann das Engagement zu einer Sendung gesteigert werden (vgl. Brandwatch 2013; Hill/Benton 2013: 6). Bei der ARD-Reportage #Beckmann ist das Hashtag sogar Bestandteil des Sendungstitels und weist somit explizit auf den Austausch im Netz hin. Das ZDF war einer der ersten deutschen TV-Sender mit einem eigenen Twitter-Account (zunächst @ZDFonline, später: @ZDF). Dieser wurde jedoch nicht vom Sender selbst initiiert und betreut: „Tatsächlich hat das ZDF schon getwittert, als es selbst davon noch nichts wusste." (Bujotzek 2015: 367)[84] Die ARD ist seit 2010 auf Twitter vertreten. Die Reaktionen der Social-TV-User auf TV-Tweets sind besonders dann hoch, wenn sie von bekannten Persönlichkeiten oder Schauspieler gepostet werden (vgl. Midha 2014b). Die Zuschauer selbst werden stärker einbezogen, wenn ihre Tweets im Fernsehen als Inserts eingeblendet werden oder Fragen und Meinungen der Zuschauer via Twitter Einzug in die Sendung finden. Damit sich Zuschauer, die kein Social TV nutzen möchten, nicht von Tweet-Einblendungen gestört fühlen, bietet die ARD zu einige Sendungen (z. B.

---

[84] Im Jahr 2009 richteten die Freunde Marco Bereth und Michael Umlandt den ZDF-Account ein, twitterten aktuelle ZDF-Meldungen, Programmhinweise und beantworteten Zuschauerfragen (vgl. Gutjahr 2011; Bujotzek 2015: 367 ff.). Bereits nach wenigen Wochen folgten dem Account über 2.000 Twitter-User und zweifelten die Echtheit des Accounts nicht an. Schließlich wurde Bereth und Umlandt die Angelegenheit zu unsicher und sie schreiben den Sender an. Daraufhin erhielten sie eine Einladung nach Mainz und wurden als freie Mitarbeiter eingestellt, Bereth betreut bis dato noch immer den ZDF-Account.

Tatort, Fußball, Live-Events) das sogenannte „Teletwitter" an. Im ARD-Videotext (Seite 777) werden ausgewählte Tweets am unteren TV-Bildschirmrand angezeigt, die das Hashtag der jeweiligen Sendung (z. B. #tatort) oder zum Teletwitter (#ard777) enthalten (vgl. DasErste.de 2013).[85]

Twitter selbst hat das für Potential von Social TV erkannt und versucht davon zu profitieren. So führte das Microblog 2013 ein „Trending TV"-Feature zum Test ein, das den Usern Informationen zu diskutierten Sendungen aus der eigenen Timeline liefert und die schnelle Vernetzung mit den relevanten Twitter-Accounts ermöglicht (vgl. Chaey 2013). Im Jahr 2015 wurde das „TV-Timelines"-Feature – zunächst in den USA – eingeführt. Auf einer zentralen Seite werden sendungsbezogene Tweets aggregiert und in einer Medienübersicht getwitterte Fotos, Videos, Links etc. zur jeweiligen Sendung dargestellt. Das Angebot hat nicht nur Vorteile für die Social-TV-User, auch Twitter selbst kann dadurch Unternehmen und Werbetreibenden genauere Analysen der Zuschauer liefern. Tweets können sowohl in qualitativer als auch quantitativer Hinsicht analysiert und für die Zuschauerforschung eingesetzt werden (vgl. Harrington/Highfield/Bruns 2013: 406; Bredl et al. 2014: 202 ff.). Um sich als Lieferant von Nutzerdaten zu positionieren und diese genauer analysieren zu können, hat Twitter in den letzten Jahren mehrere Unternehmen übernommen. Neben der Analyse der Nutzerdaten experimentiert Twitter mit neuen Werbemöglichkeiten, zum Beispiel „TV Ad Targeting", das die Platzierung von Werbung zu bestimmten Sendungen ermöglicht (vgl. Kroll 2013).

Teilöffentlicher Zugang: Soziale Netzwerke

Das bekannteste soziale Netzwerk Facebook basiert auf der Vorgänger-Website FaceBash, die im Jahr 2003 von Mark Zuckerberg entwickelt wurde. Facebook in seiner heutigen Form besteht seit 2004, war jedoch zunächst nur für Harvard-Studenten zugänglich, nach und nach wurde die Plattform auch für Studierende anderer Universitäten geöffnet (vgl. Boyd/Ellison 2007: 219). Erst im Jahr 2006 wurde Facebook für nicht-studentische Personen zugänglich, eine deutsche Version gibt es seit März 2008. Die Facebook Inc. ging 2012 an die Börse und erreichte nach eigenen Angaben im selben Jahr über eine Milliarde Nutzer (vgl. Spiegel Online 2012). Die Finanzierung

---

[85] Teletwitter wird auch zur Sendung „Quer" des Bayerischen Rundfunks angeboten. Hierbei werden Tweets mit dem Hashtag #BR_quer ausgewählt und im BR-Videotext eingeblendet (vgl. von Gehlen 2013).

erfolgt primär über Werbeeinnahmen, neben klassischer Bannerwerbung und sogenannten „Sponsored Stories" ist seit 2007 das Platzieren von personalisierter Werbung auf den Profilseiten der Nutzer möglich. Mobiles Advertising macht etwa 82 Prozent des Werbeumsatzes von Facebook aus (vgl. Roth 2016). Neben dem Social Network betreibt die Facebook Inc. weitere Plattformen, so gehört seit 2012 das Fotonetzwerk Instagram zum Unternehmen. Um von der steigenden Beliebtheit von Instant Messaging zu profitieren, kaufte Facebook zudem im Februar 2014 WhatsApp. Einen Monat später gab Facebook die Übernahme des Virtual-Reality-Systemherstellers Oculus VR bekannt.

Facebook-User verfügen über eine eigene Profilseite, auf der sie Informationen über sich preisgeben und Fotos, Videos, Statusmeldungen etc. posten können. Ebenso besteht die Möglichkeit, sich mit anderen Nutzern zu befreunden und mit diesen öffentlich zu kommunizieren oder nicht-öffentlich zu chatten, Fanseiten zu folgen, Spiele zu nutzen, Gruppen beizutreten oder eigene Gruppen zu gründen. Ein zentraler Bestandteil von Facebook ist der im Jahr 2009 eingeführte „Like-Button" bzw. „Gefällt mir-Button", eine Hand mit nach oben zeigenden Daumen. Durch Drücken dieses Buttons können die User zum Ausdruck bringen, dass ihnen eine Meldung oder Aktivität gefällt. Mittlerweile gibt es neben dem Like-Button weitere Emoji-Symbole, mit denen Gefühle ausgedrückt werden können. Diese Funktion sowie die Möglichkeit, Posts zu kommentieren bzw. zu teilen, fördert die Interaktion der Nutzer (vgl. Kneidinger 2010: 60). Da Facebook sowohl eine Informations- als auch Unterhaltungsplattform ist, wird das Social Network als „Tor zur Welt" (Busemann/Fisch/Frees 2012: 259) oder „All-in-one-Medium" (Mende/Oehmichen/Schröter 2013: 43) etikettiert.

Facebook steht immer wieder in die Kritik, vor allem aufgrund des defizitären Umgangs mit dem Datenschutz (vgl. Büttner 2015: 75 f.) sowie der Filterung von Informationen („Filterblase") durch den Facebook-Algorithmus (vgl. Tippelt/Kupferschmitt 2015: 448). Dennoch hat das Social Network weltweit 1,65 Milliarden aktive Nutzer (Stand: 1. Quartal 2016), von denen 1,09 Milliarden Facebook jeden Tag nutzen bzw. 989 Millionen jeden Tag auf mobilen Endgeräten verwenden (vgl. Facebook Inc. 2016; Roth 2016). In Deutschland gibt es derzeit rund 28 Millionen aktive Facebook-User bzw. 21 Millionen tägliche Nutzer (vgl. Wiese 2016). 85 Prozent der User in Deutschland (24 Millionen) nutzen Facebook mobil. Der ARD/ZDF-Onlinestudie 2016 zufolge nutzen 41 Prozent der deutschen Onliner ab 14 Jahren Facebook mindestens einmal pro Woche und 26 Prozent täglich (vgl. Koch/Frees 2016: 434 f.). Bei den Onlinern zwischen 14 und 29 Jahren ist die Nutzung höher, hier sind es 70 Prozent wöchentliche bzw. 49 Prozent tägliche User. Laut dem Social-Media-Atlas 2015/16 von Faktenkontor (2016a) nutzen 53 Prozent der Social-Media-Nutzer ab 14 Jahren in Deutschland Facebook aktiv, während 34 Prozent ausschließlich Facebook-Inhalte rezipieren bzw. 13 Prozent Facebook nicht verwenden.

Die Facebook-Nutzerzahlen sind in Deutschland – etwa im Vergleich zur Twitter-Nutzung – sehr hoch, das Social Network gilt daher als „reichweitenstärkste Plattform für Social TV" (Mischok/Schneider/Buschow 2013). Im Jahr 2012 tauschten sich laut einer InterOne-Studie 19 Prozent der 1.045 Befragten häufig oder gelegentlich auf Facebook über gerade gesehene TV-Inhalte aus, bei den Personen unter 30 Jahren waren es 28 Prozent (vgl. InterOne 2012: 39). Der Social-TV-Monitor von Goldmedia wies für September desselben Jahres knapp 19 Millionen Likes für deutsche TV-Sendungen aus (vgl. Kerkau 2012). Die ARD/ZDF-Onlinestudie 2013 brachte hervor, dass im Jahr 2014 insgesamt 15 Prozent der Facebook-User Facebook-Seiten von Fernsehsendern bzw. -sendungen abonniert oder genutzt haben (vgl. Busemann 2013: 395 f.). Die zwei Jahre später durchgeführte Onlinestudie bezieht neben den Facebook-Angeboten der Fernsehsender auch die von Radiosendern ein und kommt zu dem Ergebnis, dass Facebook-Seiten von Rundfunkanbietern in Deutschland von 5,7 Millionen Personen ab 14 Jahren zumindest gelegentlich genutzt werden (vgl. Tippelt/Kupferschmitt 2015: 446 f.). Da bei den Onlinern aller Altersklassen die mindestens einmal wöchentliche Nutzung bei fünf Prozent und die tägliche Nutzung bei zwei Prozent liegt, kommt die Onlinestudie zu folgendem Befund: „Die Habitualisierung der Nutzung von Social-Media-Angeboten der Rundfunksender ist auch 2015 noch gering." (ebd.: 447)

Die Aktivitäten der TV-Sender auf Facebook spielen sich primär auf Fanseiten der Sender, spezieller Sendungen oder von Sendungsdarstellern ab (vgl. Gysel/Michelis/Schildhauer 2015: 274). Facebook-User, denen die entsprechende Fanpage „gefällt", bekommen neue Posts unmittelbar in ihrer individuellen Startseite angezeigt. Die Fans der Facebook-Seiten erhalten somit für sie relevante Inhalte sowie exklusive Informationen (vgl. Busemann/Fisch/Frees 2012: 266). Sie können die Neuigkeiten mit ihren Freunden teilen und somit viral verbreiten, linken, bewerten oder für andere User sichtbar kommentieren. Sie sind somit maßgeblicher Bestandteil von Fanseiten: „Erst durch die Partizipation der Nutzerseiten entsteht eine lebendige Plattform." (Tonndorf/Wolf 2014: 101) Spätestens seit dem Jahr 2013 ist nahezu jeder deutsche Fernsehsender mit einer eigenen Facebook-Präsenz vertreten (vgl. Busemann 2013: 395; Michel/Riffi 2013: 24; Busemann/ Tippelt 2014: 411; Mischok/Buschow/Schneider 2014: 30).

Was genau auf den Fanseiten gepostet wird, hängt vom Themenspektrum des jeweiligen Formates und dessen Intention ab. Goldmedia identifizierte mittels einer Big Data-Analyse fünf Kategorien von Facebook-Seiten deutscher TV-Sender bzw. Sendungen (vgl. Goldhammer et al. 2015: 75 f.; ähnlich auch Kerkau 2014: 9): (1) Announcement bzw. Sendungsinformationen (z. B. *Planetopia*); (2) Verbreitung von Nachrichten (z. B. *Tagesschau*); (3) Infotainment-News, die zum Austausch anregen (z. B. *Galileo*); (4) vertikale Sendungsverlängerung (z. B. *Gute Zeiten, Schlechte Zeiten*) sowie (5) horizontale Sendungsverlängerung auf Personenebene (z. B. *Köln 50667*). In vielen Fällen sind bei Facebook-Seiten keine klaren Strategien der Anbieter erkennbar, die Sender bzw. Sendungen experimentieren mit ihren Postings. So stellte Mischok (2015: 169) im Zuge einer quantitativen Inhaltsanalyse von 729 Administratoren-Posts auf Fanseiten von neun TV-Sendungen fest: „Die Mehrzahl deutscher TV-Sendungen agiert auf Facebook eher ungeschickt und verschenkt dort das gebotene Potenzial." Die dabei betrachteten Formate stammen aus den Bereichen Reality-TV, Castingshow, Unterhaltung sowie Spielfilm, weitere Formate blieben unbeachtet. Als Treiber von Interaktionen (z. B. Likes, Kommentare, Teilen) der Fans auf Facebook-Seiten ermittelte Mischok einerseits das inhaltliche Thema eines Posts, wie etwa die Zentralisierung von einzelnen Akteuren, Service-Inhalte (z. B. Sendungsteaser) sowie Verweise auf zukünftige Handlungen einer Sendung (vgl. ebd.: 175 ff.; Mischok/Buschow/Schneider 2014: 30). Ebenso können die sprachliche Formulierung (z. B. umgangssprachliche und emotionale Ansprache) sowie der Zeitpunkt des Postens einen Einfluss auf die Interaktionsrate der Zuschauer haben.

Facebook selbst hat das eigene Angebot in den letzten Jahren verstärkt auf die Social-TV-Bedürfnisse der User zugeschnitten und TV-spezifische Funktionen eingeführt. Auf ihrem eigenen Profil können die Nutzer angeben, welche Sendungen sie gerne anschauen, mittels aktueller Statusmeldung können sie den Punkt „Ich gucke gerade…" auswählen und somit andere User wissen lassen, was sie momentan im Fernsehen anschauen. Die im Jahr 2013 eingeführte „Facebook Graph Search" ermöglicht eine Suche in den Daten von Facebook. So kann ein User etwa nach Sendungen suchen, die Freunden mit ähnlichen TV-Interessen gefallen. Durch diese Funktionen wird Facebook zu einem TV-Guide, der personalisierte Programmvorschläge liefert (vgl. Proulx/Shepatin 2012: 53; Wauters 2013). Ebenfalls im Jahr 2013 führte Facebook die von Twitter bekannte Hashtag-Einbindung ein, die eine Zuordnung von Posts zu einem bestimmten Thema oder zu einer spezifischen Sendung erlaubt (vgl. Bergman 2013d; Osofsky 2013). Im Jahr 2015 stellte Facebook eine Reihe weiterer Optionen für Rundfunksender vor (vgl. Morgan 2015). Diese sollen es ermöglichen, die User intensiver auf die eigenen Inhalte aufmerksam zu machen und sie stärker in diese einzubeziehen (*Engage*). Ebenso ermöglichen neue Abstimmungstools das Durchführen von Votings (*Decide*) und Optionen zum Kuratieren[86] von nutzergenerierten Inhalten einen Einbezug dieser in Sendungen (*Display*).

Eine Alternative zu Facebook ist das seit 2011 von dem Suchmaschinenbetreiber Google Inc. angebotene Netzwerk Google+. Es handelt sich hierbei nicht um ein typisches Social Network, da Beziehungen der Teilnehmer auch einseitig sein können. Bei Google+ können ebenfalls Hashtags eingesetzt werden, statt eines „Gefällt mir"-Buttons wird ein Pluszeichen verwendet. Die Nutzerzahl von Google+ stieg zu Beginn schnell an, im März 2012 wurde die Marke von weltweit 100 Millionen regelmäßigen Nutzern überschritten (vgl. Cloer 2012), im Jahr 2013 waren es bereits 190 Millionen aktive User (vgl. Gundotra 2013). Speziell für Deutschland sind konkrete Zahlen rar, laut ARD/ZDF-Onlinestudie 2015 nutzen jedoch elf Prozent der Onliner ab 14 Jahren zumindest selten Google+, täglich sind es nur zwei Prozent (vgl. Tippelt/Kupferschmitt 2015: 444 f.). Das Netzwerk liegt demzufolge – mit einem deutlichen Abstand zu WhatsApp und Facebook – auf dem dritten Rang der meist genutzten Social-Media-Plattformen. Eine für Social TV relevante und Google+ spezifische Funktion ist „Google Hangouts". Es handelt sich hierbei um einen Video-Chat, an dem mehrere Nutzer gleichzeitig teilnehmen können. Mit Google Hangouts können sich Zuschauer in eine TV-Sendung einklinken, wie es etwa bei der *Rundshow* des BR der Fall war. Da es sich um ein Videochat handelt, ist die Hemmschwelle hierzu jedoch groß (vgl. Primbs 2015: 42).

---

[86] „Kuratieren" beinhaltet das Auswählen und Präsentieren von Inhalten, die bereits vorhanden sind. „Die journalistische Leistung besteht also nicht darin, etwas selbst zu produzieren, sondern in der Auswahl und Zusammenstellung von Inhalten, die andere produziert haben" (Primbs 2015: 133). Durch das Begrenzen von Kommentaren kann Überforderung der User durch zu viel Input verhindert werden. Zugleich können dadurch Beleidigungen und Hasskommentare ausgefiltert werden. Andererseits kann der Nutzer hierbei nicht selbst entscheiden, welche Kommentare für ihn relevant sind (vgl. Stadelmann 2012).

Twitter vs. Facebook

Von den beiden zuvor erläuterten Plattform-Bereichen (Microblogs und Social Networks) wird in der Social-TV-Diskussion vor allem Facebook und Twitter eine starke Relevanz beigemessen. Dementsprechend sollen die beiden Angebote an dieser Stelle im Hinblick auf ihre Social-TV-Funktionalität gegenübergestellt werden. Wie zuvor erläutert, hat Facebook in Deutschland eine deutliche höhere Reichweite als Twitter. Dementsprechend ist Facebook in Deutschland bereits „Mainstream", während Twitter als „Nischenphänomen" bezeichnet wird (vgl. Next Media 2014). Abgesehen von der Reichweite resultieren die Unterschiede der Plattformen Facebook und Twitter hinsichtlich ihrer Verwendung für Social TV in erster Linie aus ihren divergierenden strukturellen Gegebenheiten. Während auf Twitter alle Meldungen – abgesehen von persönlichen Nachrichten – öffentlich sind, findet ein Großteil der Facebook-Interaktionen halb-öffentlich bzw. geschlossen statt, da sie oftmals nur für den eigenen Freundeskreis oder eine angesprochene Person sichtbar sind. Die Social-TV-Kommunikation findet bei Facebook stärker als bei Twitter mit eigenen Freunden statt (vgl. Ferguson 2012: 40; Goldhammer et al. 2015: 119). Die Unterhaltung über TV-Inhalte mit den eigenen Freunden ist eine Ergänzung der ohnehin dort vorgenommenen Kommunikation und ist deshalb ein Teilbereich der Facebook-Nutzung. Die Nutzung von Twitter hingegen kommt laut Goldmedia häufig allein aus Social-TV-Aspekten zustande (vgl. ebd.: 107 f.). Hinzu kommt, dass die Twitter-Nutzer anonymer sind, Goldmedia zufolge verwendet 65 Prozent der Twitterer ein Pseudonym, bei Facebook sind es 30 Prozent (vgl. ebd.: 111 f.). Twitter ist stärker auf den Inhalt fokussiert als Facebook und dient der Entstehung einer persönlichen Öffentlichkeit (vgl. Autenrieth/Herwig 2011: 225; Schmidt 2011b: 107 ff.; De-Pascale 2014). Facebook kann jedoch durchaus auch als Lieferant von Informationen und zum Austausch mit unbekannten Personen genutzt werden, wie es beispielsweise auf Fanseiten der Fall ist.

Facebook begünstigt einen tiefgründigen Austausch bzw. das Liefern von umfassenden Informationen (vgl. Han/Lee 2014: 236). Allerdings können lange Posts schnell zu Überforderung bei der Parallelnutzung von Fernsehen und Facebook führen. Auf Twitter hingegen können die relevanten Inhalte mittels Hashtag schnell gefunden und die kurzen Tweets in kurzer Zeit gelesen werden. Durch die hohe Aktualität der Tweets wird Twitter auch als Echtzeit-Medium betitelt, während Facebook weniger Echtzeit-Relevanz besitzt, die den Usern angezeigte Posts können schon mehrere Stunden oder

Tage alt sein (vgl. Khunkham 2014; Primbs 2015: 30). Dementsprechend begünstigt Twitter die Social-TV-Nutzung synchron zur linearen Ausstrahlung, während Facebook sich besonders für asynchrone Social-TV-Aktivitäten (z. B. Vorabinformationen, Diskussion nach der Ausstrahlung) eignet (vgl. ALM 2013b: 92; Wolf/Buschow/Schneider 2015: 33; Goldhammer et al. 2015: 110; Kaye 2015; Wolk 2015: 49). Die unterschiedlichen strukturellen Gegebenheiten der Plattformen führen dazu, dass sie aus unterschiedlichen Motiven heraus für Social TV verwendet werden. So sind laut Kneidinger (2015: 224) die Suche nach Infos und der Wunsch nach affektiver Unterhaltung bei Facebook stärker ausgeprägt, während Meinungsrezeption und Diskussion bei Twitter von höherer Relevanz sind.

Geschlossener Zugang: Instant Messaging

Instant Messaging hat sich durch die habitualisierte Nutzung von Smartphones und mobilem Internet schnell verbreitet, laut Bitkom (2016) nutzen in Deutschland bereits 69 Prozent der Onliner ab 14 Jahren einen Messenger, der ARD/ZDF-Onlinestudie zufolge verwenden 49 Prozent der Bevölkerung täglich ein Messaging-Angebot (vgl. Koch/Frees 2016: 429). Instant-Messaging-Dienste unterscheiden sich von Social Networks, da es keine Nutzerprofile gibt und Interaktionen der User nicht öffentlich nachverfolgbar sind. Sie werden deshalb auch als „Dark Social" bezeichnet (vgl. Goderbauer-Marchner/Büsching 2015: 16). „Andererseits existieren mit der Gruppenfunktion durchaus Überschneidungen mit klassischen sozialen Netzwerken." (Tippelt/Kupferschmitt 2015: 442) Erste Angebote auf den 1990er-Jahren (z. B. ICQ oder MSN) mussten heruntergeladen und am Computer installiert werden. Mittlerweile existiert eine Vielzahl an unterschiedlichen Instant Messenger-Diensten, die auf mobilen Endgeräten genutzt werden können. Einige Angebote setzen die Nutzung einer bestimmten Software voraus, so ist etwa iMessage nur auf Geräten mit Apple-Software nutzbar. Andere IM-Plattformen (z. B. Facebook Chat) sind Ableger von Social-Media-Plattformen bzw. stellen nur ein Teilbereich des Funktionsangebots dar. Die Popularität der einzelnen Anbieter ist weltweit unterschiedlich, so dominiert in China WeChat, in Japan, Thailand und Taiwan LINE, in Südkorea KaKaoTalk (vgl. Han/Lee 2014: 236). Der in Deutschland reichweitenstärkste IM-Dienst ist WhatsApp, der 2009 von Jan Koum und Brian Acton gegründet und im Februar 2014 für 19 Milliarden US-Dollar von Facebook gekauft wurde (vgl. Facebook Inc. 2014).

WhatsApp ermöglicht neben dem Senden von Text- bzw. Sprachnachrichten den Austausch von Fotos, Videos, Audios und sonstigen Dateien, ebenso kann der eigene GPS-Standort mitgeteilt werden. Seit 2015 ist das Telefonieren via WhatsApp möglich (Voice over IP). Ähnlich wie Facebook steht auch WhatsApp aufgrund des unzureichenden Datenschutzes, Sicherheitslücken und den Geschäftsbedingungen in der Kritik. Datenschutzbeauftrage verwiesen daher auf alternative Angebote, wie beispielsweise Threema, ChatSecure oder Telegram. WhatsApp hat folglich im April 2016 eine Ende-zu-Ende-Verschlüsselung eingeführt, bei der nur die Interaktionspartner in der Lage sein sollen, die versendeten Nachrichten zu entschlüsseln. Trotz der Kritik ist die Nutzung des Messengers so schnell wie bei keinem anderen Internetdienst zuvor angestiegen. Im Februar 2016 gab WhatsApp bekannt, dass es mittlerweile weltweit eine Milliarde aktive Nutzer gibt, zwei Jahre zuvor waren es 450 Millionen (vgl. WhatsApp Blog 2016). Demzufolge hat jeder siebte Mensch auf der Welt WhatsApp auf seinem Smartphone installiert. Auch in Deutschland war der Messenger im Jahr die am häufigsten heruntergeladene App und wird laut der ARD/ZDF-Studie von 68 Prozent der Internetnutzer ab 14 Jahren zumindest gelegentlich genutzt (vgl. Koch/Frees 2016: 426), Bitkom (2016) weist hierfür einen Anteil von 63 Prozent aus. Dementsprechend ist WhatsApp als „Standardkommunikationskanal unter der deutschen Bevölkerung anzusehen." (Goldhammer et al. 2015: 63) An den erläuterten Zahlen wird jedoch kritisiert, dass die Nutzung von Usern unter 14 Jahren unbeachtet bleibt, obwohl gerade in dieser Altersklasse WhatsApp besonders stark verbreitet ist. Buggisch (2016) deshalb davon aus, dass es mehr als 35 Millionen User in Deutschland gibt.

Speziell für Social TV eignet sich Instant Messaging vor allem dann, wenn die User den Wunsch nach einem spontanen Austausch über Sendungen mit ihren Freunden haben (vgl. Marinelli/Andò 2014: 35). Wie bereits erwähnt, ist dieser Austausch eine Form privater Kommunikation und somit nicht öffentlich sichtbar (Dark Social). Dennoch gibt es für Fernsehsender mehrere Möglichkeiten, WhatsApp für Social TV einzusetzen. Mittels „Broadcast-Liste" kann mehreren Nutzern gleichzeitig eine Nachricht gesendet werden. Hierzu müssen allerdings die entsprechenden Telefonnummern im Adressbuch abgespeichert sein. Den Abonnenten der Broadcast-Liste können somit Servicemeldungen und Zusatzinformationen zugestellt werden. So setzte der NDR WhatsApp zur Geschichte „Wir sehen uns in Deutschland!" ein. Etwa 1.900 angemeldete Nutzer erhielten hierzu drei Wochen lang Mitteilungen mit Fotos und Videos, die von ein Flüchtling namens Rami während seiner Flucht gemacht wurden (vgl. NDR 2015).

Ein weiterer Instant Messenger ist die im September 2011 von Robert Murphy und Evan Spiegel gegründete Plattform Snapchat.[87] Bei Snapchat stehen nicht Textnachrichten im Fokus, sondern Fotos und Videos. Die Besonderheit dabei ist, dass sich die gesendeten Nachrichten nur einigen Sekunden angesehen werden können, bevor sie sich von selbst löschen. Snapchat wird deshalb auch als „Ephemeral Messaging-Dienst" betitelt (vgl. Primbs 2015: 47). Bilder und Videos können zudem überarbeitet, beschriftet oder mit regional verfügbaren Geofiltern versehen werden. Eine beliebte Spielerei sind die seit September 2015 verfügbaren „Lenses" (Linsen), die mittels Gesichtserkennung die eigenen Gesichtszüge erkennt und als Effekt einen auswählbaren Filter darüber legt. Neben dem Austausch per Chat besteht seit Oktober 2013 die Möglichkeit, „Live Stories" anzulegen. Hierbei können der Snapchat-User mehrere Bilder bzw. Videos hintereinander reihen und somit eine Geschichte für ihre Freunde oder aber alle Snapchat-User erzählen, die nach 24 Stunden wieder gelöscht wird. Snapchat hat nach eigenen Angaben 100 Millionen tägliche Snapchat-User, die im Schnitt 20 Minuten pro Tag Snapchat nutzen (vgl. Steuer 2016: 20 f.). In Europa sind es 35 Millionen täglich aktive Nutzer, in Deutschland rund 2,5 Millionen. Von den deutschsprachigen Onlinern wird Snapchat laut der Onlinestudie von sechs Prozent zumindest wöchentlich genutzt, bei den Personen unter 30 Jahren sind es 23 Prozent (vgl. Koch/Frees 2016: 434). Instagram hat seit der Einführung von „Instagram Stories" Funktionen im Portfolio, die denen von Snapchat stark ähneln.

Fernsehsender können Snapchat nutzen, um den Zuschauern etwa Zusatzinformationen, Hintergrundberichte oder Backstage-Material zu schicken.[88] Durch das Snappen einer Sendung kann der Sender die Bindung zu den Zuschauern effektiv stärken (vgl. Wolk 2015: 53). Einer der ersten deutschen auf Snapchat aktiven TV-Sender war ProSieben. Im April 2016 veranstaltete ProSieben eine „Snapchat-Woche", bei der mehrere Sendermitarbeiter und Moderatoren über die Arbeit bei ProSieben berichteten und tiefere Einblicke in Sendungen gaben. Hierbei kamen laut ProSiebenSat.1 55.000 Snap-Views und 7,5 Millionen Markenkontakte zustande (vgl. Firsching 2016a; Otto 2016).

---

[87] Der Name „Snapchat" setzt sich aus den beiden englischen Wörtern Snap (deutsch: Schnappschuss) und Chat (deutsch: Plaudern) zusammen. Im September 2016 wurde das Unternehmen Snapchat Inc. in Snap Inc. umfirmiert.

[88] In ähnlicher Weise können auch Social-Livestreaming-Apps (z. B. Periscope, Facebook Live Video) eingesetzt werden.

Soziale Foto- und Videoplattformen

Weitere Social-Media-Plattformen sind soziale Foto-/Video-Communities, bei denen der Zugang in der Regel öffentlich oder zumindest teilöffentlich ist. Eine besonders bei jungen Altersklassen beliebte Plattform ist die zur Facebook Inc. gehörende App Instagram, die 2010 von Kevin Systrom und Mike Krieger entwickelt wurde. Die Plattform ist eine Mischung aus einem Microblog, einem sozialen Netzwerk und einer Foto-bzw. Videoplattform, bei der Fotos und Videos (Instagram Stories) gepostet, mit Hashtags versehen, geteilt und kommentiert werden können. Im Jahr 2016 knackte Instagram nach eigenen Angaben die 500-Millionen-Nutzermarke, 300 Millionen User nutzen die Plattform täglich (vgl. Instagram Blog 2016). Für Deutschland nennt Instagram im Januar 2016 eine Nutzerzahl von neun Millionen aktiven Usern (vgl. Buggisch 2016). Die ARD-ZDF-Onlinestudie 2016 geht davon aus, dass elf Prozent der Internetnutzer Instagram mindestens wöchentlich nutzen (vgl. Koch/Frees 2016: 434). Personen unter 14 Jahren werden jedoch hierbei nicht berücksichtigt. Bei der Altersgruppe ab 14 bis 19 Jahren ist Instagram besonders beliebt, hier nutzen 37 Prozent Instagram zumindest wöchentlich und 28 Prozent täglich. Sendungen sind auf Instagram mit einem eigenen Account vertreten. Im Vergleich zu anderen Plattformen veröffentlichen diese „zwar vergleichsweise wenig Content, die Interaktionsraten sind aber mit oft weit über 5.000 Likes sehr hoch." (Blecken 2015) Die Plattform ist besonders dann für Social TV geeignet, wenn eine junge (weibliche) Zielgruppe angesprochen werden soll und die Bildsprache von besonderer Relevanz ist (vgl. Schwengler 2015). So verbindet etwa der Account der ProSieben-Castingshow *Germany's next Topmodel* die Themen Mode mit Lifestyle und erreicht dadurch über 520.000 Fans (Stand: August 2017). Zuschauer können auch Sendungsdarstellern folgen und sich dadurch mit ihnen verbunden fühlen (parasoziale Interaktion). Bilder und visuelle Grafiken können ebenso Inhalte einer Sendung visualisieren und Themen in kurzer Form erklären, wie es beispielsweise die Nachrichtensendungen „heute" (ZDF) und „Tagesschau" (ARD) machen.

Während bei Instagram Fotos im Vordergrund stehen, ist YouTube eine Videoplattform. YouTube (auf Deutsch etwa „Du sendest") wurde im Februar 2005 von Chad Hurley, Steve Chen und Jawed Karim gegründet und ein Jahr später von der Google Inc. für 1,65 Milliarden Dollar gekauft. Die User (auch: YouTuber) können auf der Plattform Videos ansehen, mit diesen interagieren oder aber eigene Inhalte hochladen. Bei YouTube handelt es sich in dem Kontext der vorliegenden Arbeit in doppelter Hinsicht um eine

Besonderheit.[89] Einerseits ist YouTube von nicht-linearen Bewegtbildinhalten geprägt, eine Social-TV-Nutzung parallel zur Ausstrahlung ist hierbei zu vernachlässigen. Andererseits ist fraglich, ob es sich bei YouTube um eine reine Videoplattform oder um eine Social Community handelt. Die Onlinestudie von ARD und ZDF aus dem Jahr 2015 etwa ordnet das Angebot nicht als Social-Media-Plattform ein, sondern definiert YouTube „in erster Linie als Anbieter von Videoinhalten" (vgl. Tippelt/Kupferschmitt 2015: 442). Es dominiert jedoch die Ansicht, dass YouTube nicht eindeutig zugeordnet werden kann und als eine Mischung aus Community und Videoplattform zu verstehen ist (vgl. de Buhr/Tweraser 2010: 86; Rösch/Seitz 2013: 45 f.; Primbs 2015: 37). YouTube wird nicht nur genutzt, um Videos zu rezipieren, sondern es findet häufig eine Interaktion mit anderen Usern oder den Content-Produzenten statt (vgl. Alby 2008: 112; Hündgen 2011: 202; Karppinen 2013: 16). Die Inhalte werden abonniert, kommentiert, bewertet oder weitergeleitet: „Kommunikation mit anderen Nutzern, Interaktion mit Video-Inhalten und intensive Beschäftigung mit der Plattform haben einen hohen Stellenwert." (de Buhr/Tweraser 2010: 86) Um die Interaktionen der User und das Teilen von Inhalten zu vereinfachen, hat YouTube 2016 eine Messaging-Funktion namens „Native Sharing" eingeführt und dient somit auch als Instant Messenger (vgl. Alba 2016). Entsprechend der Funktionen erscheint eine Einordnung von YouTube als „Social-Media-Videoplattform" (Hohlfeld/Godulla 2015: 22) zutreffend.

Das Videoportal hat eigenen Angaben zufolge mehr als eine Milliarde Nutzer, „das entspricht fast einem Drittel aller Internetnutzer." (YouTube 2015) Im Juli 2015 wurde durchschnittlich 400 Stunden Videomaterial pro Minute auf YouTube hochgeladen (vgl. Brouwer 2015). Neben YouTube gibt es zahlreiche weitere Videoplattformen (z. B. Clipfish, MyVideo, Vimeo), von denen keine so starke Reichweiten wie YouTube vorweisen kann. In Deutschland ist YouTube dem MedienVielfaltsMonitor zufolge mit einem Marktanteil von 53 Prozent das Videoportal mit der stärksten Reichweite (vgl. ALM 2015c: 35). Laut ARD/ZDF-Onlinestudie nutzen 59 Prozent der Onliner zumindest selten Videoportale (vgl. Kupferschmitt 2016: 451). Der GfK Crossmedia Link 2016 weist eine höhere Nutzung als ARD und ZDF aus. Ihm zufolge nutzen rund 69 Prozent der deutschen Onliner (37 Millionen Personen) YouTube, 12,8 Millionen Nutzer verwenden YouTube auf

---

[89] An dieser Stelle soll lediglich eine knappe Auseinandersetzung mit YouTube erfolgen. Ausführlich zur Geschichte, Funktionalität und Nutzung der Plattform siehe zum Beispiel Beißwenger (2010); Marek (2013); Rudolph (2014); Gerloff (2015: 29 ff.).

einem mobilen Endgerät (vgl. ThinkWithGoogle 2016). Beachtlich ist auch der Anteil an Usern, die aktiv eigene Inhalte erstellen. Laut IfD Allensbach (2015a) veröffentlichten 2015 rund 1,6 Millionen deutsche Onliner häufig Videos auf YouTube und 2,9 Millionen regelmäßig. Die YouTube-Inhalte sind von großer Vielfalt und unterschiedlicher Qualität. Während die Inhalte zu Beginn überwiegend amateurhaft wirkten, hat sich der Content im Laufe der Zeit zunehmend professionalisiert, da YouTube Produzenten von professionellen Kanälen unterstützt (vgl. ALM 2013b: 301; Gugel 2013b: 50). Multi-Channel-Netzwerke[90] (z. B. Allyance, Endemol Beyond, Mediakraft Networks) „produzieren, bündeln und vermarkten YouTube-Kanäle und sind in ihrer Funktion sehr nah an TV-Sendern." (Gugel 2014: 20) Aber auch Fernsehsender sind auf YouTube vertreten oder haben eigene Multi-Channel-Networks, wie zum Beispiel ProSiebenSat.1 mit dem Netzwerk „Collective Studio71".

YouTube ist eine relevante Plattform für Social TV, sofern Social TV nicht auf die programmbezogene Parallelnutzung synchron zur linearen Ausstrahlung reduziert wird. Häufig finden unter den YouTube-Videos Diskussionen der User statt, ebenso interagieren bekannte YouTuber mit ihren Fans. Dementsprechend kann die YouTube-Nutzung durchaus als soziales Erlebnis klassifiziert werden (vgl. Montpetit/Klym/Blain 2010: 321). Bereits im Jahr 2009 zeigte sich, dass soziale Motive von zentraler Relevanz für die Nutzung von YouTube sind (vgl. Haridakis/Hanson 2009: 326 ff.). Die Interaktionen können auch zu Inhalten erfolgen, die von TV-Sendern hochgeladen wurden. Es sollte zudem bedacht werden, dass YouTube kein reines On-Demand-Angebot mehr ist, da einige Inhalte mittlerweile auch live und in Echtzeit zu sehen sind. Ebenso gibt feste und allgemein bekannte Zeitpunkte der Freigabe eines Bewegtbildangebots. So stellen etwa einige bekannte YouTuber ihren Content immer am gleichen Tag zur gleichen Zeit online, damit eine Konsistenz entsteht und eine parallele Diskussion ermöglicht wird. Dementsprechend kommt eine Studie von Ring Digital in den USA zu dem Befund: „YouTube is rapidly gaining steam as a top platform with which TV fans interact." (Samuely 2015) Wie bei allen anderen erläuterten Plattformen bietet auch YouTube die Möglichkeit, die Nutzungsdaten für eine detaillierte Analyse einzusetzen.

---

[90] Multi-Channel-Netzwerke sind gewinnorientierte Unternehmen, die auf Videoportalen mehrere Kanäle betreiben und Videoproduzenten bei der Produktion und Vermarktung unterstützen. Im Gegenzug werden sie u. a. an den Werbeeinnahmen beteiligt.

4.2.4 Social-TV-Analyse

Die Social-TV-Nutzung kann nicht nur von Unternehmen selbst mittels Social-Media-Monitoring[91] ausgewertet werden, es sind auch zahlreiche auf Social TV spezialisierte Analyseunternehmen entstanden. Die Analyse kann der Fernsehbranche sowie Werbetreibenden tiefe Einblicke in die Praktiken der Nutzer bieten. So können die sichtbaren Social-TV-Interaktionen erste Hinweise auf Voting-Ergebnisse oder Einschaltquoten liefern (vgl. Possler et al. 2015: 280). Aufgrund der Kritik an bisheriger TV-Reichweitenmessung erzeugt die Social-TV-Analyse großes Interesse und wird als maßgebliches Social-TV-Geschäftsmodell gesehen (vgl. Buschow/Schneider/Ueberheide 2014a: 5; Goldhammer et al. 2015: 76).

Die Zuschauerforschung in Deutschland begann bereits im Jahr 1953, zunächst jedoch nur mittels Telefonumfragen in Berlin und Hamburg. Eine erste kontinuierliche Zuschauerforschung der öffentlich-rechtlichen Sender startete 1963. Mit dem sogenannten „Tammeter" (TAM = Television Audience Measurement) wurden bis 1974 quantitative Quotenmessungen durchgeführt (vgl. Jäckel 1996: 107). Im Jahr 1975 wurde ein Teleskopieverfahren eingeführt, bei dem ein mit dem Fernseher verbundenes Gerät in 1.200 Haushalten die Fernsehnutzung speichert. Diese Aufgabe übernahm bis 1984 die Firma Teleskopie, seit 1985 führt die GfK (Gesellschaft für Konsumforschung) die Erhebung der Fernsehnutzungsdaten durch. Die im Jahr 1988 gegründete Arbeitsgemeinschaft Fernsehforschung[92] (AGF) berücksichtigt zudem die Quoten von Privatsendern (vgl. Plake 2004: 190; Berger 2008: 119). Seit 2009 wird „Telecontrol Score" (auch: „GfK-Meter") als Messgerät in 5.000 Haushalten eingesetzt und die zeitversetzte Nutzung mit Festplattenrecorder in die Quote einbezogen (vgl. Woldt 2013: 116).

Obwohl die Repräsentativität der Quotenmessung mittels dem „Interne Coincidental Check" kontrolliert wird (vgl. Scharpf 2014: 591 ff.), kann sie nicht alle Zielgruppen vollständig abbilden. Eine große Herausforderung ist der Einbezug der Streaming-Nutzung auf jeglichen internetfähigen Endgeräten. Genutzte Bewegtbildinhalte über IP-basierte Angebote auf PCs

---

[91] „Social-Media-Monitoring" bezeichnet die Beobachtung und Analyse von nutzergenerierten Inhalten auf Social-Media-Plattformen zum Zweck der Marktforschung (vgl. Werner 2013; Hofmann 2014; Weinberg 2014: 65 ff.; Wiesinger/Pagel 2015: 448; Goderbauer-Marchner/Büsching 2015: 87 ff.).

[92] Die AGF ist ein Zusammenschluss der Sendergruppen ARD, ZDF, ProSiebenSat.1 und RTL Deutschland.

und Laptops werden von der AGF seit 2014 mittels Onlinepanel des Markt-forschungsinstituts Nielsen erhoben (vgl. Schröder 2013b; Franzen et al. 2015: 262). Die klassische Fernsehquote wurde dadurch um die Nutzung der Onlineangebote (z. B. Mediatheken) deutscher Fernsehsender erweitert; unberücksichtigt bleibt hierbei jedoch die mobile Nutzung von Bewegtbild-angeboten (vgl. Schneider 2013: 23 f.). In den AGF-Reichweiten wird seit 2015 auch die Nutzung von YouTube-Inhalten ausgewiesen (vgl. AGF 2015; Hollerbach-Zenz 2015). Im Jahr 2016 stellte die AGF schließlich ein Kon-zept zur Messung audiovisueller Gesamtreichweiten für Fernsehen und Online-Streaming vor, das Daten des klassischen TV-Panels mit neuen Streamingdaten fusioniert: „Damit wird für einzelne Bewegtbildinhalte die gesamte Nutzung über die verschiedenen Screens hinweg dokumentiert." (AGF 2016) Ebenso soll ein Mobile-Panel zur Messung der Bewegtbildnut-zung über mobile Endgeräte aufgebaut werden. Aufgrund der Vielzahl an Plattformen und Geräten zur Bewegtbildnutzung wird dennoch „eine voll-ständige Abdeckung des Onlinesektors […] niemals erreicht werden kön-nen." (Woldt 2013: 116) Trotz der geschilderten Schwächen dienen die Fernsehnutzungsdaten von AGF und GfK weiterhin als wichtiger Er-folgsindikator des Fernsehens und haben maßgeblichen Einfluss auf die Werbeeinnahmen. Sie werden daher als „heiliger Gral" (Franzen/Naumann/ Dinter 2015: 261) oder „Leitwährung" der Fernsehbranche (Ulrich/Knape 2015: 231) bezeichnet. Problematisch hierbei ist, dass die großen öffentlich-rechtlichen Sender und Mediengruppen das Messsystem dominieren, kleine-re Sender fühlen sich deshalb in Bezug auf die Werbevermarkung vernach-lässigt. So bezeichnete der Social-TV-Sender joiz (2014) die mangelhafte Quotenmessung als einen Hauptgrund für die Insolvenz des Free TV-Senders: „Damit fehlt uns in der Ausweisung durch die AGF/GfK die Reichweiten-Größe, die für die Vermarktung des Free TV-Senders und da-mit die Finanzierung notwendig sind." Um kleinere Reichweiten besser ausweisen zu können, hat Sky mit dem Projekt „Sky360" eine plattform-übergreifende Reichweitenmessung gestartet und misst TV-Verhalten von rund 15.000 Sky-Haushalten (vgl. Sky Media 2016).

Die Social-TV-Analyse kann mehr als Einschaltquoten preisgeben: „This data can be used to build and maintain audience, make better programming decisions, aid in discovery and recommendations, and to make sure that right ads reach the right people." (Wolk 2015: 111) Social-TV-Analys-eunternehmen treten in Konkurrenz zu traditionellen Markforschungsun-ternehmen wie die GfK oder Nielsen (vgl. Proulx/Shepatin 2012: 115 f.; Kosterich/Napoli 2015: 13). Die Echtzeitanalyse der Social-TV-Nutzung wurde – vor allem in den USA – zum zentralen Geschäftsfeld zahlreicher Startups (z. B. Bluefin Labs, mufin, Network Insights, never.no, SecondSync, SocialGuide, Topsy, Trendrr). Ähnlich wie bei den Social-TV-Apps von Drittanbietern gab es auch bei den Social-TV-Analytics eine Konsolidierung, einige Startups wurden von großen Unternehmen übernommen. So kaufte beispielsweise Nielsen im Dezember 2012 SocialGuide, der das Engagement der TV-Zuschauer in Social-Media-Kanälen misst. Im darauffolgenden Jahr führte Nielsen in Zusammenarbeit mit Twitter die „Nielsen Twitter TV Ratings" als Ergänzung der traditionellen Quotenmessung ein (vgl. Vossen 2012; Holt/Sanson 2014: 9; Lee/Andrejevic 2014: 50). Twitter selbst übernahm im Februar 2013 die im Jahr 2008 gegründete Social-TV-Analyseagentur Bluefin Labs, um von deren Social-TV-Expertise bzw. Technologie zu profitieren (vgl. Bluefin Labs 2013; Rowghani 2013). Ein halbes Jahr später übernahm Twitter auch das Startup Trendrr (vgl. Bergman 2013c), das mit Trendrr.tv seit 2011 eine Echtzeitanalyse von Social-TV-Interaktionen anbot. Im Jahr 2014 übernahm Twitter die zwei Analytics-Unternehmen aus London (SecondSync) und Paris (Mesagraph) und setzte damit seine in den USA angewandte Social-TV-Strategie in Europa fort (vgl. Kling 2014). Zudem kooperiert das Microblog seit 2014 mit dem Marktforschungsinstitut GfK und kündigte an, dass „GfK Twitter TV Ratings" die fernsehbezogene Twitter-Nutzung in Deutschland, Österreich und den Niederlanden analysieren werde (vgl. GfK 2014). Neben Twitter ist auch Facebook im Social-TV-Analysebereich aktiv und stellt einigen Sendern in den USA bereits seit 2013 wöchentliche Auskünfte über die Social-TV-Aktivitäten der Facebook-User zur Verfügung (vgl. Rusli 2013), auch Partnerschaften mit deutschen Fernsehsendern sind seit 2013 im Gespräch (vgl. Schwengler 2013). Seit Januar 2016 ergänzen Daten von Facebook die bisherigen Nielsen Twitter TV Ratings, das erweiterte Angebot heißt „Social Content Ratings" (vgl. Nielsen 2016).

In Deutschland gibt es neben den GfK Twitter TV Ratings weitere Angebote, die sich auf die programmbezogene Social-Media-Interaktion spezialisiert haben. So erfasste der „Social-TV-Monitor" von Goldmedia von 2012 bis 2014 wöchentlich Reichweiten von über 500 TV-Sendungen von zehn Sendern auf Twitter, Facebook sowie Social-TV-Apps. Neben dem wöchentlichen Monitor gab es auch eine Jahresauswertung, welche die erfolgreichsten Social-TV-Sendungen auswies. Ein ähnliches Angebot – jedoch in monatlicher Taktierung – ist mit dem „Social-TV-Buzz" der Mediaagentur MediaCom noch vorhanden. Dieser analysiert seit Januar 2012 die Interaktionen bzw. deutschsprachigen Kommentare zu über 100 Fernsehsendungen auf Facebook und Twitter (vgl. Blecken 2015). Ein Top-10-Ranking gibt dabei Aufschluss über die am häufigsten auf Facebook und Twitter disku-tierten Fernsehsendungen in Deutschland. Das Angebot gibt einen quantita-tiven Überblick über die Interaktionen zu deutschen TV-Formaten, es soll-ten jedoch Einschränkungen bezüglich der Repräsentativität bedacht werden (vgl. Franzen/Naumann/Dinter 2015: 267 ff.). So ist es als kritisch anzuse-hen, dass nur serielle Formate berücksichtigt werden. Der private Austausch auf Facebook, Twitter und anderen Plattformen fließt nicht mit in die Aus-wertung ein. Hinzu kommt, dass ausschließlich parallel zur Ausstrahlung erfolgte Unterhaltungen einbezogen werden, jedoch nicht die asynchrone Nutzung bzw. sonstige Interaktionen mit dem Content. Für eine Analyse der Social-TV-Reichweite nach der in dieser Arbeit vorgenommenen Definition greift der Social-TV-Buzz zu kurz. Es fehlt bislang an einer einheitlichen Messmethodik, herausfordernd sind hierbei vor allem „die Definition und Bereitstellung eines technischen Standards für Messverfahren." (ebd.: 273)

Die Social-TV-Analyse kann aufgrund der repräsentativen Schwächen bis-lang die traditionelle Zuschauerforschung nicht gänzlich ersetzen. Hinzu kommt, dass die Social-TV-Reichweiten nicht immer das Zuschauerverhal-ten wiederspiegeln. Die reichweitenstärksten Fernsehsendungen erzielen nicht zwangsläufig auch das stärkere Zuschauerengagement auf Twitter oder Facebook (vgl. ebd.: 264). So ordnen auch Friemel, Plokowiak und Fret-wurst (2014) einen Rückschluss von den Aktivitäten der Social-TV-Nutzung auf die Zuschauerzahlen oder umgekehrt als nicht sinnvoll ein. Sie fanden durch Analyse von Interaktionsdaten des Social-TV-Senders joiz (Schweiz) heraus, „dass die Rezipientenaktivität weniger von der Größe des Publikums abhängig zu sein scheint, als vielmehr von den jeweiligen Sendeformaten und spezifischen Sendungsinhalten." (ebd.; vgl. auch Friemel 2017) Speziell im Hinblick auf Twitter bezeichnen van Es, van Geenen und Boeschoten (2015) die Nielsen Twitter TV Ratings als „a fairly unimaginative and re-stricted addition to existing metrics in that it limits its measurements to tweet volume and tweet impressions" und diskutieren alternative Vorge-hensweisen der Zuschaueranalyse (ähnlich auch Antonini et al. 2013). Somit können die Analysen der neu zugänglichen Daten die bisherige rein quanti-tative Zuschaueranalyse eher ergänzen als ersetzen: „Es entsteht eine Art digitale Quote, die neben die einfache Reichweitenmessung tritt." (Wiens/ Buschow/Schneider 2015: 4) Eine Herausforderung für die Analyse der Social-TV-Nutzung ist die Nutzung via Instant Messenger, da die Interakti-onen hierbei in der Regel nicht öffentlich sichtbar sind.

4.2.5 Werbebranche

„Television is one of the most spectacularly successful commercial products of all time." (Owen 2000: 105) Trotz veränderter Nutzungsverhalten und einer Fragmentierung der Zuschauer ist das Medium Fernsehen nach wie vor der größte Werbeträger in Deutschland (vgl. Heffler/Möbus 2015). Die deutschen Fernsehsender erzielten im Jahr 2015 mit TV-Werbung Nettoeinnahmen von rund 4,4 Milliarden Euro (vgl. ALM 2016: 81; ZAW 2016). Durch die Social-TV-Nutzung ergeben sich neue Potentiale, bisherige Werbeformen des Fernsehens werden um neue Werbeoptionen erweitert, da bei Social TV klassische TV-Werbung und Online- bzw. Social-Media-Werbung verschmelzen (vgl. Goldhammer et al. 2015: 97; Quintas-Froufe/González-Neira 2015: 69). Die Social-TV-Nutzung kann einerseits die Bekanntheit von Formaten und damit ihre Relevanz für Werbetreibende erhöhen: „Wer twittert und postet, wird also zur unbezahlten Arbeitskraft für die Werbeabteilung der Sender" (Neuberger in Hertreiter/Schmieder 2014). Die Werbeeinnahmen der klassischen TV-Werbung können dadurch gestärkt werden (vgl. Schickler 2012: 3; Goldhammer et al. 2015: 93, 203). Andererseits bietet Social TV eine weitere Plattform für Werbung bzw. neue Werbeformen.

Neben den Fernsehsendern können auch Werbetreibende einen Nutzen aus Social TV ziehen (vgl. Stipp 2015: 212). Sie können direktes Feedback der Konsumenten erhalten, mit ihnen interagieren und dadurch die Kundenzufriedenheit steigern bzw. das Markenimage verbessern (vgl. Hatcher King et al. 2012: 33; InterOne 2012: 42; Networked Insights 2012: 8). Die Analyse von Social-TV-Daten kann für Werbetreibende wertvolle Informationen über die aktuellen Themen und persönlichen Interessen der relevanten Zielgruppe liefern: „Social media is, after all, a giant unfiltered focus group – as a result, there are a lot of insight you can gain." (Proulx/Shepatin 2012: 30) Diese Informationen können ebenso genutzt werden, um den Erfolg einer Werbekampagne unmittelbar zu analysieren und zukünftige Aktionen dementsprechend zu optimieren (vgl. Hill/Nalavade/Benton 2012: 1; Wolf 2012; Heckel 2013; Bellman et al. 2014: 16).

Durch die Kombination von klassischer Fernseh- und Onlinewerbung ergibt sich bei Social TV die Möglichkeit, eine auf bestimmte Zielgruppen bzw. Personen zugeschnittene Werbung zu platzieren und dadurch breite Streuverluste zu verhindern (vgl. Proulx/Shepatin 2012: 160 ff.; Groebel 2013: 50; Moser 2013: 9; Arrojo 2015: 45). Die Aktivitäten eines Social-TV-Users können analysiert und seine persönlichen Interessen und Bedürfnisse herausgefiltert werden: „Hat sich ein Nutzer beispielsweise häufig bei Sport-

Sendungen eingecheckt, könnte ihm personalisierte Werbung zu Sportartikeln gezeigt werden." (Goldhammer et al. 2015: 98) Die Personalisierung kann Werbetreibenden helfen, Zuschauer zu erreichen, die keine klassische TV-Werbung anschauen und in Werbepausen umschalten. Fernsehwerbung hat schon immer versucht, sich an die Entwicklung des Fernsehens anzupassen (vgl. Lotz 2007: 191 f.). Dramaturgische Bestandteile, wie etwa Emotionen, Aktualität und Relevanz, haben sich nicht grundlegend verändert (vgl. Stadik 2013: 27), neue Werbeformen entspringen in erster Linie aus dem Onlinebereich (vgl. Goldhammer et al. 2015: 98 f.). Bestrebungen zur Entwicklung interaktiver Fernsehwerbung gibt es schon seit der Einführung erster interaktiver TV-Angebote. So bestanden Hoffnungen, über einen Rückkanal die Kunden in die Werbung einbeziehen zu können und einen direkten Kauf von Produkten per Knopfdruck zu ermöglichen (vgl. Schössler 2001: 125; Mahr 2004: 108; Hess/Picot/Schmid 2007: 140). Die Werbebranche versprach sich dadurch etwa „eine erweiterte emotionale Einbindung, eine erweiterte Informationsqualität sowie eine stärkere Kundenbindung." (Beutel 2009: 43) Interaktive Werbeformen blieben in der Regel erfolglos, die Verknüpfung von Fernsehen und Social Media hat die Diskussion um interaktive Werbung jedoch neu entfacht. Durch die Second-Screen-Nutzung wird Fernsehwerbung „klickbar", die Zuschauer können leicht mit vertieften Werbeinformationen versorgt werden. Ebenso ist hierbei der Rückkanal unkompliziert zu bedienen, was wiederum eine interaktive Involvierung der Nutzer begünstigt (vgl. InterOne 2012: 8; Streif 2013: 37; Dinter/Pagel 2014: 170). Hierfür ist jedoch ebenfalls die Bereitschaft der Zuschauer zur Aktivität notwendig. Eine große Herausforderung besteht deshalb „in der Kreation angepasster Werbung, die tatsächlich einen unmittelbarem Anreiz zur Interaktion liefert." (Müller/Rott 2014: 29) Solch ein Anreiz kann beispielsweise ein Gewinnspiel sein, wie es etwa bei der Aktion „Klicken und Gewinnen" bei der Social-TV-App Couchfunk – in Zusammenarbeit mit dem Versandhandelsunternehmen Otto – der Fall war. Es gab hierbei Produkte zu gewinnen, die zeitgleich in einem Otto-Fernsehwerbespot zu sehen waren. Während des fünfwöchigen Kampagnenzeitraums sahen sich rund 360.000 Personen den Werbespot an und es gab über 10.000 Klicks auf die angezeigten Produkte (vgl. Couchfunk 2013).

Die Social-TV-Nutzung stellt ein Spannungsfeld für Werbetreibende dar (vgl. Puscher 2012; Bellman et al. 2014; Flieger 2014). Positiv ist, dass die Wahrscheinlichkeit des Umschaltens während der Werbepause reduziert und die Werbewirkung – etwa durch Impulskäufe – gesteigert werden kann (vgl. Benninghoff 2012: 191; Gormász 2012: 52; Wilhelm 2013). So wurde bereits im Jahr 2012 durch Befragung von 1.052 amerikanischen Tablet-Besitzern ermittelt, dass 28 Prozent ein im TV beworbenes Produkt online suchten und 12 Prozent dieses direkt kauften (vgl. GfK 2012: 8). Laut einer Studie von SevenOne Media (2015a: 25 f.) haben in Deutschland 40 Prozent der befragten Parallelnutzer zwischen 14 und 49 Jahren schon einmal zu einem im TV gesehenen Werbespot Informationen gesucht und 43 Prozent nach einem Produkt aus einer TV-Sendung. Davon haben 82 Prozent nach genaueren Informationen über das Produkt recherchiert und ganze 79 Prozent dieser Personen hat das jeweilige Produkt unmittelbar online gekauft. Da die Zahlen von einem Bewegtbildvermarkter stammen, sollten sie kritisch betrachtet werden. Die Suche nach im TV beworbenen Produkten auf dem Second Screen macht sich auch bei Unternehmen bemerkbar. So stellte beispielsweise der Onlinehändler Zalando fest, dass die Nutzung des mobilen Angebots während der Ausstrahlung eines TV-Werbespots um das Dreifache steigt (vgl. Heckel 2013). Als negativ wird hingegen angesehen, dass durch die Parallelnutzung die Aufmerksamkeit für die im TV ausgestrahlte Werbespots sinken kann, da die Zuschauer sich nicht auf zwei Aktionen gleichzeitig konzentrieren können (vgl. Kap. 5.5). Bellman et al. (2014: 16) konstatieren, dass Social TV sich nicht negativer auf die Effizienz von Werbung auswirke als es bei der klassischen TV-Rezeption mit weiteren anwesenden Personen der Fall sei. Einer Studie von wywy und TNS Infratest zufolge sinkt zwar die Aufmerksamkeit bei der Second-Screen-Nutzung während des Fernsehens um 58 Prozent (vgl. Schröter 2014; Weitekamp 2014). Bei einer auf dem Second Screen synchronisierten Werbung wiederum würde die Aufmerksamkeit um 42 Prozent steigen. Eine synchrone Werbung könne dementsprechend dem Aufmerksamkeitsverlust der Parallelnutzung deutlich entgegenwirken. Hierbei sollte kritisch bedacht werden, dass die Synchronisierung mittels ACR-Technologie zur Echtzeit-Werbung das Kerngeschäft von wywy ist.

Bei synchronisierter Werbung (auch: Real-Time-Advertising) können Werbespots aus dem Fernsehen online verlängert bzw. auf dem Second Screen oder Smart TV fortgesetzt und somit „neue Umsatzkanäle erschlossen" (Heckel 2013) werden. Kunden können weiterführende Informationen zu einem Produkt oder Rabattcodes erhalten, das Produkt bestellen oder etwa passend zu einem Autowerbespot eine Probefahrt vereinbaren. Die Synchronisation von First und Second Screen kann dabei auf mehreren Wegen erfolgen. Bei der einfachsten Form wird auf der mobilen Website oder App des Senders ein Werbebanner einer Kampagne zur gleichen Zeit wie im Fernsehen eingeblendet. Möglich ist auch das Einblenden eines QR-Codes,[93] der den Zuschauer zum weiterführenden Onlineangebot lenkt. Hierbei muss der Zuschauer jedoch schnell sein, ansonsten ist der Werbespot bereits vorbei, bis der Zuschauer die entsprechende App zum Scannen des Codes geöffnet hat. Ein anderer Weg ist die zeitliche Synchronisation eines Spots mit einer App über Audio-Synchronisation. So kann mittels dem Musik-Identifikationsdienst Shazam die Audiospur eines Werbespots identifiziert werden (vgl. Dinter/Pagel 2014: 168). Das Versicherungsunternehmen Allianz beispielsweise erweiterte im Jahr 2013 den Werbespot zur Kampagne „Wichtiges richtig schützen" mittels Audioerkennung, die Nutzer konnten erweiterte Inhalte abrufen oder an einen Gewinnspiel teilnehmen. Der Austausch über ein Produkt kann durch Einblenden eines entsprechenden Hashtags sowie speziell bei Twitter mit gesponserten Trends verstärkt werden (vgl. Midha 2014c). Aber auch ein aktueller und kreativer Beitrag eines Unternehmens kann sich unter Social-TV-Usern schnell verbreiten, wie ein Tweet der Keksmarke Oreo während des *Super Bowl*-Finales 2013 zeigte. Der Tweet von @Oreo „Power out? No problem. You can still dunk in the dark" erzielte über 15.000 Retweets und etwa 6.700 Likes und erreichte damit mehr Aufmerksamkeit als der Oreo-Fernsehspot (vgl. Ankeny 2013).

Die Fortführung eines Werbespots kann nicht nur auf dem Second Screen stattfinden, auch auf dem Smart TV können mittels HbbTV durch Drücken einer Taste auf der Fernbedienung weiterführende Informationen zu einem Produkt aufgerufen bzw. dieses direkt bestellt werden (vgl. Schröder 2013a). So konnten beispielsweise Zuschauer des Social-TV-Senders joiz in der Schweiz im Jahr 2012 durch Drücken des Red Buttons an einer Verlosung des Autoherstellers Mini teilnehmen. Sowohl Fernsehsender als auch Werbetreibende befinden sich in puncto Social-TV-Werbung noch in einer Experimentierphase. Auf Basis von qualitativen Interviews mit Akteuren des Social-TV-Marktes kommt Fakhri (2015: 215) zu dem Ergebnis, „dass in Deutschland derzeit eine Stagnation der Innovationskraft im Umfeld der Social-TV-Werbeformen zu konstatieren ist." Die Befragten seien sich zwar über die Relevanz von Social-TV-Werbung bewusst, doch die Entwicklung interaktiver Kampagnen werde bislang als aufwendiger und kostenintensiver als die der klassischen Fernsehwerbung angesehen.

---

[93] Ein QR-Code (englisch „Quick Response" für „schnelle Antwort") ist ein zweidimensionaler Code in Form einer quadratischen Matrix. Mobile Endgeräte können mit ihrer Kamera und eine entsprechenden App die Informationen des QR-Codes entschlüsseln.

4.3   Social-TV-Nutzung in Deutschland

Mit den Angeboten der Social-TV-Akteure sind die Voraussetzungen für die Social-TV-Nutzung gegeben, deren Akzeptanz ist jedoch von den Usern abhängig. Um zu klären, welche Relevanz der soziale Aspekt des Mediums Fernsehen für die Zuschauer einnimmt und was deren Nutzungsgründe sind, muss zunächst eine Betrachtung der Social-TV-Nutzung erfolgen. An dieser Stelle wird daher ein Überblick zu vorhandenen Erkenntnissen des generellen Social-TV-Nutzerverhaltens gegeben (siehe Tab. 11).

Die in diesem Kapitel vorgestellten Daten basieren auf den existierenden Studien. Eine umfassende Präsentation aller Social-TV-Studien würde jedoch den Rahmen dieser Arbeit sprengen, weshalb hierbei eine Präsentation ausgewählter Befunde erfolgt. Bei der Interpretation der Studienergebnisse sollten nachfolgende Aspekte bedacht werden: Die Social-TV-Nutzer präsentieren vielmehr einen Teilausschnitt als die Gesamtheit der Fernsehzuschauer, da nicht jeder Fernsehzuschauer gleichzeitig ein Social-TV-Nutzer ist: „Individuals who prefer to focus their full attention on their television programs should find these social activities more problematic." (Cohen/Lancaster 2014: 513) Besonders in frühen Studien sind die befragten Social-TV-User als „Early Adopters" anzusehen.[94] Erhebliche Unterschiede der Ergebnisse sind vor allem auf unterschiedliche Begriffsverständnisse von Social TV zurückzuführen. Die Vergleichbarkeit wird dadurch eingeschränkt, dass die Untersuchungen nicht von einer einheitlichen Grundgesamtheit ausgehen. Kritisch zu bedenken gilt ebenso, dass nicht alle Studien aus rein wissenschaftlichen, sondern teilweise aus kommerziellen Interessen heraus entstanden sind.

---

[94]„Early Adopters" (englisch für „frühzeitige Anwender") sind Personen, die als Erste neue Produkte nutzen und Trends setzen (vgl. Rogers 2003: 283). Sie ähneln in ihren Eigenschaften denen von Meinungsführern: „Erst wenn die frühen Übernehmer aus ihrer eigenen Erfahrung mit der Nutzung der neuen Technologie heraus ein positives Urteil fällen und dieses in ihre sozialen Gruppen hinein kommunizieren, hat das Produkt eine Chance, von breiten Teilen der Bevölkerung übernommen zu werden." (Weber 2015: 57)

Tab. 11: Exemplarische Studien zum Social-TV-Nutzungsverhalten

Kategorie	Exemplarische Studien zur Social-TV-Nutzung
Parallelnutzung	siehe Kapitel 3.4
Bewegtbildbezogene Parallelnutzung	Anywab (2012); Bitkom (2012, 2015); Busemann/Gscheidle (2012); van Eimeren/Frees (2012); Ericsson ConsumerLab (2012); InterOne (2012); SevenOne Media (2012a, 2012b, 2015a); van Eimeren/Frees (2012); Busemann (2013); BVDW/IAB Europe (2013); Dinter/Pagel (2013, 2014); Fittkau & Maaß Consulting (2013b); Frees/van Eimeren (2013); Interactive Media/United Internet Media (2013); SevenOne Media (2013); TNS Infratest (2013, 2015); Viacom (2013); ALM (2014, 2015a); BVDW (2014); Busemann/Tippelt (2014); Goldhammer et al. (2015); Johnen/Stark (2015); Kneidinger (2015); Kupferschmitt (2015); Nielsen (2015b); Tippelt/Kupferschmitt (2015); United Internet Media (2015); Kupferschmitt (2016)
Social TV via One Screen	Goldhammer/Wiegand/Birkel (2012); Mindshare (2012); Smartclip (2012); ALM (2013a, 2014, 2015a); Bitkom (2013, 2014); Fittkau & Maaß Consulting (2013a); Frees/van Eimeren (2013); Busemann/Tippelt (2014); Tomorrow Focus Media (2014); Breunig/van Eimeren (2015); TNS Infratest (2015); Deutsche TV-Plattform e.V. (2016)
Social TV via Second Screen	IP Deutschland/TNS Emnid (2011a); Bitkom (2012); SevenOne Media (2012a, 2015a); Buschow et al. (2013a, 2015); Fittkau & Maaß Consulting (2013b); Dinter/Pagel (2013, 2014); Interactive Media/United Internet Media (2013); TNS Infratest (2013); Yanik (2013); ALM (2014, 2015a); Busemann/Tippelt (2014); BVDW (2014); Goldhammer et al. (2015); Johnen/Stark (2015); Kneidinger (2015); Krämer et al. (2015); United Internet Media (2015); ForwardAdGroup (2016)
Plattformen	Kerkau (2012); Buschow et al. (2013a, 2015); Frees/van Eimeren (2013); Womser (2013); Yanik (2013); BVDW (2014); Goldhammer et al. (2015); Köhn/Lindermayer (2015); Krämer et al. (2015); Tippelt/Kupferschmitt (2015); ; Kupferschmitt (2016)
Zeitpunkte	Womser (2013); Haerle (2014); Kulessa et al. (2014); Goldhammer et al. (2015); Wiesinger/Pagel (2015); ForwardAdGroup (2016)
Praktiken	IP Deutschland/TNS Emnid (2011a); Anywab (2012); BLM (2012b); van Eimeren/Frees (2012); Dinter/Pagel (2013, 2014); Ericsson ConsumerLab (2013); Frees/van Eimeren (2013); SevenOne Media (2013, 2015a); TNS Infratest (2013); Interactive Media/United Internet Media (2013); Viacom (2013); Yanik (2013); ALM (2014); Busemann/Tippelt (2014); Bitkom (2015); Goldhammer et al. (2015); Johnen/Stark (2015); Kneidinger (2015); United Internet Media (2015); ForwardAdGroup (2016)
Soziodemografie und Persönlichkeit	Kerkau (2013); Buschow et al. (2013a, 2015); Goldhammer et al. (2015); United Internet Media (2015); in Bezug auf die Nutzungsmotive siehe Kapitel 5.4
Formate	siehe Kapitel 4.2.1
Motive und Nutzertypologie	siehe Kapitel 5.1
Diskussionsinhalte	siehe Kapitel 5.3

Quelle: Eigene Darstellung.

4.3.1 Bewegtbildbezogene Parallelnutzung und Zeitpunkte

Die parallele Verwendung von Fernsehen und Internet ist kein neues Phänomen, diese Nutzungsweise ist jedoch in den letzten Jahren angestiegen (vgl. Kap. 3.4). Hierbei ist, wie bereits erwähnt, zwischen der komplementären und der inhaltlich unabhängigen Parallelnutzung zu differenzieren, denn „keineswegs ist die parallele Internetnutzung thematisch immer aus das laufende Programm bezogen." (Busemann/Tippelt 2014: 408) Der Anteil der bewegtbildbezogenen Onlinenutzung hat in den letzten Jahren stetig zugenommen. Bereits im Jahr 2008 ergab eine Online-Befragung von 652 Studierenden, dass diese rund eineinhalb Stunden pro Tag Fernsehen und PC parallel nutzen (vgl. Kuhlmann 2008: 109 ff. 40). 40 Prozent der Befragten gaben dabei an, sich über das laufende Programm zu informieren, für 20 Prozent war die Antwortsuche auf Quizshowfragen von Interesse. Obwohl hierbei ausschließlich Studierende befragt und lediglich die Parallelnutzung mittels PC berücksichtigt wurde, liefert diese frühe Studie einen ersten Hinweis auf die Relevanz der programmbegleitenden Onlinenutzung. Mit ansteigender Social-Media-Nutzung wurde zugleich deren Relevanz für das Fernsehen deutlich. So fand die Unternehmensberatung Anywab (2012: 7 ff.) durch Befragung von 2.000 Internetnutzern heraus, dass 84 Prozent der Onliner zumindest gelegentlich parallel zum Fernsehen im Internet surfen und bereits 49 Prozent einen Second Screen mit Programmbezug nutzen. Der Navigator Mediennutzung von dem Vermarktungshaus SevenOne Media (2012a: 20) kam 2012 durch telefonische Befragung von rund 1.000 Personen zu dem Schluss, dass 69 Prozent zumindest selten während des Fernsehens das Internet nutzen. Von diesen Parallelnutzern gaben 47 Prozent an, Zusatzinformationen zum Programm zu suchen, und 16 Prozent sagten, dass sie sich online über Sendungen austauschen. Sowohl die Studie von Anywab als auch die Untersuchung von SevenOne Media berücksichtigen ausschließlich die sogenannte „werberelevante Zielgruppe", also Personen zwischen 14 und 49 Jahren. Weitere Studien zeigten, dass die bewegtbildbezogene Parallelnutzung auch bei älteren Zuschauern von Interesse ist. So ergab eine Untersuchung der Digitalagentur InterOne (2012: 6), dass sich 19 Prozent der 1.045 Befragten zwischen 18 und 74 Jahren beim Fernsehen zumindest gelegentlich auf Twitter oder Facebook austauschen.

Im Jahr 2013 wurden im Zuge einer Studie von TNS Infratest (2013) 1.503 Personen im Alter von 14 bis 64 Jahren befragt, von denen 28 Prozent zumindest gelegentlich neben dem Fernsehen im Internet surfen. 28 Prozent suchen nach Zusatzinformationen und 21 Prozent tauschen sich über das

Gesehene aus, ein Großteil der Online-Aktivitäten bezieht sich jedoch nicht auf das TV-Programm. Da die Parallelnutzung jedoch durchschnittlich nur 12 Minuten einnimmt, kommt TNS Infratest zu dem Befund, dass ein Großteil (90%) der TV-Nutzung weiterhin auf klassischem Wege stattfindet. Bei einer Neuauflage der Untersuchung im Jahr 2015 zeigte sich jedoch, dass bereits 51 Prozent der Onliner zwischen 14 und 29 Jahren TV und Internet parallel nutzen, durchschnittlich 23 Minuten pro Tag. „Zudem surft knapp die Hälfte der jüngeren Second Screen Nutzer mit Bezug zu der Sendung, die sie gerade im Fernsehen ansehen – meist auf Sozialen Netzwerken wie Facebook." (TNS Infratest 2015) Von einer höheren Parallelnutzung berichtet eine Studie von mindline media im Auftrag von SevenOne Media (2013: 8 ff.), nach der im Jahr 2013 bereits von 1.010 befragten Personen 67 Prozent mindestens selten TV und Internet parallel nutzen, 72 Prozent dieser Parallelnutzung entfällt auf das TV-Programm bezogene Aktivitäten. Auch hierbei wurden ausschließlich Personen der werberelevanten Zielgruppe berücksichtigt. 43 Prozent der Befragten bis 19 Jahren gaben an, dass der Austausch über das Gesehene mit anderen Usern den Spaß beim Fernsehen erhöhe. Laut dem W3B-Report des Marktforschungsinstituts Fittkau & Maaß Consulting (2013b) nutzen 56 Prozent der befragten Onliner neben dem TV einen Second Screen und zehn Prozent interagieren dabei in Bezug auf eine laufende TV-Sendung. Deutlich höher ist der Anteil der nicht-programmbezogenen Parallelnutzung, wie E-Mails checken (48%) oder im Internet surfen (49%). Interactive Media und United Internet Media (2013) ermittelten, dass 86 Prozent der 1.251 befragten Onliner zwischen 14 und 59 Jahren ein Second Screen während des Fernsehens nutzen. Bei genauer Betrachtung der Praktiken auf dem zweiten Gerät zeigt sich, dass hierbei 16 Prozent der Aktivitäten Bezug zum TV-Programm aufweisen (vgl. ebd.: 23). Zwei Jahre später erschien eine Neuauflage der Studie, hierbei stieg der Anteil von Second Screenern auf 89 Prozent und der Anteil der programmbezogene Parallelnutzung sank auf elf Prozent (vgl. United Internet Media 2015: 36). Auch einer Erhebung von TNS Infratest für den Digitalisierungsbericht 2015 zufolge verwenden 56 Prozent der TV-Zuschauer ab 14 Jahren zumindest selten ein Second Screen während des Fernsehens, rund 12 Prozent dieser Nutzung entfällt auf Tätigkeiten mit direktem Bezug zum TV-Programm (vgl. Kunow 2015: 52).[95] Zu einem

---

[95] Für das Jahr 2016 weist der Digitalisierungsbericht eine zumindest seltene Second-Screen-Nutzung der Personen ab 14 Jahren von 47 Prozent aus, bei den Personen im Alter zwischen 14 und 29 Jahren sind es bereits 78 Prozent (vgl. Kunow 2016: 51).

höheren Nutzungswert kommt eine Studie von Bitkom (2015), welche durch Befragung von 1.014 Personen ab 14 Jahren feststellte, dass 27 Prozent der Nutzer sozialer Netzwerke diese Plattformen mit Bezug zu aktuellen TV-Inhalten verwenden. Laut der Goldmedia-Studie im Auftrag der Landesanstalt für Medien Nordrhein-Westfalen nutzen 61 Prozent der Onliner das Internet während des Fernsehens, von denen sich 54 Prozent ausschließlich mit TV-fernen Inhalten beschäftigen (vgl. Goldhammer et al. 2015: 143). 35 Prozent gehen sowohl bewegtbildbezogenen als auch -fernen Praktiken nach und acht Prozent überwiegend bzw. ausschließlich TV-bezogene Tätigkeiten. Für das Jahr 2016 brachte eine Befragung der ForwardAdGroup (2016: 27) hervor, dass die Multiscreen-Nutzung bei 19 Prozent der Befragten meist einen Bezug zum Programm aufweist, während dies bei 81 Prozent eher nicht der Fall ist.

Mehrere Studien beziehen neben Deutschland weitere Länder ein. So liefert das ConsumerLab des Kommunikationstechnologie-Anbieters Ericsson Daten zur weltweiten Nutzung des sozialen Fernsehens. Im Jahr 2011 brachte das Ericsson ConsumerLab (2011: 55) hervor, dass 40 Prozent der Befragten Social Media während des Fernsehens nutzen. Für 2012 ermittelte Ericsson (2012: 5), dass bereits 62 Prozent der Befragten während des Fernsehens Social Networks und Foren nutzen und sich davon 40 Prozent parallel auf diesen Plattformen über das Gesehene austauschen. Im Ländervergleich fällt die Social-TV-Nutzung in Deutschland geringer als der Durchschnitt aus. So äußerten im Jahr 2013 49 Prozent, nach Zusatzinformationen zum laufenden Programm zu suchen, in Deutschland waren es hingegen nur 30 Prozent (vgl. Ericsson ConsumerLab 2013: 5). Die Social-TV-Nutzung war auch Gegenstand einer Untersuchung von Viacom International Media Networks (2013: 3), bei der 24 Länder einbezogen wurden. Hierbei zeigt sich, dass in Deutschland 31 Prozent der sogenannten „Millennials" (Personen zwischen 13 und 30 Jahren) Social Media mindestens wöchentlich für programmbezogene Tätigkeiten nutzen, der weltweite Durchschnitt liegt hingegen bei 40 Prozent. Die Mediascope-Studie betrachtet die Social-TV-Nutzung in Europa: 2012 waren 49 Prozent der deutschen Probanden manchmal während des Fernsehens online (vgl. BVDW/IAB Europe 2013: 8 ff.). Bei 26 Prozent aller Parallelnutzern beziehen sich die Online-Aktivitäten auf das TV-Programm, in Europa sind es durchschnittlich 33 Prozent (ähnlich auch IAB Europe 2014: 16 ff.). Auch die Studie „Screen Wars" von Nielsen (2015b: 7) brachte hervor, dass in Deutschland 26 Prozent TV und Internet parallel nutzen, während es in Europa 44 Prozent sind. Der Austausch über das Gesehene via Social Media wird hierbei von 21 Prozent der deutschen Probanden wahrgenommen, in Europa von 27 Prozent. Bei einem Vergleich der Länder Deutschland, Österreich und Schweiz zeigen sich keine gravierenden Differenzen, hierbei gaben 63 Prozent der 1.041 deutschen Onliner zwischen 16 und 69 Jahren an, mindestens selten Kommentare anderer Nutzer zu TV-Sendungen zu lesen und 37 Prozent eigene zu verfassen (vgl. BVDW 2014: 24).

Die erläuterten Befunde zeigen, dass diese teilweise stark divergieren und ein direkter Vergleich aufgrund der bereits benannten Gründe nicht sinnvoll ist. Eine Orientierung über die Entwicklung der deutschen Social-TV-Nutzung in den letzten Jahren bieten die Ergebnisse der ARD/ZDF-Onlinestudien. Da die Langzeitstudie Massenkommunikation im Jahr 2010 eine Verdopplung der Parallelnutzung von Fernsehen und Internet (von drei auf sechs Prozent der TV-Nutzungsdauer) innerhalb von fünf Jahren feststellte (vgl. Best/Breunig 2011: 23), lieferte die ARD/ZDF-Onlinestudie 2011 eine mögliche Erklärung hierfür: „Immer mehr Menschen nutzen Social-Media-Angebote wie Facebook oder Twitter parallel zum Fernsehen, um das gerade Gesehene live zu kommentieren." (Frees/van Eimeren 2011: 357) Die Onlinestudie 2012 stellte fest, dass 20 Prozent der Internetnutzer schon einmal Fernsehen und Internet parallel genutzt haben, die programmbezogene Parallelnutzung wurde jedoch nur auf sechs Prozent der Onliner beziffert (vgl. van Eimeren/Frees 2012: 371 f.). In den folgenden Jahren stieg die zumindest seltene Parallelverwendung von TV und Internet von 35 Prozent (2013), 41 Prozent (2014) und 44 Prozent (2015) hin zu 53 Prozent (2016) an (vgl. Kupferschmitt 2015: 389, 2016: 454 f.). Die Nutzung programmbezogener Inhalte auf dem zweiten Gerät fiel jedoch stets deutlich geringer aus (vgl. Busemann/Tippelt 2014: 410 f.; Koch/Frees 2016: 456 f.).

Auch universitäre Studien betrachten den Anteil der programbezogenen Parallelnutzung von Fernsehen und Internet.[96] So ergab eine Online-Befragung von Dinter und Pagel (2013: 34), dass von den 194 Probanden zwischen 18 und 70 Jahren 78 Prozent Fernsehen und ein weiteres Endgerät zeitgleich nutzen. Praktiken, die nicht in Verbindung mit dem TV stehen, erzielten die dabei die größten Werte. „Die parallele Nutzung des Second Screens in deutschen TV-Haushalten ist bereits gelebter Alltag, auch wenn derzeit die *programmferne* Anwendung noch überwiegt." (ebd.: 37, H.i.O.)

---

[96] Die bewegtbildbezogene Parallelnutzung ist Bestandteil zahlreicher universitärer Abschlussarbeiten und Seminarprojekte. Diese werden an dieser Stelle nicht alle aufgeführt, zumal deren Befunde oftmals auf sehr kleinen Stichproben basieren.

Auch bei der Abfrage des Second-Screen-Nutzungsverhaltens der Studie von Johnen und Stark (2015: 387) bestätigt sich, dass die Parallelnutzung meist nicht in einem inhaltlichen Zusammenhang steht: „So stimmten 75 Prozent der Aussage zu, dass sie während des Fernsehens das Internet nutzen, weil sie dort etwas machen wollen, was nichts mit dem Fernsehprogramm zu tun hat". Der typische Social-TV-User wird von den Forschern des IJK Hannover als internetaffiner Mittzwanziger beschrieben (vgl. Buschow 2013), was jedoch nicht verwunderlich ist, da über die Hälfte der befragten Personen Schüler sowie Studierende waren. Der späteren Delphi-Befragung zufolge wird die Hauptzielgruppe bei den sogenannten „Digital Natives" vermutet,[97] einen typischen Social-TV-User gäbe es allerdings nicht (vgl. Buschow et al. 2015: 189). In der Goldmedia-Studie (N = 894) nahmen Personen zwischen 30 und 30 Jahren den größten Anteil (29%) ein, gefolgt von Nutzern zwischen 40 und 40 Jahren (25%) sowie Personen unter 29 Jahren (23%). Personen ab 50 Jahren waren mit 23 Prozent vertreten (vgl. Goldhammer et al. 2015: 131). Demzufolge betrifft die Nutzung des sozialen Fernsehens alle Altersklassen. Hinsichtlich der der geschlechterspezifischen Nutzung von Social TV wird bislang betont, dass Frauen tendenziell aktivere Nutzer als Männer seien (vgl. Buschow et al. 2013a: 50; Goldhammer et al. 2015: 137; United Internet Media 2015: 37).

Laut einer Delphi-Befragung des IJK Hannover gehen die befragten Experten überwiegend davon aus, dass die Zahl der deutschen Social-TV-User aufgrund der steigenden Verbreitung mobiler Endgeräte weiter zunehmen wird (vgl. Buschow et al. 2015: 189). Dem Social-TV-Buzz von MediaCom zufolge hat die Beliebtheit von Social TV in Deutschland deutlich zugenommen: „So verfassten die User zwischen Januar und Dezember 2015 mehr als 10,1 Millionen Tweets und Facebook-Posts – gegenüber 2014 (5,8 Millionen Postings) entspricht dies einem Anstieg von 74 Prozent." (Franzen 2016) Berücksichtigt wurden hierbei Tweets und Posts zu 179 TV-Sendungen, die öffentlich verfügbar sind. Im Jahr 2015 landete die ARD mit dem *Tatort* sowie dem *Polizeiruf 110* (757.000 Postings) auf dem ersten Platz des Gesamtrankings, gefolgt von der *Tagesschau* (746.872 Postings) und dem *RTL-Dschungelcamp* (620.163 Postings).

---

[97] „Digital Natives" (auf Deutsch etwa „digitale Ureinwohner") bezeichnet eine Generation von Personen, die nach 1980 geboren und in der digitalen Welt und mit Social Media aufgewachsen sind (vgl. Prensky 2001; Palfrey/Gasser 2008; Ridder/Engel 2010: 523; Hattendorf 2011: 57; Hepp/Berg/Roitsch 2014: 24; Dittes 2015: 97 f.).

Insgesamt betrachtet deuten die bisherigen Befunde zur Nutzung des sozialen Fernsehens in Deutschland darauf hin, dass die Parallelnutzung von Fernsehen und Internet in den letzten Jahren stetig gestiegen ist, jedoch überwiegend ohne Bezug zum Bewegtbild erfolgt. Doch auch die bewegtbildbezogene Parallelnutzung hat den Studien zufolge tendenziell zugenommen. Social TV kann jedoch nach dem Verständnis der vorliegenden Arbeit nicht nur parallel zur linearen Ausstrahlung stattfinden, eine Gleichsetzung von Social TV mit der synchronen, programmbezogenen Second-Screen-Nutzung wird als unzureichend angesehen (vgl. Kap. 4.1.3). Die asynchrone Social-TV-Nutzung wird jedoch mehrheitlich von bestehenden Studien nicht berücksichtigt. Hinsichtlich des Nutzungszeitpunktes wurden bislang primär Ausschläge während der Parallelnutzung betont, etwa dass die Nutzung während Werbeunterbrechungen ansteige (vgl. Kulessa et al. 2014: 56; ForwardAdGroup 2016: 29). Zu einzelnen Sendungen wurden zu bestimmten Zeitintervallen stärkere Ausschläge der Nutzung gemessen. So ist etwa die Aktivität der Twitter-User während des Tatorts zu Beginn intensiver als gegen Ende (vgl. Wiesinger/Pagel 2015: 452 f.). Es gibt jedoch Hinweise darauf, dass Social TV auch asynchron genutzt wird. Laut Goldmedia beschäftigen sich „zehn Prozent der deutschen Onliner oder 22 Prozent der Social-TV-Nutzer sich mit TV-bezogenen Inhalten außerhalb der Sendezeit" (Goldhammer et al. 2015: 144).

4.3.2 Social-TV-Hardware- und Plattformnutzung

Die Social-TV-Nutzung kann prinzipiell ohne Second Screen und ausschließlich mittels TV-Gerät erfolgen. Hierzu ist ein Smart TV oder eine an das TV-Gerät angeschlossene internetfähige Zusatzbox nötig. Der Absatz von internetfähigen Fernsehgeräten ist stark vorangeschritten, die Nutzung der Funktionen ist jedoch deutlich geringer. Die Deutsche TV-Plattform e.V. (2016) geht auf Basis von Zahlen der GfK von 4,2 Millionen verkauften Smart TVs im Jahr 2015 aus. Hinzu kommen 5,2 Millionen an TV-Geräte angeschlossene Peripheriegeräte (z. B. Spielekonsolen, Digitalreceiver bzw. DVD-Player, Apple TV, Amazon Fire TV, Google Chromecast etc.). Laut Digitalisierungsbericht 2015 der Landesmedienanstalten verfügen 20 Prozent der deutschen Haushalte über einen Smart TV (vgl. Kunow 2015: 49). Bei Einbezug der Peripheriegeräte beläuft sich der Anteil an Haushalten mit einem internetfähigen TV-Gerät auf 28 Prozent (vgl. auch Tomorrow Focus Media 2014: 41). Die Langzeitstudie Massenkommunikation 2015 geht davon aus, dass 19 Prozent der in deutschen Haushalten lebenden Personen ab

14 Jahren ein Fernsehgerät mit einem Internetzugang nutzen (vgl. Breunig/van Eimeren 2015: 518). Die Befunde zur Smart-TV-Nutzung betonen, dass die Möglichkeit zum Anschluss an das Internet nicht zugleich bedeutet, dass diese wahrgenommen werden (z. B. Mindshare 2012: 2; Frees/van Eimeren 2013: 374; Fittkau & Maaß Consulting 2013; Busemann/Tippelt 2014: 409). So erwähnt auch der Digitalisierungsbericht: „Die Anschlussquote der Connectable-TVs liegt bei knapp 68 Prozent, die der Smart-TVs bei 58,7 Prozent." (Kunow 2015: 49) Insgesamt haben im Jahr 2015 19 Prozent der deutschen Haushalte ihr TV-Gerät mit dem Internet verbunden. Der Digitalisierungsbericht 2016 zeigt erneut einen Anstieg der Verbreitung von internetfähigen Fernsehgeräten. Demnach verfügen 28 Prozent der deutschen TV-Haushalte über einen Smart TV, von denen 64 Prozent an das Internet angeschlossen sind (vgl. Kunow 2016: 46 f.).

Bei Betrachtung des Einsatzbereichs von Smart TVs zeigt sich, dass diese primär für die passive Rezeption von zeitversetzen Inhalte verwendet werden (vgl. ebd.: 51), während die für Social TV relevante und interaktive Nutzung von Social Media eine untergeordnete Rolle spielt. Spezielle Social-Media- bzw. Social-TV-Apps haben im Jahr 2014 zwar bereits 26 Prozent der Smart-TV-User verwendet (vgl. Tomorrow Focus Media 2014: 24), der Anteil der Social-Media-Nutzung via angeschlossenem Smart TV wird lediglich auf 5 bis 18 Prozent beziffert (vgl. Mindshare 2012: 3 f.; Fittkau & Maaß Consulting 2013; Kunow 2015: 51). „Demzufolge spielen One-Screen-Lösungen für das parallele Surfen zum Fernsehen […] nur eine untergeordnete Rolle." (Busemann/Tippelt 2014: 410) Die Dominanz eines weiten Endgerätes für die Social-TV-Nutzung zeigt sich auch bei Studien, die bei der verwendeten Social-TV-Hardware sowohl First als auch Second Screens abgefragt haben. Laut der Online-Befragung des IJK Hannover nehmen Fernseher mit Internetverbindung den letzten Rang ein, während Tablets und Notebooks an oberster Stelle stehen (vgl. Buschow et al. 2013a: 54). Auch die befragten Experten der Studie aus Hannover gehen von einer geringen Relevanz der Social-TV-Nutzung via One Screen aus: „Der First Screen wird mehrheitlich als reine Projektionsfläche verstanden, auf die in Zukunft vor allem Inhalte von anderen Devices gelangen werden." (Buschow/Schneider/Ueberheide 2014a: 5) Die von Goldmedia durchgeführte Studie ergab, dass nur drei Prozent der befragten Nutzer das soziale Fernsehen via Smart TV nutzen (vgl. Goldhammer et al. 2015: 133). Die One-Screen-Nutzung liegt dabei deutlich hinter der Second-Screen-Nutzung, für die vor allem Laptops (37%), Smartphones (26%), Tablets (17%) sowie stationäre PCs (16%) eingesetzt werden.

In zahlreichen Studien wurde nach den verwendeten Geräten für die allgemeine Second-Screen-Nutzung gefragt, die nicht kategorisch programmbezogen sein muss. Wie bei der Untersuchungen von Goldmedia nimmt hierbei der Laptop häufig den ersten Rang ein, erst danach folgen Smartphones oder Tablets (z. B. IP Deutschland/TNS Emnid 2011: 3; Bitkom 2012; Fittkau & Maaß Consulting 2013b; TNS Infratest 2013; BVDW 2014: 22; Haerle 2014; ForwardAdGroup 2016: 24; Kupferschmitt 2016: 455 f.). Tendenziell ist eine rückläufige Relevanz von stationären PCs und Laptops zu erkennen, während Smartphones und Tablets stärker zum Einsatz kommen. In der Studie „Catch Me If You Can" beispielsweise gaben die Befragten im Jahr 2013 an, am häufigsten (55%) Fernseher und Laptop parallel zu verwenden (Interactive Media/United Internet Media 2013: 16), zwei Jahre später hingegen zeigte sich: „Die meistgenutzte Kombination ist TV & Smartphone mit einem Anteil von 65%, gefolgt von TV & Laptop mit 51%." (United Internet Media 2015: 29) Dementsprechend weisen mehrere Untersuchungen das Smartphones als beliebtestes Second-Screen-Device aus (z. B. Womser 2013: 105; Dinter/Pagel 2014: 165; Johnen/Stark 2015: 384; Kneidinger 2015: 222; Krämer et al. 2015: 259; Kunow 2015: 52, 2016: 51; SevenOne Media 2015a: 23). Die Beliebtheit der Parallelnutzung via Smartphone ist damit zu begründen, dass Smartphones meist in greifbarer Nähe sind und ihre Handhabung in der Regel umgänglich ist: „It carries out an enabling function because it is a personal, easy to use, intergenerational device." (Marinelli/Andò 2014: 27) Ebenso eignen sich Tablets für eine unkomplizierte Social-TV-Nutzung (vgl. Ericsson ConsumerLab 2011: 19).

Neben den für Social TV verwendeten Geräten sind zudem die eingesetzten Plattformen Bestandteil bestehender Studien. Gleichwohl sich die Anzahl der abgefragten Angebote in der Regel unterscheidet, dominieren bei dem Gros der Untersuchungsergebnissen Social Networks, dabei primär Facebook und Twitter. Die Nutzerbefragung des IJK Hannover brachte beispielsweise hervor, dass am häufigsten (Skala von 1 = nie bis 5 = sehr häufig) Facebook (M = 3,0) für Social TV verwendet wird, gefolgt von Twitter (M = 2,5), Internetforen (M = 2,3), Messenger (M = 2,3), E-Mail (M = 1,7), Senderangebote (M = 1,7), Social-TV-Apps (M = 1,5) und Google+ (M = 1,3) (vgl. Buschow et al. 2013a: 53 f.). Da die Twitter-Nutzung in Deutschland deutlich geringer habitualisiert ist als die Facebook-Nutzung, finden hier zu Lande mehr Social-TV-Interaktionen via Facebook statt (vgl. Naumann 2013; Kerkau 2013: 7; BVDW 2014: 25; Kap. 4.2.3). In neueren Studien macht sich die Beliebtheit von Instant-Messaging-Diensten bemerkbar, sie werden meist sogar relevanter als Facebook eingestuft (z. B. Köhn/

Lindermayer 2015: 15; Krämer et al. 2015: 259). Spezielle Social-TV-Apps spielen laut bisherigen Befunden lediglich eine untergeordnete Rolle, sie werden selten verwendet bzw. sind oftmals nicht bekannt (vgl. Anywab 2012: 8; Buschow et al. 2013a: 54; Womser 2013: 105; Yanik 2013: 103). Mithin nutzen laut Onlinestudie 2013 elf Prozent der Onliner ab 14 Jahren Apps von TV-Sendern, jedoch nur zwei Prozent täglich bzw. vier Prozent wöchentlich, der Rest monatlich oder seltener (vgl. Frees/van Eimeren 2013: 381). Die vom IJK Hannover interviewten Experten weisen ebenfalls den offenen Plattformen ein höheres Potential zu, da diese komfortabler zu bedienen seien und nicht extra heruntergeladen werden müssen (vgl. Buschow et al. 2015: 193). Goldmedia betont, dass die Akzeptanz von Drittanbieter-Social-TV-Apps noch geringer sei als die von Senderapps (vgl. Goldhammer et al. 2015: 138). Die vier relevantesten Plattformen seien Facebook, WhatsApp, Google+ und Twitter (vgl. ebd.: 223).

4.3.3 Social-TV-Praktiken

Welchen Social-TV-Aktivitäten die Nutzer nachgehen, wurde bislang in vereinzelten Studien untersucht. Überwiegend standen hierbei allgemeine Tätigkeiten der synchronen Parallelnutzung im Fokus. Ebenso unterscheiden sich die Befunde stark darin, welche einzelnen Aktivitätsitems den Befragten zur Auswahl gestellt wurden. Die Suche nach zusätzlichen Informationen sowie der Austausch über das laufende Programm sind jedoch stets Bestandteil der abgefragten Interaktionselemente. So gaben 67 Prozent der Befragten des DigitalBarometer 2011 an, zumindest selten nach Informationen zum laufenden Programm zu suchen, während 38 Prozent sich in Echtzeit über das Gesehene austauschen (vgl. IP Deutschland/TNS Emnid 2011a: 7). 34 Prozent gaben an, die Website eines Senders zu besuchen oder nach Antworten zu Quizshows zu recherchieren. Das Schlusslicht bildet die Teilnahme an Gewinnspielen (15%). Ähnliche Befunde zeigt eine Studie namens „Second Screen Zero", der zufolge 66 Prozent der Social-TV-User nach Zusatzinformationen suchen, täglich sind es jedoch nur sechs Prozent (vgl. Anywab 2012: 8).

Speziell für das Bundesland Bayern gibt die von TNS Infratest durchgeführte Funkanalyse niedrigere Werte aus: Acht Prozent der Befragten ab 14 Jahren rufen demnach Informationen zu Sendungen ab, während lediglich rund zwei Prozent das Gesehene in Social Networks kommentieren (vgl. BLM 2012b: 3). Bei den Personen im Alter von 14 bis 19 Jahren sind die Anteile höher (14% Informationssuche und 15% sozialer Austausch).

Die vergleichsweise niedrigen Werte sind darauf zurückzuführen, dass diese auf die bayerische Bevölkerung allgemein und nicht ausschließlich auf die Parallelnutzer bezogen sind. Auch der TNS Convergence Monitor gibt eine tendenziell niedrige Nutzung für die programmbezogenen Praktiken aus: 28 Prozent der Parallelnutzer schätzen die vertiefte Auseinandersetzung mit dem Gesehenen, während sich 21 Prozent in Social Networks über laufende Sendungen unterhalten (vgl. TNS Infratest 2013). Dem Digitalisierungsbericht 2014 nach suchen 27 Prozent der Second Screener nach Infos zu einer Sendung (vgl. ALM 2014: 90). 51 Prozent verwenden während des Fernsehens Social Networks, es wird jedoch nicht ausgewiesen, welcher Anteil dabei mit Programmbezug erfolgt. Ergebnissen des Ericsson Consumer-Labs (2013: 6) zufolge, bei denen neben Deutschland vierzehn weitere Länder einbezogen wurden, suchen 49 Prozent der Parallelnutzer nach Informationen, 29 Prozent tauschen sich mit anderen Zuschauern aus und 13 Prozent nehmen an Abstimmungen teil. Die weltweite Studie von Viacom (2013: 4) ermittelte hingegen, dass die Interaktion über TV-Inhalte (72%) an erster Stelle bei der Social-TV-Nutzung steht, erst danach folgt die Informationssuche (66%) sowie das Teilen von Sendungsposts (61%).

Untersuchungen, die mehrfach vorgenommen wurden, deuten lediglich auf leichte Veränderungen der ausgeübten Social-TV-Praktiken hin. Die Studie „Catch Me If You Can" wies im Jahr 2013 folgende Anteile für die Parallelnutzung der Befragten zwischen 14 und 59 Jahren aus: 72 Prozent Informationssuche und 62 Prozent Austausch (vgl. Interactive Media/United Internet Media 2013: 21). Zwei Jahre später nahm der Anteil der Informationssuche (66%) ab, während die soziale Interaktion über das Gesehene (65%) leicht anstieg (vgl. United Internet Media 2015: 35). Ebenso berichten Untersuchungen von SevenOne Media von einer Zunahme der Social-TV-Aktivitäten innerhalb von zwei Jahren. Im Jahr 2013 wurde die Suche nach Programminfos (49%) oder Produkten aus einer Sendung (38%) von Parallelnutzern zwischen 14 und 49 Jahren deutlich häufiger ausgeübt als das Kommentieren von TV-Inhalten (9%) oder die Nutzung interaktiver TV-Angebote (6%) (vgl. SevenOne Media 2013: 10). Dies war im Jahr 2015 immer noch der Fall, doch die Nutzung interaktiver TV-Angebot (18%) überholte den sozialen Austausch (13%) (vgl. SevenOne Media 2015a: 25). Auffällig ist, dass ausschließlich Programminfos von zwölf Prozent häufig gesucht werden, während alle anderen Aktivitäten von zwei Prozent oder weniger häufig wahrgenommen werden. Auch die ARD/ZDF-Onlinestudie betrachtet seit mehreren Jahren die Praktiken der programmbezogenen Parallelnutzung (vgl. van Eimeren/Frees 2012: 371; Frees/van Eimeren

2013: 381 f.; Busemann/Tippelt 2014: 411 f.). 2014 gaben 26 Prozent der Onliner an, zumindest selten etwas zum Thema seiner Sendung zu suchen, ein Jahr zuvor waren es neun Prozent. Zwölf Prozent unterhalten sich in ihren Online-Communities über das Gesehene, 2013 waren es neun Prozent. Mindestens wöchentlich erfolgt der Austausch lediglich bei vier Prozent (2013: 3%). Noch geringer ist der Anteil (6%) derjenigen Onliner, die im Jahr 2014 zumindest selten etwas zu einer Sendung auf der dazugehörigen Website kommentieren. Höhere Werte zeigen sich bei den Onlinern zwischen 14 und 29 Jahren, hier suchen 35 Prozent nach Zusatzinformationen und ein Viertel tauscht sich über gesehene Sendungen aus (vgl. ebd.: 412). Die Onlinestudie 2014 fragt nach vier weiteren Aktivitäten der Social-TV-Nutzung, die in den Jahren zuvor nicht Bestandteil der Untersuchung waren. Hierbei handelt es sich um die Teilnahme an Votings (7%), das Kommentieren auf einer Facebook- oder Twitter-Seite (5%), das Diskutieren mit sendungsangehörigen Personen (2%) sowie die Nutzung von sendereigenen Social-TV-Apps (2%). Für das Jahr 2016 deklariert die Studie „Mobile Effects", dass rund 59 Prozent der programmbezogenen Parallelnutzer nach Infos suchen, 35 Prozent Sendungs-Websites besuchen und 17 Prozent aktiv am Diskurs teilnehmen (vgl. ForwardAdGroup 2016: 28).

Aus universitären Forschungen resultieren ähnliche Befunde, auch hier überwiegt hinsichtlich der Social-TV-Praktiken meist die Informationssuche. So gaben rund 35 Prozent der von Dinter und Pagel (2014: 166) befragten Second Screener an, Informationen zu laufenden TV-Sendungen zu suchen. Mit deutlichem Abstand folgen Kommunikation über das Gesehene (10%) sowie die Nutzung interaktiver Unterhaltungsangebote wie etwa Votings (6%). Auch die Befunde von Womser (2013); Yanik (2013), Baker/Klassen/ Otto (2014), Kulessa et al. (2014) sowie Kneidinger (2015) deuten auf eine Dominanz der informativen Aktivitäten hin. Ebenso resümieren Johnen und Stark (2015: 367) hinsichtlich der aktiven Tätigkeiten: „[S]peziell die sozialinteraktive Teilhabe mit Programmmachern oder anderen Fernsehzuschauern ist noch wenig ausgeprägt." Es zeigt sich bei der vorhandenen Forschung eine starke Tendenz dahingehend, dass Praktiken wie das Lesen von Zusatzinformationen und Kommentaren deutlich öfter als partizipative Angebote wahrgenommen werden (siehe Kap. 5.5). Es muss daher zwischen aktiven und passiven Social-TV-Usern differenziert werden (vgl. Stipp 2015: 205).

4.4   Zusammenfassung zentraler theoretischer Befunde III

Fernsehen zwar schon immer ein soziales Erlebnis, interaktive Partizipationselemente erreichten zunächst nur geringe Akzeptanz. Das Internet als möglicher Rückkanal hat das mögliche Ende der Einbahnstraßenkommunikation des Mediums Fernsehen eingeleitet. Zu Beginn der Social-TV-Historie wurden spezielle Systeme entwickelt, die ein gemeinschaftliches Rezeptionserlebnis ermöglichen sollten. Diese rückten jedoch schnell in den Hintergrund, da die Social-TV-Nutzung durch die anschwellende Nutzung von mobilen Endgeräten als Second Screens und Social-Media-Plattformen ein spezifisches System obsolet machten. In Deutschland sind die Anfänge einer derartigen Nutzung des sozialen Fernsehens bereits im Jahr 2011 zu erkennen. Social TV wurde nicht von Fernsehsendern oder sonstigen Akteuren entwickelt, sondern ist das Resultat von verändertem Mediennutzungsverhalten und den Aktivitäten der Zuschauer. Dementsprechend zeigten die Fernsehsender zunächst Zurückhaltung, begannen jedoch schnell, auf dem Social-TV-Markt zu experimentieren.

Tab. 12: Kategorien der Social-TV-Systematisierung

Kategorie	mögliche Bestandteile
Hardware	One-Screen-Devices Second-Screen-Devices
Plattform	Sender-/Sendungseigene Anwendungen Social Networks, Microblogs, Instant Messaging Social-TV-Apps
Zeitpunkt	synchron (parallel, Werbepause) asynchron (vorher, nachher)
Inhalt	lineare Bewegtbildinhalte nicht-lineare Bewegtbildinhalte
Zugang	öffentlich teilöffentlich geschlossen (privat)
Interaktionspartner	Zuschauer – Zuschauer Sender/Sendung – Zuschauer sonstige Akteure – Zuschauer
Praktiken	Bewegtbildbezogene Kommunikation (aktiv oder passiv) sonstige Interaktions- und Partizipationselemente

Quelle: Eigene Darstellung.

Das Verständnis darüber, was Social TV genau ist, geht teilweise stark auseinander. Das Phänomen wurde daher in diesem Kapitel genau eingeordnet und von häufig synonym verwendeten Begriffen (z. B. Second Screen) abgegrenzt. Aus einem kommunikationswissenschaftlichen Blickwinkel wird Social TV in der vorliegenden Studie als die soziale Interaktion zwischen räumlich getrennten Personen definiert, die sich (a)-synchron über TV-Inhalte austauschen oder am Sendegeschehen partizipieren. Die Nutzung kann zugleich auf passiver Basis erfolgen, etwa durch das Lesen von Kommentaren oder Zusatzinformationen. Die Social TV Nutzung kann mittels internetfähigen Geräten (Connected TV oder Second Screen) auf diversen sendereigenen als auch externen Plattformen stattfinden. Auf Basis dieser Definition wurde eine Kategorisierung der zentralen Bestandteile vorgenommen, die Tab. 12 überblicksartig darstellt.

Nachdem der Untersuchungsgegenstand definiert und die einzelnen Bestandteile präzisiert wurden, erfolgte eine Auseinandersetzung mit den Akteuren auf dem deutschen Social-TV-Markt. Hierbei kann zwischen Inhalte-Anbietern, Infrastruktur-Anbietern sowie Vermarktern differenziert werden. Der Fokus liegt hierbei auf den Fernsehsendern, da diese Hauptlieferanten der Inhalte sind, auf die sich die Social-TV-Interaktionen beziehen. Ihre eigenen Social-TV-Angebote platzieren TV-Sender sowohl auf ihren eigenen als auch externen Plattformen. Die Social-TV-Elemente variieren von einer Bedienung passiver Nutzungsweisen (z. B. Liefern von Zusatzinformationen) bis hin zur aktiven Beteiligung der Zuschauer an der Sendungsgestaltung bzw. Integration von nutzergenerierten Inhalten. Die Befunde zur besonderen Eignung einzelner Formate für Social TV ergeben kein einheitliches Bild, tendenziell werden jedoch emotionale und aktuelle Inhalte, Live-Shows sowie wiederkehrende Formate mit einer vorhandenen Fanbasis als Treiber der Social-TV-Nutzung bezeichnet. Ob ein Sender den Zuschauern Social-TV-Angebote macht, ist mit der Abwägung von Vor- und Nachteilen verbunden. Einerseits können hierdurch das lineare TV gestärkt sowie Zuschauer an das Programm gebunden werden; der Empfang eines unmittelbaren Feedbacks und somit eine Erfolgsmessung in Echtzeit wird möglich. Ebenso können auch neue Optionen der Programmwerbung bzw. Werbeeinnahmen vorteilhaft sein. Andererseits sollten der nötige Aufwand, mögliche Kontrollverluste bei negativem Feedback, Finanzierungsaspekte sowie rechtliche Unklarheiten bedacht werden.

Social-TV-Angebote können auch von Drittanbietern – meist Startup-Unternehmen – stammen, die sich bislang primär auf die Entwicklung spezieller Social-TV-Apps konzentriert haben. Aufgrund der Vielzahl an Angeboten hat bereits eine Konsolidierung eingesetzt, es bestehen nur noch wenige Drittanbieter-Apps, wie beispielsweise Couchfunk. Deutlich mehr Potential wird den Social-Media-Plattformen zugesprochen, da diese ohnehin für soziale Interaktion verwendet und dementsprechend auch für Social-TV-Tätigkeiten genutzt werden können. Während Twitter laut vorhandenen Befunden primär parallel zur Ausstrahlung verwendet wird, zeichnet sich Facebook durch die Relevanz für asynchrone Social-TV-Aktivitäten aus. In Deutschland ist jedoch die Facebook-Nutzung deutlich weiter verbreitet als die von Twitter. Für den privaten Austausch dienen vor allem Instant-Messaging-Dienste. Möglich ist auch die Nutzung von Foto- oder Videoplattformen für Social TV. Neben TV-Sendern, Drittanbietern und Social-Media-Plattformen agieren auch Analyseunternehmen im Social-TV-Umfeld, die das Social-TV-Nutzerverhalten analysieren und die Daten als Ergänzung zur klassischen TV-Quotenmessung anbieten. Viele Analyseunternehmen wurden mittlerweile von Social-Media-Plattformen aufgekauft. Als weiterer Akteur kann die Werbebranche bezeichnet werden, schließlich bieten sich für diese neben der Analyse eines Kampagnenerfolgs neue Werbemöglichkeiten, wie etwa personalisierte, interaktive und auf dem zweiten Bildschirm verlängerte Werbung.

Kommerzielle sowie akademische Studienbefunde zur bewegtbildbezogenen Parallelnutzung divergieren, erkennbar wird jedoch, dass diese sich in den letzten Jahren kontinuierlich verstärkt hat. Smart TVs sind mittlerweile weit verbreitet, sie werden jedoch nicht immer mit dem Internet verbunden. Ihre Relevanz für Social TV ist den Befunden zufolge bislang marginal. Als deutlich geläufiger erweist sich die Social-TV-Nutzung via Second Screen, dabei vor allem unter Verwendung von Social-Media-Plattformen. Hinsichtlich des Nutzungszeitpunktes liegt der Fokus bisher fast ausschließlich auf der synchronen Nutzung, es gibt jedoch auch erste Indizien dafür, dass auch vor oder nach der Ausstrahlung Social TV genutzt wird. Ein relativ einheitliches Bild ergeben die Untersuchungen zu Social-TV-Praktiken, da diesbezüglich eine Dominanz der passiven Tätigkeiten (z. B. Lesen von Kommentaren) gegenüber der aktiven Teilhabe (z. B. Verfassen von Kommentaren, Mitgestaltung) ausgewiesen wird. Insgesamt sind die bestehenden Untersuchungen aufgrund unterschiedlicher Vorstellungen von der Frage, was Social TV beinhaltet, nicht direkt vergleichbar. Sie lassen daher keine verlässlichen Aussagen über die Nutzung von Social TV zu. Zudem reicht die Beschreibung der Social-TV-Angebote sowie des Forschungsstands zu deren Nutzung nicht aus, um die zentrale Frage der vorliegenden Arbeit, wie sich Social TV auf das soziale Erlebnis Fernsehen auswirkt, zu beantworten. Hierzu ist es vielmehr nötig, die Beweggründe und Gratifikationen der Nutzung des sozialen Fernsehens zu ermitteln.

5. NUTZUNGSMOTIVE DES SOZIALEN FERNSEHENS

Die Mediennutzungsforschung muss traditionelle
Mediennutzungsbedürfnisse und -muster auf den Prüfstand
stellen und […] steht generell vor der Herausforderung, die
neuen Verbreitungswege zu erfassen.
(Hohlfeld/Strobel 2011: 30)

Das Erleben des Fernsehens wird durch die Bedeutungszuweisung der Zuschauer bedingt. Die Rezeptionsforschung hat bislang vielfach die Gratifikationen klassischer Medien und speziell des Fernsehens erforscht und dabei immer wieder die Relevanz sozialer Komponenten betont (vgl. Kap. 2.3). Social TV ist zwar eine kombinierte Nutzung von Fernsehen und Internet, doch auch hierbei ist entsprechend dem Uses-and-Gratifications-Ansatz anzunehmen, dass durch die Nutzung Bedürfnisse bei den Zuschauern befriedigt werden. Es bleibt allerdings zu klären, welche Motive entscheidend für die Social-TV-Nutzung sind. Bestehende Bedürfniskataloge müssen dazu für die neuen Nutzungsweisen geprüft und angepasst werden. Dieser Aufgabe widmet sich das vorliegende Kapitel, indem es die Rezeptionsforschung auf den zentralen Untersuchungsgegenstand Social TV anwendet. Entsprechend der forschungsleitenden Frage liegt der Fokus hierbei auf den sozialen Nutzungsmotiven, da diese Rückschlüsse auf das soziale Erlebnis Fernsehen zulassen. Zunächst erfolgt eine Auseinandersetzung mit dem Forschungsstand der Social-TV-Bedürfnisforschung (Kap. 5.1). Ebenso wird die Übertragbarkeit klassischer Mediennutzungsmotive (Kap. 5.2) und eine Erweiterung dieser (Kap. 5.3) diskutiert. Neben den Motiven werden zudem potentielle Einflüsse auf die Gratifikationssuche betrachtet (Kap. 5.4). Ebenso erfolgt eine Auseinandersetzung mit Hemmnissen der Social-TV-Nutzung (Kap. 5.5), da diese das soziale Erleben beeinträchtigen können.

5.1 Forschungsstand: Social-TV-Motive und Nutzertypen

In der vorhandenen Literatur besteht Einigkeit darüber, dass die Zuschauer Vorteile aus der Social-TV-Nutzung ziehen können. Es stellt sich die Frage, welche Motive ausschlaggebend für die Nutzung sind. Die allgemeine Second-Screen-Nutzung, die neben Social TV auch weitere Praktiken ohne Bewegtbildbezug beinhalten kann, wird laut vorhandenen Studien vor allem durch kognitive und affektive Bedürfnisse geprägt, soziale Motive stehen hierbei nicht im Vordergrund (vgl. Busemann/Tippelt 2014: 412; Johnen/ Stark 2015: 385). Erste Studien speziell zur Motivation der Social-TV-

Nutzung stammen vor allem aus dem Bereich der kommerziellen Marktforschung. So identifizierte Goldmedia (2012b) fünf Hauptmotive der programmbezogenen Second-Screen-Nutzung. Es handelt sich hierbei um den
Wunsch nach Aufmerksamkeit bzw. der Steigerung des Selbstwertgefühls,
die Informationssuche sowie den Austausch über das Gesehene, die Beeinflussung der TV-Inhalte und die Neugier, etwas Kurioses zu entdecken
(„Klatsch und Tratsch"). Hierbei werden allerdings keine genauen Angaben
zur Relevanz der einzelnen Motive gemacht. Aus einer von Ericsson ConsumerLab (2012: 5) durchgeführten Online-Befragung von 12.000 Personen
aus zwölf verschiedenen Ländern – darunter auch Deutschland – resultieren
acht Motive der Social-TV-Nutzung: (1) nicht alleine fernsehen, (2) Vernetzung und Gemeinschaftsgefühl, (3) Bestätigung der eigenen Meinung,
(4) Neugier auf Meinungen anderer Personen, (5) Informationssuche,
(6) Einfluss auf bzw. Interaktion mit TV-Inhalten, (7) Anerkennung finden
sowie (8) Gesehenes analysieren und diskutieren. Diese acht Motive sind
jedoch trennscharf, zudem gibt es auch bei dieser Studie keine Angaben zur
Rangfolge der Beweggründe. Vergleichbare Nutzungsmotive gehen auch aus
einer Untersuchung von Viacom International Media Networks (2013) hervor, bei der ebenfalls neben Deutschland auch weitere Länder einbezogen
wurden. Mittels einer quantitativen Online-Befragung von Personen im
Alter zwischen 13 und 49 Jahren in fünf Ländern wurden funktionale, gemeinschaftliche und spielerische Beweggründe der Nutzung ermittelt. In
allen untersuchten Regionen dominieren die funktionalen Motive, wie die
Suche nach Informationen zu einem Format. Das zweithäufigste Motiv der
fernsehbezogenen Social-Media-Nutzung ist der Gemeinschaftsaspekt. An
dritter Stelle stehen schließlich die spielerischen Beweggründe, also etwa die
Teilnahme an einem Gewinnspiel oder einer Umfrage. Die Studie betont,
dass besonders in Deutschland die Nutzer primär an Fakten und Inhalten
interessiert seien, der funktionale Nutzen weist hier einen Wert von
63 Prozent auf und überwiegt deutlich die sozialen Motive (vgl. ebd.: 6).

Einen anderen methodischen Ansatz zur Ermittlung von programmbezogener Second-Screen-Nutzung verfolgt die Studie namens „Kartografie zu
Bewegtbild 3" von IP Deutschland (2013a). Durch Kombination tiefen-
psychologischer Marktforschung mit Phantom-Skribbling[98] wurden die drei
Hauptmotive TV-Verfassung regulieren (z. B. Leerstellen im Programm
überbrücken), Lebensnähe herstellen (z. B. Relevanz durch Zusatzinforma-

---

[98] Beim Phantom-Skribbling erarbeiten Befragter und Interviewer gemeinsam Bilder, um die
unbewusst wahrgenommenen Vorstellungen zu visualisieren.

tionen erhöhen, Gemeinschaftsgefühl herstellen) sowie Teil der Öffentlichkeit werden (z. B. Mitgestaltung, Teilhabe an Meinungsbildung) aufgedeckt. Bedingt durch das methodische Vorgehen gibt es hierbei jedoch keine exakten Angaben zu den einzelnen Werten der Motive. Aus den kommerziellen Studien gehen zusammenfassend vor allem folgende Motive hervor: das Bedürfnis, nicht allein fernzusehen, Gemeinschaftserleben, Zusatzinformationen suchen, Neugier auf Meinungen anderer Personen und Festigung der eigenen Meinung, den Inhalt beeinflussen bzw. mit diesem interagieren sowie sich mit anderen Personen über das Gesehene austauschen.

Erste akademische Studien stammen überwiegend aus dem Ausland und beschäftigen sich speziell mit der parallel zum Fernsehen bewegtbildbezogenen Twitter-Nutzung bzw. deren Motivation. So analysierten Wohn und Na (2011) im Jahr 2009 Tweets, die zu einer Liveansprache von Barack Obama sowie einer amerikanischen Unterhaltungsshow gepostet wurden. Die erhobenen Daten ließen darauf schließen, dass Tweets während des Fernsehens vor allem dazu dienen, die eigene Meinung und Gefühle auszudrücken, um Teil einer virtuellen Zuschauergemeinschaft zu werden oder aber um Werbepausen zu überbrücken bzw. Langeweile entgegenzuwirken. Somit bestehe in der parallelen Nutzung von Fernsehen und Twitter das Potential, die sozialen-integrativen Motive der traditionellen Bedürfnisforschung wieder aufleben zu lassen. Der Studie von Deller (2011: 235 ff.) zufolge sind die Gründe für die programmbegleitende Twitter-Nutzung vielfältig (z. B. Austausch über das Gesehene, Meinungsäußerung, Sendungen empfehlen). Um weitere Anstöße zum Verfassen von Tweets während der Rezeption von Fernsehserien aufzudecken, führte Skibbe (2013) im Zuge ihrer Masterarbeit qualitative Interviews mit Social-TV-Nutzern und identifizierte zwei Hauptantriebe der Social-TV-Kommunikation: „The two major motivations to use Twitter while watching TV series are socializing at a distance as well as exchange and gathering of social information." (ebd.: 58) Zudem können Skibbe zufolge weitere Aspekte wie Emotionen, Eskapismus oder Gewohnheit Einfluss auf die Nutzungsmotivation nehmen (vgl. ebd.: 55 f.). Hierbei sollte bedacht werden, dass die Erkenntnisse dieser Studie auf Angaben von fünf befragten Nutzern beruhen. Auf einer größeren Basis (21 Interviews) bauen die Erkenntnisse von McPherson et al. (2012) auf. Sie gingen der Frage nach, was Zuschauer zur Twitter-Nutzung zur amerikanischen Serie *Glee* antreibt, und identifizierten – ähnlich wie Wohn/Na sowie Skibbe – gemeinsames Erleben und die Möglichkeit, Meinungen auszutauschen bzw. die Serienhandlung durch diesen Austausch besser zu verstehen, als zentrale Motive (vgl. ebd.: 169 f.). Ein ähnliches Ergebnis zeigt sich auch in Bezug auf eine britische Serie. Schirra, Sun und Bentley (2014) nutzten ebenfalls die Methodik qualitativer Interviews (mit elf Nutzern), um Motive für das parallele Twittern zur Serie *Downton Abbey* herauszufinden. Als Hauptantrieb für Social TV ermittelten sie das Gefühl der Verbundenheit, sowohl mit unbekannten Zuschauern als auch mit Freunden. Zudem diene das parallele Twittern dem Ausdruck bzw. der Bestätigung der eignen Meinung.

Während erste Forschungsarbeiten zur Ermittlung der Nutzungsmotive für Social TV fast ausschließlich die programmbezogene Kommunikation auf Twitter einbezogen, untersuchten zwei Studien zur Nutzung in Südkorea die parallele Nutzung textbasierter Anwendungen bzw. Social Networking Sites allgemein während des linearen Fernsehkonsums. So ermittelten zum einen Han und Lee (2014: 240 f.) durch quantitative Interviews mit 66 Social-TV-Nutzer fünf relevante Motive: Kommunikation über Sendungseindrücke, Suche und Austausch von Informationen, Gefühl des gemeinschaftlichen Rezipierens, Neugier auf Meinungen anderer Personen sowie Programm-empfehlungen. Laut Shim et al. (2015: 160) ist Austausch über Meinungen und Gefühle für Nutzer die Haupttriebfeder zur Nutzung eines Second Screens während des Fernsehens, gefolgt von „sendungsbezogenem Engagement" (z. B. Informationssuche) sowie Langeweile bzw. Zeitvertreib. Die Erkenntnisse von Shim et al. basieren auf einer quantitativen Befragung von 453 Social-TV-Nutzern, sie beziehen sich jedoch speziell auf Unterhaltungs-formate. Hwang und Lim (2015) fokussierten sich ebenfalls auf ein be-stimmtes Format, nämlich Sportevents. In Bezug auf die Social-TV-Motive in Südkorea während sportlichen Großevents, wie etwa den Olympischen Spielen, ermittelten sie drei Haupttreiber: „They were convenience, excite-ment, and information motives." (ebd.: 762) Guo und Chan-Olmsted (2015: 250) berücksichtigten fünf TV-Genres und identifizierten mittels einer in den USA durchgeführten Online-Befragung zehn Motivfaktoren, die Zu-schauer zur programmbezogenen Social-Media-Nutzung bewegen. An erster Stelle stehen dabei affektive Faktoren wie Unterhaltung und Entspannung. Shade, Kornfield und Oliver (2015: 333) untersuchten allgemein die Ver-wendung weiterer Medien während des Fernsehens und befragten dazu 444 Personen. Als vier zentrale Motive erwiesen sich hierbei Unterhaltung, Ab-lenkung, Erkenntnisgewinn sowie das Erhalten von Zusatzinformationen.

Akademische Untersuchungen, die sich explizit mit den Nutzungsmotiven für Social TV in Deutschland beschäftigen, wurden anfänglich hauptsächlich in Zuge von universitären Seminar- oder Abschlussarbeiten durchgeführt. Womser (2013: 99 ff.) beispielsweise differenziert in ihrer Masterarbeit zwischen vier Motivgruppen.[99] Es handelt sich hierbei um sachliche (Zusatz-infos suchen, intensiver fernsehen, gezielt Formate nutzen), soziale (weniger allein sein, reale Kommunikation ersetzen, Gemeinschaften ausbauen), ego-zentrische (Selbstdarstellung, Einflussnahme, Diskussionen anregen, Feed-back geben) sowie unterhaltende (Unterhaltung, Spaß haben) Motivdimen-sionen. Obwohl die explorative Studie von Womser keine Uses-and-Gratifications-Studie im eigentlichen Sinne ist, „konnten dennoch einige Nutzungsmotivationen identifiziert werden, die sich mit bisherigen Er-kenntnissen zur Fernsehnutzung decken." (ebd.: 123) Die Untersuchung von Womser bildet jedoch die Nutzer verschiedener Social-TV-Anwen-dungen sowie die möglichen Nutzungsszenarien nicht vollständig ab. Des-halb regt Womser selbst an, durch weitere Forschung die ermittelten Nut-zungsgründe zu erweitern und quantitativ zu prüfen (vgl. ebd.: 125). Solch eine quantitative Untersuchung nahmen Studierende der Universität Passau im Zuge eines Seminarprojektes vor, indem sie die Gratifikationen pro-grammbezogener Second-Screen-Nutzung ermittelten. Als besonders rele-vant erwiesen sich folgende Motive: Überbrückung von Werbepausen (77%), Information/Weiterbildung (74%), Zeitvertreib (74%), Kommunika-tion über das Gesehene (60%) sowie Gewohnheit (55%) (vgl. Kulessa et al. 2014: 56 f.). Die Befunde sollten jedoch aufgrund der kleinen Stichprobe (N = 53) nicht verallgemeinert werden.

Unter den sich mit Social TV beschäftigenden Abschlussarbeiten existieren mehrere deutsche Studien, die Gründe zur Social-TV-Nutzung in Bezug auf ein bestimmtes Format untersuchen. Schoft (2015) etwa führte im Jahr 2013 vierzehn Einzelinterviews und zwei Gruppendiskussionen mit Zuschauern des *Tatorts* durch. Dabei zeigt sich, dass entweder das Format *Tatort* selbst (Motiv: vertieftes Sendungserlebnis) oder aber die Plattform Twitter (Moti-ve: Distinktion, Ersatzbeschäftigung oder Kontaktpflege) zum Anstoß für die parallele Kommunikation fungieren kann (vgl. ebd.: 116). Ebenfalls im Jahr 2013 prüfte Fellechner (2015) mittels Online-Befragung von 880 Perso-nen, ob bei der Social-TV-Nutzung die gleichen Gratifikationen befriedigt werden können, wie bei der herkömmlichen Sportrezeption. Die Ergebnisse deuten darauf hin, dass Social TV lediglich das Bedürfnis nach aktiver Teil-habe am Spielgeschehen stärker befriedigt, aber ansonsten einen negativen Effekt auf Erlebensaspekte wie Unterhaltung oder Spannung hat und zu sehr vom Spiel ablenkt (vgl. ebd.: 130).

---

[99] Womser (2013: 64) führte insgesamt 14 leitfadengestützte Telefoninterviews mit zwölf Social-TV-Nutzer und zwei Nicht-Nutzer.

Eine Forschungsarbeit, die Social TV nicht auf eine bestimmte Plattform oder ein bestimmtes Format reduziert und die Nutzungsmotive im Vergleich zu den Gratifikationen der klassischen Fernsehnutzung quantitativ untersucht, stammt von Dinter und Pagel (2013, 2014).[100] Sie erweiterten die Itembatterie der ARD/ZDF-Langzeitstudie Massenkommunikation (vgl. Ridder/Engel 2010) um drei Items und prüften diesen Katalog auf Basis des Uses-and-Gratifications-Ansatzes sowohl in Bezug auf die gesuchten Gratifikationen zur Fernsehrezeption als auch zur Social-TV-Nutzung. Bei der klassischen Fernsehnutzung dominieren den Befunden zufolge neben Information (71%) vor allem eskapistisch geprägte Motive (80% Entspannen, 58% Spaß, 47% Ablenkung), die einer passiven Mediennutzung zugeordnet werden (vgl. Dinter/Pagel 2013: 37). Als vier Hauptmotive der Nutzung von Social TV hingegen erwiesen sich folgende gesuchte Gratifikationen: Information (54%), Spaß (49%), Geselligkeit (31%) und Kommunikation (22%). Demnach sind für die Social-TV-Nutzer sowohl kognitive und affektive als auch soziale Funktionen von Belang. Während die Suche nach Informationen sowie Spaß auch bei der klassischen TV-Nutzung relevant sind, „wird beim Social TV vor allem die verstärkte Suche nach einer Anschlusskommunikation augenscheinlich […] und unterstreicht das Bedürfnis nach einer eher aktiven Mediennutzung" (ebd.).

In einem Projekt der Universität Bamberg in Kooperation mit den TV-Sendergruppen ZDF und ProSiebenSat.1 (vgl. Kneidinger 2015: 220 ff.) wurden im Jahr 2013 mittels Online-Befragung 3.674 Zuschauer zu ihren Social-TV-Nutzungsgewohnheiten und Motiven auf Facebook und Twitter befragt. Als Hauptmotiv stellte sich dabei die Informationssuche heraus (bei Facebook 75%, bei Twitter 70%). Es folgen die Motive Meinungsrezeption, Unterhaltung und Kommunikation. Im Vergleich zur vorherigen Studien ist hierbei der Wunsch nach Kommunikation mit Sender, Produzenten oder anderen Zuschauern deutlich weniger relevant als die Informationssuche. Während bei Facebook die Motive Information und Unterhaltung stärker als bei Twitter ausgeprägt sind, nehmen bei Twitter die Möglichkeiten der Meinungsrezeption und Kommunikation einen höheren Stellenwert ein.

---

[100] In einem zweistufigen Forschungsdesign führten Dinter und Pagel (2014: 163) zur Ermittlung der Medien- bzw. Social-TV-Nutzung zunächst acht leitfadengestützte Interviews durch und bildeten zwei Fokusgruppen. Die Ergebnisse daraus dienten der Erstellung einer Online-Befragung, die quantitativ Nutzungsdaten sowie die Gratifikationen der Nutzung erhob.

Die Gründe zur Nutzung von Social TV sind auch Bestandteil mehrerer Studien des IJK Hannover. Die im Jahr 2012 qualitativ befragten 35 Experten schätzten die Interaktion bzw. Kommunikation der Nutzer untereinander sowie mit Sendern/Produzenten als zentrales Motiv für die Social-TV-Nutzung ein (vgl. Buschow/Schneider 2012a: 61; Buschow et al. 2013b: 28). Außerdem seien Emotionen ein weiterer elementarer Treiber für die Partizipation. Eine quantitative inhaltsanalytische Analyse sendungsbegleitender Tweets zu sieben TV-Formaten aus demselben Jahr zeigt, dass in Bezug auf die Funktionen des Twitterns Interaktionen bzw. Kontaktaufnahme mit der Community (49%) dominieren, gefolgt von Bewertungen (24%), inhaltlichen oder technischen Fragen (11%), Abstraktionen (5%), Emotionen (4%) bzw. Sonstiges (7%) (vgl. Buschow/Schneider 2012a: 53). Entsprechend den Annahmen der Experten steht die Interaktion im Fokus, die erwartete Bedeutung von Emotionen zeigt sich hingegen nicht in den analysierten Tweets. Bei der Inhaltsanalyse wurde allerdings ausschließlich die parallele Kommunikation auf Twitter zu drei Formaten einbezogen.

Um die Motivdimensionen nach den eigenen Angaben der Nutzer zu ermitteln, befragte das IJK im Jahr 2013 insgesamt 409 Social-TV-Nutzer mittels quantitativer Online-Befragung. Dabei wurden die Nutzer mit 26 Motiv-Items konfrontiert (vgl. Buschow/Ueberheide/Schneider 2015: 73 f.). Die erfragten Motive wurden anschließend mit einer Faktorenanalyse ausgewertet, woraus sich schließlich fünf Motivdimensionen ergaben (vgl. ebd.: 75 f.). Mit einem Anteil von 15 Prozent an der Gesamtvarianz erwies sich „Impression Management" als wichtigster Faktor, welcher u. a. Variablen zur Selbstdarstellung, Kundgebung der eigenen Meinung sowie zur Hilfe anderer Nutzer beinhaltet. Es folgt mit 13 Prozent an der Gesamtvarianz der Faktor „Orientierung und Hilfestellung", der Empfehlungen, Bewertungen sowie Kommentare anderer Nutzer bündelt, die vor allem zur Orientierung bei der Suche nach Fernsehinhalten dienen. Der Faktor „tieferes Seherlebnis" (13%) ist besonders für Nutzer relevant, die eine besondere Bindung zu einem Format pflegen. Hierzu zählen Variablen wie Beobachtung, Erregung, Mitgestaltung oder parasoziale Interaktion. Motive wie Zeitvertreib, Überbrückung von Werbepausen, Ablenkung oder Technikinteresse werden im Faktor „Ersatzbeschäftigung" (11%) abgebildet. Speziell diese Motive blieben in den meisten kommerziellen Studien unberücksichtigt. An fünfter Stelle steht der Faktor „Beziehungspflege" (9%). Variablen wie Beziehung zu Familie und Freunden, aber auch Gruppenzwang, sind Beweggründe dieses Faktors. Als Grundlage für diese drei Studien diente eine enge Social-TV-Definition, die asynchrone Nutzung wurde hierbei ausgeschlossen.

Von einer breiteren Social-TV-Definition ausgehend, die sowohl synchrone als auch asynchrone Nutzungsweisen berücksichtigt, ermittelte die Social-TV-Studie von Goldmedia im Auftrag der Landesanstalt für Medien Nordrhein-Westfahren durch Befragung von 894 Social-TV-Nutzern vier Grundmotive: Verbindung zur Außenwelt, Informationsbeschaffung, Unterhaltungsverstärkung (Erlebnis) sowie Orientierung intern bzw. extern (vgl. Goldhammer et al. 2015: 118). Aus den 45 abgefragten Items, die neben der Motivation auch nach Nutzungsweisen fragen (vgl. ebd.: 117), ist indes nicht ersichtlich, wie diese theoretisch hergeleitet und operationalisiert wurden. Ebenso gibt es keine Angaben zur Reliabilität der abgefragten Gratifikationen. Ähnlich verhält es sich mit den Ergebnissen der ARD/ZDF-Onlinestudie 2015, die nach den Motiven zur Teilnahme an Onlineangeboten zu Fernsehsendungen fragte. Auch hier gibt es keine Informationen zur Herleitung der aus zehn Items bestehenden Skala, zudem handelt es sich um eine niedrige Fallzahl (33 Personen). Das Motivspektrum ist der Onlinestudie zufolge breit gefächert, an erster Stelle stehen die Motive Spaß, Meinungsaustausch und Information (vgl. Tippelt/Kupferschmitt 2015: 450 f.).

Es mangelt an einer umfangreichen wissenschaftlichen Studie, die bei der Erforschung von Gratifikationen sowohl alle Nutzungsszenarien, möglichen Plattformen und Zeitpunkte der Nutzung miteinbezieht als auch die Operationalisierung transparent darstellt. Zu diesem Ergebnis kommen auch Krämer et al. (2015: 257): „[M]otives have not been related to usage patterns in a sufficiently detailed and systematic way." Mittels einer quantitativen Online-Befragung versuchen sie unter anderem, die erwarteten sozialen Gratifikationen der Social-TV-Nutzer zu identifizieren. Die Motive Informationssuche, Unterhaltung und Kommunikation mit anderen Zuschauern sowie die soziale Gratifikation des gesteigerten Fernsehvergnügens stellen sich dabei als maßgeblich heraus (vgl. ebd.: 259 f.). Die Ergebnisse beruhen auf einer kleinen Stichprobe (N = 101) und die abgefragte Motivskala ist nicht vollständig, da – wie zuvor erläuterte Studien zeigen – weitere Gratifikationen möglich sind. Die Autoren selbst raten deshalb dazu, in Zukunft eine umfassendere Motivskala einzusetzen (vgl. ebd.: 261).

Ähnlich wie die Befunde zum Social-TV-Nutzungsverhalten sind auch die vorhandenen Studien zur Social-TV-Funktionalität nicht direkt vergleichbar, da sie einerseits von divergierenden Social-TV-Definitionen ausgehen und andererseits meist nur einen speziellen Teilbereich, wie etwa eine bestimmte Plattform oder eine bestimmte Sendung, fokussieren. Hinzu kommt, dass die ermittelten Motive unterschiedlich benannt sind und damit, wie bereits auch die Kataloge zur klassischen Fernsehnutzung, „unterschiedliche semantisch-konzeptionelle Schwerpunkte haben." (Schweiger 2007: 82) Ähnlich wie die vorliegende Arbeit basieren mehrere Studien auf dem Uses-and-Gratifications-Ansatz (z. B. Wohn/Na 2011; Dinter/Pagel 2013; Han/Lee 2014; Buschow/Ueberheide/Schneider 2015; Shim et al. 2015). Diese nehmen meist nicht, wie von der neueren Gratifikationsforschung gefordert (vgl. Kap. 2.3.1), eine Differenzierung zwischen gesuchten und erhaltenen Gratifikationen vor. Es gilt, die in der bisherigen Forschung primär explorativ ermittelten Motive zusammenzuführen, theoretisch zu begründen, erforderlichenfalls zu erweitern und empirisch zu überprüfen.

Es ist nicht möglich einen Motivkatalog aufzustellen, der für die Gesamtheit der Social-TV-Nutzer Gültigkeit besitzt. Die Nutzungsmotive können durch Faktoren wie etwa die genutzte Plattform, den Zeitpunkt der Nutzung, das rezipierte TV-Format sowie den jeweiligen Nutzertyp bzw. den Aktivitätsgrad der Nutzung beeinflusst werden und variieren dementsprechend. So konstatiert etwa Kneidinger (2014: 239) in Bezug auf die Plattformen, dass die Social Networking Site Facebook stärker der Kommunikation zwischen den Mitgliedern und somit der Gemeinschaftsbildung diene, während Twitter primär als Informationsvermittlungskanal gilt und für eine aktivere Nutzung konzipiert sei. Die Studie von Krämer et al. (2015: 259) bestätigt, dass Twitter intensiver für Informationszwecke genutzt wird. Bei der Nutzung des Instant-Messaging-Dienstes WhatsApp für Social TV hingegen seien soziale Motive ausgeprägter. Wie bereits bei Gratifikationsstudien zur klassischen Fernsehnutzung wurde auch in Bezug auf Social TV ermittelt, dass die verschiedenen Formate unter anderem die Nutzungsmotive beeinflussen. Han und Lee (2014: 241) ermittelten in ihrer bereits erläuterten Studie beispielsweise, dass aktuelle Debatten, Sportsendungen und Dramen eher Motiven der Kommunikation und des Meinungsdrucks dienen, während Nachrichtenformate primär dem Informationsbedürfnis zugutekommen. Die Informationssuche und der Austausch werden auch von Gil de Zúñiga, Garcia-Perdomo und McGregor (2015: 807 f.) als zentrale Motivatoren der Second-Screen-Nutzung zu Newssendungen identifiziert. Welche Plattform bzw. welches Fernsehformat für Social TV genutzt wird, kann je nach Individuum variieren. Da ähnliche Nutzertypen aufgrund ähnlicher Persönlichkeits- und Interessenslagen analoge Motive verfolgen (vgl. Hasebrink 1997: 270; Meyen 2004: 131; Krotz 2007: 194; Groebel 2013: 159), werden die verschiedenen Social-TV-Nutzertypologien genauer betrachtet.

Social-TV-Nutzertypologie

Laut Frank Barth, Mitbegründer der Social-TV-App-Couchfunk, gibt es keinen typischen Social-TV-Nutzer (vgl. Schwengler 2012). Dies ist nicht verwunderlich, da Nutzer von Medien im Allgemeinen sowie dem Medium Fernsehen im Speziellen ebenfalls nicht generalisiert werden können. Die Fernsehforschung hat mehrere Ansätze vorgenommen, die Zuschauer zu typologisieren. Die sogenannten „SINUS-Milieu-Studien" beispielsweise gruppieren die Nutzer mittels soziodemografischer Daten wie Alter, Geschlecht, Bildungsgrad oder Werteorientierung (vgl. Engel/Mai 2012: 558 ff.; Sinus 2015). Diese Vorgehensweise wird jedoch kritisch gesehen, denn die „Art des Fernsehkonsums ist kein Indikator mehr für Schichtzugehörigkeit." (Groebel 2013: 109) Kritisch wird ebenfalls die Einteilung der Zuschauer in Viel- und Wenig-/Nicht-Seher betrachtet (vgl. Plake 2004: 199 ff.), da eine derartige Einteilung – vor allem bei den heutigen Möglichkeiten der Fernsehnutzung – unzulänglich sei.

Eine Gruppierung der Nutzer elektronischer Medien (Radio, TV und Internet) nimmt die erstmals im Jahr 1998 im Auftrag von ARD und ZDF durchgeführte „MedienNutzerTypologie" (kurz: MNT) vor, um Basisinformationen für die Entwicklung und Planung von Formaten liefern zu können (vgl. Renner 2012: 72). Die im Jahr 2006 entwickelte „MedienNutzerTypologie 2.0" differenziert zwischen zehn verschiedenen Nutzertypen (vgl. Oehmichen 2007: 227 ff.; Oehmichen/Ridder 2010). Bedingt durch die rasche technologische Entwicklung und das veränderte Nutzungsverhalten erfolgte im Jahr 2015 eine Überarbeitung, die Items wurden modifiziert und die typenbildenden Variablen umstrukturiert (vgl. Eckert/Feuerstein 2015: 482; Hartmann/Schlomann 2015: 497). Mittels Clusteranalyse wurden erneut zehn Mediennutzertypen ermittelt, die sich jedoch teilweise von der Typologie der MNT 2.0 unterscheiden.[101] Demzufolge sehen die *Spaßorientierten* (früher: „Jungen Wilden") mit 148 Sehminuten pro Tag am wenigsten und die *Zurückgezogenen* mit 353 Minuten am meisten fern (vgl. Eckert/Feuerstein 2015: 485). Prommer (2012: 89) kritisiert, dass es sich bei der MedienNutzerTypologie um „eine rein beschreibende und nicht erklärende Typologie" handele.

---

[101] Die Nutzertypologie basiert auf einer telefonischen Befragung von 2.500 Personen ab 14 Jahren. Die zehn Nutzertypen im Einzelnen lauten: Spaßorientierte, Zielstrebige, moderne Etablierte, Familienorientierte, Eskapisten, Häusliche, Engagierte, Hochkulturorientierte, Zurückgezogene und Traditionelle (vgl. Eckert/Feuerstein 2015: 486 ff.).

Groebel (2013: 109 ff.) präsentiert eine Nutzertypologie speziell für das Fernsehen, die eine Mischung aus traditionellen und neuen Verhaltensweisen beschreibt und aus fünf Gruppen von TV-Nutzern besteht.[102] Demzufolge kann zwischen *Technikaffinen* (jung, innovativ, flexible Plattformnutzung), *Selektivsehern* (eher jung, gebildet, hohes TV-Wissen), *TV-Fernen* (älter, intellektuell, geringes TV-Interesse), *TV-Kritischen* (älter, Bewertung des TVs nach Beitrag zur eigenen Lebenswelt) sowie *Vielsehern* (älteste Gruppe, vergleichsweise wahlloser TV-Konsum) differenziert werden. Die Technikaffinen und Selektivseher werden von Groebel als „Rocking Recipient" bezeichnet, da die Fernsehzukunft darstellen würden. „Diese Gruppen erkennen den Mehrwert von Social TV, nutzen das Polymediaangebot und legen damit ein neues Sehverhalten an den Tag." (ebd.: 189)

In Bezug auf die Nutzung von Web 2.0-Angeboten identifizierten Li und Bernoff (2008: 43 ff.) sechs Nutzertypen, eingeteilt nach dem Beteiligungsgrad der User. Während die *Inactives* sich gar nicht beteiligen, steigt die Aktivität über *Spectators*, *Joiners*, *Collectors* und *Critics* bis hin zu den *Creators*, welche etwa Blogartikel verfassen, Bilder oder Videos ins Netz stellen. Kneidinger (2010: 52 f.) ergründete aus Experteninterviews und Fokusgruppen ebenfalls verschiedene Nutzertypen für Web 2.0-Anwendungen. Ihren Ergebnissen zufolge kann zwischen *Produzenten*, *Selbstdarstellern*, *spezifisch Interessierten*, *Netzwerkern*, *profilierten Nutzern*, *Kommunikatoren*, *Infosuchern* und *Unterhaltungssuchern* unterschieden werden.

Neben den Typologien zur Fernsehnutzung auf der einen Seite und der Web 2.0-Nutzung auf der anderen Seite gibt es auch verschiedene Ansätze, die beide Nutzungsweisen kombinieren. Eine Studie des amerikanischen Medienkonzerns Viacom (2013) orientiert sich bei der Typenbildung an den von ihnen ermittelten Motiven, die weiter oben bereits dargelegt wurden. Demensprechend wird eine Unterscheidung zwischen einem funktionellen Typ (Fokus: Informationen zur Sendung), einem sozialen Typ (Fokus: kommunikative Faktor) und einem Social-Gaming Typ (Fokus: Spieltrieb) vorgenommen. IP Deutschland (2013b) befragte ebenfalls auf Grundlage der Erkenntnisse zu den Gratifikationen (vgl. IP Deutschland 2013a) 1.674 Personen im Alter zwischen 14 und 59 Jahren, um Social-TV-Nutzertypen zu identifizieren. Daraus ergaben sich sechs Nutzertypen: *Begeisterte*, *Kommu-*

---

[102] Groebel (2013) beruft sich auf Ergebnisse einer von TNS Infratest im Auftrag von Sky Deutschland im Jahr 2011 durchgeführten quantitativen Telefonbefragung von 1.000 Zuschauern und im Jahr 2012 geführte Einzelinterviews mit Vertretern der Nutzertypen.

nikatoren, Überbrücker, Wissenssammler, Gemeinschaftssuchende sowie *Gelegenheits-nutzer*. Während zu den Gemeinschaftssuchenden mehrheitlich die Ziel-gruppe der 14- bis 19-Jährigen zählt, gehören den Gelegenheitsnutzern primär ältere Generationen (50+) an. Eine andere Vorgehensweise zur Ty-penbildung nimmt Womser (2013: 94 ff.) vor, indem sie Nutzer aufgrund ihrer Nutzungsaktivität einordnet. In Kombination mit den von ihr ermittel-ten Motivdimensionen wird deutlich, dass das Motivhandeln in enger Ver-bindung mit der Nutzeraktivität steht. Neben den Nicht-Nutzern gibt es demzufolge vier Social-TV-Nutzergruppen, die jeweils spezifische Motive verfolgen (vgl. ebd.: 110 f.). Während bei den *kritischen Gestaltern* egozentri-sche Motive überwiegen, stehen bei den *aufgeschlossenen Aktiven* soziale Moti-ve im Vordergrund. Die *interessierten Sammler* hingegen verfolgen primär sachliche Gründe und bei den *abwartenden Beobachtern* dominieren unterhal-tende Motive. Aufgrund des explorativen Forschungsdesigns werden hierbei keine Angaben über Anteile der einzelnen Nutzertypen gemacht, wie es etwa die quantitative Nutzerbefragung von Kneidinger (2015: 224 f.) ermög-licht. Anhand von individuellen Nutzungsmerkmalen, wie etwa Medien-nutzungsdauer, Genrepräferenz, Social-Network-Nutzung und Facebook-Nutzungsweisen, leitete sie vier Nutzertypen von Social-TV-Angeboten ab. Allerdings wird dabei ausschließlich Facebook als Plattform der Nutzer berücksichtigt. Die meisten Nutzer waren dabei mit 39 Prozent der Gruppe der *Social TV Fans* zuzuordnen, deren Mitglieder eine überdurchschnittliche Fernseh- und Internetnutzung aufweisen. Sie rezipieren Fernsehinhalte überwiegend allein. Es folgen *Informationsorientierte* (31%), *Radio- und Print-Fans* (12%) sowie *Medienmuffel* (18%). Bei allen vier Gruppen ist Information das Hauptmotiv der Nutzung.

Das IJK Hannover führte im Anschluss an die quantitative Nutzerbefragung zur Identifizierung von Social-TV-Nutzertypen auf Basis der Motive eine Clusteranalyse durch (vgl. Buschow/Ueberheide/Schneider 2015: 77 f.). Es ergaben sich vier Cluster, die sich in ihrem Nutzungsverhalten unterschei-den. Auch bei dieser Gruppierung zeigt sich ein Zusammenhang zwischen Motiv und Aktivitätsniveau (vgl. ebd.: 81). Die *Kontaktpfleger* verbreiten gerne Informationen über ihr Sehverhalten und sind weniger aktiv als die *Spieler*, welche häufig eigene Kommentare verfassen. Die *Gleichgültigen* hingegen sind vor allem passiv und bevorzugen es, die vorhandenen Kommentare zu lesen. Die *Orientierungssuchenden* sind ebenfalls selten aktiv, sie suchen Anregungen in der Community. Durch die verschiedenen Aktivitätsniveaus dieser Typen wird die Entwicklung von Social TV gefördert. „Die Nutzer gelten daher zu Recht als Treiber der Entwicklung." (ebd.)

Auf den Datensatz von Buschow, Ueberheide und Schneider (2015) greifen Possler, Heuer und Schoft (2015: 94 ff.) zurück, um die Gruppenstrukturen von Social-TV-Nutzern zu untersuchen. Sie leiten die Nutzertypen auf Basis von Kommunikationsaspekten ab. Dabei zeigt sich auch hier, dass sich die fünf ermittelten Kommunikationstypen in ihren Präferenzen für Plattform und Format unterscheiden. Die *Distanzierten* (25%) nutzen primär Internetforen sowie Facebook und sind in erster Linie zurückhaltende Beobachter. Höhere Bereitschaft zum Erstellen von eigenen Inhalten weisen die *Fernsehbezogenen* (25%) auf. Sie präferieren Serien und Castingshows und nutzen zur Interaktion Internetforen, Facebook und Twitter. Zu den aktivsten Verfassern von Inhalten zählen die *Kontaktorientierten* (21%), welche ein hohes Interesse am Knüpfen neuer Kontakte hat. Sie tauschen sich meist über Facebook und Twitter aus. Die *Freundschaftsorientierten* (19%) schließlich nutzen Social TV vor allem für die Pflege vorhandener Freundschaften. Deshalb bedient sich dieser Nutzertyp meist Facebook oder der Instant-Messaging-Dienste. Die verschiedensten Plattformen und Formate nutzen die *Verbindlichen* (9%). Sie erstellen viele Inhalte und checken oft in Sendungen ein.

Die Social-TV-Studie von Goldmedia, die von einer breiteren Social-TV-Definition ausgeht, gruppiert die befragten Social-TV-Nutzer anhand der Abfrage von 45 Items, welche die Einstellung zu Social TV messen (vgl. Goldhammer et al. 2015: 119 ff.). Mittels Faktorenanalyse wurden dabei sechs Nutzertypen ermittelt, 18 Prozent gehören dabei den *Interaktionseskapisten* an, die nach parasozialer Interaktion und Realitätsflucht suchen. Es folgen mit jeweils etwa 17 Prozent die *Selbstdarsteller* sowie der sogenannte *Input Sponge* (passiv), also Personen, die nach Abwechslung und permanentem Input suchen. Jeweils 15 Prozent nehmen die *Information Seeker* (aktiv), bei denen das Informationsbedürfnis dominiert, sowie die *misstrauischen Nutzer* ein, die um die Preisgabe zu vieler persönlicher Daten besorgt sind und daher selten online kommunizieren. Den sechsten Typus bilden schließlich die *anonymen Nutzer* (14%), die TV und Internet nur selten parallel nutzen und versuchen, möglichst wenig Spuren im Netz zu hinterlassen. Diese Typenbildung basiert nicht ausschließlich auf der Gratifikationssuche, da die 45 Items neben Motiven auch nach Verhaltensweisen der Nutzung fragen.

Es bleibt zu prüfen, ob sich bei Betrachtung von Social TV aus dem definitorischen Blickwinkel der vorliegenden Arbeit und Fokussierung der Gratifikationssuche ähnliche Befunde ergeben. Zunächst werden jedoch Zusammenhänge vorhandener Social-TV-Motivdimensionen mit den Bedürfniskatalogen der klassischen Fernsehnutzung diskutiert.

5.2   Übertragung klassischer TV-Motive auf Social TV

Forschungsbefunde zu den Motiven der Fernsehnutzung lassen sich in kognitive, affektive, soziale und identitätsbezogene Motivkategorien gruppieren (vgl. Kap. 2.3.2). Die bisherige Erforschung der Nutzungsmotive neuer Medien zeigt, „that gratifications from new media are reflections of primary needs rather than manifestations of new needs." (2013: 510) Es besteht somit nicht die Notwendigkeit, für neue Nutzungsweisen gänzlich neue Gratifikationskataloge zu entwickeln (vgl. Shim et al. 2015: 162). Dennoch ist zu berücksichtigen, dass einerseits nicht alle Medien identische Gratifikationen hervorrufen (vgl. Krcmar/Strizhakova 2009: 65) und andererseits neue Mediennutzungsverhalten auf spezifischen Gratifikationen fußen können, die zuvor keine Rolle gespielt haben. Dementsprechend können Motive der Nutzung neuer Medien nicht gänzlich mit klassischen Nutzungsmotiven gleichgesetzt werden (vgl. Hohlfeld/Strobel 2011: 30; Sundar/Limperos 2013: 511; Guo/Chan-Olmsted 2015: 244). Die Präsentation des Forschungsstands in Bezug auf die Social-TV-Nutzung hat ebenfalls angedeutet, dass sich die Motive klassischer Fernsehnutzung und Social TV in einigen Teilen überschneiden. Nachfolgend werden daher die Motivgruppen im Einzelnen in Bezug auf Social TV diskutiert.

5.2.1   Kognitive Motive

Die kognitiven Motive der Mediennutzung dienen der Orientierung und Entscheidungsfindung des Individuums. Hierzu gehören Motive wie Information, Lernen, Wissenserweiterung, Neugier oder Umweltbeobachtung. Dabei wird vor allem dem Informationsmotiv ein hoher Stellenwert zugeschrieben: „Das menschliche Bedürfnis nach Information über alle Wissens- und Lebensbereiche ist nicht nur so alt wie die Massenmedien selbst; es ist vermutlich der Grund für ihre Entstehung." (Schweiger 2007: 92) Die Suche nach Informationen wird von dem Bedürfnis nach Wissen über die Umwelt sowie die eigene Person angefeuert (vgl. Shao 2009: 10). Informationen zu erhalten und dadurch Meinungen und Orientierungshilfen einzuholen, die der eigenen Entscheidungsfindung dienen, gilt speziell für das Medium Fernsehen als bedeutende Motivdimension. So nutzen laut der ARD/ZDF-Langzeitstudie Massenkommunikation 81 Prozent der 3.953 befragten Zuschauer das Fernsehen, um sich zu informieren (vgl. Breunig/Engel 2015: 325). Das Motiv der Informationssuche spielt bisherigen Studien zufolge auch bei Social TV eine zentrale Rolle (z. B. Ericsson ConsumerLab 2012: 5; Goldmedia 2012b; Dinter/Pagel 2013: 37; Han/Lee 2014: 241; Goldhammer et al. 2015: 117; Krämer et al. 2015: 259; Kneidinger 2015: 223). Den Social-TV-Nutzern wird ein unkomplizierter Zugang zu zusätzlichen Informationen ermöglicht. Hierbei kann es sich beispielsweise um inhaltliche sowie ergänzende Infos zu einer bestimmten Sendung, Hintergrundinformationen zu Protagonisten bzw. Produzenten, Informationen zu beworbenen Produkten bzw. Unternehmen und das persönliche Umfeld betreffende Informationen handeln (vgl. König/Benninghoff/Prosch 2013: 203). Welche Infos gesucht werden, hängt von den individuellen Bedürfnissen der Nutzer sowie dem Format ab. Das Einholen von zusätzlichen Auskünften kann auch dem Streben nach Wissen dienen (vgl. Schweiger 2007: 95).

Das Erhalten zusätzlicher Informationen war bereits bei früheren Konzepten des interaktiven Fernsehens möglich (vgl. Hachmeister/Zabel 2004: 157). Den Abruf dieser Inhalte auf einem Second Screen ist für die Nutzer jedoch deutlich bequemer handzuhaben. Die Zuschauer des im Jahr 2012 gesendeten Spielfilms *Rommel* (SWR) beispielsweise erhielten über das zugehörige Second-Screen-Angebot Informationen passend zu aktuell ausgestrahlten Handlungsszenen. Vor allem spezielle Social-TV-Apps bieten den Usern sendungsbezogene Informationen zum Fernsehen an. Hierbei besteht allerdings die Herausforderung, den Nutzern Informationen zu liefern, die diese auch interessieren. Schließlich wünscht sich nicht jeder Zuschauer zur selben Zeit die gleichen Infos (vgl. Proulx/Shepatin 2012: 89). Ebenso besteht die Gefahr einer Informationsüberflutung, etwa dann, wenn Nutzer mit zu vielen Infos konfrontiert werden. Andererseits ermöglicht Social TV, wie die gemeinsame Rezeption allgemein, „ein gemeinsames *Verarbeiten und Aneignen* der Inhalte." (Bilandzic/Schramm/Matthes 2015: 207, H.i.O.)

Die Social-TV-Nutzung kann zudem der Orientierung und Entscheidungsfindung in Bezug auf die Programmauswahl dienen. Das Programminformationsverhalten hat sich generell gewandelt, elektronische Programmzeitschriften und Internet lösen gedruckte Fernsehzeitschriften als Hauptquelle ab (vgl. Laumann 2011: 26; Carstensen 2015: 160). „Im Trend liegt die Nutzung mehrerer Programminformationsquellen im Social Web in der Kombination von persönlicher Nähe und Sachkompetenz." (ebd.: 166) Die Studie DigitalBarometer von IP Deutschland und TNS Emnid (2011a) ermittelte, dass 48 Prozent der 468 befragte Personen zwischen 14 und 49 Jahren schon mal eine Sendung angeschaut haben, auf die sie von Freunden via Internet aufmerksam gemacht wurden. Das Empfehlungssystem via Social Media bezeichnen Proulx und Shepatin (2012: 44) als „Social Programming Guide", also als eine erneuerte Form des elektronischen Programmführers. Indem User sehen, was Freunde gerade anschauen oder empfehlen, können sie sich in der Fülle von Programmangeboten besser orientieren. So kann die eigene Timeline zur Echtzeit-Programmzeitschrift werden und der Navigation durch das Unterhaltungsangebot dienen. Dieses Phänomen wird als „Social Navigation" bezeichnet, also „jegliche Art von Orientierungshilfe, die uns andere Personen liefern, um uns in unserer Umwelt besser zurechtzufinden" (Rössler/Hautzer/Lünich 2014: 929). Social Navigation ist zwar nicht auf Online-Anwendungen beschränkt, erlangt jedoch durch das Social Web eine besondere Tragweite. Durch den Austausch über Programminhalte in sozialen Netzwerken erfolgt automatisch eine Empfehlung dieser Inhalte. Der Zuschauer kann nicht nur sehen, wie die Masse Inhalte bewertet, sondern auch das, was die eigenen Freunde oder Gleichgesinnte von Sendungen halten. Da Menschen Meinungen von ihnen bekannten Personen mehr Glauben schenken (vgl. Herr/Kardes/Kim 1991), ist diese Form der Bewertung für die Zuschauer meist glaubhafter und relevanter als die herkömmliche Programmwerbung (vgl. Gormász 2012: 55; Johannsen 2012: 84). Personalisierte Empfehlungsfunktionen sind daher Bestandteil einiger Social-TV-Apps. Die maßgeschneiderten Empfehlungen basieren auf dem eigenen Nutzungsverhalten und/oder auf der Analyse der Interesse von Freunden auf Social Networkings Sites (vgl. Nagel/Fischer 2013: 134). Der Social-TV-Guide Tweek beispielsweise empfiehlt Nutzern Bewegtbildinhalte auf Basis von Social-Media-Profilen und Empfehlungen von Facebook-Freunden. Roettgers (2014b) kritisiert jedoch den Sinn dieser Empfehlungssysteme: „The problem with that is that most of my Facebook friends have terrible taste, or simply watch the stuff I already watch or know about."

5.2.2   Affektive Motive

Affektive Motive der Mediennutzung dienen beispielsweise der Entspannung, Erholung, Erregung oder dem Spaß. Ebenso können Ablenkung oder Flucht aus alltäglichen Zwängen (Eskapismus) sowie Zeitvertreib bzw. das Bekämpfen von Langeweile zur Mediennutzung motivieren (z. B. Levy 1978; Lull 1980; McQuail 1983; Rubin/Perse 1987a; Finn/Gorr 1988; Abelman/Atkin/Rand 1997; Vincent/Basil 1997). Der Begriff der Unterhaltung ist ein zentraler Bestandteil der affektiven Bedürfnisse, er wird häufig mit affektiven Nutzungsmotiven gleichgesetzt (vgl. Schweiger 2007: 105). Medien selbst repräsentieren keine Unterhaltung, sie stellen lediglich das Potential zur Unterhaltung bereit (vgl. Früh 2003: 53). Welche Inhalte als unterhaltend empfunden werden, hängt in erster Linie vom Empfinden des Rezipienten ab. Bereits die frühen Gratifikationskataloge beinhalten Dimensionen der Unterhaltung, die jedoch inhaltliche Differenzen aufweisen.[103] Einigkeit besteht darin, dass affektive Motive immer intrinsisch motiviert sind „und keinen instrumentellen bzw. utilitaristischen Charakter haben, sondern direkt während der Mediennutzung befriedigt werden" (Schweiger 2007: 106).

Wie bisherige Gratifikationsstudien gezeigt haben, spielen affektive Motive auch bei Social TV eine bedeutende Rolle. So kann das Lesen von Kommentaren, Zusatzinformationen bzw. der kommunikative Austausch mit anderen Zuschauern den Unterhaltungsfaktor einer Sendung erhöhen (vgl. Klein 2012; Womser 2013: 101; Krämer et al. 2015: 259; Kneidinger 2015: 223). Auch das subjektive Empfinden gemeinschaftlicher Rezeption kann zur Steigerung des individuellen Unterhaltungserlebens beitragen (vgl. Aelker 2012: 221). Durch die erweiterten Nutzungsoptionen kann Social TV das Seherlebnis intensivieren (vgl. Buschow/Ueberheide/Schneider 2015: 71). Dazu kann auch das spielerische Erlebnis beitragen, welches durch von Senderseite zusätzlich angebotenen Spielelemente – wie etwa das Ermitteln bei *Tatort+* oder das Mitraten bei *Quizduell* oder *Spiel für dein Land* – ermöglicht wird. Diese aktive Beteiligung des Zuschauers bzw. seine Involviertheit in das Sendegeschehen kann zugleich der Ablenkung vom Alltag bzw. der Flucht aus der Realität dienen. Durch die dafür notwendige Aktivität auf Nutzerseite ist es jedoch fraglich, ob Social TV zur Entspannung und Erholung der User führt. Schließlich werden diese Motive vor allem einer passiven Mediennutzung zugeordnet (vgl. Schönbach 1997: 282). Förderlich für eine entspannte Fernsehnutzung bzw. Erleichterung hingegen ist die Tatsache, dass Social TV das schnelle Kundgeben der eigenen Meinung und ein umgehendes Feedback dazu ermöglicht. Dadurch wird es dem Nutzer vereinfacht, mit Unzufriedenheit umzugehen und Entlastung zu finden (vgl. Buschow/Ueberheide/Schneider 2015: 71).

Die für die klassische TV-Nutzung relevanten affektiven Motive Bekämpfung von Langeweile bzw. Zeitvertreib (z. B. Greenberg 1974; Rubin 1979, 1981, 1983; Rubin/Perse 1987a; Conway/Rubin 1991; Lin 1993; Vincent/Basil 1997; Adams 2000) sollten auch in Bezug auf Social TV nicht vernach-

---

[103] Das Motiv der Unterhaltung taucht in zahlreichen Bedürfniskatalogen auf (z. B. McQuail/Blumler/Brown 1972; Greenberg 1974; Wright 1974; Rubin 1979, 1981, 1983; Wenner 1982; McQuail 1983; Rubin/Perse 1987a; Rubin/Perse/Barbato 1988; Conway/Rubin 1991; Lin 1993; Abelman/Atkin/Rand 1997; Vincent/Basil 1997).

lässigt werden. Durch den Austausch mit anderen Nutzern kann der Spaßfaktor bei langweiligen Handlungen erhöht werden. Social TV wird weiterhin gern während Werbepausen und Leerstellen im Programm zur Zeitüberbrückung genutzt (vgl. Wohn/Na 2011; Skibbe 2013: 45; Forward-AdGroup 2016: 26). Der Nutzer kann sich so etwa während der Werbepause intensiver mit dem Programminhalt beschäftigen. In einigen Uses-and-Gratifications-Studien wird Gewohnheit als ein weiteres affektives Motiv aufgeführt. Schweiger merkt an, es handele sich „bei Gewohnheit um kein Motiv im eigentlichen Sinne, sondern um eine bestimmte, heuristische Form der Medienauswahl." (Schweiger 2007: 111) Allerdings können routinierte Handlungen durchaus zielgerichtet sein (vgl. LaRose 2010: 199 f.). Im Vergleich zur klassischen Fernsehnutzung wird Social TV bisherigen Befunden nach selten aus einem Gewohnheitsmotiv heraus genutzt. Dies hängt nicht zuletzt damit zusammen, dass Social TV für viele Nutzer ein neues Phänomen darstellt und noch nicht so stark ritualisiert bzw. habitualisiert ist.

5.2.3   Soziale Motive

Wie bereits in Kapitel 2.3.3 ausführlich beleuchtet, bilden die sozialen Motive einen weiteren wesentlichen Bestandteil der bestehenden Bedürfniskataloge. Da bei sozialen Medien das soziale Interagieren von Medien ein maßgeblicher Faktor ist, „verwundet es auch nicht, dass diverse soziale Aspekte […] die zentralen Nutzungsmotive solcher Medienangebote darstellen" (Bilandzic/Schramm/Matthes 2015: 202). Vor allem die gemeinschaftliche Rezeption, die Anschlusskommunikation sowie die parasoziale Interaktion bzw. Beziehung wurden in vorhandenen Bedürfniskatalogen als maßgebliche soziale Beweggründe zur Mediennutzung aufgeführt. Bei vorhandenen Untersuchungen zu Social TV stellten sich vor allem der Wunsch nach Gemeinschaftserleben bzw. Vernetzung (z. B. Wohn/Na 2011; Ericsson ConsumerLab 2012; McPherson et al. 2012; Dinter/Pagel 2013; IP Deutschland 2013a; Han/Lee 2014; Schirra/Sun/Bentley 2014; Krämer et al. 2015) sowie die soziale Interaktion zwischen den Zuschauern untereinander (z. B. Goldmedia 2012b; McPherson et al. 2012; Skibbe 2013; Kneidinger 2015; Shim et al. 2015) als soziale Motive der Nutzung heraus. Betont wird in vielen Studien, dass Social TV im Vergleich zur traditionellen Fernsehnutzung besonders viel Potential für die sozialen Bedürfnisse biete. So halten Krämer et al. (2015: 260) fest: „[S]ocial motives and social gratifications are even more important for Social TV usage than they might already be for usual or joint television usage."

In der Rezeptionsforschung wurde stets die soziale Relevanz der gemeinschaftlichen Fernsehrezeption für Individuen betont. Gemeinschaftsbezo-
gene Beweggründe sind für eine soziale Integration förderlich und resultieren aus dem menschlichen Bedürfnis nach Zugehörigkeit. Der technologische Fortschritt und der gesellschaftliche Wandel – vor allem die Individualisierung – haben das Bedürfnis nach einem gemeinschaftlichen Erleben verstärkt (vgl. Cesar/Knoche/Bulterman 2010: 329). „Die Gemeinschaft ist das
Opium der modernen Gesellschaft." (Bolz 2004: 143) Das Gemeinschaftserlebnis hat durch das Social Web eine neue soziale Bedeutung erlangt, da es
nicht mehr auf die Rezeption mehrerer Personen zur gleichen Zeit am selben Ort beschränkt, sondern mobil erlebbar geworden ist. Sofern die Interaktionspartner sich gegenseitig wahrnehmen können und die thematisierten
Inhalte von allen Beteiligten rezipiert werden, handelt es sich auch hierbei
um gemeinsame Mediennutzung (vgl. Weber 2015: 36 f.). Fernsehen entwickelt sich dadurch wieder zu einer Gruppenaktivität, Social TV hebt die
geografischen Grenzen der sozialen Interaktion über Fernsehinhalte auf
(vgl. Harboe et al. 2007: 116; Boertjes et al. 2009: 187; Qualman 2009: 156;
Pagani/Mirabello 2011: 41; Gehrau 2014: 362). Das Teilen von Gedanken
und Meinungen über Fernsehinhalte via Social Web ermöglicht ein Verbun-
denheitsgefühl und bedient das Bedürfnis nach Integration und Gemeinschaftserleben (vgl. Cesar/Geerts 2011b: 4; Mayer 2013a: 40; Röll 2013: 85).

Für das Zustandekommen eines Gemeinschaftsgefühls ist eine kollektive
Identität maßgeblich. Diese kommt durch gemeinsame Wertvorstellungen
oder Normen zum Ausdruck und wird etwa durch Bewertungen gestärkt.
Die Einnahme einer gemeinsamen Haltung kann schließlich die Bildung der
gemeinsamen Identität fördern (vgl. Holly 1993: 147 ff.; Naab 2013: 114).
Durch die Herstellung einer kollektiven Identität erfolgt zugleich eine
Grenzziehung zu Nutzern, die andere Positionen und Wertvorstellungen
verfolgen. Wissenschaftlich wurde das Motiv der Herstellung eines Gemeinschaftsgefühls vor allem in Bezug auf die parallele Nutzung von Twitter
während des Fernsehens untersucht. Die Motive soziale Interaktion und
Herstellung eines Gemeinschaftsgefühls wurden mehrfach als Hauptmotive
der Twitter-Nutzung während des Fernsehens identifiziert (z. B. Skibbe
2013: 41; Schirra/Sun/Bentley 2014: 6; Possler/Heuer/Schoft 2015: 117).
Für Nutzer, die sich nicht am gleichen Ort befinden und nur online treffen
können, kann diese synchrone Kommunikation über das Gesehene das
mangelnde häusliche Gemeinschaftserlebnis kompensieren (vgl. Goldhammer et al. 2015: 109; Schoft 2015: 117). Es ist allerdings fraglich, ob die Erlebnisqualität der elektronisch vermittelten Form der gemeinsamen Nutzung

mit einer realen Gruppenrezeption gleichgesetzt werden kann, schließlich stellten Kloppenburg et al. (2016: 378) fest, dass ein Gemeinschaftsgefühl bei der Nutzung sozialer Netzwerke seltener als bei der Fernsehnutzung entsteht. Einer Studie der GfK (2016) zufolge finden 32 Prozent der Deutschen den virtuellen Austausch nicht genauso gut wie den persönlichen Austausch, während 13 Prozent beides für gleichwertig einschätzen. Auch den Befunden von Fellechner (2015: 130 f.) und Weber (2015: 330) zufolge ist die „elektronisch vermittelte Form gemeinsamer Nutzung nicht als äquivalent mit unmittelbarem Beisammensein" anzusehen. Die virtuelle gemeinschaftliche Social-TV-Rezeption vermag demzufolge reale Gemeinschaftserlebnisse nur begrenzt zu ersetzen, doch die Erlebnisqualität ist hierbei immer noch deutlich höher einzustufen als bei der solitären Nutzung (ebd.: 330 f.). Social TV kann nicht nur zur Pflege bestehender Beziehungen dienen, sondern auch dem Motiv der Suche nach sozialen Kontakten (vgl. Buschow/Ueberheide/Schneider 2015: 76; Schoft 2015: 116). Durch das Kommunizieren mit unbekannten Personen auf Social-TV-Plattformen können neue Kontakte geknüpft und Beziehungen aufgebaut werden. Für Fans von bestimmten Formaten ergibt sich ein neues Potential, sich zu vernetzen und über gemeinsame Interessen auszutauschen (vgl. Andrejevic 2008; Highfield/Harrington/Bruns 2013: 336; Segado/Grandío/Fernández-Gómez 2015: 232).

Neben der Herstellung eines Gemeinschaftsgefühls während der Rezeption kann der Fernsehnutzer auch von einem sozialen Anschlussnutzen profitieren. So kann das Fernsehen als Themenlieferant für spätere Unterhaltungen dienen. Auch Social-Media-Anwendungen haben ihren Erfolg nicht zuletzt dem Fakt zu verdanken, dass die User sie zur Suche nach Gesprächsstoff zum Austausch mit Familie und Freunden nutzen (vgl. Kogel 2012). Da Social TV eine Kombination von Fernsehen und Social Media ist, bietet sich hierbei besonderes Potential für Anschlusskommunikation. Neu ist, dass die soziale Interaktion über Fernsehinhalte unmittelbar – sowohl mit bekannten als auch mit bisher unbekannten Personen – stattfinden kann. Früher tauschten sich die Zuschauer – abgesehen von der parallelen Kommunikation mit weiteren anwesenden Personen während der Rezeption – nach einer Sendung mit anderen Personen über das Gesehene aus. Hatte dieser Watercooler-Effekt durch ein verändertes Nutzungsverhalten an Relevanz verloren (vgl. Kap. 3.4), so gewinnt er durch die Verlagerung der Anschlusskommunikation in einen virtuellen Raum wieder an Bedeutung.

Das Gefühl von Verbundenheit kann nicht nur zwischen den Social-TV-Usern untereinander entstehen, möglich ist auch eine parasoziale Interaktion bzw. die Entstehung einer parasozialen Beziehung zu einer Persona einer Sendung (vgl. Buschow/Ueberheide/Schneider 2015: 71; Lin/Sung/Chen 2016: 173). Parasoziale Interaktion hat die vorhandenen Bedürfniskataloge zur klassischen Fernsehnutzung maßgeblich geprägt. Durch das Aufkommen des Social Web haben sich einige Änderungen für das Motiv der parasozialen Interaktion ergeben. Die Eingriffsmöglichkeiten der Rezipienten haben zugenommen, das Potential einer sozialen medienvermittelten Interaktion hat sich erhöht: „Die Möglichkeit zum echtzeitlichen, gleichzeitigen Feedback […] scheint im Zuge der intersubjektiven Vernetzung im Internet gegeben." (Bröckling 2012: 195) Diese „quasi-soziale Interaktion" (ebd.) erlaubt im Gegensatz zur parasozialen Interaktion sowohl Reflexion als auch gegenseitige Anerkennung. Durch den nun vorhandenen Rückkanal kann somit aus parasozialer Interaktion echte Interaktion werden (vgl. Enli 2012: 135), Schüller (2015: 37) bezeichnet dies als „eine Revolution für die parasoziale Interaktion". Döring (2003: 425) stellte diesbezüglich bereits im Jahr 2003 fest, dass viele bekannte Persönlichkeiten und Stars zwar eine eigene Homepage besitzen, jedoch auf elektronische Fanpost meist nicht persönlich antworten. Deshalb bleibe die Beziehung zwischen Star und Fan meist von parasozialer Natur.

Einige Anwendungen ermöglichen es den Nutzern zudem, nach einer Sendung mit dem Regisseur oder einem Darsteller zu chatten und direkt Fragen an diesen zu richten. Trotz des vorhandenen Rückkanals kann es sich dennoch um klassische parasoziale Interaktion handeln, etwa wenn ein Fan einem Star auf Twitter oder Facebook folgt und dadurch die Illusion einer persönlichen Beziehung entsteht (vgl. van Es 2015: 11). Sofern ein einseitiges Follower-Verhältnis besteht, also der Star nicht der Person zurück folgt, handelt es sich nur um eine parasoziale Beziehung. Neu dabei ist jedoch, dass die Persona auf die andere Person reagieren kann, beispielsweise um den Fankontakt zu pflegen. So startete beispielsweise *The Voice of Germany* (ProSieben) im Jahr 2014 eine Twitter-Aktion mit „Idolcard". Fans konnten den Account von Idolcard markieren und ein Hashtag ergänzen, als Antwort erhielten sie dann eine Autogrammkarte von einem Jurymitglied mit der Erwähnung des eigenen Namens. Der Erfolg der Aktion – es wurden über 40.000 Idolcards angefordert (vgl. Firsching 2014) – hat dazu geführt, dass zahlreiche weitere Formate eine Integration von Idolcard anbieten.

Parasoziale Beziehungen können zudem durch die Verlängerung eines Formates – etwa auf einer Social Networking Site – entstehen. Laut Goldmedia
findet auf Fanpages von gescripteten Doku-Soaps (44%) merklich mehr
parasoziale Interaktion statt als bei nicht gescripteten Formaten (5%) (vgl.
Goldhammer et al. 2015: 170). Die Charaktere der Scripted-Reality-Formate
Berlin – Tag und Nacht sowie *Köln 50667* von RTL II beispielsweise posten
auf Facebook Statusmeldungen und Neuigkeiten aus der Ich-Perspektive.
„Hier wird die Show Teil der sozialen Realität des Zuschauers." (Goldmedia
2012a) Obwohl hierbei die Grenze zwischen Fiktion und Realität schwindet
(vgl. Bengesser 2012), sind sich die Zuschauern in der Regel bewusst, dass
es sich lediglich um fiktionale Dramaturgie handelt (vgl. Goldhammer et al.
2015: 116). Dies kann jedoch die Bindung zu einem Format bzw. dessen
Figuren erhöhen. Den Aufbau einer parasozialen Beziehung förderte auch
die Serie *About:Kate*, indem die Hauptperson Kate Harff Gedanken, Musik
oder Videos auf Facebook, der Website sowie in der zugehörigen App pos-
tete. Der Eindruck einer direkten Interaktion wurde durch einen fiktionalen
Anruf der Hauptperson bei den App-Nutzern verstärkt.

5.2.4   Identitätsbezogene Motive

Eng mit sozialen Gratifikationen verwoben sind identitätsbezogene Motive,
wie etwa Identifikation, sozialer Vergleich, Selbstfindung, Wertebestätigung
oder Selbstdarstellung. Eine trennscharfe Differenzierung zwischen den
sozialen und identitätsbezogenen Motivdimensionen ist schwierig, „da sich
die Identität eines Menschen zu wesentlichen Teilen auf seine Position innerhalb seiner sozialen Umwelt bezieht." (Schweiger 2007: 130) Die identitätsbezogenen Motive haben im Vergleich zu den kognitiven, affektiven und
sozialen Motivkategorien in der Rezeptionsforschung weniger Aufmerksamkeit erhalten. Dies liegt primär an der Schwierigkeit, Konstrukte wie persönliche Identität oder Persönlichkeit zu operationalisieren (vgl. ebd.: 129). Bei
den identitätsbildenden Motiven kann zwischen Identifikation und sozialem
Vergleich differenziert werden (vgl. ebd.: 130 f.). Mit *Identifikation* ist hierbei
gemeint, dass sich der Rezipient in einen virtuellen Akteur hineinversetzt
und so verschiedene Rollen und Situationen erlebt. Im Gegensatz zur Identifikation bleib der Rezipient beim *sozialen Vergleich* in seiner eigenen Rolle
und vergleicht seine Situation, Werte, Meinungen oder Verhaltensweisen mit
denen von anderen Personen. Dieser Vergleich kann etwa der Suche nach
Rollenvorbildern, Selbstfindung oder Bestätigung der eigenen Wertevorstellungen dienen (vgl. Mikos 1994: 88). Beide Formen zur Identitätsbildung

können prinzipiell bei der Social-TV-Nutzung auftreten. Durch das Angebot vertiefender Informationen zu Personae oder spielerischer Auseinandersetzungen wird dem Zuschauer das Hineinversetzen in virtuelle Akteure erleichtert. Social TV ermöglicht den Zuschauern ebenso einen Vergleich mit Personae sowie mit anderen Zuschauern. Erfolgt ein sozialer Abwärtsvergleich,[104] so eignen sich dazu besonders Castingshows oder Reality Dokus, durch das gemeinsame Lästern erfolgt eine Abgrenzung von den Figuren und das eigene Selbstwertgefühl wird gesteigert (vgl. Goldmedia 2012b; InterOne 2012: 40; Goldhammer et al. 2015: 114).

Das Lesen von Meinungen bzw. Beobachten relevanter Verhaltensweisen anderer User kann die eigene Meinung oder Wertehaltung bestätigen bzw. die persönliche Identität gestalten (vgl. Ericsson ConsumerLab 2012: 5; Goldmedia 2012b; Han/Lee 2014: 241; Schirra/Sun/Bentley 2014: 6; Buschow/Ueberheide/Schneider 2015: 76). Durch den Austausch mit den anderen Zuschauern erhält der Social-TV-User einen Überblick über vorherrschende Meinungen zu Sendungen. Er „kann sich daran orientieren, um sich entweder der Einordung und Bewertung anzuschließen oder um bewusst, zum Beispiel aus Gründen der Distinktion, eine entgegengesetzte Positionierung einzuschlagen" (Bilandzic/Schramm/Matthes 2015: 207). Die Ergebnisse zweier Experimente von Cameron und Geidner (2014: 411) zeigen, dass sich die Urteile der Twitterer an die Mehrheitsmeinung in ihrer Timeline anlehnen. Bei Personen mit einem ausgeprägten Bedürfnis nach Zugehörigkeit ist die Motivation, von gesellschaftlichen Gruppen akzeptiert zu werden, umso höher (vgl. Cohen/Lancaster 2014: 513). Die Nutzung von Social TV bietet für das Potential, das Verhalten andere Personen ihrer sozialen Umwelt zu beobachten und sich dementsprechend anzupassen.

Mit der Steigerung des Selbstwertgefühls geht der Wunsch nach Aufmerksamkeit und Anerkennung durch andere Personen einher. Durch die Teilhabe an der Social-TV-Kommunikation, das Kundgeben der eigenen Meinung oder das Bewerten bietet sich die Möglichkeit, andere Nutzer mit dem eigenen Wissen zu beeindrucken oder Hilfestellung – etwa für die Programmauswahl – zu leisten. „Nutzer wollen ihre Präferenzen zeigen und anderen dabei helfen, die nach ihrer Meinung lohnenswerten Inhalte zu finden." (Buschow/Ueberheide/Schneider 2015: 80) Damit wird in erster Line das Ziel verfolgt, durch Selbstdarstellung Anerkennung zu finden. Individuen

---

104 Um den Selbstwert zu erhöhen, erfolgt beim sozialen Abwärtsvergleich ein Vergleich mit Personen, die einem unterlegen erscheinen (vgl. Bilandzic/Schramm/Matthes 2015: 145).

versuchen durch soziale Interaktionen den Eindruck, den sie auf andere Menschen machen, zu beeinflussten und ein erwünschtes Ansehen zu erzielen (vgl. Mummendey 1995: 111). Das Internet und speziell das Social Web bieten großes Potential für die Selbstdarstellung[105] (vgl. Neuberger 2011: 76 ff.; Blumer 2013: 155 ff.; Wodzicki/Cress 2014: 128 f.; Vorderer 2015: 270). So wird auch das Social Web in Kombination mit dem Fernsehen genutzt, um die eigene Meinung auszudrücken und sich darzustellen (vgl. Gormász 2012: 57; Cameron/Geidner 2014: 402). Es besteht hierbei die Möglichkeit, sich vorhandenen Meinungen anzuschließen. Durch das Teilen, Liken, Retweeten von Kommentaren „positioniert sich der hochvernetzte Mensch zu einer Vielzahl von Meinungsgegenständen, ohne dass er selbst seine Meinung aktiv formulieren müsste." (Vorderer 2015: 271)

5.3   Erweiterung um spezifische Motive sozialer Medien

Die vorhergehende Diskussion hat gezeigt, dass sowohl kognitive, affektive und soziale als auch identitätsbezogene Motive für die Social-TV-Nutzer von Relevanz sein können. Eine Übertragung bestehender Bedürfnisstrukturen auf Social TV allein reicht nicht aus, um die Bedürfnisse des sozialen Fernsehens fundiert zu untersuchen. Hierzu ist es nötig, spezifische Motive sozialer Medien ausfindig zu machen. Für die in Kapitel 2.2 erläuterten Charakteristiken sozialer Medien werden dazu nachfolgend entsprechende Motive abgeleitet und es wird geprüft, ob diese redundant mit vorhandenen Motiven sind oder ob sie eine Ergänzung darstellen. Am Ende dieses Kapitels soll ein erweiterter Bedürfniskatalog zur Nutzung des sozialen Fernsehens entstehen, der als Grundlage für die empirische Untersuchung dient.

Kommunikation

Durch die Verknüpfung von Fernsehen und Internet hat sich die Möglichkeit der Kommunikation über TV-Inhalte verstärkt, so konstatierte Barkhuus (2009: 2487) bereits im Jahr 2009: „The most important chance in terms of television moving computers is the increasing possibility for social interaction around content." Wie bei sozialen Medien allgemein (vgl. Kap. 2.2.1), ist Kommunikation auch ein Bestandteil von Social TV. Durch die Integration des Massenmediums Fernsehen mit Social Media vermischen

---

[105] In der Literatur wird auch der Begriff „Impression Management" verwendet (vgl. Leary/ Kowalski 1990; Mummendey 1995: 111 ff.; Neuberger 2011: 76).

sich herkömmliche Massenkommunikation und Individualkommunikation. Social TV ist keine reale Face-to-Face-Kommunikation, sondern eine Form computervermittelter Kommunikation bzw. Online-Kommunikation (vgl. Baillie/Fröhlich/Schatz 2007: 216). Auf die Merkmale der Social-TV-Kommunikation wurde bereits in Kapitel 4.1.3 eingegangen. So wurde festgestellt, dass die Kommunikation bei Social TV sowohl synchron als auch asynchron über Text-, Audio- oder Videonachrichten stattfinden kann. Sie kann zwischen Zuschauern untereinander oder auch zwischen Zuschauern und Produzenten direkt oder indirekt sowie öffentlich, teilöffentlich oder geschlossen ablaufen. Der Hauptunterschied der Social-TV-Kommunikation im Vergleich zur herkömmlichen Zuschauerkommunikation besteht jedoch in der physischen Abwesenheit der Kommunikationspartner (vgl. Klemm/Michel 2014: 15). Die markantesten Differenzen zwischen den beiden Formen der Kommunikation stellt nachfolgende Tabelle gegenüber.

Tab. 13: Wohnzimmer-Kommunikation vs. Social-TV-Kommunikation

Kommunikation im Wohnzimmer	Social-TV-Kommunikation
physische Anwesenheit	virtuelle Anwesenheit
privat	öffentlich, teilöffentlich oder privat
direkte wechselseitige Kommunikation	direkt oder indirekte Kommunikation
verbal und nonverbal	überwiegend schriftlich, prinzipiell auch per Audio oder Video
nichtmediale Kommunikation	intermediale Kommunikation
flüchtige Kommunikation	gespeicherte Kommunikation
Diskurserweiterung durch sekundäre Thematisierung	Diskurserweiterung überwiegend durch primäre Thematisierung

Quellen: Eigene Darstellung in Anlehnung an Klemm/Michel (2015: 52); Klemm (2015b: 58).

Die Social-TV-Kommunikation wurde bislang aus inhaltlicher sowie sprachwissenschaftlicher Forschungsperspektive im Ausland[106] sowie speziell in Deutschland in vielfältiger Weise untersucht. Da dieser Aspekt nicht

---

[106] Zur inhaltlichen Betrachtung der Social-TV-Kommunikation zu ausländischen Formaten siehe beispielsweise Ducheneaut et al. (2008); Wohn/Na (2011); Doughty/Rowland/Lawson (2012); Lochrie/Coulton (2012a, 2012c); McPherson et al. (2012); Elmer (2013); Larsson (2013); Skibbe (2013); Cameron/Geidner (2014); D'heer/Verdegem (2014); Giglietto/Selva (2014); Midha (2014a); Ji/Raney (2015); Ji/Zhao (2015); Mukherjee/Jansen (2015).

maßgeblich zur Klärung der vorliegenden Forschungsfrage beiträgt, wird an dieser Stelle auf die vorhandene Inhaltsforschung verwiesen. Die Inhalte des Austauschs sowie die Kommunikationsstile unterscheiden sich sowohl hinsichtlich der TV-Formate (z. B. Doughty/Rowland/Lawson 2012: 85) als auch bezüglich der verwendeten Plattformen (z. B. Goldhammer et al. 2015: 169 f.; Possler/Heuer/Schoft 2015: 90 ff.). Bei den Formaten wurde einerseits der Austausch zu einzelnen deutschen TV-Sendungen untersucht, wie etwa zur *Rundshow* (Spieß/Sehl 2013; Kneidinger 2014), der Serie *Glee* (Eble 2013), dem *Tatort* (Burghardt et al. 2013; Skibbe 2013; Merten 2014; Androutsopoulos/Weidenhöffer 2015; Schoft 2015; König/König 2016; Hämmerling 2017), der Castingshow *The Voice of Germany* (Schmidt 2014b), dem *Dschungelcamp* (Michel 2015b; Possler et al. 2015, 2016) oder zu politischen Formaten (Klemm/Michel 2014; Emmer/Strippel 2014; Trilling 2014; Weiße 2014; Michel 2015a; Ceron/Splendore 2016). Andererseits existieren vergleichende Analysen der Inhalte von mehreren Fernsehformaten (z. B. Buschow/Schneider 2012a, 2012b; Buschow/Schneider/Ueberheide 2014b, 2015; Goldhammer et al. 2015). Bei den Analysen wird primär der Austausch via den Plattformen Facebook und Twitter betrachtet. Während bei Twitter-Analysen der Austausch der Zuschauer fokussiert wird, sind bei der Analyse von programmbezogenen Facebook-Posts neben den Nutzer-Kommentaren ebenso die von den TV-Sender veröffentlichten Beiträge von Relevanz (z. B. Eble 2013; Kneidinger 2014; Mischok 2015).

In Bezug auf Twitter wird ein sehr breites Themenspektrum konstatiert, die programmbezogenen Tweets decken „ein enormes inhaltliches Spektrum ab, von sendungsbezogenen Themen und Diskursen bis hin zu persönlichen Inhalten wie dem allgemeinen subjektiven Befinden." (Michel 2015b: 62) Die in Untersuchungen festgestellten Formen der Zuschauerkommentare sind entsprechend der verschiedenen analysierten Plattformen und Formate divergierend. Während Eble (2013: 84) zur Serie *Glee* Äußerungen über sich selbst, TV-Nacherzählungen, Mitteilungen an Charaktere und Bewertungen der Inhalte als Tweets identifiziert, dominieren bei Polit-Talkshows sowie bei der Reality-Sendung Dschungelcamp abwertende, ironische, lästernde bzw. beleidigende Tweets (vgl. Klemm/Michel 2014: 30; Michel 2015b: 58). Die Forscher des IJK Hannover systematisieren die vorhandenen Forschungsergebnisse zur Social-TV-Kommunikation und differenzieren hierbei zwischen Bewertung, Emotionen, Abstraktion auf persönlicher oder gesellschaftlicher Ebene und Kontaktaufnahme mit anderen Nutzern (vgl. Buschow/Schneider/Ueberheide 2015: 136 f.).

Speziell das Bewerten von Akteuren oder Sendungen spielt laut vielen Studien eine entscheidende Rolle bei der Teilhabe an der Social-TV-Diskussion. Die Anteile von wertenden bzw. meinungsbezogenen Kommentaren werden mit einem Drittel (vgl. ebd.: 148) bis zu vier Fünftel (vgl. Goldhammer et al. 2015: 169) aller Kommentare beziffert. Während einerseits für negative Bewertungen ein höherer Anteil als für positiven Bewertungen ermittelt wird (z. B. Kerkau 2013: 8; Merten 2014), können andere Befunde keine eindeutige Dominanz negativer Meinungen feststellen (z. B. Baxter et al. 2014: 90; Buschow/Schneider/Ueberheide 2015: 144; Schmidt 2014b: 79 f.). Hierbei zeigen sich bei Betrachtung der Plattformen Goldmedia zufolge deutliche Unterschiede: „Durchschnittlich enthalten nur 14 Prozent der Tweets Qualitätsurteile, wohingegen bei Facebook 52 Prozent der Kommentare einen wertenden Charakter haben." (Goldhammer et al. 2015: 170). Laut Schmidt (2014b: 79) beziehen sich die bewertenden Kommentare häufiger auf Akteure als auf Sendungsinhalte. Weitere Unterschiede zeigen sich in der ermittelten Bedeutung von emotionalen Inhalten. Während diesen einerseits eine entscheidende Rolle zugesprochen wird (z. B. Wohn/Na 2011; Godlewski/Perse 2010: 163; Skibbe 2013: 30 f.), ist bei der Studie des IJK Hannover „der Ausdruck von Emotionen weit weniger relevant" (Buschow/Schneider/Ueberheide 2015: 148). Über was die Nutzer sich austauschen, hängt nicht zuletzt mit ihren Motiven zusammen.

Kommunikation ist nicht nur eine Eigenschaft sozialer Medien, sondern dient auch in mehrfacher Hinsicht den Bedürfnissen der Mediennutzung. Sowohl die primäre als auch sekundäre Thematisierung von Medieninhalten werden als Motive sowohl der Mediennutzung im Allgemeinen als der Nutzung von Social TV im Speziellen bezeichnet (vgl. Kap. 2.3.3; 5.2.3). Das Bedürfnis nach Kommunikation findet sich dementsprechend bereits in bestehenden Bedürfniskatalogen. Kommunikation kann jedoch nicht als einzelnes Motiv trennscharf kategorisiert werden, da sie in mehrfacher Hinsicht der Bedürfnisbefriedigung dienen kann. Kommunikation ist beispielsweise für das Nachfragen bei anderen Zuschauern zur eigenen Verständigung notwendig und kann somit den kognitiven Bedürfnissen dienen. Weiterhin kann der Austausch über TV-Inhalte affektiven Bedürfnissen wie Ablenkung und Unterhaltung zugutekommen. Kommunikation ist ebenso eine Voraussetzung für soziale Bedürfnisse, wie dem Wunsch nach Austausch oder dem Gemeinschaftserleben, welche ohne soziale Interaktion nicht entstehen könnten (vgl. Mantzari/Lekakos/Vrechopoulos 2008: 82). Auch für identitätsbezogene Bedürfnisse ist Kommunikation relevant, da ohne sie die Artikulation der eigenen Meinung nicht möglich wäre.

Interaktion und Partizipation

Im Gegensatz zur konservativen Sichtweise von Interaktion wird in der vorliegenden Studie angenommen, dass der eingesetzte Rückkanal nicht über den gleichen Empfangsweg zustande kommen muss (vgl. Kap. 3.3.1). Andernfalls könnte ausschließlich die Social-TV-Nutzung via One Screen interaktive Optionen bieten, die Nutzung via Second Screen bliebe unbeachtet. Gerade diese bieten aber durch die einfache Handhabung großes Potential für ein interaktives Fernseherlebnis. Hierbei kann zwischen verschiedenen Modi der Social-TV-Interaktion differenziert werden, die in Zusammenhang mit den von den Usern wahrgenommenen Aktivitäten stehen (vgl. Kap. 4.1.3). So kann unterschieden werden, ob es sich um Interaktion der Nutzer untereinander oder um Interaktion mit dem Content handelt, also etwa spielerische oder partizipative Interaktion (vgl. Shao 2009: 9 ff.; Cesar/Knoche/Bulterman 2010: 329 f.). In Bezug auf die bewegtbildbezogene Interaktion mit Fernsehsendungen kann es sich entweder um selektive oder um partizipative Interaktion handeln (vgl. Phaydon 2012). Bei der *selektiven* Interaktion ruft der Nutzer zusätzliche von Anbieterseite gestellte Inhalte ab (z. B. Zusatzinformationen, Backstage-Material). Sofern es sich um Praktiken handelt, die eine medienvermittelte Teilhabe an der Sendung ermöglichen (z. B. Votings, Fragen an die Redaktion), handelt es sich um *partizipative* Interaktion (vgl. Röll 2013: 85).

Im Jahr 2012 identifizierten van Es und Müller (2012: 68 ff.; 2015: 5) vier Formen der Interaktion zwischen Fernsehen und Social Media: Erweiterung, Overlay, Umhüllung sowie Integration. Erweiterung beschreibt die Fortführung der Handlung im Social Web, Overlay steht für die Einblendung von Zuschauer-Kommentaren auf dem TV-Bildschirm und Umhüllung meint die Gespräche von Communities über TV-Inhalte. Integration hingegen erfolgt dann, wenn der Zuschauer einen direkten Einfluss auf das Sendegeschehen nehmen kann. Gugel (2012b) nimmt eine ähnliche Einteilung der Social-TV-Interaktionsstufen vor, differenziert jedoch etwas ausführlicher in Bezug auf den inhaltlichen Einfluss der Interaktion zwischen (1) Interaktion zwischen Nutzern, (2) moderierter Interaktion zwischen Nutzern und Produzent, (3) gespiegelter Interaktion der Zuschauerkommentare, (4) in die Sendung einbezogener Interaktion und (5) Interaktion, die das Sendungsgeschehen beeinflusst. Diese Einteilung fokussiert auf die Interaktionen zwischen Nutzern und Fernsehproduzenten, die Interaktion der Nutzer untereinander wird hierbei als niedrigste Form angesehen. Praktiken wie die passive Rezeption von Nachrichten werden hierbei nicht einbezogen.

Eine Abstufung der Interaktion wurde in der Forschung bereits für Online-Anwendungen (vgl. Kap. 2.2.3) als auch das frühere interaktive Fernsehen (vgl. Kap. 3.3.2) vorgenommen. Während bei iTV bereits das Einschalten des Fernsehens bzw. das Umschalten des Programms als niedrige Form der Interaktion bezeichnet und der Zuschauer erst auf den obersten Stufen selbst aktiv wird, zeigen sich bei Social TV stärkere Formen der Interaktion und Partizipation, die denen von Web 2.0-Angeboten ähneln. Durch die Verknüpfung von TV und Internet wurden die Interaktionsangebote erweitert. Der User verlässt bereits bei niedriger Stufe den Lean-Back-Modus, welcher beim klassischen Fernsehen dominiert (vgl. Kap. 3.4). Ebenso rezipieren die Social-TV-Nutzer in der Regel nicht ausschließlich, sondern setzen sich zudem mit dem Gesehenen auseinander: „Social TV ist also interaktiveres Fernsehen als das lineare Fernsehen allein. Es wird tiefer verarbeitet und vielfältiger interpretiert." (Goldhammer et al. 2015: 187) Durch die Übertragung der Interaktionsformen des Social Web (z. B. Bucher 2013: 78 f.) auf Social TV ergeben sich folgenden fünf ansteigende Interaktionslevel:

Level 1: *Selektion und Rezeption* (Lesen von Kommentaren und Infos);

Level 2: *Feedback-Interaktion* (Einchecken, Liken, Weiterleiten, Bewerten);

Level 3: *Kommunikative Interaktion* (Austausch über das Gesehene);

Level 4: *Spielerische Interaktion* (Teilnahme an Spielen, Gewinnspielen);

Level 5: *Partizipative Interaktion* (Einfluss auf das Sendegeschehen).

Je höher das Interaktionslevel ist, desto aktiver ist der Social-TV-Nutzer. Während für das Lesen von Zusatzinformationen oder Kommentaren anderer Zuschauer oder das Einchecken in Sendungen nur wenig Aktivität notwendig ist, muss spätestens für die Interaktion mit anderen Personen Lean-Forward-Haltung eingenommen werden. Sigler (2013b: 17 ff.) unterscheidet dementsprechend zwischen Lean-Back (Nutzer rezipieren) sowie Lean-Forward (Nutzer bewerten oder tauschen sich aus) und ergänzt als dritte Form Drive-in: „Hierbei verschmelzen Zuschauer und Fernsehangebot. Der Zuschauer wird zum Akteur und Co-Produzent der Fernsehinhalte." (ebd.: 19) Ein Beispiel hierzu ist der im Oktober 2016 ausgestrahlte ARD-Film *Terror – Ihr Urteil*, bei dem die Zuschauer über Schuld- oder Freispruch eines angeklagten Bundeswehr-Piloten abstimmen konnten. Es wurden zwei alternative Schlusshandlungen gedreht und das von den rund 600.000 abgegebenen Stimmen mehrheitlich ausgewählte Ende ausgestrahlt (vgl. Schade 2016). Ein weiteres Beispiel ist die Sendung *Chat Duell* des Internetsenders Rocket Beans TV, die sich an die früherer Ratesendung *Familien Duell* anlehnt. Bei dieser live ausgestrahlten Spieleshow ist die Interaktion mit den

Zuschauern ein elementarer Bestandteil, da den Kandidaten die meistge-
nannten Antworten der Zuschauer, die per Online-Umfrage ermittelt werden, erraten müssen. Voraussetzung zur Nutzung des interaktiven Potentials
ist jedoch, dass der Zuschauer bereit ist, eine aktive Rolle einzunehmen.
Bisherigen Befunden zufolge wird die partizipative Interaktion nur in seltenen Fällen wahrgenommen, es überwiegt die passive Teilhabe. So zeigte sich
im Jahr 2013 hinsichtlich der Publikumsbeteiligung zur *Tagesschau*, dass niedrige Interaktionsformen dominieren (vgl. Loosen et al. 2013: 101).

Interaktion kann nicht in ein eigenständiges Nutzungsmotiv überführt werden, sie ist vielmehr Voraussetzung für zahlreiche Gratifikationen. Für die
kognitiven Gratifikationen ist Interaktion beispielsweise dann von Relevanz,
wenn es um das Nachfragen bei anderen Zuschauern geht. Da Interaktion
sowohl mit anderen Personen als auch mit Inhalten Spaß bereiten kann,
werden affektive Gratifikationen tangiert. Für die Artikulation der eigenen
Meinung sowie Selbstdarstellung bedarf es ebenfalls der Interaktion. Die
größte Relevanz besitzt Interaktion jedoch für soziale Gratifikationen, da
hierbei keines der zugehörigen Motive ohne sie zustande kommen kann.
Sowohl die Interaktion mit Inhalten als auch mit anderen Personen kann das
Bedürfnis nach sozialer sowie parasozialer Interaktion und dem Aufbau von
Gemeinschaften erfüllen (vgl. Rudolph 2014: 192). Dementsprechend ist
Interaktion in klassischen Bedürfniskatalogen bereits indirekt enthalten.
Anders verhält es sich bei Gratifikationsstudien zur Social-TV-Nutzung; es
wird mehrfach betont, dass Interaktion als Treiber der Nutzung fungieren
könne (vgl. Kap. 5.2.3). Gemeint ist hierbei meist nicht Interaktion ausschließlich um Sinne von In-Beziehung-Treten der Nutzer, sondern zugleich
spielerische sowie partizipative Interaktion. Spielerische Interaktion, wie
zum Beispiel die Teilnahme an Spielen mit Bewegtbildbezug, spielte bei
früheren Bedürfniskatalogen der Mediennutzung keine Rolle und muss daher ergänzt werden. Ebenso kann Partizipation die Gestaltung oder den
Verlauf einer Sendung beeinflussen und dementsprechend die soziale Bedürfnisgruppe erweitern. Die Teilhabe am TV-Diskurs kann ebenso mit dem
Motiv der politischen Partizipation verbunden sein. Sendungen mit politischen Inhalten bzw. speziell politische Talkshows werden intensiv im Netz
kommentiert (vgl. Klemm/Michel 2014; Gil de Zúñiga/Garcia-
Perdomo/McGregor 2015). Besonders bei Kandidaten-Duellen vor Wahlen
wird eine rege Beteiligung attestiert (vgl. Emmer/Strippel 2014;
Faas/Nyhuis 2014; Trilling 2014; Weiße 2014; Klemm/Michel 2016; Anas-
tasiadis/Einspänner-Pflock 2017).

Kollaboration

Kollaboration bezeichnet die aktive Teilhabe durch gemeinschaftliches Zusammenarbeiten aufgrund eines gemeinsamen Ziels (vgl. Kap. 2.2.4). Während Kollaboration in Bezug auf Social Media mit dem Zweck einer sozialen Sinnstiftung verbunden wird (vgl. Hohlfeld/Godulla 2015: 12), ist Kollaboration bei Social TV primär in Form von spielerischem Zusammenarbeiten erkennbar. Dies ist etwa bei den Second-Screen-Angeboten zu den Krimis *Tatort+* (SWR) oder *Die letzte Spur* (ZDF) der Fall, wo die Zuschauer im zugehörigen Onlinespiel gemeinsam ermitteln konnten. Eine weitere Form der Kollaboration zeigt sich in dem gemeinsamen Interpretieren und Herausarbeiten von weiteren Handlungsverläufen, wie es vor allem bei Fangemeinschaften von seriellen Formaten zu beobachten ist (vgl. Kropp 2013: 4). Denkbar ist ebenso, dass Zuschauer aufgefordert werden, eigens generierte Inhalte einzusenden, die dann als Ganzes eine einheitliche Geschichte ergeben (vgl. Schüller 2015: 85). So ruft etwa das Projekt *24h Bayern* des Bayerischen Rundfunks die Zuschauer dazu auf, das „persönliche Bayern" mittels Foto oder Video zu dokumentieren, sodass daraus eine Dokumentation über das Leben in Bayern zusammengestellt werden kann.

Die Eigenschaft Kollaboration ist mit dem Motiv des gemeinschaftlichen Erlebnisses verwoben, da dieses durch das gemeinsame Erreichen gestärkt werden kann. Ebenso können hierdurch neue Kontakte gebildet werden, was dem Motiv der Vernetzung entspricht. Als explizite Gratifikation ist Kollaboration jedoch in klassischen Bedürfniskatalogen nicht enthalten, da das gemeinschaftliche Zusammenarbeiten ohne bidirektionalen Rückkanal nur unter physischer Präsenz der Beteiligten nicht möglich war. Dementsprechend kann Kollaboration als potentielles Social-TV-Nutzungsmotiv die soziale Gratifikationsdimension erweitern.

Gemeinschaftsbildung und Vernetzung

Das gemeinschaftliche Erleben wird in der Forschung schon lange als potentielle Gratifikation der Mediennutzung beschrieben (vgl. Kap. 2.2.5) und ebenso in Bezug auf Social TV als besonders relevant eingestuft. Das als Eigenschaft sozialer Medien identifizierte Gemeinschaftskriterium ist dementsprechend in bestehenden Bedürfniskatalogen vertreten und kann nicht als gänzliche Neuerung klassifiziert werden. Es gilt zu bedenken, dass sich die bei der klassischen TV-Rezeption und der Social-TV-Nutzung entstehenden Gemeinschaften in ihrer Form und dem Charakter der Kommunikation unterscheiden können. So erfolgt die Fernsehnutzung mit anderen anwesenden Personen primär mit Familienmitgliedern oder Freunden, während sich bei Social TV sich sowohl freund-/verwandtschaftsbasierte als auch interessensbasierte Gemeinschaften bilden können. Erstere sind eine Fortführung vorhandener Offline-Gemeinschaften, „innerhalb derer vor allem Freunde, Verwandte, vertraute Schul- und Berufskollegen miteinander kommunizieren." (Neumann-Braun/Autenrieth 2011: 17) Die Vernetzung und das Kontakthalten mit Freunden und Verwandten erfolgt mittlerweile mit einem erheblichen Anteil via Social Networks (vgl. Hepp/Berg/Roitsch 2014: 35). Interessensgemeinschaften hingegen bestehen meist aus Personen, die sich zuvor nicht kannten und die sich aufgrund ähnlicher Interessen konstituieren. Sobald das gemeinsame Interesse erlischt, können sich diese Gemeinschaften schnell wieder auflösen.

Um welche Form der Gemeinschaft es sich bei Social TV handelt, hängt maßgeblich mit der für den Austausch verwendeten Plattform zusammen. Während auf Plattformen mit privatem Zugang (z. B. Instant Messaging) die Interaktion meist mit Freunden erfolgt, entwickelt sich der Austausch via Twitter durch Verwendung eines gemeinsamen Hashtags, beispielsweise zu einer laufenden Sendung. Die twitternden Social-TV-User bilden „kurzfristige, anlass- und themengesteuerte virtuelle Gemeinschaften ohne gegenseitige Bindung und Verantwortung." (Klemm/Michel 2014: 30) Autenrieth und Herwig (2011: 230) halten in diesem Zusammenhang die Bezeichnung „virtuelle Gemeinschaft" für irreführend und sprechen daher von „interessengeleiteten Kommunikationsgemeinschaften". Unabhängig von der Gemeinschaftsform führen diese zu einem „Gefühl der Zugehörigkeit, das über die Beteiligung am öffentlichen Diskurs entsteht" (Wendelin 2014: 75), im Fall von Social TV durch die Teilnahme am Diskurs über TV-Inhalte. Kneidinger (2015: 218) betont, dass die neu entstehenden Zuschauergruppen „als Ausgangpunkt für neue ‚digitale Öffentlichkeiten' gesehen werden" können. Dies ist jedoch nur dann der Fall, wenn der Austausch öffentlich erfolgt.

Die Vernetzung mit bestehenden Kontakten sowie das Knüpfen neuer Kontakte sind bei der klassischen häuslichen TV-Rezeption nur schwer realisierbar. Möglich ist hierbei lediglich der telefonische Austausch über das Gesehene oder die Knüpfung neuer Kontakte bei der gemeinschaftlichen Rezeption in der Öffentlichkeit (Public Viewing). Dementsprechend war das Motiv der Vernetzung für Bedürfniskataloge der Fernsehnutzung bislang nicht zweckmäßig. Bei Social TV ist es denkbar, dass die Vernetzung mit bekannten oder unbekannten Zuschauern eine explizite Gratifikation darstellt.

Erweiterter Bedürfniskatalog

Die vorhergehenden Überlegungen zeigen, wie die Eigenschaften Kommunikation, Interaktion und Gemeinschaft den bestehenden klassischen Motivdimensionen zugeordnet werden können. Die Aspekte Vernetzung, Partizipation und Kollaboration sind hingegen bislang nicht als explizite Motive vorhanden und können den Bedürfniskatalog erweitern. Da die vorzunehmenden Ergänzungen primär die soziale Motivdimension betreffen, veranschaulicht Abb. 6 den Einfluss speziell auf diese Bedürfnisgruppe.

Abb. 6: Erweiterung sozialer Nutzungsmotive

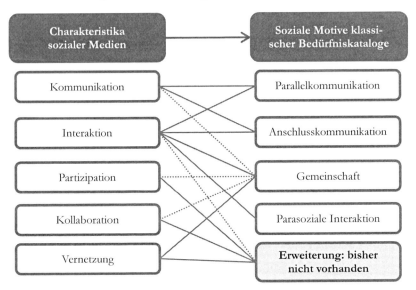

Quelle: Eigene Darstellung. Indirekte Zusammenhänge sind mittels gepunkteter Linie verbunden.

Kommunikation ist bereits in Form von Parallel- sowie Anschlusskommunikation enthalten, sie ist zudem maßgeblich für das Zustandekommen von Gemeinschaften. Interaktion ist Voraussetzung für alle bestehenden sozialen Motive und wird dementsprechend bereits einbezogen. Ergänzt werden kann hierbei spielerische Interaktion mit Inhalten, wie etwa die Teilnahme an programmebezogenen Spielen. Die Teilhabe an einer Gemeinschaft muss nicht ergänzt werden, die Vernetzung mit bestehenden bzw. die Suche nach neuen Kontakten kann jedoch als potentielles Motiv angeführt werden, da dieser Aspekt bislang keine Rolle spielte oder dem Gemeinschaftsaspekt untergeordnet wurde. Ebenso ist Partizipation bislang in Form von Teilhabe an einer Gemeinschaft berücksichtigt worden, jedoch nicht der Feedback-prozess mit den Kommunikatoren bzw. die aktive Einflussnahme. Ähnlich verhält es sich mit Kollaboration, diese Eigenschaft war bei früheren Medi-enangeboten nicht relevant.

Der erweiterte Bedürfniskatalog zur Nutzung von Social TV basiert auf klassischen Gratifikationskatalogen zur Mediennutzung, vorhandenen For-schungsbefunden zu Social-TV-Nutzungsmotiven sowie den vorstehend erläuterten, sich neu ergebenden Beweggründen. Durch Zusammenfassung der vorhergehenden Diskussion können folgende 24 potentielle Social-TV-Nutzungsmotive den vier Bedürfnisgruppen zugeordnet werden:

1. *Kognitive Motive:* Information, Orientierung, Verstehen, Lernen, Rat-geber;

2. *Affektive Motive:* Entspannung, Eskapismus, Spaß, Erregung, Zeit-vertreib, Werbepausen überbrücken, Gewohnheit;

3. *Soziale Motive*: Parallel- und Anschlusskommunikation, Gemein-schaft, Vernetzung, parasoziale Interaktion, spielerische Interaktion, Feedback, Partizipation, Kollaboration;

4. *Identitätsbezogene Motive:* Meinungsbildung, Meinungsartikulation, Selbstdarstellung.

Die Motive können nicht vollkommen trennscharf voneinander abgegrenzt werden, da sie teilweise für mehrere Dimensionen relevant sind. Das Prob-lem der Trennschärfe ist ein bekannter Kritikpunkt am Uses-and-Gratifi-cations-Ansatz (vgl. Dohle 2014: 149). Die Zuordnung der Motive wird später mittels Faktorenanalyse überprüft und angepasst. Die Operationali-sierung der Motive und Item-Formulierung erfolgt in Kapitel 6.3.2.

5.4 Einflüsse auf die Gratifikationssuche

Aus Perspektive des Uses-and-Gratifications-Ansatzes sollten neben den Motiven auch potentielle Einflussfaktoren auf die Gratifikationssuche be-rücksichtigt werden (vgl. Rosengren 1974: 270 ff.). Hierzu zählen vor allem individuelle Nutzereigenschaften, die sich aus soziodemografischen sowie persönlichkeitsbezogenen Merkmalen zusammensetzen (vgl. Jeong/Fishbein 2007: 367; Schweiger 2007: 269 ff.). Bezüglich der *soziodemografischen* Eigen-schaften wurden mehrfach Zusammenhänge mit den Medien-Nutzungsmotiven vermutet (z. B. Schmitz et al. 1993; Kronewald 2007: 64 ff.). So zeigt sich bezüglich der Fernsehnutzung, dass Frauen das TV vor allem zum Zeitvertreib nutzen, während Männer vornehmlich Information sowie Stimulation suchen (vgl. Conway/Rubin 1991: 458; Weaver III 2003: 1433; Aretz 2008: 278). Die ARD/ZDF-Langzeitstudie Massenkommunikation ermittelte zwar keine starken Abweichungen in der Reihenfolge der Motive für die beiden Geschlechter, Frauen bewerteten die Funktionszuschreibungen jedoch positiver (vgl. Breunig/Engel 2015: 324). Bezüglich des Alters wurde bislang herausgefunden, dass bei jüngeren Zuschauern affektive Motive (Entspannung, Spaß, Zeitvertreib) dominieren, während bei älteren Zuschauern kognitive Motive im Vordergrund stehen (vgl. Conway/Rubin 1991: 456; Burst 1999: 171 f.; Kronewald 2007: 152 ff.; Aretz 2008: 278; Breunig/Engel 2015: 325). Hinsichtlich des Schulabschlusses stellte Burst (1999: 172) keine relevanten Einflüsse auf die Gratifikationssuche fest, während Breunig und Engel (2015: 324) ermittelten, dass die Zustimmung zu den Motiven „sich informieren" sowie „mitreden können" entgegengesetzt zum Bildungsgrad ansteigt. Auch in Bezug auf die Internetnutzung werden die soziodemografischen Merkmale zur Erläuterung der Gratifikationssuche herangezogen. So zeigt die Langzeitstudie Massenkommunikation von ARD und ZDF, dass die Informationssuche – im Gegensatz zur TV-Nutzung – mit steigendem Bildungsgrad zunimmt und Männer den einzelnen Motiv-Items stärker zustimmen als Frauen (vgl. ebd.: 329). Bei den Altersklassen dominiert jeweils das Informationsmotiv. Für die allgemeine Second-Screen-Nutzung, die Social-TV-Aktivitäten beinhalten kann, zeigte sich bisher hingegen, dass bei jüngeren Usern affektive Beweggründe einen höhen Stellenwert einnehmen (vgl. Johnen/Stark 2015: 388). Hinsichtlich des Geschlechts ergab sich, dass bei männlichen Second Screener interaktive Motive von höherer Relevanz sind als bei Frauen. Die soziodemografischen Merkmale werden in der Regel zur Gruppierung von Medienpublika eingesetzt, inwiefern sie die Suche nach bestimmten Motiven erklären können, ist jedoch fraglich. Mehr Potential wird den Persönlichkeitsmerkmalen zugesprochen, „die spezifischere Erklärungsmöglichkeiten anbieten als die klassische Soziodemografie." (Markmiller/Fahr 2008: 128)

Die *persönlichkeitsbezogenen* Eigenschaften von Rezipienten kommen in der Kommunikationswissenschaft seit Berücksichtigung der Rezipientenperspektive als Faktor zur Erklärung der Medienauswahl und -nutzung zum Einsatz (z. B. Katz/Blumler/Gurevitch 1974; Brosius/Weaver 1994: 284; Finn 1997: 507 ff.; Burst 1999: 157; Suckfüll 2004: 26 f.). Für die Mediennutzung wird dem Uses-and-Gratifications-Ansatz entsprechend angenommen, dass Persönlichkeitsmerkmale, also stabile Eigenschaften von Individuen (vgl. Asendorpf/Neyer 2012: 19), die Gratifikationssuche beeinflussen. Seitens der Persönlichkeitspsychologie wird seit langer Zeit versucht, Persönlichkeiten einheitlich zu systematisieren und in forschungsökonomische Modelle zu überführen (vgl. Burst 1999: 157). Der wohl bekannteste Ansatz ist das sogenannte „Fünf-Faktoren-Modell" der Persönlichkeit (auch: Big Five-Modell), das auf das NEO-Fünf-Faktoren-Inventar (kurz: NEO-FFI) von Costa und McCrae (1985) aufbaut und zwischen folgenden fünf Persönlichkeiten differenziert: Extraversion, Verträglichkeit, Gewissenhaftigkeit, Neurotizismus sowie Offenheit für Erfahrungen. In nachfolgender Tabelle werden diese fünf Konstrukte samt den entsprechenden in der Literatur genannten Beschreibungsmerkmalen (z. B. ebd.: 9 ff.; Burst 1999: 158 f.; Lang/Lüdtke 2005: 32; Borkenau/Ostendorf 2008: 7; Asendorpf/Neyer 2012: 102; Blumer 2013: 106 ff.) dargestellt.

Tab. 14: Fünf-Faktoren-Modell mit typischen Merkmalseigenschaften

Persönlichkeitsfaktor	Typische Eigenschaften bei hoher Ausprägung
Extraversion (engl.: extraversion)	gesellig, aktiv, lebhaft, gesprächig, herzlich, fröhlich, optimistisch, durchsetzungsfähig
Verträglichkeit (engl.: agreeableness)	altruistisch, verständnisvoll, bescheiden, großzügig, mitfühlend, hilfsbereit, harmoniebedürftig
Gewissenhaftigkeit (engl.: conscientiousness)	ordentlich, besonnen, zuverlässig, kompetent, diszipliniert, ehrgeizig, penibel, pünktlich
Neurotizismus (engl.: neuroticism)	emotional, nervös, ängstlich, launisch, impulsiv, traurig, unsicher, unkontrolliert, verlegen, verletzlich
Offenheit für Erfahrungen (engl.: openness to experience)	kreativ, phantasievoll, wissbegierig, wertschätzend, offen für Abwechslung und neue Ideen

Quellen: Darstellung in Anlehnung an Costa/McCrae (1985: 9 ff.); Borkenau/Ostendorf (2008: 7).

Zur Erfassung der Big Five existieren mehrere Persönlichkeitsskalen, die sich vor allem im Umfang der abgefragten Items unterscheiden. Damit eine möglichst kurze Bearbeitungszeit erzielt werden kann, werden häufig Kurzskalen, wie etwa von Rammstedt und John (2007), eingesetzt. Das Fünf-Faktoren-Modell wurde allerdings mehrfach kritisiert. So wird dem Modell etwa mangelnde Unabhängigkeit der Faktoren vorgeworfen, da diese in einigen Studien untereinander korrelieren (vgl. Jers 2012: 143). Der Hauptkritikpunkt betrifft jedoch die Vollständigkeit des Modells bzw. die Anzahl der Persönlichkeitsfaktoren. Während einige Forscher fünf Faktoren

als nicht ausreichend für eine hinlängliche Betrachtung der Persönlichkeit
ansehen und einer Erweiterung vorschlagen, tendieren andere Kritiker zu
einer geringeren Anzahl an Basisfaktoren (vgl. Burst 1999: 159; Lang/Lüdt-
ke 2005: 31; Markmiller/Fahr 2008: 129; Jers 2012: 143). Die Big Five ließen
sich jedoch in einer Vielzahl von unabhängigen Forschungsarbeiten replizie-
ren und haben sich trotz der Kritik in vielen Disziplinen sowie speziell in
der Rezeptionsforschung etabliert.

Die Persönlichkeitseigenschaften wurden in zahlreichen Untersuchungen
zur Mediennutzung berücksichtigt und mit der Fernsehnutzung in Verbindung gesetzt (vgl. Schweiger 2006: 294, 2007: 281; Markmiller/Fahr 2008).
So wurden etwa der Einfluss auf die Formatpräferenzen (z. B. Brosius/
Weaver 1994; Burst 1999), die Nutzungsintensität (z. B. Finn 1997), aber
auch speziell auf die TV-Nutzungsmotive (z. B. Burst 1999; Weaver 2003;
Kronewald 2007: 67 ff.; Aretz 2008) untersucht. Trotz teilweise unterschiedlicher Verwendung der psychologischen Konstrukte kommen die Studien
überwiegend zu dem Ergebnis, dass „die Bedürfnisse und Motive für Mediennutzung zum Teil Manifestationen der zugrundeliegenden Persönlichkeitsstruktur der Rezipienten sind" (Brosius/Weaver 1994: 284). Bedacht
werden sollte jedoch, dass für einzelne Persönlichkeitseigenschaften gar
keine oder nur schwache Zusammenhänge ausfindig gemacht werden konnten und diese dementsprechend „nur einen geringen Beitrag zur Vorhersage
der Fernsehmotive leisten." (Burst 1999: 172) Ähnliche Befunde zeigen sich
bei der Betrachtung des Einflusses der Persönlichkeit auf die Nutzung des
Internets, von Social-Media-Plattformen (z. B. Correa/Hinsley/de Zúñiga
2010; Jers 2012: 345 ff.) bzw. speziell von Facebook (z. B. Ross et al. 2009;
Bachrach et al. 2012; Nadkarni/Hofmann 2012; La Sala/Skues/Grant
2014). Während einige Untersuchungen signifikante Einflüsse nachweisen,
kommen andere Studien zu dem Befund, dass der Einfluss der Persönlichkeitseigenschaften nur geringfügig sei, da sich die ermittelten Zusammenhänge auf einem niedrigem Niveau bewegen (vgl. Renner/Schütz/Machilek
2005: 465; Ross et al. 2009: 582; Jers 2012: 280).

Die Auswirkungen von Persönlichkeitseigenschaften auf die Social-TV-
Nutzung wurden bislang nur spärlich erforscht. So ermittelten etwa Cohen
und Lancaster (2014: 514 ff.) einen Einfluss der Persönlichkeit auf die Häufigkeit der Social-TV-Nutzung, die Studie von Krämer et al. (2015: 259)
konnte dies jedoch nicht bestätigen. Die von der Landesanstalt für Medien
NRW herausgegebene Social-TV-Studie hat die Persönlichkeitsstruktur von
Social-TV-User mit der von Nicht-Nutzern verglichen. Dabei zeigt sich, dass

sich Social-TV-Nutzer von der Allgemeinbevölkerung unterscheiden, da sie sich als neurotischer, extrovertierter und offener für neue Erfahrungen, jedoch weniger verträglich erwiesen (vgl. Goldhammer et al. 2015: 122 ff.). Die gravierendste Differenz offenbart sich bezüglich des Faktors Neurotizismus, Social-TV-affine Personen neigen demzufolge eher zu Nervosität und Unsicherheit. In puncto Offenheit konnten keine wesentlichen Unterschiede festgestellt werden: „Offensichtlich sind die Social-TV-Nutzer in ihrer Persönlichkeit konservativer, als dies zunächst zu vermuten wäre." (ebd.: 130) Neben diesen allgemeinen Befunden zur Persönlichkeitsstruktur der Social-TV-User gibt es bislang keine Erkenntnisse, ob bzw. inwiefern diese die Gratifikationssuche beeinflussen. Dieser Zusammenhang wurde lediglich für die allgemeine Second-Screen-Nutzung, die nicht unbedingt mit dem TV-Programm komplementär sein muss, untersucht. Der Studie von Johnen und Stark (2015: 389 f.) zufolge suchen Second-Screen-User mit stark ausgeprägter Offenheit für Erfahrungen sowie introvertierte Personen häufig nach Informationen, während bei kaum gewissenhaften Second Screenern sozial-interaktive Motive dominieren.

Speziell für Social TV gibt es keine einheitlichen Befunde, doch die individuellen Merkmale sollten auch bei dieser Nutzungsweise nicht vernachlässigt werden (Gleich 2014c: 117). Die theoretischen Annahmen und bisherigen Erkenntnisse lassen bisher folgende Rückschlüsse zu: *Extrovertierte* Persönlichkeiten gelten als gesellig, aktiv, ungehemmt, optimistisch und gesprächig. Sie nutzen das Fernsehen vor allem zur Unterhaltung (vgl. Aretz 2008: 253). Zudem verwenden sie das Internet öfter zur Kommunikation als introvertierte Personen (vgl. Correa/Hinsley/de Zúñiga 2010: 250), wodurch sie ihr Bedürfnis nach Geselligkeit und Kommunikation stillen können (vgl. Wolfradt/Doll 2001; Renner/Schütz/Machilek 2005: 465; Ross et al. 2009: 582; Bachrach et al. 2012). Unterstützt wird diese Annahme durch die Befunde von Guo und Chan-Olmsted (2015: 253), die auf einer in den USA durchgeführten Befragung von knapp 500 Personen basieren. Hierbei zeigt sich, dass Personen mit stark ausgeprägtem Sozialverhalten und vielen Kontakten häufig Social TV nutzen. Social TV dient dementsprechend weniger der Kompensation fehlender Sozialkontakte, sondern vielmehr der Pflege und Erweiterung des sozialen Umfelds. Bei ihrer Second-Screen-Nutzung spielt das Informationsmotiv eine untergeordnete Rolle (vgl. Aretz 2008: 278; Johnen/Stark 2015: 390). Demzufolge könnten sie Social TV nutzen, um sich mit anderen Zuschauern auszutauschen, neue Kontakte zu knüpfen und sich am Sendegeschehen zu beteiligen und weniger, um sich zu informieren. Personen mit hohen Werten auf der Dimension *Verträglichkeit* sind mitfühlend, freundlich und hilfsbereit. Auch bei diesen Nutzern könnten daher die sozialen Gratifikationen einen hohen Stellenwert einnehmen. *Gewissenhafte* Menschen sind ordentlich, organisiert, ehrgeizig und zuverlässig. Internetanwendungen und Second Screens nutzen sie weniger aus sozialen Gründen, da sie zu Kontrollverlust führen und ablenken könnten (vgl. Blumer 2013: 113; Johnen/Stark 2015: 390). Es wird vermuten, dass gewissenhafte Personen sich im Internet Informationen beschaffen, um ihr Wissen zu erweitern (vgl. Renner/Schütz/Machilek 2005: 465; Jers 2012: 346). Demzufolge könnten kognitive oder affektive Beweggründe für diese Persönlichkeiten einen höheren Stellenwert haben. Personen mit hohen *Neurotizismus*-Ausprägungen werden als emotional, nervös, verletzlich und unsicher beschreiben. Dementsprechend könnte bei ihnen die Suche nach Orientierung eine zentrale Rolle einnehmen (vgl. Aretz 2008: 254; Bachrach et al. 2012). Aufgrund ihrer stark ausgeprägten Unsicherheit ist es denkbar, dass sie auf der Suche nach viele verschiedene Gratifikationen sind (vgl. Brosius/Weaver 1994: 295). Persönlichkeiten mit einem hohen Maß an *Offenheit* gegenüber neuen Erfahrungen hingegen sind intellektuell neugierig, kreativ und wissbegierig. Da sie tendenziell neuen Technologien und Produkten gegenüber offen stehen, werden sie auch als Early Adopters eingestuft (vgl. Blumer 2013: 111). Sie interessieren sich für neue Nutzungsformen (vgl. Ross et al. 2009: 582; Bachrach et al. 2012) und suchen nach Informationen (vgl. Burst 1999: 176; Aretz 2008: 255; Jers 2012: 153; Blumer 2013: 111; Johnen/Stark 2015: 389), was für eine Dominanz der kognitiven Gratifikationen bei der Social-TV-Nutzung spricht. Neben den genannten Einflüssen auf die Social-TV-Gratifikationssuche sollten zusätzlich potentielle Hemmnisse für die Bedürfnisbefriedigung berücksichtigt werden.

5.5   Hemmnisse der Social-TV-Nutzung

Ich kann mich doch auf keinen Film einlassen, wenn ich
gleichzeitig herumtippe und außerdem noch lese, was andere
schreiben. Also was soll das?
(*Tatort*-Kommissar Udo Wachtveitl in Thyssen 2013)

Die Akzeptanz von Social TV und die Befriedigung der gesuchten Gratifikationen kann durch Störungen auf Nutzerseite negativ beeinflusst werden (vgl. Schatter 2010: 75). Für die allgemeine Second-Screen-Nutzung wurden Nachteile wie Aufmerksamkeitsverlust durch Ablenkung, Überforderung sowie Förderung der digitalen Abhängigkeit ermittelt (vgl. Yanik 2013: 105; Dinari et al. 2014: 71). Während sich jedoch die Second-Screen-Aktivitäten häufig nicht thematisch mit dem Gesehenen auseinandersetzen, weist das soziale Fernsehen einen expliziten Bezug zum Bewegtbildinhalt auf. Dennoch treten bisherigen Befunden zufolge auch bei diesem Nutzungsszenario ähnliche Hemmnisse zum Vorschein. So befragten die Forscher des IJK Hannover 405 Personen, warum sie keine Social-TV-Nutzer sind (vgl. Buschow/Schneider 2013b; Buschow/Ueberheide/Schneider 2015: 79). Neben der generell seltenen Rezeption von Fernsehen (25%) gaben weitere 25 Prozent an, in der Nutzung keinen besonderen Mehrwert zu erkennen. Zudem empfinden einige Nicht-Nutzer Social TV als störend (17%) oder sie interessieren sich nicht für Kommentare anderer Zuschauer (16%). Während fehlende Hardware nur für drei Prozent ein Grund zur Nicht-Nutzung darstellt, erscheint die Usability für zehn Prozent der Befragten als zu umständlich. In der vorhandenen Forschungsliteratur werden immer wieder folgende Hemmnisse der Social-TV-Nutzung genannt: Überforderung, schlechte Bedienbarkeit, Aktivitätserfordernis, Aufmerksamkeitsverlust, Spannungsabbau, Konfrontation mit Werbung sowie Datenschutzbedenken.

Die Bedienbarkeit der technischen Infrastruktur ist ein maßgeblicher Faktor zur Akzeptanz von interaktiven Anwendungen. Die komplizierte Bedienungsarchitektur wird daher als Hauptgrund für das Scheitern früherer interaktiver TV-Angebote angesehen (vgl. Kap. 3.3.3). Ebenso wird der Social-TV-Nutzung via Connected TV aufgrund der umständlichen Usability nur ein geringes Potential zugesprochen (vgl. Kap. 4.1.3). Jedoch funktionieren auch Zusatzangebote für Second Screens nicht immer makellos, wie zum Beispiel die App zur Sendung *Quizduell* (ARD), die zunächst große technische Probleme aufwies. Der kognitive Aufwand zur Nutzung sollte möglichst gering gehalten werden, damit der Bequemlichkeit der Nutzer entsprechend – in der Gratifikationsforschung auch als „Convenience" bezeichnet (vgl. Rudolph 2014: 133) – eine komfortable Bedienung mit minimalem Aufwand ermöglicht wird. Andernfalls sinkt die Akzeptanz. Ob die Nutzer die Bedienung als bequem ansehen, hängt nicht zuletzt von ihren individuellen Fähigkeiten ab. Sofern ihre Technikkompetenz gering ist, kann dies schnell zu Überforderung führen (vgl. Hachmeister/Zabel 2004: 162; Opaschowski 2008a: 216; Groebel 2013: 70).

Aktivitätserfordernis kann ein weiteres Hemmnis darstellen. Für die Nutzung von Social TV ist ein gewisses Maß an Aktivität erforderlich. Es ist jedoch fraglich, ob die Zuschauer diese aufbringen und eine Lean-Forward-Position einnehmen möchten (vgl. Kap. 3.4). Die Auseinandersetzung mit der Interaktivitätsdebatte ist nicht neu, bereits in den 1990er-Jahren hinterfragt Schönbach (1997), ob Menschen bei der Medienrezeption aktiv sein wollen. Er skizziert die Vorstellung eines „hyperaktiven Publikums" (ebd.: 280), das permanent beschäftigt sei und Entscheidungen treffen müsse. Bei der Mediennutzung sei jedoch die Suche nach anstrengungsfreier Entspannung sowie Ablenkung eine zentrale Funktion und wesentlicher Anreiz zur Nutzung, was der interaktiven Nutzung widerspreche. Schönbach schlussfolgert: „Mehr Gelegenheit zur Interaktivität wird also nicht endlich zum Ende des bequemen, müßigen, ja faulen Medienkonsums führen" (ebd.: 282). Im Jahr 2004 nimmt Schönbach (2004: 115) Bezug auf die stark gestiegene Internetnutzung, kommt jedoch erneut zu dem Befund, dass die passive Mediennutzung immer noch nicht verdrängt werde, Interaktivität käme vielmehr ergänzend hinzu. Er betont, dass auch die Suche nach Infos, die ebenfalls bei Social TV relevant ist, meist etwas Passives sei: „Passivität ist vielmehr für große Teile unseres alltäglichen Informationsverhaltens, vor allem aber unserer Unterhaltung, gerade unabdingbar." (ebd.: 117)

Die Dominanz der passiven Beteiligung wird auch von der „Ein-Prozent-Regel" (auch: 90-9-1-Regel) ausgedrückt. Diese postuliert im Hinblick auf die Nutzung von Online-Communities, dass ein Großteil der Inhalte von einem Prozent erstellt wird, während neun Prozent nur selten Inhalte erstellen und vielmehr Inhalte der Aktiven kommentieren oder bewerten. 90 Prozent rezipieren ausschließlich und steuern keine eigenen Inhalte bei (vgl. Nielsen 2006; Ebersbach/Glaser/Heigl 2011: 207; Michelis 2015: 20 f.). Die Aktualität dieser Prozentualen Aufteilung ist zwar aufgrund der mittlerweile starken Social-Media-Nutzung kontrovers, die Möglichkeiten etwa zum Starten von Gruppendiskussionen oder Hochladen von Fotos sind problemlos geworden. Vor allem bei jüngeren Usern ist die aktive Beteiligung angestiegen. Das Nutzungsverhältnis sollte daher differenzierter betrachtet werden. Es steht dennoch außer Frage, dass ein Großteil der Nutzer sozialer Netzwerke passiv bleibt und Inhalte ausschließlich konsumiert (vgl. Jers 2012: 265; Busemann 2013: 394; BVDW 2014: 23 f.; Rutherford 2014; Hohlfeld/Godulla 2015: 29 f.; Faktenkontor 2016b). Ein ähnliches Nutzungsverhalten wird auch für die Nutzung interaktiver TV-Angebote angenommen.[107] Speziell im Hinblick auf Social TV liegt bei vielen wissenschaft-

---

[107] Es wird immer wieder betont, dass interaktive TV-Nutzung dem klassischen Lean-Back-Konsum widerspreche (z. B. Barwise/Ehrenberg 1988: 123; Lee/Lee 1995: 13; de Kerckhove 1999: 200; Vorderer 2000: 26; Schössler 2001: 99 ff.; Plake 2004: 37; Quiring 2007b: 109; Li/Bernoff 2008: 47; McGinley 2008; Obrist et al. 2008: 151; Bachmayer/Kotis/Lugmayr 2009: 75; Rott/Zabel 2009: 96; Kogel 2012).

lichen Auseinandersetzungen der Fokus auf der aktiven Nutzung. Betont wird die Relevanz der Lean-Forward-Haltung: „Social TV has transformed television into an ‚active medium‘." (Buschow/Schneider/Ueberheide 2014b: 130) Die Social-TV-Nutzung ist jedoch – dem Begriffsverständnis der vorliegenden Arbeit folgend – nicht an eine aktive Beteiligung gebunden. Lediglich für einen hohen Grad an Interaktion ist das Einnehmen einer Lean-Forward-Haltung unabdingbar. In der Literatur wird darauf hingewiesen, dass bei Social TV eine aktive Partizipation nicht bei allen Nutzern im Fokus stehe und das passive Verfolgen der Social-TV-Angebote dominiere (z. B. Basapur et al. 2012: 95; Kern 2013). Dies könne „durchaus als allgemeines Charakteristikum der öffentlichen Online-Kommunikation angesehen werden." (Kneidinger 2015: 227) Laut Bitkom (2015) verfolgen 18 Prozent der Nutzer sozialer Netzwerke passiv die Social-TV-Interaktionen, nur neun Prozent nehmen aktiv daran teil. Der ARD/ZDF-Onlinestudie 2016 nach beteiligen sich 12 Prozent der deutschsprachigen Onliner ab 14 Jahren an Diskussionen zu Fernsehsendungen (vgl. Kupferschmitt 2016: 458). Der Goldmedia-Studie zufolge schreiben 19 Prozent der Social-TV-Nutzer eigene Beiträge, während 81 Prozent nur lesen. Die Autoren schlussfolgern, dass „für den Bereich Social Media und besonders Social TV von einer Verteilung von 80 : 20 auszugehen ist." (Goldhammer et al. 2015: 149) Die User müssen sich jedoch nicht auf eine Nutzungsweise festlegen, es kann vielmehr ein Wechselspiel zwischen Lean-Back- und Lean-Forward-Nutzung erfolgen, da diese parallel existieren (vgl. Michel/Riffi 2013: 22). Für die TV-Sender bedeutet dies, bestenfalls sowohl aktive als auch passiver User zu bedienen (vgl. Palvianinen/Kuusinen/Väänänänen-Vaino-Mattila 2013: 1).

Denkbar ist weiterhin, dass die TV-Zuschauer Social TV nicht nutzen, da sie nicht über das Zusatzangebot informiert sind (vgl. SWR direkt 2013) oder sie keinen Mehrwert in der Nutzung erkennen (vgl. Buschow/Schneider 2012a: 21; Kern 2013). Ebenso kann die Konfrontation mit Werbung hemmend sein, was vor allem Social-TV-Aktivitäten zu Formaten von Privat- und Bezahlsendern betrifft. Durch Social TV ergeben sich, vor allem für Second-Screen-Anwendung, zahlreiche neue Formen zur Platzierung von Werbung (vgl. Kap. 4.2.5). Die Nutzer dieser Angebote können dies als störend empfinden und sich daher von einer Nutzung abschrecken lassen. Ebenso ist es möglich, dass Social-TV-User eine im TV laufende Werbung wahrnehmen und sich daraufhin im Internet mit dieser auseinandersetzen: „Ohne es zu bemerken, wird man genau so zum dankbarsten Ziel für Werbung überhaupt." (Kuzmany 2013: 88) Das Nutzen der Daten von Social-TV-Usern zur Analyse von Sehverhalten sowie für die Planung von Werbe-

maßnahmen führt zu einem Hemmnis für die Nutzer, nämlich mit daten-
schutzrechtlichen Bedenken. So können sie befürchten, dass sie durch eine
aktive Teilnahme zu viele persönliche Daten preisgegeben und ihre Privats-
phäre dadurch nicht mehr ausreichend geschützt ist (vgl. Schatter 2010: 75;
Buschow et al. 2015: 196; Strathoff/Lutz 2015: 212). Vor allem eine voraus-
gesetzte Registrierung kann auf die Zuschauer abschreckend wirken.

Ein zentrales Problem für Social-TV-User ist laut vorhandener Literatur die
Ablenkung vom Sendungsgeschehen. Interaktivität steigert zwar prinzipiell
die Aufmerksamkeit für die Inhalte, jedoch „kann ein stark interaktives Angebot auch zur Überforderung von wenig versierten Rezipienten führen."
(Bilandzic/Schramm/Matthes 2015: 71) Ein Medienangebot kann nur eine
Wirkung erzielen, wenn ihm Aufmerksamkeit gewidmet wird. Der Aufmerksamkeitsverlust durch die Parallelnutzung ist kein neues Problem, da während des Fernsehens schon immer weitere Tätigkeiten ausgeübt wurden.
Zudem kann die gemeinschaftliche Rezeption per se zu Einschränkungen
der Aufmerksamkeit führen. Dementsprechend gilt für die klassische TV-
Rezeption: „Rezipiert man allein, so gelingt die bedingungslose und unein-
geschränkte Konzentration auf das Mediengeschehen meist besser" (ebd.:
206). Bei der synchronen Social-TV-Nutzung ist sowohl für das Verfolgen
der TV-Handlung als auch des Second-Screen-Geschehens Aufmerksamkeit
notwendig, diese kann jedoch nicht gleichermaßen verteilt werden (vgl. Wegener 2014: 200; Nee/Dozier 2015: 10). Studien – vor allem neurowissen-
schaftlicher und wahrnehmungspsychologischer Natur – zeigen, dass die
primäre Aufmerksamkeit immer entweder der Sendungshandlung oder dem
Second Screen gewidmet ist (z. B. Frees/van Eimeren 2013: 382; van Cau-
wenberge/Schaap/van Roy 2014: 100 ff.; Kunow 2014: 44; Pynta et al.
2014). Das zentrale Nervensystem entscheidet bei der Parallelnutzung, welchem Vorgang mehr Relevanz eingeräumt wird (vgl. Henseler 2010: 195).
First und Second Screen treten in Konkurrenz, sowohl Fernsehen als auch
das die parallele Internetnutzung können dabei im Vordergrund stehen (vgl.
Brasel/Gips 2011: 529 ff.). Der Verlauf des Aufmerksamkeitsniveaus kann
dabei von unterschiedlicher Natur sein (vgl. Goldhammer et al. 2015: 185).
So kann der User bei langweiligen Handlungsstellen zum Second Screen
greifen oder aber sich auf den Second Screen fokussieren und bei spannenden Handlungen wieder den Blick auf das TV-Gerät richten. Ebenso ist es
möglich, dass spannende Handlungen das Interesse zur Verfolgung der
Social-TV-Kommunikation wecken. So zeigen sich etwa Parallelen zwischen
dem Spannungsverlauf des *Tatorts* und der Anzahl der zugehörigen Kommentare (vgl. Burghardt et al. 2013: 9).

Bislang konnte keine eindeutige Tendenz zu der Frage ermittelt werden, ob der Fokus primär auf dem Fernseher oder dem Second Screen liegt, die Prozentualen Anteile liegen meist dicht beieinander (z. B. GfK 2012: 8; Kunow 2014: 44, 2015: 52, 2016: 51; United Internet Media 2014: 10; Interactive Advertising Bureau 2015: 4; Kupferschmitt 2015: 389). Laut einer Untersuchung von Emmer und Strippel an der Freien Universität Berlin schauen *Tatort*-Twitterer in etwa gleichem Maß auf den Fernseher und den Second-Screen (vgl. Stolz 2016: 37; Strippel 2017: 122 ff.). Auf das TV-Gerät schauten die Probanden vor allem dann, wenn die Handlung nicht auditiv verfolgt werden konnte, da gerade nichts gesprochen wurde. Die ARD/ZDF-Onlinestudie 2016 geht davon aus, dass das Fernsehen die Hauptaufmerksamkeit auf sich zieht (vgl. Kupferschmitt 2016: 456). Goldmedia ermittelte ebenfalls, dass die Betrachtungssequenzen des Fernsehens höher sind als die des Second Screens (vgl. Goldhammer et al. 2015: 182 f.). So wurde das TV-Gerät pro Sequenz durchschnittlich etwa 150 Sekunden betrachtet, das Smartphone jedoch nur ca. 50 Sekunden. Die Social-TV-User richteten ihren Blick etwa 96-mal pro Stunde von dem TV-Gerät auf das Smartphone, während die klassischen TV-Zuschauer nur 20-mal vom Fernseher wegguckten. Dementsprechend wird bemängelt, dass die Aufmerksamkeit durch die Parallelnutzung zerstreut sei. Das Resultat können kognitive Überforderung (Dinter/Pagel 2014: 169; Vanattenhoven/Geerts 2016: 3 f.) oder unkonzentriertes „Alles-auf-einmal-machen" (Kolle 2013) sein.

Der Aufmerksamkeitsverlust kann dazu führen, dass die Spannung der Sendungshandlung darunter leidet (vgl. Fellechner 2015: 130). Hierbei ist zu bedenken, dass einige Formate mehr Aufmerksamkeit einfordern als andere. So merkt Renner (2012: 67) an, dass etwa bei besonders sprachlastigen Angeboten das Geschehen verfolgt werden könne, ohne permanent hinzusehen. Bei Formaten mit komplexem Storytelling kann es hingegen eine Herausforderung für den Zuschauer werden, der Handlung zu folgen und zugleich Social TV zu nutzen (vgl. Franzen et al. 2015: 63; Köhn/Lindermayer 2015: 16; Wolk 2015: 45). Das zu Beginn dieses Kapitels präsentierte Zitat des *Tatort*-Darstellers Udo Wachtveitl beschreibt die Ansicht, dass Social TV die Rezeption des *Tatorts* stören würde, das Format sei nicht dafür geeignet. Dennoch ist die Krimireihe ein beliebtes Format bei den Social-TV-Usern: „Wer nebenbei twittert, bekommt nicht mehr alles vom Filmgeschehen mit. Dafür aber ganz andere Sachen." (Klein 2014) Ob die Nutzung als ablenkend und störend empfunden wird, liegt somit in erster Linie im Auge des Betrachters.

5.6 Zusammenfassung zentraler theoretischer Befunde IV

Die Ausführungen in Kapitel 5.1 haben gezeigt, dass sich sowohl erste kommerziell orientierte als auch akademische Studien mit den Motiven der Nutzung des sozialen Fernsehens auseinandergesetzt haben. Die dabei ermittelten Beweggründe sind vielfältig (siehe Tab. 15). Besonders häufig werden der Austausch über das Gesehene sowie die Suche nach einem Gemeinschaftserlebnis, Zusatzinformationen, Spaß oder Anerkennung zur Steigerung des Selbstwertgefühls als zentrale Social-TV-Motive benannt. Ebenso wird die Bedeutung sozialer Aspekte betont, schließlich kommt Social TV durch das soziale Zusammenwirken von Menschen zustande. Die bisherigen Befunde lassen jedoch aufgrund von Unterschieden hinsichtlich der Grundgesamtheit als und des zugrunde gelegten Begriffsverständnisses keine Verallgemeinerung zu. Ähnlich verhält es sich hinsichtlich einer Gruppierung der Social-TV-Nutzung. Entsprechend der divergierenden Gratifikationen ergeben auch die bestehenden Nutzertypologien kein einheitliches Bild. Die vorhandene Forschung liefert erste Tendenzen und bietet somit eine Basis zur tiefgründigen Erforschung der Gratifikationen der Social-TV-Nutzung im Sinne der in dieser Arbeit vorgenommenen Definition.

Der Vergleich der bisher ermittelten Social-TV-Gratifikationen mit den Bedürfniskatalogen der klassischen Fernsehnutzung zeigt, dass sich hierbei Überschneidungen ergeben, diese jedoch nicht identisch sind. Die Motive der Nutzung sozialer Medien lassen sich gemäß der klassischen Kategorisierung der kognitiven, affektiven, sozialen und identitätsbezogenen Bedürfnisgruppen zuordnen. Es bleibt allerdings zu prüfen, ob sich diese Einteilung weiterhin als sinnvoll erweist. Damit hierbei spezifische Motive der Nutzung sozialer Medien bedacht werden, wurde diskutiert, ob die aus den Charakteristika sozialer Medien abgeleiteten Motive bereits in klassischen Bedürfniskatalogen enthalten sind. Während Kommunikation, Interaktion und Gemeinschaft bereits in der früheren Forschung als soziale Motive eingestuft wurden, müssen Partizipation, Kollaboration und Vernetzung als eigenständige Gratifikationen ergänzt werden. Der erweiterte Bedürfniskatalog enthält 24 identifizierte Nutzungsmotive, die es in der empirischen Untersuchung zu überprüfen gilt.

Tab. 15: Social-TV-Nutzungsmotive bisheriger Studien

	Dimension	Quellen
kognitiv	Information	Ericsson ConsumerLab (2012); Goldmedia (2012b); Dinger/Pagel (2013); IP Deutschland (2013a); Skibbe (2013); Viacom (2013); Womser (2013); Han/Lee (2014); Gil de Zúñiga/Garcia-Perdomo/McGregor (2015); Goldhammer et al. (2015); Guo/Chan-Olmsted (2015); Kneidinger (2015); Köhn/Lindermayer (2015); Krämer et al. (2015); Schoft (2015); Shade/Kornfield/Oliver (2015)
	Orientierung	Dinger/Pagel (2013); Viacom (2013); Han/Lee (2014); Buschow/Ueberheide/Schneider (2015); Goldhammer et al. (2015); Schoft (2015)
	Lernen	Dinger/Pagel (2013); Guo/Chan-Olmsted (2015); Shade/Kornfield/Oliver (2015)
affektiv	Entspannung, Eskapismus	Dinger/Pagel (2013); Womser (2013); Guo/Chan-Olmsted (2015); Shade/Kornfield/Oliver (2015)
	Spaß, Unterhaltung	Dinger/Pagel (2013); Womser (2013); Viacom (2013); Goldhammer et al. (2015); Guo/Chan-Olmsted (2015); Kneidinger (2015); Krämer (2015); Shade/Kornfield/Oliver (2015); Tippelt/Kupferschmitt (2015)
	Intensiveres Sendungserlebnis	Womser (2013); Buschow/Ueberheide/Schneider (2015); Schoft (2015)
	Zeitvertreib, Langeweile bekämpfen	Wohn/Na (2011); Buschow/Ueberheide/Schneider (2015); Guo/Chan-Olmsted (2015); Shim et al. (2015); Schoft (2015); ForwardAdGroup (2016)
	Werbepausen überbücken	Wohn/Na (2011); IP Deutschland (2013a); Buschow/Ueberheide/ Schneider (2015); ForwardAdGroup (2016)
	Gewohnheit	Dinger/Pagel (2013)
sozial	Bewegtbildbezogene Kommunikation	Deller (2011); Ericsson Consumer Lab (2012); Goldmedia (2012b); McPherson et al. (2012); Dinger/Pagel (2013); Skibbe (2013); Womser (2013); Han/Lee (2014); Gil de Zúñiga/Garcia-Perdomo/McGregor (2015); Guo/Chan-Olmsted (2015); Kneidinger (2015); Köhn/Lindermayer (2015); Krämer et al. (2015); Shim et al. 2015
	Gemeinschaft	Wohn/Na (2011); Ericsson ConsumerLab (2012); McPherson et al. (2012); Dinger/Pagel (2013); Skibbe (2013); Viacom (2013); Womser (2013); Han/Lee (2014); Schirra/Sun/Bentley (2014); Wegener (2014); Goldhammer et al. (2015); Guo/Chan-Olmsted (2015); Krämer et al. (2015)
	Vernetzung	Buschow/Ueberheide/Schneider (2015); Schoft (2015)
	Parasoziale Interaktion	Goldmedia (2012a); Buschow/Ueberheide/Schneider (2015)
	Partizipation, Interaktion mit Content	Ericsson ConsumerLab (2012); Goldmedia (2012b); IP Deutschland (2013a); Viacom (2013); Womser (2013); Buschow/Ueberheide/ Schneider (2015); Kneidinger (2015)
identitätsbezogen	Meinungsbildung	Ericsson ConsumerLab (2012); Goldmedia (2012b); Han/Lee (2014); Buschow/Ueberheide/Schneider (2015); Kneidinger (2015)
	Ausdruck der eigenen Meinung	Deller (2011); Wohn/Na (2011); Ericsson ConsumerLab (2012); Dinger/Pagel (2013); Schirra/Sun/Bentley (2014); Buschow/ Ueberheide/Schneider (2015); Tippelt/Kupferschmitt (2015)
	Selbstdarstellung, Anerkennung finden	Ericsson Consumer Lab (2012); Goldmedia (2012b); Womser (2013); Buschow/Ueberheide/Schneider (2015); Krämer (2015); Schoft (2015)

Quelle: Eigene Darstellung.

Bei der Untersuchung der Gratifikationssuche sozialer Medien müssen potentielle Einflussfaktoren berücksichtigt werden. Dem Uses-and-Gratifications-Ansatz entsprechend können individuelle Nutzereigenschaften Einfluss auf die Gratifikationssuche nehmen. Hinsichtlich soziodemografischer Merkmale wurden bislang vereinzelte Zusammenhänge, beispielsweise zwischen den Nutzungsmotiven von Fernsehen oder Internet mit dem Alter oder Geschlecht der Nutzer, ermittelt. Für die allgemeine Second-Screen-Nutzung zeigt sich, dass bei jüngeren Zuschauern affektive Gratifikationen von höherer Relevanz sind, während bei älteren Usern kognitive Motive dominieren. Zudem wurde für männliche User ein höherer Stellenwert der interaktiven Motive als bei Frauen ermittelt. Speziell für die Social-TV-Nutzung gibt es hierzu bisher keine aussagekräftigen Befunde. Gemäß dem Fünf-Faktoren-Modell der Persönlichkeit kann zwischen den Persönlichkeitsdimensionen Extraversion, Verträglichkeit, Gewissenhaftigkeit, Neurotizismus sowie Offenheit für Erfahrungen unterschieden werden. Trotz anhaltender Kritik an den „Big Five" haben sich diese in der Rezeptionsforschung etabliert. Im Gegensatz zur Mediennutzung allgemein sind Befunde zum Einfluss der Persönlichkeitseigenschaften auf Social TV bis dato rar. Das Persönlichkeitsmodell sowie die vorhandenen Studien zur Fernseh- und Internetnutzung lassen annehmen, dass bei Social-TV-Usern mit hohen Werten in den Dimensionen Extraversion sowie Verträglichkeit soziale Motive einen hohen Stellenwert einnehmen.

In Bezug auf die Einflussfaktoren muss ebenso der Frage nachgegangen werden, welche Aspekte die Gratifikationssuche negativ beeinflussen bzw. hemmen. Die vorhandene Literatur weist darauf hin, dass schlechte Bedienbarkeit, Aktivitätserfordernis, Überforderung, Aufmerksamkeitsverlust, Spannungsabbau, Konfrontation mit Werbung sowie Datenschutzbedenken mögliche Hemmnisse der Social-TV-Nutzung sind. Besonders hervorgehoben wird dabei die durch die Parallelnutzung bedingte Ablenkung, da die Aufmerksamkeit nicht gleichzeitig auf First und Second Screen gerichtet werden kann.

Die in den vorhergehenden Kapiteln deskriptiv erläuterten Begrifflichkeiten sowie theoretischen Grundlagen bilden den Ausgangspunkt der empirischen Untersuchung der vorliegenden Arbeit, deren methodisches Vorgehen im nachfolgenden Kapitel erläutert wird.

6. DAS SOZIALE MEDIUM FERNSEHEN: FORSCHUNGSDESIGN

*Der Rundfunk wäre der denkbar großartigste Kommunikations-
apparat des öffentlichen Lebens, ein ungeheures Kanalsystem, das
heißt, er wäre es, wenn er es verstünde, nicht nur auszusenden,
sondern auch zu empfangen, also den Zuhörer nicht nur hören,
sondern auch sprechen zu machen und ihn nicht zu isolieren,
sondern ihn in Beziehung zu setzen.*
(Brecht 1967: 129)

Die bereits Anfang der 1930er-Jahre von Bertolt Brecht geschilderte
Medienutopie ist heute aus technischer Sicht längst Realität geworden. Das
Internet ist ein moderner Kommunikationsapparat, der eine reziproke
Kommunikation ermöglicht und eine neue Ära der Öffentlichkeit eingeleitet
hat. Das Medium Fernsehen ist von dieser Entwicklung betroffen, die starre
Einbahnstraßen-Kommunikation wird aufgehoben. Das technische Potential
und die tatsächliche Relevanz divergieren jedoch meist in der Realität. Es
stellt sich daher die Frage, ob die Zuschauer aktiv sein, interagieren sowie
partizipieren wollen. Im vorangegangenen Teil der vorliegenden Arbeit
wurde der Wandel des Fernsehens erläutert und speziell die Relevanz
sozialer Nutzungsmotive veranschaulicht. Ziel ist es, das aufgebaute theoretische Grundgerüst mittels der empirischen Untersuchung zu überprüfen.
Die vorliegende Studie soll einen umfassenden Überblick zur Nutzung von
Social TV und speziell der Nutzungsmotivation geben, um die Eignung von
Fernsehen als soziales Medium zu ergründen. In diesem Kapitel wird zunächst das methodische Vorgehen dargelegt. Die Beschreibung des Forschungsdesigns beginnt mit den relevanten Forschungsfragen und zu prü-
fenden Hypothesen (Kap. 6.1). Die Untersuchung setzt zwei Methoden der
empirischen Sozialforschung ein, nämlich eine quantitative Befragung sowie
qualitative Interviews. Die Gründe für die Wahl der Methodenkombination
werden in Kap. 6.2 hervorgebracht. Die beiden Methoden im Einzelnen
werden in den Kapiteln 6.3 und 6.4. ausführlich beschrieben.

6.1 Forschungsfragen und Hypothesenbildung

Im Zentrum des Erkenntnisinteresses steht die Eignung des Fernsehens als
soziales Medium bzw. der Wandel des sozialen Fernseherlebnisses. Technologische Neuerungen, Digitalisierung sowie zahlreiche weitere Metaprozesse
haben zu einem Medienumbruch und Öffentlichkeitswandel geführt (vgl.
Kap. 2.1.2). Hiervon ist auch das Medium Fernsehen betroffen, das einen

technischen und strukturellen Wandel durchläuft und mit verändernden Szenarien der Fernsehrezeption konfrontiert wird (vgl. Kap. 3.4). Die Konvergenz von Fernsehen und Internet liefert den Möglichkeitsrahmen zur Vitalisierung und Erweiterung von sozialen Eigenschaften des Mediums Fernsehen (vgl. Kap. 4). Ob die Potentiale des sozialen Fernsehens ausgeschöpft werden, hängt primär von den Nutzern und deren Bedürfnissen ab: „Television will continue to be a social medium as long as people are socializing with others." (Barkhuus 2009: 2487) Die Forschungsfrage lautet daher:

Forschungsleitende Frage:	Wie wirkt sich die Social-TV-Nutzung und deren Motivation auf das soziale Erlebnis Fernsehen aus?

Die zentrale Forschungsfrage unterteilt die Studie in zwei thematische Hauptfelder, die in erster Linie aus einer rezipientenorientierten Perspektive ergründet werden. Ein technisches Medium entwickelt sich erst durch die Aneignung hin zu einer sozialen Praktik. Die Aneignung wiederum lässt sich durch die Nutzung und ihre Motivation abbilden. Um den Einfluss von Social TV auf das soziale Erlebnis Fernsehen zu untersuchen, müssen sowohl das Social-TV-Nutzungsverhalten als auch die funktionale Perspektive berücksichtigt werden. Um die zukünftige Relevanz des sozialen Fernsehens einordnen zu können und zugleich neben der Nutzung die Perspektive der Anbieter einzubeziehen, werden zusätzlich als drittes Feld Chancen, Herausforderungen für TV-Sender sowie zukünftige Potentiale berücksichtigt. Die theoretischen Vorarbeiten der vorhergehenden Kapitel und bisherigen Befunde empirischer Forschungsarbeiten ermöglichen für die beiden ersten Felder das deduktive Herleiten von Hypothesen. Der Block zur Zukunft des Social TV hingegen wird mittels Fragestellungen untersucht.

Frage 1: Welches Nutzungsverhalten prägt die Social-TV-Nutzung?

Die Rahmenbedingungen können die Social-TV-Nutzung sowohl begünstigen als auch einschränken und haben somit potentiell einen Einfluss auf die Gratifikationssuche der Nutzer. Die Nutzung kann sich in Bezug auf genutzte Infrastruktur (Hardware und Plattformen), Fernsehformate sowie dem Zeitpunkt der Nutzung (synchron/asynchron) unterscheiden, als auch unterschiedliche Aktivitätsniveaus aufweisen. Forschungsfrage 1 wird deshalb anhand von Hypothesen untersucht, die sich primär an den erläuterten Kategorien zur Systematisierung von Social TV (Kap. 4.1.3) orientieren.

Das Fernsehen kann mittlerweile zeit-, orts- sowie gerätesouverän genutzt werden (vgl. Kap. 3.2.2). Vor allem bei Personen unter 30 Jahren (Digital Natives) ist die Nutzung von non-linearen Bewegtbildinhalten stark verbreitet und als habitualisiert zu bezeichnen (vgl. Egger/van Eimeren 2016: 113), während die Rezeption linearer Inhalte mit ansteigendem Alter zunimmt (vgl. Kap. 3.4). Das Ausüben anderer Tätigkeiten während des Fernsehens ist kein neues Phänomen, zugenommen hat jedoch die parallele Nutzung eines zweiten Gerätes während des Fernsehens sowie die bewegtbildbezogene Parallelnutzung (vgl. Kap. 4.3.1). Auch diesbezüglich liegen die Jüngeren vorn, laut ARD/ZDF-Onlinestudie 2014 liegt der Wert für Second-Screen-Aktivitäten mit Programmbezug der gesamten Onliner bei 34 Prozent (vgl. Busemann/Tippelt 2014: 410 f.). Bei den Internetnutzern zwischen 14 und 29 Jahren beschäftigen sich 47 Prozent zumindest selten mit der gesehenen Sendung gleichzeitig online (vgl. auch Kabel Deutschland 2013; United Internet Media 2015: 18; Gil de Zúñiga/Garcia-Perdomo/McGregor 2015: 804; Franzen 2016). Basierend auf diesen Erkenntnissen wird Folgendes angenommen:

Hypothese 1.1:	Mit steigendem Alter nimmt die klassische Fernsehnutzung zu, während die Social-TV-Nutzung abnimmt. Digital Natives unterscheiden sich daher bezüglich der Nutzungsintensität signifikant von Nutzern anderer Altersklassen.
Relevante Begriffe:	klassisches Fernsehen (vgl. Kap. 3.2.2); Social TV (vgl. Kap. 4.1.2); Nutzungsintensität bezeichnet die Häufigkeit der Social-TV-Nutzung (vgl. Kap. 4.3.1).

Hinsichtlich der Social-TV-Infrastruktur sind die verwendeten Geräte und Plattformen heranzuziehen. Trotz rasanter Verbreitung von Smart TVs werden One-Screen-Devices laut bisherigen Studien selten für Social TV eingesetzt (vgl. Kap. 4.1.3 und 4.3). Mehr Potential wird in der Nutzung von Social TV via Second Screen gesehen, die vor allem durch die Verbreitung mobiler Endgeräte gefördert wird. Neben der starken Marktdurchdringung ist die komfortable Bedienung ein zentraler Vorteil von Second Screens. Dennoch sollten Smart TVs nicht gänzlich als Social-TV-Hardware ausgeschlossen werden (vgl. Schwab 2013: 25). In puncto Plattformen kann zwischen sendereigenen sowie -externen Angeboten differenziert werden (vgl. Kap. 4.1.3). In der bisherigen Forschung wurde die Relevanz von Social-Media-Plattformen für Social TV betont (vgl. Kap. 4.2.2). Dies ist vor allem darauf zurückzuführen, dass Social TV durch die Bedürfnisse der Zuschauer entstanden ist und diese sich primär auf denjenigen Plattformen austauschen, die sie ohnehin verwenden. Vor allem Twitter wird in vielen Untersuchungen herangezogen, da die Plattform sich besonders für Echtzeitkommunikation eignet. Es sollte jedoch bedacht werden, dass viele Social-TV-User Inhalte lediglich passiv konsumieren (vgl. Kneidinger 2015: 226) und dementsprechend Facebook bevorzugen. Sowohl bei aktiven als auch bei passiven Nutzern wäre eine reine Fokussierung auf Facebook und Twitter zu kurz gedacht, es sollte die Nutzung via Instant Messaging berücksichtigt werden. Ebenso dürfen sendereigene Angebote und Social-TV-Apps von Drittanbietern nicht außer Acht gelassen werden (vgl. Kap. 4.2.2), auch wenn diese bisherigen Studienergebnissen zufolge eine untergeordnete Rolle einnehmen (vgl. Kap. 4.3). Hypothese 1.2 postuliert aus diesen Gründen:

Hypothese 1.2:	Die Infrastruktur der Social-TV-Nutzung wird von Second Screens und senderexternen Plattformen dominiert, zwischen aktiven und passiven Usern bestehen dabei keine signifikanten Unterschiede.
Relevante Begriffe:	Hardware, Plattformen und Praktiken der Social-TV-Nutzung (vgl. Kap. 4.1.3).

In Bezug auf den Nutzungszeitpunkt wird von der vorhandenen Forschung primär die synchrone Nutzung berücksichtigt, asynchrone Social-TV-Interaktionen werden dabei oftmals ausgeblendet (vgl. Kap. 4.1.2). Auch wenn bisherigen Untersuchungen zufolge die synchrone Social-TV-Nutzung dominiert (vgl. Kap. 4.3), dürfen dennoch Social-TV-Interaktionen, die vor oder nach der linearen Ausstrahlung erfolgen, nicht unbeachtet bleiben. Vor allem im Hinblick auf die ansteigende nicht-lineare TV-Rezeption (vgl. Kap. 3.4) würde dies zu einer verkürzten Betrachtung der Nutzungsszenarien führen. Social TV kann prinzipiell zu jedem TV-Format stattfinden, hinsichtlich der besonderen Eignung einzelner Formatgattungen zeigen sich bislang divergierende Befunde (vgl. Kap. 4.2.1). Betont wird die Relevanz von Live-Sendungen sowie aktuellen und emotionalen Inhalten. Der Formatpräferenz der User wird ein Einfluss auf die Art und Weise der Social-TV-Interaktion zugesprochen (vgl. Guo/Chan-Olmsted 2015: 242), da die Eigenschaften eines Formats für gewisse Nutzungsweisen förderlich oder hinderlich sein können. Sendungen, die aufgrund komplexer Handlungen viel Aufmerksamkeit der Zuschauer einfordern, könnten zu einer stärkeren asynchronen Nutzung führen. Dementsprechend nimmt Hypothese 1.3 an:

Hypothese 1.3:	Es bestehen signifikante Zusammenhänge zwischen den für Social TV verwendeten TV-Formaten und den Nutzungszeitpunkten.
Relevante Begriffe:	TV-Formate für Social TV sowie Nutzungszeitpunkte (vgl. Kap. 4.1.3 und 4.2.1).

Frage 2: Welchen Stellenwert haben soziale Motive bei der Social-TV-Nutzung im Vergleich zur klassischen Fernsehnutzung und wie werden sie befriedigt?

Um die Relevanz des sozialen Fernsehens für die User zu ergründen, sollen die Gründe der Nutzung ausfindig gemacht werden. Es handelt sich hierbei um die funktionale Perspektive der Nutzungsforschung (vgl. Schweiger 2007: 20 f.; Unz 2014: 160 f.). Auf Rückgriff des Uses-and-Gratifications-Ansatzes (vgl. Kap. 2.3.1) werden hierzu bisher ermittelte Motive der klassischen Fernsehnutzung (vgl. Kap. 2.3.2) sowie der Social-TV-Nutzung (vgl. Kap. 5.1) herangezogen und anhand des erweiterten Bedürfniskataloges (vgl. Kap. 5.3) überprüft. Durch den Vergleich der gesuchten Gratifikationen von Fernsehen und Social TV soll ermittelt werden, ob es Abweichungen in der Motivstruktur gibt. Der zentralen Forschungsfrage entsprechend sind die sozialen Gratifikationen (vgl. Kap. 5.2.3) von besonderem Interesse. Aus der zweiten Forschungsfrage ergeben sich insgesamt fünf Hypothesen.

Die Motive der Nutzung des klassischen Fernsehens sind mittlerweile vielfach untersucht und immer wieder angepasst worden. Als maßgeblich erweist sich eine Gruppierung in kognitive, affektive, soziale und identitätsbezogene Gratifikationsdimensionen (vgl. Kap. 2.3.2). Der sozialen Motivgruppe werden dabei in erster Linie die gemeinschaftliche TV-Rezeption, die Anschlusskommunikation und die parasoziale Interaktion zugeordnet (vgl. Kap. 2.3.3). Laut ARD/ZDF-Langzeitstudie Massenkommunikation dominieren in Deutschland die TV-Motive Information, Spaß und Entspannung (vgl. Breunig/Engel 2015: 325). Inwiefern die TV-Nutzungsmotive zugleich Gründe der Social-TV-Nutzung sind, wurde bislang vereinzelt untersucht (vgl. Kap. 5.1). Die dadurch ermittelten Motive haben nicht zu einer einheitlichen Dimensionierung geführt, sie lassen sich jedoch überwiegend auf die Gratifikationsdimensionen der klassischen TV-Nutzung übertragen (vgl. Kap. 5.2). Speziell die sozialen Gratifikationen müssen angepasst werden, da aus den Charakteristika sozialer Medien potentiell neue Motive resultieren (vgl. Kap. 5.3). Im Vergleich zu TV-Motiven wird bei Studien zur Social-TV-Motivation die Bedeutung sozialer Aspekten betont. Dementsprechend wird den sozialen Motiven bei Social TV eine höhere Bedeutung als bei der klassischen Fernsehnutzung zugesprochen (vgl. Krämer et al. 2015: 260). Daraus ergibt sich folgende Hypothese:

Hypothese 2.1:	Die dimensionalen Motiv-Strukturen der klassischen TV- sowie der Social-TV-Nutzung weisen Überschneidungen auf, die als sozial gruppierten Gratifikationen sind jedoch bei der Social-TV-Nutzung von höherer Relevanz.
Relevante Begriffe:	Motive der klassischen Fernsehnutzung (vgl. Kap. 2.3.2); Motive der Social-TV-Nutzung (vgl. Kap. 5); speziell soziale Gratifikationen (vgl. Kap. 2.3.3, 5.2.3 und 5.3).

Neben der Relevanz der sozialen Motive für die klassische TV- sowie die Social-TV-Nutzung gilt es im Sinne der Uses-and-Gratifications-Forschung zu prüfen, ob es bei den beiden Nutzungsweisen Unterschiede hinsichtlich der Befriedigung der gesuchten Gratifikationen gibt (vgl. Kap. 2.3.1). Die Differenz zwischen den gesuchten und erhaltenen Gratifikationen dient schließlich dem Vergleich der Nützlichkeit der einzelnen Gratifikationen beider Nutzungsweisen. Der Grad der Bedürfnisbefriedigung kann zugleich Hinweise für die Zukunft der Social-TV-Nutzung liefern, da „sich die Erfüllung bzw. Nichterfüllung von Erwartungen in der künftigen Medienbeurteilung und im weiteren Medienkonsum der Rezipienten niederschlagen dürfte." (Kunczik/Zipfel 2005: 348) Die theoretischen Ausführungen zu den Eigenschaften sozialer Medien (vgl. Kap 2.2) sowie zur Beschaffenheit des sozialen Fernsehens (vgl. Kap. 4.1.2; 4.1.3) lassen darauf schließen, dass soziale Motive hierbei besser als bei der klassischen TV-Nutzung befriedigt werden, da Social-TV-User nicht an zeitliche oder räumliche Gegebenheiten gebunden sind und auf einen direkten Rückkanal zurückgreifen können. Hypothese 2.2 nimmt daher an:

Hypothese 2.2:	Die als sozial eingestuften gesuchten Gratifikationen werden bei der Social-TV-Nutzung besser befriedigt als bei der klassischen Fernsehnutzung.
Relevante Begriffe:	GS/GO-Diskrepanz (vgl. Kap. 2.3.1); soziale Gratifikationen (vgl. Kap. 2.3.3, 5.2.3 und 5.3).

Bei der Betrachtung der Gratifikationssuche sollte der mögliche Einfluss von nutzerbezogenen – soziodemografischen sowie persönlichkeitsbezogenen – Eigenschaften bedacht werden (vgl. Kap. 5.4). Bezüglich soziodemografischer Einflüsse auf die Social-TV-Gratifikationssuche gibt es bislang keine zentralen Erkenntnisse, doch hierbei sind ähnliche Effekte wie für das klassische Fernsehen zu erwarten. Für die Fernsehnutzung wurden empirisch mehrfach Auswirkungen soziodemografischer Eigenschaften nachgewiesen, ein stärkerer Einfluss wird jedoch der Persönlichkeitsstruktur zugesprochen. Es wurden mehrfach signifikante Zusammenhänge zwischen den Persönlichkeitseigenschaften der Zuschauer und den Motiven zur Nutzung von Fernsehen, Internet bzw. Social Media sowie Second Screens ermittelt. Die Studien liefern jedoch kein einheitliches Bild, oftmals ist die Erklärkraft des Einflusses nur marginal. Bei der Second-Screen-Nutzung zeigt sich, dass persönlichkeitsspezifische Eigenschaften die Gratifikationssuche besser als soziodemografische Eigenschaft erklären können (vgl. Johnen/Stark 2015: 389). Speziell für den Einfluss der Persönlichkeit auf die Social-TV-Nutzungsmotive gibt es bislang keine wesentlichen Befunde. Die theoretischen Annahmen der Persönlichkeitspsychologie sowie die bisherige Befunde bezüglich des Einflusses auf die Motivsuche bei der Fernseh-, Internet- sowie Second-Screen-Nutzung lassen die Vermutung zu, dass die Persönlichkeitseigenschaften auch bei Social TV einen Erklärungsbeitrag zur Gratifikationssuche leisten können, jedoch auf einem niedrigen Niveau. Dementsprechend wird folgende Hypothese formuliert:

Hypothese 2.3:	Die nutzerbezogenen (soziodemografischen und persönlichkeitsspezifischen) Eigenschaften leisten einen Erklärungsbeitrag zur Social-TV-Gratifikationssuche, wenngleich auf insgesamt niedrigem Niveau (ihr Anteil an der erklärten Gesamtvarianz liegt unter zehn Prozent).
Relevante Begriffe:	Social-TV-Gratifikationssuche (vgl. Kap 5.3); nutzerbezogene Eigenschaften (vgl. Kap. 5.4).

Wie für das Programmangebot allgemein, sollten auch bei den Social-TV-Angeboten der Fernsehsender die Bedürfnisse der Zuschauer berücksichtigt werden. Da es jedoch verschiedene Typen von Zuschauern mit unterschiedlichen Motiven gibt, erscheint eine Gruppierung der Nutzer mit ähnlichen Interessen als sinnvoll. Es wird vermutet, dass Zuschauer sich hinsichtlich ihrer Motiv- und Interessenslage voneinander abgrenzen. Für die Mediennutzung allgemein und speziell die Fernsehnutzung existieren eine Vielzahl an Typologien, für die Social-TV-Nutzung gibt es ebenfalls bereits erste Gruppierungsversuche (vgl. Kap. 5.1). Die bisherigen Typologien bestätigen, dass eine Typenbildungen auf Basis der Nutzungsmotive möglich ist. Es gibt jedoch keine Nutzertypologie, die sich an den gesuchten Gratifikationsdimensionen orientiert und zugleich auf Basis einer umfassenden Social-TV-Definition alle möglichen Nutzungsszenarien einschließt. Für die Fernsehnutzung, die Second-Screen-Nutzung allgemein sowie speziell die Social-TV-Nutzung wurden bereits Zusammenhänge zwischen den Nutzungsmotiven mit der Nutzungsintensität (ebd.: 391 f.), den Nutzungsaktivitäten (z. B. Rubin/Perse 1987b; Guo/Chan-Olmsted 2015: 243 ff.), der Formatpräferenz (z. B. Brosius/Weaver 1994: 291 f.; Aretz 2008: 280 f.; Han/Lee 2014: 237) sowie der Plattformnutzung (z. B. Kneidinger 2015: 224; Krämer et al. 2015: 259) festgesellt. Es wird daher angenommen, dass sich Social-TV-Nutzer mit konvergierenden Motivinteressen auch in ihrer Nutzungsweise ähneln. Hypothese 2.4 lautet den Ausführungen entsprechend:

Hypothese 2.4:	Auf Basis der Social-TV-Motivfaktoren lassen sich verschiedene Social-TV-Nutzertypen identifizieren.
Relevante Begriffe:	Die Motivfaktoren beziehen sich auf die Gratifikationen (vgl. Kap. 8.2.1); Nutzertypen (vgl. Kap. 5.1).

Der Frage, was das soziale Erlebnis Fernsehen eventuell beeinträchtigt und die Nutzungsmotivation hemmt, kann durch die Betrachtung der von den Nutzern wahrgenommenen Hemmnisse nachgegangen werden. Theoretische Ausführungen sowie empirische Befunde lassen eine Vielzahl an Hemmnissen erkennen (vgl. Kap. 5.5). Als zentral wird ein Problem beschrieben, das bei der synchronen Parallelnutzung entstehen kann: die Ablenkung von der TV-Rezeption. Da die primäre Aufmerksamkeit entweder der Sendungshandlung oder der Social-TV-Aktivität gewidmet ist, treten First und Second Screen in Konkurrenz. Sofern der Fokus auf der Social-TV-Nutzung liegt, sinkt die Aufmerksamkeit für das Fernsehprogramm, worunter wiederum die Spannung leiden kann. Daher lautet Hypothese 2.5:

Hypothese 2.5:	Aufmerksamkeitsverlust ist bei allen Social-TV-Nutzertypen das gewichtigste Hemmnis der Nutzung.
Relevante Begriffe:	Social-TV-Hemmnisse (vgl. Kap 5.5); mit Social-TV-Nutzertypen ist die in dieser Arbeit auf Basis der Motive vorgenommene Typenbildung gemeint (vgl. Kap. 8.2.4).

Frage 3: Mit welchen Chancen, Herausforderungen und Potentialen für die Zukunft sehen sich die Sender in Bezug auf Social TV konfrontiert?

Die Entwicklung von Social TV ist in Deutschland noch nicht so weit vorangeschritten, wie es in anderen Ländern – z. B. in den USA – der Fall ist (vgl. Kap. 4.1.1). Um das zukünftige Potential des sozialen Fernsehens in Deutschland einschätzen zu können, ist zunächst neben der Bedeutungszuweisung durch die Nutzer die Perspektive der Fernsehsender zu berücksichtigen. In welcher Intensität und Form sich diese an Social TV beteiligen hängt davon ab, ob die aus Social TV resultierenden Vor- oder Nachteile überwiegen. Bislang wurden vereinzelt Chancen und Risiken für Social-TV-Anbieter beschrieben (vgl. Kap. 4.2.1), es mangelt jedoch an einer gebündelten Gegenüberstellung. Dementsprechend stellt sich folgende Frage:

Forschungsfrage 3.1:	Mit welchen Chancen und Herausforderungen sehen sich die TV-Sender durch Social TV konfrontiert?
Relevante Begriffe:	Chancen und Herausforderungen für TV-Sender (vgl. Kap. 4.2.1).

Zur Einschätzung des zukünftigen Potentials von Social TV ist weiterhin relevant, welche Weiterentwicklung der Nutzung als auch der Angebote erwartet wird. Auch diesbezüglich gibt es bislang keine klaren Erkenntnisse. So wird Social TV einerseits als Zukunft des Fernsehen gepriesen, das die Erlebnisqualität des Fernsehens erhöhen könne (vgl. Brown 2013). Dementsprechend sei es zu erwarten, dass die Akzeptanz der Second-Screen- sowie der Social-TV-Nutzung in den kommenden Jahren weiterhin ansteigen werde (vgl. Busemann/Tippelt 2014: 415). Andererseits wird Social TV als Hype oder „Brückentechnologie" (Hündgen/Argirakos 2013b: 56) bezeichnet, die nur von kurzzeitiger Dauer sei und das lineare Fernsehen nicht retten könne. Um Einschätzungen zum künftigen Potential von Social TV identifizieren zu können, wird folgende Forschungsfrage gestellt:

Forschungsfrage 3.2:	Welche Prognosen geben die TV-Sender für die zukünftige Entwicklung von Social TV ab?
Relevante Begriffe:	Die zukünftige Entwicklung von Social TV bezieht sich auf die Zeit nach den Ende 2015 geführten qualitativen Interviews.

6.2   Methodenkombination

Um die zuvor abgeleiteten Forschungsfragen und Hypothesen zu prüfen, muss ein passendes Untersuchungsdesign entworfen werden. Die Wahl der Methodik orientiert sich dabei an der zentralen Forschungsfrage und ist „nicht von einem methodischen Paradigma a priori determiniert" (Matthes 2006: 97). Um den Einfluss von Social TV auf das soziale TV-Erlebnis zu untersuchen, sind zum einen die Nutzer selbst Gegenstand des Erkenntnisinteresses. Zum anderen sind die Social-TV-Anbieter (Fernsehsender) einzubeziehen, um Diskrepanzen zwischen Nutzer und Anbieter aufzudecken und festzustellen, inwiefern diese die sozialen Aspekte der Social-TV-Nutzung fördern. Aufgrund der Berücksichtigung beider Sichtweisen handelt es sich um einen mehrperspektivischen Ansatz.

Um beide Perspektiven beleuchten zu können, ist ein Mehrmethodendesign erforderlich (vgl. Erzberger 1998: 137). Durch diese Vorgehensweise „verspricht man sich eine Erweiterung der Erkenntnis, weil mit verschiedenen methodischen Zugängen mehr erkannt werden kann als nur mit dem Blick aus der Perspektive einer einzigen Methode." (Loosen/Scholl 2012: 9; vgl. auch Riesmeyer 2011: 225) Eine Verknüpfung von quantitativen und qualitativen Methoden wird daher häufig in der empirischen Forschung angewandt (vgl. Matthes 2006: 102; Loosen/Scholl 2011: 111). Die Methodenkombination der vorliegenden Arbeit besteht aus einer quantitativen Nutzer- und einer qualitativen Anbieterbefragung. Dabei handelt es sich nach der elaborierten Methodenmix-Systematisierung von Tashakkori und Teddlie (1998: 40 ff.) um zwei sequentielle Studien mit gleichem Status. Dieses Vorgehen wird auch als „Triangulation" bezeichnet (vgl. Denzin 1974: 281; Treumann 2005; Flick 2011).[108] Im Speziellen wird eine Methodentriangulation („Between-method-triangulation") vorgenommen, weil die Forschungsfrage „aus mehreren Blickwinkeln mit unterschiedlichen Methoden angegangen" wird (Mayring 2001). Da die Anbieter mit den Ergebnissen der Nutzerbefragung konfrontiert werden sollen, um die Ergebnisse besser interpretieren zu können, enthält die methodische Vorgehensweise ebenfalls Elemente des „Vertiefungsmodells" nach Mayring (2001). Die Fragen für die Anbieterbefragung resultieren daher teilweise aus der Datenanalyse der ersten Befragungswelle. Die Entscheidung zu dieser Methodenmix-Variante resultiert aus nachfolgenden Überlegungen.

---

[108] Der Triangulationsbegriff wird von einigen Forschern explizit abgelehnt, „nicht zuletzt um das eigene Konzept der Mixed Methods Forschung durchzusetzen." (Flick 2011: 77)

Qualitative Verfahren der empirischen Sozialforschung „beleuchten konkrete soziale Vorgänge, die durch bestimmte Strukturen situativer Handlungen hervorgebracht werden." (Baumann/Scherer 2012: 30) Dadurch können vor allem individuelle Vorgänge und Beweggründe in voller Breite erfasst werden. *Quantitative* Methoden hingegen haben die Darstellung größerer Fallzahlen zum Gegenstand und „beschreiben einen Gegenstand überblicksartig auf makrosoziologischer Ebene." (ebd.) Sie versuchen Muster zu erkennen und Merkmale der beobachteten Objekte zu messen (vgl. Daschmann 2003: 262; Kühne 2013: 24). Deshalb können quantitative empirische Methoden (z. B. Beobachtung, Befragung oder Experiment) als „Messvorgang" (Krotz 2003: 245) bezeichnet werden.

Um die Rahmenbedingungen der Social-TV-Nutzung sowie die Nutzungsmotivation zu ermitteln, ist das Verfahren der quantitativen Befragung am besten geeignet. Die Methode der Befragung ist besonders zweckmäßig, um Einstellungen und Motive einer größeren Gruppe abzubilden (vgl. Möhring/Schlütz 2013: 183). Die Motive der Nutzung – also die zentralen Einflussgrößen auf die Mediennutzung – sind kognitive Prozesse, die in der Mediennutzungsforschung standardmäßig durch Befragung der Rezipienten erfasst werden. Dabei wird angenommen, dass die Nutzer in der Lage sind, selbst Auskunft über ihre Bedürfnisse zu geben (vgl. Kap. 2.3.1). Da auf die theoretischen Vorarbeiten und erste empirische Ergebnisse (vgl. Kap. 4.3 und 5.1) zurückgegriffen werden kann, ist eine qualitative Vorstudie nicht erforderlich. Das Verfahren der qualitativen Befragung ist hingegen in einem zweiten Schritt notwendig, um die Perspektive der Fernsehsender zu untersuchen. Qualitative Interviews eignen sich nach Froschauer und Lueger (2003: 7) insbesondere, um „Handlungs- und Systemlogiken in sozialen Systemen, die Gründe für die Entwicklung spezifischer Handlungsweisen in einem sozialen Feld und die spezifischen Dynamiken der Strukturierung komplexer Sozialsysteme" zu erkunden. Die Befragung der Akteure von Fernsehsendern kann zugleich, wie bereits erwähnt, für die Interpretation der Ergebnisse der quantitativen Nutzerbefragung förderlich sein. Durch die Verwendung zweier Erhebungsinstrumente können die Nachteile der einzelnen Verfahren jeweils durch das andere Verfahren reduziert werden. Die Kombination mehrere Methoden der empirischen Sozialforschung gilt daher „als ein Erfolgsfaktor für eine hohe Qualität der Datenerhebung" (Kalch/Bilandzic 2013: 165). Durch die Methodenkombination – wie in Abb. 7 ersichtlich – soll das Phänomen Social TV sowohl von Nutzer- als auch Anbieterseite beleuchtet werden, damit ein umfassenderer Gesamtblick auf das soziale Erlebnis Fernsehen möglich wird.

Abb. 7: Ablauf des Mehrmethodendesigns

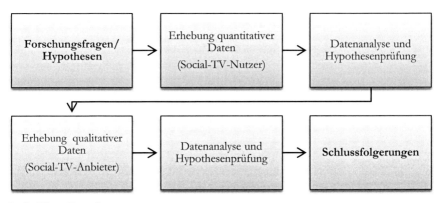

Quelle: Eigene Darstellung.

Zunächst wird auf die Methodik der quantitativen Social-TV-Nutzer-befragung (Kap. 6.3) genauer eingegangen, bevor das methodische Vorgehen der qualitativen Senderbefragung (Kap. 6.4) offengelegt wird.

6.3   Quantitative Befragung von Social-TV-Nutzern

Auf den methodischen Vorüberlegungen basierend wurden in der ersten Teilstudie Social-TV-Nutzer quantitativ befragt. Nachfolgend werden das Erhebungsinstrument, die Grundgesamtheit sowie die Stichprobe der Untersuchung präsentiert (Kap. 6.3.1) und die Operationalisierung sowie der inhaltliche Aufbau des Online-Fragebogens getestet (Kap. 6.3.2). Zudem wird auf den vorgenommen Pretest und sich daraus resultierende Änderungen eingegangen (Kap. 6.3.3), bevor die Umsetzung der Durchführung und die für die spätere Auswertung relevante Datenbasis beschrieben werden (Kap. 6.3.4).

6.3.1   Erhebungsinstrument und Sample

Die quantitative Befragung der Social-TV-Nutzer erfolgt anhand eines standardisierten Online-Fragebogens. Das Erhebungsinstrument, die relevante Grundgesamtheit sowie daraus gezogene Stichprobe werden nachfolgend skizziert.

Quantitative Online-Befragung

Die Befragung ist ein klassisches Instrument der empirischen Sozialwissenschaft zur Datenerhebung (vgl. Diekmann 2013: 434 f.), das sich sowohl für qualitative als auch quantitative Studien eignet. Hinsichtlich der Kommunikationsmodi kann zunächst zwischen drei Formen der Befragung differenziert werden, sie kann persönlich, telefonisch oder schriftlich stattfinden (vgl. Möhring/Schlütz 2010: 117; Brosius/Haas/Koschel 2012: 103; Diekmann 2013: 437; Jacob/Heinz/Décieux 2013: 98; Scholl 2015: 29). Die Online-Befragung kann als eine Ausprägung der schriftlichen Befragung ergänzt werden. Bei der *persönlichen* (mündlichen) Befragung sitzen sich Interviewer und Befragter (Face-to-Face) gegenüber (vgl. Scholl 2015: 29 ff.). Dadurch können Reaktionen des Befragten direkt erfasst werden und der Interviewer kann Hilfestellung geben bzw. den Teilnehmer motivieren. Nachteile sind hierbei ein meist hoher zeitlicher Aufwand und anfallende Kosten für Interviewer. Außerdem kann die Qualität der persönlichen Befragung durch Fehlverhalten des Interviewers negativ beeinflusst werden. Bei dem *telefonischen* Interview wird der Befragte ebenfalls mündlich von einem Interviewer befragt, allerdings ist das Interview per Telefon unpersönlicher (vgl. ebd.: 39 ff.). Dem Interviewer stehen nur begrenzte Möglichkeiten zur Motivation und Fragestellung zur Verfügung, was zu einer geringen Ausschöpfungsquote führen kann. Vorteilhaft im Vergleich zur persönlichen Befragung sind geringere Kosten, eine meist kürzere Erhebungsphase und eine hohe Reichweite. Bei der *schriftlichen* Befragung ist kein Interviewer notwendig, der Teilnehmer füllt den Fragebogen selbst aus (ebd.: 43 ff.). Da der Befragte sich hierbei nicht beobachtet fühlt, können bei dieser Methodik externe Effekte reduziert werden. Der Teilnehmer beantwortet die Fragen selbstbestimmt und in beliebigem Tempo. Im Gegensatz zu den mündlichen Interviews ist jedoch die Rücklaufquote meist geringer, die Befragungssituation kann nicht kontrolliert werden und es steht kein Interviewer für eventuelle auftauchende Fragen zur Verfügung. Die Online-Befragung ist eine *computergestützte* Variante der schriftlichen Befragung (vgl. Möhring/Schlütz 2010: 132; Diekmann 2013: 521 f.; Scholl 2015: 53). Sie hat sich zu einer der bedeutendsten Befragungsmethoden entwickelt (vgl. Taddicken 2013: 202).

Ähnlich wie bei der schriftlichen Befragung, kann der Teilnehmer einer Online-Befragung selbst bestimmen, wo und wann er die Fragen beantwortet und wie viel Zeit er dafür einsetzt, was die Teilnahmebereitschaft erhöhen sowie fundierte Antworten begünstigen kann. Die Felduntersuchung findet hierbei meist in der natürlichen Umgebung der befragten Personen statt (vgl. Schnell/Hill/Esser 2013: 216). Antwortverzerrungen durch die Befragungssituation oder Einflüsse von Interviewern entfallen. Mangelnde subjektive Anonymität und das Problem der sozialen Erwünschtheit (vgl. Taddicken 2009: 95 ff.; Möhring/Schlütz 2010: 61 ff.) können deutlich minimiert werden. Während bei der schriftlichen Befragung keine Kontrolle der Befragungssituation möglich ist, können bei Online-Befragungen Kontrollmechanismen zum Plausibilitätscheck eingesetzt werden, mit denen das Antwortverhalten nachvollzogen werden kann (vgl. Scholl 2015: 57). Ebenso kann technisch sichergestellt werden, dass die Fragen in der richtigen Reihenfolge beantwortet und vorherige Antworten nicht korrigiert werden. Zudem können Filterfragen, rotierende Antwortvorgaben und multimediale Elemente eingesetzt werden (vgl. Möhring/Schlütz 2010: 134). Eine nachträgliche Dateneingabe per Hand ist nicht mehr notwendig, die Antworten liegen direkt in elektronischer Form vor, Übertragungsfehler entfallen. Hauptargumente sind jedoch, dass schnell viele Personen ortsunabhängig auf der ganzen Welt befragt werden können und vergleichsweise geringe Erhebungskosten aufgewendet werden müssen.

Wie bei allen Befragungsverfahren, müssen auch bei der Online-Befragung mögliche Risiken einkalkuliert werden. Einige Nachteile decken sich mit denen der schriftlichen Befragung. So kann auch bei der Online-Befragung keine direkte Interaktion zwischen Teilnehmer und Interviewer stattfinden. Es gibt zudem spezifische Probleme, die nur bei Online-Befragungen auftreten. Die hohe Anonymität kann zum Nachteil werden, wenn dadurch die Verbindlichkeit sinkt (vgl. Scholl 2015: 58). Neben technischen Fehlern (z. B. unpassende Länge oder Struktur des Fragebogens) und logischen Fehlern (z. B. falsch gestellte Fragen oder eine fehlende inhaltliche Logik) sind vor allem methodische Fehler ein häufig auftretendes Problem bei Online-Befragungen (vgl. Hollaus 2007: 68 ff.). Hierzu zählen Fehler bei der Definition der Grundgesamtheit und der Stichprobenziehung sowie eine fehlende Rücklaufkontrolle, woraus eine mangelnde Repräsentativität resultiert.[109] Die Grundgesamtheit der Internetnutzer ist nicht exakt bestimmbar, somit ist auch eine Zufallsstichprobenziehung problematisch (vgl. Couper/Coutts 2006: 219; Möhring/Schlütz 2010: 134 f.; Hennig 2014: 118; Scholl 2015: 58). Nur in seltenen Fällen ist es möglich, eine zufallsbasierte Stichprobe zu ziehen, beispielsweise wenn Mitglieder einer speziellen Gruppe eines Social Networks befragt werden sollen (vgl. Maurer/Jandura 2009: 65).

---

[109] Eine ausführliche Auseinandersetzung zur Repräsentativität bei Online-Befragungen bieten Hollaus (2007: 47 ff.); Kutsch (2007); Maurer/Jandura (2009); Zerback/Maurer (2014).

Die Wahl der geeigneten Befragungsmethodik hängt letztendlich von dem Untersuchungsgegenstand sowie der Zielsetzung ab. Um die in Kapitel 6.1 generierten Hypothesen mittels quantitativer Social-TV-Nutzerbefragung zu prüfen, ist eine Online-Befragung ein geeignetes Erhebungsinstrument. Die Nutzung von Social TV setzt eine Internetnutzung voraus. Aufgrund der Onlineaffinität der Nutzer können diese mittels einer Internet-Befragung unmittelbar am „Ort des Geschehens" erreicht werden. Das Internet sowie die Internetnutzer sind somit selbst Bestandteil des Forschungsproblems. Die Zielgruppe kann unkompliziert und innerhalb von wenigen Minuten teilnehmen. Auch aus forschungsökonomischen Gründen erweist sich diese Form der Befragung als vorteilhaft, da ein vergleichsweise geringer finanzieller und zeitlicher Aufwand aufgewendet werden muss, um möglichst viele Teilnehmer zu erreichen.

Um die Vergleichbarkeit der Antworten sicherzustellen und die Befragten gezielt auf das Erkenntnisinteresse zu lenken (vgl. Brosius/Haas/Koschel 2012: 82), wird der Fragebogen standardisiert. Reihenfolge der Fragen sowie Fragenwortlaut sind somit vorgegeben, der Fragebogen besteht in erster Linie aus geschlossenen Fragen mit vorgegebenen Antwortmöglichkeiten. Sofern Bedenken bestehen, dass dadurch Antworten zu stark eingeschränkt werden, können jedoch auch bei einer standardisierten Befragung vereinzelt offene Fragen eingesetzt werden (vgl. Atteslander 2010: 148 f.).

Grundgesamtheit und Sample

Die Grundgesamtheit der vorliegenden Studie – also die Menge aller Subjekte, auf die sich die Untersuchung bezieht (vgl. Friedrichs 1990: 128; Fretwurst/Gehrau/Weber 2005: 34; Jandura/Leidecker 2013: 62) – umfasst alle Personen, die Social TV nach der in Kapitel 4.1.2 vorgenommenen Definition in Deutschland nutzen. Dementsprechend werden diejenigen Zuschauer als Social-TV-Nutzer bezeichnet, die

- Plattformen (Social Networks, Microblogs, Instant Messenger, Apps etc.) auf einem Connected TV oder Second Screen mit Bewegtbildbezug nutzen, um

- sich mit anderen Zuschauern oder Sendern (a-)synchron über das TV-Fernsehprogramm austauschen und/oder

- sich aktiv am Sendegeschehen beteiligen und/oder

- Kommentare lesen oder zusätzliche Inhalte abrufen.

Die Grundgesamtheit ist nicht exakt bestimmbar, da keine Listen oder Verzeichnisse existieren, in denen all diese Social-TV-Nutzer aufgeführt sind. Dies wäre nur möglich, sofern lediglich eine Teilgruppe von Social-TV-Nutzer, die sich auf einer bestimmten Plattform über ein bestimmtes Format austauscht (z. B. *Tatort*-Gruppe auf Facebook), untersucht wird. Dieses Vorgehen wäre jedoch zu begrenzt und würde der vorliegenden Forschungsfrage nicht gerecht werden. Es sollten vielmehr Nutzer aller Plattformen, zu den verschiedensten Formaten und mit verschiedenen Aktivitätsniveaus einbezogen werden. Es ist jedoch nicht möglich, die Gesamtheit der Social-TV-Nutzer zu erreichen. Sowohl für eine Zufallsstichprobe als auch für eine Quotenstichprobe wäre die Kenntnis der Grundgesamtheit notwendig.

Eine Stichprobe, also der Teil einer Grundgesamtheit (vgl. Kaase 1999: 16), kann zufallsgesteuert oder nicht-zufallsgesteuert ausgewählt werden (vgl. Welker/Werner/Scholz 2005: 37; Kauermann/Küchenhoff 2011: 7). Um *zufallsgesteuerte* Stichproben im Internet zu ziehen, werden Intercept-Befragungen oder Access-Panel-Befragungen durchgeführt. Bei der Intercept-Methode wird jeder n-te Besucher einer Website zur Teilnahme an der Befragung eingeladen (vgl. Taddicken/Batinic 2014: 155; Scholl 2015: 55). Dadurch sollen die Befragten zufällig ausgewählt werden. Allerdings ist es anzuzweifeln, dass durch dieses Vorgehen Repräsentativität erlangt wird. „Die Grundgesamtheit können keinesfalls alle Nutzer der Seite sein, sondern bestenfalls diejenigen, die die Seite in einem gegebenen Zeitraum genutzt haben." (Maurer/Jandura 2009: 63) Zur Befragung von Social-TV-Nutzern wäre dieses Verfahren zudem ungeeignet, da die Nutzung nicht auf einer speziellen Website stattfindet. Bei einer Access-Panel-Befragung wird die Zielgruppe in einem Panel abgebildet und befragt (vgl. Bartsch 2012; Callegaro et al. 2014; Göritz 2014). Da kommerzielle Panels kostspielig sind, werden oftmals Freiwilligen-Panels über das Internet rekrutiert. Dabei wird ein Pool von freiwilligen Teilnehmern zusammengestellt, die sich wiederholt befragen lassen. Daraus kann wiederum eine Zufallsstichprobe gezogen werden. Kritisiert wird allerdings, dass die sich zu Verfügung stellenden Teilnehmer meist erheblich von der Gesamtbevölkerung unterscheiden (vgl. Groves et al. 2009: 83 f.; Maurer/Jandura 2009: 63; Jacob/Heinz/Décieux 2013: 85; Knabe/Möhring/Schneider 2014: 137). Für die Untersuchung der vorliegenden Arbeit wäre die Verwendung eines kommerziellen Panels aus forschungsökonomischen Gründen nicht möglich gewesen. Die Nutzung eines nichtkommerziellen Panels wiederum wäre nicht geeignet, da anzunehmen ist, dass ihnen nicht genügend Social-TV-Nutzer angehören. Somit wäre hierbei eine zu geringe Rücklaufquote zu erwarten.

Eine quantitative Befragung von Social-TV-Nutzern erfordert eine *nicht-zufallsgesteuerte* (selektive) Stichprobenauswahl vorzunehmen.[110] Bei einem Verfahren ohne Zufallsauswahl wird meist der Link zur Online-Befragung auf Websites, Foren oder in Social Networks mit der Bitte um Teilnahme veröffentlicht, sodass „qua Selbstselektion nur Interessierte den Fragebogen-Link finden, ihn anklicken und vielleicht den Fragebogen auch vollständig ausfüllen." (Döring 2003: 214) Die Kooperationsbereitschaft der Befragten spielt hierbei eine besonders große Rolle (vgl. Daschmann/Hartmann 2005: 254). Da bei diesem Vorgehen nicht exakt beziffert werden kann, wie viele Personen den Aufruf zur Teilnahme gesehen haben, kann somit auch keine Rücklaufquote ermittelt werden (vgl. Couper/Coutts 2006: 223; Taddicken 2013: 203). Kritisiert wird zudem, dass eine mehrfache Teilnahme von Befragten möglich ist (vgl. Couper/Coutts 2006: 229; Baur/Florian 2009: 110). Dieses Problem kann jedoch durch Session-IDs und das Setzen von Cookies im Browser vermindert werden, wodurch Teilnehmer wiedererkannt werden können (vgl. Scholl 2015: 56).

Da sich die Teilnehmer bei dem passiv rekrutierten Verfahren selbst selektieren, können die Ergebnisse nicht verallgemeinert werden: „Repräsentative Ergebnisse sind im strengen Sinne nur über eine aktive Rekrutierung zu erzielen." (Taddicken 2013: 204; Taddicken/Batinic 2014: 155) Der Link zur Befragung wurde jedoch nicht über das sogenannte „Schneeballverfahren" (Küchenhoff et al. 2006: 118; Schnell/Hill/Esser 2013: 292) verbreitet, bei dem bestimmte Zielpersonen gebeten werden, weitere Personen zur Teilnahme zu bewegen oder weitere potentielle Umfrageteilnehmer zu benennen. Hierbei werden Merkmale wie Geschlecht oder Alter meist stark überrepräsentiert. Vielmehr wurde eine systematische Verbreitung des Links zur Befragung über verschiedenste Plattformen und Formate mithilfe von Anbietern vorgenommen. Das genaue Vorgehen hierbei wird in Kapitel 6.3.4 vorgestellt. Zunächst werden jedoch der Aufbau des Fragebogens sowie die Operationalisierung samt den verwendeten Testfragen und Skalen erläutert.

---

[110] Zur Diskussion über nicht-zufallsgesteuerte Auswahlverfahren zur Stichprobenziehung siehe beispielsweise Döring (2003: 214 f.); Daschmann/Hartmann (2005: 253 ff.); Gehrau/Fretwurst (2005: 16 ff.); Couper/Coutts (2006: 229 f.); Baur/Florian (2009); Kuckartz et al. (2009: 52 f.); Kauermann/Küchenhoff (2011: 7 ff.); Brosius/Haas/Koschel (2012: 64 f.); Jacob/Heinz/Décieux (2013: 79 ff.); Schnell/Hill/Esser (2013: 289 ff.); Hennig (2014: 115 ff.); Taddicken/Batinic (2014: 153 ff.); Scholl (2015: 56 ff.).

6.3.2   Fragebogenkonstruktion und Operationalisierung

Die quantitative Befragung der Social-TV-Nutzer orientiert sich an den in Kapitel 6.1 hergeleiteten Hypothesen. Die Reihenfolge der gestellten Testfragen stimmt nicht mit den Hypothesen überein, der Verständlichkeit halber wurden fünf Themenblöcke gebildet. Der Fragebogen beginnt zunächst mit einer Begrüßungs- und Instruktionsseite, die auf den wissenschaftlichen Charakter der Studie hinweist. Um diesen zu unterstützen, ist das Logo der Universität Passau auf dem Fragebogen abgebildet. Zur Vermeidung von Kontexteffekten bzw. einer Beeinflussung der Teilnehmer (vgl. Möhring/ Schlütz 2010: 113), wurden keine zu detaillierten Informationen zum Forschungsprojekt preisgegeben. Darüber hinaus wurden den Studienteilnehmern Hinweise zum Ausfüllen gegeben und eine anonyme Verwendung bzw. Auswertung der Antworten zugesichert, um die Teilnahmebereitschaft zu erhöhen. Ebenso sollte der Hinweis zur Gewinnspielteilnahme einen Anreiz setzen (dazu siehe Kap. 6.3.4). Die Teilnehmer wurden explizit mit „Du" angesprochen, da Social-TV-Nutzer bisherigen Studien zufolge zu einem großen Anteil jüngeren Alters sind und bei Kommunikation via Internet-Anwendungen das „Duzen" üblich ist. Bei der Formulierung der Testfragen wurden die in der Literatur vorhandenen Hinweise berücksichtigt (z. B. Küchenhoff et al. 2006: 177 ff.; Möhring/Schlütz 2010: 22 ff.; Diekmann 2013: 479 ff.; Porst 2014: 99 ff.).

Die erste Testfrage ist eine Filterfrage und dient der Feststellung, ob es sich bei dem Teilnehmer um einen Social-TV-Nutzer handelt. Sie lautet: „Nutzt Du das Internet zumindest manchmal vor, während oder nach dem Fernsehen, um einer oder mehreren der nachfolgenden Tätigkeiten nachzugehen?" Die dabei aufgelisteten Praktiken orientieren sich an der in Kapitel 4.1.2 vorgenommenen Social-TV-Begriffsdefinition sowie den in Kapitel 4.1.3 identifizierten Social-TV-Aktivitäten. Sofern diese Frage mit „Ja" beantwortet wurde und es sich somit um einen Social-TV-Nutzer handelte, folgten die fünf inhaltlichen Fragenblöcke. Die ersten beiden Blöcke widmen sich der Internet- sowie der Fernsehnutzung. Daran anschließend werden die Rahmenbedingungen der Social-TV-Nutzung erhoben. Im vierten Block werden die Gratifikationen sowohl der klassischen Fernsehnutzung als auch der Social-TV-Nutzung erfasst. Dabei werden neben den gesuchten Gratifikationen zusätzlich die erhaltenen sozialen Gratifikationen einbezogen. Im fünften Block geht es schließlich um nutzerbezogene Merkmale. Neben den Persönlichkeitseigenschaften wurden hierbei soziodemografische Eigenschaften der Studienteilnehmer ermittelt. Am Ende des Fragebogens wurde den Teilnehmern die Möglichkeit gegeben, Kritik am Fragebogen auszuüben oder ergänzende Anmerkungen in eigenen Worten zu formulieren (vgl. ebd.: 168). Auf allen Seiten wurde ein prozentualer Fortschrittsstatus angezeigt, damit die Teilnehmer die verbleibende Dauer einschätzen konnten (vgl. Maurer/Jandura 2009: 68). Um die Abbruchsrate möglichst gering zu halten, wurde die Möglichkeit zum Zwischenspeichern und Wiedereinstieg in den Fragebogen mittels eines Passworts angeboten (vgl. ebd.). Die einzelnen Testfragen[111] der fünf zuvor erwähnten Fragenblöcke sowie die entsprechenden Items werden nachfolgend vorgestellt.

Internetnutzung

Um die Nutzung von Internetanwendungen der Studienteilnehmer zu erheben, wurde das Ausmaß der allgemeinen Onlinenutzung sowie speziell die Nutzung von Social-Media-Anwendungen und Online-Bewegtbildangeboten ermittelt. Dazu wurde zunächst nach der *Häufigkeit* der Internetnutzung in der Freizeit pro Woche mittels einer sechsstufigen Skala von „nie" bis „täglich" gefragt.[112] Zusätzlich sollte die geschätzte *Dauer* der täglichen Internetnutzung für private Zwecke in Stunden und Minuten angegeben werden. Beide Testfragen bzw. Skalen orientieren sich an der Langzeitstudie Massenkommunikation (vgl. Reitze/Ridder 2011; Breunig/van Eimeren 2015) sowie der ARD/ZDF-Onlinestudie (vgl. van Eimeren/Frees 2014; Frees/Koch 2015). Die *Social-Media-Nutzung* wurde mittels Angaben zur wöchentlichen Nutzung von neun vorgegebenen Plattformen erhoben. Die abgefragten Anwendungen erheben keinen Anspruch auf Vollständigkeit. Die Auswahl orientiert sich an den für Social TV relevanten Plattformen (vgl. Kap. 4.3.2), sodass ein späterer Vergleich der Nutzungsintensität dieser Anwendungen allgemein und speziell für Social TV vorgenommen werden kann. Zudem wurde nach der wöchentlichen *Online-Bewegtbildnutzung* gefragt. Hierbei kam die Kategorisierung der ARD/ZDF-Onlinestudie (vgl. van Eimeren/Frees 2014: 389) in leicht abgeänderter Form zum Einsatz.

---

[111] Die in diesem Kapitel erläuterten Testfragen stammen aus der endgültigen Fragebogenversion, da sie den Pretest (vgl. Kapitel 6.3.3) bereits durchlaufen haben.

[112] Durch die zu Beginn gestellte Filterfrage wird prinzipiell ausgeschlossen, dass die Befragten das Internet „nie" nutzen. Zur Überprüfung der gegebenen Antworten und der Vollständigkeit einer klassischen Häufigkeitsskala halber wurde jedoch nicht auf das Item „nie" verzichtet. Gleiches gilt für die Abfrage der Nutzungshäufigkeit von Fernsehen und Social TV.

Fernsehnutzung

Der Fragenblock zur klassischen Fernsehnutzung beginnt mit einer Erläuterung, was mit „Fernsehen" gemeint ist: „Mit Fernsehen sind hierbei von Fernsehsendern angebotene Sendungen gemeint, die man entweder über klassische Empfangswege (z. B. Kabel, Satellit, DVB-T) oder über das Internet empfangen kann." Die Fernsehnutzung kann auf einer generellen Ebene mittels Häufigkeit und Dauer der Nutzung identifiziert werden. Auf dieser quantitativen Ebene wird zwar das habitualisierte Rezeptionsverhalten sichtbar, jedoch nicht inhaltliche Aspekte, auf die sich soziale TV-Praktiken beziehen. Dementsprechend wurden neben dem Ausmaß des individuellen Fernsehkonsums auf inhaltlicher Ebene die Format- sowie Senderpräferenzen erhoben. Zudem wurde nach der Häufigkeit der gemeinschaftlichen Fernsehnutzung sowie der Parallelnutzung gefragt.

Das Ausmaß des individuellen Fernsehkonsums wurde über die *Häufigkeit* der TV-Nutzung pro Woche mittels bereits für die Internetnutzung verwendete Skala von „nie" bis „täglich" sowie die durchschnittliche *Nutzungsdauer* in Stunden und Minuten pro Tag abgefragt. Die Häufigkeit genutzter *Formate* wurde anhand einer fünfstufigen Skala von „nie" bis „sehr oft" (bei jeder TV-Nutzung) ermittelt. Es existiert keine einheitliche Standardskala für die Formatnutzung, was nicht zuletzt an der Vermischung von Genre- und Formatbezeichnungen liegt (vgl. Kap. 4.2.1). In älteren Skalen fehlen zudem neuere Formate, wie beispielsweise Castingshows. Die im Fragebogen verwendete Skala sollte sich auf die erheblichsten Formate beschränken und nicht zu ausführlich sein. Dementsprechend erhebt sie keinen Anspruch auf Vollständigkeit, eine weitere Ausdifferenzierung ist möglich. Die elf einbezogenen TV-Formate orientieren sich sowohl an bisher aufgestellten Formatlisten[113] als auch an den beliebtesten Fernsehformaten von 2014 und 2015 (vgl. IfD Allensbach 2015b). Dabei sind sowohl Informations- und Unterhaltungsangebote als auch Mischformen, wie zum Beispiel Infotainment (vgl. Ulrich/Knape 2015: 121 ff.), enthalten. Zur Verhinderung von Verständnisproblemen wurden zu allen vorgegebenen Formaten mindestens zwei Sendungen als Beispiele gegeben. Um Antwortverzerrungen aufgrund der Item Reihenfolge zu vermeiden, erfolgte eine Randomisierung der Items. Die Nutzungshäufigkeit bestimmter *Sender* wurde ebenfalls mittels fünfstufiger Skala erhoben. Um die Länge des Fragebogens nicht zu strapa-

---

[113] Hierzu siehe etwa Hohlfeld (1998); Gehrau (2001: 39 ff.); Stark (2006: 235 ff.); Hickethier (2010: 281 ff.); Rössler (2011: 22 ff.); Renner (2012: 87 ff.).

zieren, wurden hierbei allerdings nicht einzelne Sender, sondern drei Senderkategorien abgefragt: öffentlich-rechtliche Sender, Privatsender und Bezahlsender (Pay-TV). Um die Häufigkeit der *gemeinschaftlichen Fernsehrezeption* zu erheben, sollten die Teilnehmer einschätzen, ob sie „ausschließlich allein", „überwiegend allein", „gleich häufig allein und in Gesellschaft", „überwiegend in Gesellschaft" oder „ausschließlich in Gesellschaft" fernsehen. Überleitend zu den Testfragen des zentralen Untersuchungsgegenstandes Social TV wurde anlehnend an die ARD/ZDF-Onlinestudie 2014 (vgl. Busemann/Tippelt 2014: 411) nach der Häufigkeit der *parallelen Nutzung* eines zweiten Gerätes während des Fernsehens – unabhängig ob mit oder ohne Bezug zum Bewegtbild – gefragt. Hierbei bestand die Möglichkeit, auf einer fünfstufigen Skala von „nie" bis „sehr oft" zu antworten.

Rahmenbedingungen der Social-TV-Nutzung

Die Rahmenbedingungen der Social-TV-Nutzung orientieren sich an den in Kapitel 4.1.3 erläuterten Systematisierungskategorien und ermitteln die Häufigkeit, Zeitpunkte und Praktiken sowie die verwendeten Geräte, Plattformen und Formate der Social-TV-Nutzung. Die *Nutzungshäufigkeit* pro Woche konnten die Befragten auf einer sechsstufigen Skala von „nie" bis „täglich" einschätzen. Um die *Nutzungszeitpunkte* ausfindig zu machen, wurde das Ausmaß der Nutzung mittels einer fünfstufigen Skala von „nie" bis „sehr oft" (bei jeder Social-TV-Nutzung) zu folgenden Zeitpunkten abgefragt: vor, während und nach der Ausstrahlung einer Sendung sowie in den Werbepausen. Um die *Nutzungssituation* zu ermitteln, wurde zudem – wie bereits zuvor bei der klassischen Fernsehnutzung – danach gefragt, ob die Social-TV-Nutzung primär allein oder in Gesellschaft erfolgt. Die *Praktiken* der Social-TV-Nutzung wurden mit folgender Testfrage ausfindig gemacht: „Welchen Tätigkeiten gehst Du bei Deiner Social-TV-Nutzung wie oft nach?" Hierzu wurden acht Items mittels einer fünfstufigen Skala von „nie" bis „sehr oft" (bei jeder Social-TV-Nutzung) präsentiert. Die abgefragten Aktivitäten basieren auf den in Kapitel 4.1.3 erläuterten sowie den in bisherigen Studien ermittelten Tätigkeiten (vgl. Kap. 4.3.3) und enthalten sowohl aktive als auch passive Nutzungsweisen. Die vorgegeben Items wurden randomisiert. Sofern ein Teilnehmer angab, zumindest selten nach Zusatzinformationen zu suchen, wurde zusätzlich ermittelt, für welche Informationen er sich interessiert. Hierbei konnte aus einer Liste mit sechs verschiedenen Informationsarten eine Mehrfachauswahl getroffen werden. Ebenso bestand die Möglichkeit, in einem offenen Feld eigene Angaben zu machen.

Die für Social TV verwendete *Hardware* wurde erfragt, indem die Befragten die Nutzungshäufigkeit sowohl für One-Screen-Lösungen (Smart TV oder an den Fernseher angeschlossenes Zusatzgerät) als auch für Second-Screen-Geräte (stationärer PC, Laptop, Tablet oder Smartphone) angeben sollten. Hierbei wurde auf die Items der ARD/ZDF-Onlinestudie zurückgegriffen (vgl. ebd.). Die Geräte E-Book-Reader und Spielekonsole wurden jedoch nicht explizit abgefragt, sie sind den Ergebnissen der Onlinestudie zufolge nicht relevant. Da ein Nichtbesitz eines Gerätes gegebenenfalls angegeben werden sollte, wird zugleich die *Geräteausstattung* der Teilnehmer ersichtlich. Die *Plattformen* für Social TV wurden anhand der Nutzungshäufigkeit (fünf-stufige Skala von „nie" bis „sehr oft") von 13 Anwendungen erfragt. Damit alle denkbaren Infrastrukturen Berücksichtigung finden, wurden Social Networks, Microblogs, Instant-Messaging-Dienste, E-Mail, Foren, Plattformen von Fernsehsendern, spezielle Social-TV-Apps sowie Social-Streaming-Apps einbezogen. Somit werden sowohl die öffentliche, teilöffentliche als auch private Social-TV-Kommunikation erschlossen. Sofern die Befragten Social-TV-Apps nutzen, wurden sie zusätzlich explizit nach den von ihnen genutzten Apps gefragt. Dabei stehen neben vier Social-TV-Apps von Drittanbietern auch Apps von Fernsehsendern und -sendungen zur Mehr-fachauswahl. Ebenso konnten sonstige, nicht aufgelistete Apps ergänzt werden. Schließlich wurden die für Social TV relevanten *Fernsehformate* ermittelt. Hierbei wurden elf Formate mit der identischen Häufigkeitsskala abgefragt, die bereits in Bezug auf die klassische Fernsehnutzung zum Einsatz kam. Zusätzlich konnten bei Bedarf in leeren Textfeldern zum einen nicht be-rücksichtigte Formate und zum anderen aus Sicht des Befragten besonders für Social TV geeignete Sendungen optional eingetragen werden.

Gratifikationen der Fernseh- und Social-TV-Nutzung

Die Testfragen zur Motivation der klassischen Fernseh- sowie der Social-TV-Nutzung bilden einen zentralen Bestandteil des Fragebogens, da sie Gemeinsamkeiten bzw. Differenzen der Gratifikationen aufdecken sollen.[114] Dabei kommen die in Kapitel 5.3 theoretisch hergeleiteten und erweiterten Nutzungsmotive zum Einsatz. In der Kommunikationswissenschaft ist es üblich, auf bestehende Skalen zurückzugreifen, sofern diese theoretisch

---

[114] Im Fragebogen sind die Testfragen zu den Motiven der klassischen TV-Nutzung direkt im Anschluss zu den Fragen der allgemeinen TV-Nutzung angeordnet. Zum besseren Überblick wird an dieser Stelle auf alle Testfragen zur Ermittlung von Motiven gesammelt eingegangen.

begründet werden können und sie sich in der Praxis bewährt haben (vgl. Hartmann/Reinecke 2013: 46). Dementsprechend konnten auch für die Social-TV-Gratifikationen teilweise Items eingesetzt werden, die sich in der bisherigen Forschung mit Bezug zum Uses-and-Gratifications-Ansatz als valide bewiesen haben (vgl. Kap. 5.3). Hierbei wurde vor allem die in der ARD/ZDF-Langzeitstudie Massenkommunikation eingesetzte Itembatterie berücksichtigt, da diese durch bisherige Forschung erhärtet wurde (vgl. Engel/Best 2010: 5; Ridder/Engel 2010: 358; Breunig/Hofsümmer/Schröter 2014: 125). Die neun entsprechenden Items wurden sprachlich unverändert übernommen oder lediglich geringfügig angepasst. Für Gratifikationen, die in bisherigen Motivkatalogen keine Berücksichtigung fanden und spezifisch für soziale Medien sind, mussten neue Items unter Berücksichtigung der Skalen von früheren Social-TV-Studien formuliert werden. Aus diesem Vorgehen ergaben sich 33 Motiv-Items für die vier Gratifikationsgruppen.

Die zusammengestellten Items wurden zunächst mittels Pretest auf ihre Anwendbarkeit hin getestet. Hierbei sollten sowohl sprachliche Unklarheiten, Überschneidungen als auch irrelevante Items überarbeitet oder ausgeschlossen werden (vgl. Kap. 6.3.3). Die Motive wurden sowohl in Bezug auf die traditionelle Fernsehnutzung als auf die Nutzung von Social TV abgefragt. Dabei waren sowohl kognitive, affektive, soziale als auch identitätsbezogene Motive enthalten.[115] Die Items wurden für beide Nutzungsweisen in identischer Form abgefragt, damit eine größtmögliche Vergleichbarkeit gewährleistet werden konnte. Da jedoch nicht alle Items des erweiterten Bedürfniskataloges bei der herkömmlichen TV-Nutzung zum Tragen kommen, wurden einige Items gestrichen. Die Teilnehmer konnten ihre *gesuchten Gratifikationen* mittels einer fünfstufigen Likert-Skala von „trifft überhaupt nicht zu" bis „trifft voll und ganz zu" einschätzen. Die dabei aufgelisteten Items wurden mit der Frage „Wie wichtig sind für Dich folgende Gründe Fernsehen/Social TV zu nutzen?" eingeleitet.

Im Sinne der neueren Uses-and-Gratifications-Forschung (siehe Kap. 2.3.1) wurden neben der individuellen Bewertung der Relevanz von Gratifikationen (gratifications sought) parallel dazu die tatsächlich *erhaltenen Gratifikationen* (gratifications obtained) erhoben, um das Ausmaß der Bedürfnisbefriedigung zu identifizieren. Hierbei wurden jedoch nicht alle Items erneut abgefragt, da eine Abfrage sowohl gesuchter als auch erhaltener Motive für TV

---

[115] Ob diese Klassifizierung von Nutzungsmotiven aufrecht erhalten bleiben kann, wird in der späteren Auswertung mittels Faktorenanalyse geprüft (siehe Kap. 8.2.1).

und Social TV vermutlich zu hohen Abbruchquoten geführt hätte. Da die sozialen Motive im Fokus der Untersuchung stehen, wurden lediglich die Items der sozialen Gratifikationen erneut mittels identischer fünfstufiger Likert-Skala abgefragt. Aus der Differenz gesuchter und erhaltener Motive kann schließlich abgelesen werden, „wie gut sich das untersuchte Medium zur Bedürfnisbefriedigung des Befragten eignet." (Schweiger 2007: 85) Die Items gesuchter und erhaltener Gratifikationen wurden randomisiert.

Um neben den Gratifikationen der Social-TV-Nutzung einen Einblick in die *Hemmnisse* der Nutzung zu gewinnen, wurden die Befragten mit sieben potentiellen Nachteilen der Nutzung konfrontiert. Diese lehnen sich an Ergebnisse bisheriger Studien an (siehe Kap. 5.5). Mit einer Mehrfachauswahl konnten alle zutreffenden Aussagen angekreuzt werden. Weitere nicht gelistete Nachteile konnten ebenfalls in einem leeren Textfeld benannt werden. Sofern ein Teilnehmer keine Nachteile bei seiner Nutzung erkennt, konnte er dies durch Auswahl der Aussage „Die Nutzung von Social TV hat keine Nachteile" zum Ausdruck bringen. In einem nachfolgenden leeren Textfeld konnten die Studienteilnehmer zudem gegebenenfalls angeben, welche *Verbesserungsvorschläge* sie für zukünftige Angebote haben.

Nutzerbezogene Merkmale

In Bezug auf die nutzerbezogenen Merkmale wurden sowohl Persönlichkeitseigenschaften der Befragten erhoben als auch soziodemografische Fragen gestellt. Um den Einfluss von *Persönlichkeitsmerkmalen* auf die Nutzung von Social TV sowie deren Motivation zu untersuchen, kam das Fünf-Faktoren-Modell („Big Five") der Persönlichkeitsforschung zum Einsatz (vgl. Kap. 5.4). Es wurden die fünf gängigsten Persönlichkeitsfaktoren Extraversion, Verträglichkeit, Gewissenhaftigkeit, Neurotizismus und Offenheit für Erfahrungen einbezogen. Eine Abfrage einer ausführlichen Persönlichkeitsskala hätte die Länge des Fragebogens überstrapaziert, weshalb eine Kurzskala verwendet wurde. Es handelt sich dabei um die Kurzskala BFI-10 von Rammstedt und John (2007). Die Validität und Reliabilität des Messinstruments wurde durch mehrfache Tests nachgewiesen (vgl. Rammstedt et al. 2004: 12 ff.; Rammstedt/John 2007: 206 ff.; GESIS 2012). Die Auswahl der Skala erfolgte nicht zuletzt vor dem Hintergrund, dass Markmiller und Fahr (2008: 142 ff.) ihre Validität speziell für die Erklärung des Fernsehverhaltens nachwiesen. Die fünf Persönlichkeitsmerkmale wurden anhand von jeweils zwei Items – von denen jeweils ein Item invers gepolt ist – auf einer fünfstufigen Likert-Skala erhoben. Die zehn Items wurden randomisiert.

Die *soziodemografischen Fragen* wurden am Ende des Fragebogens gestellt, da diese für die Teilnehmer in der Regel leicht zu beantworten sind und relativ wenig Aufmerksamkeit beanspruchen (vgl. Jacob/Heinz/Décieux 2013: 181). Sie haben das Geschlecht,[116] Alter sowie die Herkunft (Bundesland) der Teilnehmer erfasst. Zudem wurden die Haushaltsgröße sowie die Haushaltskonstellation und die Anzahl der TV-Geräte pro Haushalt ermittelt. Ferner sollten die Probanden ihren höchsten erworbenen Bildungsabschluss und ihre momentane Tätigkeit angeben. Bei den soziodemografischen Fragen wurde überwiegend auf die Formulierungen der demografischen Standards des Statistischen Bundesamtes (vgl. Hoffmeyer-Zlotnik et al. 2010: 29 ff.) und der ARD/ZDF-Langzeitstudie (vgl. Reitze/Ridder 2011: 314 ff.) zurückgegriffen. Zum Gesamtüberblick visualisiert nachfolgende Abbildung die Struktur und Inhalte der fünf Fragenblöcke des Online-Fragebogens.

Abb. 8: Fragebogenstruktur der quantitativen Nutzerbefragung

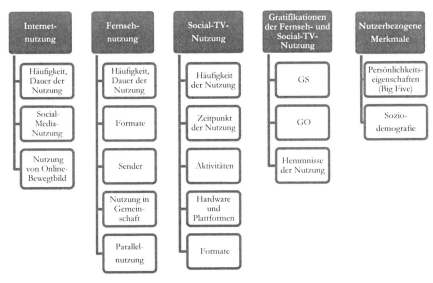

Quelle: Eigene Erhebung.

---

[116] Trotz der Diskussion um die Operationalisierung des Geschlechts in Fragebögen (vgl. Döring 2013) wurde die traditionelle Einteilung in „weiblich" und „männlich" vorgenommen, um die spätere Auswertung zu vereinfachen. Da es hierzu weder bei den Pretests noch im Kritikfeld der durchgeführten Befragung Anmerkungen gab, hat sich dieses Vorgehen als unproblematisch erwiesen.

6.3.3   Pretest

Vor der eigentlichen Erhebungsphase ist die Durchführung eines Pretests unerlässlich, um mögliche Schwachstellen des entwickelten Fragebogens im Vorfeld zu identifizieren (vgl. Diekmann 2013: 195; Möhring/Schlütz 2013: 192). Dadurch sollen mögliche Probleme des Erhebungsinstruments ausfindig gemacht und beseitigt werden. Bei Online-Befragungen kann ein Pretest somit eine hohe Abbruchsquote aufgrund von Fehlern im Fragebogen eindämmen (vgl. Kuckartz et al. 2009: 37). Allgemein werden verschiedene Pretest-Varianten zur Prüfung des Erhebungsinstruments eingesetzt, oftmals sind mehrere Pretests erforderlich.[117] Für die quantitative Befragung von Social-TV-Nutzern wurde eine dreistufige Voruntersuchung durchgeführt. Im Vordergrund stand dabei die Prüfung der Gültigkeit des Messinstruments, also die Inhaltsvalidität (vgl. Möhring/Schlütz 2010: 19). Neben der Schlüssigkeit der Fragen und der verwendeten Skalen wurden ebenso die Fragebogendramaturgie (vgl. Petersen 2014: 63 ff.; Porst 2014: 137 ff.) sowie die technische Umsetzung getestet.

In einem ersten Schritt wurde mit fünf Personen (offline) die „Methode des lauten Denkens" bzw. „Think Aloud Technique" angewandt (vgl. Kurz/Prüfer/Rexroth 1999: 87). Die befragten Social-TV-Nutzer äußerten während des Lesens und der Beantwortung der Fragen unmittelbar, was ihnen in den Sinn kam und welche Unklarheiten sich ergaben. Aufgrund dieses erhaltenen Feedbacks wurden leichte Modifikationen vorgenommen, die primär Formulierungen und Frageanordnungen betrafen. In einem zweiten Schritt wurde im Mai 2015 ein Online-Pretest mit 20 Social-TV-Nutzern vorgenommen. Die Teilnehmer wurden via Facebook sowie Twitter rekrutiert und es wurde darauf geachtet, dass die Pretest-Population verschiedene Social-TV-Nutzertypen abdeckte. Am Ende jeder Bildschirmseite des Fragebogens wurde ein Textfeld zur Eingabe von Kommentaren der Probanden eingefügt. Zudem Bestand am Ende des Fragebogens erneut die Möglichkeit, Schwierigkeiten aufzuzeigen. Die erhaltenen Rückmeldungen wurden ausgewertet und der Fragebogen wurde entsprechend angepasst.

Bei dem Online-Pretest sind keine technischen Probleme aufgetreten und auch die Filterführung funktionierte. Da einige Pretester die optische Darstellung von Matrix-Fragen kritisierten, wurden diese optimiert und ihre

---

[117] Einen Überblick zu elaborierten Pretest-Varianten bieten etwa Kurz/Prüfer/Rexroth (1999: 85 ff.); Häder (2010: 387 ff.); Möhring/Schlütz (2010: 170 ff.); Schnell/Hill/Esser (2013: 340 ff.); Petersen (2014: 275 ff.); Scholl (2015: 205 f.).

Schriftgrößen angepasst. Ansonsten war die Befragung mit allen verwendeten Endgeräten und Internetbrowsern ohne Probleme durchführbar. Inhaltlich wurden überwiegend Formulierungsänderungen bei Fragen und Antwortvorgaben vorgenommen und zusätzliche Antwortoptionen sowie Begriffserläuterungen hinzugefügt, um Verständnisfragen auszuräumen. Einige Pretest-Teilnehmer merkten an, dass es an einigen Stellen unklar sei, was mit Social TV gemeint sei. Um dieser begriffliche Unklarheit entgegenzuwirken, wurde eine kurze Erläuterung des Begriffs zum Beginn jeder Bildschirmseite hinzugefügt, die Fragenblöcke speziell zur Social-TV-Nutzung enthält. Zudem wurde die Frage zu den ausgeübten Praktiken an den Anfang des Blocks zu den Social-TV-Fragen verschoben, da dem Teilnehmer somit verdeutlicht wird, welche Aktivitäten unter den Begriff Social TV fallen.

Bezüglich der Antwortvorgaben zeigte sich eine gewisse Unschärfe bei Skalen mit Häufigkeitsangaben. Da die von Rohrmann (1978: 230 f.) vorgeschlagene Ratingskala zur Identifizierung von Häufigkeiten (nie, selten, gelegentlich, oft, immer) durch subjektive Einschätzungen der Teilnehmer verschieden interpretiert werden können, wurde diese durch konkrete Häufigkeitsangaben ergänzt. Dadurch sind die gegebenen Antworten besser nachzuprüfen und vergleichbarer (vgl. Scholl 2015: 170). Ebenso wurde die Skala zur Zustimmung modifiziert. Die mittlere der fünf Stufen mit der Bezeichnung „weder noch" erwies sich als unpassende Abstufung und wurde durch die Formulierung „teils-teils" ersetzt.

Die entwickelten Motivskalen, sowohl zur Nutzung des klassischen Fernsehens als auch von Social TV, wurden nach Auswertung des Pretests überarbeitet. Einige Items wurden aufgrund mangelnder Nennung gestrichen, vereinzelte Items konnten zusammengefasst werden. Somit wurden die Items der vier Bedürfnisgruppen zur Social-TV-Nutzung um neun Items von insgesamt 33 auf 24 Items reduziert. Die Testpersonen nannten keine ergänzenden Motive, die sie im Fragebogen vermissten. Daher wurden die relevanten Nutzungsmotive mit jeweils einem Item erhoben (siehe Tab. 16). Den umfangreichsten Block bilden die sozialen Motive mit neun Items. Um die Motive der klassischen Fernsehnutzung zu ermitteln, wurden die sieben mit Sternchen markierten Motive ausgeschlossen, da sie allein durch die kombinierte Nutzung von Fernsehen und Internet relevant werden. Die restlichen 17 Items wurden in identischer Form übernommen oder die Formulierung leicht angepasst.

Tab. 16: Verwendete Items des erweiterten Bedürfniskataloges

Motiv-gruppe	Dimension	Item: Ich schaue Fernsehen / Ich nutze Social TV…
kognitiv	Information	- um mich zu informieren bzw. Zusatzinformationen zu einer Sendung oder Werbung zu suchen.
	Orientierung*	- um zu erfahren, was andere Personen anschauen.
	Verstehen*	- um bei anderen Nutzern nachzufragen, wenn ich etwas in einer Sendung nicht verstehe.
	Lernen	- um Denkanstöße zu bekommen.
	Ratgeber	- um nützliche Dinge für meinen Alltag zu erfahren.
affektiv	Entspannung	- um zu entspannen.
	Eskapismus	- um mich vom Alltag abzulenken.
	Spaß	- um Spaß zu haben.
	Erregung*	- um eine Sendung intensiver zu erleben.
	Zeitvertreib	- um Zeit zu vertreiben, wenn mir langweilig ist.
	Werbepausen überbrücken*	- um Werbepausen zu überbrücken.
	Gewohnheit	- aus Gewohnheit.
sozial	Parallelkommunikation	- um mich während des Fernsehens mit anderen Personen über eine Sendung zu unterhalten.
	Anschlusskommunikation	- um bei späteren Unterhaltungen mitreden zu können.
	Gemeinschaft	- um Teil einer Gemeinschaft zu sein.
	Vernetzung*	- um den Kontakt zu anderen Personen zu pflegen oder neue Kontakte zu knüpfen.
	Parasoziale Interaktion	- um mit Darstellern oder Sendungsmachern in Kontakt zu treten bzw. diese besser kennenzulernen.
	Feedback*	- um den Sendungsmachern Feedback zu geben.
	Partizipation	- um mich aktiv an der Gestaltung einer Sendung zu beteiligen.
	spielerische Interaktion	- um an Abstimmungen, Gewinnspielen oder sonstigen Spielen teilzunehmen.
	Kollaboration*	- um mit anderen Nutzern etwas zu erreichen.
identitäts-bezogen	Meinungsbildung	- um mir eine eigene Meinung zu bilden oder meine Meinung zu bestätigen.
	Meinungsartikulation	- um meine Meinung zu einer laufenden Sendung, dem Sendungsthema oder Darstellern zu äußern.
	Selbstdarstellung	um anderen Personen zu zeigen, dass ich mich mit einer Sendung oder deren Thema gut auskenne.

Quelle: Eigene Darstellung. * = nur für Social TV, aber nicht für klassisches TV relevant.

Die durchschnittliche Antwortdauer des Online-Pretests lag bei 15 Minuten. Online-Befragungen sollten allgemein nicht deutlich mehr Zeit als 15 Minuten beanspruchen, da längere Fragebögen meist zu einer hohen Abbruchsrate führen (vgl. Kuckartz et al. 2009: 37; Taddicken/Batinic 2014: 168). Die gemessene Dauer schloss jedoch auch das Ausfüllen von offenen Feedback-Fragen des Pretests mit ein, die in der Endversion des Fragebogens nicht abgefragt wurden. Dennoch wurden zur Straffung des Fragebogens neben den Motivskalen weitere Fragen und Antwortvorgaben gekürzt. So wurde beispielsweise bezüglich der Häufigkeit rezipierter Fernsehsender die Abfrage einzelner Sender durch die Einteilung in öffentlich-rechtliche Sender, Privatsender und Bezahlsender ersetzt. Vereinzelte Fragen wurden gänzlich gestrichen, da sie für die Überprüfung der aufgestellten Hypothesen nicht zwingend notwendig waren.

Nach der Überarbeitung des Online-Fragebogens wurde in einem dritten Schritt ein Abschluss-Pretest mit einer Gruppe von fünf Social-TV-Nutzern vollzogen. Hierbei traten keine neuen Schwierigkeiten auf, sodass keine weiteren Modifikationen am Erhebungsinstrument vorgenommen wurden. Insgesamt nahmen 30 Personen an den drei durchgeführten Pretests teil, was in der Literatur empfohlenen Pretest-Stichprobengrößen entspricht (vgl. Möhring/Schlütz 2010: 171; Schnell/Hill/Esser 2013: 342).

6.3.4 Durchführung und Datenbasis

An dieser Stelle wird die technische Umsetzung des Fragebogens, das Vorgehen bei der Rekrutierung von Teilnehmern sowie die daraus gewonnene Datenbasis vorgestellt.

Technische Umsetzung

Die technische Umsetzung des Online-Fragebogens ist von maßgeblicher Bedeutung für die Befragung. Wenn das Abrufen bzw. Laden der einzelnen Seiten des Fragebogens zu viel Zeit beansprucht oder den Befragungsteilnehmern als unsicher erscheint, können daraus geringe Teilnahmebereitschaft und hohe Abbruchsraten resultieren. Bei der Wahl der passenden Befragungssoftware für die vorliegende Studie wurden neben der technischen Performance weitere essentielle Aspekte berücksichtigt. So sollte die Möglichkeit gegeben sein, dass die Befragten ihren Fortschrittstatus angezeigt bekommen und die Teilnahme unterbrechen und zu einem späteren Zeitpunkt fortsetzen können (vgl. Möhring/Schlütz 2010: 139; Taddicken/

Batinic 2014: 169). Zugleich sollte die mehrfache Teilnahme von Personen verhindert werden, was die Ergebnisse verzerren würde (vgl. Möhring/Schlütz 2010: 137). Ebenso sollte es keine Einschränkungen bei dem Aufbau des Fragebogens geben, Optionen wie das Randomisieren von Items zur Abwehr von Reihenfolgeeffekten bzw. des Primacy/Recency-Effekts (vgl. Welker/Werner/Scholz 2005: 82) oder das Setzen von Filtern sollten gegeben sein. Die Software „LimeSurvey" erfüllt diese Bedingungen und wurde daher für die Online-Befragung dieser Arbeit eingesetzt.

Die graphische Aufbereitung sowie das Layout sind elementare Bestandteile der Fragebogenkonzeption (vgl. Hollaus 2007: 79; Möhring/Schlütz 2010: 138; Taddicken/Batinic 2014: 169). Social-TV-Nutzer sind prinzipiell für die Nutzung von mobilen Endgeräten wie Tablets oder Smartphones affin (vgl. Kap. 4.3). Daher musste sichergestellt werden, dass der Fragebogen in einem responsiven Webdesign gestaltet ist und somit auf allen Endgeräten in optisch ansprechender Form und in möglichst klarem Design erscheint (vgl. Baur/Florian 2009: 125; Maurer/Jandura 2009: 68). Sollte dies nicht der Fall sein, ist mit Abbrüchen der Befragten zu rechnen und die Durchführungsobjektivität kann nicht gewährleistet werden (vgl. Welker 2014: 68). Es wurde daher die Designvorlage (Template) namens „SkeletonQuest" verwendet, welche den optischen Anforderungen entspricht und als Erweiterung der LimeSurvey-Software installiert werden kann.

Nicht vernachlässigt werden sollte bei Online-Befragungen die Datensicherheit (vgl. Couper/Coutts 2006: 225; Pflüger/Dobel 2014: 511 f.). LimeSurvey hat im Vergleich zu den meisten anderen Befragungs-Tools einen Vorteil in Bezug auf den Datenschutz der Befragungsteilnehmer. Da die Software auf einem eigenen Server installiert wird, werden keine Daten an Dritte weitergegeben. Zudem wurde für die eingerichtete Website ein Sicherheitszertifikat installiert und somit ein hybrides Verschlüsselungsprotokoll zur Datenübertragung (HTTPS) eingesetzt. Die Befragung war somit durch Aufrufen der eingerichteten URL (https://www.social-tv.eu) möglich.

Rekrutierungsprozess

Wie ausführlich in Kapitel 6.3.1 erläutert, ist es nicht möglich, eine Zufallsstichprobe aus allen Social-TV-Nutzern in Deutschland zu ziehen, da die Grundgesamtheit zahlenmäßig nicht genau bestimmt werden kann. Der Link zur Befragung wurde jedoch nicht willkürlich verbreitet oder an Personen des persönlichen Umfelds geschickt. Es wurde darauf geachtet, dass

Zuschauer aller für Social TV relevanter Plattformen, Fernsehsender und TV-Formate erreicht werden konnten. Nicht-Nutzer wurden hingegen bewusst von der Befragung ausgeschlossen, da sie für das Forschungsziel der Befragung nicht relevant sind. Schließlich geht es um Erschließung der Nutzungsweisen derjenigen Personen, die Social-TV-Angebote bereits nutzen.

Zur Verbreitung des Fragebogen-Links wurden Kooperationen mit Social-TV-Akteuren eingegangen, die auf ihren Onlineangeboten auf die Befragung hinwiesen. Beim Kontaktieren der Anbieter war zunächst ein großes Interesse an der Studie zu vernehmen. Als problematisch erwies sich jedoch die Tatsache, dass sich einige Akteure darauf beriefen, internen Bestimmungen zufolge nicht auf externe Befragungen hinweisen zu dürfen. So lautete beispielsweise die Antwort eines öffentlich-rechtlichen Senders: „Es ist uns leider nicht erlaubt, Aufforderungen zu externen Befragungen über unsere Kanäle zu posten." Dennoch waren zwölf Akteure kooperationswillig und wiesen auf die Befragung per Post, Tweet oder Retweet hin. Darunter waren neun – sowohl öffentlich rechtliche, private als auch Pay-TV – Fernsehsender, es konnten also Zuschauer verschiedenster Sendergruppen erreicht werden. Zudem riefen eine Social-TV-App (Couchfunk), ein Video-App-Anbieter (dailyme TV), ein satirisch-kritisches Fernseh-Magazin (Fernsehkritik-TV) sowie ein Serienforum (Serienjunkies.de) zur Teilnahme auf.

Um möglichst viele Social-TV-Nutzer mit verschiedensten Nutzungsgewohnheiten zu erreichen, wurde der Link zur Online-Befragung nach einer systematischen Auswahl relevanter TV-Formate zusätzlich auf für Social TV relevanten Plattformen (z. B. TV-Websites, Foren, Blogs, Apps, Social-Media-Plattformen wie Twitter, Facebook, Google+, YouTube, Instagram oder Tumblr) gepostet. Nahezu alle gängigen Social-TV-Plattformen wurden berücksichtigt, mit Ausnahme von privaten Kommunikationskanälen wie Instant Messenger (z. B. WhatsApp oder Facebook-Chat) sowie Social-Streaming-Apps (z. B. Periscope). Hierbei bestand keine Möglichkeit, viele Nutzer gleichzeitig zu erreichen. Bei der Auswahl von Fernsehsendungen, deren Zuschauer erreicht werden sollten, wurde zum einen der „Social-TV-Buzz" der Media-Beratung MediaCom hinzugezogen. Dieses monatlich erscheinende Ranking gibt einen Überblick zu den Top-Ten der TV-Sendungen mit den meisten Interaktionen (vgl. Kap. 4.2.4). Zudem wurden die Ergebnisse vorhandener Studien zu erfolgreichen Social-TV-Formaten berücksichtigt (vgl. Kap. 4.2.1). Es wurde darauf geachtet, dass nicht nur Zuschauer interaktionsreicher Formate zur Befragungsteilnahme angesprochen, sondern Sendungen aus allen Format-Gattungen vertreten waren.

Um die Social-TV-Nutzer zur Teilnahme zu motivieren, wurde die Verlosung von fünf Amazon-Gutscheinen im Wert von jeweils 20 Euro als Anreiz gesetzt. Vereinzelte Studien konnten einen positiven Effekt von Gewinnspielen auf die Teilnahmebereitschaft bei Online-Befragungen feststellen (vgl. Tuten/Galesic/Bosnjak 2004). Zugleich sollte durch die Aussicht eines Gewinns die Abbruchquote minimiert werden. Als Nachfassaktion haben die Kooperationspartner erneut auf den Fragebogen-Link hingewiesen, zudem wurde auf allen Plattformen jeweils nach zehn Tagen ein Erinnerungshinweis an die Teilnahme gerichtet.

Datenbasis

Die Online-Befragung wurde am 8. Juni 2015 freigeschaltet und war bis zum 6. Juli 2015 online. Der Befragungszeitraum beläuft sich somit auf vier Wochen. In diesem Zeitraum wurde der Fragebogen von 2.006 Personen aufgerufen, von denen 1.665 Teilnehmer (83%) die Befragung vollständig beendeten. Die Abbruchsquote liegt mit 341 Abbrüchen bei 17 Prozent. Die meisten Abbrüche erfolgten direkt auf der Startseite sowie bei der Abfrage von Nutzungsmotiven. Da die Motive der Nutzung sowohl für das Medium Fernsehen als auch für Social TV abgefragt wurden, wirkte die erneute Abfrage von Nutzungsmotiven für einige Teilnehmer offensichtlich ermüdend und bewegte zum Abbruch der Befragung. Dies geht auch aus einigen Kommentaren hervor. Die doppelte Abfrage war jedoch zur Prüfung der Hypothesen und Beantwortung der Forschungsfrage unerlässlich.

Im Zuge der Datenbereinigung ist es notwendig, die gegebenen Antworten auf Plausibilität zu prüfen und somit Teilnehmer auszuschließen, die keine ernsthaften Angaben gemacht oder alle Fragen in auffällig kurzer Zeit beantwortet haben (vgl. Kuckartz et al. 2009: 61 f.; Taddicken/Batinic 2014: 172). Durch diese Prüfung wurden 13 unplausible Rückläufe ausgeschlossen. Die Filterfrage, ob es sich tatsächlich um einen im Sinne der vorliegenden Arbeit definierten Social-TV-Nutzer handelt, beantworteten 196 Personen mit „Nein". Diese Teilnehmer wurden bei der weiteren Auswertung nicht berücksichtigt. Somit ergibt sich eine endgültige Datengrundlage von insgesamt 1.456 befragten Social-TV-Nutzern (87 Prozent aller vollständigen Fragebögen). Der Mittelwert der Bearbeitungszeit des Fragebogens lag bei 14,49 Minuten. Bevor auf die Datenauswertung eingegangen und die Ergebnisse vorgestellt werden, erfolgt eine Skizzierung des methodischen Vorgehens der qualitativen Studie.

6.4 Qualitative Befragung von Social-TV-Anbietern

Basierend auf der quantitativen Befragung von Social-TV-Nutzen wurden in der zweiten Studie Vertreter von deutschen Fernsehsendern interviewt. Um das methodische Vorgehen der qualitativen Befragung offenzulegen, werden nachfolgend die Erhebungsmethodik des problemzentrierten Interviews (Kap. 6.4.1) und die Konstruktion des verwendeten Interviewleitfadens vorgestellt (Kap. 6.4.2). Ebenso werden die Auswahl der befragten Personen (Kap. 6.4.3) sowie die Durchführung der Interviews (Kap. 6.4.4) skizziert.

6.4.1 Erhebungsverfahren: Problemzentriertes Interview

Für die qualitative Befragung wurde als Erhebungsverfahren das problemzentrierte Interview angewandt. Dabei handelt es sich um ein teilstandardisiertes Verfahren, bei dem Erfahrungen und Wahrnehmungen der Befragten zu einer bestimmten Problematik im Mittelpunkt stehen. Der Begriff der Problemzentrierung „kennzeichnet zunächst den Ausgangspunkt einer vom Forscher wahrgenommenen gesellschaftlichen Problemstellung" (Witzel 1985: 230), die zunächst offengelegt und systematisiert werden muss. Neben der Problemzentrierung sind die Gegenstands- sowie Prozessorientierung weitere zentrale Grundpositionen, die es zu berücksichtigen gilt (vgl. ebd.: 232 f.). Mayring (2002: 68) ergänzt das Merkmal der Offenheit: „Der/die Interviewte soll frei antworten können, ohne vorgegebene Antwortalternativen." Dem Befragten werden bei diesem Verfahren weitgehende Artikulationsmöglichkeiten eingeräumt (vgl. Helfferich 2011: 179). Er kann daher Zusammenhänge reflektierter einbringen und Erklärungen reichhaltiger liefern als es mit einem vollstandardisierten Fragebogen der Fall wäre. Dem Interviewer bietet sich dabei die Möglichkeit, an die Ausführungen des Befragten anzuknüpfen und spontan nachzufragen, was für Offenheit und Flexibilität sorgt (vgl. Möhring/Schlütz 2010: 17). Der Gesprächsprozess ist interaktiv, da sowohl Befragter als auch Forscher direktes Feedback erhalten.

Ähnlich wie die quantitative Befragung und andere Instrumente der empirischen Sozialforschung, ist auch das qualitative Interview möglichen Nachteilen ausgesetzt. So kann der Interviewer durch sein Verhalten einen Einfluss auf die Gesprächssituation haben, woraus ein Qualitätsverlust der Daten resultieren kann (vgl. Atteslander 2010: 142). Ebenso kann das Verhalten des Befragten zu Verzerrungen führen. Im Gegensatz zur quantitativen Befragung erfordert das Interview „höhere Anforderungen an die Bereitschaft des Befragten zur Mitarbeit und an seine sprachliche und soziale

Kompetenz" (ebd.). Nicht unerheblich ist eine schwierigere Vergleichbarkeit der Ergebnisse als bei quantitativen Verfahren. Die Qualität der Aussagekraft ist eingeschränkt, da sich die Ergebnisse nicht mit anderen Stichproben vergleichen lassen und keine allgemeingültigen Aussagen getroffen werden können. Es existieren keine universellen Regelungen zur Datenauswertung, die Interpretation der Ergebnisse ist daher vom Forscher abhängig.

Innerhalb der Kommunikationswissenschaft kommt das problemzentrierte Interview insbesondere in der Kommunikator- oder Rezeptionsforschung zum Einsatz (vgl. Keuneke 2005: 261). Aufgrund der möglichen Offenheit und Reflexivität ist das problemzentrierte Interview eine geeignete Methodik zur Befragung der Social-TV-Anbieter. Da die Fernsehsender selbst vom Untersuchungsgegenstand betroffen sind, handelt es sich hierbei nicht um eine Expertenbefragung. Neben der Analyse von Handlungs- und Denkweisen der Social-TV-Akteure können diese dennoch mit elementaren Ergebnissen der quantitativen Nutzerbefragung konfrontiert werden. Die dadurch gewonnenen Informationen können somit zugleich helfen, die Ergebnisse der quantitativen Untersuchung gründlicher zu interpretieren.

Das Gerüst für die Datenerhebung bildet ein Interviewleitfaden, der auf dem problemorientierten Vorwissen basiert (vgl. Kruse 2014: 156). Durch das teilstandardisierte Verfahren wird eine Vergleichbarkeit mehrerer Interviews ermöglicht, da das gesammelte Gesprächsmaterial in Anlehnung an den Leitfaden ausgewertet werden kann (vgl. Mayring 2002: 70; Riesmeyer 2011: 224). Erst im Verlauf der Auswertung werden die Antworten der Befragten zu den offenen Fragen kategorisiert (vgl. Atteslander 2010: 144). Der Ablauf des problemzentrierten Interviews bis zum Auswertungsbeginn besteht aus fünf Schritten: Problemanalyse, Leitfadenkonstruktion, Auswahl der Interviewpartner, Durchführung und Aufzeichnung (siehe Abb. 9). Die einzelnen Schritte werden in den nachfolgenden Kapiteln näher erläutert.

Abb. 9: Ablaufmodell problemzentrierter Interviews

Quelle: Eigene Darstellung in Anlehnung an Mayring (2002: 71) und Misoch (2015: 75).

6.4.2 Problemanalyse und Leitfadenkonstruktion

Die in der qualitativen Studie zu behandelnden Problemstellungen ergeben sich aus der forschungsleitenden Frage bzw. daraus abgeleiteten Hypothesen sowie der durchgeführten quantitativen Social-TV-Nutzerbefragung. Als „roter Faden" für die qualitative Erhebung dient der Interviewleitfaden, der durch die Auflistung der relevanten Themenkomplexe als thematische Rahmung dient (vgl. Misoch 2015: 66). Der Leitfaden „soll das Hintergrundwissen des Forschers thematisch organisieren, um zu einer kontrollierten und vergleichbaren Herangehensweise an den Forschungsgegenstand zu kommen." (Witzel 1985: 236) Formulierungsvorschläge für zentrale Fragen, die sowohl induktiv als auch deduktiv hergeleitet sein können, werden dabei thematischen Feldern zugeordnet (vgl. ebd.; Mayring 2002: 69).

Der entwickelte Interviewleitfaden enthält fünf übergeordnete Themenkomplexe. Der *erste Themenblock* startet mit einleitenden Hinweisen zur Untersuchung sowie der zugrundeliegenden Social-TV-Definition. Den Interviewpartner wurden in der Informationsphase Hintergründe zum Zweck des Interviews geliefert und der Ablauf des Gesprächs erläutert. Zudem wurde das Einverständnis des Befragten zur Audio-Aufzeichung des Gesprächs für die spätere Auswertung eingeholt. Um die Situation aufzulockern, wurde für die Aufwärmphase ein narrativer Einstieg (vgl. Meyen et al. 2011: 97) gewählt und das Forschungsvorhaben skizziert. In der Hauptphase des Gesprächs wurde der befragten Person die entwickelte Definition des untersuchten Gegenstandes Social TV erläutert. Daran anknüpfend wurde die Zustimmung zu diesem Begriffsverständnis ermittelt (Frage 1). Da verwendete Social-TV-Definitionen häufig hinsichtlich zeitlicher Aspekte sowie den zugeordneten Nutzungsaktivitäten divergieren (vgl. Kap. 4.1.2), erfolgten gegebenenfalls Nachfragen zu diesen beiden Definitionsbestandteilen.

Der *zweite Themenblock* (Rahmenbedingungen) beginnt mit der Frage, ob die Social-TV-Angebote der Sender eine spezielle Alters-Zielgruppe fokussieren (Frage 2). Wie bisherige Studien zur Nutzung von Social TV in Deutschland zeigen, wird überwiegend von einer jüngeren Nutzerschaft ausgegangen (vgl. Kap. 4.3). Deshalb sollte ermittelt werden, ob Social TV nur an eine spezifische Altersgruppe von Zuschauern oder alle Altersklassen gerichtet wird. Die weiteren Fragen zu den Rahmenbedingungen orientieren sich an den Kategorien zur Systematisierung von Social TV (Kap. 4.1.3), bisherigen Forschungsergebnissen zur Nutzung (Kap. 4.3) sowie den Ergebnissen der durchgeführten Nutzerbefragung (Kap. 8.1). In Bezug auf die Hardware und Plattformen der Social-TV-Nutzung wurden die Interviewten mit den

Aussagen der Nutzerbefragung konfrontiert und um Einschätzung dieser gebeten (Frage 3). Hierbei war zudem von Interesse, ob die Social-TV-Aktivitäten der Fernsehsender primär auf eigenen oder externen Plattformen stattfinden. Zur Vertiefung kamen vereinzelt Eventuellfragen speziell zur Relevanz von Instant Messaging und nicht-linearen Bewegtbildangeboten zur Sprache. Es folgte die Frage, welche Formate als besonders geeignet für Social TV angesehen werden (Frage 4). Um dies zu begründen kann explizit nach Beispielen bisheriger Formate nachgefragt werden. Zudem kann die Planung der Social-TV-Aktivitäten des Senders zu spezifischen Formaten angesprochen werden. Anknüpfend an die Social-TV-Formate wurde die Relevanz der Nutzungszeitpunkte für die Fernsehsender ermittelt (Frage 5). Hierbei konnte zugleich die Frage aufgeworfen werden, ob speziell die synchrone Nutzung von den TV-Sendern als Chance zur Stärkung des linearen Fernsehprogramms angesehen wird. Der Themenblock zu den Rahmenbedingungen schließt mit der Frage nach den Praktiken der Social-TV-Nutzer, also ob aktive oder passive Nutzungsweisen im Vordergrund stehen (Frage 6). Ebenso ist hierbei von Bedeutung, welche Nutzungspraktiken die Fernsehsender mit ihren Angeboten besonders fördern.

Der *dritte Themenblock* beinhaltet Fragen zu dem Beweggründen und Hemmnissen der Social-TV-Nutzung, die aus Erkenntnissen früherer Studien (Kap. 5.1) sowie der eigenen durchgeführten Nutzerbefragung (Kap. 8.2) resultieren. Zunächst wurden die Gesprächspartner gefragt, was ihrer Meinung nach die Hauptmotive der Social-TV-Nutzung sind (Frage 7). Daran anknüpfend wurden die ermittelten Motivfaktoren der Nutzerbefragung vorgestellt und mit den zuvor gegeben Antworten der Interviewten verknüpft (Frage 8). Hierbei hatten die Befragten die Gelegenheit, eventuelle Abweichungen ihrer Einschätzungen zu begründen. Zudem wurde die Frage gestellt, ob die sozialen Beweggründe bei der Social-TV-Nutzung eine größere Rolle als bei der klassischen Fernsehnutzung spielen (Frage 9). Neben den Motiven wurden relevante Hemmnisse der Nutzung angesprochen. Dazu wurden die Interviewten gefragt, ob ihnen die von den Nutzern genannten Hemmnisse bekannt sind und ob sie diese bei ihren Angeboten berücksichtigen (Frage 10).

Um die zukünftige Relevanz von Social TV einschätzen zu können, beinhaltet der *vierte Themenbereich* eine Frage zu den Herausforderungen für Fernsehsender, die aus Social TV resultieren (Frage 11). Ebenso sollte ein Blick auf die Potentiale für die Zukunft von Social TV geworfen werden (Frage 12). Hier waren die Einschätzungen der Befragten hinsichtlich der zukünftigen

Nutzung, vorhandenen Potentialen und die Relevanz für den jeweiligen Fernsehsender gefragt. Zum Ausklang bot sich den Interviewten im *fünften Themenblock* die Möglichkeit, nicht besprochene Aspekte zur Thematik zu erwähnen, Fragen an den Forscher zu stellen oder den Verlauf des Interviews zu kommentieren (Frage 13). Solch eine offene Feedbackfrage eignet sich zum Einleiten der Interviewbeendigung (vgl. Helfferich 2011: 181). Abschließend wurde nochmals über die Verwendung des Interviews und eine Autorisierung verwendeter Zitate gesprochen und dem Befragten für seine Gesprächsbereitschaft und Unterstützung gedankt.

Der entwickelte Leitfaden enthält in den fünf Themenblöcken 13 Primärfragen, die allen interviewten Personen gestellt werden. Die fünf Themenkomplexe enthalten neben den Primärfragen noch Sekundärfragen, die bei Notwendigkeit zur vertieften Nachfrage gestellt werden können.[118] Ebenso können sich im Verlauf des Gesprächs Ad-hoc-Fragen ergeben, die beispielsweise offen gebliebene Fragen thematisieren können (vgl. Mayring 2002: 70). Während die Primärfragen jedem Gesprächspartner gestellt werden, um eine gewisse Vergleichbarkeit der Aussagen zu erreichen, werden Sekundärfragen und Ad-hoc-Fragen nicht an jeden Befragten gestellt. Sie können vor allem bei wortkagen Interviewpartner den Verlauf den Gesprächs aufrecht erhalten (vgl. Meyen 2004: 97) Abb. 10 zeigt einen Überblick über die Struktur des Interviewleitfadens. Die Reihenfolge der Fragen muss sich nicht an den vorgegebenen Ablauf des Leitfadens halten, sie können bei Bedarf an den Verlauf des Interviews angepasst werden (vgl. Mayer 2013b: 37; Scholl 2015: 71). Damit keine möglichen Antworten ausgeschlossen werden, wurden alle Fragen offen formuliert. Aus diesem Grund handelt es sich, wie bereits erwähnt, um ein teilstandardisiertes Interview. Bei der Formulierung der einzelnen Fragen wurde auf einen neutralen Gesprächsstil geachtet und vorhandene Hinweise zur Interviewtechnik aus der Literatur berücksichtigt (z. B. Froschauer/Lueger 2003: 75 ff.; Helfferich 2011: 102 ff.; Meyen et al. 2011: 93 ff.; Kruse 2014: 219 ff.; Brinkmann/Kvale 2015: 160 ff.; Scholl 2015: 69 f.).[119]

---

[118] Primär- und Sekundärfragen werden auch als „Haupt- und Stütz-/Unterfragen" (Meyen et al. 2011: 97) bzw. „Schlüssel- und Eventualfragen" (Friedrichs 1990: 227; Scholl 2015: 69) bezeichnet.

[119] Die Struktur des Leitfadens wurde nach dem „SPSS"-Prinzip entwickelt (vgl. Helfferich 2011: 182 ff.). Dieses besteht aus den vier Schritten: Sammeln von Fragen, Prüfen der Fragen unter Berücksichtigung des Vorwissens, Sortieren sowie Subsumieren der Fragen.

Abb. 10: Leitfadenstruktur der qualitativen Anbieterbefragung

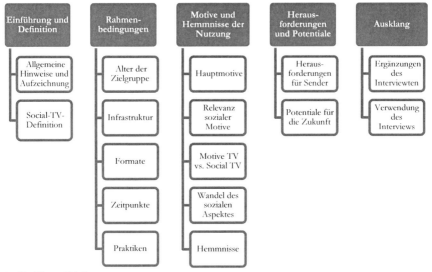

Quelle: Eigene Erhebung.

Zur Prüfung der Struktur und Offenheit des Interviewleitfadens wird die Durchführung von Probeinterviews empohlen (vgl. Mayring 2002: 69). Dieses Vorgehen dient der Prüfung der Verständlichkeit der Fragen für die Interviewten, der Prüfung der Kontinuität des Interviewablaufs und der Ermittlung der ungefähren Befragungsdauer. Bei qualitativen Interview mit geriner Fallzahl gestaltet sich das Testen des Leitfadens jedoch als schwierig, da selten auf Personen mit ähnlichem Hintergrundwissen und gleichem Verständnis zurückgegriffen werden kann. Aus diesem Grund wurde als Alternative ein zweistuftiges Testverfahren des Leitfadens gewählt. In der ersten Stufe wurde der Leitfaden mit einer Person getestet, die sich mit dem Themengebiet auskennt. Nach der Durchführung dieses Probeinterviews wurden vereinzelte Formulierungsänderungen vorgenommen und zwei Sekundärfragen ergänzt. In einem zweiten Schritt wurde die Tauglichkeit des Leitfadens während der ersten drei geführten Interviews getestet. Wären hierbei Probleme aufgetreten, die eine Überarbeitung des Interviewleitfadens erforderlich gemacht hätten, dann wären diese Interviews für die finale Auswertung nicht berücksichtigt worden. Dies war jedoch nich der Fall, da keine Schwierigkeiten bei der Interviewdurchführung auftauchten.

6.4.3 Auswahl der Interviewpartner

Als potentielle Interviewpartner kommen grundsätzlich Personen in Frage, „die aufgrund ihrer Merkmale und lebensweltlichen Hintergründe einen Beitrag zu Lösung des Forschungsproblems erwarten lassen." (Keuneke 2005: 263) Für die Auswahl der zu befragenden Personen empfiehlt Helfferich ein Vorgehen in drei Stufen (vgl. Helfferich 2011: 173 f.). Während zunächst die relevante Gruppe möglichst präzise bestimmt werden soll, wird in einem zweiten Schritt auf eine große Variation innerhalb der Gruppe geachtet. In einem dritten Schritt sollte nach Interviewdurchführung erneut geprüft werden, ob alle relevanten Konstellationen berücksichtigt wurden. Für die vorliegende qualitative Studie wurde somit im ersten Schritt entschieden, dass deutsche Fernsehsender als Social-TV-Akteure befragt werden. Bei dieser Auswahl wurden bewusst weitere mögliche Akteure wie etwa Social Networks ausgegrenzt, da sie in erster Linie eine Infrastruktur für Social TV und nicht primär Anbieter von Social-TV-Angeboten sind. Die Anbieter von Social TV wurden daher eng gefasst. Schließlich sind es vor allem Fernsehsender, die Inhalte anbieten und einen kommunikativen Impuls liefern (vgl. Kap. 4.2). Somit kamen als potentielle Interviewpartner Personen in Frage, die bei einem deutschen Fernsehsender arbeiten und dort auch für Social TV zuständig sind. Im zweiten Schritt wurde versucht, innerhalb der relevanten Gruppe eine möglichst große Vielfalt zu erreichen. Somit sollten unter den befragten TV-Sendern etwa sowohl öffentlich-rechtliche Sender, Privatsender als auch Bezahlsender vertreten sein, die entweder ein Vollprogramm anbieten, auf ein Spartenprogramm spezialisiert sind oder sich explizit als Social-TV-Sender bezeichnen. Ebenso sollten sowohl regionale als auch überregionale TV-Stationen einbezogen werden.

Um im dritten Schritt eine möglichst große Abdeckung aller relevanten Konstellationen zu überprüfen, bietet sich bei der Auswahl der Befragten an, nach dem Verfahren des „Theoretical Sampling" vorzugehen. Hierbei handelt es sich um eine aus der Grounded Theory entlehnten Auswahlmethode, bei der man sich je nach Erkenntnisinteresse relevante Fälle sucht und diese im Forschungsprozess sukzessive erweitert (vgl. Glaser/Strauss 2010: 61 ff.). Der Erhebungs- und Auswertungsprozess wird solange wiederholt, bis eine theoretische Sättigung erreicht ist. Dies ist der Fall, sofern „keine zusätzlichen Daten mehr gefunden werden können, mit deren Hilfe der Soziologe weitere Eigenschaften der Kategorie entwickeln kann." (ebd.: 77) Durch dieses Vorgehen kann die inhaltliche Repräsentativität der gewonnenen Daten erhöht werden, die bei qualitativen Verfahren im Vordergrund steht (vgl. Mayer 2013b: 39; Misoch 2015: 188). Von einem gänzlich repräsentativen Verfahren kann hier nicht gesprochen werden (vgl. Lamnek 2010: 352). Ein Anspruch auf statistische Repräsentativität ist jedoch nicht die Zielsetzung von qualitativen Leitfadeninterviews (vgl. Riesmeyer 2011: 229). Es geht vielmehr darum, typisierende Inhalte herauszufiltern und prozesshafte Ausschnitte einer sozialen Realität abzubilden. Die Stichprobe lässt sich anhand der Strukturen der Fernsehsender beschreiben, bei denen die befragten Personen angestellt sind. Unter den zwölf befragten Sendern bzw. Sendergruppen sind sechs öffentlich-rechtliche, fünf private und ein Pay-TV-Sender (siehe Abb. 11).[120] Unter den öffentlich-rechtlichen Sendern sind drei Regionalsender (BR, HR und SWR). Bei zwei befragten TV-Sendern liegt der Fokus auf der Sparte Sport (Sky Deutschland und Sport1).[121] Mit joiz Germany ist ein Anbieter vertreten, der sich explizit als Social-TV-Sender bezeichnet.[122]

Abb. 11: Stichprobe der qualitativen Senderbefragung

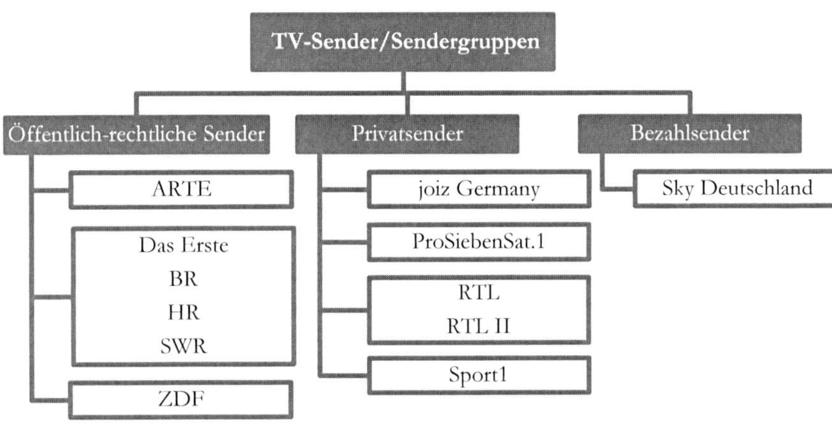

Quelle: Eigene Erhebung.

---

[120] Sendergruppen, wie beispielsweise die ProSiebenSat.1 Media AG, wurden an dieser Stelle nicht aufgesplittet, sondern als eine Einheit betrachtet.

[121] Sky Deutschland ist ein Vollprogramm und bietet nicht nur Sportformate an. Da die befragte Person speziell für den Sportbereich zuständig ist, steht dieser Bereich im Fokus.

[122] Zum Zeitpunkt der Interviewdurchführung lief bei joiz Germany noch der reguläre Sendebetrieb, die Einstellung erfolgte am 16. September 2016 (vgl. Kap. 4.1.1).

Pro Sender bzw. Sendergruppe wurde in der Regel eine Person befragt. Bei einem Sender wollten zwei Personen an dem Interview teilnehmen. Dieser Wunsch wurde akzeptiert, damit der Sender nicht aus dem Sample herausfiel. Da bei diesem Interview beide Gesprächspartner ihre Einschätzungen ablieferten, ist hierbei nicht mit Verzerrungen durch Anwesenheitseffekte zu rechnen (vgl. Gläser/Laudel 2010: 168 f.; Brosius/Haas/Koschel 2012: 122). Somit wurden in den zwölf durchgeführten Interviews dreizehn Personen befragt. Die Interviewpartner samt ihrer beruflichen Position im Fernsehsender zum Zeitpunkt des Interviews sind in Tab. 17 aufgelistet.

Tab. 17: Liste der qualitativ interviewten Personen

Name	Position	Sender(-gruppe)
Robert Amlung	Leiter Digitale Strategien	ZDF
Katja Beck	Social Media Managerin	SWR
Torben Glander	Head of Marketing and Communications	joiz Germany
Ingrid Günther	Leiterin Onlineredaktion	Das Erste
Michael Heise	Leiter Games and Product Innovation	RTL Interactive
Thomas Klein	Multimedia-Redakteur	HR
Matthias Mehner	Head of Social Media	ProSiebenSat.1 Digital
Markus Piesch	Vice President Digital Content & Products	RTL II
Stefan Primbs	Social Media Beauftragter	BR
Lars Quetting	Head of Broadcast and Production	joiz Germany
Max Retzer	Head of Social Media	Sport1
Jonas Schlatterbeck	Social Media Manager	ARTE
Stefan Weinhauser	Head of Product Management Internet	Sky Deutschland

6.4.4   Interviewdurchführung und Aufzeichnung

Die ausgewählten Interviewpartner wurden in einem ersten Schritt schriftlich kontaktiert und um Teilnahme an der qualitativen Befragung gebeten. Der erste Kontakt diente der Orientierung des potentiellen Teilnehmers (vgl. Froschauer/Lueger 2003: 66 ff.; Kruse 2014: 258 f.) und enthielt einen Überblick des Forschungsvorhabens, Informationen über den organisatorischen Ablauf des geplanten Interviews und zur beabsichtigten Verwertung, Hintergründe über die technische Durchführung und den geplanten zeitlichen Aufwand sowie eine Begründung, warum die Kontaktperson als potentieller Teilnehmer ausgewählt wurde. Rückfragen wurden schriftlich oder telefonisch beantwortet, sofern eine kontaktierte Person nicht auf die Anfrage antwortete, erfolgte ein Kontaktversuch per Telefon. Aus fünfzehn angesprochenen Personen resultierten schließlich zwölf Interviews, die im Zeitraum vom 1. Oktober bis zum 11. Dezember 2015 durchgeführt wurden.[123] Personen, von denen die Anfrage abgelehnt wurde, sahen sich nicht als geeigneter Ansprechpartner oder hatten keine Zeit für ein Interview.

Da die Interviews in einer für die befragte Person vertrauten Umgebung stattfinden sollten (vgl. Lamnek 2010: 354), befanden sich alle Interviewten während des Interviews im Gebäude des TV-Senders, für den sie arbeiten. Es wurde angestrebt, möglichst viele Interviews persönlich vor Ort zu führen, um nonverbale Kommunikationsaspekte zu berücksichtigen, Verzerrungen der Antworten aufgrund der Abwesenheit des Forschers zu vermeiden und den Gesprächsverlauf besser kontrollieren zu können. Die Qualität der Interviews wird bei Face-to-Face-Interviews als besonders hoch eingeschätzt (vgl. Brosius/Haas/Koschel 2012: 104). Aus forschungsökomischen Gründen sowie terminlichen Begrenzungen der befragten Personen war jedoch eine persönliche Befragung vor Ort nicht in allen Fällen möglich. Als Alternative wurden Interviews mittels IP-Video-Telefonie (Skype) geführt, da hierbei eine technisch vermittelte Face-to-Face-Kommunikation ermöglicht wird. Skype-Interviews erweisen sich als eine gute Alternative zur Befragung von geografisch weiter entfernten Personen, „da die Qualität von Skype-Interviews in vieler Hinsicht mit Face-to-Face-Interviews vergleichbar ist" (Misoch 2015: 184). Dennoch sollten bei diesem Verfahren potentielle Verzerrungseffekte bei der Datenauswertung reflektiert werden.

Interviews per Telefon sind trotz möglichen Verzerrungseffekten und weiteren Nachteilen (vgl. Brosius/Haas/Koschel 2012: 105; Misoch 2015: 175 f.) in der empirischen Forschung durchaus geläufig und anwendbar (vgl. Lamnek 2010: 315). Da Telefoninterviews keine Face-to-Face-Kommunikation ermöglichen, wurde versucht, dieses Interviewverfahren zu vermeiden. In einem Fall war die Befragung mittels Telefon jedoch unumgänglich, da bei dem entsprechenden Sender lediglich die Option eines Telefoninterviews

---

[123] Elf Interviews wurden im Oktober 2015 durchgeführt, das zwölfte Gespräch wurde auf Basis des theoretischen Samplings nachgezogen und erfolgte daher erst im Dezember 2015.

bestand, ansonsten wäre diese Sendergruppe aus dem Sample herausgefallen. Der abweichende Befragungsmodus wurde trotz möglicher Nachteile in Kauf genommen, allerdings wird dies bei der Auswertung berücksichtigt. Insgesamt wurden von den zwölf durchgeführten Interviews neun in München, Mainz und Frankfurt am Main persönlich, zwei via Skype und eins per Telefon durchgeführt. Die Interviews nahmen durchschnittlich 38 Minuten in Anspruch.

Um die geführten Interviews transkribieren und lückenlos auswerten zu können, wurden sie mit einem Audio-Aufnahmegerät oder dem Skype-Recorder aufgenommen. Zur Vermeidung rechtlicher Schwierigkeiten wurden die interviewten Personen über die Audioaufzeichnung zu rein wissenschaftlichen Zwecken informiert. Ebenso wurden die Befragten im Vorfeld sowie nach dem Interview über die Verwendung des Gesprächs und das Zitieren von Aussagen aufgeklärt. Empirische Befunde in Veröffentlichungen müssen ohne Zustimmung der Befragten anonymisiert werden (vgl. Gläser/Laudel 2010: 279; Lamnek 2010: 352). Um bei der Auswertung eine bessere Differenzierung zwischen den Akteuren der verschiedenen Fernsehsender zu erreichen und die Aussagen nicht verschleiern zu müssen, wurde versucht, die Befragten von einer Aufhebung der Anonymisierung zu überzeugen. Diese Vorgehensweise schien geeignet, da es bei dem Untersuchungsgegenstand nicht um ein heikles Thema geht, das etwa das Berufsgeheimnis tangieren könnte. Während der geführten Gespräche gab es keine Hinweise darauf, dass sich die Interviewpartner durch die Audio-Aufzeichnung gestört fühlten (vgl. Kuckartz 2014: 134) oder die aufgehobene Anonymisierung das Antwortverhalten beeinflusste.

Während den Interviews kam es – abgesehen von kleineren technischen Störungen bei zwei Skype-Interviews sowie Lärm im Hintergrund – zu keinen besonderen Vorkommnissen. Es stellte sich meist eine entspannte und lockere Atmosphäre ein. Um die Gesprächssituation vor, während und nach dem Interview festzuhalten und für die Interpretation relevanter Aspekte berücksichtigen zu können, die aus dem Gespräch selbst nicht ersichtlich sind, wurde unmittelbar nach Abschluss jedes Interviews ein Postskriptum erstellt (vgl. Lamnek 2010: 357; Helfferich 2011: 193; Meyen et al. 2011: 115). Dieses Zusatzprotokoll enthält neben kurzen Angaben zur befragten Person Informationen zum Entstehungskontext, Gesprächsinhalten vor und nach dem Interview und Rahmenbedingungen des Gesprächs, wie etwa die Interviewatmosphäre und personale Beziehung.

6.5   Zusammenfassung zentraler empirischer Befunde I

In diesem Kapitel wurden die aus der zentralen Forschungsfrage resultierenden Hypothesen bzw. Fragen abgeleitet und ein passendes Forschungsdesign gewählt. Die entwickelten Hypothesen lassen sich in drei Bereiche gruppieren (siehe Abb. 12).

Abb. 12: Dimensionale Struktur der Forschungsfragen

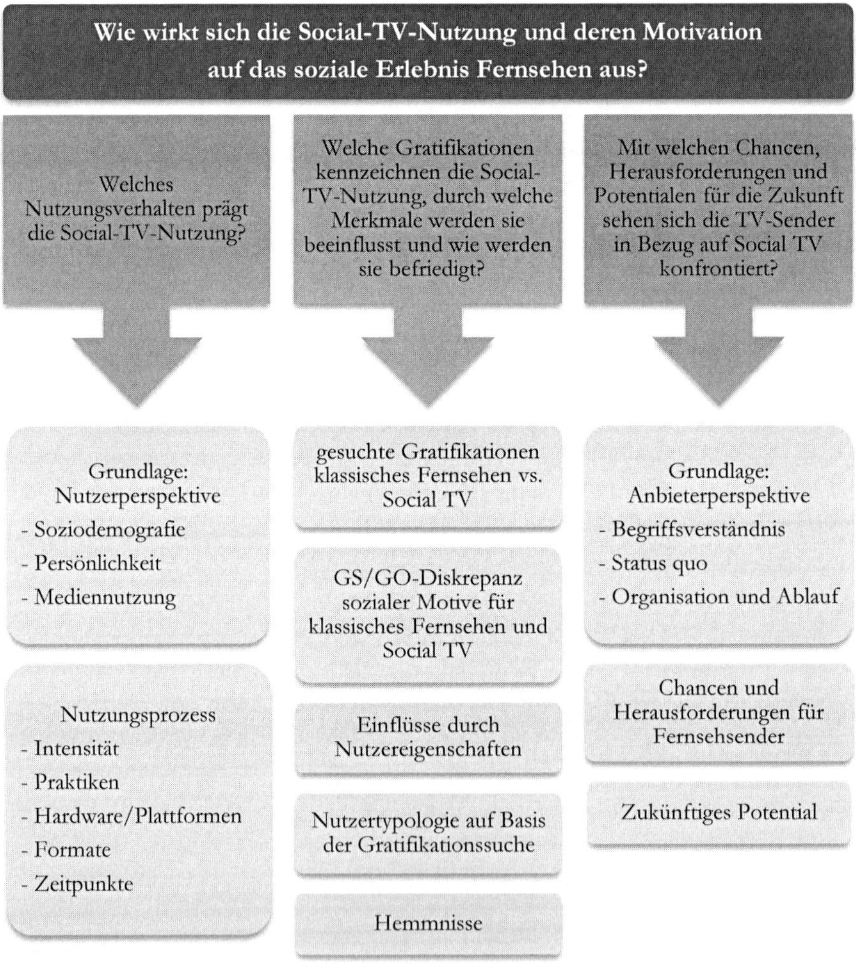

Wie wirkt sich die Social-TV-Nutzung und deren Motivation
auf das soziale Erlebnis Fernsehen aus?

Welches Nutzungsverhalten prägt die Social-TV-Nutzung?

Welche Gratifikationen kennzeichnen die Social-TV-Nutzung, durch welche Merkmale werden sie beeinflusst und wie werden sie befriedigt?

Mit welchen Chancen, Herausforderungen und Potentialen für die Zukunft sehen sich die TV-Sender in Bezug auf Social TV konfrontiert?

Grundlage: Nutzerperspektive
- Soziodemografie
- Persönlichkeit
- Mediennutzung

gesuchte Gratifikationen klassisches Fernsehen vs. Social TV

Grundlage: Anbieterperspektive
- Begriffsverständnis
- Status quo
- Organisation und Ablauf

Nutzungsprozess
- Intensität
- Praktiken
- Hardware/Plattformen
- Formate
- Zeitpunkte

GS/GO-Diskrepanz sozialer Motive für klassisches Fernsehen und Social TV

Einflüsse durch Nutzereigenschaften

Nutzertypologie auf Basis der Gratifikationssuche

Hemmnisse

Chancen und Herausforderungen für Fernsehsender

Zukünftiges Potential

Quelle: Eigene Erhebung.

Während der *erste* Hypothesenblock das allgemeine Nutzungsverhalten fokussiert, befasst sich der *zweite* Bereich mit den Funktionen der Social-TV-Nutzung. Der *dritte* Block setzt sich mit Chancen sowie Herausforderungen für TV-Sender auseinander. Die einzelnen Dimensionen werden dabei nicht isoliert betrachtet, sondern untereinander verknüpft. Die Hypothesen wurden mittels zwei Teilstudien geprüft. Zunächst wurden Social-TV-Nutzer quantitativ befragt, daran anknüpfend erfolgten qualitative Interviews mit deutschen Fernsehsendern. Das verwendete Mehrmethodendesign ermöglicht die Betrachtung beider Perspektiven, schließlich sind sowohl Nutzer als auch Anbieter Gegenstand des Erkenntnisinteresses.

Für die *quantitative Nutzerbefragung* wurde aufgrund der Internetaffinität von Social-TV-Nutzern eine standardisierte Online-Befragung als Erhebungsinstrument gewählt. Die Grundgesamtheit der Studie sind alle Personen in Deutschland, die Social TV nach der in Kapitel 4.1.2 entwickelten Definition nutzen. Da kein Verzeichnis der Nutzer existiert, ist die Grundgesamtheit nicht exakt bestimmbar. Dies erfordert die Durchführung einer selektiven Stichprobenauswahl. Der Online-Fragebogen orientiert sich an den entwickelten Hypothesen und enthält fünf Fragenblöcke: Internetnutzung, Fernsehnutzung, Social-TV-Nutzung, Gratifikationen der TV- bzw. Social-TV-Nutzung sowie nutzerbezogene Merkmale. Er wurde durch ein dreistufiges Pretest-Verfahren geprüft und optimiert. Bei der Streuung des Befragungs-Links wurde auf eine systematische Verbreitung über diverse Plattformen geachtet. Nach Aussortieren ungültiger Fälle bleibt eine Stichprobe von 1.456 Social-TV-Nutzern.

Die *qualitative Anbieterbefragung* erfolgte mittels problemzentrierter Leitfadeninterviews. Dabei wird zum einen ihre Rolle als Anbieter genauer analysiert, zum anderen dient eine Konfrontation mit Ergebnissen der Nutzerbefragung zur Einordnung dieser. Der entwickelte Leitfaden enthält 13 Primärfragen, die fünf Themenblöcken zugeordnet werden können: Einführung und Definition, Rahmenbedingungen, Motive und Hemmnisse, Herausforderungen und Potentiale sowie Ausklang. Die Auswahl der Interviewpartner erfolgte in drei Stufen und orientiert sich an einem theoretischen Sampling. Um TV-Sender mit verschiedensten Strukturen einzubeziehen, wurden dreizehn Personen von zwölf Sendern interviewt. Mit Ausnahme eines Falles wurden alle Interviews Face-to-Face geführt, die Mehrzahl persönlich vor Ort und der Rest via Skype. Alle Interviews wurden aufgezeichnet und für jedes Gespräch wurde ein Postskriptum erstellt.

7. DATENAUSWERTUNG UND GRUNDLEGENDE BEFUNDE

*Wenn Social TV einer der wichtigsten Trends in der
Fernsehindustrie ist, wie Praktiker und Forscher betonen,
werden weiterführende Studien nötig sein, um das
Phänomen besser zu verstehen.*
(Buschow/Ueberheide/Schneider 2015: 82)

Bevor die Überprüfung der Hypothesen zur Beantwortung der zentralen Forschungsfrage erfolgt, werden Auswertungsmethoden, Gütekriterien sowie grundlegende Befunde beider Teilstudien im Einzelnen dargelegt. Diese Erläuterung soll der intersubjektiven Nachvollziehbarkeit der quantitativen als auch qualitativen Erhebung dienen.

7.1 Auswertung der quantitativen Nutzerbefragung

Die quantitative Nutzerbefragung wurde mittels statischen Methoden ausgewertet (Kap. 7.1.1). Um die ermittelten Befunde einordnen zu können, werden zunächst die Gültigkeit des quantitativen Messinstruments geprüft (Kap. 7.1.2), die soziodemografische Zusammensetzung der Stichprobe geschildert (Kap. 7.1.3) sowie grundlegende Befunde (Kap. 7.1.4) erläutert.

7.1.1 Auswertungsmethoden

Zur Auswertung der quantitativen Studie, die mit dem Statistikprogramm SPSS (Version 22) durchgeführt wurde, kamen mehrere statistische Analysemethoden zum Einsatz, wie beispielsweise Mittelwertvergleiche, Korrelationsanalysen, eine Clusteranalyse und eine Regressionsanalyse. Um bestimmte Auswertungsmethoden auszuwählen und anzuwenden, sind jedoch zunächst relevante Bedingungen zu prüfen.

Eine zentrale Voraussetzung für zahlreiche statistische Verfahren, wie etwa dem t-Test oder der Varianzanalyse, ist die Normalverteilung, „die mit Kenntnis des Mittelwerts und der Standardabweichung eindeutig festgelegt ist." (Kubinger/Rasch/Yanagida 2011: 145) Zur Überprüfung der Normalverteilung wurde je nach Stichprobengröße der Kolmogorow-Smirnow-Test oder der Shapiro-Wilk-Test angewandt (vgl. Bühner/Ziegler 2009: 96). Eine Skala wird als normalverteilt angesehen, sofern die Irrtumswahrscheinlichkeit für das Zurückweisen der Normalverteilungshypothese über .05 liegt. Der klassische Chi-Quadrat-Test prüft bei zwei dichotomen Variablen mit nominalem Skalenniveau, ob die identifizierten Verteilungen unabhängig

voneinander sind. Sofern die erwarteten Häufigkeiten der jeweiligen Kreuz-
tabelle kleiner als fünf sind, sollte der exakte Test nach Fisher durchgeführt
werden. Um Zusammenhänge zwischen Variablen zu prüfen, wurden Korrelationsanalysen durchgeführt, die sich am Skalenwert der Daten und der
Verteilungsform orientieren (vgl. Bühl 2014: 425 ff.). Sofern die betrachteten Skalen beide metrisch und normalverteilt sind, wurde die Stärke des
Zusammenhangs mit einer Produkt-Moment-Korrelation (Korrelation nach
Pearson) ermittelt. Eine Spearman-Rangkorrelation (r_s) wurde hingegen
herangezogen, wenn zumindest eine Variable ordinalskaliert und/oder nicht
normalverteilt ist. Für beide Formen des Korrelationstests wird ein Signifikanzniveau von mindestens .05 vorausgesetzt. Da nicht auszuschließen ist,
dass die Zusammenhänge lediglich aufgrund der Stichprobengröße signifikant werden, müssen die Korrelationskoeffizienten genauer betrachtet werden. Dabei gilt: „Je näher der Korrelationseffizient dem Betrag nach bei 1
liegt, desto stärker der Zusammenhang." (Raab-Steiner/Benesch 2012: 140)

Zur Prüfung von Unterschiedshypothesen durch die Betrachtung des Mit-
telwertes von zwei Variablen wurde der t-Test (t) für unabhängige Stichproben verwendet. Dieser setzt voraus, dass die abhängige Variable in beiden
Teilstichproben normalverteilt und die Messwerte intervallskaliert[124] sind
(vgl. Bühner/Ziegler 2009: 251). Sofern die Stichproben nicht normalverteilt
sind, muss ein non-parametrisches Verfahren herangezogen und der U-Test
von Mann-Whitney für unabhängige Strichproben verwendet werden (vgl.
Bortz/Schuster 2010: 130 f.). Handelt es sich allerdings um einen ausreichend großen Stichprobenumfang, „halten die t-Tests das festgelegte Signifikanzniveau auch dann ein, wenn das Merkmal nicht normalverteilt ist."
(ebd.: 126) Ist dies der Fall, kann der t-Test dem U-Test für unabhängige
Stichproben vorgezogen werden (vgl. Bühner/Ziegler 2009: 261). Bei dem

---

[124] In der Forschungspraxis werden Ratingskalen mit nur wenigen Skalenpunkten oftmals als
„quasi-metrisch" bzw. intervallskaliert behandelt, obwohl sie streng genommen ordinalskaliert sind. Es wird dabei angenommen, dass die Abstände zwischen den einzelnen Skalenpunkten gleich groß sind. Ob dies tatsächlich der Fall ist, wird kontrovers diskutiert (vgl.
Bortz/Döring 2006: 181; Uhlemann 2015: 18). „Solange die Forschung mit Ratingskalen zu
inhaltlich sinnvollen Ergebnissen kommt, die sich in der Praxis bewähren, besteht nur wenig
Veranlassung, an der Richtigkeit der impliziten messtheoretischen Hypothesen zu zweifeln."
(Bortz/Döring 2006: 182; vgl. auch Kuckartz et al. 2010: 19 f.; Hartmann/Reinecke 2013: 42)
Die vorliegende Arbeit folgt der pragmatischen Sichtweise und betrachtet Ratingskalen als
intervallskaliert. Andernfalls könnten keine Mittelpunkte ausgewiesen werden, ebenso wären
Vergleiche mit bisherigen Studien, die ebenfalls Ratingskalen als intervallskaliert ansehen
(z. B. Buschow et al. 2013a), nicht möglich. Um der Kritik gerecht zu werden, kommen bei
den umstrittenen Häufigkeitsabfragen non-parametrische Testverfahren zum Einsatz.

vorliegenden Stichprobenumfang von 1.456 Fällen liegt eine ausreichend große Stichprobe vor, sodass eine Prüfung der Normalverteilung nicht zwingend notwendig ist. Dennoch wurden bei einem Mittelwertvergleich zweier Stichproben ohne Normalverteilung die Werte des t-Tests und des U-Tests verglichen. Sofern die Befunde nicht stark divergierten, wurde dem t-Test Vorrang gewährt. Damit ein t-Test durchgeführt werden kann, müssen die Varianzen der beiden Stichproben gleich sein. Dazu gibt der Levene-Test Auskunft darüber, mit welcher Wahrscheinlichkeit eine Varianzhomogenität angenommen werden darf (vgl. Bortz/Schuster 2010: 129 f.). Kann keine Gleichheit der Varianzen vorausgesetzt werden, da der Signifikanzwert des Levene-Tests unter .05 liegt, so muss der Welch-Test zur Korrektur der Freiheitsgrade eingesetzt werden (vgl. Kubinger/Rasch/Yanagida 2011: 233). Zur Unterschiedsprüfung zentraler Tendenzen zweier verbundenen Stichproben wurde der t-Test für gepaarte Stichproben bzw. als non-parametrische Alternative der Wilcoxon-Test (Z) verwendet.

Zum Vergleich der Mittelwerte von Ausprägungen bei mehr als zwei Gruppen dient die einfaktorielle Varianzanalyse (auch: einfaktorielle ANOVA). Werden mehrere unabhängige Variablen berücksichtigt, so findet die mehr-faktorielle Varianzanalyse (auch: mehrfaktorielle ANOVA) Verwendung. Damit eine ANOVA (F) durchgeführt werden kann, muss die abhängige Variable in allen Gruppen normalverteilt und intervallskaliert sein. Zudem müssen Varianzhomogenität bestehen und die Stichproben unabhängig voneinander sein (vgl. Bühner/Ziegler 2009: 372). Ist dies nicht der Fall, sollte der Kruskal-Wallis-Test (H bzw. Chi²) herangezogen werden. Ähnlich wie bei dem t-Test, ist bei großen Stichproben ohne Normalverteilung die ANOVA einem non-parametrischen Verfahren vorzuziehen (vgl. Bortz/ Schuster 2010: 214). Eine Varianzanalyse jedoch nicht an, „zwischen welchen Mittelwerten bzw. Stichproben und damit Grundgesamtheit genau die festgestellten Unterschiede bestehen." (Kubinger/Rasch/Yanagida 2011: 288) Um diesen Mangel zu kompensieren, muss zusätzlich ein Post-hoc-Test (z. B. Scheffé, Dunn-Bonferroni) durchgeführt werden. Dabei wird das Signifikanzniveau mittels Bonferroni-Korrektur angepasst, um eine Alpha-Fehler-Inflation zu verhindern (vgl. Bühner/Ziegler 2009: 551).

Um die theoretisch hergeleitete Motivskala in Bezug auf die Fernseh- sowie die Social-TV-Nutzung zu prüfen und latente Dimensionen aufzudecken, wurde eine explorative Faktorenanalyse (kurz: EFA) durchgeführt. Dies ist ein datenreduzierendes und strukturentdeckendes Verfahren, bei dem Items anhand ihrer Korrelation untereinander zu Variablen zusammengefasst werden (vgl. Bortz/Schuster 2010: 427 f.; Mayer 2013b: 171 f.). Sie dient dazu, „Zusammenhänge der Items untereinander durch eine geringere Anzahl dahinter liegender homogener Faktoren zu erklären." (Bühner 2011: 296) Das strukturentdeckende Verfahren ist daher für die vorliegende Arbeit geeignet, um die Ähnlichkeit der Motiv-Items durch die erhobenen empirischen Daten aufzudecken. Für die Anwendung der explorativen Faktorenanalyse sind einige Voraussetzungen zu erfüllen. Die Stichprobe sollte ausreichend groß sein, also aus mindestens zweimal mehr Befragten als relevante Items bestehen (vgl. Budischewski/Kriens 2015: 97). Die Items sollten weiterhin intervallskaliert sein, also abgestuft beantwortet werden können. Die Reliabilität der Items sollte mindestens einen Wert von .70 aufweisen (siehe Kap. 7.1.2). Zudem kann die explorative Faktorenanalyse nur sinnvoll eingesetzt werden, sofern die Itemkorrelationen signifikant von Null abweichen und somit „die Items substanzielle Korrelationen untereinander aufweisen." (Bühner 2011: 346) Um die Durchführbarkeit der Faktorenanalyse zu prüfen, wurden drei Tests zur Bewertung durchgeführt (vgl. ebd.: 345 ff.). So zeigt der Kaiser-Meyer-Olkin-Koeffizient (kurz: KMO-Koeffizient) an, in welchem Umfang die betrachteten Variablen zusammenhängen. Sollte sich hierbei ein Wert von kleiner als .50 ergeben, so eignen sich die Daten nicht zur Durchführung einer Faktorenanalyse (vgl. ebd.: 347). Neben den KMO-Koeffizienten sind die MSA-Koeffizienten (Measure of Sample Adequacy) zu berücksichtigen. Dieser betrachtet im Gegensatz zum KMO-Koeffizienten nicht die gesamte Korrelationsmatrix, sondern die Korrelation eines einzelnen Items mit den restlichen Items. Die Bewertung gleicht der des KMO-Koeffizienten, auch hierbei ist eine Güte von kleiner als .50 ungenügend. In diesem Fall sollte das Item ausgeschlossen werden. Der Bartlett-Test prüft schließlich „die globale Nullhypothese, dass alle Korrelationen der Korrelationsmatrix gleich null sind." (ebd.)

Nach Prüfung der Durchführbarkeit kann die Faktorenanalyse mittels einer Hauptkomponentenanalyse vorgenommen werden, die in der Kommunikationswissenschaft meist als Extraktionsmethode gewählt wird (vgl. Hartmann/Reinecke 2013: 50). Das Ziel dieser ist eine umfassende Abbildung der Zusammenhänge mit einer möglichst geringen Faktorenanzahl. Die Extraktion der Faktorenzahl basiert auf dem Kaiser-Guttmann-Kriterium anhand der Eigenwerte > 1 sowie dem Scree-Test (vgl. Field 2013: 667). Zur Rotation, die der besseren Interpretierbarkeit einer Faktorlösung dient, ist eine orthogonale Varimax-Methode sinnvoll.

Die Zufriedenheit der Nutzer wurde anhand deren Angaben zu den gesuchten und erhaltenen Gratifikationen ermittelt. Dazu wurde für jede soziale Gratifikation die Differenz zwischen GS und GO berechnet. Das arithmetische Mittel der Einzeldifferenzen zeigt dann schließlich die gesamte Diskrepanz zwischen den gesuchten und erhaltenen Gratifikationen der TV- bzw. Social-TV-Nutzung auf. Desto niedriger diese ausfällt, „desto eher erfüllt ein Medium (a) die Bedürfnisse seines Publikums und desto eher und häufiger werden (b) Rezipienten das Medium nutzen." (Schweiger 2007: 86) Die Diskrepanzen müssen allerdings mit Vorsicht interpretiert werden, denn eine geringe Differenz kann nicht nur bedeuten, dass der Nutzer eine Gratifikation sucht und sie befriedigt, sondern auch, dass er bestimmte Gratifikationen gar nicht möchte und sie dementsprechend auch nicht erhält.

Um die Nutzer auf Basis der Social-TV-Nutzungsgratifikationen zu typologisieren, wurde anknüpfend an die Faktorenanalyse eine Clusteranalyse eingesetzt. Während bei der Faktorenanalyse eine Reduktion der Variablen angestrebt wird, versucht die Clusteranalyse einzelne Fälle anhand gleicher Merkmalsausprägungen in Gruppen zusammenzufassen (vgl. Mayer 2013b: 182). Neben den Ähnlichkeiten kann identifiziert werden, inwiefern sich gleichende Untersuchungsobjekte vom Antwortverhalten anderer Gruppen unterscheiden. Damit die Clusterbildung sinnvoll erfolgt, müssen zunächst auf Grundlage der vorhandenen Datenstruktur die geeigneten Verfahren zur Ähnlichkeitsmessung (Wahl des Proximitätsmaßes) sowie zur Gruppierung gewählt werden (vgl. Backhaus et al. 2016: 455). Da für die Clusterbildung die mittels der vorgeschalteten Faktorenanalyse ermittelten intervallskalierten Faktorenwerte zum Einsatz kommen, eignet sich zur Ähnlichkeitsmessung die quadrierte euklidische Distanz (vgl. ebd.: 469). Zunächst sollte als Vorabtest das Single-Linkage-Verfahren (nächster Nachbar) zur Identifizierung von eventuellen Ausreißern angewandt werden (vgl. Bacher 1996: 257 ff.; Backhaus et al. 2016: 480 ff.). Da die Anzahl der Cluster unbekannt war und durch das Gruppierungsverfahren ermittelt werden sollte, wurde eine hierarchische Clusteranalyse durchgeführt. Ein nicht-hierarchisches (partitionierendes) Verfahren ist nicht geeignet, da hierbei die Kenntnis der Clusteranzahl notwendig ist. Zur Clusterbildung wird das Ward-Verfahren ausgewählt, das auf den Distanzmaßen beruht. Das Ziel ist dabei, „jeweils diejenigen Objekte (Gruppen) zu vereinigen, die die Streuung (Varianz) in einer Gruppe möglichst wenig erhöhen." (ebd.: 484) Nach der Ermittlung der endgültigen Clusterlösung erfolgt die Validierung mittels alternativer clusteranalytischer Verfahren sowie einer Diskriminanzanalyse.

Geht es um die Prüfung des Einflusses von mehreren unabhängigen Variablen (Prädikatoren) gleichzeitig auf eine abhängige Variable (Kriteriumsvariable) sowie deren Zusammenhänge untereinander, so kann eine multiple lineare Regression zum Einsatz kommen. Dieses Testverfahren dient „der Vorhersage einer Kriteriumsvariable aufgrund mehrerer Prädikatoren." (Bortz/Schuster 2010: 342) Damit die inhaltliche Interpretation der multiplen Regression erfolgen kann, dürfen die Residuen keine Autokorrelationen (Varianzheterogenität) sowie Multikollinearität aufweisen. Korrelationsanalysen können alle möglichen Zusammenhänge zwischen Prädikatoren aufdecken. Sofern Multikollinearität vorliegt, also ein Prädikator mit mehreren Prädikatoren zusammenhängt, können die Regressionskoeffizienten instabil und das Ergebnis der Regression verzerrt sein (vgl. ebd.: 354). R-Quadrat gibt Aufschluss über den Anteil der erklärten Streuung an der gesamten Streuung der Regressionsgleichung (vgl. Kuckartz et al. 2010: 270). Je näher dieser Wert an 1 liegt, desto stärker steigt die Anpassung einer Geraden an die beobachteten Werte und somit die Varianzaufklärung. Zusätzlich wird das korrigierte R-Quadrat angegeben. Die F-Statistik lässt erkennen, ob das Bestimmtheitsmaß von R-Quadrat durch Zufall entstanden ist. Die Zusammenhangsstärke der einzelnen Variablen wird über den Regressionskoeffizienten ausgedrückt (vgl. Backhaus et al. 2016: 80 f.). Sofern der p-Wert des Korrelationskoeffizienten kleiner als .05 ist, kann davon ausgegangen werden, dass es sich um einen signifikanten Regressionskoeffizienten handelt.

Zur Auswertung der fünf Persönlichkeitseigenschaften wurden zunächst negativ gepolte Items rekodiert. Anschließend wurde pro Dimension der Mittelwert aus den jeweils zusammengehörigen Items gebildet. Der dadurch erhaltene Index liefert Aufschluss über das jeweilige Ausmaß der fünf Persönlichkeitseigenschaften. Zur Validierung der Skala wurden die Reliabilitäten mittels Cronbach's Alpha ermittelt und die dimensionale Validität mittels Faktorenanalyse geprüft.

7.1.2 Quantitative Gütekriterien

Um die Güte des quantitativen Erhebungsinstruments zu beurteilen, sind vor allem die Kriterien Objektivität, Reliabilität und Validität von zentraler Bedeutung, die in einem hierarchischen Verhältnis stehen (vgl. Diekmann 2013: 261).

Objektivität

Objektivität steht für „die weitestgehende *Reduktion von Subjektivität*, was als *Intersubjektivität* bezeichnet wird." (Daschmann 2003: 264, H.i.O.) Demnach sollen die Ergebnisse unabhängig von der durchführenden Person zustande kommen. Hierbei ist zwischen Durchführungs- und Auswertungsobjektivität zu differenzieren (vgl. Diekmann 2013: 249). Da es sich bei der durchgeführten Nutzerbefragung um eine Online-Befragung handelt, kann eine Beeinflussung der Teilnehmer durch einen Interviewer ausgeschlossen werden. Der Fragebogen wurde mit verschiedenen Browsern und auf diversen Endgeräten getestet, um Darstellungseffekte zu vermeiden. Da die verwendeten Testverfahren transparent dargelegt wurden, können die Analyseschritte im Einzelnen leicht nachvollzogen und abgelesen werden.

Reliabilität

An die Objektivität knüpft das Kriterium der Reliabilität an, womit die Zuverlässigkeit des Messinstruments gemeint ist. Sie gibt an, in welchem Ausmaß wiederholte Messungen mit dem Erhebungsinstrument unter gleich bleibenden Bedingungen zu gleichen Messwerten kommen (vgl. Atteslander 2010: 229; Schnell/Hill/Esser 2013: 141). Sofern die Items einer Skala dieselbe Dimension messen, ist eine interne Konsistenz vorhanden (vgl. ebd.: 142). Um dem Kriterium der Reliabilität gerecht zu werden, ist eine sorgfältige Skalenkonstruktion notwendig (vgl. Möhring/Schlütz 2013: 190). Für die durchgeführte Nutzerbefragung konnte die Reliabilität der einzelnen Skalen mittels Cronbach's Alpha, also dem „Mittelwert aller möglichen ‚split-half'-Koeffizienten" (Schnell/Hill/Esser 2013: 143), bestimmt werden. Für Alpha werden Koeffizient-Werte über $\alpha = .70$ als zuverlässig angesehen (vgl. Kuckartz et al. 2010: 223; Bühner 2011: 80). Alpha-Werte zwischen .60 und .70 gelten zwar noch als akzeptabel (vgl. Bagozzi/Yi 1988: 80), sie sollten jedoch im Einzelfall diskutiert werden. Es ist zu bedenken, dass die Reliabilität mit zunehmender Item-Anzahl automatisch ansteigt (vgl. Field 2013: 710; Hartmann/Reinecke 2013: 53). Sofern eine Skala aus mehreren Teilkonstrukten besteht, muss Cronbach's Alpha für jede Teilskala ermittelt werden. Die Reliabilitätswerte der verwendeten Skalen haben sich größtenteils als angemessen erwiesen und werden an passender Stelle im Zuge der Hypothesenprüfung genannt.

Validität

Validität bezeichnet die Gültigkeit einer Messung bzw. stellt die Frage in welchem Ausmaß ein Messinstrument tatsächlich das misst, was es messen soll (vgl. Bortz/Döring 2006: 200; Brosius/Haas/Koschel 2012: 53). Für Validität ist Reliabilität eine notwendige Voraussetzung: „Eine Messung oder ein Instrument kann nicht gültig sein, ohne zuverlässig zu sein." (Welker 2014: 67) Je weniger systematische Fehler eine Messung beeinflussen, desto valider ist diese. Die Validität des Messinstruments kann in verschiedene Formen unterteilt werden, meistens werden in der Literatur drei Punkte benannt: Inhalts-, Kriteriums- und Konstruktvalidität (vgl. Bortz/Döring 2006: 200 ff.; Diekmann 2013: 258; Schnell/Hill/Esser 2013: 145 ff.).[125]

Die *Inhaltsvalidität* bezieht sich auf Vollständigkeit des Konstrukts, das gemessen werden soll (vgl. Brosius/Haas/Koschel 2012: 54). Dieses Ziel wurde durch die Ableitung aus theoretischen Vorarbeiten sowie Ergänzungsoptionen im Pretest versucht anzustreben. Es ist jedoch nicht möglich, die Inhaltsvalidität mit Kennzahlen zu bestimmen, da sie auf den subjektiven Überlegungen des Forschers beruht. Die *Kriteriumsvalidität* bezeichnet den Zusammenhang zwischen des Messung eines Konstrukts und einem anders gemessenen Außenkriterium (vgl. Schnell/Hill/Esser 2013: 145). Da bei der vorliegenden Studie kein Außenkriterium einbezogen wurde, kann die Kriteriumsvalidität nicht getestet werden. Die *Konstruktvalidität* gibt Auskunft darüber, inwieweit ein Test ein Konstrukt so misst, dass es mit bestehenden Definitionen und Theorien einhergeht (vgl. Welker 2014: 70). Die in der vorliegenden Studie verwendeten Skalen wurden teilweise bereits in anderen Untersuchungen verwendet. Neu entwickelte oder veränderte Skalen basieren auf theoretischen Herleitungen. Die Operationalisierung der Skalen wurde in Kapitel 6.3.2 beschrieben und sie wurden vorab mittels Pretests getestet (vgl. Kap. 6.3.3). Ebenso wurden bei der Gestaltung des Fragebogens die von Maurer und Jandura (2009: 67 ff.) erläuterten Spezifika für Online-Befragungen zur Stärkung der Validität berücksichtigt.

Die Erläuterung der Gütekriterien der durchgeführten quantitativen Studie zeigt, dass diese insgesamt als zufriedenstellend betrachtet werden können. Darauf aufbauend wird im nächsten Schritt die zugrundeliegende Stichprobe detailliert beschrieben.

---

[125] Als vierte Form kann die *konvergente Validität* ergänzt werden, womit der Vergleich eines Instruments, das in zwei Methoden eingesetzt wird, gemeint ist (vgl. Welker 2014: 70).

7.1.3   Stichprobenbeschreibung

Von den 1.456 Testpersonen der bereinigten Stichprobe sind Frauen mit 52 Prozent (N = 753) etwas häufiger vertreten als Männer (48%, N = 703). Das durchschnittliche Alter der Probanden liegt bei 31 Jahren (SD = 11,4), die Spannweite reicht von 12 bis 75 Jahren (vgl. Tab. 18). Am stärksten ist die Altersklasse der Nutzer zwischen 20 und 29 Jahren mit einem Anteil von 44 Prozent vertreten, es folgen mit 23 Prozent Personen zwischen 30 und 39 Jahren, mit 13 Prozent Teilnehmer zwischen 40 und 49 Jahren sowie mit zwölf Prozent die 12- bis 19-Jährigen. Am geringsten repräsentiert sind Nutzer zwischen 50 und 59 Jahren sowie Personen ab 60 Jahren.

Tab. 18: Geschlechts- und Altersverteilung der Stichprobe

		Stichprobe (N)	Stichprobe (%)	Onliner (%)
Geschlecht	weiblich	753	52	48
	männlich	703	48	52
Alters-gruppe	unter 20 Jahre	172	12	14
	20 bis 29 Jahre	635	44	17
	30 bis 39 Jahre	338	23	16
	40 bis 49 Jahre	185	13	21
	50 bis 59 Jahre	98	7	17
	60 Jahre und älter	28	2	16

N = 1.456; Frage 31: „Dein Geschlecht?"; Frage 32: „Dein Alter?". Quelle der Onliner: AGOF (2015: 7).

Um die Qualität der Stichprobe einschätzen zu können, erfolgt ein Vergleich mit der Grundgesamtheit der deutschen Internetnutzer. Die befragten User zeigen Ähnlichkeiten zu den deutschen Onlinern, während jedoch bei Social TV die weiblichen Nutzer etwas stärker vertreten sind, dominieren bei den Onlinern männliche Personen. Bei einem Vergleich der Altersstruktur stellt man vor allem fest, dass bei Social TV deutlich mehr Nutzer im Alter von 20 bis 29 Jahren vertreten sind, während bei den Internetnutzern Personen über 40 Jahren einen größeren Anteil einnehmen. Im Vergleich zu früheren Social-TV-Nutzerbefragungen sind in der vorliegenden Studie mehr Personen über 30 Jahren vertreten. Dies kann einerseits daran liegen, dass frühe Studien primär unter Studierenden durchgeführt wurden. Andererseits ist es denkbar, dass sich die Nutzung in älteren Altersklassen weiter verbreitet hat.

Hinsichtlich des Bildungsniveaus der Stichprobe zeigt sich, dass der Anteil der Teilnehmer mit einem Hochschulabschluss mit 33 Prozent dominiert (vgl. Tab. 19). Nach den Personen mit Hochschulabschluss folgen Teilnehmer mit Fachabitur oder Abitur (24%) sowie mit einer abgeschlossenen Berufsausbildung (22%) als höchst erreichten Bildungsabschluss. Zwölf Prozent der Befragten haben einen Realschulabschluss und zwei Prozent einen Hauptschulabschluss, vier Prozent sind noch Schüler. In Bezug auf die aktuelle Tätigkeit sind nach eigenen Angaben 38 Prozent der Stichprobe noch in Ausbildung (als Schüler, Lehrling oder Student). Der größte Anteil mit 55 Prozent ist jedoch berufstätig. Sieben Prozent sind arbeitslos, als Hausfrau/-mann tätig oder bereits in Rente.

Tab. 19: Bildungsniveau und berufliche Tätigkeit der Probanden

		N	%
Höchster Bildungsabschluss	noch Schüler	62	4
	Hauptschulabschluss	31	2
	Realschulabschluss/Mittlere Reife	178	12
	Ausbildung	318	22
	Hochschulreife/Abitur	349	24
	Hochschulabschluss	487	33
	Promotion/Habilitation	31	2
Aktuelle Berufstätigkeit	in Ausbildung (Schüler/Lehrling/Student)	552	38
	berufstätig	803	55
	arbeitslos	33	2
	Hausfrau/-mann/in Elternzeit	28	2
	Rentner/in	40	3

N = 1.456; Frage 37: „Was ist Dein höchster Bildungsabschluss?"; Frage 38: „Welche Tätigkeit übst Du momentan aus?"; Prozentangaben innerhalb der Stichprobe.

Bei Betrachtung der aktuellen Wohnorte der Studienteilnehmer gruppiert nach Bundesländern zeigt sich, dass der größte Anteil in Nordrhein-Westfalen (16%), Bayern (15%) oder Baden-Württemberg (9%) wohnt (vgl. Tab. 20). Darauf folgen Niedersachen (9%) und Hessen (9%). Diese Reihenfolge deckt sich mit der allgemeinen Bevölkerungsanzahl innerhalb der deutschen Bundesländer (vgl. Statistisches Bundesamt 2015: 14). Die wenigsten Teilnehmer wohnen – den bevölkerungsärmsten Bundesländern entsprechend – im Saarland (2%) und in Bremen (2%). Die Herkunft der Studienteilnehmer zeigt, dass Personen aus allen 16 Bundesländern vertreten sind und keine zu starke Fokussierung auf ein spezielles Bundesland erfolgte. Dies ist wichtig, da die vorliegende Studie die Social-TV-Nutzung in Deutschland untersucht und somit alle Bundesländer einbeziehen soll. Wäre der Fragebogen-Link lediglich über ein Schneeballverfahren verbreitet worden (siehe Kap. 6.3.4), so hätte dies sicherlich zu einer starken Fokussierung auf einzelne Bundesländer geführt.

Tab. 20: Regionale Herkunft der Stichprobenteilnehmer

	N	%		N	%
Nordrhein-Westfalen	231	16	Hamburg	61	4
Bayern	215	15	Schleswig-Holstein	59	4
Baden-Württemberg	136	9	Brandenburg	52	4
Niedersachsen	131	9	Thüringen	46	3
Hessen	127	9	Mecklenburg-Vorpommern	43	3
Berlin	95	7	Sachsen-Anhalt	39	3
Rheinland-Pfalz	82	6	Saarland	34	2
Sachsen	76	5	Bremen	29	2

N = 1.456; Frage 33: „In welchem Bundesland wohnst Du?"; Prozente innerhalb der Stichprobe.

27 Prozent (N = 388) der befragten Personen leben allein in ihrem Haushalt. 30 Prozent (N = 438) wohnen in einem Zweipersonenhaushalt, 23 Prozent (N = 333) in einem Dreipersonenhaushalt und der Rest (N = 297; 20%) in einem Haushalt mit vier bis sechs Personen. Die durchschnittliche Haushaltsgröße liegt somit bei 2,45 Personen (SD = 1,2). Der Wert ist etwas höher als der allgemeine Haushaltsdurchschnitt in Deutschland, der im Jahr 2014 bei 2,01 Mitgliedern pro Haushalt lag (vgl. ebd.: 49).[126] Dafür ist sicherlich der recht hohe Anteil an jüngeren Befragungsteilnehmern verantwortlich, welche häufig noch bei ihren Eltern (N = 382; 26%) oder in Wohngemeinschaften (N = 142; 10%) wohnen. 36 Prozent (N = 520) aller befragten leben zusammen mit einem (Ehe-)Partner, 16 Prozent (N = 236) mit Kindern, 13 Prozent (N = 187) mit Geschwistern und rund ein Prozent (N = 10) mit Großeltern.

---

[126] Hierbei waren Mehrfachantworten möglich, da verschiedenste Haushaltskonstellationen denkbar sind.

Da die Grundgesamtheit der Social-TV-Nutzer nicht eindeutig bekannt ist (vgl. Kap. 6.3.1), kann an dieser Stelle die Qualität der Stichprobe nicht abschließend beurteilt werden. Die Befunde sowie der Vergleich dieser mit vorhanden Studien bzw. den deutschen Onlinern deuten jedoch darauf hin, dass es sich um eine breit gestreute Auswahl von Usern handelt, die sowohl verschiedene Geschlechter, Alters- und Bildungsklassen gut abbilden kann.

7.1.4   Grundlegende Befunde

In diesem Kapitel werden grundlegende Befunde der quantitativen Nutzerbefragung präsentiert. Die überwiegend deskriptiven Daten sind zum einen für die Einordnung der Ergebnisse wichtig, zum anderen dienen sie als Basis für spätere Hypothesenprüfungen. Neben der Internet- und Social-Media-Nutzung der Probanden wird auf die Häufigkeit der Bewegtbildnutzung sowie der Social-TV-Nutzung eingegangen. Zusätzlich erfolgt eine Auseinandersetzung mit den Persönlichkeitseigenschaften der befragten Social-TV-Nutzer.

Internet- und Social-Media-Nutzung

Da Nichtnutzer von Social TV ausgefiltert wurden, sind in der Stichprobe auch keine Personen vertreten, die Fernsehen oder Internet überhaupt nicht nutzen. 96 Prozent (N = 1.395) der Befragten verwenden das Internet täglich für private Zwecke. Niemand gibt an, seltener als einmal pro Woche online zu sein. Die durchschnittliche tägliche Nutzungszeit liegt bei vier Stunden (240 Minuten).

Tab. 21: Nutzung von Social-Media-Plattformen (Top 5)

	Facebook	Instant Messenger	Twitter	Instagram	Google+
mind. selten	86	85	57	37	33
mind. einmal pro Woche	81	83	43	26	17
mind. mehrmals pro Woche	77	80	37	22	14
täglich	62	64	23	11	8

N = 1.456; Frage 4: „Wie oft nutzt Du nachfolgend aufgelistete Plattformen durchschnittlich pro Woche?"; Skala von 1 = nie bis 5 = täglich. Angaben in Prozent.

Von den neun abgefragten Social-Media-Angeboten erreicht Facebook insgesamt 86 Prozent (N = 1.249) der Stichprobenteilnehmer, 62 Prozent (N = 902) nutzen das Social Network täglich (vgl. Tab. 21). Instant Messenger werden auf dem gleichen Niveau genutzt, sie erreichen zwar ein Prozent weniger (N = 1.238; 85%) der befragten Personen als Facebook, weisen dafür jedoch in der täglichen Nutzung (N = 927; 64%) einen etwas höheren Wert auf. Mit einem deutlichen Abstand folgt Twitter, immerhin 57 Prozent (N = 829) der Stichprobenteilnehmer nutzen das Microblog zumindest selten, täglich sind es 23 Prozent (N = 335). Instagram (N = 538; 37%) und Google+ (N = 482; 33%) folgen auf dem vierten bzw. fünften Rang und erreichen jeweils rund ein Drittel der Probanden, die tägliche Nutzung liegt mit elf Prozent (Instagram) bzw. acht Prozent (Google+) in einem niedrigen Bereich. Weitere aufgelistete Plattformen spielen bei den Befragten eine noch geringere Rolle. Diese Befunde zeigen Ähnlichkeiten zu der ermittelten Plattformnutzung der Onlinestudie (vgl. Tippelt/Kupferschmitt 2015: 443), die befragten Social-TV-User scheinen jedoch die Social-Media-Plattformen frequentierter zu nutzen als der durchschnittliche Onliner.

Bewegtbild- und Social-TV-Nutzungsintensität

Das Fernsehen nutzen 65 Prozent (N = 943) aller Teilnehmer täglich, 16 Prozent (N = 239) vier- bis sechsmal und 15 Prozent (N = 214) zwei-/dreimal pro Woche. Vier Prozent (N = 60) schauen nur einmal pro Woche oder seltener fern. Die tägliche TV-Nutzungsdauer der befragten Personen liegt im Durchschnitt bei zwei Stunden und 45 Minuten. Dies ist um einiges weniger als die durchschnittliche TV-Nutzungsdauer der deutschen Gesamtbevölkerung ab 14 Jahren, die für das Jahr 2015 von der Langzeitstudie Massenkommunikation auf 208 Minuten (vgl. Breunig/Engel 2015: 312) bzw. von der Arbeitsgemeinschaft Fernsehforschung sogar auf 237 Minuten (vgl. AGF/GfK 2016a) beziffert wird. 96 Prozent (N = 1.394) der Probanden rezipieren (mindestens selten) private Sender, 95 Prozent (N = 1.377) öffentlich-rechtliche Sender und 32 Prozent (N = 464) Bezahlsender. Am häufigsten werden Privatsender angesehen (M = 3,6; SD = 1,2), jedoch dicht gefolgt von öffentlich-rechtlichen Sendern (M = 3,4; SD = 1,2). In den Haushalten stehen durchschnittlich 1,9 Fernsehgeräte (SD = 1,1). Dies deckt sich in etwa mit der Langzeitstudie Massenkommunikation, der zufolge 98 Prozent der Haushalte über ein Fernsehgerät verfügen (vgl. Breunig/Engel 2015: 311). Mit zunehmender Haushaltsgröße erhöht sich die Anzahl vorhandener TV-Geräte (r_s(1456) = .592; p < .001).

Neben der klassischen TV-Nutzung wurde auch die Online-Bewegtbildnutzung berücksichtigt (vgl. Tab. 22). Klassische Fernsehinhalte rezipieren
(mindestens selten) 85 Prozent asynchron (M = 2,8; SD = 1,2) und
76 Prozent synchron (M = 2,5; SD = 1,2) zum Ausstrahlungszeitpunkt über
Internetanwendungen wie etwa Mediatheken. Die Intensität der Online-
Bewegtbildnutzung fällt im Vergleich zu den Daten der ARD/ZDF-
Onlinestudie (siehe Kap. 3.4) höher aus. Während unter den deutschen Onlinern 59 Prozent zumindest selten Videoportale nutzen (vgl. Kupferschmitt
2016: 451), gehören bei der Stichprobe 99 Prozent (N = 1.435) zum weites-
ten Nutzerkreis von Angeboten wie etwa YouTube. Die Regelmäßigkeit der
Nutzung ist hierbei vergleichsweise hoch, knapp 40 Prozent (N = 575) nutzen solche Angebote täglich (M = 4,0; SD = 1,0), bei den gesamten deutschen Onlinern sind es laut Onlinestudie 12 Prozent. Über Streaming-
Dienste wie Netflix rezipieren 64 Prozent (N = 929) der Teilnehmer Inhalte
zumindest selten bzw. 16 Prozent (N = 236) jeden Tag (M = 2,8; SD = 1,6).

Tab. 22: Intensität der Online-Bewegtbildnutzung

	TV synchron	TV asynchron	Videoportale	Streaming
nie	24	16	1	36
seltener als einmal pro Woche	38	32	10	12
einmal pro Woche	14	19	12	9
mehrmals pro Woche	16	25	37	27
täglich	8	8	40	16

N = 1.456; Frage 5: „Wie oft rufst Du nachfolgend aufgelistete Plattformen durchschnittlich pro
Woche ab?"; Skala von 1 = nie bis 5 = täglich. Angaben in Prozent.

Ähnlich wie die Gesamtheit der deutschen Fernsehzuschauer bzw. Onliner
(vgl. Kap. 3.4), nutzen auch viele Teilnehmer der Stichprobe ein zweites
Endgerät während des Fernsehens. So geben knapp 99 Prozent (N = 1.436)
an, mindestens selten parallel ein internetfähiges Endgerät zu nutzen.
31 Prozent (N = 450) üben diese Praktik bei jeder Fernsehnutzung aus.
Speziell die programmbezogene Internetnutzung – also Social TV – wird
von 99 Prozent der Probanden (N = 1.436) mindestens einmal pro Woche
genutzt. Mit einem Anteil von 30 Prozent (N = 440) werden am häufigsten
zwei- bis dreimal pro Woche Social-TV-Aktivitäten ausgeübt. 15 Prozent
(N = 215) wenden sich nur einmal pro Woche oder seltener Social-TV zu.

Persönlichkeitseigenschaften

Bevor die deskriptiven Ergebnisse der verwendeten 10-Item-Kurzskala zur Abfrage der Persönlichkeitsmerkmale (vgl. Kap. 6.3.2) präsentiert werden, muss die Güte der Skala betrachtet werden. Ein KMO-Wert von .611, MSA-Koeffizienten der Items zwischen .594 und .880, ein Bartlett-Test von 2163,79 mit einer Signifikanz von $p < .001$ zeigen, dass die Daten zur Durchführung der Hauptkomponentenanalyse geeignet sind. Die Hauptkomponentenanalyse, die eine erkläre Gesamtvarianz von 71 Prozent aufweist, bekräftigt, dass alle Items eindeutig bei ihrem zugeordneten Faktor die höchste Ladung aufweisen (vgl. Tab. 23). Die dimensionale Struktur und faktorielle Validität der Persönlichkeitsskala kann somit bestätigt werden.

Tab. 23: Faktorladungen der Items zur Persönlichkeit

	E	O	G	N	V
Ich bin eher zurückhaltend, reserviert.	**,884**	-,119	,025	-,012	,031
Ich gehe aus mir heraus, bin gesellig.	**-,844**	,136	,029	,042	,104
Ich habe eine aktive Vorstellungskraft, bin phantasievoll.	-,127	**,800**	-,001	,087	,029
Ich habe nur wenig künstlerisches Interesse.	,069	**-,761**	,106	,050	-,003
Ich bin bequem, neige zu Faulheit.	,402	,036	**,730**	,117	,028
Ich erledige Aufgaben gründlich.	,154	,217	**-,709**	,130	-,064
Ich bin entspannt, lasse mich durch Stress nicht aus der Ruhe bringen.	,013	,040	,033	**,934**	,066
Ich werde leicht nervös und unsicher.	,563	,029	,221	**-,577**	,144
Ich schenke anderen leicht Vertrauen, glaube an das Gute im Menschen.	-,097	,152	,207	,004	**,836**
Ich neige dazu, andere zu kritisieren.	-,123	,243	,456	-,030	**-,597**

N = 1.456; Frage 30: „Nachfolgend sind unterschiedliche Eigenschaften aufgelistet, die eine Person haben kann. Inwieweit treffen diese Aussagen auf Dich zu?"; Skala von 1 = trifft überhaupt nicht zu bis 5 = trifft voll und ganz zu; Extraktionsmethode: Hauptkomponentenanalyse; Rotationsmethode: Varimax mit Kaiser-Normalisierung; KMO = .611; Bartlett-Test = 2163,79 mit $p < .001$; erklärte Gesamtvarianz = 71%.

Weiterhin ist zu prüfen, ob die jeweils zusammengehörigen Items wie erwartet hoch korrelieren und die Dimensionen akzeptable Reliabilitätswerte aufweisen. Die Korrelationen zwischen den einer Dimension angehörigen Items sind zwar hoch signifikant, doch ihnen gehören – mit Ausnahme der Extraversion (.654) – niedrige Korrelationskoeffizienten von .084 bis .354

an (vgl. Tab. 24). Die Reliabilität der Messung ist auch nach Betrachtung der Werte für Cronbach's Alpha anzuzweifeln. Diesbezüglich weist auch die Dimension Extraversion (α = .790) den höchsten Koeffizienten auf, während bei Verträglichkeit (α = .155) der niedrigste Wert abgelesen werden kann. Mit Ausnahme der Extraversion liegen die Reliabilitätskoeffizienten insgesamt betrachtet in einem niedrigen Bereich. Die niedrigen Reliabilitätswerte erscheinen aufgrund der in früherer Forschung als valide und reliabel eingestuften Güte des Messinstruments (vgl. Rammstedt/John 2007: 206 ff.; Markmiller/Fahr 2008: 142 ff.; GESIS 2012) zunächst verwunderlich. Es ist jedoch kein Einzelfall, dass die eingesetzte Kurzskala geringe Reliabilitätswerte erreicht. So ermittelte auch Jers (2012: 289) für die fünf Dimensionen ebenfalls niedrige Cronbach's Alpha-Werte unter .37 und vermutet, dass die verschiedenen Befragungsmodi ein entscheidender Faktor sein könnten. Die zehn Items könnten für die Probanden leicht zu durchschauen sein und das auf Selbsteinschätzung berufende Ergebnis der Persönlichkeitsskala lässt sich bei einer Online-Befragungssituation einfacher manipulieren. Die Kurzskala versucht zwar eine möglichst große Bandbreite der Persönlichkeit abzubilden, doch dies kann wiederum zu geringen Zusammenhängen der Items einer Persönlichkeitsdimension führen. Ein in dieser Arbeit nicht zu leistender Beitrag für die zukünftige Forschung ist es, die Validierung der Kurzskala von Rammstedt und John (2007) tiefgründiger zu prüfen und die Skala gegebenenfalls anzupassen. Trotz dieser Einschränkungen sollen Indizes für die fünf Persönlichkeitseigenschaften, deren Dimensionierung die Hauptkomponentenanalyse bestätigen konnte, gebildet und für weitere Auswertungen einbezogen werden.

Tab. 24: Persönlichkeitseigenschaften der Stichprobenteilnehmer

	M	SD	r	α
Offenheit	3,7	0,9	.336***	.493
Gewissenhaftigkeit	3,3	0,8	.263***	.405
Extraversion	3,1	1,0	.654***	.790
Verträglichkeit	3,1	0,8	.084***	.155
Neurotizismus	2,8	0,9	.354***	.522

N = 1.456; negativ gepolte Items wurden zuvor positiv rekodiert; Korrelationen nach Pearson; ***alle Korrelationen (r) sind auf einem Niveau von p $\leq$ .001 hoch signifikant; Reliabilitäten (α) nach Cronbach's Alpha.

Den Mittelwertindizes der fünf Persönlichkeitseigenschaften zufolge, die in Tab. 24 abgebildet sind, nehmen die Dimensionen Offenheit für Erfahrungen (M = 3,7; SD = 0,9) und Gewissenhaftigkeit (M = 3,3; SD = 0,8) die höchsten Werte ein. Das Schlusslicht bildet die negativ formulierte Dimension Neurotizismus (M = 2,7; SD = 0,9). Die größte Streuung gibt es gemäß der ausgewiesenen Standardabweichung beim Faktor Extraversion, die geringste bei Verträglichkeit. Bei einem Vergleich zu den Befunden der Studie von Goldmedia zeigt sich, dass Ähnlichkeiten bestehen, die Rangfolge der Eigenschaften ist jedoch nicht identisch (vgl. Goldhammer et al. 2015: 127). Bei beiden Untersuchungen belegt die Persönlichkeitseigenschaft Neurotizismus den letzten Platz.

Gemäß des Fünf-Faktoren-Modells der Persönlichkeit sollten die fünf Dimensionen möglichst unabhängig voneinander sein (vgl. Kap. 5.4). Dementsprechend sollten sich bei der eingesetzten Kurzskala von Rammstedt und John (2007) keine starken Zusammenhänge zwischen den Faktoren zeigen. Aus diesem Grund wurden mögliche Korrelationen zwischen den fünf Persönlichkeitsdimensionen geprüft (vgl. Tab. 25). Dabei stellte sich heraus, dass sechsmal zwei Faktoren hoch signifikant miteinander korrelieren, die Zusammenhänge sind jedoch auf einem niedrigen Niveau. Die stärksten Korrelationen bestehen zwischen den Dimensionen Extraversion und Neurotizismus (r = -.312) sowie Extraversion und Offenheit (r = .217). Die restlichen Zusammenhänge weisen ein Korrelationskoeffizienten unter r = .2 auf. Diese Befunde ähneln stark den von Jers (2012: 291) ermittelten Korrelationen der Persönlichkeitsfaktoren.

Tab. 25: Korrelationen zwischen den Persönlichkeitseigenschaften

	Extra-version	Verträglich-keit	Gewissen-haftigkeit	Neuro-tizismus	Offenheit
Extraversion	1	.007	.190***	-.312***	.217***
Verträglichkeit	.007	1	.042	.003	-.002
Gewissenhaftigkeit	.190***	.042	1	-.153***	.097***
Neurotizismus	-.312***	.003	-.153***	1	-.095***
Offenheit	.217***	-.002	.097***	-.095***	1

N = 1.456; Korrelationen nach Pearson; ***p < .001.

Die Resultate bestätigen zwar nicht, dass die einzelnen Dimensionen völlig eigenständig sind, aufgrund der niedrigen Korrelationskoeffizienten können sie jedoch als ausreichend unabhängig eingestuft werden. Somit können die Persönlichkeitseigenschaften bei der Hypothesenprüfung eingesetzt werden. Zuvor wird jedoch auf die Auswertung der Anbieterbefragung eingegangen.

7.2   Auswertung der qualitativen Anbieterbefragung

Im Gegensatz zur Nutzerbefragung kam bei den mit den Anbietern geführten Leitfadeninterviews eine qualitative Auswertung zum Einsatz. Dazu wurden die Gespräche zunächst transkribiert (Kap. 7.2.1) und anschließend mittels qualitativer Inhaltsanalyse im Detail betrachtet (Kap. 7.2.2). Dieses Vorgehen sowie die Gütekriterien (Kap. 7.2.3) und grundlegende Ergebnisse (Kap. 7.2.4) der Untersuchung werden nachfolgend erörtert.

7.2.1   Datenaufbereitung

Im Zuge der Datenaufbereitung müssen die geführten Interviews sorgfältig in eine schriftliche Fassung gebracht werden, „da es sich hierbei um einen elementaren Bestandteil für die Qualitätssicherung der quantitativen Daten handelt." (Misoch 2015: 251 f.) Transkripte dienen als Basis für die Auswertung mittels qualitativer Inhaltsanalyse (vgl. Mayring 2002: 89). Es existieren zahlreiche Transkriptionssysteme, je nach Forschungsrichtung und Studienziel kann das Ausmaß der Transkription variieren.[127] Es stellt sich beispielsweise die Frage, ob para- bzw. nonverbale Verhaltensweisen – wie Betonung oder Sprachpausen – Berücksichtigung finden sollen. So sind grammatikalische Besonderheiten, dialektale Färbungen oder nonverbale Kennzeichnungen für eine konversationsanalytische Auswertung relevant (vgl. Scholl 2015: 71). In kommunikationswissenschaftlichen Analysen ist es in den meisten Fällen unnötig, sprachliche Färbungen, Dialekte oder Füllwörter bei der Transkription zu berücksichtigen, da primär die Inhalte der gegebenen Antworten und nicht die Erzählweise von Belang sind (vgl. Kuckartz 2010: 43; Meyen et al. 2011: 115). In dieser Arbeit liegt der Fokus auf verbalen Äußerungen sowie parasprachlichen Verhaltensweisen der befragten Personen.

Da alle Interviews vom Forscher persönlich transkribiert wurden, kann ein abweichendes Vorgehen bei der Verschriftlichung ausgeschlossen werden. Um Informationsverluste abzuwenden, wurde bei der vorliegenden Arbeit ein Transkriptionsverfahren in zwei Schritten durchgeführt. In einem *ersten* Schritt wurden die Interviews zunächst mit der Transkriptions-Software namens „f4" und in Anlehnung an Transkriptionsregeln von Kuckartz (2010: 44, 2014: 135 ff.) verschriftlicht. Dementsprechend wurden die Inter-

---

[127] Hierzu siehe Mayring (2002: 85 ff.); Froschauer/Lueger (2003: 223 f.); Ayaß (2005); Dittmar (2009); Gläser/Laudel (2010: 193 ff.); Lamnek (2010: 367 f.); Kowal/O'Connell (2013); Flick (2014: 379 ff.); Fuß/Karbach (2014); Kuckartz (2014: 135 ff.); Misoch (2015: 252 ff.).

views wörtlich in Schriftsprache transkribiert, die Sprache leicht geglättet, längere Pausen durch in Klammern gesetzte Auslassungspunkte markiert, betonte Begriffe und lautes Sprechen gekennzeichnet, zustimmende Lautäußerungen des Interviewers vernachlässigt, Einwürfe sowie Lautäußerungen des Befragten in Klammern gesetzt, die jeweils sprechende Person mit Kürzel angeführt, jeder Sprecherwechsel mit einem Absatz gekennzeichnet, Störungen in Klammern gesetzt sowie nonverbale Aktivitäten in Doppelklammern transkribiert. Zudem wurden unverständliche Passagen durch (unv.) gekennzeichnet. Die Namen des Befragten sowie des Interviewers wurden durch Kürzel (erster Buchstabe des Vor- und Nachnamens) ersetzt. Jedes Transkript wurde mit einem Transkriptionskopf versehen, das Informationen zum Interviewten enthält (vgl. Fuß/Karbach 2014: 79 ff.). Hierbei wurden jedoch nur Name und Senderzugehörigkeit des Befragten eingefügt, da alle weiteren Informationen dem jeweilig zugehörigen Postskriptum zu entnehmen sind. Da die Kennzeichnung von Pausen, Lautäußerungen oder Betonungen den Lesefluss der Antworten erschwert (vgl. Meyen et al. 2011: 115), wurden in einem *zweiten* Schritt eine weitere Transkriptversion ohne non-, para- und extra-verbalen Zeichen erstellt. In der Auswertung wurde zunächst die vereinfachte Darstellung der Transkripte verwendet, anschließend jedoch die ausführliche Version zur Überprüfung hinzugezogen.

7.2.2 Datenauswertung: Strukturierende Inhaltsanalyse

Die Wahl der Analysemethoden hängt vom Forschungsziel und der verwendeten Befragungsmethode ab (vgl. Keuneke 2005: 266; Schmidt 2013a: 447). Zur Auswertung qualitativer Interviews existieren viele Verfahren. Diese werden „meist ohne Systematisierung nebeneinandergestellt und unabhängig voneinander beschrieben." (Gläser/Laudel 2010: 44) Gläser und Laudel klassifizieren zwischen einer freien Interpretation, sequenzanalytischen Methoden, Kodieren und der qualitativen Inhaltsanalyse. Für die Auswertung der qualitativen Studie dieser Arbeit wurde ein inhaltsanalytisches Verfahren nach Philipp Mayring (2002: 118 f., 2013, 2015) gewählt. Mayring (2015: 67) differenziert zwischen Zusammenfassung, Explikation und Strukturierung des gewonnenen Materials. Für die Analyse der Social-TV-Akteure wurde das Verfahren der inhaltlichen Strukturierung eingesetzt, deren Ziel es ist, „bestimmte Themen, Inhalte, Aspekte aus dem Material herauszufiltern und zusammenzufassen." (ebd.: 103) Im Zentrum dieser Vorgehensweise steht das Kategoriensystem, welches eine Zuordnung des transkribierten Textmaterials zu einzelnen Kategorien ermöglichen soll. Das Kategoriensystem wird nicht vorab festgelegt, die Kategorienbildung basiert sowohl auf Theorie als auch auf der Arbeit am konkreten Material (vgl. Lamnek 2010: 451). Die Kategorien werden somit sowohl induktiv als auch deduktiv gebildet. Zur intersubjektiven Nachvollziehbarkeit wird der mehrstufige Ablauf der inhaltlich strukturierenden Inhaltsanalyse genauer erläutert (siehe Abb. 13).

Abb. 13: Ablauf der inhaltlich strukturierenden Inhaltsanalyse

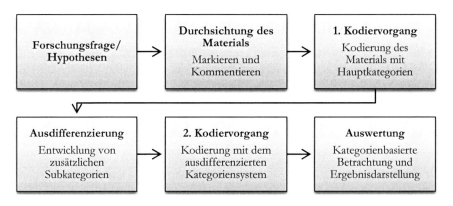

Quelle: Eigene Darstellung in Anlehnung an Kuckartz (2014: 78).

Zunächst wurden das transkribierte Textmaterial gelesen und markante Stellen markiert bzw. mit Anmerkungen versehen. Zur Kategorienbildung wurden Hauptkategorien zu den fünf Themenblöcken (siehe Kap. 6.4.2) gebildet. In einem ersten Kodiervorgang wurden relevante Textpassagen zu den übergeordneten Hauptkategorien zugeordnet. Daran anknüpfend wurden Hauptkategorien mit den zusammengestellten Textstellen genauer betrachtet und ausdifferenziert bzw. Subkategorien gebildet. Eine neue Kategorie wurde konstruiert, sobald „das erste Mal eine zur Kategoriendefinition passende Textstelle gefunden" wurde (Mayring 2002: 116). Nach diesem Prinzip wurden alle erhobenen Texte erkundet, bis keine weiteren Kategorien oder Ausprägungen mehr gefunden werden konnten. Damit die Zuordnung zu den einzelnen Kategorien möglichst eindeutig erfolgen konnte, wurde das Kategoriensystem um konkrete Ankerbeispiele ergänzt. Um bei der Kategorisierung der gewonnenen Datenmenge möglichst strukturiert vorgehen zu können, wurde bei der qualitativen Inhaltsanalyse ein computergestütztes Analyseprogramm verwendet (vgl. Kuckartz 2006, 2010, 2014: 132 ff.; Kruse 2014: 584 ff.). Dabei handelt es sich um die Software MAXQDA (Version 12).

Das entwickelte Kategoriensystem dieser Arbeit besteht aus fünf überge-ordneten Themenblöcken und 20 Hauptkategorien. Die ersten drei The-menbereiche basieren auf den Fragenblöcken des Interviewleitfadens, näm-lich Social-TV-Begriffsverständnis (Themenblock I), Rahmenbedingungen (Themenblock II) sowie Motive und Hemmnisse (Themenblock III). Der vierte Fragenblock des Leitfadens (Herausforderungen und Potentiale) wird im Kategoriensystem in zwei Bereiche aufgesplittet, um Nutzer und Anbie-ter differenzierter betrachten zu können. Somit befassen sich die letzten beiden Themenblöcke mit den Herausforderungen und Chancen für TV-Sender (Themenblock IV) sowie dem Status quo und Potential (The-menblock V). Die Themenblöcke sind in Tab. 26 überblicksartig dargestellt.

Der *erste* Themenbereich beschäftigt sich mit der Definition des Untersu-chungsgegenstandes Social TV und enthält zunächst drei deduktive Katego-rien (Kategorie 1 bis 3), die das Ausmaß der Zustimmung der Befragten zur entwickelten Definition mit jeweils zwei Subkategorien ermitteln. Die vierte Kategorie dieser Themengruppe wurde induktiv entwickelt und umfasst Kritik an dem Begriff „Social TV" an sich. Der *zweite* Themenblock stellt die Social-TV-Rahmenbedingungen in den Mittelpunkt und umfasst acht Kategorien. Die erste Kategorie dieses Bereichs macht mittels drei induktiv ermittelten Subkategorien die Relevanz des Alters für die Zielgruppen von Social-TV-Angeboten ausfindig (Kategorie 5). Die sechste und siebte Kate-gorie filtern Aussagen zur Social-TV-Infrastruktur, also Hardware und Platt-formen, die sechs Unterkategorien enthalten. In der achten Kategorie wer-den Aussagen zusammengefasst, die sich mit der Eignung bestimmter TV-Formate für Social TV auseinandersetzen und dazu fünf Subkategorien gebildet. Während eine Unterkategorie geeignete Formate bündelt, enthalten die anderen Subkategorien Aussagen zu ungeeigneten Formaten, beschränk-ten Einsatzmöglichkeiten bezüglich der Formate, konkrete Sendungsbeispie-le oder die Ansicht, dass sich prinzipiell jedes TV-Format für eine Social-TV-Verknüpfung eignet. Hinsichtlich der Nutzungszeitpunkte wurden Einschät-zungen zur synchronen sowie asynchronen Nutzung gebündelt (Katego-rie 9) und die non-lineare Nutzung spezifischer kategorisiert (Kategorie 10). Dazu wurden drei Subkategorien induktiv entwickelt, die die Relevanz der Social-TV-Nutzung zu nicht-linearen Bewegtbildangeboten festhalten und diesbezügliche Experimente der TV-Sender erfassen. Schließlich wurden zu den Social-TV-Rahmenbedingungen auch die Einschätzungen der interview-ten Personen zu den Nutzeraktivitäten mittels drei Unterkategorien katego-risiert (Kategorie 11). Welche Nutzungspraktiken durch die Angebote be-dient werden, wurde in Kategorie 12 mittels zwei Subkategorien kodiert.

Tab. 26: Kategoriensystem der qualitativen Anbieterbefragung

Hauptkategorie	Unter-kategorien	Definition
Themenblock I: Social-TV-Begriffsverständnis		
1. Zustimmung zur Definition	2	Zustimmung zur in dieser Arbeit vorgenommenen Social-TV-Definition
2. Zeitpunkte	2	Zeitpunkte der Nutzung als Definitionsbestandteil
3. Aktivität	2	Grad der Nutzungsaktivität als Definitionsbestandteil
4. Begriffskritik	-	Der Begriff „Social TV" wird kritisiert
Themenblock II: Rahmenbedingungen		
5. Alter der User	3	Die Relevanz des Alters für Social-TV-Zielgruppen
6. Hardware	2	Die Relevanz der Hardware
7. Plattformen	4	Die Relevanz der verschiedenen Plattformen
8. Formate	5	Die Relevanz verschiedener TV-Formate
9. Zeitpunkte	2	Die synchrone und asynchrone Nutzung
10. Non-lineare Inhalte	3	Social-TV-Angeboten zu non-linearen Inhalten
11. Nutzungspraktiken	3	Die verschiedenen Praktiken der Nutzung
12. Angebote der Sender	2	Planung und Fokus von Social-TV-Angeboten
Themenblock III: Motive und Hemmnisse der Nutzung		
13. Hauptmotive	5	Kognitive, affektive, soziale und identitätsbezogene Motive der Nutzung
14. Soziale Motive	2	Gründe, warum soziale Motive laut Nutzerangaben nicht die Haupttreiber der Nutzung sind
15. Soziale Motive: TV vs. Social TV	2	Die Relevanz sozialer Motive der Social-TV-Nutzung im Vergleich zur klassischen Fernsehnutzung
16. Hemmnisse	4	Hemmnisse der Social-TV-Nutzung
Themenblock IV: Herausforderungen und Chancen für TV-Sender		
17. Herausforderungen	4	Herausforderungen für TV-Sender
18. Chancen	4	Chancen für TV-Sender, die aus Social TV resultieren
Themenblock V: Status quo und Zukunft		
19. Status quo	2	Der aktuelle Stand von Social TV in Deutschland
20. Zukunft	3	Potentiale für die Zukunft von Social TV

Quelle: Eigene Erhebung.

Im *dritten* Themenblock „Motive und Hemmnisse der Nutzung" wurden zunächst die von den Befragten genannten Hauptmotive der Nutzung kategorisiert (Kategorie 13). Sofern mehrere Motive mit gleicher Relevanz genannt wurden, erfolgte eine Zuordnung zu allgemeinen Motiven. Speziell die sozialen Nutzungsmotive sind Gegenstand der beiden nachfolgenden Kategorien. Zunächst werden genannte Gründe gruppiert, warum soziale Motive von einer Vielzahl der befragten Nutzer nicht an erster Stelle genannt wurden (Kategorie 14). Hierzu wurden aus den Antworten induktiv zwei Unterkategorien abgeleitet. Ebenso wurde die Relevanz sozialer Motive der Social-TV-Nutzung im Vergleich zur klassischen Fernsehnutzung mittels zwei induktiver Subkategorien ermittelt (Kategorie 15). Im Zuge dessen wurde ebenfalls die Meinung erfasst, ob Social TV das Fernsehen zu einem sozialeren Medium macht. Neben den Motiven der Nutzung beinhaltet die dritte Themengruppe eine Kategorie zu den Hemmnissen (Kategorie 16).

Im *vierten* Themenblock „Chancen und Herausforderungen für TV-Sender" wurden zunächst für die aktuelle Herausforderungen (Kategorie 17) induktiv vier Subkategorien identifiziert, die den Umgang mit Feedback, den nötigen Aufwand für Social-TV-Angebote, die steigende nicht-lineare Bewegtbildnutzung sowie sonstige Schwierigkeiten gruppieren. Zudem wurden die sich aus Social TV für die Fernsehsender ergebenden Chancen mittels vier Subkategorien kodiert (Kategorie 18). Im Fokus steht dabei die Subkategorie „Stärkung des linearen TV", welche die Zustimmung, Ablehnung oder Unentschlossenheit des jeweiligen Interviewpartners festhält. Als weitere Vorteile wurden die mögliche Zuschauerbindung, direkte Feedbackmöglichkeiten sowie neue Marketing- und Monetarisierungsoptionen identifiziert.

Der *fünfte* und letzte Themenblock nimmt schließlich zwei Kategorien zur Einschätzung der Befragten zum aktuellen Stand von Social TV in Deutschland sowie zukünftigen Entwicklung auf (Kategorie 19 und 20). Hinsichtlich des aktuellen Stands von Social TV wurde dabei differenziert, ob die Nutzung als bereits etabliert oder noch nicht etabliert eingestuft wird. Die zukünftige Entwicklung beinhaltet neben dem geschätzten Potential auch zukünftige Strategien Sender in Bezug auf den Untersuchungsgegenstand.

Das gesamte Textmaterial wurde nach Erstellung des endgültigen Kategoriensystems erneut kodiert. Das Resultat dieses letzten Kodiervorgangs bildet die Grundlage für die Auswertung und Ergebnisdarstellung. Dabei wurden neben kategorienbasierten Analysen auch Zusammenhänge zwischen Kategorien oder zwischen Sub- und Hauptkategorien festgestellt (vgl. Kuckartz 2014: 94 ff.).

7.2.3   Qualitative Gütekriterien

Während die Güte quantitativer Forschung durch Prüfung der Kriterien Objektivität, Reliabilität und Validität gewährleistet werden kann (vgl. Kap. 7.1.2), wird die Qualität qualitativ erhobener Daten durch die Auswertungsmethode sowie Interpretation geprägt. Um die Aussagekraft erhobenen Daten einschätzen zu können, muss sich jedoch auch qualitative Forschung an Gütekriterien messen lassen (vgl. Mayring 2015: 123).[128] Im Gegensatz zur quantitativen Forschung kann hierbei zwar auch nicht der Anspruch auf intersubjektive Überprüfbarkeit, jedoch auf intersubjektive Nachvollziehbarkeit des Forschungsprozesses erhoben werden (vgl. Steinke 2013: 324). Kuckartz (2014: 167) betont, dass für qualitative Inhaltsanalysen in erster Linie Kriterien innerer Untersuchungsgüte zu formulieren sind, „während die Übertragbarkeit und Verallgemeinerungsfähigkeit stärker von der gesamten Anlage der qualitativen Studie, ihrem Design und dem gewählten Analyseverfahren beeinflusst werden." In Bezug auf die qualitative Studie werden sechs Gütekriterien diskutiert (Mayring 2002: 144 ff.).

Verfahrensdokumentation

Das Verfahren der qualitativen Untersuchung wurde ausführlich dokumentiert, damit der Forschungsprozess intersubjektiv nachvollziehbar ist (vgl. Misoch 2015: 242). Dazu wurde sowohl die Wahl der Methodik begründet, der Aufbau des Leitfadens und die Durchführung der Datenerhebung (Kap. 6.4) sowie das methodische Vorgehen zum Auswerten der Daten erläutert (Kap. 7.2). Bei der Präsentation der Ergebnisse wurde ebenso darauf geachtet, diese möglichst verständlich darzustellen.

Argumentative Interpretationsabsicherung

Bei der Auswertung qualitativer Untersuchungen spielt die subjektive Interpretation des Forschers eine zentrale Rolle. „Interpretationen lassen sich aber nicht beweisen, nicht wie Rechenoperationen nachprüfen." (Mayring 2002: 145) Um dieses Manko zu kompensieren und eine Willkür der Auswertung zu vermeiden, wurden alle Schlussfolgerungen mit Argumenten sowie konkreten Beispielen belegt.

---

[128] Zu den spezifischen Qualitätskriterien der qualitativen Inhaltsanalyse siehe Krippendorf (2004: 211 ff.); Reichertz (2005); Lamnek (2010: 127 ff.); Tracy (2010); Mayer (2013b: 55 ff.); Steinke (2013); Flick (2014: 487 ff.); Kruse (2014: 54 ff.); Mayring (2015: 123 ff.).

Regelgeleitheit

Mayring (2002: 145 f.) merkt an, dass sich qualitative Forschung trotz der Offenheit an gewisse Verfahrensregeln halten müsse. Zur Systematisierung wurde bei dieser Studie schrittweises vorgegangen, maßgebliche Analyseschritte wurden im Voraus festgelegt. Der entwickelte Interviewleitfaden wurde regelorientiert erstellt, da er auf den theoretischen Vorarbeiten basiert. Eine zu starke Fokussierung auf die Regelgeleitheit wurde vermieden, damit Raum für Offenheit blieb und Modifizierungen möglich waren.

Nähe zum Gegenstand

Ein zentrales Gütekriterium der qualitativen Forschung ist die Nähe zum Gegenstand. Um die Interviewpartner in einer möglichst für sie natürlichen Umgebung nah an der Alltagswelt zu befragen, befanden sich alle Beforschten zum Zeitpunkt der Befragung am Arbeitsplatz. Zur Auflockerung der Interviewsituation und Förderung der Redebereitschaft wurde versucht, alle Interviews Face-to-Face durchzuführen (vgl. Kap. 6.3.4). Die Befragten hatten die Möglichkeit Fragen zu stellen, zudem wurde ihnen angeboten, sie nach Forschungsabschluss über die Ergebnisse zu informieren. „Durch diese Interessensannäherung erreicht der Forschungsprozess eine größtmögliche Nähe zum Gegenstand." (ebd.: 146) Eine Beeinflussung des Antwortverhaltens durch die Befragungssituation kann allerdings nicht gänzlich ausgeschlossen werden. Um solche Effekte zu erkennen, wurden im Postskriptum Hintergründe zur Interviewsituation festgehalten.

Kommunikative Validierung

Das Kriterium der kommunikativen Validierung steht für eine „Rückkopplung der Interpretationen an die Befragten und kann als Wahrheits- und Gütekriterium sicher kritisch betrachtet werden." (Lamnek 2010: 132) Bei der vorliegenden Studie wurde darauf verzichtet, die Ergebnisse und Interpretationen den Befragten zur Prüfung vorzulegen. Ihnen wurden jedoch aus dem Interview verwendete Zitate zur Kenntnisnahme zugeschickt. Sofern eine Aussage als falsch angesehen worden wäre, hätte dies eine Streichung aus der Interpretation zur Folge habt. In Bezug auf die Validität wurde vielmehr auf die Einhaltung der Konstruktvalidität geachtet. Um die Homogenität des entwickelten Kategoriensystems zu stärken, wurde die Zuordnung einzelner Textaussagen zu den Kategorien mit anderen Personen diskutiert und überprüft.

Triangulation

Die Qualität der Forschung kann durch die Verbindung mehrerer Methoden, Daten oder Theorien erhöht werden. Um diesem Gütekriterium gerecht zu werden, wurden zentrale Analyseaspekte sowohl mittels der Nutzerbefragung als auch mit der Anbieterbefragung untersucht. Durch dieses Vorgehen können die Ergebnisse aus verschiedenen Perspektiven verglichen und Schwächen der Teilstudien kompensiert werden (vgl. Kap. 6.2).

Die Diskussion der sechs Gütekriterien zeigt, dass ein Erreichen aller Kriterien zur Qualitätssicherung der Untersuchung angestrebt wurde, dies jedoch nicht gänzlich kontrolliert bzw. garantiert werden kann. Durch die ausführliche Dokumentation des Vorgehens sollten alle Stärken und Schwächen für den Leser transparent gemacht werden. Die Qualitätskriterien können zur Bewertung der Ergebnisse einbezogen werden.

7.2.4   Grundlegende Befunde

Die detaillierte Ergebnispräsentation der qualitativen Senderbefragung erfolgt an jeweils passender Stelle im Zuge der Hypothesenprüfung (siehe Kap. 8). An dieser Stelle werden grundlegende Befunde präsentiert, die Hintergründe zu den Anbietern liefern. Dabei wird dargelegt, was die Interviewten unter Social TV verstehen und wie sie den aktuellen Stand von Social TV einschätzen. Ebenso wird betrachtet, welche Strukturen zur Planung und Durchführung von Social-TV-Maßnahmen innerhalb der Sender vorherrschen.

Social-TV-Begriffsverständnis

Um die gemachten Aussagen der befragten Personen treffend einordnen zu können, muss zunächst ergründet werden, was diese unter Social TV verstehen. Die gegebenen Antworten zeigen, dass keiner der befragten Personen die zugrundeliegende Definition (siehe Kap. 4.1.2) gänzlich ablehnt. Mehrheitlich wird das Begriffsverständnis geteilt, in einzelnen Fällen bestehen leichte Abweichungen. Diese betreffen in erster Linie die Punkte Hardware, Nutzungszeitpunkt sowie Nutzungsaktivität.[129]

---

[129] Die Darstellung bezieht sich ausschließlich auf Aussagen, die unmittelbar die Definition von Social TV betreffen. Eine ausführliche Darstellung der Ergebnisse in Bezug auf Hardware, Zeitpunkte und Praktiken der Social-TV-Nutzung erfolgt in Kapitel 8.1.

Hinsichtlich der *Hardware* geht ein Teil der Befragten davon aus, dass die Social-TV-Nutzung unmittelbar auf dem Fernsehgerät (One Screen) nicht relevant sei. Sie schließen daher nur Social-TV-Angebote auf dem Second Screen in die Definition ein (vgl. Heise; Retzer). In puncto *zeitlicher Verortung* der Social-TV-Nutzung fokussiert das Gros existierender Definitionen auf die synchrone Nutzung und lässt asynchrone Nutzungsweisen außen vor (vgl. Kap. 4.1.2). Daher ist es unabkömmlich zu betrachten, ob die befragten Personen die in dieser Arbeit eingeschlossene asynchrone Nutzung ebenfalls als Definitionsbestandteil ansehen. Es zeigt sich, dass Vertreter von sieben TV-Sendern sowohl die Nutzung vor, während als auch nach der linearen Ausstrahlung als integralen Bestandteil betrachten. So merkt etwa Markus Piesch von RTL II an: „Was ich immer zu kurz gefasst finde, ist nur den Parallelkonsum zur TV-Sendung heranzuziehen, weil es natürlich deutlich mehr ist." Die Einbindung der drei Zeitphasen wird von zwei Personen als Element des Marketings bezeichnet, da jeder der drei Zeitpunkte zur Zuschauerbindung eingesetzt werden könne (vgl. Mehner; Schlatterbeck). Laut Matthias Mehner von ProSiebenSat.1 werden die drei Phasen deshalb als „Ramp-up-Phase", „On-Air-Phase" sowie „Catch-up-Phase" bezeichnet. Vertreter von vier Sendern betonen, dass die Nutzung prinzipiell zu allen Zeitphasen möglich sei, jedoch primär parallel zur Ausstrahlung stattfinde (vgl. Beck; Primbs; Heise; Klein). In Bezug auf die asynchrone Nutzung wird vor allem der Nutzung nach Sendungsausstrahlung Bedeutung zugewiesen (vgl. Günther).

Neben der zeitlichen Begrenzung werden vorhandene Social-TV-Definitionen oftmals auf aktive *Nutzungspraktiken* reduziert. Passive Nutzungsweisen, wie etwa das Lesen von Kommentaren anderer Zuschauer oder eines Senders, werden nicht per se berücksichtigt. Es stellt sich die Frage, „wo eine soziale Interaktion beginnt, ob ein Austausch stattfinden muss oder ob der Konsum dieser Kommunikation schon ein sozialer Aspekt ist." (Schlatterbeck) Nach Ansicht aller Befragten kann die passive Nutzung grundsätzlich Bestandteil der Social-TV-Bestimmung sein. Zwei Befragte bringen zum Ausdruck, dass die passive Nutzung mit einer Interaktion verbunden sein müsse (vgl. Primbs; Schlatterbeck). Stefan Primbs vom Bayerischen Rundfunk zählt etwa das Suchen nach Zusatzinformationen via Suchmaschinen oder das reine Konsumieren von Zusatzangeboten der Sender nicht zu Social TV hinzu und meint, „dass für Social TV zwingend notwendig ist, dass soziale Austausche stattfinden oder dass mindestens zwei Leute irgendetwas machen." Das klassische Sender-Empfänger-Modell müsse bei Social TV aufgeweicht sein.

Im Zuge der Erläuterung des Social-TV-Begriffsverständnisses merken vier Sender an, dass die Bezeichnung Social TV an sich problematisch sei. Zum einen impliziere der Begriff, dass es sich um eine exotische Form des Fernsehens handele, die völlig neuartig sei (vgl. Retzer). Hierbei wird die Hoffnung geäußert, „dass es diesen Begriff Social TV in der Zukunft gar nicht mehr geben wird" (Weinhauser) und die Nutzung nicht als Sonderform der Fernsehnutzung angesehen wird, sondern Bestandteil dieser ist. Zum anderen werfen Vertreter zweier TV-Sender in Bezug auf den Begriff Social TV die Frage auf, „wo man das Wort TV in dem Kontext ansiedelt." (Quetting) Aufgrund der ansteigenden nicht-linearen Bewegtbildnutzung stelle sich die Frage, ob TV prägender Begriffsbestandteil von Social TV sein solle oder nicht passender etwa als „Social Video" (Amlung) bezeichnet werden müsse. Robert Amlung äußert, dass Fernsehen nicht das Definierende sei, denn „das Dominierende bei Social TV ist eben nicht TV, sondern Social."

Status quo von Social TV in Deutschland

Zum aktuellen Stand von Social TV wird akzentuiert, dass stark zwischen Social TV in Deutschland und anderen Ländern differenziert werden müsse. Da sich sowohl das Angebot als auch die Nutzung etwa in den USA oder skandinavischen Ländern auf einem höheren Level vollziehe, hänge der deutsche Markt im internationalen Vergleich hinterher (vgl. Beck; Mehner; Quetting; Retzer). Der Erfolg der Social-TV-Angebote hänge teilweise mit dem Erfolg der relevanten Plattformen zusammen. So stehe die stärkere Social-TV-Nutzung in den USA im Zusammenhang mit der deutlich frequentierteren Nutzung von Twitter (vgl. Mehner) oder der in allen Altersklassen stärker verbreiteteren Facebook-Nutzung (vgl. Amlung). Bezüglich der Entwicklung innerhalb Deutschlands merken mehrere Interviewte an, dass Social TV sich mittlerweile gut etabliert habe, aber dennoch das Potential bislang nicht ausgeschöpft sei (vgl. Beck; Günther; Klein; Mehner; Schlatterbeck; Weinhauser).

Eine Einschätzung der Etablierung von Social TV in Deutschland hängt neben Aspekten wie Alter und Zielgruppe (siehe Kap. 8.1.1) ebenso von dem zugrundeliegenden Begriffsverständnis ab. So bezeichnet Markus Piesch etwa die reine Fokussierung auf die programmbezogene Social-Media-Kommunikation als anfänglichen Hype der Social-TV-Entwicklung. „Aber wenn man den Begriff so fasst, wie Sie ihn anfangs definiert haben, dann ist es glaube ich mittlerweile schon Standard." (Piesch) In deutschen Fernsehsendungen sind mittlerweile verschiedenste Interaktions- und Partizipationsformen erkennbar, „es ist aber nach wie vor für viele Sendungen kein kriegsentscheidender Bestandteil der DNA." (Klein) In Bezug auf das Angebot der Fernsehsender haben die deutschen Sender noch nicht „den goldenen Hebel gefunden" (Retzer). Torben Glander vom Social-TV-Sender joiz kritisiert zudem, dass viele bestehende Social-TV-Angebote nicht konsequent geplant seien: „Nur weil Social TV drauf steht, ist es das noch lange nicht." Dass die Einbindung von Social TV noch nicht zum festen Bestandteil von Fernsehsendern gehört, zeigt sich auch daran, dass der Umgang mit Social Media noch nicht selbstverständlich ist. So stellt Robert Amlung für das ZDF fest: „Da sind wir noch ganz am Anfang, uns da quasi dran zu gewöhnen und das wirklich in die Arbeitsabläufe einzubauen, das fordert noch viel Anpassung von unserer Seite." Um den Umgang der Sender mit Social TV besser zu verstehen, wird ein Blick auf die strukturelle Organisation und Durchführung von Social-TV-Konzepten geworfen.

Organisation und Durchführung von Social-TV-Maßnahmen

Social TV wird unabhängig davon genutzt, ob die Fernsehsender Social TV aktiv unterstützen oder nicht, darüber sind sich sowohl öffentlich-rechtliche Sender, Privatsender als auch Bezahlsender einig (vgl. Beck; Günther; Mehner; Primbs; Weinhauser). Es liegt jedoch in der Entscheidung des Fernsehsenders, ob dieser sich an Social TV beteiligt und die Nutzung bedient oder nicht. Thomas Klein fasst die Handlungsalternativen zusammen: „Ich kann mich darüber aufregen oder ich kann das annehmen und kann sagen, wir versuchen auch diesen Leuten ein Angebot zu machen."

Ähnlich wie beim allgemeinen Social-Media-Umgang im redaktionellen Umfeld (vgl. Primbs 2015: 85), werden die Social-TV-Aktivitäten meist nicht ausschließlich von einer bestimmten Abteilung betreut. Es herrschen keine starren Strukturen, sondern es besteht meist eine Zusammenarbeit zwischen Fernsehredaktion und Online- bzw. Social-Media-Team (vgl. Amlung; Beck; Günther; Heise; Klein; Primbs; Schlatterbeck). Ebenso können – vor allem bei Privatsendern – Mitarbeiter aus dem strategischen Marketing hinzukommen (vgl. Mehner). Wer die Social-TV-Integration zu einem bestimmten Format zuerst vorschlägt, ist unterschiedlich. So kann es vorkommen, dass die Social-Media-Redaktion in einer bestimmten Sendung Potential für ein vertieftes Angebot sieht und auf die zuständigen Fernsehredakteure zugeht: „Dann spricht man mit der Redaktion […] und versucht da auch mal etwas anzubieten und Angebote für den Nutzer zusammenzustellen." (Beck) Umgekehrt kann es sein, dass die TV-Redaktion ein Social-TV-Angebot zu einem Format plant und mit diesem Anliegen zur Social-Media-Redaktion kommt. Michael Heise von RTL sieht einen Vorteil in der zweiten Variante: „Besser geht es natürlich, wenn die TV-Kollegen kommen, weil dann Social TV schon von ihnen aus wirklich integraler Bestanteil der Sendung ist." Die Social-Media-Redakteure kennen die Communities der einzelnen Plattformen genau und haben laut Stefan Weinhauser von Sky „ein sehr gutes Gespür dafür, was eigentlich funktioniert und was nicht." Die endgültige Entscheidung über Social-TV-Aktionen bleibt jedoch meist der TV-Redaktion vorbehalten. „Es muss schon so sein, dass die Fernsehredaktion das möchte und auch mitmacht. Gleichzeitig braucht man das Fachwissen der Social-Media-Abteilung." (Amlung)

In welchem Umfang Aktivitäten von den TV-Redaktionen selbst vorgenommen werden, hängt von dem Knowhow der jeweiligen Redaktion ab. Ein Beispiel liefert Stefan Primbs: „Also unsere Sportredakteure sind selber Experten, sowohl für Social Media als auch für Sport." Anders sei dies bei Redaktionen, wo nur punktuell Diskussionsbedarf in den sozialen Netzwerken bestehe. Dies wäre etwa der Fall, wenn die Kirchenredaktion etwas zu einem Kirchentag anbiete. Sofern mehrere Abteilungen in die Entwicklung und Durchführung eines Angebots eingebunden sind, werden die Maßnahmen mit allen Beteiligten abgestimmt. Das ist vor allem bei großen Shows sowie Eigenproduktionen der Fall (vgl. Klein; Mehner). Für den *Tatort* finden beispielsweise Kommunikationsrunden statt, bei denen sich alle Beteiligten abstimmen.[130]

Einig sind sich die Befragten darüber, dass Social-TV-Angebote mit Aufwand verbunden sind (siehe Kap. 8.3.1). Damit der nötige Aufwand von den vorhandenen Teams gestemmt werden kann, muss das regelmäßige Angebot laut Jonas Schlatterbeck relativ standardisiert aufgebaut sein. ARTE habe daher beispielsweise für den Themenabend einen festen Zeitplan entwickelt, wann welche Inhalte eingeholt werden und wie das Angebot organisiert sein müsse. Es wird betont, dass die Social-TV-Aktivitäten der Sender durchdacht und im Voraus geplant sein sollten (vgl. Glander; Piesch; Primbs). Wird ein Format mit Zusatzinformationen und einer Diskussion mit den Zuschauern begleitet, so können zuvor relevante Fakten, Grafiken oder auf typische Fragen Antworten vorbereitet werden, um schnell reagieren zu

---

[130] Das Social-TV-Angebot zum *Tatort* wird von der jeweiligen Landesrundfunkanstalt organisiert, die den *Tatort* produziert. „Es gibt ein paar Halbstandards, aber es gibt keine durchgängige Linie, wo man sagen kann, das wird jetzt immer so gemacht oder nicht." (Klein)

können. Die Relevanz der Vorbereitungsphase wird besonders von dem Social-TV-Sender joiz betont, da Partizipation der Zuschauer ein elementarer Bestanteil der Sendungen ist: „Das heißt, unsere Redaktion und Moderatoren müssen sich jeden Tag für ihre Sendung neue Aufbereitungen der Teilhabe, der Partizipation für unsere Community überlegen." (Glander)

Neben Fernsehredakteuren und Social-Media-Redakteuren ist auch der Einbezug externer Personen für Social-TV-Diskussionen möglich. So kann den Zuschauern eine Interaktion mit einem Regisseur, einem Darsteller oder einem Experten zu einer laufenden Sendung angeboten werden. Bei kontroversen Sendungsthemen können auch Experten die Zuschauerfragen beantworten (vgl. Günther; Primbs; Schlatterbeck). Als weitere Möglichkeit wird genannt, dass für große Shows externe Personen eingesetzt werden, die aus der Community stammen, in der die Diskussion stattfindet. ProSieben setzt beispielsweise für *Germany's next Topmodel* Fashion-Blogger ein, die dann entscheiden, mit welchem Inhalt die Social-Media-Kanäle bespielt werden. Matthias Mehner begründet: „Wir wollen halt wirklich jemanden haben, der dezidiert in dieser Zielgruppe lebt, am besten aus dieser Zielgruppe kommt und auch das gleiche Wording wie die Zielgruppe da draußen hat."

7.3   Zusammenfassung zentraler empirischer Befunde II

Die beiden durchgeführten Studien erfordern differenzierte Auswertungsmethoden, dienen jedoch beide zur Beantwortung der zentralen Forschungsfrage. Da es sich bei der Social-TV-Nutzerbefragung um ein quantitatives Verfahren handelt, wurde diese mittels statistischer Analysemethoden, wie etwa Mittelwertvergleich, Korrelationsanalyse oder Clusteranalyse, ausgewertet. Die kritische Auseinandersetzung mit den Gütekriterien Objektivität, Reliabilität und Validität hat ein zufriedenstellendes Ergebnis für die quantitative Studie gezeigt. Die bereinigte Stichprobe setzt sich aus 1.456 Social-TV-Nutzern zusammen, darunter sind 52 Prozent Frauen und 48 Prozent Männer mit einem durchschnittlichen Alter von 31 Jahren. 55 Prozent der befragten Personen sind berufstätig, 38 Prozent befinden sich noch in Ausbildung (Schüler, Lehrlinge und Studierende) und sieben Prozent sind arbeitslos, bereits in Rente oder im eigenen Haushalt tätig. In Bezug auf die Herkunft zeigt sich, dass Social-TV-Nutzer aus allen deutschen Bundesländern vertreten sind und keine starke Fokussierung auf einzelne Gebiete erfolgt. Die durchschnittliche Haushaltsgröße der Testpersonen beträgt 2,5 Personen, etwa ein Viertel (27%) lebt allein. 96 Prozent der Befragten nutzen täglich das Internet und 65 Prozent das Fernsehen. Während die durchschnittliche Onlinenutzung bei vier Stunden liegt, beträgt sie beim Fernsehen zwei Stunden und 45 Minuten pro Tag. 99 Prozent nutzen neben linearen Fernsehinhalten auch Videoportale und 64 Prozent Streaming-Dienste. Etwa ein Viertel (26%) der Befragten nutzt Social TV täglich, 30 Prozent zwei- bis dreimal und 29% vier- bis sechsmal pro Woche.

Im Gegensatz zur Nutzerbefragung wurden die Fernsehsender nicht quantitativ, sondern mittels qualitativen Interviews befragt. Um die geführten Gespräche auswerten zu können, mussten sie im Zuge der Datenaufbereitung zunächst in eine schriftliche Form gebracht werden. Die erstellten Transkripte dienten als Basis für das inhaltsanalytische Verfahren nach Mayring, das für die Auswertung der qualitativ gewonnen Daten am zielführendsten erscheint. Die Inhaltsanalyse verfolgt dabei das Ziel der inhaltlichen Strukturierung. Das entwickelte Kategoriensystem beinhaltet folgende fünf übergeordnete Themenblöcke: Social-TV-Definition, Rahmenbedingungen, Motive und Hemmnisse der Nutzung, Herausforderungen und Chancen für TV-Sender sowie Status quo und zukünftiges Potential. Insgesamt wurden 20 Kategorien entwickelt, denen das gewonnene Textmaterial zugeordnet wurde. Es wurden folgende sechs Kriterien zur Bewertung der Aussagekraft herangezogen: Verfahrensdokumentation, argumentative Interpretationsabsicherung, Regelgeleitheit, Nähe zum Gegenstand, kommunikative Validierung sowie Triangulation. Die Auseinandersetzung mit diesen hat gezeigt, dass die Sicherung aller Kriterien angestrebt wurde, jedoch aufgrund der Struktur der qualitativen Methodik nicht gänzlich gesichert werden kann.

Die grundlegenden Befunde der Anbieterbefragung machen deutlich, dass die befragten TV-Sender das Social-TV-Begriffsverständnis dieser Arbeit überwiegend teilen. Sofern Abweichungen bestehen, basieren diese primär auf zeitlichen Aspekten, relevanter Hardware sowie Aktivitäten der Social-TV-Nutzung. Einig sind sich die Befragten darüber, dass die Relevanz von Social TV in Deutschland innerhalb der letzten Jahre deutlich zugenommen habe, jedoch – vor allem im internationalen Vergleich – sowohl bei den Nutzern als auch bei den TV-Sendern noch nicht gänzlich angekommen sei. Für die Vorbereitung und Durchführung von Social-TV-Angeboten ist entweder die TV-Redaktion, das Social-Media-Team oder das strategische Marketing zuständig, häufig findet eine Zusammenarbeit dieser Bereiche statt. Ob ein Sender diese Nutzungsweisen bedient und sich an der Diskussion beteiligt, ist vor allem eine Frage des nötigen Aufwands sowie der geschätzten Resonanz der Nutzer.

8. HYPOTHESENPRÜFUNG UND ERGEBNISSE

Wir mutmaßen uns da gar nicht so sehr an,
dass wir jetzt Social TV so groß betreiben können.
Social TV wird von den Nutzern gemacht.
(Matthias Mehner, ProSiebenSat.1 Digital)

Die Hypothesenprüfung und Ergebnisdarstellung folgt den in Kapitel 6.1 hergeleiteten Forschungsfragen und Hypothesen. Somit werden zunächst die Hypothesen zum Social-TV-Nutzungsverhalten geprüft (Kap. 8.1), bevor auf die Funktionalität der Nutzung fokussiert wird (Kap. 8.2). Zudem erfolgt eine Auseinandersetzung mit Forschungsfragen zum Potential des sozialen Fernsehens (Kap. 8.3). Zur Prüfung dienen sowohl die Daten der Nutzerbefragung als auch die der Anbieterbefragung. In Kapitel 8.4 werden die Ergebnisse diskutiert und mit früheren Befunden verglichen.

8.1 Hypothesen zum Social-TV-Nutzungsverhalten

Zur Erfassung des Social-TV-Nutzungsverhaltens werden die Intensität der Nutzung und der Einfluss des Alters der Probanden auf die Nutzungshäufigkeit betrachtet (Kap. 8.1.1). Daran anknüpfend sollen Praktiken der Nutzung zusammen mit den verwendeten Infrastrukturen analysiert werden (Kap. 8.1.2). Ebenso wird ein möglicher Zusammenhang zwischen den Nutzungszeitpunkten sowie den TV-Formaten untersucht (Kap. 8.1.3).

8.1.1 Nutzungsintensität und Zielgruppe

Hypothese 1.1 nimmt an, dass mit steigendem Alter die Nutzung von klassischem Fernsehen zunimmt, während die Social-TV-Nutzung nachlässt und sich dementsprechend Digital Natives bezüglich der Nutzungsintensität signifikant von anderen Nutzern unterscheiden. Zur Überprüfung der Hypothese wird getestet, ob ein Zusammenhang zwischen dem Alter der Probanden und der Nutzungshäufigkeit von Fernsehen sowie Social TV besteht. Daran anknüpfend wird betrachtet, ob sich bezüglich der Nutzungsintensität speziell die Digital Natives signifikant von älteren Nutzern unterscheiden. Zudem interessiert in diesem Zusammenhang, ob die Social-TV-Angebote der Sender primär an Digital Natives gerichtet sind.

Die Korrelationsprüfung ergibt, dass ein statistisch hoch signifikanter Zusammenhang zwischen dem Alter der befragten Social-TV-Nutzer und der

Nutzungshäufigkeit von klassischem Fernsehen (r_s(1456) = .204; p < .001) sowie Social TV (r_s(1456) = -.106; p < .001) besteht.[131] Die Vorzeichen der Koeffizienten verdeutlichen, dass mit zunehmendem Alter der Probanden die klassische TV-Rezeption zunimmt, während die Social-TV-Nutzung abnimmt. Das bestärkt die Hypothese eines Zusammenhangs zwischen Alter und Nutzungsintensität, allerdings sind die Korrelationswerte in einem niedrigen Bereich angesiedelt, weshalb die Zusammenhangsstärke als mäßig eingestuft werden muss. Dies kann allerdings ein Resultat der recht großen Stichprobe sein (vgl. Kap. 7.1.1).

Hypothese 1.1 geht weiterhin davon aus, dass speziell die mit Social Media aufgewachsenen Digital Natives Social TV ritualisierter und habitualisierter nutzen als Personen ab 30 Jahren, während diese hingegen häufiger als die unter Dreißigjährigen klassisches Fernsehen rezipieren. Durch Gruppierung des Alters der Nutzer in Personen unter sowie ab 30 Jahren zeigen sich erste Unterschiede in Bezug auf die Nutzungshäufigkeit (vgl. Tab. 27).[132]

Tab. 27: Fernseh- und Social-TV-Nutzungshäufigkeit nach Altersklassen

| | klassisches Fernsehen | | | | Social TV | | | |
| | 12-29 Jahre | | 30+ Jahre | | 12-29 Jahre | | 30+ Jahre | |
	N	%	N	%	N	%	N	%
seltener als einmal pro Woche	14	2	4	1	4	1	16	3
einmal pro Woche	28	4	14	2	96	12	99	15
2-3-mal pro Woche	144	18	70	11	230	29	210	32
4-6-mal pro Woche	176	22	63	10	247	31	178	27
täglich	445	55	498	77	230	29	146	23

N_{14-29} = 807; N_{30+} = 649; Frage 6: „Wie oft schaust Du durchschnittlich pro Woche fern?"; Frage 15: „Wie oft nutzt Du Social TV durchschnittlich pro Woche?"; Skala jeweils von 1 = nie bis 6 = täglich; Frage 32: „Dein Alter: ...?"; Prozentangaben innerhalb der jeweiligen Altersklassen.

---

[131] Die Variable „Alter" ist metrisch und die Variable „Nutzungshäufigkeit" ist streng genommen ordinalskaliert (siehe Kap. 7.1.1). Dementsprechend wird eine Spearman-Rangkorrelationsprüfung vorgenommen. Die Gegenprüfung mittels Pearson-Korrelation ergibt jedoch ebenfalls hoch signifikante Korrelationen der Nutzungshäufigkeit mit Fernsehen (r_p(1456) = .193; p < .001) bzw. Social TV (r_p(1456) = -.106; p < .001).

[132] Da erwartungsgemäß kein Teilnehmer angegeben hat, weder Fernsehen noch Social TV „nie" zu nutzen, wird diese Antwortoption in der Darstellung ausgeblendet.

Sowohl bei Digital Natives als auch bei den restlichen Nutzern weist die tägliche Fernsehnutzung den größten prozentualen Anteil auf. Doch während dies bei den unter Dreißigjährigen 55 Prozent (N = 445) sind, geben von den Personen ab 30 Jahren ganze 77 Prozent (N = 498) an, täglich klassisches Fernsehen zu rezipieren. Umgekehrt ist es bei der Social-TV-Nutzung, hierbei ist der Anteil der täglichen Nutzung bei den jüngeren Nutzern (N = 230; 29%) größer als bei den Personen ab 30 Jahren (N = 146; 23%). Die Nutzungshäufigkeit der Altersgruppen verdeutlicht zugleich, dass Social TV keinesfalls ausschließlich von jüngeren Personen verwendet wird, sondern die Nutzung auch bereits bei vielen Personen ab 30 Jahren angekommen ist. Tab. 28 zur Prüfung der Unterschiede in der Nutzungshäufigkeit zwischen den Altersklassen bestätigt, dass die klassische TV-Nutzung bei der jüngeren Nutzergruppe (M = 5,3; SD = 1,0) statistisch signifikant niedriger liegt als bei den älteren Probanden (M = 5,6; SD = 0,8). Die Nutzung von Social TV ist hingegen bei den Digital Natives (M = 4,8; SD = 1,0) signifikant höher als bei den restlichen Nutzern (M = 4,5; SD = 1,1). Die Differenzen sind allerdings von geringem Ausmaß.

Tab. 28: Fernseh- und Social-TV-Nutzungshäufigkeit

	12-29 Jahre			30+ Jahre			U	p
	M	MD	MR	M	MD	MR		
klassisches Fernsehen	5,3	6,0	660,5	5,6	6,0	813,1	-8,11	< .001
Social TV	4,8	5,0	765,4	4,5	4,0	682,6	-3,88	< .001

N_{14-29} = 807; N_{30+} = 649; Frage 6: „Wie oft schaust Du durchschnittlich pro Woche fern?"; Frage 15: „Wie oft nutzt Du Social TV durchschnittlich pro Woche?"; Skala jeweils von 1 = nie bis 6 = täglich; Frage 32: „Dein Alter: ...?"; Mann-Whitney-U-Tests.

Unter allen befragten TV-Sendern besteht Einigkeit darüber, dass Nutzer der Social-TV-Angebote meist jünger sind als die durchschnittlichen Zuschauer der Sender, vor allem bei den öffentlich-rechtlichen Sendern wird dies hervorgehoben (vgl. Amlung; Günther; Schlatterbeck). Speziell bei Regionalsendern kann dies mit der Schwierigkeit verbunden sein, genügend Interessenten für ein Social-TV-Angebot zu finden. So verdeutlicht etwa Thomas Klein vom Hessischen Rundfunk: „Bei politischen Sendungen oder so beim Hessenfernsehen, das eine vergleichsweise alte Zuseherschaft hat, da kriegen Sie überhaupt keinen mobilisiert." (vgl. auch Primbs) Das Durchschnittsalter der Zuschauer ist bei Privatsendern zwar jünger (vgl. GfK 2011; Zubayr/Gerhard 2016: 147; Eisenblätter/Hermann 2016: 39), doch auch hier stellt sich heraus, dass die Reichweite der Social-TV-Angebote von der Zielgruppe der Inhalte abhängt. So erzeugen etwa ProSieben-Formate meist mehr Social-TV-Buzz „als zum Beispiel ein Sat.1-Format, weil es ein bisschen älter, ein bisschen familiärer, aber auch ein bisschen mehr Lean-Back ist." (Mehner) Mehrfach wird deshalb sowohl von privaten als auch öffentlich-rechtlichen Sendern betont, dass Social-TV-Angebote nicht nach der Social-Media-Nutzung, sondern nach der Zielgruppe der jeweiligen TV-Formate ausgerichtet werden (vgl. Beck; Klein; Mehner; Piesch). Markus Piesch erläutert die Vorgehensweise bei RTL II folgendermaßen: „Wir schauen uns an, welche Zielgruppe wir mit welchen Inhalten erreichen und überlegen dann, ob es Sinn macht, dazu mehr zu machen und über welche Kanäle." Matthias Mehner zufolge ist es auch bei ProSiebenSat.1 zunächst die Aufgabe des strategischen Marketings, die Zielgruppen für neue TV-Formate zu definieren. Daran anknüpfend werde überlegt, wie Social-Media-affine Zielgruppen über welche Plattformen erreicht werden könnten. Bei fehlenden Berührungspunkten der Zuschauer mit Social Media sei es für die Zuschauer schwierig, Einblendungen im TV zu verstehen und den Aufforderungen nach Zuschauerrückmeldung nachzugehen (vgl. Beck). Dementsprechend erfolge der Einsatz von Social-TV-Elementen tendenziell häufiger bei Formaten, die vor allem für jüngere Zuschauer gedacht seien (vgl. Primbs; Piesch). Mit einem zielgruppengerechten Angebot ist es möglich, nicht nur junge und Social-Media-affine Zuschauer zu erreichen. So wurde beispielsweise der Fernsehfilm *Rommel* (SWR) mit seiner Thematik und dem begleitenden Informationsangebot von älteren Zielgruppen gut angenommen (vgl. Beck). Stefan Weinhauser zufolge versucht auch Sky durch das Anbieten von Zusatzangeboten, wie etwa Votings, ältere Nutzer ebenso zu bedienen. Der Social-TV-Sender joiz, bei dem alle Inhalte auf Interaktion ausgelegt sind, vermeidet es, die Zielgruppe des Senders anhand des Alters zu bemessen. Schließlich seien die Einstellungen und Interessen der Zuschauer relevanter als deren Alter (vgl. Glander).[133] Sofern man die Mindsets alterstechnisch fixieren würde, zeige sich eine Fokussierung auf Personen zwischen 14 und 29 Jahren.

Es kristallisiert sich heraus, dass Formate mit jungen Zielgruppen ein intensiveres Social-TV-Angebot mit stärkeren Partizipationsmöglichkeiten anbieten, während bei Produkten für ein älteres Fernsehpublikum das zusätzliche Angebot allgemeiner gehalten wird. Bei großen Erfolgssendungen mit Ziel-

---

[133] Dies entspricht dem Hinweis von Hasebrink (1997: 270), dass anstatt „Zielgruppen" vielmehr von „Zielinteressen" ausgegangen werden sollte.

gruppen aller Altersklassen richtet sich das Zusatzangebot zwar an alle Zuschauer, es wird jedoch in der Regel von jüngeren Zuschauern häufiger genutzt (vgl. Heise; Retzer). Neben dem zielgruppengerechten Angebot wird versucht, die technologischen Hemmschwellen möglichst gering zu halten, damit prinzipiell alle Zuschauer die Chance haben, das Social-TV-Angebot zu nutzen. Jonas Schlatterbeck fasst zusammen: „Der Schwerpunkt liegt schon auf der jüngeren Nutzung, aber mit versuchter Offenheit zu anderen Altersklassen."

Fazit H1.1: Da ein signifikanter Zusammenhang zwischen dem Alter der Befragten und der Nutzungsintensität von klassischem Fernsehen sowie Social TV besteht und Digital Natives signifikant weniger Fernsehen bzw. häufiger Social TV als ältere User nutzen, kann Hypothese 1.1 vorläufig bestätigt werden. Die TV-Sender sind sich darüber bewusst, versuchen jedoch prinzipiell auch ältere Zielgruppen zu erreichen.

8.1.2 Infrastruktur und Praktiken

Hypothese 1.2 geht davon aus, dass sowohl bei aktiven als auch passiven Usern die Social-TV-Infrastruktur von Second Screens und senderexternen Anwendungen geprägt ist. Zur Überprüfung dieser Hypothese ist es zunächst notwendig, die Probanden aufgrund der Social-TV-Nutzungspraktiken in aktive und passive Nutzer zu unterteilen. Dementsprechend werden die Nutzungsaktivitäten genauer betrachtet, bevor sie mit der genutzten Infrastruktur in Verbindung gebracht werden. Ebenso wird untersucht, wie die Sender die Aktivitäten und Infrastruktur-Nutzung der Social-TV-User einschätzen und wonach sie ihre eigenen Angebote ausrichten.

Nutzungspraktiken

Während die klassische Fernsehrezeption von einer passiven Lean-Back-Haltung geprägt ist, spielt Interaktion bei der Social-Web-Nutzung eine prägende Rolle (vgl. Kap. 3.4). Eine aktive Beteiligung durch das Produzieren eigener Inhalte steht jedoch auch hier bei vielen Nutzern nicht im Fokus. Die Aktualität der „90-9-1"-Regel ist zwar aufgrund der technologischen Weiterentwicklung kritisch zu betrachten, dennoch bleibt ein Großteil der User passiv und konsumiert ausschließlich Inhalte. Innerhalb der Social-TV-Nutzungsphase ist ebenfalls zwischen verschiedenen Verhaltensweisen zu differenzieren (vgl. Kap. 4.1.3), die Potentiale einer aktiven Beteiligung können auch zum Hemmnis der Social-TV-Nutzung werden (vgl. Kap. 5.5).

Tab. 29: Praktiken der Social-TV-Nutzung

	M	MD	SD	Top 2-Boxen
Lesen, was andere Personen zu einer Sendung schreiben	3,5	4,0	1,2	53%
(Zusatz-)Informationen suchen	3,2	3,0	1,2	43%
Eigene Kommentare, Meinungen zu einer Sendung schreiben	2,3	2,0	1,3	21%
Sender, Sendung oder Darsteller liken, folgen bzw. deren Nachrichten teilen/retweeten	2,3	2,0	1,2	18%
Posten, was ich gerade im Fernsehen anschaue bzw. in eine Sendung einchecken	1,7	1,0	1,1	9%
Informieren, was Familie/Freunde anschauen	1,7	1,0	1,0	6%
Eigene Inhalte zu einer Sendung beisteuern	1,5	1,0	0,9	5%
An Abstimmungen, Gewinnspielen oder Spielen mit Sendungsbezug teilnehmen	1,5	1,0	0,9	5%

N = 1.456; Frage 16: „Welchen Tätigkeiten gehst Du bei Deiner Social-TV-Nutzung wie oft nach?"; Skala von 1 = nie bis 5 = bei jeder Social-TV-Nutzung. TOP 2-Boxen summieren die Anteile der mindestens oft ausgeübten Praktiken.

Die Rangfolge der von den befragten Nutzern ausgeübten Social-TV-Aktivitäten zeigt, dass Lesen von Kommentaren (M = 3,5; SD = 1,2) an erster Stelle steht, 53 Prozent machen dies oft oder sehr oft (vgl. Tab. 29). Ebenso beliebt ist das Suchen von zusätzlichen Informationen (M = 3,2; SD = 1,2). Es folgen mit etwas Abstand Praktiken, die etwas mehr Aktivität vom Nutzer erfordern, wie etwa das Schreiben eigener Kommentare (M = 2,3; SD = 1,3) oder das Liken/Teilen von Posts (M = 2,3; SD = 1,2). Das Einchecken in Sendungen sowie das Nutzen von Social TV als Programmratgeber erfolgt seltener, wird jedoch insgesamt häufiger wahrgenommen als stark partizipative Handlungen, wie das Beisteuern eigener Inhalte oder die Teilnahme an Abstimmungen, die jeweils nur von fünf Prozent der Befragten mindestens oft ausgeübt werden.

Probanden, die zumindest selten nach Informationen suchen (N = 1.281), wurden nach der Art von Informationen gefragt, für die sie sich interessieren (vgl. Abb. 14). Informationen, die eine Sendung (N = 1.077; 84%) oder deren Darsteller (N = 848; 66%) betreffen, stehen hierbei im Vordergrund. Die Suche nach Sendezeiten ist für 57 Prozent der Informationssucher relevant und 40 Prozent möchten im TV gesehene Informationen überprüfen. Nach im Fernsehen gesehenen Produkten suchen 34 Prozent, die Antworten für Quiz-Sendungen recherchieren nur 15 Prozent. Als sonstige gesuchte Informationen wurden etwa Programmvorschauen (N = 19), Sendungskritiken (N = 9) oder in Sendungen gehörte Musik (N = 8) aufgeführt.

Abb. 14: Gesuchte Informationen der Social-TV-Nutzung

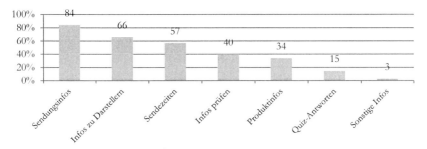

N = 1.281; Frage 17: „Nach welchen Informationen suchst Du online?"; Mehrfachnennungen möglich; Prozentangaben innerhalb der Nutzer, die mindestens selten nach Informationen suchen.

Um zwischen rezipierenden und produzierenden Social-TV-Nutzern unterscheiden zu können, werden die Befragten anhand ihrer Aktivitäten in aktive (produzierende und partizipierende) und passive (rezipierende) Nutzer gruppiert. Der passiven Social-TV-Nutzung wird das Lesen von Kommentaren, Zusatzinformationen sowie das Informieren, was Freunde gerade im Fernsehen anschauen (Social Navigation), zugeordnet. Das Einchecken in Sendungen, Liken von Posts, Verfassen eigener Kommentare, Teilnehmen an Abstimmungen oder Beisteuern eigener Inhalte gehört hingegen zur aktiven Nutzungsweise, da es sich um Praktiken handelt, bei denen die Aktivität über das reine Rezipieren hinausgeht.[134] Die Summenindizes der gruppierten Praktiken bestätigen, dass aktive Tätigkeiten (M = 1,9; SD = 0,8) bei den befragten Usern einen geringeren Stellenwert einnehmen als die passiven Nutzungsweisen (M = 2,8; SD = 0,8), die beiden Nutzungsweisen unterscheiden sich hinsichtlich ihrer Nutzungshäufigkeit hoch signifikant (Z(1456) = -29,33; p < .001). Zum Vergleich zwischen primär aktiv und passiv agierenden Nutzern erfolgt eine Aufteilung der User auf Basis der

---

[134] Die Cronbach's Alpha-Werte für die gesamte Skala der abgefragten Social-TV-Praktiken (α = .743, 8 Items) sind zufriedenstellend reliabel. Bei der Gruppierung in aktive und passive Subskalen zeigen sich für die aktiven Tätigkeiten ebenfalls gute Reliabilitätswerte (α = .758, 5 Items), während der Wert für die passiven Tätigkeiten gering ausfällt (α = .389, 3 Items), was allerdings aufgrund der geringen Item-Anzahl nicht verwunderlich ist.

Tätigkeitsindizes. Ausschlaggebend für die Zuteilung eines Nutzers ist dabei die jeweils höchste Aktivitätsform. Sofern die aktiven Praktiken überwiegen, handelt es sich um einen aktiven Nutzer, umgekehrt werden primär passiv nutzende Personen als passive User eingeordnet. Den Aktivitätsindizes entsprechend überwiegen die passiven Social-Nutzer deutlich mit einem Anteil von 87 Prozent (N = 1.266), während nur 13 Prozent (N = 190) als aktive Nutzer einzustufen sind.

Die befragten Fernsehsender können keine genaue Auskunft darüber geben, welchen Stellenwert die passive Nutzung bei ihren Social-TV-Angeboten hat, da diese Form der Nutzung nicht eindeutig messbar ist (vgl. Günther; Heise; Klein; Mehner; Retzer). Dennoch geht die Mehrheit der Sender davon aus, dass die Nutzer lieber konsumieren anstatt sich selbst aktiv zu beteiligen (vgl. Beck; Klein; Mehner; Piesch; Schlatterbeck; Weinhauser). Drei Befragte verweisen darauf, dass auch bei Social TV die „90-9-1"-Regel gelte, also 90 Prozent der Nutzer Inhalte lesen, die von einem Prozent erzeugt wurden und neun Prozent diese kommentieren (vgl. Amlung; Heise; Primbs). Torben Glander bezeichnet die passiven und aktiven Nutzer als „Light-User" und „Heavy-User". Während die „Light-User" primär konsumieren, nutzen die „Heavy User" die interaktiven und partizipativen Angebote des Senders intensiv. Erkennbar wird die vorherrschende Dominanz der konsumierenden Nutzung etwa bei der Auswertung der Engagement-Rate auf Facebook, die anhand der Anzahl an Likes, Shares und Kommentaren pro Fan bestimmt wird. Hierbei zeigt sich, dass Posts zwar häufig angeklickt, jedoch deutlich seltener geliked oder kommentiert werden (vgl. Mehner; Retzer; Weinhauser). Auch bei Twitter wird deutlich, dass die Anzahl der aktiv über eine Sendung twitternden Personen im Vergleich zur Zuschauerzahl gering ist. Thomas Klein nennt hierzu das Beispiel *Tatort*, wo sich pro Folge zwischen drei und fünf Tausend Leute an der Twitter-Kommunikation beteiligen.[135] „Das ist ja im Vergleich zu der Gesamtzuschauerzahl eine sehr kleine Zahl." (Klein) Als eine Ausnahme beschreibt Markus Piesch das Format *Berlin – Tag und Nacht*, bei dem sich in der Hochphase etwa die Hälfte der Nutzer der Social-Media-Profile zur Sendung auch aktiv beteiligt habe. Katja Beck weist darauf hin, dass die Aktivität stark davon abhänge, welche Voraussetzungen die interaktive Beteiligung erfordere: „Je größer die Hürde ist, desto weniger Aktivität gibt es." Wenn etwa ein

---

[135] Der *Tatort* hatte im Jahr 2015 eine durchschnittliche Einschaltquote von 9,6 Millionen Zuschauern. Pro *Tatort*-Folge twittern etwa 5.000 Personen, also 0,05 Prozent aller Zuschauer (vgl. Firsching 2016b).

Voting kompliziert zu erreichen sei, der Nutzer sich erst registrieren oder eine App runterladen müsse, sei es für den durchschnittlichen Nutzer zu viel Aufwand. Wenn jedoch die Teilnahme leicht möglich ist, das Angebot „einen Mehrwert für den Nutzer hat und man sofort das Ergebnis gezeigt bekommt, dann nehmen mehr Leute teil." (Weinhauser) Durch den technologischen Fortschritt und die bequeme Bedienbarkeit von mobilen Endgeräten steige tendenziell die Bereitschaft zur aktiven Beteiligung. So sei etwa die Bereitschaft zum Einreichen eigener Fotos deutlich angestiegen (vgl. Beck).

Da sich die TV-Sender über die Dominanz der passiven Social-TV-Nutzungsweise bewusst sind, stellt sich die Frage, ob sie ihre Angebote auf die passive Nutzung – etwa durch das Liefern von Zusatzinformationen – ausrichten. Hierbei zeigen sich bei den Privatsendern unterschiedliche Vorgehensweisen. Michael Heise bezieht sich auf die sendereigene RTL Inside-App, bei der Zusatzinformationen einen geringen Stellenwert einnehmen, da reine Information in der App kaum gefragt sei: „Die Inside-App wird immer dann genutzt, wenn es aktiv zu werden gilt." Bei RTL II hingegen spielt laut Markus Piesch die Bedienung der passiven Nutzung auf allen Plattformen eine zentrale Rolle: „Das ist das, was nachgefragt wird." Der Social-TV-Sender joiz setzt zwar auf Interaktion mit den Zuschauern, doch auch hier wird versucht, passiv konsumierende User auf allen Plattformen teilhaben zu lassen (vgl. Glander). Bei den öffentlich-rechtlichen TV-Sendern wird das Liefern von Informationen als zusätzlicher Service zur vertieften Auseinandersetzung mit Inhalten verstanden (vgl. Beck; Klein; Primbs). Entsprechend der Annahme von Proulx und Shepatin (2012: 101) merkt auch Jonas Schlatterbeck an, dass die Art der zusätzlich angebotenen Informationen oftmals vom Format abhänge. So ständen bei informativen Formaten weiterführende Inhalte im Vordergrund, während bei fiktionalen Sendungen beispielsweise auf das Ausspielen von Bildern fokussiert werde.

Alle zwölf befragten TV-Sender äußern, dass es neben dem Bedienen der passiven Nutzungsweise substanziell sei, mit den Zuschauern zu interagieren. So sagt etwa Katja Beck für den SWR: „Generell ist es uns wichtig, dass wir eine Diskussion mit unseren Nutzern, Zuschauern, Zuhörern haben. Wir wollen den Rückkanal eigentlich immer geöffnet haben, das ist uns total wichtig." Bei dem Social-TV-Sender joiz sind alle Sendungen auf die aktive Mitgestaltung der Zuschauer ausgelegt: „Das könnte man unter dem Ansatz Dialog zusammenfassen, der natürlich tagtäglich bei uns auf Interaktivität und Interaktion ausgelegt ist." (Glander) Es gibt verschiedene Strategien, die Nutzer zur aktiven Beteiligung anzuregen. Eine Möglichkeit ist die Konver-

sation mit dem Autor, Regisseur oder Darsteller einer Sendung im Anschluss an die Ausstrahlung. Damit die Zuschauer sich ernst genommen
fühlen, sei es notwendig, auf ihre Kommentare zu reagieren und Fragen zu
beantworten (vgl. Beck). Zwei Sender betonen, es sei bedeutsam, dass sich
die Interaktion der Zuschauer bei Live-Formaten im Fernsehprogramm
niederschlage (vgl. Primbs; Quetting). So können etwa Fragen der Zuschauer in der Sendung verwendet werden, indem der Moderator sie aufgreift und
Gästen stellt. Besonders bei den Privat- bzw. Bezahlsendern wird das Ziel
verfolgt, dass Diskussionen über Sendungen möglichst auch vor und nach
der Ausstrahlung stattfinden, schließlich kann dies die Zuschauerbindung
sowie den Traffic auf den sendereigenen Angeboten fördern (vgl. Weinhauser). Ein relevanter Einfluss wird dabei dem Genre zugesprochen. So ist es
bei Live-Sportereignissen deutlich schwerer, die Diskussion lange aufrecht
zu erhalten als es etwa beim *Neo Magazin Royale* der Fall ist, bei dem die Interaktion mit den Zuschauern unabhängig von der Sendezeit stattfindet (vgl.
Klein). Ob sich Zuschauer an einer Diskussion beteiligen, hängt nicht zuletzt davon ab, wie sie zur Beteiligung aufgefordert werden. Hierzu können
einerseits direkte Aufforderungen – etwa durch Einblendungen im Fernsehprogramm – erfolgen. Andererseits können sich die Zuschauer durch die
Posts der Sender zur Beteiligung animiert fühlen. Matthias Mehner hält die
zweite Variante für deutlich effektiver: „Ich bin fest davon überzeugt, dass
das Einblenden von einem Twitter-Vogel oder einem Hashtag […] nur einen
sehr, sehr geringen Ausschlag hat zum Thema Social TV und dass es viel
wichtiger ist, dass die Inhalte so stimmen, dass der User sich motiviert
fühlt." Auch der Zeitpunkt der Nutzung kann die Art des Angebots lenken.

Es zeigt sich, dass die Fernsehsender mit ihren Social-TV-Angeboten sowohl passive als auch aktive Nutzung bedienen, „beides hat seine Berechti-
gung" (Günther). Welche Zusatzangebote gemacht werden, ist vor allem
von dem jeweiligen Format bzw. Thema abhängig (vgl. Amlung; Beck;
Klein; Schlatterbeck). Unabhängig von der aktiven oder passiven Nutzungsweise sei es für die Zuschauer in erster Linie relevant, dass sie durch ihre
Social-TV-Nutzung einen Mehrwert erkennen (vgl. Beck; Glander; Heise;
Mehner; Piesch; Quetting; Weinhauser). Während bei öffentlich-rechtlichen
Sendern der Servicegedanke betont wird, dient das Social-TV-Angebot der
Privatsender sowie Pay-TV-Sender nicht zuletzt zur Generierung von Traffic
auf den sendereigenen Webseiten (vgl. Mehner). Die Angebote die Sender
können zudem durch die Infrastruktur – also Hardware und Plattform –
beeinflusst werden.

Hardware

In Bezug auf die für Social TV verwendete Hardware ist zunächst grundlegend zu prüfen, welche Geräte die Teilnehmer der Nutzerbefragung überhaupt besitzen. Dabei sind Smartphones mit 92 Prozent (N = 1.342) am meisten vertreten, gefolgt von Notebooks (N = 1.198; 82%), stationären Computern (N = 952; 65%) und Tablets (N = 729; 50%). Nach diesen Second-Screen-Devices folgen die One-Screen-Devices: mit dem Internet gekoppelte Set-Top-Boxen oder Spielekonsolen (N = 687; 47%) und Smart TVs (N = 619; 43%).[136] Durchschnittlich nutzen die Befragten 2,8 Endgeräte (SD = 1,2) für Social TV. Es stellt sich die Frage, ob die Verfügbarkeit eines Gerätes wesentlich zur Nutzung von Social TV beiträgt. Sofern ein Endgerät vorhanden ist, interessiert somit die Häufigkeit der Gerätenutzung speziell für Social TV (vgl. Abb. 15). Hierbei zeigt sich, dass nicht nur fast alle Befragten ein Smartphone besitzen, sondern dies auch häufig für Social-TV-Praktiken nutzen (M = 3,5; SD = 1,4). Tablets besitzen zwar deutlich weniger Personen, doch sofern sie vorhanden sind, werden sie ebenfalls häufig für Social TV eingesetzt (M = 3,2; SD = 1,3).

Bei Betrachtung der generellen Gerätenutzung für Social TV, ohne Berücksichtigung der Angaben zum Gerätebesitz, ändert sich die Rangfolge für die Häufigkeit der verwendeten Hardware. An erster Stelle steht nach wie vor das Smartphone (M = 3,3; SD = 1,5), dann folgen jedoch Notebooks (M = 2,7; SD = 1,5) sowie stationäre Computer (M = 2,1; SD = 1,5). Tablets (M = 2,1; SD = 1,5) nehmen ohne Berücksichtigung des Gerätebesitzes den vierten Rang ein, da die Hälfte der Befragten kein Tablet besitzt. Das Schlusslicht bilden die beiden One-Screen-Devices Smart TV (M = 1,5; SD = 1,0) sowie Set-Top-Box (M = 1,4: SD = 1,0). Insgesamt werden Second Screens (M = 2,6; SD = 0,7) häufiger als One Screens (M = 1,4; SD = 0,8) für Social TV eingesetzt, der Unterschied erweist sich als höchst signifikant (Z(1456) = -29,29; p < .001).

---

[136] Bei einer Dimensionierung der abgefragten Geräte mittels Hauptkomponentenanalyse mit Varimax-Rotation ergibt sich eine dreifaktorielle Lösung. Erwartungsgemäß gehören dabei Smart TVs sowie Set-Top-Boxen/Spielekonsolen der Komponente „One Screen" an, während Second-Screen-Devices in zwei Komponenten unterteilt werden. So bilden dabei stationäre PCs und Notebooks die erste Komponente und Smartphones sowie Tablets die zweite Komponente. Im weiteren Verlauf der Arbeit werden jedoch weiterhin die Übergruppen One bzw. Second Screen herangezogen, da eine präzisere Einteilung den Rahmen der Auswertung sprengen würde. Zudem würde dies auf Kosten der Vergleichbarkeit mit bisherigen Studien gehen, da diese üblicherweise zwischen One und Second Screens differenzieren.

Abb. 15: Gerätenutzung für Social TV

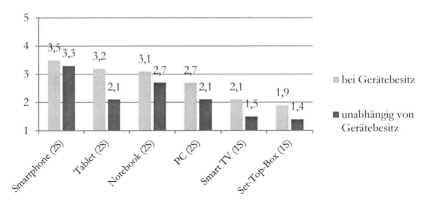

N = 1.456; Frage 20: „Wie oft nutzt Du folgende Geräte für Social TV? Falls Du eines dieser Geräte nicht besitzt, gib dies bitte an."; Skala von 1 = nie bis 5 = bei jeder Social-TV-Nutzung, 0 = Nichtbesitz. 1S = One Screen, 2S = Second Screen.

Vergleicht man die Geräte-Nutzungshäufigkeit für Social TV zwischen aktiven und passiven Nutzern, so zeigt sich auch hier, dass bei beiden Gruppen Second Screens (M_{aktiv} = 2,6; SD = 0,6 bzw. M_{passiv} = 2,6; SD = 0,7) häufiger als One Screens (M_{aktiv} = 1,5; SD = 0,9 bzw. M_{passiv} = 1,4; SD = 0,8) verwendet werden. Die Rangfolge der verschiedenen Devices ist bei beiden Gruppen identisch, Smartphones werden am häufigsten für Social TV verwendet. Sowohl hinsichtlich der einzelnen Geräte als auch der gesamten One bzw. Second-Screen-Nutzung zeigen sich keine signifikanten Unterschiede zwischen Nutzern, die primär aktiven oder passiven Social-TV-Tätigkeiten nachgehen (vgl. Tab. 30). Die Relevanz der Hardware ist somit eindeutig und wird nicht entscheidend von der ausgeübten Aktivität beeinflusst. Da Smartphones meist in greifbarer Nähe sind, einen schnellen Zugang zur Social-TV-Nutzung bieten und sowohl zum reinen Lesen als auch zum aktiven Beteiligen animieren, werden sie von aktiven als auch von passiven Usern am häufigsten für Social TV verwendet.

Die interviewten Fernsehsender sind von der Dominanz der Second Screens nicht überrascht, für die geringe Relevanz von One Screens nennen sie diverse Gründe. Zunächst spiele die Marktpenetration und die tatsächliche Nutzung von Smart TVs eine maßgebliche Rolle (vgl. Kap. 4.3.2). Die Verbreitung von HbbTV-kompatiblen Geräten sei zwar in den letzten Jahren angestiegen, doch viele der internetfähigen Geräte seien nach wie vor nicht an das Internet angeschlossen oder aber das HbbTV-Angebot werde nicht genutzt (vgl. Amlung; Beck; Glander; Schlatterbeck). Die Hürden für die Interaktion via Smart TV seien zu groß, da die Bedienung mittels Fernbedienung mühsam und auch die Red-Button-Funktion nicht praktikabel genug sei (vgl. Amlung; Piesch; Quetting; Retzer). Der Bedienkomfort von Second Screens – vor allem von Smartphones – wird hingegen als deutlich höher eingestuft (vgl. Amlung; Beck; Günther; Klein). Für jüngere Zuschauer, die in vielen Fällen kein Fernsehgerät besitzen, sondern Bewegtbild auf dem Notebook, Tablet oder Smartphone konsumieren, seien Smart TVs oftmals zu kostspielig (vgl. Glander). Die Verfügbarkeit der mobilen Endgeräte hingegen fördere Nutzung von Second Screens für Social TV: „Das Smartphone hat fast jeder in der Hosentasche […]. Das heißt, er muss sein vertrautes TV-Umfeld gar nicht verlassen, um sich mit seiner Community zu den Inhalten oder zu dem gerade Gesehenen auszutauschen." (Glander; ähnlich auch Beck; Piesch; Retzer) Dementsprechend konzentrieren sich die Fernsehsender auf Second-Screen-Angebote und bieten nur selten Social-TV-Content für Smart TVs an, da sie diese für eine „derweil vernachlässigbare Größe" (Klein) halten. Einige Sender halten es jedoch nicht für ausgeschlossen, dass – vor allem die passive – Social-TV-Nutzung auf dem Smart TV zukünftig zunimmt (vgl. Glander; Klein; Mehner; Schlatterbeck).

Tab. 30: Hardwarenutzung der aktiven und passiven User im Vergleich

	aktive Nutzer			passive Nutzer			U	p
	M	MD	MR	M	MD	MR		
Smartphone	3,4	4,0	751,7	3,3	4,0	725,0	-0,84	.403, n.s.
Notebook	2,6	2,0	677,0	2,8	3,0	735,2	-1,86	.063, n.s.
stationärer PC	2,2	1,0	748,2	2,1	1,0	725,5	-0,76	.447, n.s.
Tablet	2,1	1,0	736,6	2,1	1,0	727,3	-0,32	.751, n.s.
Smart TV	1,6	1,0	760,5	1,4	1,0	723,7	-1,60	.109, n.s.
Set-Top-Box	1,5	1,0	749,6	1,4	1,0	725,3	-1,06	.290, n.s.
Second Screen	2,6	2,5	729,6	2,6	2,5	738,3	-0,04	.968, n.s.
One Screen	1,5	1,0	767,5	1,4	1,0	722,7	-1,66	.097, n.s.

N_{aktiv} = 190; N_{passiv} = 1.266; Frage 16: „Welchen Tätigkeiten gehst Du bei Deiner Social-TV-Nutzung wie oft nach?"; Frage 20: „Wie oft nutzt Du folgende Geräte für Social TV? Falls Du eines dieser Geräte nicht besitzt, gib dies bitte an."; Skala jeweils von 1 = nie bis 5 = bei jeder Social-TV-Nutzung; Mann-Whitney-U-Tests.

Plattformen

Für Hypothese 1.2 ist weiterhin der Zusammenhang zwischen den Aktivitätsgruppen und den verwendeten Plattformen zu prüfen. Da die Nutzung durchschnittlich auf vier Plattformen (SD = 2,0) erfolgt, muss die Nutzungshäufigkeit der einzelnen Dienste herangezogen werden (vgl. Tab. 31). Für Social-TV-Aktivitäten nutzen 38 Prozent der Befragten mindestens oft Facebook (M = 2,9; SD = 1,5), es folgen Instant Messenger (M = 2,5; SD = 1,4) und Twitter (M = 2,3; SD = 1,6).[137] Die meist genutzten Plattformen verdeutlichen, dass Social TV primär von den Nutzern selbst gesteuert wird. In Bezug auf Bewegtbildinhalte, die nicht zwingend von einem Fernsehsender stammen müssen, spielt YouTube (M = 2,3 SD = 1,2) eine bedeutende Rolle. Angebote von Sendern oder speziellen Sendungen (M = 1,6; SD = 1,0) werden seltener genutzt, allerdings deutlich öfter als Social-TV-Apps (M = 1,4; SD = 1,0). Diese werden seltener genutzt als Internetforen, in denen User über Fernsehinhalte diskutieren. Am Ende der Platzierung liegen Google+, Instagram und Social-Streaming-Angebote.

Tab. 31: Für Social TV genutzte Plattformen

	M	MD	SD	Top 2-Boxen
Facebook	2,9	3,0	1,5	38%
Instant Messenger	2,5	2,0	1,4	27%
Twitter	2,3	1,0	1,6	28%
YouTube	2,3	2,0	1,2	19%
Sender-/Sendungsplattform	1,6	1,0	1,0	7%
Foren	1,5	1,0	1,0	9%
Social-TV-Apps	1,4	1,0	1,0	9%
E-Mail	1,3	1,0	0,7	2%
Google+	1,3	1,0	0,9	6%
Instagram	1,3	1,0	0,8	4%
Social Streaming	1,3	1,0	0,8	4%

N = 1.456; Frage 21: „Wie oft nutzt Du folgende Plattformen für Social TV?"; Skala von 1 = nie bis 5 = bei jeder Nutzung. TOP 2-Boxen summieren die Anteile der mind. oft genutzten Plattformen.

---

[137] Entsprechend früheren Annahmen (vgl. Kap. 4.2.3) bestätigt sich, dass Twitter stärker mit der synchronen Nutzung ($r_s(1456) = .557$; $p < .001$) korreliert, während Facebook einen größeren Zusammenhang mit der asynchronen Nutzung ($r_s(1456) = .240$; $p < .001$) aufweist.

Ein genauerer Blick sollte auf die Nutzung spezieller Social-TV-Apps geworfen werden, welche – wie zuvor erläutert – nur geringen Anklang finden. 15 Prozent (N = 215) aller Befragten geben an, solche Angebote zumindest selten zu nutzen. Hierbei kann zwischen den einzelnen App-Angeboten differenziert werden. Es dominieren mit 75 Prozent Anwendungen von TV-Sendern (z. B. *RTL Inside*), gefolgt mit 42 Prozent von speziellen TV-Sendungen (z. B. *Köln 50667*). Social-TV-Apps von Drittanbietern sind kaum verbreitet. Es bestätigt sich, dass Apps im Vergleich zu Social-Media-Plattformen nur von Minderheiten für Social TV verwendet werden.

Um festzustellen, ob sowohl bei aktiven als auch passiven Social-TV-Usern externe Plattformen einen höheren Stellenwert als sender-/sendungseigene Angebote einnehmen, werden die Nutzungshäufigkeiten der Top-5-Plattformen beider Gruppen verglichen. Dabei ist zunächst zu erkennen, dass bezüglich Facebook, Instant Messenger, YouTube und Plattformen von Sendungen bzw. Sendern keine signifikanten Unterschiede zwischen aktiven und passiven Nutzern bestehen. Lediglich bei Twitter zeigt sich, dass aktive Nutzer das Microblog signifikant häufiger für Social TV einsetzen als passive User (siehe Tab. 32). Dennoch bestätigt sich, dass die externen Plattformen sowohl für aktive als auch passive Nutzer eine größere Rolle als Plattformen von Sendern bzw. Sendungen spielen, da diese bei beiden Gruppen erst auf dem fünften Platz landen.

Tab. 32: Plattformnutzung der aktiven und passiven User im Vergleich

	aktive Nutzer			passive Nutzer			U	p
	M	MD	MR	M	MD	MR		
Facebook	3,0	3,0	776,7	2,8	3,0	721,3	-1,73	.082, n.s.
Instant Messenger	2,6	3,0	770,4	2,5	2,0	722,2	-1,52	.128, n.s.
Twitter	2,8	3,0	828,7	2,3	1,0	713,5	-3,80	< .001
YouTube	2,2	2,0	692,5	2,3	2,0	733,9	-1,31	.189, n.s.
Plattformen von Sendern/ Sendungen	1,7	1,0	725,6	1,6	1,0	728,9	-0,12	.905, n.s.

N_{aktiv} = 190; N_{passiv} = 1.266; Frage 16: „Welchen Tätigkeiten gehst Du bei Deiner Social-TV-Nutzung wie oft nach?"; Frage 21: „Wie oft nutzt Du folgende Plattformen für Social TV?"; Skala von 1 = nie bis 5 = bei jeder Nutzung; Mann-Whitney-U-Tests.

Neben der Plattformnutzung ist von Interesse, auf welchen Plattformen die TV-Sender ihre Social-TV-Angebote platzieren. Den Ergebnissen der Nutzerbefragung entsprechend sind sich die befragten Fernsehsender bewusst, dass eigene Plattformen und vor allem Apps eine geringere Relevanz für die Social-TV-Nutzung als Social Networks haben. Sie sind sich darüber einig, dass die Zuschauer sowieso Social-Media-Angebote und Instant Messaging nutzen und sich dementsprechend gewohnheitsgemäß auch dort über Fernsehinhalte austauschen bzw. informieren (vgl. Beck; Glander; Heise; Mehner; Primbs; Retzer; Weinhauser). Es gäbe somit keinen Grund, dass barrierefreie Umfeld bzw. die gewohnte Infrastruktur zu verlassen, um Social TV zu betreiben: „Das sind ja im Prinzip schon Social-TV-Apps, wenn man es so sehen möchte und dort findet auch die Interaktion statt." (Piesch) Die Hemmschwelle zum Downloaden und Nutzen spezifischer Apps sei zu groß (vgl. Beck; Retzer; Schlatterbeck). Als Beispiel wird die nur geringfügig erfolgreiche RTL-Show *Rising Star* (2014) genannt, bei der die Zuschauer via App für die Kandidaten abstimmen können. Bei der Premiere der Show gab es etwa 2,7 Millionen Votes, „das sind dann Größen, die sind Äonen entfernt von dem, was normalerweise an Grundrauschen stattfindet." (Heise) Zum anderen mache es keinen Sinn, mit einem eigenen Angebot gegen die etablierten Plattformen anzukämpfen (vgl. Amlung; Piesch; Weinhauser).

Die Hälfte der befragten Sender bietet dennoch eigene Apps an und erkennt keine generelle Ablehnung dieser. So äußert Robert Amlung vom ZDF: „Wir versuchen das so attraktiv wie möglich zu machen, wissen aber, dass bestimmte Use-Cases tatsächlich nur auf den großen Plattformen funktionieren." Sinnvoller als Senderapps halten einige Befragte spezielle Sendungsapps, wie etwa zu *Berlin – Tag und Nacht* oder *Köln 50667*, bei denen etwa zwei Millionen Nutzer registriert sind (vgl. Piesch). Vorteilhaft ist hierbei vor allem, dass „Grundfans" vorhanden sind, die auf das Programm und Interaktionen hingewiesen werden können, „während man ohne App überlegen muss, wie man die Leute am besten anspricht." (Primbs) Dies kann allerdings nur bei Formaten funktionieren, die ohnehin auf eine Fanbasis zurückgreifen können. Die ARD hat beispielsweise im Mai 2016 eine App zur Krimiserie *Tatort* für die bereits aktive Community eingeführt. Die öffentlich-rechtlichen Sender betonen, ein bedeutender Grund für das Anbieten eigener Plattformen sei, dass allen Zuschauern die Möglichkeit zur Beteiligung gegeben werde, ohne dass diese sich zwingend bei Social Networks anmelden müssten. Die Gebührenzahler hätten somit die Wahl und könnten den Sendern nicht vorwerfen, dass eine Alternative fehle (vgl. Amlung; Beck; Günther; Klein; Primbs).

Privatsender sehen eine Chance, die Zuschauer auf den Social-Media-Plattformen abzuholen, auf denen sie unterwegs sind. Matthias Mehner, der dieses Vorgehen als „Fishing where the fish are" beschreibt, erläutert: „In der Overall-Strategie geht es dann darum, die Leute auf fremden Netzwerken zu erreichen und mit einem eindeutigen Mehrwert auf unsere eigenen Kanäle zu bringen." Das Umlenken der Nutzer auf die eigenen Plattformen ist für die Privat- und Bezahlsender besonders relevant, denn der Traffic auf den eigenen Kanälen dient schließlich der Monetisierung (vgl. Glander; Weinhauser). Die Herausforderung bestehe darin, stetig auf den angesagten Plattformen der User präsent zu sein und zu überlegen, „wo erwische ich sie sowohl technisch als auch inhaltlich." (Quetting)

Der Plattformnutzung der befragten Social-TV-User entsprechend, sehen die Sender Facebook als besonders etabliert und für Social TV prädestiniert an (vgl. Glander; Heise; Mehner; Piesch; Schlatterbeck). Twitter kommt zwar häufig zum Einsatz, wird jedoch aufgrund der geringen Nutzung in Deutschland (vgl. Kap. 4.2.3) weniger relevant eingestuft (vgl. Heise; Klein; Mehner). Max Retzer äußert dementsprechend: „Twitter müssen wir fürs Image machen und Facebook ist bei uns klar für Traffic und Reichweite zuständig." Bereits in einer früheren Befragung zeigte sich, dass die TV-Sender Facebook und Twitter unterschiedlich einsetzen (vgl. Buschow et al. 2013a: 49). Welche Plattform besser für Social TV geeignet ist, hängt neben der Reichweitenstärke davon ab, welche Inhalte im Vordergrund stehen. So beschreiben die befragten Sendervertreter Facebook als freundschaftsgebunden, emotionaler und für das Erzählen fiktiver Geschichten[138] als besonders geeignet (vgl. Beck; Mehner; Piesch), während Twitter als themengebunden, diskussionsfreudig und für Live-Diskussionen prädestiniert charakterisiert wird (vgl. Beck; Klein; Mehner; Retzer; Schlatterbeck).

---

[138] Als Beispiel für das Potential des Geschichtenerzählens auf Facebook nennt Markus Piesch die RTL II-Sendung *Extrem Schwer*, bei der Kandidaten über 300 Tage lang beim Abnehmen begleitet wurden. Bereits im Vorfeld der TV-Ausstrahlung wurden die Kandidaten auf Facebook vorgestellt, wie Piesch erläutert: „Also erzählen wir quasi auch hier die Geschichte in Echtzeit mit, gehen den Weg mit den Kandidaten hin zu ihrem Wunschergebnis und präsentieren dann am Ende im TV das finale Ergebnis." Ähnlich positive Erfahrungen machte der Sender auch mit den Formaten *Berlin – Tag und Nacht* sowie *Köln 50667*. Hierbei wurde auf Facebook eine Echtzeiterzählung vorgenommen und die Zuschauer konnten permanent am Leben der fiktiven Figuren teilhaben. „Das hat am Ende ein wahnsinniges Involvement und enorm hohe Fanzahlen bewirkt" (ebd.).

Neben Facebook und Twitter verwenden die Sender weitere externe Plattformen. Erwähnt wird dabei vor allem die Relevanz von Instant Messaging, in Deutschland vor allem WhatsApp (vgl. Glander; Mehner; Retzer; Schlatterbeck; Quetting; Weinhauser). Besonders bei jungen Zuschauern sei WhatsApp ein bedeutendes Kommunikations-Tool und spiele mittlerweile eine größere Rolle als Facebook (vgl. Klein). Bei WhatsApp-Unterhaltungen handelt es sich um geschlossene Kommunikation, da Unterhaltungen nur zwischen zwei oder mehreren (Gruppenchat) Gesprächsteilnehmern erfolgen und für außenstehende Personen nicht sichtbar sind (vgl. Kap. 4.2.3). Fernsehsender nutzen Instant Messaging daher nicht, um sich aktiv bei privaten Unterhaltungen über Fernsehinhalte zu beteiligen. Die User würden es nicht schätzen, wenn der Sender sich bei der privaten Konversation einmischt (vgl. Primbs; Schlatterbeck). Die Angebote der Sender auf WhatsApp sind vielmehr in den Bereichen Kontaktmöglichkeit und Service angesiedelt (vgl. Beck; Piesch; Primbs; Quetting). So können etwa bei WhatsApp via Broadcast Listen Informationen über TV-Sendungen gleichzeitig an alle Mitglieder einer Gruppe verbreitet werden. „Das ist dann letztendlich eher eine Newsletter-Funktion und entbehrt wiederum ein bisschen den sozialen Charakter." (Schlatterbeck) Bei der Verbreitung von Zusatzinformationen bestehe die Gefahr, dass die erhaltenen Nachrichten von den abonnierten Nutzern als zu inflationär wahrgenommen werden könnten (vgl. Retzer). Eine weitere potentielle Hemmschwelle bestehe darin, dass die Nutzer sich hierzu zunächst registrieren und zur Aufnahme ihre Mobilnummer preisgeben müssten. Dementsprechend ist die Reichweite der Sender-Aktionen bei Instant Messaging meist gering. Speziell für den IM-Dienst WhatsApp wird angemerkt, dass dieser aufgrund seiner Infrastruktur für Sender aufwendig zu bedienen sei (vgl. Beck; Primbs). Robert Amlung erläutert: „Wir bräuchten im Prinzip einen Account, der über mehrere Handys funktioniert, das bietet WhatsApp nicht […]. WhatsApp macht es uns als Sender nicht leicht." Die Sender berichten dennoch davon, sich aufgrund der Beliebtheit von Instant Messenger mit diesen zu befassen und neue Aktionen zu testen. So erwähnt etwa Matthias Mehner eine WhatsApp-Aktion zur Castingshow *The Voice*, bei der jeweils zehn ausgewählte Zuschauer in einer Gruppe mit Kandidaten interagieren konnten: „Während der Live-Show und in den Werbepausen konnten die dann in dieser Gruppe mit ihren Talents und noch neun anderen Gewinnern chatten." (Mehner)

Als Besonderheit ist die Plattform YouTube zu nennen, die bei den befragten Social-TV-Nutzern den vierten Rang der für Social TV genutzten Plattformen einnimmt. Nutzer können dort Videos zu jeder beliebigen Zeit rezipieren und – sofern diese Funktion nicht deaktiviert ist – diese kommentieren oder Kommentare anderer User lesen. Die befragten Sender verfolgen unterschiedliche YouTube-Strategien. Ganze Sendungen werden jedoch in den seltensten Fällen auf YouTube angeboten, was allein aus rechtlichen Gründen oftmals nicht möglich ist (vgl. Schlatterbeck). Hinzu kommt, dass YouTube mit den sendereigenen Plattformen konkurriert: „Wir selber geben unsere TV-Marken nicht auf YouTube, weil YouTube natürlich auch immer Wettbewerber ist." (Heise) Von den TV-Sendern selbst werden meist Bonusmaterialien oder speziell für diese Plattform produzierte Inhalte auf YouTube hochgeladen (vgl. Heise; Klein; Mehner; Piesch; Primbs; Quetting; Retzer; Weinhauser). Trotz der Präsenz auf YouTube besteht bezüglich der Social-TV-Interaktion über diese Plattform Zurückhaltung. Einerseits wird hinterfragt, ob es sich bei dem Diskurs auf YouTube um Social TV handele, da sich die soziale Interaktion auf On-Demand-Inhalte beziehe und isoliert vom klassischen Fernsehen zu betrachten sei (vgl. Heise; Klein; Primbs). Andererseits wird YouTube als relevant für Social TV eingestuft, so könnten etwa vor Sendungsausstrahlung über die YouTube-Kommentarfunktion gestellte Fragen Berücksichtigung finden. Meist erfolgt jedoch keine Beteiligung des Senders an der Diskussion, wie es etwa bei ARTE der Fall ist: „Ich glaube, dass YouTube für uns schon sehr stark einen Social-TV-Anteil hat, aber ohne dass wir diesen bestimmen." (Schlatterbeck) Vereinzelt wird die Social-TV-Interaktion auf YouTube jedoch von Senderseite explizit ausgeschlossen, indem die Kommentarfunktion ausgeschaltet wird.

Hinsichtlich der für Social TV eingesetzten Plattformen der TV-Sender zeigt sich, dass meist ein integrierter Ansatz verfolgt und eine Mischung von sendereigenen als auch -externen Plattformen bevorzugt wird (vgl. Amlung; Glander; Klein; Piesch; Primbs; Schlatterbeck). Hierbei gibt es jedoch Ausnahmen, so fokussiert sich Sky Deutschland im Bereich Sport beispielsweise auf externe Social-Media-Plattformen, da der Sender keine spezielle Sport-App oder Sport-Website anbietet (vgl. Weinhauser). Die Privatsender versuchen in erster Linie auf allen Plattformen präsent zu sein, um Aufmerksamkeit zu erzeugen und die User auf eigene Kanäle zu lenken: „Unser Hauptziel bei allen digitalen Aktivitäten ist der Traffic auf unseren eigenen Webseiten. Von daher schauen wir schon, dass wir möglichst viele Klicks generieren. Das ist das Main-Business." (Mehner) Die öffentlich-rechtlichen Sender betonen, dass sie auf möglichst vielen Plattformen vertreten seien und auch eigene Kanäle anbieten, damit den Zuschauern eine größtmögliche Auswahl zur Verfügung stehe.

Fazit H1.2: Die Social-TV-Infrastruktur wird sowohl bei aktiven als auch bei passiven Usern von Second Screens und senderexternen Plattformen dominiert. Hypothese 1.2 kann somit bestätigt werden. Die TV-Sender sind sich darüber bewusst und machen primär Second-Screen-Angebote, sie fokussieren sich allerdings nicht ausschließlich auf externe Plattformen.

8.1.3   Formate und Zeitpunkte

Hypothese 1.3 nimmt an, dass Zusammenhänge zwischen den für Social TV verwendeten Formaten und den Zeitpunkten der Nutzung bestehen. Zur Prüfung dieser Annahme werden zunächst die Formate sowie Zeitpunkte im Einzelnen sowie diesbezügliche Strategien der Sender näher erläutert, bevor mögliche Korrelationen zwischen beiden Aspekten getestet werden.

Formate

Hinsichtlich der für Social TV tauglichen Formate existieren bereits mehrere – jedoch divergierende – Befunde (vgl. Kap. 4.2.1). Die Nutzungshäufigkeit der Formate wurde in der vorliegenden Studie sowohl für das klassische Fernsehen als auch in Bezug auf Social TV abgefragt. Die Ergebnisse zeigen, dass für beide Nutzungsweisen grundsätzlich alle gängigen Formate von Belang sind. Bei einem Vergleich der Mittelwerte der Formate für beide Nutzungsweisen zeigen sich Abweichungen in der Rangfolge (vgl. Abb. 16).

Abb. 16: Formate der Fernseh- und Social-TV-Nutzung im Vergleich

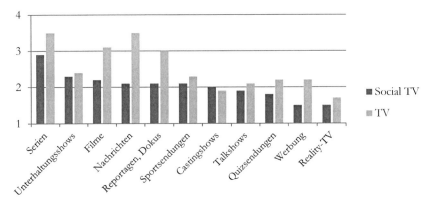

N = 1.456; Frage 8: „Wie oft schaust Du im Fernsehen folgende Sendungen?"; Frage 23: „Wie oft nutzt Du Social TV zu den folgenden Fernsehformaten"; Skala jeweils von 1 = nie bis 5 = sehr oft.

Im Gegensatz zu den vom IfD Allensbach (2015b) ermittelten beliebtesten Fernsehformaten der Deutschen stehen bei den befragten Personen Nachrichten (M = 3,5; SD = 1,3) nicht unangefochten an erster Stelle, sie teilen sich den oberen Rang mit Serien (M = 3,5; SD = 1,3). Die häufige Nutzung von Serien erklärt sich zum einen an dem insgesamt jungen Durchschnittsalter der Probanden, zum anderen, weil Krimiserien wie der *Tatort* hier zugerechnet und nicht gesondert betrachtet wurden. Nachrichten nehmen den zweiten Platz ein, es folgen Filme und Reportagen bzw. Dokumentationen, das Schlusslicht bilden Casting- sowie Reality-Shows. Bei den für Social TV genutzten Formaten stehen ebenfalls Serien (M = 2,9; SD = 1,4) an erster Stelle, dann folgen jedoch Unterhaltungsshows (M = 2,3; SD = 1,4) und Filme (M = 2,2; SD = 1,1), auf dem letzten Platz liegt Werbung und Reality-TV. Die befragten Social-TV-Nutzer konnten optional Sendungen angeben, die sich besonders gut für Social TV eignen (Frage 24). Hiervon machten 268 Personen Gebrauch und nannten 28 verschiedene TV-Sendungen. Am häufigsten wurden die ARD-Krimireihe *Tatort* (N = 50), Fußball (N = 16), das *Neo Magazin Royale* (N = 13) von ZDF bzw. ZDFneo und die ProSieben-Formate *Schlag den Raab* (N = 15) sowie *Circus HalliGalli* (N = 13) genannt.[139] Von den 28 Sendungen sind 12 bei öffentlich-rechtlichen Sendern und 15 bei Privatsendern bzw. Pay-TV-Sendern zu sehen.

Mit Ausnahme von Castingshows liegen die durchschnittlichen Nutzungshäufigkeiten aller einbezogenen Formate des klassischen Fernsehens den Wilcoxon-Tests zufolge jeweils hoch signifikant (Z(1456) = von -2,62 bis -27,05; p < .001) über den Werten der entsprechenden für Social TV genutzten Formate. Die größte Differenz (1,38) zeigt sich bei Nachrichtensendungen, die deutlich häufiger rezipiert als für Social TV verwendet werden. Die geringsten Differenzwerte bestehen bei Castingsendungen sowie Unterhaltungsshows. Zur Validierung und Dimensionierung der abgefragten Formate wurde sowohl für die Fernseh- als auch die Social-TV-Formate eine Hauptkomponentenanalyse mit Varimax-Rotation durchgeführt. Die dabei ermittelten fünf Faktoren der klassischen Fernsehnutzung sind identisch mit den Dimensionen der für Social TV verwendeten Formate (vgl. Tab. 33).

---

[139] Die letzte Ausgabe von *Schlag den Raab* wurde im Dezember 2015 ausgestrahlt. *Circus HalliGalli* wurde am 20. Juni 2017 eingestellt.

Tab. 33: Formatkategorien für Fernsehen und Social TV

	klassisches Fernsehen				Social TV			
	Unter-haltung	Infor-mation	Fiktion	Sport	Unter-haltung	Infor-mation	Fiktion	Sport
Castingshows	**.787**	-.095	.025	-.078	**.773**	-.117	-.032	.038
Reality-TV	**.731**	.051	.053	-.275	**.749**	.019	.013	-.180
Unterhaltung	**.697**	.044	.052	.325	**.635**	-.038	-.154	.384
Quiz- und Ratesendungen	**.667**	.188	-.015	.281	**.630**	.144	-.045	.258
Werbespots	**.416**	.100	.284	-.058	**.598**	.205	.029	-.052
Reportagen, Dokus	-.027	**.801**	.105	-.061	.048	**.849**	.080	-.031
Nachrichten	-.003	**.779**	.095	.069	-.043	**.829**	.090	.064
Talkshows	.352	**.604**	-.179	.172	.329	**.541**	-.258	.240
Serien	.001	-.081	**.840**	.049	-.059	.022	**.810**	-.100
Filme	.130	.164	**.778**	-.074	.004	.043	**.801**	.036
Sport	.007	.072	-.027	**.903**	.022	.098	-.027	**.908**
Cronbach's Alpha	.700	.601	.554	-	.721	.645	.497	-
Mittelwerte der Komponenten	2,1	2,8	3,3	2,3	1,8	2,0	2,6	2,1
Erklärte Varianz	24%	14%	13%	9%	25%	16%	13%	9%

N = 1.456; Frage 8: „Wie oft schaust Du im Fernsehen folgende Sendungen"; Frage 23: „Wie oft nutzt Du Social TV zu den folgenden Fernsehformaten?"; Skala jeweils von 1 = nie bis 5 = sehr oft; Extraktionsmethode: Hauptkomponentenanalyse; Rotationsmethode: Varimax mit Kaiser-Normalisierung; KMO_{TV} = .716; $KMO_{Social\,TV}$ = .732; Bartlett-Test$_{TV}$ = 2485,94 mit p < .001; Bartlett-Test$_{Social\,TV}$ = 2681,59 mit p < .001; Gesamtvarianz$_{TV}$ = 61%; Gesamtvarianz$_{Social\,TV}$ = 62%.

Die Formate können dementsprechend in Unterhaltung, Information, Fiktion sowie Sport gruppiert werden.[140] Fiktion-Angebote wie Serien und Filme sind zwar ebenfalls unterhaltende Formate, da sie in ihrer Nutzungshäufigkeit jedoch abgrenzen, werden sie als gesonderte Kategorie betrachtet. Die

---

[140] Hinsichtlich der Kategorien Unterhaltung und Information ist darauf hinzuweisen, dass diese nicht eindeutig anhand der Formate getrennt werden können (vgl. Schweiger 2007: 67; Gleich 2014a: 573). So können etwa Nachrichtenformate auch unterhaltend sein.

Werte für Cronbach's Alpha der einzelnen Komponenten weisen akzeptable Reliabilitätswerte auf, sind jedoch bei Fiktion-Formaten aufgrund der niedrigen Item-Anzahl gering. Die Kategorie Sport beinhaltet lediglich ein Item. Die Dimensionierung ähnelt den TV-Programmsparten der Langzeitstudie Massenkommunikation (vgl. Eisenblätter/Hermann 2016: 42). Bei der vorliegenden Studie wurde jedoch Werbung nicht als gesonderte Kategorie betrachtet, sondern der Faktorlösung entsprechend der Unterhaltung zugeordnet. Bei der klassischen Fernsehrezeption stehen Fiktion (M = 3,3; SD = 1,0) und Information (M = 2,8; SD = 0,8) an der Spitze, was der durchschnittlichen Programmsparten-Sehdauer der Langzeitstudie Massenkommunikation entspricht. Im Gegensatz zur Langzeitstudie nimmt jedoch Sport den dritten Rang ein, Unterhaltung steht an vierter Stelle. Unter den befragten Personen wird Sport somit häufig rezipiert. Bei den für Social TV verwendeten Formatkategorien nehmen Sportformate (M = 2,1; SD = 1,3) nach Fiktion (M = 2,6; SD = 1,0) sogar den zweiten Rang ein, es folgen Information und Unterhaltung. Die identischen Formatkategorien von Fernsehen und Social TV korrelieren jeweils hoch signifikant miteinander. Desto häufiger eine bestimmte Formatkategorie im TV rezipiert wird, desto öfter wird diese in der Regel auch für Social TV verwendet.[141]

Bei den interviewten Sendervertretern besteht kein einheitliches Bild über die Eignung von Formaten für Social TV. Zum einen wird die Ansicht vertreten, dass keine eindeutige Formateignung ausfindig zu machen ist, schließlich habe jedes Format seinen Reiz (vgl. Piesch). Manchmal sei es etwa der Fall, dass der Sender vom Social-TV-Erfolg eines Formats überrascht werde und nicht damit gerechnet habe (vgl. Klein). Robert Amlung bezeichnet eine Kategorisierung der Formate für Social TV als „zu kurz gedacht", schließlich habe man sich früher vor dem Fernseher auch über alle Inhalte mit anderen anwesenden Personen unterhalten. Amlung schlussfolgert: „Insofern glaube ich, dass Social TV diesen ganz alten Gesetzmäßigkeiten im Prinzip folgt, warum sollte da ein Genre ausgenommen werden?" Mehrheitlich besteht zwar die Ansicht, dass Social TV zu jedem Format genutzt werden kann, doch einige Formate würden deutlich weniger Buzz erzeugen als andere (vgl. Schlatterbeck). Fiktionale Inhalte würden beispielsweise oftmals weniger Social-TV-Nutzung hervorrufen, da deren Handlungsstränge bei der Rezeption viel Aufmerksamkeit von den Nutzern

---

[141] Korrelationen von Fernseh- und Social-TV-Formatkategorien: Fiktion $r_s(1456) = .374$, $p < .001$; Information $r_s(1456) = .467$, $p < .001$; Unterhaltung $r_s(1456) = .552$, $p < .001$; Sport $r_s(1456) = .681$, $p < .001$.

einfordern (vgl. Glander; Heise; Mehner). Andere Befragte halten den Einsatz von Social TV bei fiktionalen Formaten – vor allem im Serienumfeld – für durchaus relevant (vgl. Beck; Piesch; Retzer; Schlatterbeck; Weinhauser). Dies deckt sich wiederum mit den oben beschriebenen Befunden der Nutzerbefragung, laut derer Social TV häufig zu fiktionalen Inhalten bzw. Serien genutzt wird. Einig sind sich die TV-Sender darüber, dass Live-Events eine besondere Rolle für die Social-TV-Diskussion einnehmen (vgl. Amlung; Beck; Glander; Piesch; Primbs; Weinhauser). So erläutert Michael Heise: „Alles was live ist, ist ein riesen Trigger, weil es da einfach dazugehört, gleichzeitig bei diesem Live-Event teilzunehmen." Live übertragene Sport-Events werden als diskussionsfördernd beschrieben: „Sport ist polarisierend und Sport geht von sich aus, das ist ein sehr dankbares Thema" (Weinhauser; vgl. auch Amlung; Klein; Mehner; Primbs; Retzer). Sport wird auch aufgrund seiner Emotionalität als prädestiniert angesehen.

Einige Sender haben die Erfahrung gemacht, dass emotionale Inhalte durchschnittlich zu mehr Interaktionen der Zuschauer führen (vgl. Mehner; Piesch). Sofern ein Sender einen emotionalen Moment erkennt, bietet sich die Möglichkeit an, diesen aufzugreifen: „Wenn man darauf eingeht, ist man extrem erfolgreich." (Klein) So berichtet Matthias Mehner von einem Facebook-Post zur Show *The Voice*, bei dem ein Foto einer Jurorin gepostet wurde, die von dem Auftritt eines Kandidaten berührt war und weinte. Zugleich wurden die Zuschauer gefragt, ob sie den Auftritt ebenfalls als rührend empfanden. Mehner resümiert: „Da haben wir gesehen, es gibt bei diesen Emotionen 300 Prozent mehr Engagement als beim normalen Posten." Als weiterer Faktor zum Aufbau einer aktiven Social-TV-Community wird die Regelmäßigkeit der Ausstrahlung genannt (vgl. Amlung; Klein; Primbs; Piesch). Bei wiederkehrenden Formaten „tut man sich natürlich auch leicht, über die Jahre etwas aufzubauen" (Günther).[142] Bei nicht wiederkehrenden Formaten werden aktuelle sowie kontroverse Themen als Treiber der Social-TV-Interaktionen beschrieben (vgl. Günther; Mehner; Primbs; Schlatterbeck). Thomas Klein nennt mangelnde Alternativen als weiteren Faktor für den Social-TV-Erfolg: „Formate wie das *Morgenmagazin*, die funktionieren schon ganz gut, weil die da relativ konkurrenzlos am frühen Morgen sind."

---

[142] Thomas Klein erläutert, dass selbst Formate, zu denen generell weniger Social-TV-Buzz entstehe, wie etwa die Zoo-Doku-Soap *Giraffe, Erdmännchen und Co.* (HR), von Fangemeinschaften profitieren könnten: „Da gibt es einfach eine treue Community, da gibt es Leute, die gucken das ganz regelmäßig und immer wieder und lieben diese Sendung und solche Communities lassen sich auch ganz gut aktivieren."

Social TV kann die Produktion von Fernsehinhalten beeinflussen, Formate können speziell auf die Interaktion mit den Zuschauern ausgelegt sein (vgl. Carter 2011: 18; Schneider/Buschow 2013: 7). Während joiz Wert darauf legt, dass die Formate „von Anfang an auf das Konzept Social TV in Form von Mitmachen, Mitgestalten und Partizipieren ausgerichtet sind" (Glander), sieht Matthias Mehner die Entwicklung spezieller Social-TV-Formate aufgrund bisheriger Erfahrung nicht als zielführend an. Insgesamt betonen die befragten Sender, dass nicht jede Sendung mit Social-TV-Angeboten begleitet werden müsse.[143] Stefan Primbs begründet: „Was wir nicht machen wollen, ist durch Social TV das Fernsehen schlechter machen."

Nutzungszeitpunkte

Hinsichtlich der Zeitpunkte zeigt sich, dass die Social-TV-Nutzung parallel zum Ausstrahlungszeitpunkt (M = 3,3; SD = 1,3) den höchsten Mittelwert aufweist (vgl. Tab. 34 und Abb. 17). Knapp die Hälfte der Befragten (49%) nutzt Social TV zumindest oft parallel zur Ausstrahlung. Dicht dahinter folgt jedoch die asynchrone Nutzung nach TV-Ausstrahlung (M = 3,2; SD = 1,1), 42 Prozent gehen mindestens oft im Anschluss an eine Sendung Social-TV-Praktiken nach. Sie findet häufiger statt als die Nutzung während der Werbepausen (M = 2,9; SD = 1,3). Vor einer Sendung (M = 2,4; SD = 1,1) beschäftigen sich die Befragten am seltensten mit Social TV.

Tab. 34: Zeitpunkte der Social-TV-Nutzung

	vorher	parallel	Werbung	nachher
nie	25	13	21	7
selten	34	14	19	21
gelegentlich	26	24	27	31
oft	11	25	22	29
sehr oft	4	24	12	13

N = 1.456; Frage 18: „Zu welchen Zeitpunkten nutzt Du Social TV?"; Skala von 1 = nie bis 5 = sehr oft (bei jeder Social-TV-Nutzung). Angaben in Prozent.

Abb. 17: Mittelwerte der Nutzungszeitpunkte

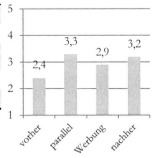

---

[143] Es sollte bedacht werden, dass nicht jeder befragte Fernsehsender alle angesprochenen TV-Formate ausstrahlt. So liegt etwa bei Sport1 der Fokus auf Sport, während ARTE keine Sportsendungen anbietet.

Bei einer Gruppierung der vier Zeitpunkte in synchrone (parallel oder während der Werbepause) und asynchrone (vor oder nach Ausstrahlung) Social-TV-Nutzung bestätigt sich ebenfalls, dass die Nutzung während der Ausstrahlung bzw. während der Werbeunterbrechung überwiegt (M = 3,1; SD = 1,1).[144] Der Abstand zur asynchronen Verwendung (M = 2,8; SD = 0,9) ist nicht erheblich, der Unterschied der Nutzungshäufigkeit ist jedoch hoch signifikant (Z(1456) = -8,74; p < .001). Es erweist sich somit durchaus also sinnvoll, die Nutzung vor oder nach Sendeausstrahlung für eine ganzheitliche Betrachtung von Social TV zu berücksichtigen. Die interviewten Vertreter der Fernsehsender stimmen zwar überwiegend zu, dass Social TV auch asynchron stattfinden könne (vgl. Kap. 7.2.4), sind jedoch den Befunden der Nutzerbefragung entsprechend der Ansicht, dass die synchrone Nutzung von Social TV während der linearen Ausstrahlung (On-Air-Phase) dominiere (vgl. Beck; Glander; Günther; Heise; Klein; Mehner; Piesch; Primbs; Retzer; Schlatterbeck; Weinhauser). Die asynchrone Social-TV-Nutzung halten die TV-Sender ebenfalls für wichtig: „Die Relevanz steigt hin zur Sendung an, während der Sendung und kurz nach der Sendung haben wir die höchste Nutzung." (Piesch) Hinsichtlich der asynchronen Nutzung sei die nachgelagerte Nutzung deutlich beliebter, „weil man dann auch eine Basis hat, auf der man kommunizieren kann." (Schlatterbeck) Die Sender sehen es als erstrebenswert an, Social TV nicht nur während der Ausstrahlung stattfinden zu lassen, da durch die asynchrone Nutzung die Diskussion möglichst lange aufrecht erhalten werden könne und die Bindung der Zuschauer ansteige (vgl. Beck; Weinhauser).

Es zeigen sich bei den Sendern Tendenzen, mit welchen Angeboten die verschiedenen Nutzungsphasen begleitet werden. Im *Vorhinein* geht es demnach vor allem darum, die Zuschauer auf die Ausstrahlung hinzuweisen und den Spannungsbogen durch Liefern von sendungsbezogenen Informationen zu steigern (vgl. Beck; Klein; Mehner; Retzer; Schlatterbeck). Sofern es sich um TV-Formate handelt, bei denen die Interaktionen der User in die Sendung einfließen können, wird die Vorab-Phase auch zum Sammeln von User-Input, wie etwa Fragen an Sendungsteilnehmer, genutzt (vgl. Glander; Primbs). Bei der *On-Air-Phase* ist es besonders wichtig, direkt auf die Interaktionen der Nutzer zu reagieren und relevante Zusatzinformationen zu

---

144 Eine durchgeführte Faktorenanalyse (Hauptkomponentenanalyse; Rotationsmethode: Varimax mit Kaiser-Normalisierung; KMO = .508; Bartlett-Test = 527,97 mit p < .001; erklärte Gesamtvarianz = 70%) bekräftigt die Dimensionierung in synchrone und asynchrone Nutzungszeitpunkte.

liefern. Matthias Mehner erläutert: „Da müssen wir natürlich viel zuhören, lesen, schauen, wie sind die Reaktionen, wo sind vielleicht Peaks." Chats mit Sendungsdarstellern, Regisseuren etc. finden oft erst im direkten Anschluss an die lineare Ausstrahlung statt, damit die Zuschauer nichts von der Sendungshandlung verpassen und nicht vorschnell über die Handlung urteilen (vgl. Primbs). Im *Nachgang* können zudem Zuschauerfeedback zur Sendung sowie Verbesserungsvorschläge eingeholt werden, was wiederum zur Auswertung der Sendung dient. „Das führt also letztendlich dazu, dass man vom Prinzip her, wenn man das Konzept ernst nimmt und intensiv betreibt, eine erste, recht gute Marktforschung über diesen Weg machen kann" (Glander). Bei den Sendern zeigt sich eine Tendenz dahingehend, dass Zusatzinformationen häufiger vor oder nach der Ausstrahlung geliefert werden, während das Anregen von Diskussionen während der linearen Ausstrahlung dominiert. Dies kann durch die Nutzerbefragung insofern gestützt werden, dass die synchrone Nutzung der befragten Personen statistisch signifikant mit der aktiven Nutzung korreliert ($r_s(1456) = .321$; $p < .001$), während die asynchrone Nutzung einen stärkeren Zusammenhang mit den passiven Tätigkeiten aufweist ($r_s(1456) = .423$; $p < .001$).

Eine Differenzierung zwischen synchroner und asynchroner Social-TV-Nutzung ist vor allem dann relevant, wenn Social TV nicht nur mit linearen TV-Inhalten in Verbindung gesetzt wird, sondern auch non-lineare Bewegtbildangebote herangezogen werden. Bei der Rezeption von Bewegtbild auf Video- oder Streamingportalen ist es – sofern nicht live gestreamt wird – gar nicht möglich, sich parallel an der Social-TV-Interaktion zu beteiligen oder diese zu verfolgen, da die gleichzeitige Rezeption hierbei nicht gegeben ist. Dementsprechend zeigt sich bei den befragten Social-TV-Nutzern ein statistisch signifikanter Zusammenhang zwischen der Nutzungshäufigkeit von YouTube für Social TV und der asynchronen Nutzung ($r_s(1456) = .294$; $p < .001$). Die befragten Vertreter der Fernsehsender sind sich über die steigende Relevanz der non-linearen Nutzung zwar bewusst (vgl. Amlung; Glander; Günther; Primbs; Schlatterbeck), verfolgen jedoch bislang keine klaren Strategien zur Beteiligung an der Social-TV-Interaktion zu zeitversetzten Inhalten. Es gibt zwar vereinzelte Versuche, zeitversetzte Interaktionen auf sendereigenen Plattformen zu ermöglichen. Hierzu werden beispielweise die Kommentare mit einem Timecode versehen, wodurch die Kommentare zum Geschehen auch bei späterer Rezeption an passender Stelle angezeigt werden. Hierbei leide zwar die Dialogizität unter der fehlenden Gleichzeitigkeit (vgl. Primbs), aber immerhin sei die Kommunikation auf die passende Stelle der Sendungshandlung bezogen (vgl. Amlung).

Zusammenhang zwischen Formaten und Nutzungszeitpunkten

Zusammenhänge zwischen den für Social TV genutzten Formatkategorien und den Nutzungszeitpunkten zeigen sich insofern, dass Unterhaltung ($r_s(1456) = .299$; $p < .001$) sowie Sport ($r_s(1456) = .133$; $p < .001$) einen statistisch hoch signifikanten Zusammenhang mit der synchronen Nutzung und Fiktion ($r_s(1456) = .290$; $p < .001$) mit der asynchronen Nutzung aufweisen. Informationsformate hingegen korrelieren sowohl mit der synchronen ($r_s(1456) = .135$; $p < .001$) als auch mit der asynchronen ($r_s(1456) = .095$; $p < .001$) Nutzung. Die hoch signifikanten Zusammenhänge liegen allesamt in einem niedrigen Bereich. Diese Befunde entsprechen den Aussagen der befragten TV-Sender, welche Live-Shows und Sport großes Potential für die parallele Social-TV-Nutzung zusprechen und für fiktionale Formate die asynchrone Nutzung hervorheben. Zur detaillierteren Analyse werden die Zusammenhänge zwischen den Nutzungshäufigkeiten der Formate und der Zeitpunkte im Einzelnen betrachtet (vgl. Tab. 35).

Tab. 35: Zusammenhänge zwischen Formaten und Zeitpunkten

		vorher		parallel		Werbung		nachher	
		r	p	r	p	r	p	r	p
Unterhaltung	Castingshows	.045	.088	**.145**	**.000**	.120	.000	-.018	.491
	Reality-TV	.076	.004	.125	.000	**.129**	**.000**	.002	.934
	Unterhaltung	.036	.171	**.270**	**.000**	.187	.000	-.051	.052
	Quiz- und Ratesendungen	.030	.247	**.148**	**.000**	.140	.000	-.022	.395
	Werbespots	.109	.000	.195	.000	**.198**	**.000**	.042	.107
Information	Reportagen, Dokus	.093	.000	.034	.188	.103	.000	**.111**	**.000**
	Nachrichten	.108	.000	-.013	.620	.059	.023	**.132**	**.000**
	Talkshows	.002	.942	**.228**	**.000**	.121	.000	-.039	.138
Fiktion	Serien	.190	.000	-.107	.000	-.009	.744	**.302**	**.000**
	Filme	**.133**	**.000**	-.032	.225	.042	.109	.103	.000
	Sport	.044	.093	**.134**	**.000**	.089	.001	-.013	.632

N = 1.456; Frage 18: „Zu welchen Zeitpunkten nutzt Du Social TV?"; Frage 23: „Wie oft nutzt Du Social TV zu den folgenden Fernsehformaten?"; Skala jeweils von 1 = nie bis 5 = sehr oft (bei jeder Social-TV-Nutzung); Korrelationen nach Spearman; die jeweils stärksten Zusammenhänge sind hervorgehoben.

Innerhalb der als Unterhaltungsformate gruppieren Sendungen sind die größten Korrelationskoeffizienten bei den beiden Zeitpunkten „parallel zur Ausstrahlung" sowie „während der Werbeunterbrechung" zu finden. Während bei Unterhaltungsshows, Quizsendungen sowie Castingshows der größte Zusammenhang mit der parallelen Nutzung besteht, werden zu Reality-Sendungen vor allem in der Werbeunterbrechung Social-TV-Aktivitäten ausgeübt. Ebenso erzielen erwartungsgemäß Werbesendungen den höchsten signifikanten Korrelationskoeffizient bei der Nutzung in der Werbepause.

Innerhalb der Informationskategorie zeigen Nachrichten und Reportagen bzw. Dokumentationen die stärksten Zusammenhänge mit der an eine Sendung anschließende Nutzung. Bei diesen Formaten liegt die Aufmerksamkeit demnach bei der Rezeption primär auf dem TV-Content, eine vertiefte Auseinandersetzung mit diesem erfolgt im Anschluss. Bei Talkshows hingegen findet die Diskussion in erster Linie während der Ausstrahlung statt, die Aussagen der Talkshow-Gäste werden unmittelbar kommentiert. Ähnlich ist es bei Sportsendungen, auch hier findet der Austausch parallel statt. Bei den beiden fiktionalen Formaten dominiert die asynchrone Nutzung, doch während Filme am stärksten mit der Nutzung im Vorhinein korrelieren, weisen Serien den größten Zusammenhang mit der anschließenden Nutzung auf. Bei Filmen werden vor allem im Voraus Informationen zum Geschehen eingeholt, während Serien zur anschließenden Diskussion animieren.

Fazit H1.3: Es bestehen statistisch hoch signifikante Zusammenhänge zwischen den verwendeten Formaten und den Nutzungszeitpunkten, gleichwohl die Zusammenhänge in niedrigen Bereichen liegen. Unterhaltungs- und Sportsendungen korrelieren mit der synchronen und fiktionale Formate mit der asynchronen Nutzung. Hypothese 1.3 ist daher vorläufig bestätigt.

8.2 Hypothesen zu gesuchten und erhaltenen Gratifikationen

Im zweiten Hypothesenblock werden zunächst gesuchte Gratifikationen der klassischen Fernsehnutzung mit denen der Social-TV-Nutzung verglichen (Kap. 8.2.1) und mit der Bedürfnisbefriedigung bzw. den erhaltenen sozialen Gratifikationen in Bezug gesetzt (Kap. 8.2.2). Ebenso wird der Einfluss von nutzerbezogenen Merkmalen auf die Gratifikationssuche beim sozialen Fernsehen überprüft (Kap. 8.2.3). Darauf aufbauend wird getestet, ob sich die Probanden hinsichtlich ihrer Gratifikationssuche in verschiedene Nutzertypen einteilen lassen (Kap. 8.2.4). Zum Abschluss des Hypothesenblocks erfolgt eine Auseinandersetzung mit den Hemmnissen (Kap. 8.2.5).

8.2.1　Gesuchte Gratifikationen

Hypothese 2.1 postuliert, dass die Dimensionierung der gesuchten Gratifikationen der klassischen Fernsehnutzung und die der Social-TV-Nutzung Überschneidungen aufweisen, die sozialen Motive jedoch bei Social TV eine größere Rolle spielen. Zur Prüfung dieser Hypothese sind mehrere Teilschritte notwendig. Um die Relevanz der Motive von TV und Social TV gegenüberzustellen, werden die Zustimmungen zu den abgefragten Motiv-Items betrachtet und Dimensionierungen der Motive für die Fernsehnutzung sowie die Social-TV-Nutzung vorgenommen. Daran anknüpfend erfolgt eine Gegenüberstellung der Motive beider Nutzungsszenarien, wobei primär die als sozial eingestuften Gratifikationen betrachtet werden.

Gesuchte Gratifikationen der klassischen Fernsehnutzung

Die Mittelwerte der Zustimmung sowie die Prozente der Top 2-Boxen („trifft eher zu" und „trifft voll und ganz zu") lassen darauf schließen, dass bei der klassischen Fernsehnutzung das Item „um Spaß zu haben" (M = 3,9; SD = 1,0) an erster Stelle steht, dicht gefolgt von „um zu entspannen" (M = 3,9; SD = 1,0). Beiden Gründen stimmten jeweils 73 Prozent der Studienteilnehmer eher bzw. voll und ganz zu (vgl. Tab. 36). Neben diesen affektiven Bedürfnissen nimmt das Item „um mich zu informieren" (M = 3,7; SD = 1,1) den dritten Rang ein. Die als kognitiv eingestuften Items „Denkanstöße bekommen" (M = 2,9; SD = 1,2) und „nützliche Dinge für meinen Alltag zu erfahren" (M = 2,8; SD = 1,1) erhalten einen geringeren Zustimmungswert als das allgemein Informationsmotiv. Als wichtiger werden hingegen Ablenkung (M = 3,3; SD = 1,2) sowie Zeitvertreib (M = 3,3; SD = 1,2) eingestuft. Die Kommunikation über Fernsehinhalte mit anderen Zuschauern während des Fernsehens (M = 2,4; SD = 1,1) oder bei späteren Unterhaltungen (M = 2,5; SD = 1,2) liegen eher im Mittelfeld der gesuchten Gratifikationen. Dennoch sind sie den Angaben der Befragten zufolge bedeutsamer als die parasoziale Interaktion (M = 2,0; SD = 1,1) sowie der gemeinschaftliche Beweggrund (M = 1,9; SD = 1,0). Für 46 Prozent der Probanden ist die Meinungsbildung/-bestätigung ein maßgeblicher Grund zur Fernsehnutzung. Weniger relevant ist bei der klassischen Fernsehrezeption hingegen die eigene Meinungsäußerung (M = 2,3; SD = 1,2) sowie anderen Zuschauern zu zeigen, dass man sich mit einer Sendung gut auskennt (M = 1,8; SD = 1,0). Noch weniger Relevanz wird der aktiven Beteiligung zugesprochen. Die passive Fernsehnutzung steht für die Zuschauer deutlich im Vordergrund.

Tab. 36: Gesuchte Gratifikationen der klassischen Fernsehnutzung

Ich schaue Fernsehen…	Zustimmung			Komponente			
	Top 2-Boxen	M	SD	sozial-integrativ	kognitiv	affektiv	partizi-pativ
um bei späteren Unterhaltungen über Sendungen mitreden zu können.	22%	2,5	1,2	**.731**	.110	.093	.001
um meine Meinung zu einer Sendung, dem Sendungsthema oder Darstellern zu äußern.	17%	2,3	1,2	**.706**	.192	.003	.055
um mich während des Fernsehens mit anderen anwesenden Personen über eine Sendung zu unterhalten.	17%	2,4	1,1	**.657**	.095	-.016	-.090
um anderen Personen zu zeigen, dass ich mich mit einer Sendung oder deren Thema gut auskenne.	7%	1,8	1,0	**.643**	.150	.097	.227
um Teil einer Gemeinschaft zu sein.	9%	1,9	1,0	**.597**	.096	.156	.295
um Darsteller von Sendungen kennenzulernen.	12%	2,0	1,1	**.492**	.035	.200	.181
um mich zu informieren.	62%	3,7	1,1	.045	**.811**	.016	-.035
um nützliche Dinge für meinen Alltag zu erfahren.	30%	2,8	1,1	.116	**.769**	.116	.096
um Denkanstöße zu bekommen.	33%	2,9	1,2	.179	**.769**	.052	.006
um mir eine eigene Meinung zu bilden oder meine Meinung zu bestätigen.	46%	3,3	1,5	.234	**.741**	.029	.008
um zu entspannen.	73%	3,9	1,0	.046	.109	**.746**	-.100
um mich vom Alltag abzulenken.	52%	3,3	1,2	.088	.063	**.744**	.021
um Zeit zu vertreiben, wenn mir langweilig ist.	50%	3,3	1,2	.038	-.064	**.725**	.043
aus Gewohnheit.	39%	3,0	1,3	.057	.072	**.651**	.188
um Spaß zu haben.	73%	3,9	1,0	.196	.051	**.568**	-.206
um an Abstimmungen oder Gewinnspielen teilzunehmen.	1%	1,2	0,6	.170	.045	-.008	**.793**
um mich aktiv an einer Sendung zu beteiligen (z. B. Call-In-Show).	2%	1,2	0,6	.131	-.006	-.036	**.774**
Cronbach's Alpha	.788			.749	.797	.733	.576
Mittelwerte der Komponenten				2,1	3,2	3,5	1,2
Erklärte Varianz der Komponenten				23%	13%	11%	7%

N = 1.456; Frage 12: „Wie wichtig sind für Dich folgende Gründe fernzusehen?"; Skala von 1 = trifft überhaupt nicht zu bis 5 = trifft voll und ganz zu; Extraktionsmethode: Hauptkomponentenanalyse; Rotationsmethode: Varimax mit Kaiser-Normalisierung; KMO = .819; Bartlett-Test = 5929,06 mit p < .001; erklärte Gesamtvarianz = 54%.

Die verwendete Motivskala zur klassischen TV-Nutzung, die aus 17 Items besteht, weist für Cronbach's Alpha eine hohe Konsistenz von $\alpha = .788$ auf. Da sich dieser Wert jedoch mit zunehmender Item-Anzahl automatisch erhöhen kann (vgl. Kap. 7.1.1), wurde zur Prüfung der Validität des erweiterten Bedürfniskataloges der gesuchten TV-Gratifikationen eine Faktorenanalyse durchgeführt. Die Hauptkomponentenanalyse mit Varimax-Rotation ergibt eine geeignete Zuordnung der Motiv-Items zu vier Komponenten, deren Faktorwerte Tab. 36 entnommen werden können. Die Vier-Faktorlösung erklärt 54 Prozent der Varianz. Die vier Motivdimensionen sind nicht vollkommen deckungsgleich mit der typischen Einteilung in kognitive, affektive, soziale und identitätsbezogen Nutzungsmotive, sie entsprechen ihnen jedoch größtenteils. Der erheblichste Faktor, mit einem Anteil von 23 Prozent an der erklärten Gesamtvarianz, setzt sich aus vier sozialen (Parallel- bzw. Anschlusskommunikation, parasoziale Interaktion und Gemeinschaft) und identitätsstiftenden (Meinungsäußerung, Selbstdarstellung) Items zusammen und wird daher als „sozial-integrativ" bezeichnet. Der zweite Faktor (13% erklärte Varianz) bildet die drei kognitiven Items ab und wird um das Item der Meinungsbildung ergänzt. Da die Meinungsbildung neben der identitätsstiftenden Funktion auch als mögliche Orientierung für den Zuschauer interpretiert werden kann, wird der Faktor weiterhin als „kognitiv" betitelt. Der dritte Faktor (11% erklärte Varianz) umfasst die fünf als affektiv eingestuften Items und kann somit weiterhin als „affektive" Motivdimension kategorisiert werden. Zwei Items zur aktiven Beteiligung, die zuvor den sozialen Motiven zugeordnet wurden, ergeben schließlich den „partizipativen" Faktor (7% erklärte Varianz). Die ersten drei Komponenten erweisen sich als reliabel, da ihre Werte für Cronbach's Alpha zwischen .733 und .797 liegen. Für den partizipativen Faktor ergibt sich lediglich ein Wert von .576, was auf die geringe Item-Anzahl zurückzuführen ist.

Die relative Bedeutung der ermittelten Faktoren kann durch die Berechnung der summarischen Indizes – also die Gesamtmittelwerte der auf einem Faktor ladenden Items – untersucht werden. Hierbei bestätigt sich zunächst, dass die affektive Komponente (M = 3,5; SD = 0,8) die gesuchten Gratifikationen der klassischen Fernsehnutzung dominiert, gefolgt von der kognitiven Dimension (M = 3,2; SD = 0,9). Sie sind somit nach eigenen Angaben der Befragungsteilnehmer motivierender als sozial-integrative Gratifikationen (M = 2,1; SD = 0,7). Partizipation (M = 1,2; SD = 0,5) ist ein eher zu vernachlässigender Faktor der Fernsehnutzung.

Gesuchte Gratifikationen der Social-TV-Nutzung

Wie zuvor bei den Gratifikationen der klassischen Fernsehnutzung werden auch in Bezug auf die Social-TV-Nutzungsmotive zunächst die Mittelwerte sowie die Top 2-Boxen der einzelnen Motiv-Items in Augenschein genommen (vgl. Tab. 37). Das Item „um mich zu informieren" (M = 3,5; SD = 1,2) erhält den meisten Zuspruch, für 59 Prozent der befragten Social-TV-Nutzer ist es ein essentielles Nutzungsmotiv. Das allgemeine Informationsbedürfnis wird deutlich wichtiger eingestuft als die weiteren vier zunächst als kognitiv eingestuften Items (Denkanstöße bekommen, nützliche Dinge für den Alltag erfahren, Verständnisnachfrage, Programmempfehlung), die Mittelwerte zwischen 2,2 und 2,8 aufweisen. Social Navigation erzielt hierbei den geringsten Mittelwert dieser Kategorie. Eine mögliche Erklärung dafür liefert Wolk (2015: 136): „[T]he people we're connected to on social networks don't necessarily consist of our friends as much as a random collection of people from various points in our lives".

Das affektive Item „Spaß haben" (M = 3,4; SD = 1,2) steht an zweiter Stelle der Gratifikationen, 55 Prozent stimmen diesem Item eher bzw. voll und ganz zu. Der Spaßfaktor scheint für die Nutzer deutlich relevanter als die affektiven Bedürfnisse Entspannung (M = 2,6; SD = 1,2) und Ablenkung (M = 2,6; SD = 1,2) zu sein, die jeweils nur von etwa einem Viertel der Befragten als relevanter Nutzungsgrund angegeben werden. Dass die Social-TV-Nutzung eine neuere Nutzungsweise ist, zeigt sich in dem geringen Wert des Items Gewohnheit (M = 2,3; SD = 1,2), den nur vier Prozent der Nutzer als bedeutend einstufen. Zeitvertreib (M = 3,0; SD = 1,2) sowie die Überbrückung von Werbung (M = 3,0; SD = 1,3) sind hingegen nicht zu vernachlässigen. Den dritten Rang der gesuchten Social-TV-Gratifikationen nimmt das identitätsstiftende Item zur Meinungsbildung/-bestätigung (M = 3,1; SD = 1,2) ein. Das als sozial eingestufte Motiv der parallelen Fernsehkommunikation liegt auf dem vierten Platz der Social-TV-Motive und ist für 44 Prozent der Social-TV-Nutzer relevant. Während das Gemeinschaftserlebnis (M = 2,7; SD = 1,2) noch von 25 Prozent als bedeutsam eingestuft wird, ist die Nutzung von Social TV „um bei späteren Unterhaltungen mitreden zu können" (M = 2,4; SD = 1,2) nur für 19 Prozent ein gewichtiger Nutzungsgrund. Die restlichen als sozial kategorisierten Items finden ebenfalls wenig Zuspruch. Das Schlusslicht bilden die beiden Motive Kollaboration (M = 1,8; SD = 1,1) und Teilnahme an Votings oder Spielen (M = 1,7; SD = 1,0). Diese Befunde deuten darauf hin, dass Partizipation und aktive Teilhabe nicht die primären Treiber der Nutzung sind.

Tab. 37: Gesuchte Gratifikationen der Social-TV-Nutzung

Ich nutze Social TV…	Zustimmung			Komponente				
	Top 2-Boxen	M	SD	sozial-kommunikativ	interaktiv	kognitiv	unterhaltend	zeitüberbrückend
um mich während des Fernsehens mit anderen Personen über eine Sendung zu unterhalten.	44%	3,0	1,4	**.736**	.204	-.054	-.011	.125
um meine Meinung zu einer Sendung, dem Sendungsthema oder Darstellern zu äußern.	31%	2,6	1,4	**.654**	.303	.121	.126	-.165
um Teil einer Gemeinschaft zu sein.	25%	2,7	1,2	**.651**	.315	.006	.115	.133
um den Kontakt zu anderen Personen zu pflegen oder neue Kontakte zu knüpfen.	19%	2,2	1,2	**.607**	.332	.075	.169	.035
um zu erfahren, was andere Personen gerade anschauen.	17%	2,2	1,2	**.605**	.059	.030	.227	.115
um bei anderen Nutzern nachzufragen, wenn ich etwas in einer Sendung nicht verstehe.	18%	2,2	1,2	**.500**	.158	.273	.106	.010
um bei späteren Unterhaltungen über Sendungen mitreden zu können.	19%	2,4	1,2	**.494**	.081	.296	.077	.082
um mich aktiv an der Gestaltung einer Sendung zu beteiligen.	14%	2,0	1,2	.267	**.781**	.079	.063	-.024
um an Abstimmungen, Gewinnspielen oder sonstigen Spielen teilzunehmen.	7%	1,7	1,0	0.73	**.723**	-.019	-.074	.217
um gemeinsam mit anderen Nutzern etwas zu erreichen.	11%	1,8	1,1	.272	**.702**	.089	.042	.059
um den Sendungsmachern Feedback zu geben.	22%	2,4	1,3	.301	**.651**	.083	.138	-.130
um mit Darstellern oder Sendungsmachern in Kontakt zu treten bzw. diese besser kennenzulernen.	4%	2,0	2,0	.159	**.605**	.184	.233	.006

Ich nutze Social TV…	Top 2-Boxen	M	SD	sozial-kommuni-kativ	interaktiv	kognitiv	unterhaltend	zeitüber-brückend
um mich zu informieren bzw. Zusatzinformationen zu einer Sendung oder Werbung zu suchen.	59%	3,5	1,2	-.020	-.040	**.694**	-.089	.218
um Denkanstöße zu bekommen.	28%	2,8	1,2	.166	.048	**.679**	.243	-.124
um mir eine eigene Meinung zu bilden oder meine Meinung zu bestätigen.	41%	3,1	1,2	.288	.161	**.674**	-.038	.038
um nützliche Dinge für meinen Alltag zu erfahren.	22%	2,5	1,2	-.012	.147	**.645**	.208	.015
um zu entspannen.	24%	2,6	1,2	.126	.108	.085	**.800**	.043
um mich vom Alltag abzulenken.	27%	2,6	1,2	.094	.156	.129	**.716**	.265
um Spaß zu haben.	55%	3,4	1,2	.408	.003	.077	**.625**	.010
um Werbepausen zu überbrücken.	41%	3,0	1,3	.119	.067	.100	.076	**.807**
um Zeit zu vertreiben, wenn mir langweilig ist.	10%	3,0	1,2	.133	.035	.042	.471	**.639**
Cronbach's Alpha		.878		.796	.794	.658	.697	.554
Mittelwerte der Komponenten				2,5	2,0	3,0	2,9	3,0
Erklärte Varianz der Komponenten				28%	9%	8%	6%	5%

N = 1.456; Frage 26: „Wie wichtig sind für Dich folgende Gründe Social TV zu nutzen?"; Skala von 1 = trifft überhaupt nicht zu bis 5 = trifft voll und ganz zu; Extraktionsmethode: Hauptkomponentenanalyse; Rotationsmethode: Varimax mit Kaiser-Normalisierung; KMO = .882; Bartlett-Test = 8824,50 mit p < .001; erklärte Gesamtvarianz = 55%. Die Items „um eine Sendung intensiver zu erleben" (M = 2,7; SD = 1,3), „aus Gewohnheit" (M = 2,3; SD = 1,2) und „um anderen Personen zu zeigen, dass ich mich mit einer Sendung gut auskenne" (M = 2,1; SD = 1,1) wurden ausgeschlossen, da ihr Ladungsunterschied auf zwei Faktoren geringer als .200 war.

Die verwendete Gesamtskala zur Erhebung der gesuchten Social-TV-Gratifikationen besteht aus 24 Items und erweist sich mit einem Wert für Cronbach's Alpha von α = .878 als hoch reliabel. Wenn man nur die Items der Langzeitstudie Massenkommunikation (vgl. Breunig/Engel 2015: 323 f.) einbezieht, ergibt sich – wie zuvor bei den Motiven der klassischen Fernsehnutzung – ein geringerer Reliabilitätswert (α = .726). Zur Prüfung der Validität und dimensionalen Strukturierung des Bedürfniskataloges wird auch für die Social-TV-Gratifikationen eine explorative Faktorenanalyse vorgenommen und die Reliabilität der einzelnen Faktoren aufgezeigt. Die Hauptkomponentenanalyse mit Varimax-Rotation weist eine gut interpretierbare Fünf-Faktorenlösung auf, die einen Anteil von 55 Prozent an der erklärten Gesamtvarianz hat. Drei Items waren nicht eindeutig einem Faktor zuzuordnen und wurden daher aus der Analyse ausgeschlossen.[145]

Der Faktor mit dem größten Anteil an der erklärten Varianz (28%) besteht aus drei als sozial gruppierten Items (Parallelkommunikation, Anschlusskommunikation, Gemeinschaftserlebnis), dem Item zur Meinungsartikulation und Vernetzung sowie den beiden kognitiven Items zur Verständigung und Programmempfehlung. Den sieben Items ist gemein, dass sie mit sozialer Interaktion – also Kommunikation – in Verbindung stehen, indem sie entweder dem Austausch dienen oder aber der Austausch zum gemeinschaftlichen Erlebnis bzw. zur Integration beiträgt. Der Faktor wird daher als „sozial-kommunikative" Motivdimension der Social-TV-Nutzung bezeichnet. Der zweite Faktor, der einen Anteil von neun Prozent an der Varianz vertritt, gruppiert fünf Items der ehemals den sozialen Motiven zugeordneten Items, die auf die aktive Teilhabe und spielerische bzw. parasoziale Interaktion abzielen. Diese gesondert gruppierten sozialen Gratifikationen können daher als „interaktiv" betitelt werden. Der dritte Faktor (8% erklärte Varianz) fasst die Items „Informationssuche", „Denkanstöße bekommen", „nützliche Dinge für meinen Alltag erfahren" sowie „Meinungsbildungbzw. -bestätigung" zusammen. Diese Beweggründe der Information, des Lernens sowie der Orientierung werden als „kognitiv" etikettiert. Die in Anlehnung an die Theorie und bisherige Studien als affektiv gruppierten Gratifikationen teilen sich in Bezug auf Social TV in zwei Faktoren auf. So gehören zunächst die Motive Entspannung, Ablenkung und Spaß zusammen, die den vierten Faktor bilden (6% erklärte Varianz). Diese affektiven Items dieses Faktors beschreiben somit „unterhaltende" Gratifikationen. Die Items zur Überbrückung von Werbepausen, Langeweile sowie Zeit werden gesondert als fünfter Faktor ausgewiesen (5% erklärte Varianz) und „zeitüberbrückende" Motive genannt.

Die gesuchten Gratifikationen der Social-TV-Nutzung weichen stärker von der Kategorisierung typischer Bedürfniskataloge ab als die erhobenen Gratifikationen der klassischen Fernsehnutzung. Dennoch ist auch hierbei keine vollkommen neue Kategorisierung notwendig, da sich viele Überschneidungen mit der typischen Einteilung zeigen. Die Erweiterung des Bedürfnis-

---

[145] Es handelt sich dabei um die drei Items „um eine Sendung intensiver zu erleben" (M = 2,7; SD = 1,3), „aus Gewohnheit" (M = 2,3; SD = 1,2) und „um anderen Personen zu zeigen, dass ich mich mit einer Sendung gut auskenne" (M = 2,1; SD = 1,1).

kataloges um die aus den Charakteristika sozialer Medien abgeleiteten Motive (vgl. Kap. 5.3) führt vielmehr zu einer ausdifferenzierteren Dimensionierung. In Bezug auf die Reliabilität der fünf Faktoren weisen die ersten beiden Faktoren zufriedenstellende Werte (α = .796 und .794) für Cronbach's Alpha aus. Der dritte (α = .658) und der vierte (α = .697) Faktor sind mit geringeren Werten verbunden, die jedoch ausreichend sind. Der fünfte Faktor (α = .554) hingegen erscheint nicht als reliabel, was auch hier wieder der geringen Item-Anzahl zugeschrieben werden kann. Die Indizes der auf einem Faktor ladenden Items zeigen, dass zeitüberbrückende (M = 3,0; SD = 1,1), kognitive (M = 3,0; SD = 0,8) und unterhaltende (M = 2,9; SD = 0,9) die gesuchten Gratifikationen der Social-TV-Nutzung dominieren. Erst daran anschließend folgen sozial-kommunikative Motive (M = 2,5; SD = 0,8). Interaktive Gratifikationen (M = 2,0; SD = 0,9), die besonders viel Aktivität der Nutzer erfordern, sind nachgelagerte Motive.[146]

Neben den Nutzern selbst wurden die interviewten Vertreter der Fernsehsender nach relevanten Gratifikationen der Social-TV-Nutzung gefragt. Hierbei kommen zunächst kognitive Aspekte zum Ausdruck, wie der Wunsch nach weiterführenden Informationen (vgl. Beck; Klein; Schlatterbeck). Weiterhin wird die Spaßsuche als bedeutendes Motiv der Social-TV-Nutzung eingestuft. Ingrid Günther erläutert: „Da werden so viele lustige Kommentare abgegeben, dass es einfach Spaß macht, da mitzulesen und zu gucken, wie kreativ die Leute mit so einer Sendung umgehen." Zeitvertreib bzw. die Überbrückung von langweilig erscheinenden Passagen werden ebenso als affektive Gratifikationen genannt (vgl. Retzer; Schlatterbeck). Einige Vertreter der TV-Sender betonen, dass die eigene Identität betreffende Gratifikationen nicht vernachlässigt werden sollten. Durch die Social-TV-Nutzung hätten die Zuschauer einerseits ein sehr großes Meinungsspektrum zur Verfügung und könnten sich an den Meinungen anderer Personen orientieren (vgl. Glander; Klein; Mehner). Zum anderen könne sich der Zuschauer – wie auch bei der Social-Media-Nutzung allgemein – durch die eigene Beteiligung selbstdarstellen, Aufmerksamkeit sowie Bestätigung erhalten (vgl. Beck; Heise; Klein; Quetting).

---

[146] Da die Faktorenanalyse primär zur Dimensionierung und Validierung und nicht zur Datenreduktion eingesetzt wird, werden bei der weiteren Vorgehensweise überwiegend nicht die Faktorwerte, sondern die Skalenindizes der Motivdimensionen verwendet (vgl. Backhaus et al. 2016: 386). Diese korrelieren stark und hoch signifikant mit den entsprechenden Faktorwerten ($r_p(1456)$ = .872 bis .958; p < .001). Daher können abweichende Ergebnisse der Skalenindizes gegenüber den Faktorwerten ausgeschlossen werden.

Diese kognitiven, affektiven sowie identitätsbezogenen Gratifikationen erwähnen jeweils fünf bis sechs Vertreter der TV-Sender. Mit Abstand am
häufigsten wird jedoch das Motiv des Austauschs über das Gesehene genannt (vgl. Amlung; Beck; Glander; Günther; Heise; Klein; Mehner; Piesch;
Primbs; Quetting; Schlatterbeck; Weinhauser). Hierbei besteht zum Teil die
Ansicht, dass dieses soziale Bedürfnis die bedeutendste Gratifikation für die
Nutzer sei. Matthias Mehner erläutert den Grund: „Die Leute wollen sich
nach wie vor darüber unterhalten, was sie sehen, was sie für Meinungen
haben und dafür geben ihnen natürlich gerade die Social Networks die op-
timale Plattform, sich genau mit den richtigen Leuten auszutauschen."
Durch den Austausch über Fernsehinhalte könne zugleich das Gemeinschaftsgefühl gestärkt werden (vgl. Klein; Mehner). Voraussetzung zur Befriedigung dieses Bedürfnisses sei jedoch, dass eine gewisse Offenheit und
Bereitschaft zum Austausch bei den Nutzern vorhanden sei (vgl. Quetting).
Zwei Befragte betonen, dass auch der passive Austausch – also das Verfolgen der Kommentare – dazugehöre und dies ebenso als sozial einzuordnen
sei (vgl. Klein; Mehner). Neben dem Austausch der Zuschauer untereinander wird zudem die soziale Interaktion mit dem Sender als Nutzungsmotiv
genannt (vgl. Beck; Primbs).

Der Vergleich von den Nutzern eingestuften Relevanzen gesuchter Gratifikationen der Social-TV-Nutzung mit den Einschätzungen der Sendervertreter lässt kein übereinstimmendes Bild erkennen. Während die Social-TV-
Nutzer kognitiven sowie affektiven Beweggründen stärker zustimmen als
sozialen Aspekten, gehen die TV-Sender überwiegend von einer Dominanz
sozialer Motive aus. Bei Konfrontation der Sender mit den von den Nutzern
ausgewiesenen Gratifikationen finden diese für die Differenzen vor allem
folgende Erklärung: Bei der Selbsteinschätzung der befragten Social-TV-
Nutzer könne die soziale Erwünschtheit zu einer Beeinflussung des Antwortverhaltens und somit zu einer Verzerrung der Motivreihenfolge geführt
haben (vgl. Amlung; Beck; Glander; Günther; Heise; Mehner; Primbs;
Weinhauser). Hierbei wird somit die Aussagekraft der Selbsteinschätzung in
Frage gestellt, ein für die Uses-and-Gratifications-Forschung bekannter
Kritikpunkt (vgl. Kap. 2.3.1). Robert Amlung erklärt:

> „Das hat einfach etwas damit zu tun, dass Menschen so etwas
> wie ,Ich will nicht allein sein' eigentlich ungern äußern. Wer
> gibt denn das schon gerne zu? Deswegen ist so etwas wie ,Ich
> will Informationen haben' viel ungefährlicher. Das ist eher
> sozial erwünscht und ist unschädlich, jeder will Informationen
> haben."

Matthias Mehner zufolge zeigt sich dies etwa darin, dass Instant Messaging von den Nutzern selbst als beliebte Social-TV-Plattform angesehen werde (vgl. Kap. 8.1.2). Zusatzinformationen würden bei Instant Messaging jedoch kaum eine Rolle spielen, der Austausch der Nutzer stehe hierbei im Vordergrund. Auch in der Goldmedia-Studie wird von einer Überbewertung der Informationsbeschaffung zur Verschleierung des Motivs der Einbindung in eine Gruppe ausgegangen (vgl. Goldhammer et al. 2015: 111). Einige Sendervertreter erachten die Antworten der Nutzer wiederum für durchaus plausibel und glauben nicht, dass diese durch fehlerhafte Selbsteinschätzung oder soziale Erwünschtheit zu stark beeinflusst werden (vgl. Klein). Markus Piesch hält es für denkbar, dass der Austausch nicht an erster Stelle steht: „Ich sehe etwas und möchte vielleicht mehr darüber erfahren und weniger, dass ich das kundtun und mich mit anderen darüber austauschen möchte. Wahrscheinlich ist das erst drei Schritte weiter". Als weitere Erklärung für die von den Nutzern geringer eingestufte Relevanz der sozialen Interaktion wird die allgemeine Dominanz des passiven Konsums bei der Social-TV-Nutzung herangezogen. Da bei der aktiven Beteiligung an Diskussionen über das TV-Programm ein höherer Grad an Interaktion nötig sei, könne es durchaus sein, dass dies den Nutzern zu anstrengend sei und sie daher eher andere Gratifikationen verfolgen (vgl. Klein; Schlatterbeck). Die Suche nach sozialen Motiven könne zudem von der Tagesform sowie der Persönlichkeit der Nutzer beeinflusst werden.

Vergleich der gesuchten Gratifikationen von Fernsehen und Social TV

Die zuvor erläuterten Ergebnisse haben offenbart, dass sich die Motivfaktoren der klassischen Fernsehrezeption und der Nutzung des sozialen Fernsehens überschneiden, sie jedoch keine identische Dimensionierung aufweisen. Sowohl beim Fernsehen als auch bei Social TV dominieren affektive Beweggründe, dicht gefolgt von der kognitiven Dimension. Dies entspricht den zuvor für Fernsehen und Social TV ermittelten Formatpräferenzen (vgl. Kap. 8.1.3). Fiktionale Inhalte, die von den Befragten am häufigsten genutzt werden, können schließlich besonders der affektiven Befriedigung dienen, während die am zweithäufigsten genutzten Informationsformate den kognitiven Beweggründen zugutekommen können (vgl. Schweiger 2007: 105). Es folgt der sozial-integrative bzw. sozial-kommunikative Faktor der Gratifikationen. Beweggründe der aktiven Mitgestaltung und Partizipation bilden sowohl bei Fernsehen als auch bei Social TV das Schlusslicht der Gratifikationsprofile. Trotz dieser Parallelen unterscheiden sich die Mittelwerte der als ähnlich anzusehenden Faktoren teilweise stark. Dies liegt nicht zuletzt daran, dass für die Social-TV-Nutzung zusätzliche Motiv-Items abgefragt wurden, die bei der Fernsehnutzung ohne parallele Internetnutzung ausgeschlossen werden können.[147] Folglich können die Gratifikationsprofile von Fernsehen und Social TV nicht uneingeschränkt verglichen werden. Für den direkten Vergleich müssen diejenigen Motiv-Items herangezogen werden, die für beide Nutzungsweisen relevant sind.

Tab. 38 verdeutlicht, dass – mit Ausnahme der parasozialen Interaktion – statistisch hoch signifikante Unterschiede zwischen den Gratifikationen beider Nutzungsweisen bestehen. Vergleicht man die sowohl für Fernsehen als auch für Social TV relevanten Gratifikations-Items, so stellt man zunächst fest, dass die primären Social-TV-Motive, also die Suche nach Information und Spaß, auch bei der klassischen Fernsehnutzung hohe Werte erzielen und als Haupttreiber der Nutzung angesehen werden können. Im Direktvergleich weisen die kognitiven Motive (Information, Lernen, Ratgeber) zwar alle bei der TV-Nutzung einen höheren Mittelwert auf, doch die Differenz zu den für die Social-TV-Nutzung entsprechenden Motiven ist gering. Hohe Mittelwertsdifferenzen treten vor allem bei affektiv geprägten Motiven auf, wie etwa Entspannung, Ablenkung oder Gewohnheit. Sie erhalten bei der klassischen Fernsehrezeption deutlich mehr Zuspruch als bei der Social-TV-Nutzung. Die Relevanz der TV-Nutzung aus eskapistischen Gründen zeigt sich auch darin, dass Motive, die Aktivität auf Zuschauerseite erfordern, nur geringen Zuspruch erhalten. Bei der Social-TV-Nutzung spielen affektive Beweggründe zwar auch eine nicht unerhebliche Rolle, doch im Vergleich zur TV-Nutzung erzielen Aktivität erfordernde Motive höhere Zusprüche. In Bezug auf identitätsbezogene Bedürfnisse ist sowohl für klassisches Fernsehen als auch für Social TV primär die Meinungsbildung zur Orientierung relevant.

Weder bei der klassischen Fernsehnutzung noch bei Nutzung des sozialen Fernsehens stehen soziale Aspekte an erster Stelle. Die als sozial kategorisierten Motiv-Items erreichen jedoch bei Social TV überwiegend höhere Mittelwerte als beim klassischen Fernsehen.

---

[147] Es handelt sich dabei um folgende Items: „um zu erfahren, was andere Personen gerade anschauen", „um bei anderen Nutzern nachzufragen, wenn ich etwas in einer Sendung nicht verstehe", „um eine Sendung intensiver zu erleben", „um Werbepausen zu überbrücken", „um den Kontakt zu anderen Personen zu pflegen oder neue Kontakte zu knüpfen", „um den Sendungsmachern Feedback zu geben" und „um gemeinsam mit anderen Nutzern etwas zu erreichen".

Tab. 38: Vergleich der gesuchten Gratifikationen von TV und Social TV

	Fernsehen		Social TV		M-Differenz	t(df)
	M	SD	M	SD		
Information	3,7	1,1	3,5	1,2	0,19***	4,73 (1455)
Spaß	3,9	1,0	3,4	1,2	0,50***	14,09 (1455)
Meinungsbildung	3,3	1,5	3,1	1,2	0,14***	4,05 (1455)
Parallelkommunikation	2,4	1,1	3,0	1,4	-0,61***	-14,72 (1455)
Zeitvertreib	3,3	1,2	3,0	1,2	0,35***	10,25 (1455)
Lernen (Denkanstöße)	2,9	1,2	2,8	1,2	0,13***	4,07 (1455)
Gemeinschaft	1,9	1,0	2,7	1,2	-0,85***	-24,42 (1455)
Meinungsartikulation	2,3	1,2	2,6	1,4	-0,38***	-9,79 (1455)
Entspannung	3,9	1,0	2,6	1,2	1,32***	38,16 (1455)
Ablenkung vom Alltag	3,3	1,2	2,6	1,2	0,75***	21,18 (1455)
Ratgeber (nützliche Dinge)	2,8	1,1	2,5	1,2	0,35***	10,79 (1455)
Anschlusskommunikation	2,5	1,2	2,4	1,2	0,11**	3,20 (1455)
Gewohnheit	3,0	1,3	2,3	1,2	0,68***	18,01 (1455)
Selbstdarstellung	1,8	1,0	2,1	1,1	-0,25***	-7,94 (1455)
Partizipation	1,2	0,6	2,0	1,2	-0,82***	-26,48 (1455)
Parasoziale Interaktion	2,0	1,1	2,0	2,0	-0,02	-0,52 (1455)
Spielerische Interaktion	1,2	0,6	1,7	1,0	-0,44***	-16,37 (1455)

N = 1.456; Frage 12: „Wie wichtig sind für Dich folgende Gründe fernzusehen?"; Frage 26: „Wie wichtig sind für Dich folgende Gründe Social TV zu nutzen?"; Skala jeweils von 1 = trifft überhaupt nicht zu bis 5 = trifft voll und ganz zu; sortiert nach absteigenden Mittelwerten für Social TV; **p = .001; ***p < .001.

Da die Gratifikationsdimensionen von Fernsehen und Social TV nicht identisch sind, werden unter sozialen Gratifikationen alle Motiv-Items gefasst, die in Anlehnung an die theoretischen Vorarbeiten sowie früheren Bedürfniskatalogen der sozialen Dimension zugeordnet wurden. Um einen direkten Vergleich dieser zu ermöglichen, können hierbei wieder nur diejenigen sechs Items einbezogen werden, die für beide Nutzungsweisen abgefragt wurden (vgl. Abb. 18).[148]

---

[148] Sofern die ursprünglich als sozial kategorisierten gesuchten Gratifikationen als eine Motivdimension betrachtet werden, ergeben sich für diese folgende Cronbach's Alpha-Werte: klassisches Fernsehen α = .633 (6 Items), Social TV α = .831 (9 Items) bzw. bei ausschließlicher Berücksichtigung der mit Fernsehen identischen Items α = .739 (6 Items).

Bezüglich der sozialen Interaktion ist zwischen der Kommunikation während des Fernsehens und nachgelagerter Kommunikation zu differenzieren. Während die Kommunikation parallel zur Rezeption einer Sendung von 44 Prozent der Social-TV-Nutzer als bedeutendes Nutzungsmotiv eingestuft wird (M = 3,0; SD = 1,4), sind es bei der klassischen TV-Nutzung nur 17 Prozent (M = 2,4; SD = 1,1). Der spätere Austausch über das Gesehene erhält jedoch bei der klassischen Fernsehnutzung (M = 2,5; SD = 1,2) etwas mehr Zuspruch als bei der Nutzung des sozialen Fernsehens (M = 2,4; SD = 1,2). Demzufolge dient das klassische Fernsehen stärker als Themenlieferant für spätere Unterhaltungen, während die soziale Interaktion bei Social TV stärker parallel zur TV-Nutzung stattfindet.

Abb. 18: Vergleich sozialer Gratifikationen von TV und Social TV

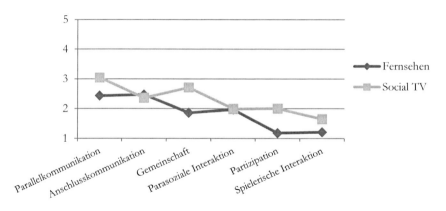

N = 1.456; Frage 12: „Wie wichtig sind für Dich folgende Gründe fernzusehen?"; Frage 26: „Wie wichtig sind für Dich folgende Gründe Social TV zu nutzen?"; Skala jeweils von 1 = trifft überhaupt nicht zu bis 5 = trifft voll und ganz zu.

Da durch Social TV Kommunikationen mit Personen ohne physische Präsenz ermöglicht wird, kann der Austausch unmittelbar stattfinden. Sofern Zuschauer jedoch mit anderen Personen gemeinsam vor dem Fernseher sitzen, kann für sie die parallele Kommunikation durchaus relevant sein. An dieser Stelle soll deshalb ein genauerer Blick auf die gemeinschaftliche Nutzung geworfen werden. Etwas mehr als die Hälfte aller Befragten (52%) schauen ausschließlich oder überwiegend allein fern (vgl. Tab. 39). 27 Prozent schätzen, dass sie etwa gleich häufig allein und mit anderen Personen fernsehen. Der Anteil der Personen, die überwiegend oder ausschließlich in Gesellschaft Fernsehinhalte rezipieren, stellt mit 21 Prozent die Minderheit dar. Desto häufiger die Befragten gemeinsam mit anderen Zuschauern Fernsehinhalte rezipieren, desto wichtiger stufen sie das TV-Motiv der parallelen Kommunikation ein (r_s(1456) = .265; p < .001). Die parallele Nutzung eines zweiten Mediums während des Fernsehens ist meist höher, wenn Individuen allein vor dem TV-Gerät sitzen (vgl. Voorveld/Viswanathan 2015: 515). Dementsprechend werden Social-TV-Anwendungen vor allem dann genutzt, wenn die Nutzer allein fernsehen (68% ausschließlich oder überwiegend allein). Während 30 Prozent der Befragten eine gleich häufige Nutzung während der alleinigen TV-Nutzung und der gemeinschaftlichen Nutzung angeben, nutzen nur vier Prozent Social TV überwiegend oder ausschließlich während einer gemeinsamen Fernsehrezeption. Social TV wird also häufiger als klassisches Fernsehen ohne weitere Mitseher genutzt. Dies wird von einer Goldmedia-Studie gestützt, bei der 80 Prozent der Befragten (N = 894) angaben, Social TV allein zu nutzen (vgl. Goldhammer et al. 2015: 109). Ähnliche Befunde zeigt die Studie von Kneidinger (2015: 226), der zufolge „unter den ‚Social TV Fans' Alleinseher besonders stark vertreten sind".[149]

Tab. 39: Gemeinschaftliche und alleinige TV- bzw. Social-TV-Nutzung

	Fernsehen		Social TV	
	N	%	N	%
ausschließlich allein	110	8	388	27
überwiegend allein	636	44	597	41
gleich häufig	398	27	429	30
überwiegend in Gesellschaft	280	19	35	3
ausschließlich in Gesellschaft	32	2	7	1

N = 1.456; Frage 10: „Sieht Du eher allein oder in Gesellschaft fern?"; Frage 19: „Nutzt Du Social TV eher wenn Du allein oder in Gesellschaft fernsiehst?"

Neben der sozialen Interaktion wird der integrative Wunsch nach einem Gemeinschaftserlebnis (M = 2,7; SD = 1,2) als relevanter Treiber der Social-

---

[149] Prinzipiell können Social-TV-Angebote auch von an einem Ort versammelten (nicht räumlich getrennten) Personen gemeinschaftlich genutzt werden, wie die Studie von Vanattenhoven/Geerts (2016) zeigt. Sofern während der gemeinschaftlichen Rezeption Second Screens verwendet werden, beziehen sich die dabei ausgeübten Aktivitäten meist nicht auf das laufende Programm (vgl. Holz et al. 2015: 9 f.).

TV-Nutzung eingestuft. In Bezug auf die klassische Fernsehnutzung kommt ein geringerer Zustimmungswert zustande (M = 1,9; SD = 1,0). Während Social TV ein virtuelles Gemeinschaftserlebnis ermöglicht, das zu jeder Zeit an jedem Ort stattfinden kann, kann dieses bei der Fernsehnutzung nur erreicht werden, wenn weitere Personen bei der Fernsehrezeption anwesend sind. Demzufolge erklärt sich auch die bereits angenommene höhere Relevanz dieses Aspektes beim sozialen Fernsehen. Einen geringeren Zuspruch als die soziale Interaktion und der Gemeinschaftsaspekt erzielt bei beiden Nutzungsweisen die parasoziale Interaktion. Größere Differenzen zwischen beiden Nutzungsweisen zeigen sich hingegen bei sozialen Gratifikationen, die besonders viel Aktivität der Nutzer erfordern. Die aktive Beteiligung und Mitgestaltung einer Sendung wird zwar nur von sieben Prozent der Befragten als bedeutender Social-TV-Nutzungsgrund angegeben (M = 2,0; SD = 1,2), in Bezug auf die Fernsehnutzung sind es jedoch nur noch zwei Prozent (M = 1,2; SD = 0,6). Ähnlich verhält es sich bei dem Wunsch nach der Teilnahme an Votings oder (Gewinn-)Spielen. Auch hierbei wird für Social TV (M = 1,7; SD = 1,0) ein höherer Durchschnittswert als für klassisches TV (M = 1,2; SD = 0,6) ermittelt. Dies ist zum einen auf das höhere Angebot von Partizipations- bzw. Interaktionsmöglichkeiten bei der Social-TV-Nutzung zurückzuführen. Zum anderen spielt hierbei das bei der Fernsehnutzung stärker ausgeprägte Lean-Back-Bedürfnis eine Rolle.

Die Betrachtung der Differenzen hinsichtlich der sozialen Aspekte zeigt, dass Social TV in fünf von sechs Motiven höhere Mittelwerte als Fernsehen erzielt, auch wenn die Differenzen meist von geringfügiger Natur sind. Zu diesem Ergebnis kommt man auch, sofern man den Gesamtdurchschnitt der Mittelwerte für die sechs sozialen Motive errechnet. Hierbei ergibt sich für klassisches TV ein Wert von M = 1,9 (SD = 0,6), während Social TV einen durchschnittlichen Mittelwert von M = 2,3 (SD = 0,8) aufweist, die Mittelwerte unterscheiden sich hoch signifikant (t(1455) = -22,01; p < .001).[150] Bezieht man diese Befunde für Fernsehen und Social TV zurück auf die Charakteristika sozialer Medien, so zeigt sich, dass Kommunikation im Vordergrund steht, gefolgt von Gemeinschaft bzw. Vernetzung. Alle Eigenschaften – mit Ausnahme der nachgelagerten Kommunikation – spielen bei Social TV eine größere Rolle als bei der klassischen TV-Nutzung.

---

[150] Die drei zusätzlich für Social TV erfragten sozialen Items Vernetzung (M = 2,2; SD = 1,2), Feedback (M = 2,4; SD = 1,3) und Kollaboration (M = 1,8; SD = 1,1) erzielen jeweils nur mäßige Zustimmungswerte und können den durchschnittlichen Wert der sozialen Motive nicht erhöhen (M_{6Items} = 2,3; M_{9Items} = 2,2).

Um die Relevanz der sozialen Beweggründe der Social-TV-Nutzung im Vergleich zur klassischen Fernsehnutzung einzuordnen, können neben den Befunden der Nutzerbefragung zusätzlich die Antworten der qualitativen Senderbefragung herangezogen werden. Alle interviewten TV-Sender vertreten die Ansicht, dass Fernsehen schon immer sozial war und soziale Beweggründe – vor allem soziale Interaktion über Fernsehinhalte – seit Entstehung des Mediums existent sind (vgl. Amlung; Beck; Glander; Heise; Klein; Mehner; Primbs; Retzer; Weinhauser). Aufgrund Mobilisierung sowie Fragmentierung der Zuschauer erfolge die Befriedigung der sozialen Bedürfnisse der TV-Rezeption nicht mehr ausschließlich vor dem heimischen Fernsehgerät, sondern im Internet. An der Motivation habe sich nicht viel verändert, die technischen Voraussetzungen seien lediglich neu (vgl. Schlatterbeck). Stefan Weinhauser erläutert: „Dieses Grundbedürfnis, sich gemeinsam vor irgendetwas zu setzen, es anzuschauen, sich darüber auszutauschen [...], das gab es schon immer und das macht man halt jetzt über andere Medien." Somit habe das Kommunikationsbedürfnis lediglich „ein neues Ausdrucksmedium gefunden" (Amlung). Es sei dennoch denkbar, dass sich die soziale Gratifikationssuche durch den technologischen Wandel verstärkt habe.

Fazit H2.1: Die Gratifikationsprofile von klassischem TV und Social TV sind trotz Überschneidungen nicht deckungsgleich. Bei beiden Nutzungsweisen stehen soziale Motive nicht an erster Stelle, insgesamt wird diesen jedoch bei Social TV eine höhere Relevanz als beim klassischen Fernsehen zugewiesen. Die Fernsehsender schätzen die Bedeutung der sozialen Social-TV-Motive höher ein als die Nutzer selbst. Hypothese 2.1 kann somit gestützt werden.

8.2.2 Erhaltene soziale Gratifikationen

Hypothese 2.2 nimmt an, dass die als sozial eingestuften gesuchten Gratifikationen bei der Social-TV-Nutzung besser befriedigt werden als bei der klassischen TV-Nutzung. Zur Prüfung dieser Hypothese werden zunächst die Differenzen zwischen gesuchten und erhaltenen sozialen Gratifikationen für Fernsehen und Social TV ermittelt.[151] Daran anknüpfend wird analysiert, ob die Gratifikationen bei einer Nutzungsweise besser befriedigt werden.

---

[151] Sofern die als sozial eingestuften Motive als Skala erhaltener sozialer Gratifikationen betrachtet werden, sind die Cronbach's Alpha-Werte für klassisches Fernsehen ($\alpha = .625$, 6 Items) zwar niedrig, jedoch akzeptabel. Für Social TV erweist sich die Skala als zufriedenstellend reliabel ($\alpha = .731$ bei 6 Items bzw. $\alpha = .825$ bei 9 Items).

Erhaltene Gratifikationen der klassischen Fernsehnutzung

Bei der klassischen Fernsehnutzung weisen die als sozial eingestuften gesuchten Gratifikationen signifikante Korrelationen mit den entsprechenden erhaltenen Gratifikationen auf ($r_p(1456) = .263$ bis $.585$; $p < .001$). Trotz der Zusammenhänge zwischen den gesuchten und den entsprechenden erhaltenen Gratifikationen zeigen sie statistisch hoch signifikante Mittelwertsunterschiede (vgl. Tab. 40). Alle Differenzen zwischen gesuchten und erhaltenen Gratifikationen nehmen einen negativen Wert an, die erhalten Gratifikationen sind daher höher als die gesuchten Gratifikationen. Demzufolge ist das Maß der Publikumszufriedenheit in Bezug auf die sozialen Beweggründe hoch. Die an die Fernsehrezeption anschließende soziale Interaktion über Sendungsinhalte und die Kommunikation während der Ausstrahlung erzielen die größten Mittelwerte der erhaltenen Gratifikationen, zugleich haften ihnen die höchsten negativen GS/GO-Differenzwerte an. Demzufolge erreichen sie die größte Zufriedenheit beim Publikum. Neben dem Wunsch nach Gemeinschaft und parasozialer Interaktion erzielen die Interaktion mit Sendungsinhalten sowie die aktive Mitgestaltung geringere Werte, sie werden dennoch zufriedenstellend befriedigt.

Tab. 40: GS/GO-Diskrepanzen der klassischen Fernsehnutzung

	GS		GO		M-Differenz	t(df)
	M	SD	M	SD		
Anschlusskommunikation	2,5	1,2	3,1	1,1	-0,65***	-18,36 (1455)
Parallelkommunikation	2,4	1,1	2,8	1,1	-0,41***	-15,32 (1455)
Parasoziale Interaktion	2,0	1,1	2,1	1,1	-0,13***	-4,30 (1455)
Gemeinschaft	1,9	1,0	2,0	1,1	-0,17***	-6,58 (1455)
Spielerische Interaktion	1,2	0,6	1,3	0,7	-0,08***	-4,74 (1455)
Partizipation	1,2	0,6	1,3	0,7	-0,09***	-5,87 (1455)

N = 1.456; Frage 12: „Wie wichtig sind für Dich folgende Gründe fernzusehen?"; Frage 13: „Nachfolgend findest Du eine Liste von Angaben anderer Personen darüber, was ihnen die Fernsehnutzung bringt. Inwiefern treffen die einzelnen Aussagen auf Dich persönlich zu?"; Skala jeweils von 1 = trifft überhaupt nicht zu bis 5 = trifft voll und ganz zu; GS = gesuchte Gratifikation, GO = erhaltene Gratifikation; t-Tests; ***p < .001.

Erhaltene Gratifikationen der Social-TV-Nutzung

Bei Social TV korrelieren ebenfalls die gesuchten mit den zugehörigen erhaltenen Gratifikationen, es werden höhere Korrelationskoeffizienten (r_p(1456) = .521 bis .684; p < .001) sichtbar. Bei den sechs als sozial gruppierten Items unterscheiden sich die Mittelwerte der gesuchten und erhaltenen Gratifikationen statistisch hoch signifikant. Von den drei nur für das soziale TV zusätzlich relevanten Motiven zeigen sich ebenfalls signifikante Mittelwertsdifferenzen, in zwei Fällen (Feedback und Kollaboration) lediglich in geringerem Ausmaß (vgl. Tab. 41).

Tab. 41: GS/GO-Diskrepanzen der Social-TV-Nutzung

	GS		GO		M-Differenz	t(df)
	M	SD	M	SD		
Parallelkommunikation	3,0	1,4	3,2	1,3	-0,13***	-4,08 (1455)
Gemeinschaft	2,7	1,2	2,5	1,3	0,24***	7,82 (1455)
Anschlusskommunikation	2,4	1,2	2,6	1,1	-0,27***	-9,37 (1455)
Partizipation	2,0	1,2	2,2	1,2	-0,17***	-6,33 (1455)
Parasoziale Interaktion	2,0	1,2	2,2	1,2	-0,18***	-6,37 (1455)
Spielerische Interaktion	1,7	1,0	1,8	1,1	-0,18***	-7,61 (1455)
Feedback	2,4	1,3	2,5	1,3	-0,09**	-3,36 (1455)
Vernetzung	2,2	1,2	2,5	1,2	-0,26***	-9,52 (1455)
Kollaboration	1,8	1,1	1,9	1,1	-0,05*	-2,03 (1455)

N = 1.456; Frage 26: „Wie wichtig sind für Dich folgende Gründe Social TV zu nutzen?"; Frage 27: „Nachfolgend findest Du eine Liste von Angaben anderer Personen darüber, was ihnen die Nutzung von Social TV bringt. Inwiefern treffen die einzelnen Aussagen auf Dich persönlich zu?"; Skala jeweils von 1 = trifft überhaupt nicht zu bis 5 = trifft voll und ganz zu; GS = gesuchte Gratifikation, GO = erhaltene Gratifikation; t-Tests; *p < .05; **p = .001; ***p < .001.

Acht der neun einbezogenen sozialen Gratifikationen weisen einen negativen Differenzwert auf, sie werden also zufriedenstellend befriedigt. Das gesuchte Gemeinschaftserlebnis kann hingegen nicht vollkommen bedient werden, die erhaltene Gratifikation ist hierbei geringer als die nachgefragte, es ergibt sich eine Diskrepanz von 0,24. Offenbar reicht das als markantes

Merkmal des sozialen Fernsehens bezeichnete virtuelle Lagerfeuer nicht vollkommen aus, das Bedürfnis nach Gemeinschaft zu stillen. Die höchsten Mittelwerte der erhaltenen Gratifikationen erreichen die beiden Items zur sozialen Interaktion, nämlich Parallelkommunikation (M = 3,2; SD = 1,3) und Anschlusskommunikation (M = 2,6; SD = 1,1). Anschlusskommunikation erreicht dabei zusammen mit Vernetzung die größten negativen Mittelwertsdifferenzen zwischen gesuchten und erhaltenen Gratifikationen. Insgesamt deuten die GS/GO-Differenzen darauf hin, dass die aus den Charakteristika sozialer Medien abgeleiteten Motive bei der Nutzung des sozialen Fernsehens zufriedenstellend bedient werden.

Vergleich der erhaltenen Gratifikationen

Zum Vergleich der erhaltenen Gratifikationen von Fernsehen und Social TV werden wieder nur diejenigen sechs Items herangezogen, die für beide Nutzungsweisen relevant sind. Die Mittelwerte der Zufriedenheit für die beiden Nutzungsweisen unterscheiden sich bei vier Items statistisch hoch signifikant. Bei Partizipation ist das Signifikanzniveau geringer und bei parasozialer Interaktion kann keine signifikante Differenz attestiert werden (vgl. Tab. 42).

Tab. 42: Vergleich der GS/GO-Diskrepanzen

	Fernsehen GS/GO-Diskrepanz	Social TV GS/GO-Diskrepanz	t(df)	p
Parallelkommunikation	-0,41	-0,13	-6,63 (1455)	< .001
Gemeinschaft	-0,17	0,24	-10,20 (1455)	< .001
Anschlusskommunikation	-0,65	-0,27	-8,39 (1455)	< .001
Partizipation	-0,09	-0,17	2,74 (1455)	< .01
Parasoziale Interaktion	-0,13	-0,18	1,28 (1455)	.200, n.s.
Spielerische Interaktion	-0,08	-0,18	3,68 (1455)	< .001
Gesamt	-0,25	-0,12	-7,11 (1455)	< .001

N = 1.456; GS/GO-Diskrepanzen aus Tab. 40 und Tab. 41; t-Tests.

Die soziale Interaktion – sowohl während als auch nach der Fernsehrezeption – weist zwar für Fernsehen und Social TV negative Werte auf, doch bei Ersterem ist die Zufriedenheit noch größer. Offenbar ist die Kommunikation mit physisch anwesenden Personen während der TV-Rezeption für die

Befragten zufriedenstellender als bei der onlinevermittelten Interaktion. Auffallend ist der große Unterschied bei der Suche nach Gemeinschaft, die durch die TV-Nutzung vollkommen zufriedengestellt wird, während dies bei der Social-TV-Nutzung nicht der Fall ist. Aspekte der Interaktion mit Sendungsinhalten sowie die eigene Mitgestaltung und Partizipation an Fernsehsendungen werden hingegen erwartungsgemäß bei Social TV stärker befriedigt, da sich hierbei vielfältigere Partizipationsmöglichkeiten ergeben. Demnach werden die Charakteristika Kommunikation und Gemeinschaftserlebnis bei der klassischen Fernsehnutzung stärker bedient, während Aspekte der Partizipation und Interaktion bei Social TV höhere Werte vorweisen können. Vergleicht man die durchschnittlichen Gesamtwerte der Nutzerzufriedenheit, so erkennt man beim klassischen Fernsehen (-0,25) einen negativeren Wert als bei Social TV (-0,12). Diesen negativen GS/GO-Werten zufolge sind bei beiden Nutzungsweisen die erhaltenen sozialen Gratifikationen größer als die gesuchten, das klassische TV hat hierbei jedoch einen leichten Vorsprung.

Wie bereits in Kapitel 8.2.1 erläutert, gehen die qualitativ befragten Sendervertreter davon aus, dass soziale Gratifikationssuche schon so lange existiert wie das Medium Fernsehen selbst. Da sie soziale Gratifikationen als zentrale Treiber der Social-TV-Nutzung einschätzen, fokussieren sich ihre Angebote neben informativen Aspekten auf die soziale Interaktion und Partizipation (vgl. Kap. 8.1.2). Hinsichtlich der Frage, ob Social TV die sozialen Bedürfnisse besser als das klassische Fernsehen befriedigen könnte und somit als „sozialer" zu bezeichnen sei, gehen die Meinungen auseinander. Dafür spreche, dass die Möglichkeiten der Interaktion und vor allem Partizipation zugenommen hätten, auch wenn TV-Sender schon seit langer Zeit versuchen, das Fernsehen interaktiv zu machen (vgl. Schlatterbeck; Quetting). So könnten die Zuschauer durch Social TV etwa unmittelbar den Sender erreichen und Feedback geben (vgl. Günther; Piesch; Weinhauser). Ebenso sei der Austausch nun ohne organisatorischen Aufwand mit beliebig vielen geografisch entfernten Personen zu jeder Zeit möglich (vgl. Beck; Glander). Dies könne als eine Erweiterung angesehen werden, da „wir in einer viel vernetzteren Welt viel mehr Menschen erreichen können und mittlerweile viel schneller im Hier und Jetzt einen Austausch und eine Auseinandersetzung mit dem Inhalt erreichen können." (Quetting) In Frage stellen einige Sender, ob die onlinevermittelte Interaktion wirklich sozialer ist als der Austausch zwischen physisch präsenten Zuschauern: „Ich fühle mich vielleicht schon in einer Gemeinschaft, fände es aber schon schöner, wenn ich fünf Freunde auf die Couch einladen würde" (Mehner). Sobald mit anderen Personen zusammen ferngesehen wird, spiele die Nutzung von Social TV meist keine oder nur eine geringfügige Rolle. Viele Zuschauer würden es als unhöflich empfinden, sich in Gegenwart von mitsehenden Personen via Second Screen mit Social TV zu beschäftigen (vgl. Primbs). Bei den befragten Sendervertretern zeigt sich eine Tendenz dahingehend, dass die Erweiterungen durch Social TV als zu marginal betrachtet werden, um die sozialen Bedürfnisse maßgeblich besser befriedigen zu können.

Fazit H2.2: Hinsichtlich der sechs betrachteten sozialen Gratifikationen erzielen drei Gratifikationen bei der klassischen TV-Rezeption und drei bei der Social-TV-Nutzung einen höheren Zufriedenheitswert. Vergleicht man die durchschnittliche Gesamtzufriedenheit, so liegt das klassische Fernsehen leicht vorne. Den Befunden zufolge kann Social TV die sozialen Gratifikationen nicht zufriedenstellender bedienen als klassisches Fernsehen. Unterstützt wird dies von den befragten Sendervertretern, die ebenfalls anzweifeln, dass Social TV soziale Bedürfnisse maßgeblich besser befriedigen kann. Hypothese 2.2 kann daher nicht bestätigt werden.

8.2.3   Einfluss von nutzerbezogenen Merkmalen

Hypothese 2.3 geht davon aus, dass die nutzerbezogenen Eigenschaften einen Erklärungsbeitrag zur Social-TV-Gratifikationssuche leisten, der jedoch auf einem niedrigen Niveau liegt. Um dies zu prüfen, werden zunächst die soziodemografischen und persönlichkeitsspezifischen Unterschiede der fünf Motivdimensionen näher betrachtet, bevor mittels Regressionsanalyse der Erklärungswert dieser beiden Variablenblöcke ermittelt wird.

Soziodemografische Einflüsse

Da vorhandene Studien zur klassischen Fernsehnutzung Einflüsse von soziodemografischen Merkmalen auf die gesuchten Gratifikationen aufgedeckt haben, wird auch in Bezug auf Social TV ein Einfluss erwartet. Um diese Annahme zu prüfen, wird ein Zusammenhang zwischen den ermittelten Social-TV-Gratifikationsdimensionen und den Eigenschaften Alter, Geschlecht, Haushaltsgröße sowie Bildung geprüft.

Hinsichtlich des *Alters* zeigen sich statistisch signifikante Zusammenhänge mit interaktiven ($r_p(1456) = -.089$; $p = .001$), kognitiven ($r_p(1456) = .058$; $p = .028$) und zeitüberbrückenden Motivdimensionen ($r_p(1456) = -.167$; $p < .001$), während keine signifikanten Korrelationen mit den sozial-

kommunikativen und unterhaltenden Motiven bestehen. Die Zusammenhänge bei den interaktiven und zeitüberbrückenden Gratifikationen sind
negativ ausgeprägt, demnach nimmt ihre Relevanz mit steigendem Alter ab.
Die insgesamt niedrigen Korrelationskoeffizienten können Resultat einer
geringen Zustimmung dieser Merkmale sein. Um hierzu einen näheren Aufschluss zu geben, erfolgt eine Betrachtung möglicher Unterscheidungen
bezüglich der Gratifikationssuche zwischen den unter Dreißigjährigen und
den Nutzern ab 30 Jahren (vgl. Tab. 43). Digital Natives geben an, Social TV
an erster Stelle aus Zeitvertreib bzw. zur Überbrückung (M = 3,1; SD = 1,1)
zu nutzen, während bei Personen ab 30 Jahren kognitive Aspekte (M = 3,0;
SD = 0,8) dominieren.

Tab. 43: Relevanz der Gratifikationsdimensionen für zwei Altersklassen

	12-29 Jahre		30+ Jahre		t(df)	p
	M	SD	M	SD		
sozial-kommunikativ	2,5	0,8	2,5	0,8	-0,54 (1454)	.592, n.s.
interaktiv	2,0	0,9	1,9	0,8	1,76 (1454)	.079, n.s.
kognitiv	2,9	0,8	3,0	0,8	-2,32 (1454)	< .05
unterhaltend	2,8	1,0	2,9	0,9	-1,85 (1454)	.065, n.s.
zeitüberbrückend	3,1	1,1	2,8	1,1	5,12 (1454)	< .001

$N_{12\text{-}29}$ = 807; N_{30+} = 649; Frage 26: „Wie wichtig sind für Dich folgende Gründe Social TV zu nutzen?"; Skala jeweils von 1 = trifft überhaupt nicht zu bis 5 = trifft voll und ganz zu; Frage 32: „Dein
Alter?"; t-Tests.

Signifikante Differenzen zwischen den betrachteten Altersgruppen zeigen
sich bei den kognitiven (t(1454) = -2,32; p = .021) und zeitüberbrückenden
(t(1454) = 5,12; p < .001) Motivdimensionen. Während bei den Digital Natives zeitvertreibende Motive (M = 3,1; SD = 1,1) eine höhere Stellung einnehmen als bei den restlichen Nutzern (M = 2,8; SD = 1,1), erhalten die
kognitiven Gratifikationen von den Personen ab 30 Jahren (M = 3,0;
SD = 0,8) mehr Zustimmung als von den Digital Natives (M = 2,9;
SD = 0,8). Die Streuung ist gemessen an der Standardabweichung bei den
zeitüberbrückenden Gratifikationen am größten. Hinsichtlich der sozial-
kommunikativen, interaktiven und unterhaltenden Motivsuche zeigen sich
im Gruppenvergleich keine statistisch signifikanten Unterschiede.

Differenziert man bei der Zustimmung zu den Motivdimensionen zwischen
den *Geschlechtern*, so stellt man zunächst fest, dass bei Frauen die zeitüber-

brückende Dimension (M = 3,1; SD = 1,1) dominiert, während bei Männern kognitive Aspekte (M = 3,0; SD = 0,8) den höchsten Wert erzielen (vgl. Tab. 44). Mit Ausnahme der interaktiven Dimension erhalten die Gratifikationsdimensionen mehr oder zumindest gleich viel zu Zustimmung von Frauen als von Männern. Zeitvertreib ist auch hier wieder diejenige Dimension, bei der bezüglich der Standardabweichung die größte Streuung auftritt. Gesamt betrachtet nehmen die Zustimmungsdifferenzen zwischen Frauen und Männern kein gravierendes Ausmaß an. Signifikante Unterschiede der Geschlechter treten nur bei affektiven Motiven auf, also bei der unterhaltenden (t(1454) = 3,68; p < .001) und der zeitüberbrückenden (t(1454) = 3,22; p = .001) Dimension. Beide Faktoren erhalten von weiblichen Social-TV-Nutzern etwas mehr Zustimmung als von männlichen Befragten.

Tab. 44: Relevanz der Gratifikationsdimensionen für die Geschlechter

	Frauen		Männer		t(df)	p
	M	SD	M	SD		
sozial-kommunikativ	2,5	0,9	2,5	0,8	0,84 (1454)	.400, n.s.
interaktiv	1,9	0,8	2,0	0,9	-1,38 (1454)	.169, n.s.
kognitiv	3,0	0,8	3,0	0,8	0,01 (1454)	.994, n.s.
unterhaltend	3,0	1,0	2,8	0,9	3,68 (1454)	< .001
zeitüberbrückend	3,1	1,1	2,9	1,0	3,22 (1454)	.001

$N_{weiblich}$ = 753; $N_{männlich}$ = 703; Frage 26: „Wie wichtig sind für Dich folgende Gründe Social TV zu nutzen?"; Skala jeweils von 1 = trifft überhaupt nicht zu bis 5 = trifft voll und ganz zu; Frage 31: „Dein Geschlecht?"; t-Tests.

In Bezug auf die *Haushaltsgröße* ist zu prüfen, ob Social-TV-Nutzer, die in einem Einpersonenhaushalt leben, sich bei der Gratifikationssuche von Personen unterscheiden, die in Mehrpersonenhaushalten wohnen. Schließlich könnten Nutzer aus Single-Haushalten beispielsweise aufgrund fehlender Interaktionsmöglichkeiten mit physisch anwesenden Personen ein stärkeres Bedürfnis nach sozialer Interaktion aufweisen (vgl. Müller/Röser 2017). Der Vergleich zwischen diesen beiden Nutzergruppen verdeutlicht jedoch, dass dies nicht der Fall ist (vgl. Tab. 45). Der durchschnittliche Zustimmungswert zur sozial-kommunikativen Dimension ist bei den Mehrpersonenhaushalten (M = 2,5; SD = 0,8) geringfügig höher als bei den Einpersonenhaushalten (M = 2,4; SD = 0,8). Während bei den allein wohnenden Nutzern kognitive Motive (M = 3,0; SD = 0,9) an erster Stelle stehen, dominiert bei den Mehrpersonenhaushalten der Zeitvertreib (M = 2,9; SD = 1,1). Es fällt auf, dass alle fünf Gratifikationsdimensionen bei den Mehrpersonenhaushalten größere Mittelwerte erzielen. Hierbei muss jedoch angemerkt werden, dass von den befragten Nutzern nur die Minderheit allein wohnt (N = 388), während 1.068 Befragte mit mindestens einer weiteren Person zusammen in einem Haushalt leben. Signifikant unterscheiden sich diese Nutzergruppen nur hinsichtlich der Zeitüberbrückung (t(1454) = -2,11; p = .035), die bei den Einpersonenhaushalten einen minimal geringeren Wert (M = 2,9; SD = 1,1) erreicht.

Tab. 45: Soziale Gratifikationen bei Ein- und Mehrpersonenhaushalten

	Einpersonen-haushalt		Mehrpersonen-haushalt		t(df)	p
	M	SD	M	SD		
sozial-kommunikativ	2,4	0,8	2,5	0,8	-1,40 (1454)	.162, n.s.
interaktiv	1,9	0,8	2,0	0,9	-1,46 (1454)	.145, n.s.
kognitiv	3,0	0,9	2,9	0,8	-0,32 (1454)	.749, n.s.
unterhaltend	2,8	0,9	2,9	1,0	-0,93 (1454)	.350, n.s.
zeitüberbrückend	2,9	1,1	3,0	1,1	-2,11 (1454)	< .05

$N_{Einpersonenhaushalt}$ = 388; $N_{Mehrpersonenhaushalt}$ = 1.068; Frage 26: „Wie wichtig sind für Dich folgende Gründe Social TV zu nutzen?"; Skala jeweils von 1 = trifft überhaupt nicht zu bis 5 = trifft voll und ganz zu; Frage 34: Wie viele Personen leben in Deinem Haushalt?; t-Tests.

In Bezug auf die *Bildungsabschlüsse* zeigen vier Motivdimensionen signifikante Zusammenhänge. Während die kognitive Motivdimension nicht mit der Bildung korreliert, weisen die anderen vier Gratifikationsindizes negative signifikante Korrelationen zur Bildung der befragten Nutzer auf.[152] Die signifikanten Korrelationskoeffizienten liegen allesamt auf einem sehr niedrigen Niveau. Es zeigt sich somit lediglich ein minimaler Trend dahingehend, dass mit ansteigendem Bildungsgrad die Zustimmung zu diesen vier Gratifikationen abnimmt. Die sozial-kommunikativen sowie die interaktiven Gratifikationen erreichen bei Personen, die keinen oder noch keinen Schulabschluss haben, die höchsten Zustimmungswerte.

---

[152] Sozial-kommunikative Dimension: $r_s(1456)$ = -.165; p < .001; interaktive Dimension: $r_s(1456)$ = -.197; p < .001; kognitive Dimension: $r_s(1456)$ = -.018; p = .500, n.s.; unterhaltende Dimension: $r_s(1456)$ = -.077; p = .003; zeitüberbrückende Dimension: $r_s(1456)$ = -.057; p = .030.

Persönlichkeitsbezogene Einflüsse

Um zu prüfen, ob Persönlichkeitseigenschaften die Gratifikationssuche beeinflussen, werden mögliche Unterschiede innerhalb der einzelnen Persönlichkeitsdimensionen betrachtet. Damit Personen mit niedrigen und hohen Ausprägungen für die Dimensionen Extraversion, Verträglichkeit, Gewissenhaftigkeit, Neurotizismus sowie Offenheit in ihrer Motivsuche verglichen werden können, wird für jedes Persönlichkeitsmerkmal eine Mediandichotomisierung vorgenommen. Anschließend werden die dadurch gewonnenen Variablen zusammen mit den Indizes der sozial-kommunikativen und der interaktiven Gratifikationsdimensionen betrachtet.

Tab. 46: Soziale Gratifikationen bei verschiedenen Persönlichkeiten

	schwache Ausprägung		starke Ausprägung		t(df)	p
	M	SD	M	SD		
	Extraversion (schwach; N = 825)		**Extraversion (stark; N = 631)**			
sozial-kommunikativ	2,4	0,8	2,6	0,8	-4,22 (1454)	< .001
interaktiv	1,9	0,8	2,1	0,9	-5,94 (1454)	< .001
	Verträglichkeit (schwach; N = 875)		**Verträglichkeit (stark; N = 581)**			
sozial-kommunikativ	2,5	0,8	2,5	0,8	-1,37 (1454)	.171, n.s.
interaktiv	2,0	0,9	2,0	0,9	-1,47 (1454)	.143, n.s.
	Gewissenhaftigkeit (schwach; N = 988)		**Gewissenhaftigkeit (stark; N = 468)**			
sozial-kommunikativ	2,5	0,9	2,5	0,8	-0,41 (1454)	.679, n.s.
interaktiv	1,9	0,8	2,1	0,9	-3,16 (1454)	< .01
	Neurotizismus (schwach; N = 1.034)		**Neurotizismus (stark; N = 422)**			
sozial-kommunikativ	2,5	0,8	2,5	0,9	-0,86 (1454)	.388, n.s.
interaktiv	2,0	0,9	2,0	0,9	-1,37 (1454)	.172, n.s.
	Offenheit (schwach; N = 1.037)		**Offenheit (stark; N = 419)**			
sozial-kommunikativ	2,5	0,8	2,5	0,9	0,10 (1454)	.920, n.s.
interaktiv	2,0	0,9	1,9	0,9	1,02 (1454)	.308, n.s.

N = 1.456; Frage 26: „Wie wichtig sind für Dich folgende Gründe Social TV zu nutzen?"; Frage 30: „Nachfolgend sind unterschiedliche Eigenschaften aufgelistet, die eine Person haben kann. Inwieweit treffen diese Aussagen auf Dich zu?"; Skala jeweils von 1 = trifft überhaupt nicht zu bis 5 = trifft voll und ganz zu; t-Tests.

Wie in Tab. 46 ersichtlich, sind die Differenzen zwischen den jeweils schwach und stark ausgeprägten Persönlichkeitsdimensionen geringfügig. Statistisch signifikante Unterschiede sind in der Minderheit. So kann lediglich festgestellt werden, dass extrovertierte Nutzer Social TV stärker als introvertierte Personen aus sozial-kommunikativen sowie interaktiven Gründen nutzen. Die interaktiven Beweggründe sind zudem für Personen mit hohen Gewissenhaftigkeitswerten von höherer Relevanz als für Nutzer mit niedrig ausgeprägter Gewissenhaftigkeit.

Soziodemografische und persönlichkeitsbezogene Merkmale

Um den Einfluss von sozidemografischen und persönlichkeitsbezogenen Merkmalen auf die Social-TV-Gratifikationssuche abschließend bewerten zu können, wird für jede ermittelte Gratifikationsdimension eine multiple lineare Regressionsanalyse mit zwei Variablenblöcken (Soziodemografie und Persönlichkeit) durchgeführt. Da in Bezug auf die Multikollinearität alle Toleranzwerte größer als .839 sind und alle bivariaten Korrelationen kleinere Werte als .249 aufweisen, sind die Voraussetzungen zur Durchführung der Regressionsanalysen gegeben.[153]

Die Gütemaße der fünf durchgeführten Regressionsanalysen zeigen, dass bei allen fünf Gratifikationsdimensionen ein hoch signifikanter Einfluss durch die nutzerbezogenen Eigenschaften besteht (vgl. Tab. 47). Hinsichtlich der Varianzaufklärung zeigen sich unterschiedliche Einflussstärken. Bei der interaktiven Dimension wird mit neun Prozent das höchste korrigierte R-Quadrat erreicht. Bei der sozial-kommunikativen (5%) und zeitüberbrückenden (5%) Gratifikation ist der Einfluss etwa gleich, an vierter Stelle folgt die unterhaltende Dimension (3%). Der geringste Einfluss kommt bei der kognitiven Motivkomponente zum Vorschein, bei Einbezug beider Blöcke wird lediglich ein Prozent der Gesamtvarianz erklärt. Der Anteil an der erklärten Gesamtvarianz ist insgesamt in einem niedrigen Bereich angesiedelt, er liegt stets unter zehn Prozent.

---

[153] Bei einer schrittweisen multiplen linearen Regression könnte die Modellgüte durch den Ausschluss nicht relevanter unabhängiger Variablen aus den Regressionsmodellen verbessert werden (vgl. Bühl 2014: 450). Da jedoch der Einfluss der nutzerbezogenen Merkmale auf die verschiedenen Gratifikationsdimensionen verglichen werden soll, wurde von einem Ausschluss abgesehen und stattdessen zugunsten der kontinuierlichen Vergleichbarkeit eine sequentielle Vorgehensweise gewählt.

Tab. 47: Regressionen der fünf Social-TV-Gratifikationsdimensionen

| | Social-TV-Gratifikation | | | | |
	sozial-komm. β	interaktiv β	kognitiv β	unter-haltend β	zeitüber-brückend β
$R^2_{ges.}$	.060***	.099***	.019***	.032***	.058***
$R^2_{ges./korr.}$	.054***	.093***	.013***	.026***	.052***
Block I: **Soziodemografie**					
Alter	.008	-.048	.067*	.045	-.144***
Geschlecht	.011	.081**	.032	-.079**	-.099***
Ein-/ Mehrpersonenhaushalt	.012	.008	.013	.012	.033
Bildung	-.167***	-.182***	-.038	-.072**	.005
Block II: **Persönlichkeit**					
Extraversion	.147***	.211***	.048	.074**	.046
Verträglichkeit	.043	.042	.035	.055*	.043
Gewissenhaftigkeit	-.021	.038	-.007	-.045	-.095***
Neurotizismus	.106***	.141***	.049	.098***	.087**
Offenheit	.040	.028	.097***	-.001	-.039

N = 1.456; multiple lineare Regressionsanalyse; die β-Angaben entsprechen den standardisierten Regressionskoeffizienten der Regressionsgleichung (Block II); *p < .05; **p < .01; **p ≤ .001.

Die Befunde der Regressionsanalyse spiegeln überwiegend die Ergebnisse der zuvor beschriebenen Korrelationen zwischen soziodemografischen bzw. persönlichkeitsbezogenen Gruppenvariablen und Gratifikationsdimensionen wider. So wird bestätigt, dass Zeitüberbrückung für jüngere Social-TV-Nutzer relevanter ist als für ältere User (β = -.144; p < .001), bei denen wiederum kognitive Motive wichtiger sind. Signifikante Einflüsse des Geschlechts verdeutlichen, dass affektive Beweggründe für Frauen relevanter sind (Unterhaltung: β = -.079; p = .003; Zeitvertreib: β = -.099: p < .001), während interaktive Gratifikationen bei Männern eine größere Rolle spielen (β = .081; p < .002). Die Wohnsituation zeigt keinen signifikanten Einfluss auf die Gratifikationssuche. Der höchste Bildungsabschluss hingegen hat einen signifikant negativen Einfluss auf drei Motivdimensionen. Demnach haben für Personen mit niedrigerem Bildungsabschluss sozial-kommunikative (β = -.167; p < .001), interaktive (β = -.182; p < .001) sowie unterhaltende (β = -0.72; p = .008) Aspekte einen höheren Stellenwert.

Die Persönlichkeitsmerkmale betreffend zeigen sich vor allem bei der Eigenschaft *Neurotizismus* signifikante Einflüsse auf die Gratifikationssuche. Social-TV-Nutzer mit höheren Neurotizismuswerten suchen demnach bei der Social-TV-Nutzung stärker nach sozial-kommunikativen ($\beta = .106$; $p < .001$), interaktiven ($\beta = .141$; $p < .001$) sowie affektiven (Unterhaltung: $\beta = .098$; $p < .001$; Zeitvertreib: $\beta = .087$; $p = .002$) Gratifikationen. Die charakteristischen Merkmale Nervosität und Unsicherheit von neurotizistischen Persönlichkeiten spiegeln sich in der Gratifikationssuche dieser Nutzer wider. Sie fokussieren sich nicht auf eine bestimmte Gratifikation, da sie sich nicht für ein primäres Nutzungsmotiv entscheiden können. Das Merkmal *Extraversion* hat vor allem auf die sozial-kommunikative ($\beta = .147$; $p < .001$) und interaktive ($\beta = .211$; $p < .001$) Gratifikationssuche einen positiven Einfluss. Extrovertierte Persönlichkeiten sind bei ihrer Social-TV-Nutzung häufig auf der Suche nach sozialer Interaktion, sie möchten sich am Geschehen beteiligen und können sich zudem dadurch selbstdarstellen. Die Eigenschaften *Gewissenhaftigkeit* und *Offenheit* zeigen jeweils nur einen signifikanten Zusammenhang mit den Social-TV-Gratifikationen. So sind zeitüberbrückende Motive für weniger gewissenhafte Persönlichkeiten von größerer Bedeutung ($\beta = -.095$; $p < .001$). Sie nutzen Social TV beispielsweise häufiger aus affektiven Beweggründen wie Langeweile, ohne dabei ein schlechtes Gewissen zu haben. Offene Persönlichkeiten sind intellektuell neugierig und interessiert, daher suchen sie auch bei Social TV häufig nach kognitiven Gratifikationen ($\beta = .097$; $p < .001$). Die Eigenschaft *Verträglichkeit* zeigt keinen relevanten Einfluss auf die Social-TV-Gratifikationssuche.

Fazit H2.3: Die Erklärkraft der soziodemografischen und persönlichkeitsbezogenen Nutzereigenschaften für die Social-TV-Gratifikationssuche ist von geringem Ausmaß (unter 10%), da die signifikanten Einflüsse allesamt in niedrigen Bereichen liegen. Hypothese 2.3 ist somit vorläufig verifiziert.

8.2.4 Social-TV-Nutzertypologie

Ob die mittels Faktorenanalyse ermittelten Social-TV-Gratifikationsdimensionen (vgl. Kap. 8.2.1) zur Bildung einer Nutzertypologie geeignet sind, wird mittels einer clusteranalytischen Vorgehensweise geprüft. Die Clusteranalyse ermöglicht es, die Fälle der quantitativen Nutzerbefragung nach zusammengehörigen Motivtypen in Cluster zusammenzufassen, die sich jeweils voneinander unterscheiden (vgl. Kap. 7.1.1). Für die vorgenommene hierarchische Clusteranalyse werden somit die fünf identifizierten Social-TV-Motivdimensionen als clusterbildende Variablen eingesetzt. Zunächst sollen jedoch Ausreißer mittels des Single-Linkage-Verfahrens ermittelt werden. Durch Betrachtung der Agglomerationstabelle sowie des Dendrogramms zeigt sich, dass es fünf Ausreißer gibt, die eliminiert und beim weiteren Verlauf der Clusteranalyse nicht berücksichtigt werden.[154] Nach der Bereinigung des Datensatzes von Ausreißern basiert die clusteranalytische Typenbildung auf 1.451 Social-TV-Nutzern. In einem nächsten Schritt kommt als Fusionierungsverfahren die Ward-Methode zum Einsatz, welche die Bildung möglichst homogener und gleich großer Cluster auf Basis von Distanzmaßen ermöglicht (vgl. Backhaus et al. 2016: 484). Hierbei erweist sich unter Berücksichtigung des Dendrogramms sowie des Scree-Plots eine Clusteranzahl von fünf Gruppen als optimal.

Zur Prüfung der fünfgliedrigen Clusterlösung wird diese zunächst mit den Ergebnissen eines alternativen Clusterverfahrens – der Average-Linkage-Analyse (zwischen den Gruppen) mit quadrierter euklidischer Distanz – verglichen. Auch hierbei wurden die mit der Faktorenanalyse ermittelten Motivdimensionen als clusterbildende Variablen eingesetzt. Bei diesem Vorgehen werden die Gratifikationen denselben Clustern zugeordnet. Als strukturprüfendes Verfahren wird zudem eine Diskriminanzanalyse durchgeführt, um die Trennschärfe der ermittelten Cluster zu überprüfen. Dabei wird ersichtlich, dass 79 Prozent aller berücksichtigten Fälle durch die Diskriminanzanalyse korrekt klassifiziert wurden. Die Wilks-Lambda-Statistik zeigt, dass sich die mittleren Werte der Diskriminanzfunktion der fünf Cluster höchst signifikant ($p < .001$) voneinander unterscheiden. Die Methoden zur Prüfung der Clusterstruktur bestätigen die fünfgliedrige Clusterbildung, diese kann somit für weitere Analysen verwendet werden. Gemäß der Einteilung in fünf Motivtypen ist Cluster 1 mit 27 Prozent (N = 398) der clusterbildenden Fälle vertreten. Es folgen Cluster 4 (N = 313; 22%), Cluster 2 (N = 284; 20%), Cluster 5 (N = 261; 18%) sowie schließlich Cluster 3 (N = 195; 13%).[155]

---

[154] Von Fusionierungsstufe 1.450 zu Stufe 1.451 steigt der Koeffizient in der Agglomerationstabelle deutlich an, auch das Dendrogramms identifiziert fünf Ausreißer.

[155] Zu Gunsten der Übersichtlichkeit wird die Reihenfolge der gebildeten Cluster beibehalten und nicht nach der Anzahl der clusterbildenden Fälle sortiert. Die Nutzertypen erhalten somit ihren Clustern entsprechende Nummerierungen (Cluster 1 = Typus 1 etc.).

Abb. 19: Social-TV-Nutzertypen nach Motivdimensionen

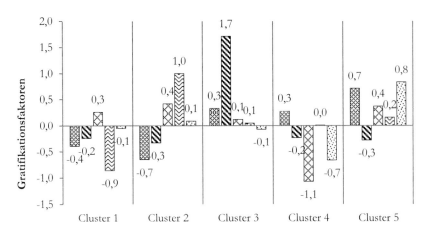

☒ sozial-kommunikativ ◼ interaktiv ☒ kognitiv ☒ unterhaltend ☒ zeitüberbrückend

N = 1.451; Frage 26: „Wie wichtig sind für Dich folgende Gründe Social TV zu nutzen?"; Skala von 1 = trifft überhaupt nicht zu bis 5 = trifft voll und ganz zu; Ergebnisse der hierarchischen Clusteranalyse auf Basis der mittleren Faktorwerte gesuchter Gratifikationsdimensionen.

Zur Charakterisierung der einzelnen Nutzertypen veranschaulicht Abb. 19 für jedes Cluster die mittleren Faktorwerte der einzelnen Gratifikationsdimensionen. Je höher (positiver) ein Faktorwert ausfällt, desto stärker haben die zu diesem Cluster zusammengefassten Nutzer den Items des Motivfaktors zugestimmt und desto charakteristischer ist dieses für den jeweiligen Nutzertypus. Entsprechendes gilt umgekehrt für negative Faktorwerte. Ein Faktorwert gegen Null besagt, dass ein Cluster in Bezug auf den jeweiligen Motivfaktor eine dem Durchschnitt der Gesamtstichprobe entsprechende Zustimmung abgegeben hat. Es wird deutlich, dass sich die fünf ermittelten Nutzertypen hinsichtlich ihrer Motivation zur Nutzung von Social TV signifikant voneinander unterscheiden.[156] Auf Basis dieser Gratifikationsprofile können die pro Cluster zusammengefassten Social-TV-Nutzer in „passive Informationssucher" (Cluster 1: PI), „interessierte Eskapisten" (Cluster 2: IE), „gemeinschaftssuchende Interaktive" (Cluster 3: GI), „beobachtende Randnutzer" (Cluster 4: BR) und „orientierungssuchende Überbrücker" (Cluster 5: OÜ) gruppiert werden. Damit die charakteristischen Merkmale

---

[156] Die Ergebnisse der einfaktoriellen ANOVA weisen für die fünf Motivdimensionen mit jeweils p < .001 hoch signifikante Unterschiede innerhalb der fünf Nutzergruppen auf.

der Nutzertypen beschrieben werden können, ist zu prüfen, hinsichtlich welcher weiterer Merkmalsbereiche sich die Cluster signifikant voneinander unterscheiden. Hierzu werden neben soziodemografischen und persönlichkeitsspezifischen Eigenschaften auch Differenzen bezüglich der Bewegtbild-Nutzungshäufigkeit sowie Social-TV-Nutzungsweisen (hier: Praktiken, Zeitpunkte und Formate) berücksichtigt.[157]

Tab. 48: Soziodemografische Merkmale der Social-TV-Nutzertypen

	Typus 1 (N = 398)		Typus 2 (N = 284)		Typus 3 (N = 195)		Typus 4 (N = 313)		Typus 5 (N = 261)	
Alter	M	SD	M	SD	M	SD	M	SD	M	SD
	31,6	11,6	31,6	11,4	29,7	11,8	31,7	11,6	30,1	10,3
Geschlecht	N	%	N	%	N	%	N	%	N	%
weiblich	193	48	158	56	91	47	160	51	148	57
männlich	205	52	126	44	104	53	153	49	113	43
Haushaltsgröße	M	SD	M	SD	M	SD	M	SD	M	SD
Personen pro Haushalt	2,4	1,2	2,4	1,2	2,6	1,2	2,4	1,2	2,5	1,3
Bildung	N	%	N	%	N	%	N	%	N	%
keinen Abschluss	12	3	10	4	14	7	10	3	16	6
Hauptschulabschluss	8	2	4	1	8	4	5	2	5	2
Mittlere Reife	35	9	29	10	39	20	42	13	33	13
Hochschulreife	106	27	73	26	48	25	68	22	52	20
Ausbildung	81	20	61	22	30	15	77	25	68	26
Hochschulabschluss	143	36	105	37	50	26	102	33	86	33
Promotion/ Habilitation	13	3	2	1	6	4	9	3	1	0,4

N = 1.451; Soziodemografische Fragen Nr. 31, 32, 34 und 37; Alter/Haushaltsgröße: einfaktorielle ANOVA; Geschlecht/Bildung: Kruskal-Wallis-Tests.

---

[157] Der Gruppenvergleich erfolgt je nach Skalenniveau und Varianzhomogenität mittels einfaktorieller ANOVA (F-Test) oder dem Kruskal-Wallis-Test (H-Test). Sofern signifikante Gruppenunterschiede bestehen, werden diese mittels Post-hoc-Tests vertieft betrachtet.

In Bezug auf *soziodemografische* Aspekte zeigen sich bei dem Alter ($F(4, 1446) = 1,91$; $p = .107$), dem Geschlecht ($Chi^2(4) = 8,03$; $p = .090$) und der Haushaltsgröße ($F(4, 1446) = 1,61$; $p = .170$) keine statistisch signifikanten Gruppenunterschiede (vgl. Tab. 48). Hinsichtlich dem höchst erreichten Bildungsabschluss sind jedoch signifikante Differenzen ($Chi^2(4) = 19,28$; $p = .001$) erkennbar. Daraufhin durchgeführte Post-hoc-Tests (Dunn-Bonferroni) machen deutlich, dass sich leidglich der dritte Nutzertypus signifikant von Typ 1 ($z = 4,18$; $p < .001$), Typ 2 ($z = 3,46$; $p = .005$) und Typ 4 ($z = -3,31$; $p = .009$) abgrenzt.

Bei den *persönlichkeitsbezogenen* Merkmalen bestehen Unterschiede für die fünf Nutzergruppen in Bezug auf die Dimensionen Extraversion ($F(4, 1446) = 8,24$; $p < .001$) und Verträglichkeit ($F(4, 1446) = 3,59$; $p = .006$). Welche Gruppen sich im Einzelnen signifikant unterscheiden, veranschaulicht Tab. 49. Hierbei fällt auf, dass sich der dritte Nutzertyp hinsichtlich der Extraversion von allen anderen Typen absetzt. Bei der Dimension Verträglichkeit hingegen grenzen sich Typus 2 und Typus 3 nicht von anderen Nutzergruppen ab. Für Gewissenhaftigkeit, Neurotizismus sowie Offenheit für Erfahrungen können keine signifikanten Differenzen ermittelt werden. Dennoch sind die jeweiligen Mittelwerte dieser Dimensionen nicht identisch.

Tab. 49: Persönlichkeitseigenschaften der Social-TV-Nutzertypen

	Typus 1 (N = 398)		Typus 2 (N = 284)		Typus 3 (N = 195)		Typus 4 (N = 313)		Typus 5 (N = 261)	
	M	SD	M	SD	M	SD	M	SD	M	SD
Extraversion	$3,0^a$	1,0	$3,0^b$	1,0	$3,4^{abcd}$	1,0	$3,2^c$	1,0	$3,1^d$	1,1
Verträglichkeit	$3,0^e$	0,8	3,1	0,8	3,1	0,7	$3,0^f$	0,8	$3,2^{ef}$	0,7
Gewissen-haftigkeit	3,4	0,8	3,3	0,8	3,4	0,8	3,4	0,8	3,3	0,8
Neurotizismus	2,7	0,8	2,8	0,9	2,8	0,8	2,7	0,9	2,8	0,9
Offenheit	3,6	0,9	3,7	0,9	3,7	0,8	3,8	0,9	3,7	0,9

N = 1.451; Frage 30: „Nachfolgend sind unterschiedliche Eigenschaften aufgelistet, die eine Person haben kann. Inwieweit treffen diese Aussagen auf Dich zu?"; Skala von 1 = trifft überhaupt nicht zu bis 5 = trifft voll und ganz zu; einfaktorielle ANOVA, gleiche Buchstaben zeigen nach Post-hoc-Tests mit Bonferroni-Korrektur signifikante Gruppenunterschiede ($p < .05$) an.

In puncto *Nutzungshäufigkeit* von klassischem Fernsehen ($Chi^2(4) = 25{,}38$; p < .001), Online-Bewegtbild ($Chi^2(4) = 20{,}67$; p < .001) und Social TV ($Chi^2(4) = 24{,}67$; p < .001) können ebenfalls signifikante Unterschiede für die Social-TV-Nutzertypen ermittelt werden. Die Mittelwerte der Nutzungshäufigkeiten verdeutlichen, dass bei allen Typen das klassische Fernsehen am häufigsten genutzt wird, gefolgt von Social TV (vgl. Tab. 50).

Tab. 50: Bewegtbild-Nutzungshäufigkeiten der Social-TV-Nutzertypen

	Typus 1 (N = 398)		Typus 2 (N = 284)		Typus 3 (N = 195)		Typus 4 (N = 313)		Typus 5 (N = 261)	
	M	SD	M	SD	M	SD	M	SD	M	SD
Fernsehen	4,6[a]	0,6	4,6[b]	0,6	4,8[abc]	0,5	4,5[cd]	0,7	4,7[d]	0,5
Online-Bewegtbild	2,9[c]	0,8	3,0[f]	0,8	3,1	0,9	2,9[g]	0,8	3,2[efg]	0,8
Social TV	4,0[hi]	0,6	4,0[jk]	0,6	4,2[hj]	0,7	4,1	0,8	4,2[ik]	0,6

N = 1.451; Frage 5: „Wie oft rufst Du nachfolgende Videoinhalte im Internet durchschnittlich pro Woche ab?"; Frage 6: „Wie oft schaust Du durchschnittlich pro Woche fern?"; Frage 15: „Wie oft nutzt Du Social TV durchschnittlich pro Woche?"; Skala jeweils von 1 = nie bis 5 = täglich; Kruskal-Wallis-Tests, gleiche Buchstaben zeigen nach Post-hoc-Tests (Dunn-Bonferroni) signifikante Gruppenunterschiede (p < .05) an.

Bezüglich der Social-TV-Nutzungsweisen wird zunächst geprüft, ob sich die fünf Nutzergruppen in ihren *Nutzungspraktiken* unterscheiden. Hierbei wird zwischen den Indizes für aktive und passive Tätigkeiten differenziert (siehe Kap. 8.1.2). Es zeigt sich, dass dies sowohl für die aktiven ($Chi^2(4) = 230{,}49$; p < .001) als auch die passiven ($Chi^2(4) = 131{,}90$; p < .001) Nutzungspraktiken der Fall ist. Die Mittelwerte lassen zwar darauf schließen, dass bei allen Gruppen die passive Nutzung deutlich überwiegt (vgl. Tab. 51), einige Gruppen unterscheiden sich dennoch untereinander. So weist die dritte Gruppe einen deutlich höheren Wert für aktive Praktiken auf. Die fünf Gruppen unterscheiden sich zudem bezüglich der *Zeitpunkte* der Nutzung. Obwohl bei allen Gruppen den Mittelwerten zufolge die synchrone Nutzung im Vordergrund steht, sind sowohl bei der synchronen ($Chi^2(4) = 160{,}28$; p < .001) als auch bei der asynchronen Nutzung ($Chi^2(4) = 68{,}84$; p < .001) Differenzen erkennbar. Ebenso zeigen sich bei der Nutzung von den bereits mittels Faktorenanalyse dimensionierten *TV-Formaten* für Social TV Unterschiede, die hoch signifikant sind (p < .001). Lediglich bei Sportformaten sind keine signifikanten Unterschiede zwischen den Nutzertypen erkennbar. Die Indexwerte deuten bei allen Nutzergruppen darauf hin, dass Social TV zu fiktionalen Formaten beliebt ist.

Tab. 51: Nutzungsweisen der Social-TV-Nutzertypen

	Typus 1 (N = 398)		Typus 2 (N = 284)		Typus 3 (N = 195)		Typus 4 (N = 313)		Typus 5 (N = 261)	
Praktiken	M	SD	M	SD	M	SD	M	SD	M	SD
aktiv	1,6[abc]	0,6	1,7[de]	0,7	2,6[adfg]	0,8	1,9[bfh]	0,8	2,1[cegh]	0,7
passiv	2,6[ijk]	0,7	2,9[il]	0,7	3,0[jn]	0,8	2,6[lmno]	0,8	3,1[kmo]	0,7
Zeitpunkte	M	SD	M	SD	M	SD	M	SD	M	SD
synchron	2,8[ab]	1,0	3,0[cd]	1,1	3,5[ace]	1,0	2,8[ef]	1,1	3,7[bdf]	1,0
asynchron	2,6[ghi]	0,8	3,0[gj]	0,9	3,0[hk]	1,0	2,5[jkl]	0,9	3,0[il]	0,9
Formate	M	SD	M	SD	M	SD	M	SD	M	SD
Fiktion	2,6[ab]	1,0	2,9[acd]	1,0	2,5[c]	1,0	2,3[bde]	1,1	2,7[e]	1,0
Sport	2,2	1,2	2,1	1,4	2,4	1,4	2,1	1,3	2,2	1,4
Information	2,0[f]	0,9	2,1[g]	0,9	2,3[h]	1,0	1,8[fghi]	0,8	2,1[i]	0,8
Unterhaltung	1,6[jkl]	0,7	1,6[mn]	0,7	2,2[jmo]	0,9	1,7[kop]	0,8	2,1[lnp]	0,8

N = 1.451; Frage 16: „Welchen Tätigkeiten gehst Du bei deiner Social-TV-Nutzung wie oft nach?"; Frage 18: „Zu welchen Zeitpunkten nutzt Du Social TV?"; Frage 23: „Wie oft nutzt Du Social TV zu den folgenden Fernsehformaten?"; Skala jeweils von 1 = nie bis 5 = sehr oft. Praktiken und Zeitpunkte wurden mittels Faktorenanalyse dimensioniert; Kruskal-Wallis-Tests, gleiche Buchstaben zeigen nach Post-hoc-Tests (Dunn-Bonferroni) signifikante Gruppenunterschiede (p < .05) nach an.

Die vorangegangene Analyse bestätigt, dass sich Personen mit ähnlichen Nutzungsmotiven in ihrer Nutzungsweise Parallelen aufweisen und sich von Nutzern mit divergierenden primären Gratifikationen abgrenzen. Die Sender müssen bei der Konzeption von Social-TV-Angeboten überlegen, welche Nutzertypen sie bedienen möchten. Hierbei kann entweder angestrebt werden, sich auf einen bestimmten Nutzertypus zu fokussieren oder durch ein breit gefächertes Angebot mehrere Nutzergruppen einzubeziehen. Die TV-Sender orientieren sich dabei meist am jeweiligen Format, zu dem eine Social-TV-Begleitung von Senderseite erfolgen soll. Das Social-TV-Angebot richtet sich dementsprechend primär an die Zielgruppen der TV-Sendung (vgl. Kap. 8.1.1). Es ist unüblich, sich zuerst auf eine Social-TV-Nutzergruppe zu fokussieren und das Format daraufhin auszurichten. Das liegt in erster Linie daran, dass die Fernsehsender die gesamte Zuschauerschaft und nicht nur Social-TV-Nutzer bedienen. Um die Social-TV-User erreichen zu können, halten die Sender es dennoch für hilfreich, sich über die verschiedenen Nutzergruppen bewusst zu sein.

Typus I: Passive Informationssucher (N = 398; 27%)

Die passiven Informationssucher, die das größte Cluster bilden, nutzen Social TV primär aus kognitiven Beweggründen. Sie sind auf der Suche nach Informationen zu TV-Sendungen (M = 3,9; SD = 0,9) und wollen ihr Wissen erweitern. Unterhaltung und Eskapismus sind für sie untergeordnete Motive der Social-TV-Nutzung. Ebenso nehmen für sie sozial-kommunikative sowie interaktive Beweggründe eine geringe Relevanz ein. Ihre Nutzung beruht daher überwiegend auf passiven Praktiken wie dem Einholen von Zusatzinformationen oder dem Lesen von Kommentaren anderer Zuschauer. Der Mittelwert der aktiven Tätigkeiten ist dementsprechend gering (M = 1,6; SD = 0,6) und sie unterscheiden sich diesbezüglich statistisch signifikant von dem dritten, vierten sowie fünften Typus. Ebenso schauen sie im Vergleich zu Typ drei bis fünf weniger unterhaltende TV-Sendungen (M = 1,6; SD = 0,7), obwohl sie Social TV nicht selten zu fiktionalen Formaten nutzen. Gemäß ihrem primären Nutzungsmotiv gehen sie Social-TV-Aktivitäten gerne zu Reportagen, Dokumentationen und Nachrichten, aber auch zu Sportsendungen nach. Im Gegensatz zu den anderen vier Typen erzielt bei ihnen die Nutzung öffentlich-rechtlicher Sender einen höheren Mittelwert (M = 3,5; SD = 1,1) als die Rezeption privater TV-Sender (M = 3,4; SD = 1,2). Die passiven Informationssucher nutzen Social TV durchschnittlich etwas seltener als die anderen Gruppen (M = 4,0; SD = 0,6), signifikant unterscheiden sie sich in puncto Nutzungshäufigkeit jedoch nur von den dritten sowie fünften Nutzertypen. Die Geschlechterverteilung innerhalb dieses Typus ist relativ ausgeglichen, der Anteil männlicher Nutzer (52%) überwiegt leicht, der Altersdurchschnitt beträgt 32 Jahre. Die Mitglieder dieser Nutzergruppe weisen ein hohes Bildungsniveau auf, 36 Prozent haben einen Hochschulabschloss und drei Prozent haben promoviert bzw. habilitiert. In Bezug auf persönlichkeitsbezogene Eigenschaften kennzeichnen sie die Merkmale Offenheit für Erfahrungen sowie Gewissenhaftigkeit. Sie können somit als interessierte und wissbegierige, aber auch zuverlässige Persönlichkeiten beschrieben werden.

Typus II: Interessierte Eskapisten (N = 284; 20%)

Mitglieder der zweite Gruppe – die interessierten Eskapisten – ähneln in einigen Punkten den passiven Informationssuchern. So zeichnen sie sich durch eine ähnlich häufige Bewegtbildnutzung sowie eine Dominanz der Persönlichkeitswerte Offenheit und Gewissenhaftigkeit aus und haben ein vergleichbar hohes Bildungsniveau, 37 Prozent haben einen Hochschulabschluss. Das Durchschnittsalter in dieser Gruppe beträgt ebenfalls 32 Jahre, allerdings sind bei diesem Typus Frauen mit 56 Prozent etwas stärker vertreten. Hinsichtlich der gesuchten Gratifikationen nehmen kognitive Motive (M = 3,3; SD = 0,7) bei ihnen zwar auch einen großen Stellenwert ein, doch an erster Stelle stehen unterhaltende Beweggründe (M = 3,6; SD = 0,7). Besonders eskapistisch geprägte Bedürfnisse wie Entspannung und Ablenkung sind hierbei von besonderer Relevanz. Die sozial-kommunikative sowie die interaktive Komponente sind für die interessierten Eskapisten keine maßgeblichen Motive. Social TV nutzen sie den eskapistischen Bedürfnissen entsprechend am liebsten zu fiktionalen Formaten. Diesbezüglich unterscheiden sie sich statistisch signifikant von der ersten, dritten sowie fünften Gruppe. Der Mittelwert ihrer Nutzung von Privatsendern (M = 3,6; SD = 1,2) ist leicht höher als der von öffentlich-rechtlichen Sendern (M = 3,4; SD = 1,2). Wenn sie Social TV nutzen, lesen sie am liebsten Kommentare anderer Zuschauer zu einer TV-Sendung, sie zeichnen sich durch eine passive Nutzung aus (M = 2,9; SD = 0,7). Sie nehmen primär eine Lean-Back-Haltung ein, schalten sich selten aktiv in Unterhaltungen ein und sind kaum an der Teilnahme von Abstimmungen oder Spielen interessiert. Hinsichtlich des Nutzungszeitpunktes zeigen sich bei dieser Gruppe kaum Differenzen, neben der Nutzung parallel zur Ausstrahlung lesen sie auch gerne nach der Sendung Kommentare, um über den Sendungszeitraum hinaus Ablenkung zu finden.

Typus III: Gemeinschaftssuchende Interaktive (N = 195; 13%)

Die Gruppe mit den wenigsten Mitgliedern ist die der gemeinschaftssuchenden Interaktiven. Im Vergleich zu den anderen vier Nutzertypen weisen sie – mit Ausnahme des Zeitvertreibs – für alle Gratifikationsfaktoren recht hohe Werte auf. Im Vordergrund steht bei dieser Gruppe jedoch unverkennbar das Bedürfnis nach Interaktion (M = 3,4; SD = 0,6), sowohl mit anderen Zuschauern, spielerisch mit Sendungsinhalten als auch parasozial mit Sendungspersönlichkeiten. Die Partizipation und Mitgestaltung von Sendungen ist für sie ein bedeutendes Nutzungskriterium, der Wissenserwerb wird hingegen weitestgehend vernachlässigt. Das Gemeinschaftserlebnis sowie die Kontaktpflege sind ebenso maßgebliche Gründe der Nutzung. Dementsprechend erzielt auch das Motiv der Kollaboration hohe Werte, da die gemeinschaftsorientierten Interaktiven gerne mit anderen Nutzern zusammen an spielerischen Angeboten teilnehmen. Durch ihre aktive Teilhabe verfolgen sie zudem das Ziel, sich selbst darzustellen, indem sie ihre eigene

Meinung preisgeben und anderen Nutzern zeigen, dass sie sich gut mit einer Sendung oder deren Inhalten auskennen. Sie checken auch gerne in Sendungen ein oder posten, was sie gerade anschauen (M = 2,3; SD = 1,2). Zwar dominiert auch bei dieser Gruppe die passive Nutzung (M = 3,0; SD = 0,8), doch der Index der aktiven Tätigkeiten (M = 2,6; SD = 0,8) ist signifikant höher als bei den anderen vier Nutzertypen. Ihr Wunsch nach Interaktivität und Partizipation spielt sich somit in ihren Praktiken wider. Dementsprechend zeigen sie sowohl hohe Mittelwerte für die klassische TV-Nutzung (M = 4,8; SD = 0,5) als auch für die Nutzung von Social TV (M = 4,2; SD = 0,7). Sie üben statistisch signifikant häufiger Social-TV-Praktiken als die ersten beiden Gruppen aus. Ihre große Bereitschaft zur Teilhabe zeigt sich auch darin, dass sie überdurchschnittlich viele verschiedene Plattformen – nämlich fünf – für Social TV verwenden. Ebenso erfolgt die Nutzung von Social TV bei den gemeinschaftssuchenden Interaktiven signifikant häufiger synchron zur Ausstrahlung als bei dem ersten, zweiten und vierten Typus. Dies lässt sich dadurch erklären, dass das Gemeinschaftserlebnis, die aktive Mitgestaltung sowie die kollaborative Interaktion in erster Linie während der linearen Ausstrahlung bedient werden. Zusätzlich zu fiktionalen Formaten betätigen sich die Gruppenmitglieder gerne aktiv zu Unterhaltungsshows sowie Castingshows. Sie zeigen deshalb in Bezug auf unterhaltende Sendungen einen höheren Mittelwert (M = 2,2; SD = 0,9) als die anderen Nutzergruppen, vom ersten, zweiten und vierten Cluster unterscheiden sie sich statistisch signifikant. Sie nutzen zudem Social TV gerne zu Sportformaten.

Aus soziodemografischer Perspektive stellen die gemeinschaftssuchenden Interaktiven die jüngste Nutzergruppe dar, sie hat mit 21 Prozent einen vergleichsweise hohen Anteil an Nutzern zwischen 12 und 19 Jahren. Der Anteil männlicher Nutzer überwiegt mit 53 Prozent leicht, das Verhältnis von Frauen und Männern ist jedoch – wie bei allen Gruppen – relativ ausgewogen. Der Anteil von Personen, die (noch) keinen Schulabschluss (7%), einen Hauptschulabschluss (4%) oder mittlere Reife (20%) haben, ist höher als in den anderen Nutzergruppen. Insgesamt dominieren jedoch auch hier Nutzer mit einem Hochschulabschluss (26%). Aus persönlichkeitspsychologischer Sicht zeichnen sich die Mitglieder der dritten Nutzergruppe durch hohe Werte für Offenheit (M = 3,7; SD = 0,8) sowie Extraversion (M = 3,4; SD = 1,0) aus. In puncto Extraversion unterscheiden sie sich statistisch signifikant von den anderen vier Nutzertypen. Die Gruppenmitglieder sind somit sowohl aufgeschlossen für neue Erfahrungen als auch extrovertiert, nehmen also eine nach außen gewandte Haltung ein, empfinden den Austausch mit anderen Personen als anregend und handeln energisch.

Typus IV: Beobachtende Randnutzer (N = 313; 22%)

Die Social-TV-Nutzer im zweitgrößten Cluster sind die beobachtenden Randnutzer. Da sie im Vergleich zu den anderen Nutzergruppen für alle Gratifikationsdimensionen nur geringe bzw. negative Faktorwerte aufweisen und ihre Motivation zur Social-TV-Nutzung schwächer ausgeprägt ist, werden sie als Randnutzer bezeichnet. Beweggründe sind für sie primär unterhaltende (M = 2,7; SD = 0,9) sowie sozial-kommunikative (M = 2,5; SD − 0,9) Aspekte. Der Wunsch nach interaktiver Beteiligung ist bei ihnen im Gegensatz zum dritten Cluster nur schwach vorhanden, die passive Teilhabe an der Social-TV-Kommunikation durch die Rezeption von Posts und Kommentaren steht bei ihnen im Vordergrund. Durch das Beobachten der Social-TV-Kommunikation nehmen sie passiv am Gemeinschaftserlebnis teil und erhoffen sich zugleich ein verstärktes Unterhaltungserlebnis. Kognitive Aspekte wie das Einholen von Zusatzinformationen oder die Aneignung von Wissen stehen bei den beobachtenden Randnutzern im Hintergrund. Ihren gesuchten Gratifikationen entsprechend gehen sie primär passiven Social-TV-Tätigkeiten nach und lesen lieber Kommentare anderer User. Hinsichtlich der Nutzungsaktivität unterscheiden sie sich statistisch signifikant von den anderen vier Nutzergruppen, bei der aktiven Nutzung weisen sie zwar höhere Werte als die ersten beiden Typen auf, jedoch geringere Werte als die dritte und die fünfte Nutzergruppe.

Die beobachtenden Randnutzer suchen im Vergleich zu den anderen vier Gruppen signifikant weniger nach Zusatzinformationen (M = 2,7; SD = 1,2), was ihrem geringen Informationsbedürfnis entspricht. Ebenso nutzen sie Social TV signifikant weniger zu informativen TV-Formaten (M = 1,8; SD = 0,8). Serien sowie Unterhaltungsshows sind für diese Nutzergruppe Formate, die sich besonders für Social TV eignen. Sie schauen etwa gleich oft Formate von privaten (M = 3,4; SD = 1,2) und öffentlich-rechtlichen (M = 3,4; SD = 1,2) Fernsehsendern. Im Vergleich zu den anderen Nutzergruppen rezipieren sie sowohl weniger lineares Fernsehen (M = 4,5; SD = 0,7) als auch weniger Online-Bewegtbildangebote (M = 2,9; SD = 0,8). Das Durchschnittsalter der beobachtenden Randnutzer liegt bei 32 Jahren, das Verhältnis von Frauen (51%) und Männern (49%) ist ausgewogen. Hinsichtlich des Bildungsstands der Gruppenmitglieder sowie hinsichtlich ihrer Persönlichkeitsmerkmale zeigen sich im Vergleich zu den anderen Nutzergruppen keine besonderen Auffälligkeiten. Auch sie können als offen für Erfahrungen (M = 3,8; SD = 0,9) sowie gewissenhaft (M = 3,4; SD = 0,8) eingeordnet werden.

Typus V: Orientierungssuchende Überbrücker (N = 261; 18%)

Der fünfte Typus erzielt bei vier Gratifikationen positive Faktorwerte, während das Bedürfnis nach Interaktivität negativ ausgeprägt ist. An erster Stelle steht für die Nutzer dieser Gruppe das Motiv der Zeitüberbrückung (M = 4,0; SD = 0,6), die Nutzung aus Langeweile und zum Zeitvertreib während Werbeunterbrechungen ist für sie somit ein zentrales Nutzungskriterium. Ihre Nutzung synchron zur Ausstrahlung einer Sendung (M = 3,7; SD = 1,0) ist dementsprechend signifikant höher als bei den anderen Nutzergruppen, sie erzielen den höchsten Mittelwert für die Social-TV-Nutzung während Werbepausen (M = 3,6; SD = 1,2). Neben dem Zeitvertreib ist die Orientierung ein relevanter Nutzungsgrund für diesen Typus, so erzielt die Gratifikation der Meinungsbildung (M = 3,6; SD = 0,9) einen signifikant höheren Wert als bei anderen Social-TV-Typen. Ebenso orientieren sie sich gerne daran, was Freunde und Bekannte gerade im Fernsehen anschauen (M = 2,9; SD = 1,2). Gemäß den Hauptbeweggründen des Zeitvertreibs und der Orientierung werden Mitglieder dieser Nutzergruppe als orientierungssuchende Überbrücker bezeichnet. In puncto passive Nutzungstätigkeiten zeigt sich bei dieser Nutzergruppe der höchste Mittelwert (M = 3,1; SD = 0,7). Ihren Beweggründen entsprechend suchen sie primär nach Zusatzinformationen und lesen Kommentare anderer Zuschauer. Sie nutzen Social TV gleich häufig zu unterhaltenden (M = 2,1; SD = 0,8) und informativen Sendungen (M = 2,1; SD = 0,8), auch sie präferieren jedoch fiktionale Angebote (M = 2,7; SD = 1,0). Die orientierungssuchenden Überbrücker weisen den höchsten Mittelwert für die Nutzung von Privatsendern (M = 3,9; SD = 1,1) auf, ebenso sind sie auf dem ersten Platz in Bezug auf die Nutzung von Online-Bewegtbildangeboten (M = 3,2; SD = 0,8) sowie Social TV (M = 4,2; SD = 0,6). In soziodemografischer Hinsicht fällt auf, dass dieser Gruppe der größte Anteil an weiblichen Nutzern (57%) angehört. Aus persönlichkeitspsychologischer Hinsicht dominieren die Eigenschaften Offenheit für Erfahrungen (M = 3,7; SD = 0,9) sowie Gewissenhaftigkeit (M = 3,3; SD = 0,8). Sie besitzen einen höheren Wert an Verträglichkeit als andere Nutzer, der sich signifikant jedoch nur von dem ersten sowie vierten Cluster unterscheidet.

Fazit H2.4: Die Social-TV-Nutzer lassen sich auf Basis ihrer Gratifikationssuche in fünf Nutzertypen gruppieren. Hypothese 2.4 ist somit vorläufig bestätigt. Die TV-Sender richten ihre Social-TV-Angebote in erster Linie an den generellen Zielgruppen der spezifischen Formate und nicht an den Bedürfnissen spezifischer Social-TV-Nutzergruppen aus.

8.2.5   Nutzungshemmnisse

Neben den Gründen der Nutzung beinhaltet der zweite Hypothesenblock eine Annahme zu den Hemmnissen der Nutzung. Hypothese 2.5 postuliert, dass bei allen Nutzergruppen Aufmerksamkeitsverlust durch Ablenkung der am häufigsten genannte Nachteil von Social TV ist. Zur Überprüfung werden zunächst die grundlegenden Ergebnisse zu den abgefragten Nachteilen präsentiert, bevor die Befunde mit den Typen in Bezug gesetzt werden.

Ein Viertel der Probanden (N = 369; 25%) gibt an, dass Social TV aus ihrer Sicht keine Nachteile mit sich bringt. 41 Prozent (N = 601) schätzen den Aufmerksamkeitsverlust durch Ablenkung als größten Nachteil. Es folgten Spannungsabbau mit 33 Prozent (N = 477) und zu viel Werbung mit 24 Prozent (N = 352). Den geringsten Zuspruch erhalten die Hemmnisse Überforderung (N = 74; 5%) sowie komplizierte Bedienbarkeit (N = 47; 3%). Das Problem der Usability ist für die befragten Nutzer von geringer Relevanz, da die Nutzung überwiegend via Second Screen erfolgt, die umständliche Handhabung mittels Fernbedienung auf dem Fernsehgerät entfällt dadurch. Dass Überforderung kein maßgeblicher Nachteil für die Probanden ist, kann dem Wandel der Mediennutzung zugeschrieben werden. Durch die starke Verbreitung von mobilen Endgeräten sowie Social Networks sind die Nutzer mit dem Umgang vertraut und werden nicht leicht überfordert. Neben der vorgegebenen Liste möglicher Hemmnisse bestand die Möglichkeit, weitere selbst definierte Nachteile (N = 38; 3%) anzugeben. In Bezug auf non-lineare Bewegtbildnutzung geben hierbei zwölf Personen an, dass eine „Spoiler-Gefahr" bestehe, also man bereits vorweg etwas über den Sendungsverlauf erfahren könnte.

Nachdem sich bestätigt hat, dass Aufmerksamkeitsverlust der meist genannte Nachteil der Social-TV-Nutzung ist, stellt sich die Frage, ob dies bei allen Nutzertypen der Fall ist. Betrachtet man zunächst die durchschnittliche Anzahl an zugestimmten Nachteilen, so wird sichtbar, dass sich die fünf Typen (F(4, 1446) = 2,31; p = .056) hierbei nicht signifikant voneinander unterscheiden. Die Häufigkeiten der einzelnen Hemmnisse sortiert nach Nutzertypen verdeutlicht, dass bei allen Typen Ablenkung das meist genannte Nutzungshemmnis ist (vgl. Tab. 52), das 95%-Konfidenzintervall spannt dabei von 51 bis 68 Prozent. Bei den orientierungssuchenden Überbrückern (Typus 5) nimmt das Problem der Ablenkung mit 51 Prozent (N = 134) den größten Anteil ein, bei den gemeinschaftssuchenden Interaktiven (Typus 3) ist es zwar ebenso der gravierendste Nachteil, jedoch liegt der Anteil hier nur bei 32 Prozent (N = 62).

Tab. 52: Hemmnisse der fünf Social-TV-Nutzertypen

	Typus 1 (N = 398)		Typus 2 (N = 284)		Typus 3 (N = 195)		Typus 4 (N = 313)		Typus 5 (N = 261)	
	N	%	N	%	N	%	N	%	N	%
Ablenkung	178	45	106	37	62	32	121	39	134	51
Spannungsabbau	142	36	103	36	51	26	86	28	95	36
zu viel Werbung	103	26	85	30	45	23	64	20	54	21
Aktivitäts-erfordernis	75	19	61	22	28	14	70	22	66	25
Datenschutz-bedenken	72	18	43	15	40	21	50	16	37	14
Überforderung	19	5	10	4	13	7	18	6	14	5
Bedienbarkeit	14	4	7	3	10	5	11	4	5	2
sonstige Nachteile	11	3	6	2	7	4	8	3	7	3
keine Nachteile	90	23	69	24	62	32	90	29	55	21

N = 1.451; Frage 28: „Nachfolgend sind einige mögliche Nachteile der Social-TV-Nutzung aufgelistet. Welche treffen Deiner Meinung nach zu?"; Mehrfachnennung möglich; Prozentangaben innerhalb der jeweiligen Nutzertypen.

Bei den Vertretern der TV-Sender zeigen sich hinsichtlich der Nutzungs-hemmnisse zwei verschiedene Positionen. Fünf Vertreter der befragten Sender (vier Privatsender und ein Bezahlsender) sehen Ablenkung nicht als transparentes Problem der Social-TV-Nutzung an (vgl. Mehner; Piesch; Retzer; Weinhauser). Bislang habe es kein Feedback der Zuschauer gegeben, dass darauf hindeuten würde. Der Social-TV-Sender joiz betont, dass joiz-Unterhaltungssendungen nicht mit der Dramaturgie von fiktionalen oder seriellen Formaten vergleichbar seien, da Interaktion bei joiz stets im Vor-dergrund stehe. Dementsprechend seien Hemmnisse wie Ablenkung oder Aufmerksamkeitsverlust zu vernachlässigen (vgl. Glander). Sieben (sechs öffentlich-rechtliche Sender und ein Privatsender) der zwölf befragten Sen-der sind sich hingegen darüber einig, dass die Nutzung von Social TV zu Ablenkung sowie Spannungsabbau führen kann (vgl. Amlung; Beck; Gün-ther; Heise; Primbs; Schlatterbeck). Sofern Social TV parallel zur Ausstrah-lung genutzt wird, sei von den Nutzern ein gewisses Maß an Multitaskingfä-higkeit erforderlich, das jedoch einige Zuschauer herausfordern würde. Bei der Parallelnutzung sei das permanente Lenken der vollen Aufmerksamkeit sowohl auf das Sendegeschehen als auch auf die Social-TV-Interaktionen nicht möglich: „Natürlich ist es de facto so, wenn Sie Ihre Aufmerksamkeit verteilen müssen, verpassen Sie irgendwo etwas." (Klein) Das Hemmnis Ablenkung zeige sich in erster Linie darin, dass die Social-TV-Interaktionen bei Sendungen mit komplexen Handlungssträngen, die viel Aufmerksamkeit erfordern, deutlich zurückgehen würden (vgl. Heise). Zudem lasse sich Ablenkung daran erkennen, dass viele Diskussionen nicht auf den in der Sendung genannten Fakten aufbauen würden. Laut Jonas Schlatterbeck kann daraus schlussgefolgert werden, „dass eben nicht unbedingt alle Informationen auch angekommen sind."

Sofern Ablenkung und Überforderung von den Sendern als relevante Hemmnisse eingestuft werden, bestehen vereinzelt Bestrebungen, diese Probleme bei Social-TV-Angeboten zu berücksichtigen. Zum einen wird dies bei der Auswahl der Aktionen bedacht: „Also wenn wir einen spannenden Krimi haben, dann werden wir kein Second-Screen-Angebot machen." (Amlung) Zum anderen wird hervorgehoben, dass auf die Taktierung und Frequenz der Zusatzinformationen oder Kommentare geachtet werden müsse. Katja Beck erklärt, dass – vor allem bei fiktionalen Formaten – die fesselnden Stellen bereits im Voraus bekannt wären und das Angebot danach ausgerichtet werden könne. An spannenden Stellen würde dementsprechend die Kommunikation reduziert. Ähnlich beschreibt auch Jonas Schlatterbeck die Vorgehensweise zur Vermeidung von Überforderung der User: „Wir versuchen eher Höhepunkte zu schaffen, als dass wir ein konstant hohes Konversationslevel aufrechtzuerhalten versuchen." Auch die Art des Angebots kann auf die Aufmerksamkeit ausgerichtet sein. Um die Aufmerksamkeitsschwelle möglichst gering zu halten, können etwa kurze Abstimmungen der ausführlichen Lieferung von Zusatzmaterialien vorgezogen werden (vgl. Primbs). Diskussionen und Chats mit Sendungsbeteiligten, die viel Aufmerksamkeit erfordern, sollten bei spannenden Handlungen im direkten Anschluss an die Ausstrahlung gestartet werden. Weiterhin mahnen die Sender, dass der Einsatz von direkten Einblendungen im Fernsehbild bedacht erfolgen sollte, da diese die Zuschauer überfordern und stören könnten (vgl. Beck; Piesch; Weinhauser). Sollten die Zuschauer dennoch das Gefühl haben, etwas Elementares der Sendungshandlung verpasst zu haben, so bestehe immerhin die Möglichkeit, etwas On-Demand (z. B. Mediatheken) nachzugucken oder bei anderen Social-TV-Nutzern nachzufragen (vgl. Amlung; Klein; Primbs).

Bei den Social-TV-Nutzern liegt die zu starke Konfrontation mit Werbung auf dem dritten Rang der Hemmnisse. Dies betrifft vor allem Privatsender, die sich zu einem erheblichen Anteil mit Werbeeinnahmen finanzieren.

Dementsprechend sehen diese den Umgang mit Werbung als Herausforderung an und erläutern, dass Werbung im klassischen Fernsehen mittlerweile akzeptiert sei, während Werbung in digitalen Räumen überwiegend noch verpönt sei und schnell als Störung wahrgenommen werde. Hierbei müsse auf die möglichst passende Platzierung der Werbung geachtet werden. Matthias Mehner verdeutlicht diese Herausforderung: „Das ist so ein bisschen der Tod, den wir sterben müssen, weil wir Werbung machen müssen, im TV genauso wie im Social, weil es einfach die wirklich relevante Erlösquelle für uns ist."

Unabhängig von den einzelnen Hemmnissen betonen die TV-Sender, dass alle Angebote nur Optionen für die Social-TV-Nutzer seien: „Am Ende schafft man einfach Möglichkeiten und wer es möchte, der kann es nutzen und wen es nicht interessiert, der muss es ja auch nicht nutzen." (Piesch; vgl. auch Beck; Günther; Primbs) Dementsprechend könnte jeder Nutzer gemäß seiner Multitaskingfähigkeit und seinem Interesse selbst entscheiden, wie intensiv er ein Angebot nutzt bzw. was ihn zu stark ablenkt.

Fazit H2.5: Sowohl bei den Social-TV-Nutzern insgesamt als auch bei den fünf Nutzertypen stellt Aufmerksamkeitsverlust das gravierendste Hemmnis dar. Dieses Problem ist zwar nicht allen Sendern, jedoch dem Gros der Interviewten bekannt. Hypothese 2.5 ist daher bestätigt.

8.3   Die Zukunft des sozialen Fernsehens

Dieser dritte Block befasst sich mit der Zukunft des sozialen Fernsehens in Deutschland. Da die künftige Entwicklung auf Senderseite maßgeblich von der Nützlichkeit abhängt, werden zunächst die sich für TV-Sender ergebenden Chancen und Herausforderungen gegenübergestellt (Kap. 8.3.1). Daran anknüpfend wird erläutert, welches Potential die Sender für die Zukunft von Social TV sehen (Kap. 8.3.2).

8.3.1   Chancen und Herausforderungen für TV-Sender

Das Agieren im Social-TV-Umfeld ist für die Fernsehsender mit Vor- und Nachteilen verbunden (siehe Kap. 4.2.1). Forschungsfrage 3.1 untersucht, mit welchen Chancen und Herausforderungen sich die befragten Sendervertreter durch Social TV besonders konfrontiert sehen. Zur Beantwortung wird zunächst genauer auf die potentiellen Chancen eingegangen, bevor die von den Sendern genannten Schwierigkeiten erläutert werden.

Chancen

In bisherigen Auseinandersetzungen mit Social TV tauchte immer wieder die Hoffnung auf, dass die Social-TV-Nutzung das lineare Fernsehprogramm fördern oder erhalten könne. Um herauszufinden, ob die befragten TV-Sender die Stärkung der linearen Ausstrahlung durch Social TV ebenfalls als Chance ansehen, wurden sie damit konfrontiert. Hierzu wird zunächst angemerkt, dass nicht exakt ermittelt werden könne, welcher Anteil der linearen TV-Nutzung dem Social-TV-Angebot zu verdanken sei (vgl. Primbs; Retzer; Schlatterbeck). Sofern die Social-TV-User das Ziel der sozialen Interaktion über das Gesehene verfolgen, sei es von zentraler Relevanz, dass andere Zuschauer zum selben Zeitpunkt denselben Inhalt anschauen (vgl. Piesch; Primbs). Insofern könne Social TV durchaus zur linearen TV-Nutzung animieren, wie Matthias Mehner bestätigt: „Wir sehen ganz deutlich, dass es beispielsweise Unterhaltungsformate gibt, bei denen es super funktioniert und bei denen das in der Tat das lineare Fernsehen treibt, weil man dabei sein muss." Zugleich wird – den Befunden von Viacom (2013: 7) entsprechend – betont, dass auch das Onlineangebot von der linearen Ausstrahlung profitieren könne: „Also hohe Einschaltquoten heißt auch immer höheres Involvement in den digitalen Kanälen." (Piesch) Es stellt sich in diesem Zusammenhang die Frage, ob zuerst das Bedürfnis nach der Inhalterezeption oder aber nach dem Austausch besteht. Michael Heise tendiert zu Ersterem, da die Social-Media-Nutzung meist nachgelagert sei. Andere Sendervertreter sind der Meinung, dass klassische Fernsehredakteure durch Social TV zwar das Ziel verfolgen, das lineare Fernsehen zu stärken, dies aber nur bedingt funktionieren könne (vgl. Beck; Günther; Weinhauser). Thomas Klein äußert etwa, dass Social TV keinen maßgeblichen Einfluss auf den Einschaltimpuls habe: „Das mag ein Faktor sein, der ein bisschen etwas dazu beitragen kann, aber es ist aus meiner Sicht und meiner Erfahrung heraus kein entscheidender Faktor, um ein Fernsehprogramm deutlich voranzutreiben." Zudem müsse man bedenken, dass bei vielen Formaten eine Interaktion über das Programm nicht partout während der linearen Ausstrahlung stattfinden müsse und dementsprechend nicht als Treiber des linearen Programms fungieren würde (vgl. Mehner). So sei es beispielsweise bei *Circus HalliGalli* der Fall, dass die Nutzung via Social Media oder zu einem späteren Zeitpunkt viel größer sei als zur linearen Ausstrahlung am Montagabend. Insgesamt ergibt sich bei den Sendervertretern der einheitliche Tenor, dass Social TV trotz möglichen positiven Einflüssen auf die TV-Nutzung nicht die Rettung des linearen Fernsehens ist.

Bezüglich der bereits in Kap. 4.2.1 erläuterten Potentiale des Senderimages sowie der Zuschauerbindung sehen auch die befragten Sendervertreter eine große Chance in der Möglichkeit, die Zuschauer durch Social TV länger bzw. dauerhaft an das Programm zu binden (vgl. Beck; Quetting; Schlatterbeck). „Jeder, der sich im Second Screen über das laufende Programm unterhält, hat irgendwie eine emotionale Bindung dazu, ist Fan von einem Format und guckt einfach länger." (Heise) Aus Marketinggesichtspunkten kann die Social-TV-Beteiligung aus Imagegründen sowie zur Positionierung des Senders erfolgen. Die ProSiebenSat.1 Media AG agiert laut Matthias Mehner allein schon deshalb im Social-TV-Umfeld auf den verschiedensten Plattformen, um als Innovationstreiber angesehen zu werden. Bestenfalls seien alle Kanäle miteinander verknüpft, sodass es sich um 360-Grad-Marketing handle. Vor allem die Privat- und Bezahlsender sehen in Bezug auf monetäre Aspekte die Chance, durch Social TV von neuen Werbe- und Kapitalisierungsformen zu profitieren (vgl. Quetting; Weinhauser). Stefan Primbs betont, dass sich die TV-Sender diesbezüglich unterscheiden würden: „Während die Privatsender Social TV als eine Erlösquelle sehen, um Kontakte für Werbeanzeigen zu produzieren, spielt dieser Aspekt bei den öffentlich-rechtlichen Sendern keine Rolle."

Zwei Drittel der interviewten Sendervertreter erwähnen die Chance, dass TV-Sender durch Social TV direktes Feedback in Echtzeit erhalten können, so beispielsweise Markus Piesch: „Ich habe einen Rückkanal. Für uns ist es natürlich auch toll, direktes Feedback zu bekommen und darauf reagieren zu können" (vgl. auch Glander; Klein). Das Feedback via Internet erreicht die relevante Redaktion nun erheblich schneller als früher per Telefon oder Post und könne dementsprechend unmittelbar Berücksichtigung finden (vgl. Amlung; Beck). Vor allem bei Live-Sendungen sei es spannend die Reaktionen der Zuschauer einzufangen und darauf eingehen zu können (vgl. Mehner). Stefan Weinhauser nennt als Beispiel hierzu ein Tonproblem während eines Fußballspiels: „Du hast, bevor hier irgendwie intern ein Prozess angelaufen ist oder so etwas, in Echtzeit schon das Problem analysiert bekommen und nimmst das natürlich als Feedback mit." Social TV könne zudem als „Krisenkommunikationstool" (Klein) eingesetzt werden, indem für Zuschauern zu umstrittenen Sendungsthemen oder negative Kritik hervorrufenden Senderentscheidungen ein Austausch angeboten werden könne. Aus längerfristiger Sicht könne das Feedback der Zuschauer auch bei der Entwicklung neuer Formate behilflich sein (vgl. Quetting; Weinhauser).

Herausforderungen

Das unmittelbare Feedback der Zuschauer kann nicht nur eine Chance, sondern auch eine Herausforderung für TV-Sender darstellen. Matthias Mehner erläutert, dass einige Fernsehsender den direkten Austausch noch nicht gewohnt seien und dieser sie überfordern könne, „weil wir halt jahrelang irgendwo im Raum nur gehangen haben, beschallt haben und kein Feedback hatten und plötzlich dürfen die Leute sagen, dass sie unsere Sendungen toll oder doof finden." Einige Mitarbeiter der Sender müssten sich zunächst daran gewöhnen, dass TV-Sender nicht mehr nur Inhalte senden, sondern auch mit den Zuschauern interagieren (vgl. Klein; Weinhauser). Als schwierig wird vor allem der Umgang mit problematischen Kommentaren beschrieben, wenn sich Trolle[158] unsachlich am Austausch beteiligen (vgl. Amlung; Mehner; Weinhauser). Ingrid Günther empfiehlt daher, die Kommentarfunktion gezielt einzusetzen und bei kritischen Themen, die Hetzkommentare hervorrufen könnten, von Senderseite nur dann eine Diskussion anzubieten, wenn ausreichend Personal zur Moderation zur Verfügung steht. Beim Anbieten eines Kanals zur Diskussion müsse immer mit negativen Kommentaren gerechnet werden. „Damit muss man leben und damit muss man dann auch umgehen können und muss das auch fair und transparent machen." (Beck) Ebenso bestehe die Gefahr, dass ein vom Sender verfasster Kommentar von den Zuschauern negativ aufgefasst werde und sogar zu einem Shitstorm führen könne (vgl. Weinhauser). Der sensible und reflektierte Umgang mit dem Feedback kann anstrengend sein und muss von den Sendern gelernt werden. Als bedeutend wird dabei vor allem angesehen, dass eine ernsthafte und glaubwürdige Auseinandersetzung mit den Zuschauerkommentaren erfolgt. Die Herausforderung bestehe somit darin, angemessen auf das Feedback zu reagieren und den Usern befriedigende Antworten zu liefern oder ihre Kritik zu berücksichtigen (vgl. Beck; Glander). Sofern dies nicht der Fall sei und die Anmerkungen der User vom Sender unbeachtet blieben, könnte dies die Zuschauer verärgern.

Sofern zu einer Sendung passende Kommentare direkt in das Fernsehen Einzug findet, sieht Thomas Klein ein weiteres Problem bezüglich der Auswahl der Reaktionen. Hierbei würden TV-Sender belanglose Kommentare

---

[158] Als Internet-„Trolle" werden Personen bezeichnet, die sich unter dem Schutz der Anonymität auf die Provokation anderer Diskussionsteilnehmer fokussieren und sich nicht konstruktiv am Austausch beteiligen. Sie verfolgen durch ihr Handeln das Ziel, Reaktionen bei den anderen Usern zu erzeugen.

von bekannten Persönlichkeiten und Prominenten gegenüber gehaltvolleren Kommentaren von unbekannten Personen bevorzugen. Die Prominenz sei an dieser Stelle oft entscheidender als eine inhaltlich tiefgründige Auseinandersetzung. Die anfänglichen Erwartungen seien zudem nach einer Demokratisierung durch die Feedback- und Interaktionsmöglichkeiten der Zuschauer abgeschwächt, „weil das, was von den Leuten zurückkommt, oft viel zu schlecht, also zu schlecht verwertbar oder zu profan ist, um daraus wirklich etwas Substanzielles zu stricken." (Glander) Problematisch kann das Zuschauerfeedback auch dann werden, wenn innerhalb von kurzer Zeit viel Beteiligung erfolgt. Sofern ein Austausch von Senderseite moderiert wird oder etwa ein Sendungsbeteiligter Fragen der User beantwortet, kann zu hohe Beteiligung schnell zu Unzufriedenheit sowohl bei den Sendern als auch bei den Nutzern führen (vgl. Günther). Hierbei wird eine weitere Herausforderung deutlich, nämlich nötige Aufwand.

Bei vielen Formaten sei es eine Frage der Aufwands-Ertrags-Abwägung, ob eine Social-TV-Integration erfolge (vgl. Klein; Schlatterbeck). Die Aktionen bleiben oft aufgrund fehlender Ressourcen begrenzt, wie Matthias Mehner erklärt: „Das ist natürlich ein riesen Aufwand und kann deswegen auch nur bei den allergrößten Prio-Formaten gemacht werden, bei denen wir auch wirklich Manpower haben." (vgl. auch Amlung; Günther) Herausforderungen ergeben sich dabei vor allem für Regionalsender („dritte Programme"). Da diese im Vergleich zu großen Vollprogrammen eine kleinere Zuseherschaft erreichen, ist es für diese Sender auch schwieriger, immer eine kritische Masse an Teilnehmern zu animieren (vgl. Primbs). Thomas Klein führt aus: „Wenn Sie eine Sache haben, die sehr partikulär ist, wo sich am Ende nur drei Leute irgendwie engagieren, dann ist es natürlich ungleich schwieriger, daraus ein attraktives Begleitangebot zu stricken." Der Aufwand kann zwar durch vorbereitende Maßnahmen im Vorfeld reduziert werden, etwa indem Fragen vorab gesammelt und vorbereitet werden (vgl. Kap. 7.2.4). Trotzdem muss mit einem großen Ansturm auf das Social-TV-Angebot während der Ausstrahlung gerechnet werden, für den ein organisatorischer Aufwand betrieben werden muss (vgl. Glander; Primbs; Quetting). Katja Beck verdeutlicht: „Wenn mein Produkt so einen Gesprächswert erzeugt, dann brauche ich eben auch wieder Leute, die das können und einfach die Manpower, um das zu stemmen." Die Sender müssen deshalb abwägen, bei welchen Formaten sie sich an der Social-TV-Interaktion beteiligen (vgl. Kap. 7.2.4). Bei Sendungen, die zu mehreren Zeitpunkten ausgestrahlt werden, müssen sich die TV-Sender entscheiden, welche Zielgruppe sie primär bedienen möchten.

Als weitere durch Social TV entstehende Herausforderungen werden der Umgang mit Verhaltensregeln sowie finanzielle Aspekte genannt. Der Umgang mit bestehenden Verhaltensregeln bezieht sich primär auf Sender, die einer Aktiengesellschaft angehören. Beim Agieren der Sender muss auch bei Social-TV-Aktivitäten darauf geachtet werden, dass alle Regeln eingehalten werden. So könne es etwa passieren, dass ein Mitarbeiter im Social Web eine Information preisgibt, die er nach dem Informationsrecht nicht hätte schreiben dürfen. Solche Fehler könnten wiederum dazu führen, dass die Kommunikation mit den Zuschauern eingeschränkt wird. Der zweite Aspekt, die Finanzierung, betrifft sowohl die nötige Sorgfalt bei der Platzierung von Werbung als auch Vermarktung von Social-TV-Aktivitäten. Bei vielen potentiellen Werbepartnern stehe die Einschaltquote nach wie vor an erster Stelle, das Engagement mit den Zuschauern habe bei der Entscheidung zur Platzierung von Werbung oftmals keine oder nur eine geringe Bedeutung: „Die Wirtschaft ist an dem kleinen Ausschnitt noch nicht so weit, für die spielt das keine Rolle, obwohl das sinnvoll wäre." (Weinhauser) Auch Max Retzer meint, dass es eine Herausforderung sei, die Social-TV-Aktivitäten der Nutzer besser messbar zu machen.

Wie bei den Chancen bereits erläutert, kann Social TV den Sendervertretern zwar vereinzelt die lineare TV-Rezeption fördern, wird jedoch nicht als maßgeblicher Faktor zum Erhalt des linearen Fernsehens angesehen. Die Sender betonen die wachsende nicht-lineare Bewegtbildnutzung und die damit verbundene Herausforderung, Social-TV-Angebote an die veränderten Rezeptionsweisen anzupassen. Michael Heise vertritt die Ansicht, dass „echtes Social TV in der Gleichzeitigkeit im Peak eigentlich immer ein lineares Programm" erfordert. Robert Amlung hingegen betont, dass Social TV nicht nur mit linearen Inhalten in Bezug gesetzt werden könne, „weil es sich bei der reinen Verankerung auf dem Linearen einfach nicht erschöpfen wird." Es stelle sich somit die Frage, inwieweit zeitversetztes Social TV sinnvoll ermöglicht werden könne. Wie bereits in Kapitel 8.1.3 erläutert, befinden sich die Sender diesbezüglich in einer Experimentierphase und haben noch keine klare Linie eingeschlagen.

Fazit F3.1: Während von den TV-Sendern Zuschauerbindung, Marketing- und Monetarisierungsoptionen, Zuschauermessung und unmittelbares Zuschauerfeedback als Chancen angesehen werden, sind der Umgang mit provokantem oder übermäßigem Feedback, der nötige Aufwand und die Konzeption von Angeboten für nicht-lineare Inhalte besonders herausfordernd.

8.3.2   Prognosen für die zukünftige Entwicklung

Die in Kapitel 7.2.4 erläuterten Ansichten der befragten Sendervertreter hinsichtlich des Status quo von Social TV in Deutschland haben bereits darauf hingedeutet, dass das Potential von Senderseite bislang nicht voll ausgeschöpft werde. Forschungsfrage 3.2 geht dementsprechend explizit der Frage nach, wie die befragten Sendervertreter die zukünftige Entwicklung von Social TV einschätzen. Hierbei geht es sowohl um die Entwicklung der Social-TV-Nutzung als auch um das Agieren der TV-Sender.

Einige Sendervertreter gehen davon aus, dass die Social-TV-Nutzung sich weiterentwickeln und das Nischendasein verlassen wird, unabhängig davon, ob sich die Sender an der Social-TV-Interaktion beteiligen oder nicht (vgl. Schlatterbeck; Weinhauser). Als Grund hierfür wird die Annahme genannt, dass die Social-Media-Nutzung bei älteren Personen ansteigen werde (vgl. Amlung; Retzer). Der Social-TV-Sender joiz geht ebenso davon aus, dass die Generationen, die bereits heute Social Media intensiv nutzen, dieses Nutzungsverhalten auch „ins Alter mitnehmen" werden. Somit deute „vieles darauf hin, dass man da viel selbstverständlicher im Umgang wird, auch wenn man älter ist" (Glander). Auch was die Entwicklung von Social-TV-Angeboten der TV-Sender angeht, dominiert die Meinung, dass Social TV zukünftig noch stärker mit dem Fernsehprogramm zusammenwachsen und selbstverständlicher integriert werde (vgl. Piesch; Weinhauser). Social TV könne sich somit in Zukunft bei den Sendern stärker etablieren (vgl. Beck; Günther; Quetting). Während Matthias Mehner die Euphorie bremst und die Ansicht vertritt, dass sich Social TV „nicht mehr so großartig weiterentwickeln" werde, meint Robert Amlung, dass viele Weiterentwicklungen denkbar seien, sofern Social TV nicht zu eng definiert und auf lineare Inhalte begrenzt werde.

Von vereinzelten Sendervertretern werden zukünftige Änderungen der Produktionsweisen sowie neue Formatgestaltungen angesprochen, die durch Social TV ausgelöst werden. So meint Markus Piesch, dass Produktionsfirmen und klassische TV-Sender noch viel lernen müssen, was die crossmediale Produktion von Social-TV-Formaten angehe. Alte Strukturen müssten dazu aufgebrochen werden, ein TV-Sender müsse vom „TV-first-Gedanken" abkommen und Inhalte nicht erst nach linearer TV-Ausstrahlung online fortführen (vgl. Weinhauser). Jonas Schlatterbeck ergänzt, dass diesbezüglich neue Anbieter – wie etwa das Jugendangebot von ARD und ZDF (Funk) – den Vorteil hätte, dass diese nicht an lineare Strukturen gebunden seien. Klassische TV-Sender hingegen weisen darauf hin, dass nicht jeder Fernsehzuschauer Social TV nutze und es falsch wäre, alle Formate auf Social TV hin auszurichten. Das Kerngeschäft eines Fernsehsenders sei es schließlich, Fernsehinhalte auszustrahlen: „Wir müssen uns da als Fernsehsender schon eher unseren Stärken bewusst sein, anstatt jetzt in so kleine Nischen reinzugehen." (Mehner; vgl. auch Heise) Dies würde nicht ausschließen, dass TV-Formate ergänzend für Social Media konzipiert seien, im Vordergrund stehe jedoch der Inhalt.

Fazit F3.2: Social TV wird sich sowohl hinsichtlich der Nutzung als auch des Angebots weiterentwickeln und selbstverständlicher integriert bzw. nicht als Besonderheit wahrgenommen werden. Social TV in Bezug auf nicht-lineare Bewegtbildinhalten wird zunehmend relevanter.

8.4 Zusammenfassung zentraler empirischer Befunde III

Nachdem die Ergebnisse im Hinblick auf die Hypothesen und Forschungs-fragen präsentiert wurden, werden nachfolgend die zentralen Erkenntnisse zusammengefasst und diskutiert. Insgesamt konnten sieben von acht Hypo-thesen zum Social-TV-Nutzungsverhalten sowie zur Funktionalität der Nut-zung gestützt werden. Zudem wurden zwei ergänzende Forschungsfragen zur Zukunft des sozialen Fernsehens beantwortet.

Social-TV-Nutzungsverhalten

Hypothese 1.1: Mit steigendem Alter nimmt die klassische Fernsehnutzung zu, während die Social-TV-Nutzung abnimmt. Digital Natives unterscheiden sich daher bezüglich der Nutzungsinten-sität signifikant von Nutzern anderer Altersklassen.

Die Prüfung von Hypothese 1.1 hat gezeigt, dass einerseits ein statistisch signifikanter Zusammenhang zwischen dem Alter der Probanden sowie deren Nutzungsintensität von klassischem Fernsehen und Social TV besteht. So nimmt die TV-Nutzung mit steigendem Alter zu, während die Social-TV-Nutzung nachlässt. Zum anderen unterscheiden sich die Digital Natives (unter 30-Jährige) bezüglich der Nutzungsintensität signifikant von älteren Nutzern, sie nutzen tendenziell mehr Social TV, jedoch weniger klassisches TV. Aufgrund dieser Befunde ist Hypothese 1.1 vorläufig bestätigt. Die signifikanten Differenzen sind allerdings von geringem Ausmaß, die Befun-de verdeutlichen dementsprechend, dass Social TV nicht nur auf junge Per-sonen beschränkt ist, die Digital Natives nutzen es bislang lediglich stärker.

Im Vergleich zu anderen Studien ist der Anteil der älteren Social-TV-Nutzer bzw. deren Nutzungsintensität recht hoch (vgl. Kap. 7.1.4 und 8.1.1), was auf die breiter angelegte Definition der vorliegenden Arbeit sowie einen größeren Stichprobenumfang zurückgeführt werden kann. Studien, die von einem ähnlichen Begriffsverständnis ausgehen und auf größeren Stichproben basieren, deuten ebenso auf eine Relevanz in allen Altersklassen hin (z. B. Goldhammer et al. 2015: 131). Dies spiegelt sich in den Aussagen der befragten TV-Sender wider, die zwar für jüngere Zielgruppen ein intensiveres Social-TV-Angebot machen, jedoch prinzipiell alle Zuschauer mit ihren Angeboten ansprechen wollen. Meist ist bei der Planung von Social-TV-Angeboten der Fernsehsender die Zielgruppe des jeweiligen TV-Formats maßgeblich, an die Zusatzangebote zielgruppengerecht angepasst werden.

Hypothese 1.2:   Die Infrastruktur der Social-TV-Nutzung wird von Second Screens und senderexternen Plattformen dominiert, zwischen aktiven und passiven Usern bestehen dabei keine signifikanten Unterschiede.

Bei den befragten Nutzern dominieren passive Social-TV-Praktiken, wie das Lesen von Kommentaren oder Zusatzinformationen. Tatsächliche Partizipation mit Einflussnahme auf das Sendegeschehen erfolgt nur in seltenen Fällen. Trotz Berücksichtigung des asynchronen Nutzungszeitpunktes hat sich nichts daran geändert, dass ein Großteil der Social-TV-Nutzer ausschließlich als Beobachter fungiert bzw. nur ein Bruchteil sich aktiv beteiligt (z. B. Buschow et al. 2015: 190; Goldhammer et al. 2015: 146; Kneidinger 2015: 226; ForwardAdGroup 2016: 28; vgl. Kap. 4.3.3). Ebenfalls früheren Befunden entsprechend (vgl. Kap. 4.3.2) wird die Social-TV-Infrastruktur auch der vorliegenden Studie zufolge von Second Screens und senderexternen Plattformen geprägt. Bei bisherigen Forschungsarbeiten wurden einerseits Laptops (z. B. Buschow et al. 2013a: 54; TNS Infratest 2013; Goldhammer et al. 2015: 133; ForwardAdGroup 2016: 24) und andererseits Smartphones (z. B. Johnen/Stark 2015: 384; Kneidinger 2015: 222; Kunow 2015: 52; United Internet Media 2015: 29) als meist genutzte Second Screens identifiziert. Die Ergebnisse der Nutzerbefragung haben ergeben, dass Smartphones am häufigsten für Social-TV-Praktiken zum Einsatz kommen, was auf die mittlerweile starke Verbreitung dieser Endgeräte in allen Altersklassen zurückgeführt werden kann. Entsprechend dem Gros anderer Studien kommen senderexterne Plattformen wie Facebook oder Twitter häufig zum Einsatz, sendereigene Angebote folgen mit einem deutlichen Abstand. Im Vergleich zu frühen Studien hat sich vor allem die Relevanz Instant Messenger, die primär der geschlossenen Kommunikation dienen, erhöht. Social-TV-Apps werden hingegen nur von einer Minderheit der Nutzer verwendet. Hierbei bestehen zwischen aktiven und passiven Nutzern keine signifikanten Unterschiede, sodass Hypothese 1.2 bestätigt werden kann. Die TV-Sender versuchen überwiegend sowohl aktive als auch passive Nutzungsweisen zu bedienen. Eine Mehrheit der Sender nutzt hierfür sowohl eigene als auch externe Plattformen, um möglichst auf allen Kanälen Zuschauer zu erreichen. Während eigene Plattformen und Apps für Privatsender vor allem zur Generierung von Umsatz relevant sind, betonen öffentlich-rechtliche Sender die Notwendigkeit, die Teilhabe an Social TV auch auf anderen Plattformen als den Social Networks zu ermöglichen.

Hypothese 1.3:   Es bestehen signifikante Zusammenhänge zwischen den für Social TV verwendeten TV-Formaten und den Nutzungszeitpunkten.

Bestehende Befunde zu geeigneten Social-TV-Formaten sind heterogen, deuten jedoch darauf hin, dass vor allem Unterhaltungsformate und Live-Sendungen zur Social-TV-Nutzung animieren (vgl. Kap. 4.2.1). Die Testverfahren zur Prüfung von Hypothese 1.3 haben ergeben, dass Social TV grundsätzlich zu allen Formaten, am häufigsten jedoch zu fiktionalen Formaten (allen voran Serien) und Unterhaltungsshows genutzt wird. Die Fernsehsender erwähnen den Befunden von Buschow et al. (2013b: 28) entsprechend, dass Emotionalität sowie Aktualität wichtige Kriterien für erfolgreiche Social-TV-Sendungen seien. Zugleich werden Regelmäßigkeit sowie der Live-Charakter als Treiber von Social TV genannt. Hinsichtlich des Zeitpunktes dominiert zwar die Nutzung synchron zur linearen Ausstrahlung, doch anschließende Social-TV-Aktivitäten zur Reflexion des Gesehenen werden ebenfalls häufig ausgeübt. Es hat sich daher als sinnvoll erwiesen, asynchrone Nutzungszeitpunkte einzubeziehen und nicht ausschließlich die Nutzung parallel zur Ausstrahlung zu berücksichtigen. Bei den TV-Sendern steht zwar die synchrone Nutzung im Fokus, sie erkennen jedoch die Relevanz der asynchronen Nutzung und beteiligen sich dementsprechend überwiegend an allen zeitlichen Phasen der Social-TV-Interaktion. Es bestehen signifikante Zusammenhänge zwischen der Häufigkeit der Formatnutzung und den Zeitpunkten, da Unterhaltungsformate mit der synchronen und fiktionale Inhalte mit der asynchronen Nutzung hoch signifikant korrelieren. Die Annahme von Hypothese 1.3 gilt daher als vorläufig bestätigt.

Funktionalität der Social-TV-Nutzung

Hypothese 2.1:   Die dimensionalen Motiv-Strukturen der klassischen Fern-
seh- sowie der Social-TV-Nutzung weisen Überschneidun-
gen auf, die als sozial gruppierten Gratifikationen sind jedoch bei der Social-TV-Nutzung von höher Relevanz.

Die Ergebnisse zur Prüfung dieser Hypothese haben gezeigt, dass sich die
Gratifikationsprofile der klassischen Fernsehnutzung und der Social-TV-
Nutzung überschneiden, sie sind jedoch nicht deckungsgleich. Die Gratifikationsdimensionen der Fernsehnutzung ähneln stark bisherigen Einteilungen
von Nutzungsmotiven (vgl. Kap. 2.3.2), ähnlich der ARD/ZDF-Langzeit-
studie Massenkommunikation dominieren die Beweggründe Spaß, Information und Entspannung (vgl. Breunig/Engel 2015: 325), wobei Spaß in der
vorliegenden Befragung die meiste Zustimmung erhalten hat. Die identifizierte Dimensionierung der Social-TV-Gratifikationen weicht stärker von
klassischen Gruppierungen ab, doch auch hier stehen die Motive Information und Spaß an erster Stelle. Der in zahlreichen Studien besonders hervor-
gehobene Gemeinschaftsaspekt (vgl. Kap. 5.1) erweist sich als auch bei
Social TV nicht als primäres Motiv. Die aus den Charakteristika sozialer
Medien abgeleiteten Motive stehen somit zwar weder bei dem klassischen
Fernsehen noch bei Social TV im Vordergrund, bei der Social-TV-Nutzung
erreichen sie jedoch insgesamt eine höhere Zustimmung als bei der TV-
Nutzung. Da beide Voraussetzungen erfüllt sind, kann Hypothese 2.1 gestützt werden. Die Sendervertreter schätzen neben der Suche nach Informationen, Spaß und Ablenkung vor allem den Austausch über das Gesehene
als dominierende Nutzungsmotive ein. Während einige TV-Sender die
Selbsteinschätzung der Nutzer anzweifeln, können sich andere Sendervertreter aufgrund der starken passiven Social-TV-Nutzung eine Dominanz kogni-
tiver oder affektiver Gratifikationen vorstellen. Speziell die soziale Gratifikationssuche gäbe es bereits seit Einführung des Fernsehens, der Austausch
habe sich lediglich verlagert und eventuell leicht verstärkt.

Hypothese 2.2:   Die als sozial eingestuften gesuchten Gratifikationen werden bei der Social-TV-Nutzung besser befriedigt als bei der
klassischen Fernsehnutzung.

Der Vergleich der Befriedigung der sozialen Gratifikationen beider Nutzungsweisen hat gezeigt, dass sowohl bei TV als auch bei Social TV eine
gute Zufriedenheit besteht. Es gibt hierbei keine Anzeichen dafür, dass sich

die befragten Personen zukünftig Fernsehen oder Social TV aufgrund Unzufriedenheit nicht mehr zuwenden. Es stellt sich vielmehr die Frage, wo der Wert der erhaltenen Gratifikationen den der gesuchten Gratifikationen noch stärker übersteigt. Von den sechs betrachteten sozialen Aspekten werden drei bei der TV-Rezeption und drei bei der Nutzung des sozialen Fernsehens stärker befriedigt. Die Kommunikation über das Gesehene sowie das Gemeinschaftserlebnis werden bei der klassischen Fernsehnutzung zufriedenstellender bedient. Dadurch werden die von anderen Studien geäußerten Annahmen gestützt, dass Interaktionen mit physisch anwesenden Personen (z. B. GfK 2016) bevorzugt werden und die Erlebnisqualität der virtuellen Gemeinschaftsrezeption nicht äquivalent mit einer realen Gruppenrezeption ist (z. B. Kloppenburg et al. 2016: 378; Fellechner 2015: 130 f.). Sofern man die drei für Social TV zusätzlich relevanten Beweggründe berücksichtigt, verbessert dies nicht den GS/GO-Gesamtwert für die durchschnittliche Zufriedenheit, hierbei liegt weiterhin das klassische Fernsehen vorne. Ein direkter Vergleich mit anderen Studien kann diesbezüglich nicht erfolgen, da die Erhebung erhaltener Gratifikationen bislang vernachlässigt wurde. Die befragten TV-Sender erkennen in Social TV zwar eine Erweiterung der Interaktionsmöglichkeiten, glauben jedoch überwiegend nicht, dass diese ausreichen, um die schon immer vorhandenen sozialen Bedürfnisse erheblich besser zu befriedigen. Da die Befunde nicht darauf hindeuten, dass die sozialen Gratifikationen bei der Social-TV-Nutzung zufriedenstellender bedient werden als bei der klassischen TV-Rezeption, kann Hypothese 2.2 nicht bestätigt werden.

Hypothese 2.3:	Die nutzerbezogenen (soziodemografischen und persönlichkeitsspezifischen) Eigenschaften leisten einen Erklärungsbeitrag zur Social-TV-Gratifikationssuche, wenngleich auf insgesamt niedrigem Niveau.

Sowohl die Tests zur Prüfung auf Unterschiede der Nutzermerkmale hinsichtlich der Social-TV-Motive also auch die ganzheitliche Betrachtung der Einflüsse auf die Gratifikationssuche mittels Regressionsanalyse haben darauf hingewiesen, dass sie einen Beitrag zur Erklärung leisten, ihre Erklärkraft ist jedoch insgesamt gering. Wie bereits hinsichtlich der allgemeinen Fernsehnutzung festgestellt (z. B. Burst 1999: 171 f.; Aretz 2008: 278; Breunig/Engel 2015: 325), sind affektive Beweggründe für jüngere Social-TV-Nutzer wichtiger als für ältere Zuschauer, bei denen wiederum kognitive Beweggründe eine etwas größere Rolle spielen. Bei weiblichen Probanden konnte ein signifikant höherer Zustimmungswert für unterhaltende und zeitüberbrückende Motive als bei Männern identifiziert werden, hierbei gibt es Parallelen zu Studien der Fernsehnutzung (z. B. Conway/Rubin 1991: 458; Aretz 2008: 278). Ähnlich den Befunden von Johnen und Stark (2015: 388), haben auch der vorliegenden Studie nach interaktive Motive bei Männern einen etwas höheren Stellenwert als bei Frauen. Hinsichtlich der Persönlichkeitseigenschaften konnten ebenfalls nur wenige signifikante Einflüsse auf die Gratifikationssuche identifiziert werden. Personen mit hohen Extraversionswerten suchen stärker nach sozial-kommunikativen und interaktiven Gratifikationen, bei gewissenhaften Persönlichkeiten sind ebenfalls interaktive Beweggründe wichtiger als für Probanden mit schwach ausgeprägten Gewissenhaftigkeitswerten. Die gesamte Erklärkraft der soziodemografischen und persönlichkeitsbezogenen Eigenschaften ist gering, ihr Beitrag zur Varianzaufklärung der Gratifikationssuche liegt insgesamt unter zehn Prozent. Daher gilt Hypothese 2.3 als vorläufig bestätigt.

Hypothese 2.4:   Auf Basis der Social-TV-Motivfaktoren lassen sich verschiedene Social-TV-Nutzertypen identifizieren.

Die zur Prüfung von Hypothese 2.4 vorgenommene clusteranalytische Auseinandersetzung hat gezeigt, dass die Social-TV-Nutzer anhand der Motivfaktoren typologisiert werden können. Hierbei hat sich eine Einteilung in fünf Nutzertypen (passive Informationssucher, interessierte Eskapisten, gemeinschaftssuchende Interaktive, beobachtende Randnutzer und orientierungssuchende Überbrücker) als sinnvoll erwiesen, die sich hinsichtlich ihrer Nutzungsmotivation voneinander abgrenzen. Entsprechend der Gratifikationssuche und früheren Gruppierungen von Social-TV-Usern (vgl. Kap. 5.1) dominieren hierbei nicht interaktive, sondern passiv ausgerichtete Nutzertypen. Im Zusammenhang mit den gesuchten Gratifikationen stehen die für Social TV genutzten TV-Formate, die Zeitpunkte sowie die Praktiken der Nutzung. Die durchgeführte Typenbildung hat verdeutlicht, dass die gesuchten Gratifikationen der Social-TV-Nutzer nicht pauschalisiert werden können, sondern eine differenzierte Betrachtung der einzelnen Nutzertypen sinnvoll ist, um die jeweils präferierten Bedürfnisse aufzudecken und dementsprechend bedienen zu können. Die Sendervertreter sind sich darüber bewusst, dass die Nutzung aus unterschiedlichen Motivationen erfolgt und demzufolge verschiedene Nutzungsszenarien bedient werden müssen. Die Befunde lassen eine Bestätigung von Hypothese 2.4 zu.

Hypothese 2.5:	Aufmerksamkeitsverlust ist bei allen Social-TV-Nutzertypen das gewichtigste Hemmnis der Social-TV-Nutzung.

Als Nachteile werden von den Stichprobenteilnehmern vor allem der Aufmerksamkeitsverlust durch Ablenkung, Spannungsverlust sowie Konfrontation mit zu viel Werbung genannt. Die Ergebnispräsentation zu Hypothese 2.5 hat verdeutlicht, dass sowohl bei den befragten Nutzern insgesamt als auch bei den fünf Nutzertypen Aufmerksamkeitsverlust das gravierendste Hemmnis der Social-TV-Nutzung darstellt. Hypothese 2.5 kann somit vorläufig bestätigt werden. Dieses bereits mehrfach identifizierte Problem der geteilten Aufmerksamkeit (z. B. Frees/van Eimeren 2013: 382; Kunow 2014: 44; Wegener 2014: 200; Goldhammer et al. 2015: 182 f.) kommt allerdings nur dann zustande, wenn Social TV parallel zur linearen Ausstrahlung genutzt wird. Dementsprechend wurde auch von Buschow et al. (2015: 79) festgestellt, dass 17 Prozent der befragten Nicht-Nutzer (N = 405) sich lieber auf die Sendung konzentrieren möchten und deshalb keinen Social-TV-Aktivitäten nachgehen. Sieben Sendervertreter sind sich über dieses Problem bewusst, während fünf interviewte Sender Ablenkung nicht als relevantes Hemmnis betrachten. Es bestehen vereinzelte Bestrebungen, potentielle Hemmnisse durch Anpassung des Angebots zu mindern.

Zukunft des sozialen Fernsehens

Forschungsfrage 3.1:	Mit welchen Chancen und Herausforderungen sehen sich die TV-Sender durch Social TV konfrontiert?

Social TV kann sich den befragten Sendervertretern zufolge zwar bedingt positiv auf die lineare TV-Nutzung auswirken, wird jedoch nicht als maßgeblicher Treiber oder Retter des linearen Fernsehens angesehen. Als Chancen erkennen die Sender hingegen die durch Social TV neue Formen des Marketings, der Monetarisierung sowie der Zuschauermessung. Entsprechend den bisher von Forschern und Praktikern genannten Vorteilen (vgl. Kap. 4.2.1) betonen auch die Interviewten besonders die durch Social TV mögliche Bindung der Zuschauer an das Programm oder den Sender. Das durch den Rückkanal möglich gewordene Echtzeit-Feedback der Zuschauer wird nicht nur als Chance zum direkten Dialog, sondern zugleich als Herausforderung eingeordnet. Eine Fülle von Feedback kann schnell zu Überforderung der Sender führen und der richtige Umgang mit negativen bzw. provokanten Kommentaren muss gelernt sein. Ebenso besteht das Risiko, dass eine Aussage des Senders von den Usern negativ aufgefasst wird ober aber nicht in Einklang mit den Richtlinien des TV-Senders steht. Für das Agieren des Senders bedarf es an Aufwand, ein Grund warum nur eine begrenzte Anzahl von Formaten mit Social TV begleitet wird. Als große Herausforderung wird der Umgang mit Social TV in Bezug auf nicht-lineare Inhalte angesehen. Rechtliche Aspekte werden nicht als dringliche Heraus-forderungen genannt, bisherigen Studien entsprechend (z. B. Buschow et al. 2015: 196; Goldhammer et al. 2015: 20) besteht kein Bedarf an weiteren rechtlichen Regulierungen. Die Sendervertreter sehen in Social TV mehr Vorteile als kritische Faktoren, weshalb sie grundsätzlich nicht von einer Beteiligung an Social-TV-Interaktionen abgeneigt sind. Die Chancen und Herausforderungen schlagen sich auch in den Prognosen der Sender für die Weiterentwicklung von Social TV nieder.

Forschungsfrage 3.2:   Welche Prognosen geben die TV-Sender für die zukünftige Entwicklung von Social TV ab?

Die Aussagen der qualitativ befragten Anbieter zeigen, dass die Sender überwiegend von einer Weiterentwicklung von Social TV ausgehen, sowohl in Bezug auf die Nutzung als auch auf die Senderbeteiligung. Social TV könne davon profitieren, dass die Social-Media-Nutzung in allen Alters-gruppen weiter ansteige. Entsprechend den Befunden der Experten-befragung von Goldmedia (vgl. ebd.: 190) zeigt sich bei der vorliegenden Studie insgesamt Unsicherheit darüber, ob Social TV das Nischendasein komplett verlassen wird. Deutlich wird jedoch die Prognose, dass Social TV von den Sendern automatisierter und selbstverständlicher eingesetzt und die Nutzung dementsprechend als alltäglich und nicht als Besonderheit wahr-genommen werde. Hierzu sei das Aufbrechen klassischer Strukturen und Denkweisen von Fernsehsendern notwendig und Social TV müsste bei der Formatentwicklung bedacht werden. Andererseits weisen Sender darauf hin, dass keine ausschließliche Fokussierung auf Social TV erfolgen sollte, da nicht jeder Zuschauer Social TV verstehe bzw. nutzen wolle. Weiterhin wird erwartet, dass sich Social TV zu nicht-linearen Bewegtbildinhalten weiter-entwickelt. Dadurch könne Social TV nicht nur das soziale Erlebnis wäh-rend der linearen TV-Ausstrahlung, sondern für die Bewegtbildangebote jeglicher Art eingesetzt werden.

9. FAZIT UND AUSBLICK

Die Fernsehzuschauer sind nicht mehr einfach nur kleine Grüppchen oder Einzelpersonen vor einem Fernsehgerät, sondern eine Community, für die das Fernsehen eine Art Gemeinschaftserlebnis wird. Diskussion, Interaktion, Kommunikation – ob miteinander oder auch mit dem Sender bzw. der Redaktion, wichtig ist, dass in diesem Konstrukt Fernsehen keine Einbahnstraße ist.
(Jakubetz 2013)

In der Schlussbetrachtung werden zunächst die Erkenntnisse der theoretischen Betrachtung sowie die Ergebnisse der empirischen Untersuchung zusammengefasst und die forschungsleitende Frage beantwortet (Kap. 9.1). Daran anknüpfend sollen das methodische Vorgehen der Arbeit kritisch diskutiert und Forschungsdesiderate aufgezeigt werden (Kap. 9.2). Des Weiteren wird ein Blick auf die zukünftige Entwicklung von Social TV gerichtet und es werden Anregungen für die zukünftige kommunikationswissenschaftliche Forschung gegeben (Kap. 9.3).

9.1 Zusammenfassung und Schlussfolgerungen

Die vorliegende Arbeit hat sich mit der Eignung von Fernsehen als soziales Medium beschäftigt. Unter „sozialen Medien" wird dabei nicht ausschließlich die deutsche Übersetzung des inflationär verwendeten Begriffs „Social Media" verstanden, der sich auf Plattformen bezieht, die auf Social Software basieren und Interaktion ermöglichen. Auch Massenmedien erfüllen seit jeher soziale Funktionen, bislang dominierte hierbei jedoch die Einwegkommunikation. Interaktion zwischen Sender und Empfänger fand nur in sehr begrenztem Ausmaß statt. Aus dem von Metaprozessen – vor allem Digitalisierung und Konvergenz – ausgelösten Medienumbruch resultieren Veränderungen der sozialen Eigenschaften von Medien. Kommunikation, Interaktion, Partizipation, Kollaboration und Vernetzung bzw. Gemeinschaftsbildung wurden als Charakteristika sozialer Medien identifiziert, da diese den sozialen Funktionen von Massenmedien (Sozialisation, soziale Orientierung, Rekreation und Integration) zugutekommen. Speziell das Fernsehen ist durch die Konvergenz mit den sozialen Medien des Internets in der Lage, sein soziales Potential neu zu entfalten.

In allen Entwicklungsphasen des einem stetigen Wandels unterliegenden Fernsehens waren soziale Aspekte von Belang. So wird das audiovisuelle Medium seit seiner Einführung in Gemeinschaft genutzt und liefert Themen für Anschlussdiskussionen. Beginnend mit der Dualisierung des deutschen Fernsehmarktes in den 1980er-Jahren und verstärkt durch die Digitalisierung ab den 1990er-Jahren hat das Programmangebot stetig zugenommen. Dies hat zusammen mit dem gesellschaftlichen Wandel dazu geführt, dass Fernsehen verstärkt zu einer individualisierten Aktivität wurde, das Massenpublikum hat sich fragmentiert. Das Fernsehen sieht sich mit einer starken Konkurrenz an Online-Bewegtbildangeboten konfrontiert. Das unidirektionale Leitmedium wandelt sich zu einem multioptionalen und bidirektionalen Fernsehen, das nicht mehr an feste (lineare) Programmstrukturen gebunden ist, da es sowohl zeit-, orts- als auch gerätesouverän rezipiert werden kann. Durch die asynchrone und individualisierte Bewegtbildrezeption wird der Austausch über gesehene Bewegtbildinhalte sowie das gemeinschaftliche Erleben erschwert. Im Gegensatz zu früheren Versuchen des interaktiven Fernsehens, die aufgrund fehlender Rückkanäle oder zu komplizierter Usability zum Scheitern verurteilt waren, bietet das Fernsehen von heute in Kombination mit sozialen Online-Anwendungen erstmals eine erstzunehmende Chance zur Interaktion und Partizipation der Zuschauer.

Abb. 20: Optionen der Social-TV-Nutzung

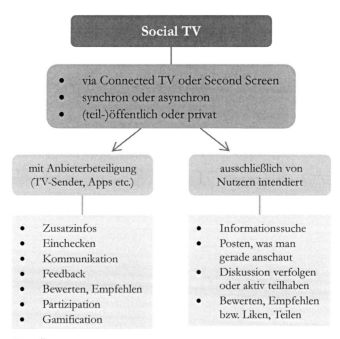

Quelle: Eigene Darstellung.

Das soziale Fernsehen kann für Zuschauer von Nutzen sein, was sich etwa daran zeigt, dass Social TV überhaupt erst durch das Verhalten der Zuschauer entstanden ist und nicht von Medienunternehmen strategisch entwickelt wurde. Social TV ist jedoch mehr als die synchrone, computervermittelte Kommunikation über das lineare TV-Programm (siehe Abb. 20). Auf Basis der zu beobachtenden Nutzungsweisen und dem technischen Potential wurde Social TV in der vorliegenden Arbeit als die soziale Interaktion zwischen räumlich getrennten Personen gefasst, die sich (a-)synchron über Bewegtbildinhalte austauschen oder aktiv Einfluss auf das Sendegeschehen nehmen. Ebenso denkbar ist eine primär passiv ausgerichtete Nutzung, wie etwa das Lesen von Zusatzinformationen oder Kommentaren anderer Zuschauer. In technischer Hinsicht kann Social TV mittels eines vernetzten Fernsehers oder internetfähigen Endgerätes auf sendereigenen als auch externen Plattformen genutzt werden.

Social TV wird nicht mehr ausschließlich von den Nutzern selbst betrieben, zahlreiche Akteure sind inzwischen auf dem Social-TV-Markt aktiv. Während Infrastruktur-Anbieter entsprechende Hardware bzw. Software entwickeln und Vermarkter sich mit Social-TV-Werbepotentialen oder der Analyse von Nutzerdaten beschäftigen, stellen Inhalte-Anbieter – vor allem TV-Sender – den Content zur Verfügung, auf den sich die Interaktionen beziehen. Ob Social TV zukunftsfähig ist und welche Angebote sich durchsetzen, hängt von der Akzeptanz und sozialen Aneignung der Nutzer ab, die von dem technischen Potential Gebrauch machen müssen. Die Parallelnutzung von Fernsehen und Internet ist laut vorhandener Forschung in den letzten Jahren angestiegen, was in erster Linie auf die rasante Verbreitung mobiler Endgeräte mit Internetanbindung – vor allem Smartphones und Tablets – zurückzuführen ist, die in der Regel beim Fernsehen greifbar sind und bequem bedient werden können. An das Internet angeschlossene Fernseher werden hingegen seltener für Parallelaktivitäten eingesetzt, da die Bedienung hierbei – etwa mittels Fernbedienung – umständlich ist und sich andere mitsehende Personen durch die Nutzung von Online-Anwendungen auf dem Fernsehbildschirm gestört fühlen können. Auch wenn bestehende Befunde deutliche Unterschiede im Ausmaß der Parallelnutzung aufzeigen, sind sie sich dennoch darin einig, dass Aktivitäten ohne direkten Bezug zum TV-Programm dominieren. Auch die Aussagekraft von Studien speziell zur bewegtbildbezogenen Parallelnutzung ist aufgrund divergierender Social-TV-Definitionen zu relativieren.

Für die Forschungsperspektive der vorliegenden Studie ist weniger das quantitative Ausmaß der Social-TV-Nutzung innerhalb der deutschen Bevölkerung relevant, im Fokus stehen vielmehr die funktionalen Beweggründe der Nutzer. Die angeeigneten Nutzungspraktiken und Gratifikationen liefern schließlich Hinweise darauf, welchen Stellenwert soziale Aspekte bei Social TV einnehmen. Dementsprechend wurde angenommen, dass die Nutzung von Medien als soziales Handeln anzusehen ist und das Publikum aktiv und absichtsvoll Medien verwendet. Zur Erforschung der Beweggründe wurde der in der Kommunikationswissenschaft etablierte Uses-and-Gratifications-Ansatz verwendet, der davon ausgeht, dass Menschen Medien zielgerichtet zur Befriedigung der eigenen Bedürfnisse nutzen. Um das tatsächliche Ausmaß der Zufriedenheit zu ermitteln, wurden hierbei sowohl gesuchte (GS) als auch erhaltene (GO) Gratifikationen erfasst. Aus der Vielzahl vorhandener Bedürfniskataloge der Mediennutzung können kognitive, affektive, soziale sowie identitätsbezogene Motivdimensionen identifiziert werden. Hinsichtlich der sozialen Motive der TV-Rezeption wurden bislang vor allem der Wunsch nach gemeinschaftlichem Erleben, die parallele oder nachgelagerte Kommunikation über das Gesehene sowie die parasoziale Interaktion genannt. Um die Gratifikationen des sozialen Fernsehens ermitteln zu können, wurde ein erweiterter Bedürfniskatalog entwickelt, der sich aus ermittelten Motiven bisheriger Forschung und den aus den Charakteristika sozialer Medien abgeleiteten Motiven zusammensetzt.

Um das Social-TV-Nutzungsverhalten sowie funktionale Aspekte differenziert identifizieren zu können, kam ein Mehrmethodendesign zum Einsatz. Die Befunde der quantitativen Befragung von 1.456 Social-TV-Nutzern als auch die mittels Inhaltsanalyse (inhaltliche Strukturierung) ausgewerteten qualitativen Interviews mit Vertretern von zwölf deutschen TV-Sendern wurden kombiniert betrachtet, sodass Differenzen zwischen Nutzer und Anbieter unmittelbar gegenübergestellt werden konnten. Hierbei hat sich zunächst die in dieser Arbeit vorgenommene und breit ausgelegte Definition von Social TV als sinnvoll erwiesen, worauf sowohl die Befunde der quantitativen als auch die der qualitativen Studie hindeuten. Die in die Definition eingeschlossenen Aspekte – wie etwa die asynchrone Nutzung, die private Kommunikation oder passive Praktiken – sind bei den befragten Nutzern bereits in bedeutendem Ausmaß angeeignet. Zwar dominiert die Ausübung von Social-TV-Aktivitäten parallel zur linearen Ausstrahlung einer Sendung nach wie vor, doch der Abstand zur asynchronen – vor allem nachgelagerten – Nutzung ist nicht enorm. Wann die Nutzung stattfindet, ist u. a. von den rezipierten Formaten abhängig. So verleiten Unterhaltungsangebote sowie Sport hauptsächlich zur synchronen Nutzung, während fiktionale Inhalte häufiger asynchron diskutiert werden. Hinsichtlich der Tätigkeiten wurde deutlich, dass passive (rezipierende) Praktiken, wie das Lesen von Kommentaren oder Zusatzinformationen, sogar einen höheren Stellenwert einnehmen als die aktive (produzierende) Nutzung. Sowohl bei aktiven als auch passiven Usern findet die Nutzung überwiegend auf senderexternen Plattformen via Second Screen statt. Da hierbei neben Social Networks häufig Instant-Messaging-Dienste zum Einsatz kommen, bestätigt sich, dass ein erheblicher Anteil der Social-TV-Kommunikation nicht öffentlich, sondern privat auf geschlossenen Plattformen erfolgt. Die Nutzer agieren meist auf denjenigen Plattformen, die sie ohnehin für soziale Interaktion verwenden, Social-TV-Apps werden daher nur von Minderheiten eingesetzt.

Die interviewten Vertreter der Fernsehsender halten eine zeitliche Begrenzung sowie ausschließliche Fokussierung auf die aktive Teilhabe an Diskussionen überwiegend für zu kurz gedacht. Dementsprechend gehen auch ihre Social-TV-Angebote über das reine Kommunizieren während der linearen Ausstrahlung hinaus. Hinsichtlich der Platzierung ihrer Angebote werden unterschiedliche Strategien verfolgt. Während einige TV-Sender eigene Plattformen bzw. Apps betreiben, fokussieren sich andere Sender auf ihre Social-Media-Kanäle. Meist erfolgt eine kombinierte Verwendung von sendereigenen als auch externen Plattformen, um möglichst viele Zuschauer auf den ihnen vertrauten Plattformen zu erreichen und sie gegebenenfalls auf die eigenen Plattformen zu lenken, was vor allem für werbefinanzierte Privatsender von Belang ist. Die Sender sind sich über die Dominanz passiver Nutzungspraktiken bewusst und bedienen diese zu einem hohen Anteil durch etwa das Liefern von Zusatzinformationen. Zugleich wird betont, dass eine Interaktion mit den Zuschauern erstrebenswert sei und immer wieder versucht werde, Diskussionen anzuregen. Hierbei müssen die Sender im Hinterkopf behalten, dass der Austausch mit den Zuschauern mit Aufwand verbunden ist, der mit ausreichend Personal bewältigt werden muss.

Die Überprüfung der vorgenommenen Social-TV-Kategorisierung sowie das Identifizieren vorhandener Nutzungspraktiken bildeten die Basis für die anschließende Fokussierung auf die funktionale Perspektive von Social TV. Diese ist schließlich elementar für die Beantwortung der Frage, ob die Zuschauer von dem sozialen Potential Gebrauch machen möchten und sich der soziale Aspekt der Fernsehnutzung dementsprechend gewandelt hat. Hierbei hat sich zunächst gezeigt, dass die Gratifikationsprofile von klassischem Fernsehen und Social TV Überschneidungen aufweisen, jedoch nicht kongruent sind. Während die ermittelten vier Motivdimensionen der klassischen TV-Nutzung stark denen früherer Bedürfniskataloge ähneln, kommen bei Social TV fünf Motivgruppen zum Vorschein, die als sozialkommunikativ, interaktiv, kognitiv, unterhaltend sowie zeitüberbrückend betitelt wurden. Die als Charakteristika sozialer Medien identifizierten Eigenschaften Kommunikation, Interaktion, Partizipation, Kollaboration und Vernetzung bzw. Gemeinschaftsbildung spiegeln sich in den Gratifikationen von Social TV wider, jedoch in unterschiedlicher Intensität. Die sozialen Gratifikationen stehen weder bei dem klassischen TV noch bei Social TV an erster Stelle, sie folgen erst auf affektive und kognitive Beweggründe. Die gesuchten Gratifikationen lassen nicht darauf schließen, dass soziale Aspekte im Fokus der Nutzung stehen. Die User bewerten die Relevanz der als sozial gruppierten Motive jedoch höher als bei der TV-Rezeption.

Die Vertreter der TV-Sender, die mit diesen Resultaten konfrontiert wurden, stimmten den Selbsteinschätzungen der Studienteilnehmer nicht ausnahmslos zu. Ein Teil der Sender schätzt die Angaben der Nutzer aufgrund der Dominanz passiver Praktiken für durchaus realistisch ein. Andere Interviewte bezweifeln hingegen, dass die Nutzer sich über ihre Bedürfnisse bewusst sind bzw. diese aufrichtig angegeben haben. Vor allem der Austausch über das Gesehene sowie die Möglichkeit zur Selbstdarstellung wird von den Kritikern durchaus als relevanter eingeschätzt. Einig sind sich die TV-Sender darüber, dass die Nutzung des Fernsehens schon immer ein soziales Erlebnis war und sich dieses nun in die Onlinewelt verlagert. Dementsprechend tendieren sie zu der Ansicht, dass Social TV die sozialen Nutzungsaspekte nicht wesentlich besser bedienen kann als das klassische Fernsehen. Dies wird auch bei der Differenzierung zwischen gesuchten und erhaltenen Gratifikationen deutlich. Hierbei hat sich abgezeichnet, dass sowohl bei der Nutzung von klassischem TV als auch von Social TV die Zufriedenheit hoch ist. Der Summenindex der sozialen Gratifikationen hat zwar bei der Social-TV-Nutzung einen höheren Wert erzielt, doch die Berücksichtigung der erhaltenen Gratifikationen kann nicht bestätigen, dass Social TV diese zufriedenstellender als das klassische Fernsehen bedienen kann. Die von den Nutzern wahrgenommenen Nachteile der Social-TV-Nutzung könnten das soziale Erlebnis dämpfen. Die Nutzer selbst sehen die aus ihren Social-TV-Aktivitäten resultierende Ablenkung von der Handlung und dem damit verbundenen Spannungsabbau als größte Nachteile. Diejenigen Sendervertreter, die sich über das Problem der Aufmerksamkeit bewusst waren, versuchen dies zum Teil bei der Planung und zeitlichen Strukturierung ihrer Social-TV-Angebote zu berücksichtigen.

Entsprechend den Forderungen der neueren Uses-and-Gratifications-Forschung wurden neben der Differenzierung zwischen gesuchten und erhaltenen Gratifikationen auch potentielle Einflussfaktoren soziodemografischer und persönlichkeitsbedingter Natur berücksichtigt. Es hat sich herausgestellt, dass die Erklärkraft dieser Faktoren für die Gratifikationssuche lediglich von geringem Ausmaß ist. Bei den soziodemografischen Aspekten zeigt sich etwa, dass jüngere Nutzer mehr Wert auf das Motiv Zeitvertreib legen und affektive Beweggründe bei Frauen relevanter als bei Männern sind, während interaktive Gratifikationen bei männlichen Usern von größerer Bedeutung sind. Bei den Persönlichkeitsmerkmalen weisen die Eigenschaften Neurozentrismus sowie Extraversion die stärksten Zusammenhänge mit der Gratifikationssuche auf. Es hat sich bestätigt, dass Nutzer mit ähnlichen Bedürfnissen auch Ähnlichkeiten in ihrem Nutzungsverhalten aufweisen. Dementsprechend konnten die Nutzer anhand ihrer Gratifikationssuche in folgende fünf Nutzertypen gruppiert werden: passive Informationssucher, interessierte Eskapisten, gemeinschaftssuchende Interaktive, beobachtende Randnutzer sowie orientierungssuchende Überbrücker.

Social TV bietet aufgrund der räumlichen Entgrenzung und leicht zugänglichen Rückkanälen das Potential, das soziale Erlebnis Fernsehen wieder aufleben zu lassen, das Ende der „Einbahnstraße" einzuleiten und die Zuschauer stärker am Geschehen teilhaben zu lassen. Sofern die Sender entsprechende Angebote machen und die Zuschauer diese wahrnehmen und sich interaktiv beteiligen wollen, können sowohl die Social-TV-Nutzer als auch die auf dem Markt agierenden Anbieter hiervon profitieren. Die Forschungsfrage „Wie wirkt sich die Social-TV-Nutzung und deren Motivation auf das soziale Erlebnis Fernsehen aus?" interessiert sich dafür, wie sozial das soziale Fernsehen wirklich ist. Auf Basis der gewonnenen Erkenntnisse kann diese Frage in komprimierter Form folgendermaßen beantwortet werden: Fernsehen ist durch die Konvergenz mit dem Internet nicht per se zu einem entschieden sozialeren Medium geworden, das Soziale hat sich vielmehr verlagert, die Handlungsoptionen haben sich erweitert. Das vorhandene soziale Potential wird zwar genutzt, jedoch nicht gänzlich ausgeschöpft. Das diese Arbeit einleitende Zitat von Markus Schächter trifft zu: Das Lagerfeuer-Erlebnis des Fernsehens verlagert sich auf neue Brennstätte und transformiert sich zu einem virtuellen bzw. digitalen Lagerfeuer, das dezentral flackert und nicht mehr ausschließlich von dem linearen TV-Programm entzündet wird. Der Mensch als soziales Wesen findet auch in Zeiten des medialen Wandels immer wieder Wege, die soziale Komponente der Mediennutzung zu adaptieren.

9.2   Kritische Reflexion

Um die beiden durchgeführten Studien sowie die daraus gewonnenen Erkenntnisse abschließend bewerten zu können, bedarf es einer kritischen
Reflexion des Forschungsprozesses bzw. dem Aufzeigen von Limitationen.
In Bezug auf die quantitative Social-TV-Nutzerbefragung sind hierbei zunächst Einschränkungen bezüglich der Repräsentativität zu nennen. Das
Sample ist mit 1.456 Teilnehmern ausreichend umfangreich und die soziodemografische Struktur der Studie ist heterogen, da Social-TV-Nutzer verschiedener Geschlechter, Altersklassen, Bildungsabschlüsse sowie regionaler
Herkünfte vertreten sind. Die Befunde können jedoch aufgrund der Methodik der passiv rekrutierten Online-Befragung nicht uneingeschränkt für die
gesamte deutsche Social-TV-Nutzerschaft verallgemeinert werden. Die definierte Grundgesamtheit der deutschen Social-TV-Nutzer konnte nicht exakt
beziffert werden, da keine genauen Nutzerzahlen/-verzeichnisse existieren.
Dies wäre nur bei der begrenzten Fokussierung auf einen Teilbereich der
Social-TV-Nutzung möglich gewesen, wie etwa die Nutzung zu einem speziellen Format auf einer bestimmten Plattform. Da dies eine zu starke Ver-
knappung des Untersuchungsgegenstandes bedeutet hätte und auch andere
Rekrutierungsverfahren – z. B. mittels Panelstudie – nicht zielführend gewesen wären (vgl. Kap. 6.3.1), konnte keine vollkommen zufallsgesteuerte
Stichprobe gezogen werden. Diese Schwierigkeit führt dazu, dass die Stichprobe nur bedingt als repräsentativ eingestuft werden kann. Um möglichst
geringe Einbußen hinsichtlich der Allgemeingültigkeit hinnehmen zu müssen, wurde der Aufruf zur Teilnahme an der Studie breit gestreut.

Des Weiteren muss bedacht werden, dass nicht alle Zuschauer Social TV
nutzen möchten, ein Großteil der TV-Nutzer möchte sich nach wie vor
passiv berieseln lassen und nicht interagieren. Da ausschließlich Nutzer des
sozialen Fernsehens befragt wurden, kann kein direkter Vergleich zwischen
Nutzern und Nicht-Nutzern vorgenommen werden. Ebenso basiert die
Gegenüberstellung der Gratifikationen von klassischem Fernsehen und
Social TV ausschließlich auf den Bedürfnissen von deutschen Onlinern, die
Social TV zumindest gelegentlich nutzen. Es ist möglich, dass sich bei Befragung von Fernsehzuschauern, die kein Social TV nutzen, eine andere
Struktur bzw. Relevanz der TV-Nutzungsmotive ergeben hätte. Hierbei ist
jedoch nicht mit fundamentalen Differenzen zu rechnen, da die Befunde
dieser Studie starke Ähnlichkeiten zu allgemeinen Motivstudien zur TV-
Nutzung aufweisen (vgl. Kap. 8.2.1). Der entwickelte Bedürfniskatalog hat
sich als dienlich erwiesen: Die enthaltenen Motiv-Items ließen eine Grup-

pierung in fünf Motivdimensionen zu, drei Items mussten hierbei aufgrund eines zu geringen Ladungsunterschiedes ausgeschlossen werden. Dennoch kann es sein, dass einige funktionale Aspekte nicht vollständig abgebildet wurden. So ist etwa der Aspekt der parasozialen Interaktion lediglich mittels eines Items ergründet worden, was jedoch das Konzept der parasozialen Interaktion nicht hinlänglich abbildet. Eine erschöpfendere Untersuchung dieser Thematik hätte den Einsatz einer ausdifferenzierten PSI-Skala erfordert, was jedoch die Länge des Fragebogens übermäßig strapaziert hätte. Es ist jedoch nicht davon auszugehen, dass sich hierdurch maßgebliche Änderungen ergeben hätten, da parasoziale Interaktion auch bei der Studie von Goldmedia auf dem letzten Rang der Motivskala gelandet ist (vgl. Goldhammer et al. 2015: 117). Ähnlich verhält es sich mit der verwendeten Big-Five-Kurzskala zur Erfassung der Persönlichkeitseigenschaften (vgl. Kap. 6.3.2), da komplexe Persönlichkeitsstrukturen nicht gänzlich mittels zehn Items erfasst werden können. Einerseits sollten die Forderungen des Uses-and-Gratifikations-Ansatzes sowie bisheriger Forschungsarbeiten zur Berücksichtigung persönlichkeitsspezifischer Einflussfaktoren erfüllt werden, andererseits musste hierbei eine möglichst präzise bzw. kurze Skala eingesetzt werden. Als kritisch kann ohnehin gesehen werden, dass der eingesetzte Fragebogen recht umfangreich war und dementsprechend die durchschnittliche Bearbeitungszeit mit knapp 15 Minuten an der Grenze der empfohlenen Dauer für Online-Befragungen lag. Der Umfang des Fragebogens wurde vor allem dadurch ausgedehnt, dass für das Forschungsinteresse neben den gesuchten auch erhaltene Gratifikationen sowohl für die klassische TV-Rezeption als auch die Social-TV-Nutzung ermittelt werden mussten. Insgesamt haben sich hieraus keine Probleme ergeben, da die Abbruchquote (17%) in einem akzeptablen Bereich lag (vgl. Kap. 6.3.4).

Der Uses-and-Gratifications-Ansatz hat sich als geeignetes Modell zur Untersuchung der Mediennutzung erwiesen. In Bezug auf die Methode der Nutzerbefragung ist jedoch ein für dieses Forschungsmodell bekannter Kritikpunkt zu benennen, nämlich dass die Befunde auf den Selbstauskünften der Befragten basieren, die möglicherweise nicht mit der Realität übereinstimmen (vgl. Kap. 2.3.1). Das Unbewusstsein über das eigene Handeln sowie eine mögliche Habitualisierung des Nutzungsverhaltens könnten die Angaben der Befragten verfälschen. Ebenso kann es sein, dass die Probanden als Rationalisierungsstrategie oder aufgrund sozialer Erwünschtheit gezielt falsche Angaben machen. So hat sich auch bei der Social-TV-Studie von Goldmedia gezeigt, dass die Suche nach Information von den Nutzern selbst überbewertet wird „und dazu dient, das Motiv der Einbindung in eine

Gruppe zu verschleiern, wie in den Fokusgruppen deutlich wurde." (ebd.: 111) Die interviewten Vertreter der Fernsehsender nannten die fehlerhafte Selbsteinschätzung und soziale Erwünschtheit ebenfalls als zentrale Erklärungen für Abweichungen mit den von ihnen vermuteten Gratifikationen. Die Kritik hieran kann jedoch insofern entkräftet werden, dass die Studie das Ziel verfolgte, die funktionalen Beweggründe aus Sicht der Nutzer zu erfassen. Aufgrund der Anonymität der Befragung bestand kein Grund, die eigenen Bedürfnisse absichtlich zu verschleiern.

Die eingesetzte Methodenkombination war zweckmäßig, da durch den Einbezug sowohl der Nutzer als auch Anbieter konträre Vorstellungen unmittelbar gegenübergestellt werden konnten. Bei den qualitativen Interviews mit den TV-Sendern muss – wie in Kap. 6.4.4 erläutert – bedacht werden, dass ein Interview nicht Face-to-Face, sondern nur per Telefon geführt werden konnte. Damit der betreffende Sender nicht aus dem theoretisch gebildeten Sampling herausfiel, wurde dieses Defizit in Kauf genommen. Zwölf durchgeführte Interviews sind zwar zur inhaltsanalytischen Untersuchung der qualitativen Studie ausreichend, es könnten jedoch weitere Sender sowie weitere auf dem Social-TV-Markt agierende Akteure befragt werden.

Trotz der genannten Limitationen kann die vorliegende Arbeit aufgrund ihrer zugrundeliegenden Definition, Berücksichtigung potentieller Einflüsse sowie der umfangreichen Stichprobe durchaus fundierte Rückschlüsse auf strukturelle sowie funktionale Aspekte des sozialen Fernsehens liefern. Es handelt sich hierbei jedoch um eine Momentaufnahme. Social TV ist ein aktueller Untersuchungsgegenstand, der sich in seiner Anfangsphase befindet und sich aufgrund der stetigen technologischen Weiterentwicklung schnell wandelt. Hierbei gilt es zu berücksichtigen, dass sich die Angaben der befragten Nutzer als auch der Sender auf den Untersuchungszeitraum beziehen. Die wissenschaftliche Forschung muss Social TV stetig weiter beobachten und die Aktualität bestehender Befunde überprüfen bzw. Neuerungen einbeziehen.

9.3   Ausblick und Implikationen für zukünftige Forschung

Auf Basis der gegenwärtigen Entwicklungen im Social-TV-Umfeld sowie den Aussagen der befragten Nutzer und Fernsehsender wird nachfolgend ein Blick auf die Zukunft des sozialen Fernsehens geworfen. Die Sendervertreter gehen tendenziell davon aus, dass Social TV sich weiterentwickeln und selbstverständlicher in Sendungen integriert werden wird (vgl. Kap. 8.3.2).

Social TV wird dementsprechend allgegenwärtig und von den Zuschauern nicht mehr als eine Besonderheit wahrgenommen. Über die tatsächliche Weiterentwicklung und Etablierung von Social TV werden jedoch in erster Linie die Nutzer entscheiden. Die TV-Sender schätzen, dass die Nutzung weiterhin bedeutend bleiben oder leicht ansteigen wird, machen sich jedoch keine Hoffnung auf einen allzu starken Anstieg. Prinzipiell sind die Voraussetzungen für eine zunehmende Relevanz durch die erwarteten Anstiege der Nutzung von Second Screens, Social Media sowie mobilen Endgeräten gegeben. Die Verbreitung von Second Screens und ihre Verwendung wird voraussichtlich weiter zunehmen (vgl. Busemann/Tippelt 2014: 415; Kupferschmitt 2016: 448). Derzeit nutzen Digital Natives zwar durchschnittlich häufiger Social TV als die befragten User anderer Altersklassen (vgl. Kap. 8.1.1), dies bedeutet jedoch nicht, dass Social TV ausschließlich für junge Zuschauer von Belang ist. Während 29 Prozent der Nutzer unter 30 Jahren angeben, Social TV täglich zu betreiben, sind es bei den Personen ab 30 Jahren immerhin noch 23 Prozent. Die Intensität könnte sich mit ausweitender altersklassenübergreifender Social-Media-Nutzung verstärken. Fernsehen, Internet und Social Media werden voraussichtlich immer mehr miteinander verschmelzen. Hierdurch könnten aktive Nutzungspraktiken zunehmen, so stimmen laut Langzeitstudie Massenkommunikation 65 Prozent der Bevölkerung zu, dass sich Menschen in Zukunft durch Kommentare immer mehr am Fernsehen beteiligen werden (vgl. Engel/Breunig 2015: 320). Trotz des vorhandenen Potentials muss bedacht werden, dass nicht jeder Zuschauer als Social-TV-User in Frage kommt und daher nicht mit einem enormen Wachstum der Nutzung zu rechnen ist.

Weiterhin ist abzusehen, dass die technologischen Voraussetzungen für die Nutzung des sozialen Fernsehens weiter ausgebaut werden. Connected TVs bzw. Smart TVs werden intelligenter und mit einfacheren Bedienkonzepten verknüpft. So können viele Geräte (z. B. Amazon Fire TV, Apple TV, Google Chromecast, Samsung Smart TV) bereits mittels Sprachsteuerung bedient werden. Ebenso wird mit einer Bedienung mit Hilfe der Augen experimentiert, hierbei muss zur Steuerung der Blick auf ein in einer Brille (z. B. Google Glass) eingeblendetes Icon gerichtet werden. Dennoch wird sich, den Aktivitäten der Social-TV-User sowie den Ansichten der Sendervertreter zufolge, das Gros der Social-TV-Nutzung weiterhin auf Second Screens erfolgen, während der Fernseher in erster Linie zur Darstellung der Inhalte dient. Um die Nutzung zu vereinfachen, ist eine Zunahme der automatischen Synchronisation zwischen First und Second Screen – etwa mittels Audioerkennung – denkbar. Dies würde auch der Social-TV-Nutzung zu non-linearen Inhalten dienlich sein, da somit beim zeitversetzen Anschauen die Interaktionen zur jeweils passenden Handlung angezeigt werden können. Bezüglich der Infrastruktur ist abzusehen, dass sich Social-Media-Plattformen sowie Instant-Messaging-Angebote durchsetzen und spezielle Social-TV-Apps nicht über das Nischendasein hinaus kommen werden. Spannend bleibt, welche Rolle der Einsatz von Virtual Reality (virtuelle Realität) sowie Augmented Reality (erweiterte Realität) für Social TV spielen wird.[159] Diese könnten das interaktive Fernseherlebnis erneut auf eine höhere Stufe stellen und die Darstellung von Bewegtbild auf einem Display auflösen (vgl. Blake 2017: 172 f.). Zuschauer könnten virtuell an einer Fernsehshow teilnehmen oder sich in einem „virtuellen Wohnzimmer" zur gemeinsamen Bewegtbildrezeption versammeln.

Unabhängig von der technologischen Weiterentwicklung kann Social TV nicht als Rettung des linearen Fernsehens gesehen werden. 99 Prozent der in dieser Arbeit befragten Social-TV-User rezipieren bereits nicht-lineare Inhalte (vgl. Kap. 7.1.4). Es ist anzunehmen, dass sich Social TV in Zukunft – mit Ausnahme von großen Live-Events – verstärkt auf die zeitversetzte Bewegtbildrezeption beziehen wird und nicht mehr auf klassisches Fernsehen angewiesen ist. Eine reine Verankerung von Social TV auf dem linearen Fernsehprogramm ist daher nicht ausreichend. Hierbei könnten auch Video-on-Demand-Anbieter Social-TV-Angebote auf ihren Plattformen integrieren. Diesbezüglich ist es fraglich, ob der Begriff Social TV noch zutreffend ist und die Konvergenz von Bewegtbild und Internet nicht vielmehr als „Social Video" bezeichnet werden müsste. Sofern der Fernsehbegriff allerdings breit ausgelegt wird und jegliche Bewegtbildangebote eingeschlossen werden (vgl. Kap. 3.2), erübrigt sich diese Frage.

Aus den erläuterten Forschungsdesideraten der vorliegenden Arbeit sowie den Social-TV-Zukunftsaussichten resultieren Anknüpfungspunkte für die zukünftige kommunikationswissenschaftliche Forschung. Die Social-TV-Motivstruktur könnte beispielsweise durch weitere Methoden – z. B. teil-

---

[159] Während Augmented Reality die menschliche Wahrnehmung der Realität erweitert, also visuelle Zusatzinformationen oder Objekte auf einem entsprechenden Gerät in Echtzeit einblendet, schließt Virtual Reality die reale Welt komplett aus, der Betrachter taucht in eine andere Welt ein. Die Nutzung erfolgt dabei in der Regel mit einer Brille (z. B. Oculus Rift, HTC Vive oder Samsung Gear VR), bei der sich der User wie in der Realität (360 Grad) umsehen kann. Es wurden bereits einige Virtual-Reality-Formate von Fernsehsendern angeboten, so produzierte beispielsweise ARTE 2014 die Virtual-Reality-Dokumentation *Polar Sea 360°* und ARD/ZDF streamten Teile der Olympischen Sommerspiele 2016 in 360 Grad.

nehmende Beobachtung, experimenteller Zugang – überprüft werden, die nicht auf die Selbstauskunft der Probanden angewiesen sind. Um situative Variablen eingehender zu berücksichtigen, könnten Studienteilnehmer auch direkt im Anschluss an die Rezeption bestimmter Sendungen befragt werden. Ebenso könnten weitere Einflussfaktoren zur Erklärung des Nutzungsverhaltens herangezogen werden, wie etwa Emotionen sowie Stimmungsregulierung. Um das Nutzungsverhalten sowie die ausgeübten Praktiken tiefgründiger zu erforschen, könnten Tracking-Verfahren die tatsächliche Nutzung beobachten.

Bei der vorliegenden Arbeit wurden mehrere Forschungsfelder der Kommunikationswissenschaft abgedeckt, der Schwerpunkt lag jedoch auf der Medienaneigungs- und Rezeptionsforschung (vgl. Kap. 1.2). Der weitläufige Untersuchungsgegenstand Social TV wird auch bei weiteren Forschungsbereichen verstärkt in den Fokus rücken. So könnte die aus Wirkungsperspektive relevante Frage nach der Aufmerksamkeitsverteilung bei der synchronen Social-TV-Nutzung genauer geklärt werden. Ebenso bleibt zu prüfen, inwiefern die Kommentare der User bzw. Meinungsführer die individuelle Bewertung von Inhalten, Einstellungen zu Sendungsthemen sowie das Image von Fernsehsendern beeinflussen. Da sich bei der vorliegenden Untersuchung der Einschluss von Social TV als private Form der Kommunikation sowie asynchrone Nutzungsszenarien als sinnvoll erwiesen haben, sollten diese Aspekte in Zukunft stärker Berücksichtigung finden. Es existieren zwar zahlreiche inhaltsanalytische Untersuchungen der Kommunikation auf Social-Media-Plattformen, es mangelt jedoch an Inhaltsforschung zur geschlossenen Kommunikation. Ebenso sollte Social TV stärker in Zusammenhang mit der zeitversetzten Bewegtbildnutzung betrachtet werden.

Die Entwicklung von Social TV ist in einigen anderen Ländern – vor allem in den USA und Skandinavien – deutlich weiter vorangeschritten als in Deutschland. Diesbezüglich wären ländervergleichende Studien zur Ermittlung der tatsächlichen Unterschiede interessant. Ein weiterer Aspekt betrifft die Übertragung des entwickelten Bedürfniskataloges auf die Nutzung anderer sozialer Medien. Im Mittelpunkt dieser Arbeit stand die Eignung von Fernsehen als soziales Medium. Da auch andere Massenmedien mit gesellschaftlichen sowie medialen Umbrüchen konfrontiert sind, könnte der entwickelte Bedürfniskatalog in Bezug auf andere Medien eingesetzt und überprüft werden. So ist beispielsweise das Radio von ähnlichen Fragestellungen betroffen, da auch beim „Social Radio" die einseitige Kommunikation aufgehoben wird und Interaktionen mit Zuhörern in Echtzeit stattfinden.

LITERATURVERZEICHNIS

Abelman, Robert; David Atkin; Michael Rand (1997): What Viewers Watch When They Watch TV. Affiliation Change as Case Study. In: Journal of Broadcasting & Electronic Media 41 (3), S. 360-379.

Abramson, Albert (2002): Die Geschichte des Fernsehens. München: Fink.

Ackermann, Judith (2011): Masken und Maskierungsstrategien. Identität und Identifikation im Netz. In: Anastasiadis, Mario; Caja Thimm (Hg.): Social Media. Theorie und Praxis digitaler Sozialität. Frankfurt am Main: Lang, S. 61-85.

Adams, William J. (2000): How People Watch Television as Investigated Using Focus Group Techniques. In: Journal of Broadcasting & Electronic Media 44 (1), S. 78-93.

Aelker, Lisa (2012): Filme gemeinsam erleben. Die Wirkung von Mitzuschauern auf (Meta-)Emotionen aus appraisal-theoretischer Perspektive. Stuttgart: Kohlhammer.

AGF (2015): Meilenstein für den Bewegtbild-Standard in Deutschland: AGF bezieht YouTube in ihr Forschungssystem mit ein. Verfügbar unter https://www.agf.de/agf/presse/pressemitteilungen/?name=pm_27042015, zuletzt geprüft am 27.04.2015.

AGF (2016): AGF-Roadshow 2016: Premiere für die audiovisuelle Bewegtbildreichweite. Verfügbar unter https://www.agf.de/agf/presse/pressemitteilungen/?name=pm_02052016, zuletzt geprüft am 04.05.2016.

AGF; GfK (2016a): Durchschnittliche Sehdauer pro Tag/Person 2015. Altersgruppen, alle Sender, Montag-Sonntag, 3.00 - 3.00 Uhr. Verfügbar unter https://www.agf.de/showfile.phtml/daten/tvdaten/sehdauer/160105%20Sehdauer%202015%E2%80%8B%20nach%20Zielgruppen.pdf?foid=80732, zuletzt geprüft am 23.06.2016.

AGF; GfK (2016b): Entwicklung der durchschnittlichen Sehdauer pro Tag/Person in Minuten, 1988 - 2015. Zuschauer Gesamt, alle Sender, Montag bis Sonntag, 03.00 - 03.00 Uhr. Verfügbar unter https://www.agf.de/daten/tvdaten/sehdauer/, zuletzt geprüft am 24.04.2016.

AGF; GfK (2016c): TV Scope. Empfangbare TV-Sender in Deutschland 2016. Verfügbar unter http://de.statista.com/statistik/daten/studie/160407/umfrage/frei-empfangbare-tv-sender-in-deutschland-seit-1988/, zuletzt geprüft am 12.08.2016.

AGOF (2015): Quartalsbericht zur Internet Facts 2015-03. Verfügbar unter https://www.agof.de/download/Downloads_Internet_Facts/Downloads_Internet_Facts_2015/Downloads_Internet_Facts_2015-03/03-2015_Berichtsband%20zur%20internet%20facts%202015-03.pdf?d9a3e5, zuletzt geprüft am 27.05.2015.

AGOF (2016a): AGOF Digital Facts 2016-05. Nutzer mobiler und/oder stationärer Angebote (in den letzten 3 Monaten). Verfügbar unter https://www.agof.de/download/Downloads_digital_facts/Downloads_Digital_Facts_2016/Downloads_Digital_Facts_2016-05/05-2016_df_Ranking_Gesamtangebote_Mobile.pdf?0f0e46, zuletzt geprüft am 29.08.2016.

AGOF (2016b): Digital Facts 2016-04. Daten zur Nutzerschaft. Verfügbar unter https://www.agof.de/download/Downloads_digital_facts/Downloads_Digital_Facts_2016/Downloads_Digital_Facts_2016-04/04-2016_df_Grafiken_digital%20facts%202016-04.pdf?d9a3e5, zuletzt geprüft am 26.07.2016.

Alba, Davey (2016): YouTube's New Messenger Means You'll Never Have to Leave YouTube. Verfügbar unter http://www.wired.com/2016/05/youtubes-new-messenger-means-youll-never-leave-youtube/, zuletzt geprüft am 15.08.2016.

Albrecht, Steffen; Rasco Hartig-Perschke; Maren Lübcke (2008): Wie verändern neue Medien die Öffentlichkeit. Eine Untersuchung am Beispiel von Weblogs im Bundestagswahlkampf 2005. In: Stegbauer, Christian; Michael Jäckel (Hg.): Social Software. Formen der Kooperation in computerbasierten Netzwerken. Wiesbaden: VS Verlag für Sozialwissenschaften, S. 95-118.

Alby, Tom (2008): Web 2.0. Konzepte, Anwendungen, Technologien. 3., überarb. Auflage. München: Hanser.

Almeida, Pedro; Jorge Abreu; Ana Pinho; Diogo Costa (2012): Engaging Viewers through Social TV Games. In: ACM (Hg.): EuroITV'12. Proceedings of the 10th European Conference on Interactive TV and Video. New York: ACM, S. 175-183.

Amento, Brian; Chris Harrison; Mukesh Nathan; Loren Terveen (2009): Asynchronous Communication: Fostering Social Interaction with CollaboraTV. In: Cesar, Pablo et al. (Hg.): Social Interactive Television. Immersive Shared Experiences and Perspectives. Hershey: Information Science Reference, S. 202-221.

Anastasiadis, Mario; Jessica Einspänner-Pflock (2017): Angela Merkel, Peer Steinbrück und die „Schlandkette" – Twitter-Diskurspraktiken im Rahmen politischer Second-Screen-Kommunikation. In: Göttlich, Udo et al. (Hg.): Ko-Orientierung in der Medienrezeption. Praktiken der Second Screen-Nutzung. Wiesbaden: Springer VS, S. 221-244.

Anastasiadis, Mario; Caja Thimm (2011): Social Media – Wandelprozesse sozialer Kommunikation. In: Anastasiadis, Mario; Caja Thimm (Hg.): Social Media. Theorie und Praxis digitaler Sozialität. Frankfurt am Main: Lang, S. 9-19.

Anderson, Chris (2007): The Long Tail – Der lange Schwanz. Nischenprodukte statt Massenmarkt. Das Geschäft der Zukunft. München: DTV.

Andrejevic, Mark (2008): Watching Television without Pity: The Productivity of Online Fans. In: Television & New Media 9 (1), S. 24-46.

Androutsopoulos, Jannis; Jessica Weidenhöffer (2015): Zuschauer-Engagement auf Twitter: Handlungskategorien der rezeptionsbegleitenden Kommunikation am Beispiel von #tatort. In: Zeitschrift für Angewandte Linguistik 62 (1), S. 23-59.

Ankeny, Jason (2013): Mobile Is No Longer the Second Screen. Verfügbar unter http://www.fiercemobilecontent.com/story/mobile-no-longer-second-screen/ 2013-02-07, zuletzt geprüft am 08.02.2013.

Anstead, Nick; Ben O'Loughlin (2011): The Emerging Viewertariat and BBC Question Time: Television Debate and Real-Time Commenting Online. In: The International Journal of Press/Politics 16 (4), S. 440-462.

Antonini, Alessio; Ruggero G. Pensa; Maria Luisa Sapino; Claudio Schifanella; Raffaele Teraoni Prioletti; Luca Vignaroli (2013): Tracking and Analyzing TV Content on the Web through Social and Ontological Knowledge. In: Paolini, Paolo et al. (Hg.): EuroITV'13. Proceedings of the 11th European Conference on Interactive TV and Video. New York: ACM, S. 13-22.

Anywab (2012): Second Screen Zero. Die Macht des zweiten Bildschirms. Verfügbar unter http://anywab.com/wp-content/uploads/2012/06/Studieninfo_Juni_2012.pdf, zuletzt geprüft am 14.01.2013.

Arbeitsgemeinschaft der Landesmedienanstalten (ALM) (Hg.) (2013a): Digitalisierungsbericht 2013. Rundfunk und Internet – These, Antithese, Synthese? Berlin: Vistas.

Arbeitsgemeinschaft der Landesmedienanstalten (ALM) (Hg.) (2013b): Jahrbuch 2012/13. Landesmedienanstalten und privater Rundfunk in Deutschland. Berlin: Vistas.

Arbeitsgemeinschaft der Landesmedienanstalten (ALM) (Hg.) (2014): Digitalisierungsbericht 2014. Alles fließt! Neue Formen und alte Muster. Leipzig: Vistas.

Arbeitsgemeinschaft der Landesmedienanstalten (ALM) (Hg.) (2015a): Digitalisierungsbericht 2015. Digitale Weiten, analoge Inseln – Die Vermessung der Medienwelt. Leipzig: Vistas.

Arbeitsgemeinschaft der Landesmedienanstalten (ALM) (2015b): Digitalisierungsbericht 2015. Daten und Fakten. Verfügbar unter http://www.diemedienanstalten.de/fileadmin/Download/Publikationen/Digitalisierungsbericht/2015/Digitalisierungsbericht_2015_Daten_und_Fakten_web.pdf, zuletzt geprüft am 28.01.2016.

Arbeitsgemeinschaft der Landesmedienanstalten (ALM) (2015c): MedienVielfalts-Monitor. Ergebnisse 1. Halbjahr 2015. Verfügbar unter https://www.blm.de/files/pdf1/ALM_Vielfaltsmonitor_1_Halbjahr_2015_v.pdf, zuletzt geprüft am 10.05.2016.

Arbeitsgemeinschaft der Landesmedienanstalten (ALM) (2016): Jahrbuch 2015/2016. Landesmedienanstalten und privater Rundfunk in Deutschland. Leipzig: Vistas.

ARD; ZDF (2015): Das Jugendangebot von ARD und ZDF. Konzept zur Vorlage bei der Rundfunkkommission der Länder. Verfügbar unter http://www.swr.de/-/id=16207966/property=download/nid=12338976/1rb1klb/konzept-jugendangebot-ard-zdf.pdf, zuletzt geprüft am 23.08.2016.

Aresin, Lucas; Tobias Bomm; Michael Bühler; Vanessa Lewohl (2013): Der letzte Bulle. In: Sigler, Constanze (Hg.): Social TV. München: GRIN, S. 112-135.

Aretz, Wera (2008): Vom Einschalten und Umschalten. Differenzialpsychologische Aspekte der Fernsehnutzung. In: Aretz, Wera; Katja Mierke (Hg.): Aktuelle Themen der Wirtschaftspsychologie. Beiträge und Studien. Köln: Kölner Wissenschaftsverlag, S. 231-303.

Armstrong, Paul (2014): The Future of Social TV. In: ADMAP (1), S. 39-41.

Arnheim, Rudolf (1935): A Forecast of Television. Berkeley: University of California Press.

Arrojo, Maria Jose (2015): Social Television as a New Relationship between Conventional TV and the Audience: An Analysis of its Aims, Processes, and Results. In: International Journal of Social Science Studies 3 (4), S. 36-48, zuletzt geprüft am 10.06.2015.

Ary, Jason (2013): 5 Things Keeping Second Screen Apps From the Masses. Verfügbar unter http://www.doubleencore.com/2013/04/5-reasons-why-second-screen-has-yet-to-go-mainstream/, zuletzt geprüft am 17.04.2013.

Asendorpf, Jens B.; Franz J. Neyer (2012): Psychologie der Persönlichkeit. 5., vollst. überarb. Auflage. Berlin, Heidelberg: Springer.

Aßmann, Stefanie; Frank Barth (2013): Social TV. Das ist dran am Second-Screen-Trend. In: t3n 31 (2), S. 132-134.

Atkin, David (2002): Convergence Across Media. In: Lin, Carolyn A.; David Atkin (Hg.): Communication Technology and Society. Audience Adoption and Uses. Creskill: Hampton Press, S. 23-41.

Atteslander, Peter (2010): Methoden der empirischen Sozialforschung. 13., neu bearb. und erw. Auflage. Berlin: Schmidt.

Autenrieth, Ulla P.; Jana Herwig (2011): Zwischen begrenzten Mitteln und komplexen Strukturen: Gemeinschaftsorientierte Kommunikation und Interaktion auf Microblogging-Plattformen am Beispiel Twitter. In: Neumann-Braun, Klaus; Ulla P. Autenrieth (Hg.): Freundschaft und Gemeinschaft im Social Web. Bildbezogenes Handeln und Peergroup-Kommunikation auf Facebook et Co. Baden-Baden: Nomos, S. 211-232.

Ayaß, Ruth (1993): Auf der Suche nach dem verlorenen Zuschauer. In: Holly, Werner; Ulrich Püschel (Hg.): Medienrezeption als Aneignung. Methoden und Perspektiven qualitativer Medienforschung. Wiesbaden: Westdeutscher Verlag, S. 27-41.

Ayaß, Ruth (2005): Transkription. In: Mikos, Lothar; Claudia Wegener (Hg.): Qualitative Medienforschung. Ein Handbuch. Konstanz: UVK, S. 377-386.

Aydin, Gülsah; Laura Boss (2013): Germany's Next Topmodel. In: Sigler, Constanze (Hg.): Social TV. München: GRIN, S. 169-193.

Babrow, Austin S. (1989): An Expectancy-Value Analysis of the Student Soap Opera Audience. In: Communication Research 16 (2), S. 155-178.

Bacher, Johann (1996): Clusteranalyse. Anwendungsorientierte Einführung. 2. Auflage. München, Wien: Oldenbourg.

Bächle, Thomas Christian; Caja Thimm (Hg.) (2014): Mobile Medien – Mobiles Leben. Neue Technologien, Mobilität und die mediatisierte Gesellschaft. Berlin: LIT.

Bachmair, Ben (1996): Fernsehkultur. Subjektivität in einer Welt bewegter Bilder. Opladen: Westdeutscher Verlag.

Bachmayer, Sabine; Gabriele Kotis; Artur Lugmayr (2009): Collaboration Meets Digital Television – Fact or Fiction? In: Merabti, Madjid (Hg.): Proceedings of the Fifth IASTED European Conference on Internet and Multimedia Systems and Applications. Cambridge: Acta Press, S. 72-79.

Bachrach, Yoram; Michal Kosinski; Thore Graepel; Pushmeet Kohli; David Stillwell (2012): Personality and Patterns of Facebook Usage. In: ACM Web Science. Verfügbar unter http://research.microsoft.com/pubs/163535/Facebook Personality_michal_29_04_12.pdf, zuletzt geprüft am 17.03.2016.

Backhaus, Klaus; Bernd Erichson; Wulff Plinke; Rolf Weiber (2016): Multivariate Analysemethoden. Eine anwendungsorientierte Einführung. 14., überarb. und aktual. Auflage. Berlin, Heidelberg: Springer Gabler.

Bagozzi, Richard P.; Youjae Yi (1988): On the evaluation of structural equation models. In: Journal of the Academy of Marketing Science 16 (1), S. 74-94.

Baillie, Lynne; Peter Fröhlich; Raimund Schatz (2007): Exploring Social TV. In: ITI 2007 et al. (Hg.): Proceedings of the ITI 2007 29th International Conference on Information Technology Interfaces. Zagreb: University of Zagreb, S. 215-220.

Baker, Carolin; Nikolai Klassen; Franziska Otto (2014): TV-Only-Viewer vs. Second-Screen-User: Bewertung von Fernsehformaten. Unveröffentlichter Projektbericht. Universität Passau.

Baldauf, Heike (2001): Strukturen und Formen des fernsehbegleitenden Sprechens. In: Holly, Werner et al. (Hg.): Der sprechende Zuschauer. Wie wir uns Fernsehen kommunikativ aneignen. Wiesbaden: Westdeutscher Verlag, S. 61-82.

Baldauf, Heike; Michael Klemm (1997): Häppchenkommunikation. Zur zeitlichen und thematischen Diskontinuität beim fernsehbegleitenden Sprechen. In: Zeitschrift für Angewandte Linguistik 27 (2), S. 41-69.

Banse, Philip (2013): Das öffentlich-rechtliche Fernsehen in der Krise. Reformvorschläge für das digitale Zeitalter. In: t3n 31 (2), S. 136-137.

Barker, Cory (2014): „Social" TV: Pretty Little Liars, Casual Fandom, Celebrity Instagramming, and Media Life. In: The Popular Culture Studies Journal 2 (1-2), S. 215-242.

Barkhuus, Louise (2009): Television on the Internet: New Practices, New Viewers. In: Olsen, Dan R. et al. (Hg.): Proceedings of the 27th International Conference on Human Factors in Computing Systems. New York: ACM, S. 2479-2488.

Barth, Frank; Stefanie Aßmann (2013): Social TV in Deutschland – Status Quo und Ausblick. Verfügbar unter http://we.makesocial.tv/social-tv/social-tv-deutschland-status-quo-und-ausblick/, zuletzt geprüft am 11.02.2013.

Bartl, Marc (2014): Social TV Buzz-Jahresranking von MediaCom: „Tatort" top, ProSieben erfolgreichster Sender. Verfügbar unter http://kress.de/tagesdienst/detail/beitrag/124647-social-tv-buzz-jahresranking-von-mediacom-tatort-top-prosieben-erfolgreichster-sender.html, zuletzt geprüft am 17.01.2014.

Barton, Kristin M. (2009): Reality Television Programming and Diverging Gratifications: The Influence of Content on Gratifications Obtained. In: Journal of Broadcasting & Electronic Media 53 (3), S. 460-476.

Bartsch, Simone (2012): ...würden Sie mir dazu Ihre E-Mail-Adresse verraten? Internetnutzung und Nonresponse beim Aufbau eines Online Access Panels. Baden-Baden: Nomos.

Barwise, Patrick; A. S. C. Ehrenberg (1988): Television and Its Audience. London u. a.: Sage.

Basapur, Santosh; Hiren Mandalia; Shirley Chaysinh; Young Lee; Narayanan Venkitaraman; Crysta Metcalf (2012): Fanfeeds: Evaluation of Socially Generated Information. Feed on Second Screen as a TV Show Companion. In: ACM (Hg.): EuroITV'12. Proceedings of the 10th European Conference on Interactive TV and Video. New York: ACM, S. 87-96.

Bauer, Thomas Alfred (2011): Globalisierung aus kommunikationswissenschaftlicher Perspektive. In: Dvořák, Johann; Hermann Mückler (Hg.): Staat – Migration – Globalisierung. Wien: Facultas, S. 133-158.

Baumann, Eva; Helmut Scherer (2012): Wider das Ideologische – Plädoyer für den Pragmatismus in der Kombination qualitativer und quantitativer Methoden in der Kommunikationswissenschaft. In: Loosen, Wiebke (Hg.): Methodenkombinationen in der Kommunikationswissenschaft. Methodologische Herausforderungen und empirische Praxis. Köln: Halem, S. 26-49.

Baumeister, Roy F.; Mark R. Leary (1995): The Need to Belong: Desire for Interpersonal Attachments as a Fundamental Human Motivation. In: Psychological Bulletin 117 (3), S. 497-529.

Baumer, Katrin (2015): Das Fernsehen ist tot. Lang lebe das Fernsehen – Verändertes Nutzerverhalten fordert neue Wege. Verfügbar unter http://www.mediennetzwerk-bayern.de/4860/veraendertes-nutzerverhalten-fordert-neue-wege/, zuletzt geprüft am 11.08.2016.

Baur, Nina; Michael J. Florian (2009): Stichprobenprobleme bei Online-Umfragen. In: Jackob, Nikolaus et al. (Hg.): Sozialforschung im Internet. Methodologie und Praxis der Online-Befragung. Wiesbaden: VS Verlag für Sozialwissenschaften, S. 109-128.

Bautista, John Robert; Trisha T. C. Lin; Yin-Leng Theng (2016): How and Why Users Use Social TV Systems? A Systematic Review of User Studies. In: Bui, Tung X.; Ralph H. Sprague (Hg.): HICSS'16. Proceedings of the 2016 49th Hawaii International Conference on System Sciences. Hawaii: IEEE, S. 3868-3877.

Baxter, Melanie; Tobias Lechler; Aniko Peiffer; Christian Troll; Linda Zacherl (2014): Anschlusskommunikation. Kommunikationsgegenstand bei der Second Screen-Nutzung. Unveröffentlichter Projektbericht. Universität Passau.

Bayerische Landesmedienzentrale für Neue Medien (BLM) (2012a): HbbTV beinhaltet Chancen für Lokalfernsehen – Smart-TV-Anwendungen können Reichweiten und Umsätze lokaler TV-Anbieter erhöhen. Verfügbar unter http://www.blm.de/de/infothek/pressemitteilungen/2012.cfm?object_ID=436, zuletzt geprüft am 05.02.2015.

Bayerische Landesmedienzentrale für Neue Medien (BLM) (2012b): Rundfunkanalyse Bayern 2012. TV-Nutzung und Internet sowie andere Tätigkeiten neben dem Fernsehen. Verfügbar unter http://funkanalyse.tns-infratest.com/2012/2_tv/1nutzung/7TVWaehrend%20TV.pdf, zuletzt geprüft am 26.09.2013.

Beck, Katja (2012): Gemeinsam Lachen im virtuellen Wohnzimmer. Verfügbar unter http://we.makesocial.tv/social-tv/gemeinsam-lachen-im-virtuellen-wohnzimmer/, zuletzt geprüft am 26.11.2012.

Beck, Katja (2013a): Mainz bleibt Mainz – wie's twittert und lacht. Verfügbar unter http://we.makesocial.tv/social-tv/mainz-bleibt-mainz-wies-twittert-und-lacht/, zuletzt geprüft am 07.02.2013.

Beck, Klaus (2003a): Elektronische Medien. In: Bentele, Günter et al. (Hg.): Öffentliche Kommunikation. Wiesbaden: Westdeutscher Verlag, S. 330-348.

Beck, Klaus (2003b): Neue Medien – neue Theorien? Klassische Kommunikations- und Medienkonzepte im Umbruch. In: Löffelholz, Martin (Hg.): Die neue Kommunikationswissenschaft. Theorien, Themen und Berufsfelder im Internet-Zeitalter: eine Einführung. Wiesbaden: Westdeutscher Verlag, S. 71-87.

Beck, Klaus (2006): Computervermittelte Kommunikation im Internet. München: Oldenbourg.

Beck, Klaus (2013b): Kommunikation. In: Bentele, Günter et al. (Hg.): Lexikon Kommunikations- und Medienwissenschaft. Wiesbaden: Springer VS, S. 155-156.

Beck, Klaus (2013c): Kommunikationswissenschaft. 3., überarb. Auflage. Konstanz, München: UVK.

Beck, Klaus (2014): Soziologie der Online-Kommunikation. Wiesbaden: Springer.

Beck, Timo (2007): Web 2.0 – User-Generated Content in Online Communities. A Theoretical and Empirical Investigation of Its Determinants. Hamburg: Diplomica.

Beckert, Bernd (2002): Medienpolitische Strategien für das interaktive Fernsehen. Eine vergleichende Implementationsanalyse. Wiesbaden: Westdeutscher Verlag.

Beckmann, Michael; Edmund Görtler (1989): Der Einfluß der Massenmedien auf den politischen Diskurs in der Familie. In: Publizistik 34 (3), S. 310-328.

Beiler, Markus; Martin Zenker (2008): TV 3.0: Journalistische und politischer Herausforderungen des Fernsehens im digitalen Zeitalter. Tagungsbericht. Fachkonferenz der Friedrich-Ebert-Stiftung in Zusammenarbeit mit dem Lehrstuhl für Journalistik II der Universität Leipzig. Verfügbar unter http://www.uni-leipzig.de/journalistik/fileadmin/user_upload/dateien/tagungsbericht_tv3_konferenz_final.pdf, zuletzt geprüft am 27.02.2013.

Beißwenger, Achim (Hg.) (2010): YouTube und seine Kinder. Wie Online Video, Web TV und Social Media die Kommunikation von Marken, Medien und Menschen revolutionieren. Baden-Baden: Nomos.

Bellman, Steven; Jennifer A. Robinson; Brooke Wooley; Duane Varan (2014): The Effects of Social TV on Television Advertising Effectiveness. In: Journal of Marketing Communications. Verfügbar unter http://dx.doi.org/10.1080/13527266.2014.921637.

Bengesser, Cathrin (2012): Mehr als klatschen! Aktuelle Social-TV-Trends in Deutschland und ihre Bedeutung für die Medienkompetenz(förderung). Verfügbar unter http://www.mekonet.de/?id=44&tx_ttnews%5Btt_news%5D=2022&tx, zuletzt geprüft am 23.01.2013.

Benninghoff, Arnd (2012): Mitmachen statt zurücklehnen: Social TV ist moderner Fernsehgenuss. In: Anda, Béla et al. (Hg.): SignsBook – Zeichen setzen in der Kommunikation. Wiesbaden: Gabler, S. 187-191.

Benninghoff, Arnd (2014): Die digitale Transformation eines TV-Senders – ProSieben Keynote: Sat.1's Weg zum digitalen Entertainment und Commerce Powerhouse. Vortrag auf der DGPuK Jahrestagung 2014, Passau.

Bentele, Günter; Klaus Beck (1994): Information – Kommunikation – Massenkommunikation. Grundbegriffe und Modelle der Publizistik- und Kommunikationswissenschaft. In: Jarren, Otfried (Hg.): Medien und Journalismus 1. Eine Einführung. Opladen: Westdeutscher Verlag, S. 15-50.

Bentele, Günter; Hans-Bernd Brosius; Otfried Jarren (Hg.) (2003): Öffentliche Kommunikation. Wiesbaden: Westdeutscher Verlag.

Berger, Viktor J. F. (2008): Der deutsche Fernsehmarkt. Paderborn: Fink.

Berghaus, Margot (1995): Zuschauer für interaktives Fernsehen. Ergebnisse einer qualitativen Befragung. In: Rundfunk und Fernsehen 43 (4), S. 506-517.

Berghaus, Margot (1999): „Alte" Theorien über „neue" Medien. Was sich aus Medien-, Kommunikations- und Gesellschaftstheorien über Begleiterscheinungen des Internet ableiten läßt. In: Berghaus, Margot (Hg.): Interaktive Medien – interdisziplinär vernetzt. Opladen: Westdeutscher Verlag, S. 31-61.

Bergman, Cory (2013a): 9 Predictions for Social TV in 2013. Verfügbar unter http://lostremote.com/9-predictions-for-social-tv-in-2013_b35817, zuletzt geprüft am 05.01.2013.

Bergman, Cory (2013b): Super Bowl Smashes Social TV Records (and More Metrics from the Big Game). Verfügbar unter http://lostremote.com/beyonce-bests-the-power-outage-in-tweets-per-minute_b36500, zuletzt geprüft am 04.02.2013.

Bergman, Cory (2013c): Twitter Acquires Social TV Startup Trendrr. Verfügbar unter http://lostremote.com/twitter-acquires-social-tv-startup-trendrr_b38623, zuletzt geprüft am 29.08.2013.

Bergman, Cory (2013d): Would Facebook Hashtags Help Steal the Social TV Show from Twitter? Verfügbar unter http://lostremote.com/would-facebook-hashtags-help-steal-the-social-tv-show-from-twitter_b36998, zuletzt geprüft am 16.03.2013.

Berkowitz, David (2012): What's the Second Screen Anyway? Verfügbar unter http://www.digiday.com/agencies/whats-the-second-screen-anyway/, zuletzt geprüft am 14.12.2012.

Berners-Lee, Tim (2000): Weaving the Web. The Original Design and Ultimate Destiny of the World Wide Web. New York: Haper Collins.

Bernhaupt, Regina; Marianna Obrist; Manfred Tscheligi (2009): Methods for Involving Users in the Development of Social Interactive TV: Enhancing Usability and User Experience in Non-Traditional Environments. In: Cesar, Pablo et al. (Hg.): Social Interactive Television. Immersive Shared Experiences and Perspectives. Hershey: Information Science Reference, S. 118-137.

Best, Stefanie; Christian Breunig (2011): Parallele und exklusive Mediennutzung. Ergebnisse auf Basis der ARD/ZDF-Langzeitstudie Massenkommunikation. In: Media Perspektiven (1), S. 16-35.

Best, Stefanie; Marlene Handel (2015): Parallele Mediennutzung stagniert. Ergebnisse der ARD/ZDF-Langzeitstudie Massenkommunikation. In: Media Perspektiven (12), S. 542-563.

Beutel, Joscha (2009): Interaktives Fernsehen. Neue Werbeformen des interaktiven Fernsehens. Hamburg: Igel.

Bilandzic, Helena (2004): Synchrone Programmauswahl. Der Einfluss formaler und inhaltlicher Merkmale der Fernsehbotschaft auf die Fernsehnutzung. München: Fischer.

Bilandzic, Helena (2014): Rezeptionsforschung. In: Pürer, Heinz (Hg.): Publizistik- und Kommunikationswissenschaft. Konstanz, München: UVK, S. 347-366.

Bilandzic, Helena; Holger Schramm; Jörg Matthes (2015): Medienrezeptionsforschung. Konstanz, München: UVK.

Bitkom (2012): Soziale Netzwerke erweitern die Fernsehwelt. Verfügbar unter http://www.bitkom.org/de/presse/8477_73776.aspx, zuletzt geprüft am 22.10.2012.

Bitkom (2013): Soziale Netzwerke 2013. Dritte, erweiterte Studie. Eine repräsentative Untersuchung zur Nutzung sozialer Netzwerke im Internet. Verfügbar unter http://www.bitkom.org/files/documents/SozialeNetzwerke_2013.pdf, zuletzt geprüft am 02.05.2014.

Bitkom (2014): Smart Home 2014: Marktentwicklung und Trends. Verfügbar unter https://zukunft-lebensraeume.messefrankfurt.com/content/dam/zukunftlebensraeume/2014/vortraege/02042014/Schidlack,%20Michael%20-%20Smart%20Home%202014.pdf.res/Schidlack,+Michael+-+Smart+Home+2014.pdf, zuletzt geprüft am 23.05.2016.

Bitkom (2015a): Social Media ergänzt das klassische Fernsehen. Verfügbar unter https://www.bitkom.org/Presse/Presseinformation/Social-Media-erg%C3%A4nzt-das-klassische-Fernsehen.html, zuletzt geprüft am 25.08.2015.

Bitkom (2015b): Video-Streaming hat sich fest etabliert. Verfügbar unter https://www.bitkom.org//Presse/Presseinformation/Video-Streaming-hat-sich-hierzulande-fest-etabliert.html, zuletzt geprüft am 09.07.2015.

Bitkom (2016): Zwei von drei Internetnutzern verwenden Messenger. Verfügbar unter https://www.bitkom.org/Presse/Presseinformation/Zwei-von-drei-Internetnutzern-verwenden-Messenger.html, zuletzt geprüft am 04.07.2016.

Bitomsky, Frauke (2013): Social TV: Fernsehsender und der „zweite Bildschirm". Verfügbar unter http://www.b2n-social-media.de/social-tv-fernsehsender-zweiter-bildschirm/, zuletzt geprüft am 01.02.2013.

Bjur, Jakob (2009): Transforming Audiences. Patterns of Individualization in Television Viewing. Dissertation. Göteborg: Livréna AB.

Blake, James (2017): Television and the Second Screen. Interactive TV in the Age of Social Participation. London, New York: Routledge.

Blanz, Mathias (2014): Definitorische und deskriptive Aspekte von Kommunikation. In: Blanz, Mathias et al. (Hg.): Kommunikation. Eine interdisziplinäre Einführung. Stuttgart: Kohlhammer, S. 13-37.

Blecken, Oliver (2015): Social TV Buzz von MediaCom exklusiv bei kress: Fast 6 Mio. Tweets & Facebook-Posts zu TV-Sendungen in 2014. Verfügbar unter http://kress.de/tweet/tagesdienst/detail/beitrag/129336-social-tv-buzz-von-mediacom-exklusiv-bei-kress-fast-6-mio-tweets-facebook-posts-zu-tv-sendungen-in-2014.html, zuletzt geprüft am 15.01.2015.

Bleicher, Joan Kristin (1992): Chronik der Programmgeschichte des deutschen Fernsehens. Siegen: Universitätsverlag.

Bleicher, Joan Kristin (1995): Das Fernsehen als Spielwiese. Formen der interaktiven Medienzukunft. In: Hirsch, Wolfgang (Hg.): Fernsehen – Perspektiven eines Alltagsmediums. Münster: LIT, S. 69-78.

Bleicher, Joan Kristin (1996): Das Fernsehen am Wendepunkt der medienhistorischen Entwicklung. In: Zeitschrift für Literaturwissenschaft und Linguistik 26, S. 86-115.

Bleicher, Joan Kristin (1997): Programmprofile kommerzieller Anbieter. Analysen zur Entwicklung von Fernsehsendern seit 1984. Wiesbaden: VS Verlag für Sozialwissenschaften.

Bleicher, Joan Kristin (2012): „Der Begriff Fernsehen wird auf etwas übertragen, das überhaupt kein Fernsehen ist". Joan Bleicher über altes und „neues" Fernsehen. In: Montage AV 21 (1), S. 109-114.

Bleicher, Joan Kristin (2013a): Fernsehen. In: Bentele, Günter et al. (Hg.): Lexikon Kommunikations- und Medienwissenschaft. Wiesbaden: Springer VS, S. 83.

Bleicher, Joan Kristin (2013b): Fernsehforschung. In: Bentele, Günter et al. (Hg.): Lexikon Kommunikations- und Medienwissenschaft. Wiesbaden: Springer VS, S. 83-84.

Bleicher, Joan Kristin (2014): Zwischen Propagandainstrument und Akteur des sozialen Wandels. Zur historischen Entwicklung von Konzepten und Angebotsformen der Repräsentation des Sozialen im Fernsehen. In: Seier, Andrea; Thomas Waitz (Hg.): Klassenproduktion. Fernsehen als Agentur des Sozialen. Münster: LIT, S. 73-86.

Bluefin Labs (2013a): Bluefin Labs Joins Twitter: Getting to the Future of Social TV Faster. Verfügbar unter https://bluefinlabs.com/blog/2013/02/05/bluefin-labs-joins-twitter-getting-to-the-future-of-social-tv-faster/, zuletzt geprüft am 06.02.2013.

Bluefin Labs (2013b): Super Bowl XLVII Breaks Social TV Record. Verfügbar unter http://lostremote.com/files/2013/02/superinfo1.jpg, zuletzt geprüft am 26.11.2014.

Blumer, Herbert (1946): Collective Behavior. In: Lee, Alfred McClung; Robert Ezra Park (Hg.): New Outline of the Principles of Sociology. New York: Barnes and Noble, S. 167-222.

Blumer, Tim (2013): Persönlichkeitsforschung und Internetnutzung. Ilmenau: Universitätsverlag.

Blumler, Jay G.; Elihu Katz (1974a): Foreword. In: Blumler, Jay G.; Elihu Katz (Hg.): The Uses of Mass Communications. Current Perspectives on Gratifications Research. Beverly Hills, London: Sage, S. 13-18.

Blumler, Jay G.; Elihu Katz (Hg.) (1974b): The Uses of Mass Communications. Current Perspectives on Gratifications Research. Beverly Hills, London: Sage.

Boertjes, Erik; Jente Klok; Omar Niamut; Martijn Staal (2009): ConnectTV: Share the experience. In: Cesar, Pablo et al. (Hg.): Social Interactive Television. Immersive Shared Experiences and Perspectives. Hershey: Information Science Reference, S. 187-202.

Bohnsack, Ralf (1998): Interaktion und Kommunikation. In: Korte, Herman; Bernhard Schäfers (Hg.): Einführung in Hauptbegriffe der Soziologie. Opladen: Leske und Budrich, S. 35-57.

Bolz, Norbert (2004): Interaktives Fernsehen: Neue Communities oder atomisierte Gesellschaft? In: zu Salm, Christiane (Hg.): Zaubermaschine interaktives Fernsehen? TV-Zukunft zwischen Blütenträumen und Businessmodellen. Wiesbaden: Gabler, S. 131-144.

Bonfadelli, Heinz (2001): Was ist (Massen-)Kommunikation? Grundbegriffe und Modelle. In: Jarren, Otfried; Heinz Bonfadelli (Hg.): Einführung in die Publizistikwissenschaft. Bern: Haupt, S. 17-45.

Bonfadelli, Heinz (2010): Was ist öffentliche Kommunikation? Grundbegriffe und Modelle. In: Bonfadelli, Heinz et al. (Hg.): Einführung in die Publizistikwissenschaft. Bern: Haupt, S. 111-142.

Bonfadelli, Heinz; Thomas N. Friemel (2015): Medienwirkungsforschung. 5., überarb. Auflage. Konstanz: UTB.

Bonfadelli, Heinz; Thomas N. Friemel; Werner Wirth (2010): Medienwirkungsforschung. In: Bonfadelli, Heinz et al. (Hg.): Einführung in die Publizistikwissenschaft. Bern: Haupt, S. 605-656.

Bonfadelli, Heinz; Walter Hättenschwiler (1994): Wirkungen der Massenmedien. In: Saxer, Ulrich; Heinz Bonfadelli (Hg.): Einführung in die Publizistikwissenschaft. Eine Textsammlung. Zürich: Seminar für Publizistikwissenschaft der Universität Zürich, S. 49-68.

Borkenau, Peter; Fritz Ostendorf (2008): NEO-FFI. NEO-Fünf-Faktoren-Inventar nach Costa und McCrae. 2., neu norm. und vollst. überarb. Auflage. Göttingen: Hogrefe.

Bortz, Jürgen; Nicola Döring (2006): Forschungsmethoden und Evaluation für Human- und Sozialwissenschaftler. 4., überarb. Auflage. Heidelberg: Springer.

Bortz, Jürgen; Christof Schuster (2010): Statistik für Human- und Sozialwissenschaftler. 7., vollst. überarb. und erw. Auflage. Berlin: Springer.

Boudgoust, Peter (2011): Gemeinschaft als Wert einer Gesellschaft – Die Rolle der öffentlich-rechtlichen Sender. In: Schneider, Siegfried; Hans Zehetmair (Hg.): Perspektiven einer wertorientierten Medienpolitik. München: HSS, S. 75-86.

Bourdieu, Pierre (1998): Über das Fernsehen. Frankfurt am Main: Suhrkamp.

Boyd, Danah; Nicole B. Ellison (2007): Social Network Sites: Definition, History, and Scholarship. In: Journal of Computer-Mediated Communication 13 (1), S. 210-230.

Boyd, Danah; Scott Golder; Gilard Lotan (2010): Tweet, Tweet, Retweet: Conversational Aspekts of Retweeting on Twitter. HICSS-43. IEEE: Kauai, HI, January 6. Verfügbar unter http://www.danah.org/papers/TweetTweetRetweet.pdf, zuletzt geprüft am 12.04.2013.

Brandwatch (2013): Second Screen in UK und US – Rückblick 2012. Verfügbar unter http://de.brandwatch.com/2013/01/second-screen-in-uk-und-us-ruckblick-2012/, zuletzt geprüft am 30.01.2013.

Braun, Ingo; Bernward Joerges (1994): Technik ohne Grenzen. Frankfurt am Main: Suhrkamp.

Brecht, Bertolt (1967): Der Rundfunk als Kommunikationsapparat. Rede über die Funktion des Rundfunks. In: Brecht, Bertolt (Hg.): Schriften zur Literatur und Kunst I. Frankfurt am Main: Suhrkamp, S. 127-134.

Bredl, Klaus; Christine Ketzer; Julia Hünninger; Jane Fleischer (2014): Twitter and Social TV. Microblogging as a New Approach to Audience Research. In: Patriarche, Geoffroy et al. (Hg.): Audience Research Methodologies. Between Innovation and Consolidation. New York, London: Routledge, S. 196-211.

Breitenborn, Uwe; Gerlinde Frey-Vor; Christian Schurig (Hg.) (2013): Medienumbrüche im Rundfunk seit 1950. Köln: Halem.

Breunig, Christian; Bernhard Engel (2015): Massenkommunikation 2015: Funktionen und Images der Medien im Vergleich. Ergebnisse der ARD/ZDF-Langzeitstudie. In: Media Perspektiven (7-8), S. 323-341.

Breunig, Christian; Karl-Heinz Hofsümmer; Christian Schröter (2014): Funktionen und Stellenwert der Medien – das Internet im Kontext von TV, Radio und Zeitung. Entwicklungen anhand von vier Grundlagenstudien zur Mediennutzung in Deutschland. In: Media Perspektiven (3), S. 122-144.

Breunig, Christian; Birgit van Eimeren (2015): 50 Jahre „Massenkommunikation": Trends in der Nutzung und Bewertung der Medien. Ergebnisse der ARD/ZDF-Langzeitstudie 1964 bis 2015. In: Media Perspektiven (11), S. 505-525.

Brinkmann, Svend; Steinar Kvale (2015): InterViews. Learning the Craft of Qualitative Research Interviewing. 3. Auflage. Los Angeles u. a.: Sage.

Bröckling, Guido (2012): Das handlungsfähige Subjekt zwischen TV-Diskurs und Netz-Dialog. Vilém Flusser und die Frage der sozio- und medienkulturellen Kompetenz. München: kopaed.

Brosius, Hans-Bernd; Alexander Haas; Friederike Koschel (2012): Methoden der empirischen Kommunikationsforschung. Eine Einführung. 6., erw. und aktual. Auflage. Wiesbaden: Springer VS.

Brosius, Hans-Bernd; Ines Schmidt (1990): Horrorvideos im Kinderzimmer: Wer sieht sie und warum? In: Rundfunk und Fernsehen 38 (4), S. 536-549.

Brosius, Hans-Bernd; James B. Weaver (1994): Der Einfluß der Persönlichkeitsstruktur von Rezipienten auf Film- und Fernsehpräferenzen in Deutschland und den USA. In: Bosshart, Louis; Wolfgang Hoffmann-Riem (Hg.): Medienlust und Mediennutz. Unterhaltung als öffentliche Kommunikation. München: Ölschläger, S. 284-300.

Brouwer, Bree (2015): YouTube Now Gets over 400 Hours of Content Uploaded Every Minute. Verfügbar unter http://www.tubefilter.com/2015/07/26/youtube-400-hours-content-every-minute/, zuletzt geprüft am 21.01.2016.

Brown, Jameson (2013): Why Social TV Will Rule the Future. Verfügbar unter http://www.business2community.com/social-media/why-social-tv-will-rule-the-future-0505368, zuletzt geprüft am 28.05.2013.

Brown, Mary Ellen (1994): Soap Opera and Women's Talk. The Pleasure of Resistance. Thousand Oaks: Sage.

Brubaker, Jennifer (2010): Internet and Television Are Not Substitutes for Seeking Political Information. In: Communication Research Reports 27 (4), S. 298-309.

Bruns, Axel (2008): Blogs, Wikipedia, Second Life, and Beyond. From Production to Produsage. New York: Lang.

Bruns, Axel; Hallvard Moe (2014): Structural Layers of Communication on Twitter. In: Weller, Katrin et al. (Hg.): Twitter and Society. New York: Lang, S. 15-28.

Bucher, Hans-Jürgen (2001): Wie interaktiv sind die neuen Medien? Grundlagen einer Theorie der Rezeption nicht-linearer Medien. In: Bucher, Hans-Jürgen; Ulrich Püschel (Hg.): Die Zeitung zwischen Print und Digitalisierung. Wiesbaden: Westdeutscher Verlag, S. 139-171.

Bucher, Hans-Jürgen (2013): Online-Diskurse als multimodale Netzwerk-Kommunikation. Plädoyer für eine Paradigmenerweiterung. In: Fraas, Claudia et al. (Hg.): Online-Diskurse. Theorien und Methoden transmedialer Online-Diskursforschung. Köln: Halem, S. 57-101.

Bucher, Hans-Jürgen; Steffen Büffel (2005): Vom Gatekeeper-Journalismus zum Netzwerk-Journalismus. Weblogs als Beispiel journalistischen Wandels unter den Bedingungen globaler Medienkommunikation. In: Behmer, Markus et al. (Hg.): Journalismus und Wandel. Analysedimensionen, Konzepte, Fallstudien. Wiesbaden: VS Verlag für Sozialwissenschaften, S. 85-121.

Budischewski, Kai; Katharina Kriens (2015): SPSS für Einsteiger. Einführung in die Statistiksoftware für die Psychologie. Weinheim: Beltz.

Buggisch, Christian (2016): Social Media – Nutzerzahlen in Deutschland 2016. Verfügbar unter https://buggisch.wordpress.com/2016/01/04/social-media-nutzerzahlen-in-deutschland-2016/, zuletzt geprüft am 09.05.2016.

Bühl, Achim (2014): SPSS 22. Einführung in die moderne Datenanalyse. 14., aktual. Auflage. Hallbergmoos: Pearson.

Bühner, Markus (2011): Einführung in die Test- und Fragebogenkonstruktion. 3., aktual. und erw. Auflage. München: Pearson.

Bühner, Markus; Matthias Ziegler (2009): Statistik für Psychologen und Sozialwissenschaftler. München: Pearson.

Bujotzek, Rafael (2015): HERO-Konzept: Anwendungsfall @ZDF. In: Michelis, Daniel; Thomas Schildhauer (Hg.): Social Media Handbuch. Theorien, Methoden, Modelle und Praxis. Baden-Baden: Nomos, S. 365-374.

Bulkeley, William M. (2010): 10 Emerging Technologies. TR10: Social TV. Verfügbar unter http://www.technologyreview.com/article/418541/tr10-social-tv/, zuletzt geprüft am 22.10.2012.

Bumgarner, Brett A. (2007): You Have Been Poked: Exploring the Uses and Gratifications of Facebook among Emerging Adults. In: First Monday 12 (11). Verfügbar unter http://firstmonday.org/ojs/index.php/fm/article/view/2026/1897, zuletzt geprüft am 11.07.2016.

Bunz, Mercedes (2009): Vom Speicher zum Verteiler. Die Geschichte des Internet. 2. Auflage. Berlin: Kadmos.

Bürger, Thomas; Esther Dorn-Fellermann (2014): Interaktion oder Partizipation – Wo beginnt politische Partizipation im Netz? In: Einspänner-Pflock, Jessica et al. (Hg.): Digitale Gesellschaft – Partizipationskulturen im Netz. Berlin, Münster: LIT, S. 41-61.

Burghardt, Manuel; Heike Karsten; Melanie Pflamminger; Christian Wolff (2013): Twitter als interaktive Erweiterung des Mediums Fernsehen: Inhaltliche Analyse von Tatort-Tweets. Universität Regensburg, zuletzt geprüft am 14.07.2014.

Burkart, Roland (1999): Was ist eigentlich ein „Medium"? Überlegungen zu einem kommunikationswissenschaftlichen Medienbegriff. In: Latzer, Michael et al. (Hg.): Die Zukunft der Kommunikation. Phänomene und Trends in der Informationsgesellschaft. Innsbruck: Studien Verlag, S. 61-71.

Burkart, Roland (2002): Kommunikationswissenschaft. Grundlagen und Problemfelder; Umrisse einer interdisziplinären Sozialwissenschaft. 4. Auflage. Wien: Böhlau.

Burkart, Roland (2007): Neues Fernsehen, neues Medium? Über den Begriff „Neue Medien" und seine Sinnhaftigkeit zu der Forderung nach einem neuen Publikum. In: Scolik, Reinhard; Julia Wippersberg (Hg.): Was ist neu am neuen Fernsehen? Technik, Nutzung, Inhalt – digital, mobil, interaktiv. Wien: LIT, S. 157-168.

Burkart, Roland; Walter Hömberg (1997): Massenkommunikation und Publizistik. Eine Herausforderung für die kommunikationswissenschaftliche Modellbildung. In: Fünfgeld, Hermann; Claudia Mast (Hg.): Massenkommunikation. Ergebnisse und Perspektiven. Opladen: Westdeutscher Verlag, S. 71-88.

Burst, Michael (1999): Zuschauerpersönlichkeit als Voraussetzung für Fernsehmotive und Programmpräferenzen. In: Medienpsychologie 11 (3), S. 157-181.

Buschow, Christopher (2013): Social TV – Wer sind eigentlich die Nutzer? Verfügbar unter http://we.makesocial.tv/social-tv/social-tv-wer-sind-eigentlich-die-nutzer/, zuletzt geprüft am 20.02.2013.

Buschow, Christopher (2014): Fernsehen trifft Social Media – Neue Wege der Kommunikationspolitik am Beispiel von Social TV. Verfügbar unter http://de.slideshare.net/chrias/fernsehen-trifft-social-media-neue-wege-der-kommunikationspolitik-am-beispiel-von-social-tv, zuletzt geprüft am 22.01.2014.

Buschow, Christopher; Beate Schneider (2012a): Social TV – Die Zukunft des Fernsehens? Verfügbar unter http://www.ijk.hmtm-hannover.de/fileadmin/www.ijk/pdf/aktuelles/IJK-Hannover-Studie-Social_TV_Die_Zukunft_des_Fernsehens.pdf, zuletzt geprüft am 08.10.2012.

Buschow, Christopher; Beate Schneider (2012b): Social TV: Die neue Lust am Fernsehen. Verfügbar unter http://de.slideshare.net/chrias/social-tv-die-neue-lust-am-fernsehen, zuletzt geprüft am 27.11.2012.

Buschow, Christopher; Beate Schneider (2013a): Social TV in Deutschland. Ergebnisse der Expertenbefragung aus dem Jahr 2012. Verfügbar unter http://de.slideshare.net/chrias/ergebnisse-expertenbefragung-social-tv, zuletzt geprüft am 19.03.2014.

Buschow, Christopher; Beate Schneider (2013b): Wer nutzt Social TV? Erste Ergebnisse einer Befragungsstudie am IJK. Verfügbar unter http://www.ijk.hmtm-hannover.de/fileadmin/www.ijk/pdf/aktuelles/IJK-Hannover-Social_TV_Nutzer_Befragung_Feb_2013.pdf, zuletzt geprüft am 11.02.2013.

Buschow, Christopher; Beate Schneider (2015a): Future Potential of Social TV. In: Mitschka, Konrad (Hg.): Wohin? Public Value Bericht 2014/15. Wien: Österreichischer Rundfunk (ORF), S. 18-21.

Buschow, Christopher; Beate Schneider (Hg.) (2015b): Social TV in Deutschland. Leipzig: Vistas.

Buschow, Christopher; Beate Schneider (2015c): Social TV in Deutschland – Eine Einführung in die Begrifflichkeiten und Forschungsbereiche. In: Buschow, Christopher; Beate Schneider (Hg.): Social TV in Deutschland. Leipzig: Vistas, S. 11-35.

Buschow, Christopher; Beate Schneider; Alena Bauer; Lisa Carstensen; Kira Drabner (2013a): Wer nutzt Social TV? Die Nutzer als Treiber sozialer Interaktion mit Fernsehinhalten. In: MedienWirtschaft 10 (4), S. 48-57.

Buschow, Christopher; Beate Schneider; Lisa Carstensen; Martin Heuer; Anika Schoft (2013b): Social TV in Deutschland – Rettet soziale Interaktion das lineare Fernsehen? In: MedienWirtschaft 10 (1), S. 24-32.

Buschow, Christopher; Beate Schneider; Simon Ueberheide (2014a): Social TV in Deutschland 2014. Zusammenfassung der Ergebnisse einer Expertenbefragung. Verfügbar unter http://de.slideshare.net/chrias/social-tv-in-deutschland-2014-ergebnisse-einer-expertenbefragung, zuletzt geprüft am 19.11.2014.

Buschow, Christopher; Beate Schneider; Simon Ueberheide (2014b): Tweeting Television: Exploring Communication Activities on Twitter While Watching TV. In: Communications – The European Journal of Communication Research 39 (2), S. 129-149.

Buschow, Christopher; Beate Schneider; Simon Ueberheide (2015): Twittern beim Fernsehen: Kommunikationsaktivitäten während der TV-Rezeption. In: Buschow, Christopher; Beate Schneider (Hg.): Social TV in Deutschland. Leipzig: Vistas, S. 135-152.

Buschow, Christopher; Beate Schneider; Simon Ueberheide; Martin Wiens (2015): Social TV in Deutschland 2014: Eine Markteinschätzung. In: Buschow, Christopher; Beate Schneider (Hg.): Social TV in Deutschland. Leipzig: Vistas, S. 185-200.

Buschow, Christopher; Simon Ueberheide; Beate Schneider (2015): Was treibt Social TV? Motive für die Nutzung von Social Media während des Fernsehens. In: Buschow, Christopher; Beate Schneider (Hg.): Social TV in Deutschland. Leipzig: Vistas, S. 67-84.

Busemann, Katrin (2013): Wer nutzt das Social Web? In: Media Perspektiven (7-8), S. 391-399.

Busemann, Katrin; Martin Fisch; Beate Frees (2012): Dabei sein ist alles – zur Nutzung privater Online-Communitys. Ergebnisse der ZDF-Studie Community 2011. In: Media Perspektiven (5), S. 258-267.

Busemann, Katrin; Christoph Gscheidle (2012): Web 2.0: Habitualisierung der Social Communitys. Ergebnisse der ARD/ZDF-Onlinestudie 2012. In: Media Perspektiven (7-8), S. 380-390.

Busemann, Katrin; Florian Tippelt (2014): Second Screen: Parallelnutzung von Fernsehen und Internet. Ergebnisse der ARD/ZDF-Onlinestudie 2014. In: Media Perspektiven (7-8), S. 408-416.

Büttner, Sebastian; Jochen Voß (2013): „Wandel zwischen den Welten": Crossmediale Erlebnisse konzipieren und herstellen. Sebastian Büttner im Interview mit Jochen Voß. In: Gräßer, Lars; Aycha Riffi (Hg.): Einfach fernsehen? Zur Zukunft des Bewegtbildes. München: kopaed, S. 37-43.

Büttner, Vivian (2015): Akzidentielle Medienhypes. Entstehung, Dynamik und mediale Verbreitung. Wiesbaden: Springer VS.

BVDW (2014): DACH Studie 2014: Digitale Nutzungstrends in Deutschland, Österreich und der Schweiz. Verfügbar unter http://www.bvdw.org/fileadmin/downloads/marktzahlen/bvdw_iab%20austria_iab%20switzerland_dach%20studie_2014_presse.pdf, zuletzt geprüft am 19.11.2014.

BVDW; IAB Europe (2013): Mediascope 2012 – Fokus Multiscreen. Verfügbar unter http://www.bvdw.org/medien/fokusreport-multiscreen?media=4980, zuletzt geprüft am 18.02.2016.

Callegaro, Mario; Reg Baker; Jelke Bethlehem; Anja S. Göritz; Jon A. Krosnick; Paul J. Lavrakas (2014): Online Panel Research. A Data Quality Perspective. Chichester: Wiley.

Cameron, Jaclyn; Nick Geidner (2014): Something Old, Something New, Something Borrowed from Something Blue: Experiments on Dual Viewing TV and Twitter. In: Journal of Broadcasting & Electronic Media 58 (3), S. 400-419.

Carstensen, Lisa (2015): Print oder Web: Wo sucht das junge Fernsehpublikum nach Programminformationen? In: Buschow, Christopher; Beate Schneider (Hg.): Social TV in Deutschland. Leipzig: Vistas, S. 153-168.

Carter, Meg (2011): How to Handle a Two-Screen Conversation. Meg Carter Examines the Rapid Rise of Interactive „Social TV" Shows That Integrate Social Media into the Viewer Experience. In: Television 48 (2), S. 18-19.

Castells, Manuel (2010): The Rise of the Network Society. Economy, Society and Culture. 2. Auflage. Oxford: Wiley-Blackwell.

Ceron, Andrea; Sergio Splendore (2016): From Contents to Comments. Social TV and Perceived Pluralism in Political Talk Shows. In: New Media & Society. Published online before print. Verfügbar unter http://nms.sagepub.com/content/early/2016/09/09/1461444816668187.abstract, zuletzt geprüft am 14.09.2016.

Cesar, Pablo; Dick C. A. Bulterman; Jack Jansen (2008): Usages of the Secondary Screen in an Interactive Television Environment: Control, Enrich, Share, and Transfer Television Content. In: Tscheligi, Manfred et al. (Hg.): Changing Television Environments. 6th European Conference, EUROITV 2008, Salzburg, Austria, July 2008, Proceedings. Berlin, Heidelberg: Springer, S. 168-177.

Cesar, Pablo; David Geerts (2011a): Past, Present, and Future of Social TV: A Categorization. In: IEEE (Hg.): Consumer Communications and Networking Conference. Piscataway: IEEE, S. 347-351.

Cesar, Pablo; David Geerts (2011b): Understanding Social TV: A Survey. Verfügbar unter http://homepages.cwi.nl/~garcia/material/nem-summit2011.pdf, zuletzt geprüft am 11.02.2014.

Cesar, Pablo; David Geerts; Konstantinos Chorianopoulos (Hg.) (2009): Social Interactive Television. Immersive Shared Experiences and Perspectives. Hershey: Information Science Reference.

Cesar, Pablo; Hendrik Knoche; Dick C. A. Bulterman (2010): From One to Many Boxes: Mobile Devices as Primary and Secondary Screens. In: Marcus, Aaron et al. (Hg.): Mobile TV: Customizing Content and Experience. London: Springer, S. 327-348.

Chaey, Christina (2013): Twitter Is Testing a TV Feature That Highlights Trending Shows in Your Timeline. Verfügbar unter http://www.fastcompany.com/3015733/fast-feed/twitter-is-testing-a-tv-feature-that-highlights-trending-shows-in-your-timeline, zuletzt geprüft am 15.08.2013.

Chariton, Jordan (2013): GetGlue Acquired By Video Discovery Startup i.TV. Verfügbar unter http://lostremote.com/getglue-acquired-by-video-discovery-startup-i-tv_b39169, zuletzt geprüft am 14.11.2013.

Charlton, Michael; Michael Klemm (1998): Fernsehen und Anschlusskommunikation. In: Klingler, Walter et al. (Hg.): Fernsehforschung in Deutschland. Themen, Akteure, Methoden. Teilband 1. Baden-Baden: UTB, S. 709-727.

Charlton, Michael; Tilmann Sutter (Hg.) (2001): Massenkommunikation, Interaktion und soziales Handeln. Wiesbaden: Westdeutscher Verlag.

Charney, Tamar; Bradley S. Greenberg (2002): Uses and Gratifications of the Internet. In: Lin, Carolyn A.; David Atkin (Hg.): Communication Technology and Society. Audience Adoption and Uses. Creskill: Hampton Press, S. 379-407.

Chen, Gina Masullo (2011): Tweet This: A Uses and Gratifications Perspective on How Active Twitter Use Gratifies a Need to Connect with Others. In: Computers in Human Behavior 27 (2), S. 755-762.

Chorianopoulos, Konstantinos (2007): Content-Enriched Communication – Supporting the Social Uses of TV. In: Communication Network Journal 6 (1), S. 23-30.

Chorianopoulos, Konstantinos (2009): Examining the Roles of Mobility in Social TV. In: Cesar, Pablo et al. (Hg.): Social Interactive Television. Immersive Shared Experiences and Perspectives. Hershey: Information Science Reference, S. 244-253.

Chorianopoulos, Konstantinos; David Geerts (2011): Introduction to User Experience Design for TV Apps. In: Entertainment Computing 3 (2), S. 149-150.

Chorianopoulos, Konstantinos; George Lekakos (2008): Introduction to Social TV: Enhancing the Shared Experience with Interactive TV. In: International Journal of Human-Computer Interaction 24 (2), S. 113-120.

Chuang, Yu-Ling; Chai-Wei Liao; Wen-Shiuan Chen; Wen-Tsung Chang; Shao-Hua Cheng; Yi-Chong Zeng; Kai-Hsuan Chan (2013): Use Second Screen to Enance Viewing Experiences. In: Rau, Patrick P. L. (Hg.): Cross-Cultural Design. Methods, Practice, and Case Studies. Berlin, Heidelberg: Springer, S. 366-374.

Chung, Mun-Young (2002): Podcast Use Motivations and Patterns among College Students. Master's Thesis. Kansas State University. Manhattan. Verfügbar unter http://citeseerx.ist.psu.edu/viewdoc/download?doi=10.1.1.597.3858&rep=rep1&type=pdf, zuletzt geprüft am 11.07.2014.

Clark, Don; Ian Sherr (2013): Das Ende der Glotze – Warum das Internet-Fernsehen kurz vor dem Durchbruch steht. Verfügbar unter http://t3n.de/news/ende-glotze-internet-fernsehen-485297/, zuletzt geprüft am 05.08.2013.

Clement, Michel (2000): Interaktives Fernsehen. Analyse und Prognose seiner Nutzung. Wiesbaden: Deutscher Universitäts-Verlag.

Cloer, Thomas (2012): Google nennt neue Nutzerzahlen zu Google+. Verfügbar unter http://www.computerwoche.de/a/google-nennt-neue-nutzerzahlen-zu-google,2506487, zuletzt geprüft am 23.04.2016.

Cohen, Elizabeth L.; Alexander L. Lancaster (2014): Individual Differences in In-Person and Social Media Television Coviewing: The Role of Emotional Contagion, Need to Belong, and Coviewing Orientation. In: CyberPsychology, Behavior, and Social Networking 17 (8), S. 512-518.

Conway, Joseph C.; Alan M. Rubin (1991): Psychological Predictors of Television Viewing Motivation. In: Communication Research 18 (4), S. 443-463.

Cooper, Roger (1993): An Expanded, Integrated Model for Determining Audience Exposure to Television. In: Journal of Broadcasting & Electronic Media 37 (4), S. 401-418.

Copeland, Chris (2013): These Are the Biggest Hurdles Facing Social TV. 2013 Could Be the Breakthrough Year. Verfügbar unter http://www.adweek.com/news/television/these-are-biggest-hurdles-facing-social-tv-149343?sf12835680=1, zuletzt geprüft am 27.05.2013.

Coppens, Toon; Lieven Trappeniers; Marc Godon (2004): AmigoTV: Towards a Social TV Experience. Paper Presented at the Proceedings from the Second European Conference on Interactive Television. Verfügbar unter http://homepages.abdn.ac.uk/j.masthoff/pages/EuroITV04/S04.pdf, zuletzt geprüft am 13.02.2015.

Correa, Teresa; Amber Willard Hinsley; Homero Gil de Zúñiga (2010): Who Interacts on the Web? The Intersection of Users' Personality and Social Media Use. In: Computers in Human Behavior 26 (2), S. 247-253.

Costa, Paul T.; Robert R. McCrae (1985): The NEO Personality Inventory. Manual Form S and Form R. Odessa: Psychological Assessment Resources.

Costello, Victor; Barbara Moore (2007): Cultural Outlaws: An Examination of Audience Activity and Online Television Fandom. In: Television & New Media 8 (2), S. 124-143.

Couchfunk (2013): Klicken und Gewinnen: Erfolgreiche Werbung mit Couchfunk und Otto auf dem Second-Screen. Verfügbar unter http://www.couchfunk.de/2013/01/28/klicken-und-gewinnen-erfolgreiche-werbung-auf-dem-second-screen/, zuletzt geprüft am 28.01.2013.

Couper, Mick P.; Elisabeth Coutts (2006): Online-Befragung. Probleme und Chancen verschiedener Arten von Online-Erhebungen. In: Diekmann, Andreas (Hg.): Methoden der Sozialforschung. Wiesbaden: VS Verlag für Sozialwissenschaften, S. 217-243.

Courtois, Cédric; Evelien D'heer (2012): Second Screen Applications and Tablet Users: Constellation, Awareness, Experience, and Interest. In: ACM (Hg.): EuroITV'12. Proceedings of the 10th European Conference on Interactive TV and Video. New York: ACM, S. 153-156.

Cricri, Francesco; Sujeet Mate; Igor Curcio; Moncef Gabbouj (2009): Mobile and Interactive Social Television – A Virtual TV Room. In: IEEE Communications Magazine 47 (12), S. 116-122.

Cuman, Andrea; Fausto Colombo; Maria Francesca Murru; Simone Carlo (2014): Mapping the Emergent Szenario of Social TV: Objects, Audiences, Broadcasters. Abstract for ECREA 2014, Lisboa.

Cuntz-Leng, Vera; Sophie G. Einwächter; Sven Stollfuß (2015): Perspektiven auf Partizipationskultur: Eine Auswahl. In: MEDIENwissenschaft (4), S. 449-467.

Curtin, Michael (2010): Matrix Media. In: Turner, Graeme; Jinna Tay (Hg.): Television Studies after TV. Understanding Television in the Post-Broadcast Era. London, New York: Routledge, S. 9-19.

D'heer, Evelien; Pieter Verdegem (2014): What Social Media Data Mean for Audience Studies: A Multidimensional Investigation of Twitter Use during a Current Affairs TV Programme. In: Information, Communication & Society, S. 1-14.

Dahm, Hermann; Patrick Rössler; Michael Schenk (1998): Vom Zuschauer zum Anwender. Akzeptanz und Folgen digitaler Fernsehdienste. Münster: LIT.

Dambeck, Holger (2006): Bittere Wahrheit: Fernsehen ist tot. Verfügbar unter http://www.spiegel.de/netzwelt/tech/bittere-wahrheit-fernsehen-ist-tot-a-434210.html, zuletzt geprüft am 11.08.2016.

Daschmann, Gregor (2003): Quantitative Methoden der Kommunikationsforschung. In: Bentele, Günter et al. (Hg.): Öffentliche Kommunikation. Wiesbaden: Westdeutscher Verlag, S. 262-282.

Daschmann, Gregor; Tilo Hartmann (2005): Zur Befragung bitte hier klicken… Der Einfluss unterschiedlicher Rekrutierungsverfahren auf die Zusammensetzung von Stichproben bei Online-Befragungen. In: Gehrau, Volker et al. (Hg.): Auswahlverfahren in der Kommunikationswissenschaft. Köln: Halem, S. 251-281.

DasErste.de (2013): Was ist eigentlich Teletwitter? Verfügbar unter http://www.daserste.de/community/diskutieren/foren/social-media/teletwitter-102.html, zuletzt geprüft am 23.04.2013.

Daugherty, Terry; Matthew S. Eastin; Laura Bright (2008): Exploring Consumer Motivations for Creating User-Generated Content. In: Journal of Interactive Advertising 8 (2), S. 16-25.

Dayan, Daniel; Elihu Katz (1992): Media Events. The Live Broadcasting of History. Cambridge: Harvard University Press.

de Buhr, Thomas; Stefan Tweraser (2010): My Time is Prime Time. In: Beißwenger, Achim (Hg.): YouTube und seine Kinder. Wie Online Video, Web TV und Social Media die Kommunikation von Marken, Medien und Menschen revolutionieren. Baden-Baden: Nomos, S. 69-91.

de Kerckhove, Derrick (1999): Das Internet erobert das Fernsehen. Ein Trojanisches Pferd im öffentlichen Bewußtein. In: Münker, Stefan; Alexander Roesler (Hg.): Televisionen. Frankfurt am Main: Suhrkamp, S. 183-202.

DeFleur, Melvin L. (1966): Theories of Mass Communication. New York: MacKay.

Dehm, Ursula; Dieter Storll (2003): TV-Erlebnisfaktoren. Ein ganzheitlicher Forschungsansatz zur Rezeption unterhaltender und informierender Fernsehangebote. In: Media Perspektiven (9), S. 425-433.

Dehm, Ursula; Dieter Storll; Sigrid Beeske (2006): Das Internet: Erlebnisweisen und Erlebnistypen. In: Media Perspektiven (2), S. 91-101.

Deller, Ruth (2011): Twittering On: Audience Research and Participation Using Twitter. In: Participations. Journal of Audience & Reception Studies 8 (1), S. 216-245.

Denzin, Norman K. (1974): The Methodological Implications of Symbolic Interactionism for the Study of Deviance. In: The British Journal of Sociology 25 (3), S. 269-282.

DePascale, Cordie (2014): Where Twitter and Facebook Fit into Social TV. Verfügbar unter http://lostremote.com/where-twitter-and-facebook-fit-into-social-tv_b43433, zuletzt geprüft am 08.05.2014.

Deterding, Sebastian (2009): Virtual Communities. In: Hitzler, Ronald et al. (Hg.): Posttraditionale Gemeinschaften. Theoretische und ethnografische Erkundungen. Wiesbaden: VS Verlag für Sozialwissenschaften, S. 115-131.

Deterding, Sebastian; Dan Dixon; Rilla Khaled; Lennart Nacke (2011): From Game Design Elements to Gamefulness: Defining „Gamification". In: Lugmayr, Artur et al. (Hg.): Proceedings of the 15th International Academic MindTrek Conference Envisioning Future Media Environments. New York: ACM, S. 9-15.

Deutsche TV-Plattform e.V. (2016): Deutsche TV-Plattform: Smart TV mit stetigem Wachstum – HbbTV-Anteile im Aufwind. Verfügbar unter http://www.tv-plattform.de/images/stories/archiv/2016/pi-16-02_SmartTV-HbbTV_Infografik-final.pdf, zuletzt geprüft am 24.05.2016.

Diekmann, Andreas (2013): Empirische Sozialforschung. Grundlagen, Methoden, Anwendungen. 7. Auflage. Reinbek bei Hamburg: Rowohlt.

Dimmick, John; Susan Kline; Laura Stafford (2000): The Gratification Niches of Personal E-Mail and the Telephone. Competition, Displacement, and Complementarity. In: Communication Research 27 (2), S. 227-248.

Dinari, Ahmed; Carmen Flieger; Susanne Kriegler; Stefan Kruschwitz; Christoph Schneider (2014): Die Akzeptanz von Second Screen-Nutzung. Unveröffentlichter Projektbericht. Universität Passau.

Dinter, Bastian; Sven Pagel (2013): Social TV. Braucht das Fernsehen der Zukunft Interaktion? In: Social Media Magazin (1), S. 32-38.

Dinter, Bastian; Sven Pagel (2014): Werbekommunikation in digitalen Medienumfeldern – Hybrid TV, Social TV & Co. In: Schramm, Holger; Johannes Knoll (Hg.): Innovation der Persuasion. Die Qualität der Werbe- und Markenkommunikation in neuen Medienwelten. Köln: Halem, S. 158-176.

Dittes, Andreas (2015): Net Smart. Medienkompetenz in einer vernetzten Welt. In: Stiegler, Christian et al. (Hg.): New Media Culture. Mediale Phänomene der Netzkultur. Bielefeld: Transcript, S. 97-105.

Dittmar, Norbert (2009): Transkription. Ein Leitfaden mit Aufgaben für Studenten, Forscher und Laien. 3. Auflage. Wiesbaden: VS Verlag für Sozialwissenschaften.

Döbler, Thomas (2010): Wissensmanagement: Open Access, Social Networks, E-Collaboration. In: Schweiger, Wolfgang; Klaus Beck (Hg.): Handbuch Online-Kommunikation. Wiesbaden: VS Verlag für Sozialwissenschaften, S. 385-408.

Doelker, Christian (1989): Kulturtechnik Fernsehen. Analyse eines Mediums. Stuttgart: Klett-Cotta.

Doetz, Jürgen (2008): Der Weg zu einer neuen Medienordnung. In: Kaumanns, Ralf et al. (Hg.): Auslaufmodell Fernsehen? Perspektiven des TV in der digitalen Medienwelt. Wiesbaden: Gabler, S. 412-427.

Dohle, Marco (2014): Motivation. In: Wünsch, Carsten et al. (Hg.): Handbuch Medienrezeption. Baden-Baden: Nomos, S. 145-159.

Dohle, Marco; Wiebke Loosen (2014): Journalismusforschung und Rezeptions- und Wirkungsforschung: Intradisziplinäre Trennung oder selbstverständliche Verbindung? In: Loosen, Wiebke; Marco Dohle (Hg.): Journalismus und (sein) Publikum. Schnittstellen zwischen Journalismusforschung und Rezeptions- und Wirkungsforschung. Wiesbaden: Springer VS, S. 1-13.

Dollhausen, Karin; Josef Wehner (2003): Virtuelle Gruppen – Integration durch Netzkommunikation? Gesellschafts- und medientheoretische Überlegungen. In: Thiedeke, Udo (Hg.): Virtuelle Gruppen. Charakteristika und Problemdimensionen. Wiesbaden: Westdeutscher Verlag, S. 68-87.

Donges, Patrick (2013): Mediatisierung. In: Bentele, Günter et al. (Hg.): Lexikon Kommunikations- und Medienwissenschaft. Wiesbaden: Springer VS, S. 200-201.

Donges, Patrick; Kurt Imhof (2010): Öffentlichkeit im Wandel. In: Bonfadelli, Heinz et al. (Hg.): Einführung in die Publizistikwissenschaft. Bern: Haupt, S. 183-212.

Donnerstag, Joachim (1996): Der engagierte Mediennutzer. Das Involvement-Konzept in der Massenkommunikationsforschung. München: Fischer.

Donsbach, Wolfgang; Jürgen Wilke (2009): Rundfunk. In: Noelle-Neumann, Elisabeth et al. (Hg.): Fischer Lexikon Publizistik Massenkommunikation. Frankfurt am Main: Fischer, S. 593-650.

Döring, Nicola (2003): Sozialpsychologie des Internet. Die Bedeutung des Internet für Kommunikationsprozesse, Identitäten, soziale Beziehungen und Gruppen. 2., vollst. überarb. und erw. Auflage. Göttingen u. a.: Hogrefe.

Döring, Nicola (2013): Zur Operationalisierung von Geschlecht im Fragebogen: Probleme und Lösungsansätze aus Sicht von Mess-, Umfrage-, Gender- und Queer-Theorie. In: Gender (2), S. 94-113.

Doughty, Mark; Duncan Rowland; Shaun Lawson (2012): Who Is on Your Sofa? TV Audience Communities and Second Screening Social Networks. In: ACM (Hg.): EuroITV'12. Proceedings of the 10th European Conference on Interactive TV and Video. New York: ACM, S. 79-86.

Drabczynski, Michael (1982): Motivationale Ansätze in der Kommunikationswissenschaft. Theorien, Methoden, Ergebnisse. Berlin: Spiess.

Ducheneaut, Nicolas; Robert J. Moore; Lora Oehlberg; James D. Thornton; Eric Nickell (2008): Social TV: Designing for Distributed, Sociable Television Viewing. In: International Journal of Human-Computer Interaction 24 (2), S. 136-154.

Dussel, Konrad (2010): Deutsche Rundfunkgeschichte. 3., überarb. Auflage. Konstanz: UVK.

Ebersbach, Anja; Markus Glaser; Richard Heigl (2011): Social Web. 2. völlig überarb. Auflage. Konstanz: UVK.

Ebert, Lena; Walter Klingler; Ulrike Karg; Thomas Rathgeb (2012): FIM-Studie: Mediennutzung im Familienkontext. Ergebnisse der Studie Familie, Interaktion & Medien. In: Media Perspektiven (4), S. 189-202.

Eble, Michael J. (2011): Perspektiven zur Anschlusskommunikation 2.0: Soziodemografie und Abläufe von Interaktion im Social Web am Beispiel von YouTube. In: Anastasiadis, Mario; Caja Thimm (Hg.): Social Media. Theorie und Praxis digitaler Sozialität. Frankfurt am Main: Lang, S. 345-374.

Eble, Michael J. (2013): Social TV, „Second Screen" und vernetzte Öffentlichkeit: Kommunikationswissenschaftliche Perspektiven auf Schnittstellen zwischen Fernsehen und Social Web. In: Breitenborn, Uwe et al. (Hg.): Medienumbrüche im Rundfunk seit 1950. Köln: Halem, S. 73-89.

Eckert, Matthias; Sylvia Feuerstein (2015): Veränderungen und Grundcharakteristik der MedienNutzerTypen. Neujustierung der MedienNutzerTypologie. In: Media Perspektiven (11), S. 482-496.

Efert, Hendrik (2013): Social TV. Scripted-Hashtag-Television. Verfügbar unter http://wissen.dradio.de/social-tv-scripted-hashtag-television.36.de.html?dram:article_id=238281, zuletzt geprüft am 26.02.2013.

Egger, Andrea; Birgit van Eimeren (2016): Bewegtbild im Internet: Markt und Nutzung digitaler Plattformen. Analyse des Marktumfelds und empirische Ergebnisse aus der ARD/ZDF-Onlinestudie. In: Media Perspektiven (2), S. 108-119.

Eichner, Susanne; Elizabeth Prommer (2014): Fernsehen: Vom „Babelsberger Modell" zu *Doing Media*. *In:* Eichner, Susanne; Elizabeth Prommer (Hg.): Fernsehen: Europäische Perspektiven. Festschrift Prof. Dr. Lothar Mikos. Konstanz: UVK, S. 9-19.

Eighmey, John; Lola McCord (1998): Adding Value in the Information Age: Uses and Gratifications of Sites on the World Wide Web. In: Journal of Business Research 41 (3), S. 187-194.

Einspänner-Pflock, Jessica; Mark Dang-Anh; Caja Thimm (2014): Digitale Gesellschaft – Partizipationskulturen im Netz. Zur Einleitung. In: Einspänner-Pflock, Jessica et al. (Hg.): Digitale Gesellschaft – Partizipationskulturen im Netz. Berlin, Münster: LIT, S. 5-14.

Eisenblätter, Andrea; Bernd Hermann (2016): Fernsehnutzung der MedienNutzer-Typen. Ein Blick in die Lebenswelt der Fernsehzuschauer. In: Media Perspektiven (1), S. 36-47.

Eisner, Hubert (2002): Aufgaben des Cross-Media-Managements in digitalen Fernsehmärkten. In: Müller-Kalthoff, Björn (Hg.): Cross-Media Management. Content-Strategien erfolgreich umsetzen. Berlin: Springer, S. 187-202.

Ekdale, Brian; Kang Namkoong; Timothy K. F. Fung; David D. Perlmutter (2010): Why Blog? (Then and Now): Exploring the Motivations for Blogging by Popular American Political Bloggers. In: New Media & Society 12 (2), S. 217-234.

Elliott, Philip (1974): Uses and Gratifications Research: A Critique and a Sociological Alternative. In: Blumler, Jay G.; Elihu Katz (Hg.): The Uses of Mass Communications. Current Perspectives on Gratifications Research. Beverly Hills, London: Sage, S. 249-268.

Ellis, John (2002): Seeing Things. Television in the Age of Uncertainty. London, New York: Tauris.

Ellison, Nicole B.; Charles Steinfield; Cliff Lampe (2007): The Benefits of Facebook „Friends": Social Capital and College Students' Use of Online Social Network Sites. In: Journal of Computer-Mediated Communication 12 (4), S. 1143-1168.

Elmer, Greg (2013): Live Research: Twittering an Election Debate. In: New Media & Society 15 (1), S. 18-30.

Elsner, Monika; Thomas Müller; Peter M. Spangenberg (1992): Zwischen utopischer Phantasie und Medienkonkurrenz. Zur Frühgeschichte des Deutschen Fernsehens (1926-1935). In: Hickethier, Knut (Hg.): Fernsehen. Wahrnehmungswelt, Programminstitution und Marktkonkurrenz. Frankfurt am Main, New York: Lang, S. 131-143.

Emmer, Martin; Christian Strippel (2014): Das TV Duell auf dem Second Screen. Twitter-Nutzung während der Berichterstattung über das Kanzlerduell. Vortrag auf der DGPuK Jahrestagung 2014, Passau. Panel: Social TV und Second Screen.

Emmer, Martin; Gerhard Vowe (2003): Weltagenda, Weltarena, Weltordnung. Das Internet als Kommunikationsstruktur der Weltinnenpolitik. In: Löffelholz, Martin (Hg.): Die neue Kommunikationswissenschaft. Theorien, Themen und Berufsfelder im Internet-Zeitalter: eine Einführung. Wiesbaden: Westdeutscher Verlag, S. 166-190.

Engel, Bernhard (2014): Entwicklungspfade in der konvergenten Medienwelt. Kohortenanalysen auf Basis des Convergence Monitors 2008 bis 2013. In: Media Perspektiven (1), S. 47-55.

Engel, Bernhard (2015): Massenkommunikation 2015 – Vorüberlegungen und Methode. In: Media Perspektiven (7-8), S. 342-351.

Engel, Bernhard; Stefanie Best (2010): Fragebogenentwicklung als Spiegelbild der Medienentwicklung. Die ARD/ZDF-Langzeitstudie Massenkommunikation. In: Media Perspektiven (1), S. 2-12.

Engel, Bernhard; Christian Breunig (2015): Massenkommunikation 2015: Mediennutzung im Intermediavergleich. Ergebnisse der ARD/ZDF-Langzeitstudie. In: Media Perspektiven (7-8), S. 310-322.

Engel, Bernhard; Lothar Mai (2012): Mediennutzung und Lebenswelten 2010. Ergebnisse der 10. Welle der ARD/ZDF-Langzeitstudie Massenkommunikation. In: Media Perspektiven (12), S. 558-571.

Enli, Gunn Sara (2012): From Parasocial Interaction to Social TV: Analysing the Host-Audience Relationship in Multi-Platform Productions. In: Northern Lights: Film and Media Studies Yearbook 10 (1), S. 123-137.

Ericsson ConsumerLab (2011): TV & Video 2011. Consumer Trends. Global Version. Verfügbar unter http://www.ericsson.com/res/docs/2011/11_1650_RevB_TV_Video_Consumer_Trends_2011_Global_Version.pdf, zuletzt geprüft am 08.10.2012.

Ericsson ConsumerLab (2012): TV and Video. An Analysis of Evolving Consumer Habits. Verfügbar unter http://hugin.info/1061/R/1636526/525900.pdf, zuletzt geprüft am 22.10.2012.

Ericsson ConsumerLab (2013): TV and Media. Identifying the Needs of Tomorrow's Video Consumers. Verfügbar unter https://www.ericsson.com/res/docs/2013/consumerlab/tv-and-media-consumerlab2013.pdf, zuletzt geprüft am 24.03.2016.

Erzberger, Christian (1998): Zahlen und Wörter. Die Verbindung quantitativer und qualitativer Daten und Methoden im Forschungsprozess. Weinheim: Deutscher Studien-Verlag.

Ewig, Catherina (2011): Identität und soziale Netzwerke – StudiVZ und Facebook. In: Anastasiadis, Mario; Caja Thimm (Hg.): Social Media. Theorie und Praxis digitaler Sozialität. Frankfurt am Main: Lang, S. 287-322.

Faas, Thorsten; Dominic Nyhuis (2014): „Wir sind die 0,01 Prozent!" Social TV und das Kandidatenduell 2013. Vortrag auf der Fachtagung zur Zukunft(-fähigkeit) des Fernsehens „Internet killed the TV-Star?" Universität Mainz, 28.11.2014. Verfügbar unter https://methoden.politik.uni-mainz.de/files/2014/12/mk14_pr%C3%A4sentation_faas.pdf, zuletzt geprüft am 29.06.2016.

Facebook Inc. (2014): Facebook to Acquire WhatsApp. Verfügbar unter http://
newsroom.fb.com/News/805/Facebook-to-Acquire-WhatsApp, zuletzt geprüft
am 20.02.2014.

Facebook Inc. (2016): Facebook Q1 2016 Results. Verfügbar unter http://
files.shareholder.com/downloads/AMDA-NJ5DZ/2005119756x0x888146/
484823BA-5B5D-4BC4-B872-5F239E813384/FB_Q116_Earnings_Slides.pdf,
zuletzt geprüft am 03.05.2016.

Fakhri, Sohal (2015): Social TV – Neue Chancen für den deutschen Werbemarkt?
In: Buschow, Christopher; Beate Schneider (Hg.): Social TV in Deutschland.
Leipzig: Vistas, S. 215-227.

Faktenkontor (2016a): Social Media-Atlas 2015/16. Anteil der aktiven und passiven
Nutzer von Facebook in der Freizeit an den Social Media-Nutzern in Deutschland in den Jahren 2012 bis 2015. Verfügbar unter http://de.statista.com/
statistik/daten/studie/505508/umfrage/aktive-und-passive-nutzer-von-
facebook-deutschland/, zuletzt geprüft am 01.05.2016.

Faktenkontor (2016b): Social Media-Atlas 2015/16. Inwiefern nutzen Sie folgende
Social Media-Angebote in Ihrer Freizeit? Verfügbar unter http://de.statista.com
/statistik/daten/studie/245427/umfrage/regelmaessige-nutzung-sozialer-
netzwerke-in-deutschland/, zuletzt geprüft am 23.08.2016.

Farahbakhsh, Reza (2013): D2.2 State of the Art Analysis Report. Verfügbar unter
https://itea3.org/project/workpackage/document/download/1418/10029-
TWIRL-WP-2-
D22Stateoftheartanalysisreport.pdf&sa=X&scisig=AAGBfm207hPhuDTs_
lVZ8P6Z0pTk0KADGw&oi=scholaralrt, zuletzt geprüft am 14.01.2014.

Faßler, Manfred (1997): Was ist Kommunikation? München: Fink.

Faulstich, Werner (2002): Einführung in die Medienwissenschaft. Probleme, Methoden, Domänen. München: Fink.

Faulstich, Werner (Hg.) (2004): Grundwissen Medien. 5. Auflage. Paderborn: Fink.

Fellechner, Fabian (2015): Sportrezeption und Social TV. Der Einfluss sozialer
Medien auf das Erleben von Fussball-Liveübertragungen. In: Buschow, Christopher; Beate Schneider (Hg.): Social TV in Deutschland. Leipzig: Vistas, S. 121-
132.

Ferguson, Douglas A. (2012): The Trivial Pursuits of Mass Audiences Using Social
Media: A Content Analysis of Facebook Wall Posts by Fans of Top-Trending
Television Programs. In: Hendricks, John Allen; Hanna S. Noor Al-Deen (Hg.):
Social Media. Usage and Impact. Lanham: Lexington, S. 39-53.

Ferguson, Douglas A.; Elizabeth M. Perse (2000): The World Wide Web as a Functional Alternative to Television. In: Journal of Broadcasting & Electronic Media 44 (2), S. 155-174.

Field, Andy P. (2013): Discovering Statistics Using IBM SPSS Statistics. And Sex and Drugs and Rock 'n' Roll. 4. Auflage. London u. a.: Sage.

Figuerola Salas, Óscar; Hari Kalva (2013): Architecting Social TV. Florida Atlantic University. Verfügbar unter http://www.cse.fau.edu/~hari/files/2067/Figuerola_Kalva_2013_Architecting%20Social%20TV.pdf, zuletzt geprüft am 22.12.2014.

Finn, Seth (1997): Origins of Media Exposure: Linking Personality Traits to TV, Radio, Print, and Film Use. In: Communication Research 24 (5), S. 507-529.

Finn, Seth; Mary Beth Gorr (1988): Social Isolation and Social Support as Correlates of Television Viewing Motivations. In: Communication Research 15, S. 135-158.

Firsching, Jan (2014): Social TV Kampagne mit Idolcard & The Voice of Germany – die Twitter Autogrammkarte. Verfügbar unter http://www.futurebiz.de/artikel/social-tv-kampagne-idolcard-the-voice-of-germany-twitter/, zuletzt geprüft am 25.11.2014.

Firsching, Jan (2016a): ProSieben versteht Snapchat. Über 53.000 Snap Views bei der ProSieben Snapchat Week. Verfügbar unter http://www.futurebiz.de/artikel/prosieben-snapchat-week/, zuletzt geprüft am 09.05.2016.

Firsching, Jan (2016b): Social TV Benchmark & Facebook: Die richtigen Inhalte zum richtigen Zeitpunkt. Verfügbar unter http://www.futurebiz.de/artikel/social-tv-benchmark-facebook-vor-twitter/, zuletzt geprüft am 02.05.2015.

Fishbein, Martin (1963): An Investigation of the Relationships between Beliefs about an Object and the Attitude toward That Object. In: Human Relations 16 (3), S. 233-239.

Fishbein, Martin; Icek Ajzen (1975): Belief, Attitude, Intention and Behavior. An Introduction to Theory and Research. Reading: Addison-Wesley.

Fiske, John (2011): Television Culture. 2. Auflage. London, New York: Routledge.

Fittkau & Maaß Consulting (2013a): Internet-Nutzung auf dem Smart TV: Kein Durchbruch in Sicht. W3B Report. Verfügbar unter http://www.w3b.org/nutzungsverhalten/smart_tvs_kaum_zum_internet-surfen_genutzt.html, zuletzt geprüft am 20.03.2016.

Fittkau & Maaß Consulting (2013b): Mehrheit nutzt Second Screen beim Fernsehen. W3B Report. Verfügbar unter http://www.w3b.org/nutzungsverhalten/ second-screen-beim-fernsehen-von-mehrheit-eingesetzt.html, zuletzt geprüft am 05.02.2013.

Fleischman, Michael (2014): The Reach and Impact of Oscars 2014 Tweets. Verfügbar unter https://blog.twitter.com/2014/the-reach-and-impact-of-oscars-2014-tweets, zuletzt geprüft am 11.03.2016.

Fleury, Alexandre; Jakob Schou Pedersen; Mai Baunstrup; Lars Bo Larsen (2012): Interactive TV: Interaction and Control in Second-Screen TV Consumption. In: EuroITV 2012 (Hg.): Adjunct Proceedings of the 10th European Interactive TV Conference (EuroITV). Berlin: Frauenhofer FOKUS, S. 104-107.

Flick, Uwe (2011): Triangulation. Eine Einführung. 3. Auflage. Wiesbaden: VS Verlag für Sozialwissenschaften.

Flick, Uwe (2014): Qualitative Sozialforschung. Eine Einführung. 6. Auflage. Reinbek bei Hamburg: Rowohlt.

Flieger, Wolfgang (2014): Vom Zuschauer zum Fan: „Social TV wird erwachsen". 3. Deutscher Social TV Summit der BLM mit mehr als 200 Teilnehmern. In: Bayerische Landesmedienzentrale für Neue Medien (BLM) (Hg.): 3. Deutscher Social TV Summit. Verfügbar unter http://www.medienpuls-bayern.de/events/ansicht /eventinfo/3-deutscher-social-tv-summit/, zuletzt geprüft am 06.07.2014.

Forman, Nina; Julia Wippersberg (2007): Formen von Interaktivität im Fernsehen. In: Scolik, Reinhard; Julia Wippersberg (Hg.): Was ist neu am neuen Fernsehen? Technik, Nutzung, Inhalt – digital, mobil, interaktiv. Wien: LIT, S. 55-72.

ForwardAdGroup (2016): Mobile Effects 2016. Wie wir Smartphone und Tablet im Alltag nutzen. Verfügbar unter http://www.forward-adgroup.de/uploads/tx_ mjstudien/ForwardAdGroup_Studie_Mobile_2016.pdf, zuletzt geprüft am 22.05.2016.

Foscht, Thomas (1998): Interaktive Medien in der Kommunikation. Verhaltenswissenschaftliche und systemtheoretische Analyse der Wirkung neuer Medien. Wiesbaden: Deutscher Universitäts-Verlag.

Fossen, Beth L.; David A. Schweidel (2016): Television Advertising and Online Word-of-Mouth. An Empirical Investigation of Social TV Activity. In: Marketing Science. Published online before print. Verfügbar unter http://dx.doi.org/ 10.1287/mksc.2016.1002, zuletzt geprüft am 01.10.2016.

Fowles, Jib (1992): Why Viewers Watch. A Reappraisal of Television's Effects. Newbury Park: Sage.

Fraas, Claudia; Stefan Meier; Christian Pentzold (2013): Zur Einführung: Perspektiven einer interdisziplinären transmedialen Diskursforschung. In: Fraas, Claudia et al. (Hg.): Online-Diskurse. Theorien und Methoden transmedialer Online-Diskursforschung. Köln: Halem, S. 7-34.

Franz, Katja (2008): Kommunikative Aneignung von Fernsehserien und mediale Kommunikationskultur: AllyDEyahoogroups.de. Norderstedt: Books on Demand.

Franzen, Christian (?016): Social TV Buzz von MediaCom exklusiv bei kress.de: Buzz-Volumen steigt in 2015 um 74% – „Tatort" vor „Tagesschau". Verfügbar unter http://kress.de/news/detail/beitrag/133882-social-tv-buzz-von-mediacom-exklusiv-bei-kress-buzz-volumen-steigt-in-2015-um-74-tatort-vor-tagesschau.html, zuletzt geprüft am 23.03.2016.

Franzen, Christian (2017): Social TV Buzz von MediaCom exklusiv bei kress.de: „Tagesschau", „Game of Thrones" und „ZDF heute" im Juli auf dem Treppchen. Verfügbar unter https://kress.de/news/detail/beitrag/138350-social-tv-buzz-von-mediacom-exklusiv-bei-kressde-tagesschau-game-of-thrones-und-zdf-heute-im-juli-auf-dem-treppchen.html, zuletzt geprüft am 24.08.2017.

Franzen, Christian; Stephan Naumann; Helena Dinter (2015): Neue Verfahren der Reichweitenmessung für Social-TV-Kommunikation. In: Buschow, Christopher; Beate Schneider (Hg.): Social TV in Deutschland. Leipzig: Vistas, S. 261-275.

Franzen, Christian; Stephan Naumann; Helena Dinter; Melanie Wutschke (2015): Buzz, Buzz, Buzz: TV und Social Media – Sechs Erfolgsfaktoren der Social-TV-Kommunikation. In: Buschow, Christopher; Beate Schneider (Hg.): Social TV in Deutschland. Leipzig: Vistas, S. 51-66.

Frees, Beate (2014): Konvergentes Fernsehen: TV auf unterschiedlichen Zugangswegen. Ergebnisse der ARD/ZDF-Onlinestudie 2014. In: Media Perspektiven (7-8), S. 417-419.

Frees, Beate; Wolfgang Koch (2015): Internetnutzung: Frequenz und Vielfalt nehmen in allen Altersgruppen zu. Ergebnisse der ARD/ZDF-Onlinestudie 2015. In: Media Perspektiven (9), S. 366-377.

Frees, Beate; Birgit van Eimeren (2011): Bewegtbildnutzung im Internet: Mediatheken als Treiber. Ergebnisse der ARD/ZDF-Onlinestudie 2011. In: Media Perspektiven (7-8), S. 350-359.

Frees, Beate; Birgit van Eimeren (2013): Multioptionales Fernsehen in digitalen Medienumgebungen. Ergebnisse der ARD/ZDF-Onlinestudie 2013. In: Media Perspektiven (7-8), S. 373-385.

Fretwurst, Benjamin; Volker Gehrau; René Weber (2005): Notwenige Angaben zu Auswahlverfahren. Theoretische Überlegungen und eine empirische Auswertung in der Dokumentationspraxis der KW. In: Gehrau, Volker et al. (Hg.): Auswahlverfahren in der Kommunikationswissenschaft. Köln: Halem, S. 32-51.

Friedrichs, Jürgen (1990): Methoden empirischer Sozialforschung. 14. Auflage. Opladen: Westdeutscher Verlag.

Friemel, Thomas N. (2013): Sozialpsychologie der Mediennutzung. Motive, Charakteristik und Wirkungen interpersonaler Kommunikation über massenmediale Inhalte. Konstanz: UVK.

Friemel, Thomas N. (2017): #joizchatfamily: Ko-Orientierung in Social-TV-Chats. In: Göttlich, Udo et al. (Hg.): Ko-Orientierung in der Medienrezeption. Praktiken der Second Screen-Nutzung. Wiesbaden: Springer VS, S. 175-193.

Friemel, Thomas N.; Thomas Plokowiak; Benjamin Fretwurst (2014): Social TV: Neue Kommunikationsformen, neue Öffentlichkeit? Vortrag auf der DGPuK Jahrestagung 2014, Passau. Panel: Social TV und Second Screen.

Froschauer, Ulrike; Manfred Lueger (2003): Das qualitative Interview. Zur Praxis interpretativer Analyse sozialer Systeme. Wien: WUV.

Frost, Vicky (2014): The TV Is Dead, Long Live Television. Verfügbar unter https://www.theguardian.com/commentisfree/2014/dec/09/tv-dead-long-live-television-format-consuming, zuletzt geprüft am 11.08.2016.

Früh, Werner (2003): Triadisch-dynamische Unterhaltungstheorie. In: Früh, Werner; Hans-Jörg Stiehler (Hg.): Theorie der Unterhaltung. Ein interdisziplinärer Diskurs. Köln: Halem, S. 27-56.

Fülbeck, Tobias; Franca Lavinia Meyerhöfer; Dominik Schönleben (2014): Die 5 Trends für das Fernsehen der Zukunft. Verfügbar unter http://www.huffingtonpost.de/2014/01/15/trends-fernsehen-der-zukunft_n_4601375.html?utm_hp_ref=entertainment, zuletzt geprüft am 16.01.2014.

Funk, Lothar; Sven Pagel (2009): Wettbewerbsökonomische Analyse des Internetfernsehens: Ein erster Überblick. In: Krone, Jan (Hg.): Fernsehen im Wandel. Mobile TV & IPTV in Deutschland und Österreich. Baden-Baden: Nomos, S. 39-51.

Fuß, Susanne; Ute Karbach (2014): Grundlagen der Transkription. Eine praktische Einführung. Opladen: UTB.

Futurescape (2012): The Social TV Factor. How Social TV Impacts the TV Business. Verfügbar unter www.futurescape.tv/social-tv-white-paper.html, zuletzt geprüft am 19.12.2012.

Garling, Jens (1997): Interaktives Fernsehen in Deutschland. Frankfurt am Main: Lang.

Garncarz, Joseph (2016): Medienwandel. Konstanz: UVK.

Gauntlett, David; Annette Hill (1999): TV Living. Television, Culture and Everyday Life. London, New York: Routledge.

Geerts, David (2009): Sociability Heuristics for Evaluation Social Interactive Television Systems. In: Cesar, Pablo et al. (Hg.): Social Interactive Television. Immersive Shared Experiences and Perspectives. Hershey: Information Science Reference, S. 78-98.

Geerts, David; Pablo Cesar; Dick C. A. Bulterman (2008): The Implications of Program Genres for the Design of Social Television Systems. In: Darnell, Michael J. et al. (Hg.): Proceeding of the UXTV'08. The First International Conference on Designing Interactive User Experiences for TV and Video. New York: ACM, S. 71-80.

Geerts, David; Dirk De Grooff (2009): Supporting the Social Uses of Television: Sociability Heuristics for Social TV. In: Olsen, Dan R. et al. (Hg.): Proceedings of the 27th International Conference on Human Factors in Computing Systems. New York: ACM, S. 595-604.

Gehrau, Volker (2001): Fernsehgenres und Fernsehgattungen. Ansätze und Daten zur Rezeption, Klassifikation und Bezeichnung von Fernsehprogrammen. München: Fischer.

Gehrau, Volker (2011): Team oder Gegner? Interpersonale Kommunikation und Massenmedien. In: Neuberger, Christoph; Volker Gehrau (Hg.): StudiVZ. Diffusion, Nutzung und Wirkung eines sozialen Netzwerks im Internet. Wiesbaden: VS Verlag für Sozialwissenschaften, S. 20-32.

Gehrau, Volker (2014): Rezeption in der Gruppe. In: Wünsch, Carsten et al. (Hg.): Handbuch Medienrezeption. Baden-Baden: Nomos, S. 351-364.

Gehrau, Volker; Benjamin Fretwurst; Birgit Krause; Gregor Daschmann (Hg.) (2005): Auswahlverfahren in der Kommunikationswissenschaft. Köln: Halem.

Gehrau, Volker; Lutz Goertz (2010): Gespräche über Medien unter veränderten medialen Bedingungen. In: Publizistik 55 (2), S. 153-172.

Geißler, Cornelia (2010): Was sind…: Social Media? In: Harvard Business Manager (9), S. 31-33. Verfügbar unter http://www.harvardbusinessmanager.de/heft/artikel/a-721549.html, zuletzt geprüft am 21.07.2013.

Gerhard, Heinz; Bernhard Kessler; Claudia Gscheidle (2010): Die Fußball-Weltmeisterschaft 2010 im Fernsehen. Daten zur Rezeption und Bewertung. In: Media Perspektiven (9), S. 382-389.

Gerhards, Claudia (2013): Nonfiction-Formate für TV, Online und Transmedia. Entwickeln, präsentieren, verkaufen. Konstanz, München: UVK.

Gerhards, Jürgen (1998a): Konzeption von Öffentlichkeit unter heutigen Medienbedingungen. In: Jarren, Otfried; Friedrich Krotz (Hg.): Öffentlichkeit unter Viel-Kanal-Bedingungen. Baden-Baden, Hamburg: Nomos, S. 25-48.

Gerhards, Jürgen (1998b): Öffentlichkeit. In: Jarren, Otfried et al. (Hg.): Politische Kommunikation in der demokratischen Gesellschaft. Ein Handbuch mit Lexikonteil. Opladen, Wiesbaden: Westdeutscher Verlag, S. 694-695.

Gerloff, Joachim (2015): Erfolgreich auf YouTube. Social-Media-Marketing mit Online-Videos. 2. Auflage. Frechen: mitp.

Geser, Marc-Etienne (2014): Strategieperspektiven für TV 2.0. Digitale Netzwerkmedien und ihre Auswirkungen auf Fernsehunternehmen. Wiesbaden: Springer VS.

GESIS (Leibniz Institut für Sozialwissenschaften) (2012): Persönlichkeit – Gütekriterien. Verfügbar unter http://www.gesis.org/kurzskalen-psychologischer-merkmale/kurzskalen/persoenlichkeit/guetekriterien/, zuletzt geprüft am 02.09.2015.

GfK (2011): Durchschnittsalter der Zuschauer der einzelnen Fernsehsender in Deutschland von April 2010 bis März 2011. Verfügbar unter http://de.statista.com/statistik/daten/studie/183279/umfrage/durchschnittsalter-der-fernsehzuschauer-nach-sender/, zuletzt geprüft am 23.12.2015.

GfK (2012): Tablets and Multi-Tasking. A Quarterly Report on Consumers, Tablets and E-Readers. Verfügbar unter http://www.gfkmri.com/assets/PDF/iPanelReporter_Tablets%20&%20Multitasking.pdf, zuletzt geprüft am 16.02.2013.

GfK (2014): Twitter and GfK Announce Partnership. Verfügbar unter http://www.gfk.com/news-and-events/press-room/press-releases/pages/twitter-and-gfk-announce-partnership.aspx, zuletzt geprüft am 23.01.2014.

GfK (2016): Lieber persönlich oder virtuell? Verfügbar unter http://www.gfk.com/de/insights/infographic/lieber-persoenlich-oder-virtuell/, zuletzt geprüft am 24.05.2016.

Giannakopoulos, Konstantinos (2008): Gesellschaft im Zeitalter des Internet. Strukturwandel der sozialen Integration durch IuK-Technologien. Berlin: Logos.

Giglietto, Fabio; Donatella Selva (2014): Second Screen and Participation: A Content Analysis on a Full Season Dataset of Tweets. In: Journal of Communication 64 (2), S. 260-277.

Gil de Zúñiga, Homero; Victor Garcia-Perdomo; Shannon C. McGregor (2015): What Is Second Screening? Exploring Motivations of Second Screen Use and Its Effect on Online Political Participation. In: Journal of Communication 65 (5), S. 793-815.

Giles, David C. (2002): Parasocial Interaction: A Review of the Literature and a Model for Future Research. In: Media Psychology 4 (3), S. 279-304.

Glaser, Barney G.; Anselm Strauss (2010): Grounded Theory. Strategien qualitativer Forschung. 3. Auflage. Bern: Huber.

Gläser, Jochen; Grit Laudel (2010): Experteninterviews und qualitative Inhaltsanalyse als Instrumente rekonstruierender Untersuchungen. 4. Auflage. Wiesbaden: VS Verlag für Sozialwissenschaften.

Gleich, Uli (1997): Parasoziale Interaktionen und Beziehungen von Fernsehzuschauern mit Personen auf dem Bildschirm. Ein theoretischer und empirischer Beitrag zum Konzept des aktiven Rezipienten. Landau: VEP.

Gleich, Uli (2001): Populäre Unterhaltungsformate im Fernsehen und ihre Bedeutung für die Zuschauer. Forschungsüberblick zu Nutzungsmotiven, Funktionen und Wirkungen von Soap Operas, Talkshows und Reality-TV. In: Media Perspektiven (10), S. 524-532.

Gleich, Uli (2012): Individualisierung der Mediennutzung und Fragmentierung von Publika. In: Media Perspektiven (12), S. 663-670.

Gleich, Uli (2014a): Funktionen und Motive der Mediennutzung. In: Media Perspektiven (11), S. 573-578.

Gleich, Uli (2014b): Parasoziale Interaktion und sozialer Vergleich. In: Wünsch, Carsten et al. (Hg.): Handbuch Medienrezeption. Baden-Baden: Nomos, S. 243-256.

Gleich, Uli (2014c): Second Screen und Social-Media-Nutzung. In: Media Perspektiven (2), S. 111-117.

Godefroid, Patrick (2015): Die Zukunft des Fernsehens – Eine Einführung in die technologische Dimension. In: Buschow, Christopher; Beate Schneider (Hg.): Social TV in Deutschland. Leipzig: Vistas, S. 247-260.

Goderbauer-Marchner, Gabriele; Thilo Büsching (2015): Social-Media-Content. Konstanz, München: UVK.

Godlewski, Lisa R.; Elizabeth M. Perse (2010): Audience Activity and Reality Television: Identification, Online Activity, and Satisfaction. In: Communication Quarterly 58 (2), S. 148-169.

Godulla, Alexander (2017): Öffentliche Kommunikation im digitalen Zeitalter. Grundlagen und Perspektiven einer integrativen Modellbildung. Wiesbaden: Springer VS.

Godulla, Alexander; Ralf Hohlfeld (2013): Kommunikationswissenschaft – ein interdisziplinäres Fach im Umbruch. In: Krah, Hans; Michael Titzmann (Hg.): Medien und Kommunikation. Eine interdisziplinäre Einführung. Passau: Stutz, S. 411-445.

Goertz, Lutz (1995): Wie interaktiv sind Medien? Auf dem Weg zu einer Definition von Interaktivität. In: Rundfunk und Fernsehen 43 (4), S. 477-493.

Goertz, Lutz (2004): Rahmenbedingungen für eine Definition des interaktiven Fernsehens. In: zu Salm, Christiane (Hg.): Zaubermaschine interaktives Fernsehen? TV-Zukunft zwischen Blütenträumen und Businessmodellen. Wiesbaden: Gabler, S. 3-14.

Goldhammer, Klaus; Florian Kerkau; Moritz Matejka; Jan Schlüter (2015): Social TV. Aktuelle Nutzung, Prognosen, Konsequenzen. Leipzig: Vistas.

Goldhammer, Klaus; André Wiegand; Mathias Birkel (2012): Potenziale von Smart TV-Plattformen für lokale Fernsehsender. Studie für die Bayerische Landeszentrale für neue Medien (BLM). München: BLM.

Goldmedia (2012a): Social TV: Fernsehen auf der virtuellen Couch. Verfügbar unter http://www.goldmedia.com/presse/newsroom/social-tv-monitor-2012-tv-facebook.html, zuletzt geprüft am 16.04.2015.

Goldmedia (2012b): Social TV: Per Second Screen wird gern diskutiert und gelästert. Verfügbar unter http://www.goldmedia.com/presse/newsroom/social-tv-monitor-2012-plattformen.html, zuletzt geprüft am 19.03.2015.

Gomez, Sofia Delgado (2007): Konvergenz der Medien unter besonderer Berücksichtigung neuer Sendeformate im Fernsehen. Dissertation. Universität Karlsruhe. Verfügbar unter http://digbib.ubka.uni-karlsruhe.de/volltexte/documents/3113, zuletzt geprüft am 28.02.2013.

Göritz, Anja S. (2014): Online-Panels. In: Welker, Martin et al. (Hg.): Handbuch Online-Forschung. Sozialwissenschaftliche Datengewinnung und -auswertung in digitalen Netzen. Köln: Halem, S. 104-122.

Gormász, Kathi (2012): TV Sozial: Vom Must-See-TV zum Must-Tweet-TV. In: Montage AV 21 (1), S. 41-61.

Gosling, Michael; Pascal Ockert; Stephan Philips; Simon Wöhrle (2013): Sky Deutschland. In: Sigler, Constanze (Hg.): Social TV. München: GRIN, S. 194-221.

Göttlich, Udo; Luise Heinz; Martin R. Herbers (Hg.) (2017): Ko-Orientierung in der Medienrezeption. Praktiken der Second Screen-Nutzung. Wiesbaden: Springer VS.

Grace-Farfaglia, Patricia; Ad Dekkers; Binod Sundararajan; Lois Peters; Sung-Hee Park (2006): Multinational Web Uses and Gratifications: Measuring the Social Impact of Online Community Participation across National Boundaries. In: Electronic Commerce Research 6 (1), S. 75-101.

Graef, Ralph Oliver (2015): Rechtliche Dimensionen von Social TV. In: Buschow, Christopher; Beate Schneider (Hg.): Social TV in Deutschland. Leipzig: Vistas, S. 229-244.

Granovetter, Mark (1983): The Strength of Weak Ties: A Network Theory Revisited. In: Sociological Theory (1), S. 201-233.

Gräßer, Lars; Aycha Riffi (2013a): Anstatt eines Fazits: Thesen für die Zukunft. In: Gräßer, Lars; Aycha Riffi (Hg.): Einfach fernsehen? Zur Zukunft des Bewegtbildes. München: kopaed, S. 109-112.

Gräßer, Lars; Aycha Riffi (2013b): Und alles bewegt sich?! Eine Einleitung. In: Gräßer, Lars; Aycha Riffi (Hg.): Einfach fernsehen? Zur Zukunft des Bewegtbildes. München: kopaed, S. 9-17.

Graumann, Carl Friedrich (1972): Interaktion und Kommunikation. In: Graumann, Carl Friedrich (Hg.): Handbuch der Psychologie. Göttingen: Verlag für Psychologie, S. 1109-1262.

Greenberg, Bradley S. (1974): Gratifications of Television Viewing and Their Correlates for British Children. In: Blumler, Jay G.; Elihu Katz (Hg.): The Uses of Mass Communications. Current Perspectives on Gratifications Research. Beverly Hills, London: Sage, S. 71-92.

Greenberg, Bradley S.; Kimberly Neuendorf; Nancy Buerkel Rothfuss; Laura Henderson (1982): The Soaps. What's on and Who Cares? In: Journal of Broadcasting 26 (2), S. 519-535.

Greenberg, Julia (2016): Nope, the TV Business Isn't Dead Yet. Far From It, Really. Verfügbar unter http://www.wired.com/2016/05/nope-tv-business-isnt-dead-yet-far-really/, zuletzt geprüft am 11.08.2016.

Greenwood, Dara N. (2013): Fame, Facebook, and Twitter: How Attitudes about Fame Predict Frequency and Nature of Social Media Use. In: Psychology of Popular Media Culture 2 (4), S. 222-236.

Greer, Clark F.; Douglas A. Ferguson (2011): Using Twitter for Promotion and Branding: A Content Analysis of Local Television Twitter Sites. In: Journal of Broadcasting & Electronic Media 55 (2), S. 198-214.

Grimme-Institut; MMB-Institut für Medien- und Kompetenzforschung (2013): Bewegtbild 2020. Eine Studie zu Strategien der Content-Produzenten, zuletzt geprüft am 18.12.2013.

Grisko, Michael (2009): Einleitung. Geschichte, Theorie und Ästhetik des Fernsehens. In: Grisko, Michael (Hg.): Texte zur Theorie und Geschichte des Fernsehens. Stuttgart: Reclam, S. 9-30.

Groebel, Jo (2013): Das neue Fernsehen. Mediennutzung – Typologie – Verhalten. Wiesbaden: Springer VS.

Gross, Tom; Mirko Fetter; Thilo Paul-Stueve (2008): Toward Advanced Social TV in a Cooperative Media Space. In: International Journal of Human-Computer Interaction 24 (2), S. 155-173.

Gross, Tom; Thilo Paul-Stueve; Mirko Fetter (2009): Social TV from a Computer-Supported Cooperative Work Perspective. In: Cesar, Pablo et al. (Hg.): Social Interactive Television. Immersive Shared Experiences and Perspectives. Hershey: Information Science Reference, S. 50-66.

Groves, Robert M.; Floyd J. Fowler; Mick P. Couper; James M. Lepkowski; Eleanor Singer; Roger Tourangeau (2009): Survey Methodology. 2. Auflage. Hoboken: Wiley.

Gscheidle, Christoph; Inge Mohr; Kerstin Niederauer-Kopf (2011): Fernsehnutzung „außer Haus". Ergebnisse aus dem AGF/GfK-Fernsehpanel zur Gäsenutzung. In: Media Perspektiven (4), S. 195-203.

Gudorf, Greg (2011): TV First: Multi-Screening Makes the New Social Collaboration Connection. In: Mesa Journal (Fall), S. 34-36. Verfügbar unter http://d27vj430nutdmd.cloudfront.net/20493/87635/87635.1.pdf, zuletzt geprüft am 09.01.2014.

Gugel, Bertram (2010): Entwicklung eines neuen Video-Ökosystems. In: Hohlfeld, Ralf et al. (Hg.): Crossmedia – Wer bleibt auf der Strecke? Beiträge aus Wissenschaft und Praxis. Berlin, Münster: LIT, S. 307-327.

Gugel, Bertram (2011): Interaktives Fernsehen. Verfügbar unter http://www.gugelproductions.de/blog/2011/interaktives-fernsehen.html, zuletzt geprüft am 19.02.2013.

Gugel, Bertram (2012a): Social TV Ausblick. Verfügbar unter http://www.gugelproductions.de/blog/2012/social-tv-ausblick.html, zuletzt geprüft am 22.11.2012.

Gugel, Bertram (2012b): Social TV: Die fünf Stufen der Interaktion. Verfügbar unter http://www.gugelproductions.de/blog/2012/social-tv-die-funf-stufen-der-interaktion.html, zuletzt geprüft am 22.11.2012.

Gugel, Bertram (2013a): Annäherung: Social Networks umwerben die TV-Sender – Startups positionieren sich neu. Verfügbar unter http://www.tv2summit.ch/?p=2381, zuletzt geprüft am 05.12.2013.

Gugel, Bertram (2013b): Ökosystem YouTube. Einblicke in die größte Video-Plattform der Welt. In: t3n 31 (2), S. 48-51.

Gugel, Bertram (2014): Sind YouTube-Netzwerke die neuen Sender? Ein Blick auf Funktionsweise, Leistungen und Geschäftsmodell der aufstrebenden Multi-Channel-Networks. In: Arbeitsgemeinschaft der Landesmedienanstalten (ALM) (Hg.): Digitalisierungsbericht 2014. Alles fließt! Neue Formen und alte Muster. Leipzig: Vistas, S. 19-31.

Gugel, Bertram (2015): Videos, Autoplay und Native Advertising: Social Networks lernen vom Fernsehen und werden selbst zu Sendern. Verfügbar unter http://blmplus.de/videos-autoplay-und-native-advertising-social-networks-lernen-vom-fernsehen-und-werden-selbst-zu-sendern/, zuletzt geprüft am 18.06.2015.

Gugel, Bertram; Eva Flecken (2012): Onlinevideo-Markt zwischen Angebotsvielfalt und Konzentration. Ein Systematisierungsvorschlag. In: Arbeitsgemeinschaft der Landesmedienanstalten (ALM) (Hg.): Digitalisierungsbericht 2012. Von Macht und Kontrolle im digitalen Zeitalter. Berlin: Vistas, S. 29-40.

Gundotra, Vic (2013): New Google+: Stream, Hangouts, and Photos. Verfügbar unter http://googleplusproject.blogspot.de/2013/05/new-google-stream-hangouts-and-photos.html, zuletzt geprüft am 27.08.2015.

Guo, Miao; Sylvia M. Chan-Olmsted (2015): Predictors of Social Television Viewing: How Perceived Program, Media, and Audience Characteristics Affect Social Engagement with Television Programming. In: Journal of Broadcasting & Electronic Media 59 (2), S. 240-258.

Gutjahr, Richard (2011): Mit diesen Zwei twittert man besser. Verfügbar unter http://www.gutjahr.biz/2011/04/zdf.twitter/, zuletzt geprüft am 21.01.2013.

Gutjahr, Richard (2012): 9 1/2 Thesen zu Smart TV, Social TV und den ganzen Rest. Wetten dass... SmartTVs alles andere als smart sind und dass die Zukunft des Internet-Fernsehens dem Second Screen gehört? Verfügbar unter http://gutjahr.biz/2012/10/socialtv-smarttv-second-screen/, zuletzt geprüft am 08.10.1012.

Gutjahr, Richard (2013a): Der Apple-Fernseher, der keiner ist. Apples TV Pläne im Realitätscheck. In: t3n 31 (2), S. 84-85.

Gutjahr, Richard (2013b): Trends der Online-Nutzung in Deutschland 2013. Verfügbar unter http://gutjahr.biz/2013/09/ard-zdf-onlinestudie-2013/, zuletzt geprüft am 04.09.2013.

Gysel, Sascha; Daniel Michelis; Thomas Schildhauer (2015): Die Sozialen Medien des Web 2.0: Strategische und operative Erfolgsfaktoren am Beispiel der Facebook-Kampagne des WWF. In: Michelis, Daniel; Thomas Schildhauer (Hg.): Social Media Handbuch. Theorien, Methoden, Modelle und Praxis. Baden-Baden: Nomos, S. 273-295.

Haas, Sabine; Thilo Trump; Maria Gerhards; Walter Klingler (2007): Wer 2.0: Nutzung und Nutzertypen. In: Media Perspektiven (4), S. 215-222.

Habermas, Jürgen (1962): Strukturwandel der Öffentlichkeit. Untersuchung zu einer Kategorie der bürgerlichen Gesellschaft. Neuwied: Luchterhand.

Hachmeister, Lutz; Christian Zabel (2004): Das interaktive Fernsehen und seine Zuschauer. In: zu Salm, Christiane (Hg.): Zaubermaschine interaktives Fernsehen? TV-Zukunft zwischen Blütenträumen und Businessmodellen. Wiesbaden: Gabler, S. 145-169.

Häder, Michael (2010): Empirische Sozialforschung. 2., überarb. Auflage. Wiesbaden: VS Verlag für Sozialwissenschaften.

Haerle, Julia (2014): Initiative-Studie „My Screens". Multiscreen-Nutzertypen. Verfügbar unter http://www.initiative-newsroom.de/wp-content/uploads/2014/04/Initiative-Studie-My-Screens_April2014.pdf, zuletzt geprüft am 10.10.2014.

Hafez, Kai (2007): The Myth of Media Globalization. Cambridge, Malden, Mass: Polity Press.

Hahn, Oliver; Ralf Hohlfeld; Thomas Knieper (2015a): Digitale Öffentlichkeit – Digitale Öffentlichkeiten. In: Hahn, Oliver et al. (Hg.): Digitale Öffentlichkeit(en). Konstanz, München: UVK, S. 11-18.

Hahn, Oliver; Ralf Hohlfeld; Thomas Knieper (Hg.) (2015b): Digitale Öffentlichkeit(en). Konstanz, München: UVK.

Halberschmidt, Tina (2013): Mit Facebook soll auch „Köln 50667" zum Quotenhit werden. Verfügbar unter http://www.handelsblatt.com/politik/neue-tv-serie-ohne-facebook-gaebe-es-berlin-tag-und-nacht-nicht-mehr/7596748-2.html, zuletzt geprüft am 26.04.2016.

Hall, Stuart (1999): Kodieren/Dekodieren. In: Bromley, Roger et al. (Hg.): Cultural Studies. Grundlagentexte zur Einführung. Lüneburg: Klampen, S. 215-236.

Hamman, Robin B. (2003): Computernetze als verbindendes Element von Gemeinschaftsnetzen. Studie über die Wirkungen der Nutzung von Computernetzen auf bestehende soziale Gemeinschaften. In: Thiedeke, Udo (Hg.): Virtuelle Gruppen. Charakteristika und Problemdimensionen. Wiesbaden: Westdeutscher Verlag, S. 213-235.

Hämmerling, Christine (2017): Augmentierte Rezeptionsweisen von serialisierten Fernsehprodukten? Der Tatort im Second-Screen-Watching. In: Göttlich, Udo et al. (Hg.): Ko-Orientierung in der Medienrezeption. Praktiken der Second Screen-Nutzung. Wiesbaden: Springer VS, S. 89-104.

Han, Eunyoung; Sang-Woo Lee (2014): Motivations for the Complementary Use of Text-Based Media during Linear TV Viewing: An Exploratory Study. In: Computers in Human Behavior 32, S. 235-243.

Handel, Ulrike (2000): Die Fragmentierung des Medienpublikums. Bestandsaufnahme und empirische Untersuchung eines Phänomens der Mediennutzung und seiner Determinanten. Wiesbaden: VS Verlag für Sozialwissenschaften.

Harboe, Gunnar (2009): In Search of Social Television. In: Cesar, Pablo et al. (Hg.): Social Interactive Television. Immersive Shared Experiences and Perspectives. Hershey: Information Science Reference, S. 1-13.

Harboe, Gunnar; Noel Massey; Crysta Matcalf; David Wheatley; Guy Romano (2007): Perceptions of Value: The Uses of Social Television. In: Cesar, Pablo et al. (Hg.): Interactive TV: A Shared Experience. 5th European Conference, Euro-ITV 2007, Amsterdam, The Netherlands, May 24-25, 2007. Berlin, Heidelberg: Springer, S. 116-125.

Haridakis, Paul; Gary Hanson (2009): Social Interaction and Co-Viewing with YouTube: Blending Mass Communication Reception and Social Connection. In: Journal of Broadcasting & Electronic Media 53 (2), S. 317-335.

Harrington, Stephen (2014): Tweeting about the Telly. Live TV, Audiences, and Social Media. In: Weller, Katrin et al. (Hg.): Twitter and Society. New York: Lang, S. 237-247.

Harrington, Stephen; Tim Highfield; Axel Bruns (2013): More Than a Backchannel: Twitter and Television. In: Participations. Journal of Audience & Reception Studies 10 (1), S. 405-409.

Hartmann, Peter H.; Anna Schlomann (2015): MNT 2015: Weiterentwicklung der MedienNutzerTypologie. Veränderungen gegenüber der MNT 2.0. In: Media Perspektiven (11), S. 497-504.

Hartmann, Philip (2006): Was ist dran an Harald Schmidt? Eine qualitative Studie zu den Nutzungsmotiven der Zuschauer von Harald Schmidt. Berlin: LIT.

Hartmann, Tilo (2010): Parasoziale Interaktion und Beziehungen. Baden-Baden: Nomos.

Hartmann, Tilo; Marco Dohle (2005): Publikumsvorstellungen im Rezeptionsprozess. In: Publizistik 50 (3), S. 287-303.

Hartmann, Tilo; Leonard Reinecke (2013): Skalenkonstruktion in der Kommunikationswissenschaft. In: Möhring, Wiebke; Daniela Schlütz (Hg.): Handbuch standardisierte Erhebungsmethoden in der Kommunikationswissenschaft. Wiesbaden: Springer VS, S. 41-60.

Hartmann, Tilo; Holger Schramm; Christoph Klimmt (2004): Personenorientierte Medienrezeption: Ein Zwei-Ebenen-Modell parasozialer Interaktionen. In: Publizistik 49 (1), S. 25-47.

Hasebrink, Uwe (1997): „Ich bin viele Zielgruppen". Anmerkungen zur Debatte um die Fragmentierung des Publikums aus kommunikationswissenschaftlicher Sicht. In: Scherer, Helmut; Hans-Bernd Brosius (Hg.): Zielgruppen, Publikumssegmente, Nutzergruppen. Beiträge der Rezeptionsforschung. München: Fischer, S. 262-280.

Hasebrink, Uwe (2003): Nutzungsforschung. In: Bentele, Günter et al. (Hg.): Öffentliche Kommunikation. Wiesbaden: Westdeutscher Verlag, S. 101-127.

Hasebrink, Uwe (2004): Konvergenz aus Nutzerperspektive: Das Konzept der Kommunikationsmodi. In: Hasebrink, Uwe et al. (Hg.): Mediennutzung in konvergierenden Medienumgebungen. München: Fischer, S. 67-85.

Hasebrink, Uwe (2009): Lineares und nicht-lineares Fernsehen aus Zuschauerperspektive: Spezifika, Abgrenzungen und Übergänge. Universität Hamburg. Verfügbar unter http://www.hans-bredow-institut.de/webfm_send/651, zuletzt geprüft am 29.02.2013.

Hasebrink, Uwe; Sascha Hölig (2014): Topografie der Öffentlichkeit. In: Politik und Zeitgeschichte 22-23. Verfügbar unter http://www.bpb.de/apuz/184691/topografie-der-oeffentlichkeit?p=all, zuletzt geprüft am 20.05.2015.

Hasebrink, Uwe; Friedrich Krotz (1996): Individuelle Nutzungsmuster von Fernsehzuschauern. In: Hasebrink, Uwe; Friedrich Krotz (Hg.): Die Zuschauer als Fernsehregisseure? Zum Verständnis individueller Nutzungs- und Rezeptionsmuster. Baden-Baden: Nomos, S. 116-137.

Hassoun, Dan (2014): Tracing Attentions: Toward an Analysis of Simultaneous Media Use. In: Television & New Media 15 (4), S. 271-288.

Hassouneh, Diana; Malaika Brengman (2014): A Motivation-Based Typology of Social Virtual World Users. In: Computers in Human Behavior 33 (April), S. 330-338.

Hatcher King, Kendra; Kris Magel; Matt Meeks; Onur Ibrahim (2012): The Lure of Social TV. Creating Immersive, Multi-Platform Social Experiences Enables Brands, Programme Makers and Viewers to Get More out of the Television Medium. In: ADMAP (7-8), S. 33-35.

Hattendorf, Manfred (2011): Alpha 0.7 – Willkommen in der Zukunft: Vernetztes erzählen im SWR. In: Swoboda, Uwe C. (Hg.): Social Media, Medienkonvergenz und starke Marken. Ostfildern: Fink, S. 48-69.

Haude; René-Pascal Berthold (2013): Social-TV in Deutschland. Eine Geschäftsmodellanalyse unter besonderer Berücksichtigung netzwerkökonomischer Aspekte. Unveröffentlichte Bachelorarbeit. Fachhochschule Köln.

Hauptmeier, Helmut; Jan Heß (2008): Social TV: Community-basierte Interaktionskonzepte im Kontext des Digitalen Fernsehens. In: Schubert, Kai et al. (Hg.): Interaktionen. Marburg: Schüren, S. 123-139.

Heckel, Manuel (2013a): Auf zwei Bildschirmen. Wie sich Second Screens bei der Werbung auszahlen. Verfügbar unter http://www.wiwo.de/unternehmen/it/digitale-revolution-der-wirtschaft/auf-zwei-bildschirmen-wie-sich-second-screens-bei-der-werbung-auszahlen/8038658.html, zuletzt geprüft am 09.04.2013.

Heckel, Manuel (2013b): Auf zwei Bildschirmen: Don Draper und die Couchpotatoes. Verfügbar unter http://www.handelsblatt.com/unternehmen/digitale-revolution-der-wirtschaft/auf-zwei-bildschirmen-don-draper-und-die-couchpotatoes/8032340.html, zuletzt geprüft am 31.05.2013.

Heckhausen, Heinz (1989): Motivation und Handeln. 2., völlig überarb. Auflage. Berlin u. a.: Springer.

Heeter, Carrie (1989): Implications of New Interactive Technologies for Conceptualizing Communication. In: Salvaggio, Jerry Lee; Jennings Bryant (Hg.): Media Use in the Information Age. Emerging Patterns of Adoption and Consumer Use. Hillsdale: Erlbaum, S. 217-235.

Heffler, Michael; Pamela Möbus (2015): Werbemarkt 2014 (Teil 1): Starkes Plus durch Fernsehwerbung. Ergebnisse auf Basis der Brutto-Werbestatistik. In: Media Perspektiven (3), S. 126-135.

Heinemann, Christopher Björn (1997): Werbung im interaktiven Fernsehen. Wiesbaden: Deutscher Universitäts-Verlag.

Helfferich, Cornelia (2011): Die Qualität qualitativer Daten. Manual für die Durchführung qualitativer Interviews. 4. Auflage. Wiesbaden: VS Verlag für Sozialwissenschaften.

Hennig, Marina (2014): Aspekte der Stichprobenqualität. Die Rekrutierbarkeit von Zielgruppen. In: König, Christian et al. (Hg.): Soziale Medien. Gegenstand und Instrument der Forschung. Wiesbaden: Springer VS, S. 111-126.

Henseler, Wolfgang (2010): Muti.Toch TV: Designing TV-Interaktion. In: Beißwenger, Achim (Hg.): YouTube und seine Kinder. Wie Online Video, Web TV und Social Media die Kommunikation von Marken, Medien und Menschen revolutionieren. Baden-Baden: Nomos, S. 193-203.

Hepp, Andreas (1998): Fernsehaneignung und Alltagsgespräche. Fernsehnutzung aus der Perspektive der Cultural Studies. Opladen, Wiesbaden: Westdeutscher Verlag.

Hepp, Andreas (2003): Globalisierung von Medienkommunikation als Herausforderung. In: Löffelholz, Martin (Hg.): Die neue Kommunikationswissenschaft. Theorien, Themen und Berufsfelder im Internet-Zeitalter: eine Einführung. Wiesbaden: Westdeutscher Verlag, S. 191-214.

Hepp, Andreas (2014): Vergemeinschaftung. In: Wünsch, Carsten et al. (Hg.): Handbuch Medienrezeption. Baden-Baden: Nomos, S. 379-393.

Hepp, Andreas; Matthias Berg; Cindy Roitsch (2014): Mediatisierte Welten der Vergemeinschaftung. Kommunikative Vernetzung und das Gemeinschaftsleben junger Menschen. Wiesbaden: Springer VS.

Hermida, Alfred (2012): Social Journalism: Exploring How Social Media Is Shaping Journalism. In: Siapera, Eugenia; Andreas Veglis (Hg.): The Handbook of Global Online Journalism. Oxford: Wiley-Blackwell, S. 309-328.

Herr, Paul M.; Frank R. Kardes; John Kim (1991): Effects of Word-of-Mouth and Product-Attribute Information on Persuasion: An Accessibility-Diagnosticity Perspective. In: Journal of Consumer Research 17 (4), S. 454-462.

Hertreiter, Laura; Jürgen Schmieder (2014): Wisch dir was. Trend zum „Second Screen". Verfügbar unter http://www.sueddeutsche.de/medien/trend-zum-second-screen-wisch-dir-was-1.1942035, zuletzt geprüft am 24.04.2014.

Herzog, Herta (1944): What Do We Really Know about Daytime Serial Listeners? In: Lazarsfeld, Paul F.; Frank N. Stanton (Hg.): Radio Research 1942-1943. New York: Sloan and Pearce, S. 3-33.

Hess, Thomas (2011): Nutzergenerierte Inhalte. Idee und Realität aus Sicht von Inhalte-Anbietern. In: Barmeyer, Christoph et al. (Hg.): Medien und Wandel. Berlin: Logos, S. 299-307.

Hess, Thomas; Arnold Picot; Martin S. Schmid (2007): Intermediation durch interaktives Fernsehen aus ökonomischer Sicht: eine Zwischenbilanz. In: Hess, Thomas (Hg.): Ubiquität, Interaktivität, Konvergenz und die Medienbranche. Ergebnisse des interdisziplinären Forschungsprojektes intermedia. Göttingen: Universitätsverlag, S. 127-152.

Hickethier, Knut (1988): Das „Medium", die „Medien" und die Medienwissenschaft. In: Bohn, Rainer et al. (Hg.): Ansichten einer künftigen Medienwissenschaft. Berlin: Sigma, S. 51-74.

Hickethier, Knut (1992): Einleitung. In: Hickethier, Knut (Hg.): Fernsehen. Wahrnehmungswelt, Programminstitution und Marktkonkurrenz. Frankfurt am Main, New York: Lang, S. 9-12.

Hickethier, Knut (1998): Geschichte des deutschen Fernsehens. Stuttgart: Metzler.

Hickethier, Knut (2006): Fernsehen [television, TV]. In: Tsvasman, Leon R. (Hg.): Das große Lexikon Medien und Kommunikation. Würzburg: Ergon, S. 115-118.

Hickethier, Knut (2007): Fernsehen in der Erinnerung seiner Zuschauerinnen und Zuschauer. Medienbiografien, historische Rezeptionsforschung und die Verhäuslichung des Fernsehens in den 1950er Jahren. In: Röser, Jutta (Hg.): MedienAlltag. Domestizierungsprozesse alter und neuer Medien. Wiesbaden: VS Verlag für Sozialwissenschaften, S. 57-69.

Hickethier, Knut (2010): Einführung in die Medienwissenschaft. 2., aktual. und überarb. Auflage. Stuttgart, Weimar: Metzler.

Hicks, Amy; Stephen Comp; Jeannie Horovitz; Madeline Hovarter; Maya Miki; Jennifer L. Bevan (2012): Why People Use Yelp.com: An Exploration of Uses and Gratifications. In: Computers in Human Behavior 28 (6), S. 2274-2279.

Hiebel, Hans Helmut (Hg.) (1997): Kleine Medienchronik. Von den ersten Schriftzeichen zum Mikrochip. München: Beck.

Highfield, Tim; Stephen Harrington; Axel Bruns (2013): Twitter as a Technlogy for Audience and Fandom. The #Eurovision Phenomenon. In: Information, Communication & Society 16 (3), S. 315-339.

Hill, Shawndra; Adrian Benton (2013): Social TV: Linking TV Content to Buzz and Sales. Verfügbar unter http://bit.ly/2fGYnVy, zuletzt geprüft am 11.02.2014.

Hill, Shawndra; Aman Nalavade; Adrian Benton (2012): Social TV: Real-Time Social Media Response to TV Advertising. Paper Presented at ADKDD 2012, August 12, Beijing, China. Verfügbar unter http://citeseerx.ist.psu.edu/viewdoc/download?doi=10.1.1.712.3143&rep=rep1&type=pdf, zuletzt geprüft am 23.01.2015.

Hippel, Klemens (1992): Parasoziale Interaktion. Bericht und Bibliographie. In: Montage AV 1 (1), S. 135-150.

Hoffman, Donna L.; Thomas P. Novak (2012): Why Do People Use Social Media? Empirical Findings and a New Theoretical Framework for Social Media Goal Pursuit. Verfügbar unter http://ssrn.com/abstract=1989586, zuletzt geprüft am 11.05.2016.

Hoffmann, Stefan (2002): Geschichte des Medienbegriffs. Hamburg: Meiner.

Hoffmeyer-Zlotnik, Jürgen H. P.; Axel Glemser; Christiane Heckel; Christian von der Heyde; Helmut Quitt; Ute Hanefeld; Robert Herter-Eschweiler; Sabine Mohr (2010): Demographische Standards. Ausgabe 2010. 5., überarb. und erw. Auflage. Wiesbaden: Statistisches Bundesamt.

Höflich, Joachim R. (1997): Zwischen massenmedialer und technisch vermittelter interpersonaler Kommunikation – der Computer als Hybridmedium und was die Menschen damit machen. In: Beck, Klaus; Gerhard Vowe (Hg.): Computernetze – ein Medium öffentlicher Kommunikation? Berlin: Spiess, S. 85-104.

Höflich, Joachim R. (2003): Mensch, Computer und Kommunikation. Theoretische Verortungen und empirische Befunde. Frankfurt am Main: Lang.

Höflich, Joachim R. (2005): Medien und interpersonale Kommunikation. In: Jäckel, Michael (Hg.): Mediensoziologie. Grundfragen und Forschungsfelder. Wiesbaden: VS Verlag für Sozialwissenschaften, S. 69-90.

Höflich, Joachim R. (2014): Rezeption im öffentlichen Raum. In: Wünsch, Carsten et al. (Hg.): Handbuch Medienrezeption. Baden-Baden: Nomos, S. 365-378.

Höflich, Joachim R.; Julian Gebhardt (2005): Einleitung: Mobile Kommunikation – Perspektiven und Forschungsfelder. In: Höflich, Joachim R.; Julian Gebhardt (Hg.): Mobile Kommunikation. Perspektiven und Forschungsfelder. Frankfurt am Main: Lang, S. 7-18.

Hofmann, Olaf (2014): Methoden des Social Media Monitoring. In: König, Christian et al. (Hg.): Soziale Medien. Gegenstand und Instrument der Forschung. Wiesbaden: Springer VS, S. 161-170.

Hohlfeld, Ralf (1998): Fernsehprogrammanalyse: Formen, Einsatzmöglichkeiten und Reichweite. In: Klingler, Walter et al. (Hg.): Fernsehforschung in Deutschland. Themen, Akteure, Methoden. Teilband 1. Baden-Baden: UTB, S. 197-224.

Hohlfeld, Ralf (2000): Konvergenz und Konkurrenz. Programmprofile im dualen System. In: Hömberg, Walter (Hg.): Rundfunk-Kultur und Kultur-Rundfunk. Münster: LIT, S. 59-80.

Hohlfeld, Ralf (2010): Publizistische Qualität in der neuen Öffentlichkeit. Crossmedia als Herausforderung für die Verbindung einer Theorie publizistischer Qualität mit einer Theorie publizistischer Innovation. In: Hohlfeld, Ralf et al. (Hg.): Crossmedia – Wer bleibt auf der Strecke? Beiträge aus Wissenschaft und Praxis. Berlin, Münster: LIT, S. 20-36.

Hohlfeld, Ralf (2015): Öffentlichkeit im digitalen Zeitalter: Umbruch oder Abbruch der gesellschaftlichen Kommunikation? In: Crețu, Ioana-Narcisa (Hg.): Quo vadis, Kommunikation? Kommunikation – Sprache – Medien. Akten des 46. Linguistischen Kolloquiums in Sibiu 2011. Frankfurt am Main: Lang, S. 37-50.

Hohlfeld, Ralf; Alexander Godulla (2015): Das Phänomen der Sozialen Medien. In: Hornung, Gerrit; Ralf Müller-Terpitz (Hg.): Rechtshandbuch Social Media. Berlin, Heidelberg: Springer, S. 11-33.

Hohlfeld, Ralf; Ralph Kendlbacher; Markus Behmer (2015): Pressefreiheit ist der Ausgangspunkt. Zusammenfassungen und Schlussfolgerungen. In: Hohlfeld, Ralf et al. (Hg.): Freedom of the Media – Freedom through Media? Bochum, Freiburg: Projektverlag, S. 322-327.

Hohlfeld, Ralf; Matthias Strobel (2011): Neue Medien – neue Öffentlichkeit(en). Die Medien- und Kommunikationskonvergenz als zentrale Herausforderung der Kommunikationswissenschaft. In: Barmeyer, Christoph et al. (Hg.): Medien und Wandel. Berlin: Logos, S. 15-39.

Höing, Michael; Daniel Treplin (1994): Marktübersicht Interaktives Fernsehen. 25 in- und ausländische Systeme im Vergleich. Eine Analyse. München: MGM.

Holanda, Pedro; Bruno Guilherme; Ana Paula Couto da Silva; Olga Goussevskaia (2015): TV Goes Social: Characterizing User Interaction in an Online Social Network for TV Fans. In: Cimiano, Philipp et al. (Hg.): Engineering the Web in the Big Data Era. 15th International Conference, ICWE 2015 Rotterdam, The Netherlands, June 23 – 26, 2015. Cham u. a.: Springer, S. 182-199.

Hollaus, Martin (2007): Der Einsatz von Online-Befragungen in der empirischen Sozialforschung. Aachen: Shaker.

Hollenbaugh, Erin E. (2010): Personal Journal Bloggers: Profiles of Disclosiveness. In: Computers in Human Behavior 26 (6), S. 1657-1666.

Hollerbach-Zenz, Karin (2015): Eine Quote für alles, YouTube & Mediatheken werden vergleichbar. In: Bayerische Landesmedienzentrale für Neue Medien (BLM) (Hg.): 4. Deutscher Social TV Summit. Verfügbar unter http://medienpuls-bayern.de/event/deutscher-social-tv-summit-2, zuletzt geprüft am 08.07.2015.

Holly, Werner (1993): Fernsehen in der Gruppe – gruppenbezogene Sprachhandlungen von Fernsehrezipienten. In: Holly, Werner; Ulrich Püschel (Hg.): Medienrezeption als Aneignung. Methoden und Perspektiven qualitativer Medienforschung. Wiesbaden: Westdeutscher Verlag, S. 137-150.

Holly, Werner (2001): Der sprechende Zuschauer. In: Holly, Werner et al. (Hg.): Der sprechende Zuschauer. Wie wir uns Fernsehen kommunikativ aneignen. Wiesbaden: Westdeutscher Verlag, S. 11-24.

Holly, Werner; Ulrich Püschel; Jörg Bergmann (Hg.) (2001): Der sprechende Zuschauer. Wie wir uns Fernsehen kommunikativ aneignen. Wiesbaden: Westdeutscher Verlag.

Holt, Jennifer; Kevin Sanson (2014): Introduction. Mapping Connections. In: Holt, Jennifer; Kevin Sanson (Hg.): Connected Viewing. Selling, Streaming, & Sharing Media in the Digital Age. New York: Routledge, S. 1-15.

Holtz-Bacha, Christina; Wolfram Peiser (1999): Verlieren die Medien ihre Integrationsfunktion? Eine empirische Analyse zu den Folgen der Fragmentierung des Medienpublikums. In: Hasebrink, Uwe; Patrick Rössler (Hg.): Publikumsbindungen. Medienrezeption zwischen Individualisierung und Integration. München: Fischer, S. 41-53.

Holz, Christian; Frank Bentley; Karen Church; Mitesh Patel (2015): „I'm Just on My Phone and They're Watching TV": Quantifying Mobile Device Use While Watching Television. TVX'15, June 03 – 05, 2015, Brussels, Belgium. Verfügbar unter http://www.christianholz.net/2015-tvx15-holz_bentley_church_patel-I%E2%80%99m_just_on_my_phone_and_they%E2%80%99re_watching_TV-Quantifying_mobile_device_use_while_watching_television.pdf, zuletzt geprüft am 13.07.2016.

Honan, Mat (2012): No One Uses Smart TV Internet Because It Sucks. Verfügbar unter http://www.wired.com/gadgetlab/2012/12/internet-tv-sucks/, zuletzt geprüft am 30.12.2012.

Hornung, Gerrit; Ralf Müller-Terpitz (Hg.) (2015): Rechtshandbuch Social Media. Berlin, Heidelberg: Springer.

Horton, Donald; R. Richard Wohl (1956): Mass Communication and Para-Social Interaction. Observations on Intimacy at a Distance. In: Journal of Psychiatry 19 (3), S. 215-229.

Horton, Donald; R. Richard Wohl (1986): Mass Communication and Para-Social Interaction: Observation on Intimacy at a Distance. In: Gumpert, Gary; Robert S. Cathcart (Hg.): Inter/Media. Interpersonal Communication in a Media World. New York, Oxford: Oxford University Press, S. 185-207.

Hsia, Lisa (2010): How Social Media Is Changing the Business of Television. Verfügbar unter http://mashable.com/2010/12/10/social-media-business-tv/, zuletzt geprüft am 05.02.2014.

Huber, Melanie (2013): Kommunikation und Social Media. 3., überarb. Auflage. Konstanz, München: UVK.

Hündgen, Markus (2011): Eine neue Dimension des Bewegtbilds: Web-Videos. In: Jakubetz, Christian et al. (Hg.): Universalcode. Journalismus im digitalen Zeitalter. München: euryclia, S. 183-205.

Hündgen, Markus (2012): Warum das Fernsehen keine Zukunft hat. Verfügbar unter http://videopunks.de/warum-das-fernsehen-keine-zukunft-hat/, zuletzt geprüft am 20.01.2013.

Hündgen, Markus; Dimitrios Argirakos (2013a): Die visuelle Revolution. Warum Bewegtbild im digitalen Zeitalter immer wichtiger wird. In: t3n 31 (2), S. 42-47.

Hündgen, Markus; Dimitrios Argirakos (2013b): Lasst uns diskutieren! In: Gräßer, Lars; Aycha Riffi (Hg.): Einfach fernsehen? Zur Zukunft des Bewegtbildes. München: kopaed, S. 53-64.

Hunt, Daniel; David Atkin; Archana Krishnan (2012): The Influence of Computer-Mediated Communication Apprehension on Motives for Facebook Use. In: Journal of Broadcasting & Electronic Media 56 (2), S. 187-202.

Hunziker, Peter (1976): Fernsehen und interpersonale Kommunikation in der Familie. In: Publizistik 21 (2), S. 180-195.

Hunziker, Peter (1977): Fernsehen in der Familie. Eine Analyse der Gruppenstrukturen. In: Fernsehen und Bildung 11 (3), S. 269-285.

Hurrelmann, Bettina (1989): Fernsehen in der Familie. Auswirkungen der Programmerweiterung auf den Mediengebrauch. Weinheim, München: Juventa.

Hüsing, Alexander (2014): So kämpft wywy um die Nutzer auf dem Second Screen. Verfügbar unter http://www.deutsche-startups.de/2014/07/11/wywy-second-screen/, zuletzt geprüft am 11.07.2014.

Hwang, YoungChan; Joon Soo Lim (2015): The Impact of Engagement Motives for Social TV on Social Presence and Sports Channel Commitment. In: Telematics and Informatics 32 (4), S. 755-765.

IAB Europe (2014): Mediascope Europe. Pan-European Launch Presentation Summary. Verfügbar unter http://www.iabeurope.eu/files/6713/8720/0955/MEDIASCOPE_2012_PAN-EUROPEAN_SUMMARY_LAUNCH_PRESENTATION_public.pdf, zuletzt geprüft am 01.06.2015.

IfD Allensbach (2014): ACTA 2014 veröffentlicht: Mobile Internetnutzung erneut deutlich gestiegen. Verfügbar unter http://www.ifd-allensbach.de/uploads/tx_reportsndocs/PD_2014_21.pdf, zuletzt geprüft am 26.07.2016.

IfD Allensbach (2015a): Allensbacher Computer- und Technikanalyse. Internetnutzer in Deutschland nach Häufigkeit des Veröffentlichens eigener Videos. Verfügbar unter http://de.statista.com/statistik/daten/studie/168914/umfrage/haeufigkeit-des-veroeffentlichens-eigener-videos-auf-youtube-etc/, zuletzt geprüft am 10.05.2016.

IfD Allensbach (2015b): Beliebteste Fernsehformate in Deutschland in den Jahren 2014 und 2015. Verfügbar unter http://de.statista.com/statistik/daten/studie/ 171208/umfrage/beliebteste-fernsehformate/, zuletzt geprüft am 01.09.2015.

Imhof, Kurt; Otfried Jarren; Roger Blum (Hg.) (2002): Integration und Medien. Wiesbaden: Westdeutscher Verlag.

In der Smitten, Susanne (2007): Online-Vergemeinschaftung. Potentiale politischen Handelns im Internet. München: Fischer.

Instagram Blog (2016): Instagram Today: 500 Million Windows to the World. Verfügbar unter http://blog.instagram.com/post/146255204757/160621-news, zuletzt geprüft am 25.06.2016.

Interactive Advertising Bureau (2015): The Changing TV Experience: Attitudes and Usage across Multiple Screens. Verfügbar unter http://www.iab.net/media/file/ TheChangingTVExperience.pdf, zuletzt geprüft am 15.12.2015.

Interactive Media; United Internet Media (2013): Catch Me If You Can! Grundlagenstudie zur Multi-Screen-Nutzung. Verfügbar unter http://www.multi-screen.eu/download/catch-me-if-you-can_multiscreenstudie.pdf, zuletzt geprüft am 15.08.2013.

InterOne (2012): TV to Come. TV to Go. How Digital Technologies Change the Way We Watch. Verfügbar unter http://tv.interone.de/, zuletzt geprüft am 16.10.2012.

Interrogare (2013): „Mobile Barometer I" analysiert Nutzung von mobilen Endgeräten. Verfügbar unter https://www.interrogare.de/media/pdf/Downloads/ Studienreihe_Mobile_Barometer_Juni_2014.pdf, zuletzt geprüft am 25.06.2014.

IP Deutschland (2013a): Kartografie von Bewegtbild 3. Verfügbar unter http:// www.ip.de/fakten_und_trends/studienfinder/ studiensteckbrief.cfm?studyId=790, zuletzt geprüft am 19.03.2015.

IP Deutschland (2013b): Kartografie von Bewegtbild 4. Verfügbar unter http:// www.ip-deutschland.de/fakten_und_trends/fourscreen/fourscreen_trends/ ausgabe_112013/kartografie_4.cfm, zuletzt geprüft am 14.11.2013.

IP Deutschland; TNS Emnid (2011a): DigitalBarometer. Parallelnutzung: Interaktivität beim Fernsehen. Verfügbar unter http://www.tns-emnid.com/presse/pdf/ presseinformationen/Digitalbarometer_Herbst_2011.pdf, zuletzt geprüft am 05.11.2012.

IP Deutschland; TNS Emnid (2011b): DigitalBarometer: Warum lineares Fernsehen Zukunft hat. Verfügbar unter http://bit.ly/2hrpYur, zuletzt geprüft am 28.09.2014.

Ipsos (2013): Kanzlerduell bei Twitter: Raab klarer Gewinner als Moderator. Verfügbar unter http://www.ipsos.de/publikationen-und-presse/pressemitteilungen/2013/kanzlerduell-bei-twitter-raab-klarer-gewinner-als-moderator, zuletzt geprüft am 14.01.2015.

IT Times (2010): Der Fernseher – Herzstück der Deutschen. Verfügbar unter http://www.it-times.de/news/der-fernseher-herzstueck-der-deutschen-22385/, zuletzt geprüft am 26.06.2015.

Jäckel, Michael (1995): Interaktion. Soziologische Anmerkungen zu einem Begriff. In: Rundfunk und Fernsehen 43 (4), S. 463-476.

Jäckel, Michael (1996): Wahlfreiheit in der Fernsehnutzung. Eine soziologische Analyse zur Individualisierung der Massenkommunikation. Opladen: Westdeutscher Verlag.

Jäckel, Michael (2011): Medienwirkungen. Ein Studienbuch zur Einführung. 5., überarb. Auflage. Wiesbaden: VS Verlag für Sozialwissenschaften.

Jäckel, Michael; Sabine Wollscheid (2007): „Mehr Dinge zur gleichen Zeit". Eine empirische Analyse von medialen Haupt- und Nebenaktivitäten am Beispiel des Fernsehens. In: Zeitschrift für Medienpsychologie 19 (1), S. 23-33.

Jacob, Rüdiger; Andreas Heinz; Jean Philippe Décieux (2013): Umfrage. Einführung in die Methoden der Umfrageforschung. 3., überarb. Auflage. München: Oldenbourg.

Jacobsen, Nils (2016): Fast 75 Millionen Abonnenten: Netflix' hollywoodreife Wachstumsstory geht weiter. Verfügbar unter http://meedia.de/2016/01/19/fast-75-millionen-abonnenten-netflix-hollywoodreife-wachstumsstory-geht-weiter/, zuletzt geprüft am 22.08.2016.

Jacobson, Susan (2013): Does Audience Participation on Facebook Influence the News Agenda? A Case Study of the Rachel Maddow Show. In: Journal of Broadcasting & Electronic Media 57 (3), S. 338-355.

Jakubetz, Christian (2011): Crossmediales Arbeiten als Quintessenz des modernen Journalismus – die Grundlagen. In: Jakubetz, Christian et al. (Hg.): Universalcode. Journalismus im digitalen Zeitalter. München: euryclia, S. 19-38.

Jakubetz, Christian (2013): Schalt Twitter an, der Tatort kommt! Verfügbar unter http://universal-code.de/2013/03/10/schalt-twitter-an-der-tatort-kommt/, zuletzt geprüft am 11.03.2013.

Jandura, Olaf; Melanie Leidecker (2013): Grundgesamtheit und Stichprobenbildung. In: Möhring, Wiebke; Daniela Schlütz (Hg.): Handbuch standardisierte Erhebungsmethoden in der Kommunikationswissenschaft. Wiesbaden: Springer VS, S. 61-77.

Jandura, Olaf; Lena Ziegler (2011): Wer nutzt Fernsehen zeitversetzt? Eine repräsentative Umfrage zur Nutzung und den Determinanten der Nutzung zeitversetzen Fernsehens in Deutschland. In: Wolling, Jens et al. (Hg.): Medieninnovationen. Wie Medienentwicklungen die Kommunikation in der Gesellschaft verändern. Konstanz: UVK, S. 285-300.

Jarren, Otfried (2000): Gesellschaftliche Integration durch Medien? Zur Begründung normativer Anforderungen an Medien. In: Medien & Kommunikationswissenschaft 48 (1), S. 22-41.

Jenkins, Henry (2006): Convergence Culture. Where Old and New Media Collide. New York: University Press.

Jenkins, Henry (2015): Transmedia Storytelling. Die Herrschaft des Mutterschiffes. In: Stiegler, Christian et al. (Hg.): New Media Culture. Mediale Phänomene der Netzkultur. Bielefeld: Transcript, S. 237-255.

Jenkins-Guarnieri, Michael A.; Stephen L. Wright; Brian D. Johnson (2013): The Interrelationships among Attachment Style, Personality Traits, Interpersonal Competency, and Facebook Use. In: Psychology of Popular Media Culture 2 (2), S. 117-131.

Jensen, Jens F. (1998): Interactivity. Tracking a New Concept in Media and Communication Studies. In: Nordicom Review 19 (1), S. 185-204.

Jensen, Jens F. (2008): Interactive Television – A Brief Media History. In: Tscheligi, Manfred et al. (Hg.): Changing Television Environments. 6th European Conference, EUROITV 2008, Salzburg, Austria, July 2008, Proceedings. Berlin, Heidelberg: Springer, S. 1-10.

Jeong, Se-Hoon; Martin Fishbein (2007): Predictors of Multitasking with Media: Media Factors and Audience Factors. In: Media Psychology 10 (3), S. 364-384.

Jers, Cornelia (2012): Konsumieren, Partizipieren und Produzieren im Web 2.0. Ein sozial-kognitives Modell zur Erklärung der Nutzungsaktivität. Köln: Halem.

Jers, Cornelia (2013): Motive und funktionale Alternativen. In: Schenk, Michael et al. (Hg.): Die Nutzung des Web 2.0 in Deutschland. Verbreitung, Determinanten und Auswirkungen. Baden-Baden: Nomos, S. 128-144.

Ji, Pan; Wayne W. Fu (2013): Love Internet, Love Online Content. In: Internet Research 23 (4), S. 396-413.

Ji, Qihao; Arthur A. Raney (2015): Morally Judging Entertainment: A Case Study of Live Tweeting during Downton Abbey. In: Media Psychology 18 (2), S. 221-242.

Ji, Qihao; Danyang Zhao (2015): Tweeting Live Shows: A Content Analysis of Live-Tweets from Three Entertainment Programs. In: Gruzd, Anatoliy A. et al. (Hg.): SMSociety '15. Proceedings of the 2015 International Conference on Social Media & Society. New York: ACM.

Johannsen, Heiko (2012): Exploring the Relationship between Engagement and Loyalty in the Context of Social TV. A German Television Show's Use of Social Media Interactions. Master's Thesis. Hochschule Aalen. Verfügbar unter https://docs.google.com/file/d/0B7GlvcNLfKsJb2JmTE5PNVh1R1U/edit?pli=1, zuletzt geprüft am 23.12.2013.

Johnen, Marius; Birgit Stark (2015): Wenn der Fernseher nicht mehr ausreicht: Eine empirische Analyse der Second Screen-Nutzung. In: Studies in Communication | Media (SCM) 4 (4), S. 365-406.

Johnson, Philip R.; Sung-Un Yang: Uses and Gratifications of Twitter: An Examination of User Motives and Satisfaction of Twitter Use. Paper to be presented at the Communication Technology Division of the annual convention of the Association for Education in Journalism and Mass Communication in Boston, Massachusetts, August 2009.

joiz (2014): joiz Germany: Free TV-Sender wird zum reinen Web- und IPTV-Angebot. Verfügbar unter http://www.joiz.de/pressemitteilungen/joiz-germany-free-tv-sender-wird-zum-reinen-web-und-iptv-angebot, zuletzt geprüft am 17.12.2014.

Jungnickel, Katrin; Wolfgang Schweiger (2014): Publikumsaktivität im 21. Jahrhundert – Ein theoriegeleitetes Framework. In: Einspänner-Pflock, Jessica et al. (Hg.): Digitale Gesellschaft – Partizipationskulturen im Netz. Berlin, Münster: LIT, S. 16-41.

Jungwirth, Christian (2009): Mobilisierung und Delinearisierung des Fernsehens. In: Krone, Jan (Hg.): Fernsehen im Wandel. Mobile TV & IPTV in Deutschland und Österreich. Baden-Baden: Nomos, S. 85-92.

Kaase, Max (1999): Qualitätskriterien der Umfrageforschung. Denkschrift. Berlin: Akademie Verlag.

Kabel Deutschland (2013): Fast die Hälfte der Deutschen nutzt Smartphones beim Fernsehen. Verfügbar unter http://www.schwartzpr.de/de/newsroom/pressemeldung.php?we_objectID=2162&kunde=62, zuletzt geprüft am 29.01.2014.

Kalch, Anja; Helena Bilandzic (2013): Mehrmethodendesigns in der Kommunikationswissenschaft. In: Möhring, Wiebke; Daniela Schlütz (Hg.): Handbuch standardisierte Erhebungsmethoden in der Kommunikationswissenschaft. Wiesbaden: Springer VS, S. 165-180.

Kammerl, Rudolf (2006): Medienbasierte Individualkommunikation und Massen-kommunikation. In: Krah, Hans; Michael Titzmann (Hg.): Medien und Kommunikation. Eine interdisziplinäre Einführung. Passau: Stutz, S. 129-145.

Karppinen, Jonas (2013): Discovering Social TV and Second Screens. Proposing an Architecture for Distributing Second Screen Content. Bachelor Thesis. Umeå University, Sweden. Verfügbar unter http://www8.cs.umu.se/education/examina/Rapporter/JonasKarppinen.pdf, zuletzt geprüft am 01.10.2013.

Katz, Elihu (2009): Introduction: The End of Television? In: Katz, Elihu; Paddy Scannell (Hg.): The End of Television? Its Impact on the World (So Far). Los Angeles: Sage, S. 6-19.

Katz, Elihu; Jay G. Blumler; Michael Gurevitch (1973): Uses and Gratifications Research. In: Public Opinion Quarterly 37 (4), S. 509-523.

Katz, Elihu; Jay G. Blumler; Michael Gurevitch (1974): Utilization of Mass Communication by the Individual. In: Blumler, Jay G.; Elihu Katz (Hg.): The Uses of Mass Communications. Current Perspectives on Gratifications Research. Beverly Hills, London: Sage, S. 19-32.

Katz, Elihu; David Foulkes (1962): On the Use of the Mass Media as „Escape": Clarification of a Concept. In: Public Opinion Quarterly 26 (1), S. 377-388.

Katz, Elihu; Paul F. Lazarsfeld (1955): Personal Influence. The Part Played by People in the Flow of Mass Communication. Glencoe: Free Press.

Katz, Elihu; Paddy Scannell (Hg.) (2009): The End of Television? Its Impact on the World (So Far). Los Angeles: Sage.

Kauermann, Göran; Helmut Küchenhoff (2011): Stichproben. Methoden und praktische Umsetzung mit R. Heidelberg: Springer.

Kaumanns, Ralf; Veit Siegenheim; Insa Sjurts (Hg.) (2008a): Auslaufmodell Fernsehen? Perspektiven des TV in der digitalen Medienwelt. Wiesbaden: Gabler.

Kaumanns, Ralf; Veit Siegenheim; Insa Sjurts (2008b): Auslaufmodell Fernsehen? Ein Ausblick auf das Jahr 2028… Schlusswort der Herausgeber. In: Kaumanns, Ralf et al. (Hg.): Auslaufmodell Fernsehen? Perspektiven des TV in der digitalen Medienwelt. Wiesbaden: Gabler, S. 428-436.

Kaye, Barbara K. (1998): Uses and Gratifications of the World Wide Web. From Couch Potato to Web Potato. In: New Jersey Journal of Communication 6 (1), S. 21-40.

Kaye, Barbara K. (2005): It's a Blog, Blog, Blog World. Users and Uses of Weblogs. In: Atlantic Journal of Communication 13 (2), S. 73-95.

Kaye, Barbara K.; Thomas J. Johnson (2002): Online and in the Know. Uses and Gratifications of the Web for Political Information. In: Journal of Broadcasting & Electronic Media 46 (1), S. 54-71.

Kaye, Barbara K.; Thomas J. Johnson (2004): A Web for All Reasons: Uses and Gratifications of Internet Components for Political Information. In: Telematics and Informatics 21 (3), S. 197-223.

Kaye, Kate (2015): Social-TV Study: Twitter Wins While Watching, But… Offline Word-of-Mouth Best for Generating Lift. Verfügbar unter http://adage.com/article/media/nielsen-funded-social-tv-study-big-undertaking/296581/, zuletzt geprüft am 21.05.2016.

Keilbach, Judith; Markus Stauff (2011): Fernsehen als fortwährendes Experiment. Über die permanente Erneuerung eines alten Mediums. In: Elia-Borer, Nadja et al. (Hg.): Blickregime und Dispositive audiovisueller Medien. Bielefeld: Transcript, S. 155-181.

Keldenich, Felix (2015): Fernsehnutzung im Wandel – Was das Phänomen Social TV über den Zuschauer von heute aussagt. In: Buschow, Christopher; Beate Schneider (Hg.): Social TV in Deutschland. Leipzig: Vistas, S. 39-49.

Keppler, Angela (1994): Tischgespräche. Über Formen kommunikativer Vergemeinschaftung am Beispiel der Konversation in Familien. Frankfurt am Main: Suhrkamp.

Keppler, Angela (2001): Mediales Produkt und sozialer Gebrauch. Stichworte zu einer inklusiven Medienforschung. In: Charlton, Michael; Tilmann Sutter (Hg.): Massenkommunikation, Interaktion und soziales Handeln. Wiesbaden: Westdeutscher Verlag, S. 125-146.

Kepplinger, Hans Mathias (2010): Medieneffekte. Wiesbaden: VS Verlag für Sozialwissenschaften.

Kepplinger, Hans Mathias; Verena Martin (1986): Die Funktionen der Massenmedien in der Alltagskommunikation. In: Publizistik 31 (1-2), S. 118-128.

Kerkau, Florian (2012): Goldmedia-Gastbeitrag zu Social TV: Wer erobert den Second Screen? Verfügbar unter http://kress.de/tagesdienst/detail/beitrag/118569-goldmedia-gastbeitrag-zu-social-tv-wer-erobert-den-second-screen.html, zuletzt geprüft am 26.10.2012.

Kerkau, Florian (2013): Die Verankerung von Social TV in der Gesellschaft. In: Bayerische Landesmedienzentrale für Neue Medien (BLM) (Hg.): 2. Deutscher Social TV Summit. Verfügbar unter http://www.medienpuls-bayern.de/uploads/tx_fnblm/GOLDMEDIA_Social_TV_Summit_2013_final_sendout.pdf, zuletzt geprüft am 26.06.2013.

Kerkau, Florian (2014a): Goldmedia Trendmonitor 2015: Zuschauer treiben TV-Sender ins Internet. Verfügbar unter http://kress.de/tweet/tagesdienst/detail/beitrag/128988-goldmedia-trendmonitor-2015-zuschauer-treiben-tv-sender-ins-internet.html, zuletzt geprüft am 09.12.2014.

Kerkau, Florian (2014b): Phänomen Social TV. Hype oder Revolution des Fernsehens? Vortrag auf der LfM-Fachtagung. Münster, 01.04.2014. Verfügbar unter http://www.lfm-nrw.de/fileadmin/lfm-nrw/Medienkompetenz/Veranstaltungen/KbiM14/GOLDMEDIA_Social_TV_LfM_Tagung.pdf, zuletzt geprüft am 20.12.2014.

Kerkau, Florian (2016): Trendmonitor 2016: Fernsehen ist das neue Fernsehen. Die Jungen erfinden es neu. Verfügbar unter http://www.goldmedia.com/blog/2015/12/trendmonitor-2016-fernsehen-ist-das-neue-fernsehen-die-jungen-erfinden-es-neu-trend-ausblick-von-dr-florian-kerkau/, zuletzt geprüft am 18.08.2016.

Kerlen, Dietrich (2003): Einführung in die Medienkunde. Stuttgart: Reclam.

Kern, Erwin (2013): Zurücklehnen erlaubt, Mitmachen erwünscht. Fernsehen in Zukunft. Verfügbar unter http://www.welt.de/kultur/medien/article114790440/Zuruecklehnen-erlaubt-Mitmachen-erwuenscht.html, zuletzt geprüft am 27.03.2013.

Kessler, Bernhard; Thomas Kupferschmitt (2012): Fernsehen in Gemeinschaft. Analyse zu Konstellationen der Fernsehnutzung. In: Media Perspektiven (12), S. 623-634.

Keuneke, Susanne (2005): Qualitatives Interview. In: Mikos, Lothar; Claudia Wegener (Hg.): Qualitative Medienforschung. Ein Handbuch. Konstanz: UVK, S. 254-267.

Keuter, Paul (2014): Das war die WM 2014 auf Twitter. Verfügbar unter https://blog.twitter.com/de/2014/das-war-die-wm-2014-auf-twitter, zuletzt geprüft am 08.06.2015.

Khunkham, Kritsanarat (2014): Twitter geht aus der #WM2014 als Sieger hervor. Verfügbar unter http://www.welt.de/debatte/kolumnen/der-onliner/article130145033/Twitter-geht-aus-der-WM2014-als-Sieger-hervor.html, zuletzt geprüft am 15.07.2014.

Kim, Ji W. (2014): Scan and Click. The Uses and Gratifications of Social Recommendation Systems. In: Computers in Human Behavior 33 (April), S. 184-191.

Kinnebrock, Susanne; Christian Schwarzenegger; Thomas Birkner (Hg.) (2015a): Theorien des Medienwandels. Köln: Halem.

Kinnebrock, Susanne; Christian Schwarzenegger; Thomas Birkner (2015b): Theorien des Medienwandels – Konturen eines emergierenden Forschungsfeldes? In: Kinnebrock, Susanne et al. (Hg.): Theorien des Medienwandels. Köln: Halem, S. 11-28.

Klein, Tom (2012): Social TV kann schlechte Sendungen gut machen – auch Raabs „Absolute Mehrheit". Verfügbar unter http://we.makesocial.tv/social-tv/social-tv-kann-schlechte-sendungen-gut-machen-auch-raabs-absolute-mehrheit/?utm_source=feedburner&utm_medium=feed&utm_campaign=Feed%3A+wemakesocialtv+%28we.makesocial.tv%29, zuletzt geprüft am 14.11.2012.

Klein, Tom (2014): Ist Twitter ein „Tatort"-Killer? Verfügbar unter http://we.makesocial.tv/social-tv/ist-twitter-tatort-killer/?utm_source=feedburner&utm_medium=feed&utm_campaign=Feed%3A+wemakesocialtv+%28we.makesocial.tv%29, zuletzt geprüft am 16.01.2014.

Kleinsteuber, Hans Joachim (1996): Vom Zwei-Wege-Fernsehen zu den „interactive media". Der Mythos vom Rückkanal. In: Hömberg, Walter; Heinz Pürer (Hg.): Medien-Transformation. Zehn Jahre dualer Rundfunk in Deutschland. Konstanz: UVK, S. 106-118.

Kleinsteuber, Hans Joachim; Martin Hagen (1998): Interaktivität – Verheißung der Kommunikationstheorie und das Netz. In: Neverla, Irene (Hg.): Das Netz-Medium. Kommunikationswissenschaftliche Aspekte eines Mediums in Entwicklung. Opladen, Wiesbaden: Westdeutscher Verlag, S. 63-88.

Klemm, Elmar (2014): Qualitätsprüfung im Fernsehpanel 2014. Ergebnisse eines Internen Coincidental Checks des AGF-Fernsehpanels (12), S. 582-590.

Klemm, Michael (2000): Zuschauerkommunikation. Formen und Funktionen der alltäglichen kommunikativen Fernsehaneignung. Dissertation, Technische Universität Chemnitz. Frankfurt am Main: Lang.

Klemm, Michael (2001): Sprachhandlungsmuster. In: Holly, Werner et al. (Hg.): Der sprechende Zuschauer. Wie wir uns Fernsehen kommunikativ aneignen. Wiesbaden: Westdeutscher Verlag, S. 83-114.

Klemm, Michael; Sascha Michel (2014): Social TV und Politikaneignung. Wie Zuschauer die Inhalte politischer Diskussionssendungen via Twitter kommentieren. In: Zeitschrift für Angewandte Linguistik 60 (1), S. 3-35.

Klemm, Michael; Sascha Michel (2015): MediaCultureLinguistic Perspectives on Social TV. Questions and Desiderata of Analysing TV-Appropriation in Social Media. In: 10plus1: Living Linguistics (1), S. 49-56. Verfügbar unter http://10plus1journal.com/wp-content/uploads/2015/09/10_THINKING_Klemm_Michel.pdf, zuletzt geprüft am 22.06.2015.

Klemm, Michael; Sascha Michel (2016): „TV-Duell" und „Elefantenrunde": Social-TV zwischen Deliberation und Wahlkampfarbeit. In: Aptum. Zeitschrift für Sprachkritik und Sprachkultur 12 (3), S. 275-300.

Kling, Bernd (2014): Twitter weitet mit zwei Zukäufen seine TV-Strategie auf Europa aus. Verfügbar unter http://www.zdnet.de/88189120/twitter-weitet-mit-zwei-zukaeufen-seine-tv-strategie-nach-europa-aus/, zuletzt geprüft am 02.04.2014.

Klingler, Walter; Gunnar Roters; Oliver Zöllner (Hg.) (1998): Fernsehforschung in Deutschland. Themen, Akteure, Methoden. Teilband 1. Baden-Baden: UTB.

Kloppenburg; Gerhard; Erk Simon; Sebastian Buggert; Patricia Archut (2016): Gemeinschaftliches Erleben und „Wir"-Gefühl durch Mediennutzung. Quantitative und qualitative Ergebnisse einer Studie in Nordrhein-Westfalen. In: Media Perspektiven (7-8), S. 374-382.

Klym, Natalie; Marie-José Montpetit (2008): Innovation at the Edge: Social TV and Beyond. Verfügbar unter http://cfp.mit.edu/publications/CFP_Papers/Social_TV_Final_2008.08.01, zuletzt geprüft am 19.10.2012.

Knabe, Florian (2012): Warum das Fernsehen lieber Twitter erklärt als es zu nutzen. Verfügbar unter http://www.haz.de/Nachrichten/Medien/Netzwelt/Warum-das-Fernsehen-lieber-Twitter-erklaert-als-es-zu-nutzen, zuletzt geprüft am 04.12.2012.

Knabe, Florian; Wiebke Möhring; Beate Schneider (2014): Konkurrenz, Korrektorat oder Ideenpool? Die Beziehung von Lokaljournalisten zu partizipativen lokalen Plattforen am Beispiel von *myheimat.de*. In: Loosen, Wiebke; Marco Dohle (Hg.): Journalismus und (sein) Publikum. Schnittstellen zwischen Journalismusforschung und Rezeptions- und Wirkungsforschung. Wiesbaden: Springer VS, S. 153-170.

Knauth, Rebecca (2015): Social-Media-Aktivitäten am Beispiel SWR. In: Media Perspektiven (2), S. 66-74.

Kneidinger, Bernadette (2010): Facebook und Co. Eine soziologische Analyse von Interaktionsformen in Online Social Networks. Wiesbaden: VS Verlag für Sozialwissenschaften.

Kneidinger, Bernadette (2012): Beziehungspflege 2.0. Interaktions- und Bindungsformen der „Generation Facebook". In: Dittler, Ullrich; Michael Hoyer (Hg.): Aufwachsen in sozialen Netzwerken. München: kopaed, S. 79-91.

Kneidinger, Bernadette (2014): Social TV und partizipativer Fernsehkonsum: Alter Wein in neuen Schläuchen oder Aufbruch in ein neues Zeitalter? In: Einspänner-Pflock, Jessica et al. (Hg.): Digitale Gesellschaft – Partizipationskulturen im Netz. Berlin, Münster: LIT, S. 229-247.

Kneidinger, Bernadette (2015): „Social TV" als Tor zu digitalen Öffentlichkeiten. Virtuelle Fernsehgespräche und Vergemeinschaftung durch Second Screens. In: Hahn, Oliver et al. (Hg.): Digitale Öffentlichkeit(en). Konstanz, München: UVK, S. 217-229.

Knieper, Thomas; Katrin Tonndorf; Cornelia Wolf (2011): Der Prosument. Öffentlichkeit im Zeitalter Computervermittelter Kommunikation. In: Barmeyer, Christoph et al. (Hg.): Medien und Wandel. Berlin: Logos, S. 41-62.

Knilli, Friedrich (1979): Medium. In: Faulstich, Werner (Hg.): Kritische Stichwörter zur Medienwissenschaft. München: Fink, S. 230-251.

Knox, David (2011): Are You Ready for #Hashtags on TV? Verfügbar unter http://www.tvtonight.com.au/2011/04/are-you-ready-for-hashtags-on-tv.html, zuletzt geprüft am 26.11.2014.

Ko, Hanjun; Chang-Hoan Cho; Marilyn S. Roberts (2005): Internet Use and Gratifications: A Structural Equation Model of Interactive Advertising. In: Journal of Advertising 34 (2), S. 57-70.

Koch, Wolfgang; Beate Frees (2016): Dynamische Entwicklung bei mobiler Internetnutzung sowie Audios und Videos. Ergebnisse der ARD/ZDF-Onlinestudie 2016. In: Media Perspektiven (9), S. 418-437.

Koch, Wolfgang; Bernd Liebholz (2014): Bewegtbildnutzung im Internet und Funktionen von Videoportalen im Vergleich zum Fernsehen. Ergebnisse der ARD/ZDF-Onlinestudie 2014. In: Media Perspektiven (7-8), S. 397-407. Verfügbar unter http://www.ard-zdf-onlinestudie.de/fileadmin/Onlinestudie_2014/PDF/0708-2014_Koch_Liebholz.pdf.

Kogel, Fred (2012): „Sonst sind wir in kürze tot!". Verfügbar unter http://www.vocer.org/de/artikel/do/detail/id/207/%22sonst-sind-wir-in-kuerze-tot%22.html, zuletzt geprüft am 09.10.2012.

Köhn, Katharina; Hannah Lindermayer (2015): Second Screen – Fernseherlebnis der besseren Art? In: kommunikation.medien Sonderausgabe: Change – Wandel der Leitmedien (Juni). Verfügbar unter http://journal.kommunikation-medien.at/wp-content/uploads/2015/06/Team_9_K%C3%B6hn_Lindermayer.pdf, zuletzt geprüft am 30.06.2015.

Kolle, Stefan (2013): Second Screen – der neueste Hype! Verfügbar unter http://www.handelsblatt.com/meinung/kolumnen/werber-rat/der-werber-rat-second-screen-der-neueste-hype/7778754.html, zuletzt geprüft am 15.02.2013.

König, Karl; Arnd Benninghoff; Marcus Prosch (2013): Social TV als Chance für neue Geschäftsmodelle mit ePace am Beispiel von ProSiebenSat.1. In: Heinemann, Gerrit et al. (Hg.): Digitalisierung des Handels mit ePace. Wiesbaden: Springer VS, S. 201-212.

König, Mathias; Wolfgang König (2016): Potenziale von Twitter für Social TV. In: Media Perspektiven (11), S. 557-568.

Koob, Clemens; Kerstin Bollinger (2012): TV: Das wahre soziale Medium. In: MdZ Report (2), S. 6-7.

Korgaonkar, Pradeep K.; Lori D. Wolin (1999): A Multivariate Analysis of Web Usage. In: Journal of Advertising Research 39 (2), S. 53-68.

Kosterich, Allie; Philip M. Napoli (2015): Reconfiguring the Audience Commodity: The Institutionalization of Social TV Analytics as Market Information Regime. In: Television & New Media (3), S. 1-18.

Kowal, Sabine; Daniel C. O'Connell (2013): Zur Transkription von Gesprächen. In: Flick, Uwe et al. (Hg.): Qualitative Forschung. Ein Handbuch. Reinbek bei Hamburg: Rowohlt, S. 437-447.

Krämer, Nicole C.; Stephan Winter; Brenda Benninghoff; Christine Gallus (2015): How „Social" Is Social TV? The Influence of Social Motives and Expected Outcomes on the Usage of Social TV Applications. In: Computers in Human Behavior 51, S. 255-262.

Krcmar, Marina; Yuliya Strizhakova (2009): Uses and Gratifications as Media Choice. In: Hartmann, Tilo (Hg.): Media Choice. A Theoretical and Empirical Overview. New York: Routledge, S. 53-69.

Krei, Alexander (2014): Büchs: „Wir wollen keinen Zirkus veranstalten". RTL und der Second Screen. Verfügbar unter http://www.dwdl.de/nachrichten/44549/buechs_wir_wollen_keinen_zirkus_veranstalten/, zuletzt geprüft am 05.02.2014.

Krei, Alexander (2016): Auszugsfeier: Joiz macht schon am Freitag Schluss. Verfügbar unter http://www.dwdl.de/nachrichten/57707/auszugsfeier_joiz_macht_schon_am_freitag_schluss/, zuletzt geprüft am 15.09.2016.

Kreuzer, Helmut (1992): Von der Nipkow-Scheibe zum Massenmedium. In: Hickethier, Knut (Hg.): Fernsehen. Wahrnehmungswelt, Programminstitution und Marktkonkurrenz. Frankfurt am Main, New York: Lang, S. 145-161.

Krippendorff, Klaus (2004): Content Analysis. An Introduction to Its Methodology. 2. Auflage. London, New Delhi: Sage.

Kroll, Sonja (2013): Vom Spot zum Tweet. Twitter bringt TV-Ad-Targeting. Verfügbar unter http://www.internetworld.de/social-media/targeting/spot-tweet-287627.html, zuletzt geprüft am 14.10.2014.

Kronewald, Elke (2007): Fernsehnutzung von Singles und Liierten. Die Relevanz des Merkmals Beziehungsstand für Fernsehnutzungsmotive und parasoziale Beziehungen. Dissertation. München: Fischer.

Kropp, Evan (2013): Reevaluating the Power of Audiences: Social Television's Influence on the Serialized Drama. Verfügbar unter http://69.89.31.188/~evankrop/wp-content/uploads/2013/06/social-tv-serial-drama.pdf, zuletzt geprüft am 07.10.2014.

Krotz, Friedrich (1992): Handlungsrollen und Fernsehnutzung. In: Rundfunk und Fernsehen 40 (2), S. 222-246.

Krotz, Friedrich (1996): Parasoziale Interaktion und Identität im elektronisch mediatisierten Kommunikationsraum. In: Vorderer, Peter (Hg.): Fernsehen als „Beziehungskiste". Parasoziale Beziehungen und Interaktionen mit TV-Personen. Opladen: Westdeutscher Verlag, S. 73-90.

Krotz, Friedrich (1998): Öffentlichkeit aus Sicht des Publikums. In: Jarren, Otfried; Friedrich Krotz (Hg.): Öffentlichkeit unter Viel-Kanal-Bedingungen. Baden-Baden, Hamburg: Nomos, S. 95-117.

Krotz, Friedrich (2001a): Anschlusskommunikation im Internet. „…fast interessanter und spannender als VL selbst, aber das ist im Moment ja keine allzu große Kunst." Anschlusskommunikation zu Daily Talks und Daily Soaps im Internet. In: Göttlich, Udo et al. (Hg.): Daily Soaps und Daily Talks im Alltag von Jugendlichen. Eine Studie im Auftrag der Landesanstalt für Rundfunk Nordrhein-Westfalen und der Landeszentrale für private Rundfunkveranstalter Rheinland Pfalz. Opladen: Leske und Budrich, S. 265-307.

Krotz, Friedrich (2001b): Die Mediatisierung kommunikativen Handelns. Der Wandel von Alltag und sozialen Beziehungen, Kultur und Gesellschaft durch die Medien. Wiesbaden: Westdeutscher Verlag.

Krotz, Friedrich (2002): Die Mediatisierung von Alltag und sozialen Beziehungen und die Formen sozialer Integration. In: Imhof, Kurt et al. (Hg.): Integration und Medien. Wiesbaden: Westdeutscher Verlag, S. 184-200.

Krotz, Friedrich (2003): Qualitative Methoden der Kommunikationsforschung. In: Bentele, Günter et al. (Hg.): Öffentliche Kommunikation. Wiesbaden: Westdeutscher Verlag, S. 245-261.

Krotz, Friedrich (2006): Konnektivität der Medien: Konzepte, Bedingungen und Konsequenzen. In: Hepp, Andreas et al. (Hg.): Konnektivität, Netzwerk und Fluss. Konzepte gegenwärtiger Medien-, Kommunikations- und Kulturtheorie. Wiesbaden: VS Verlag für Sozialwissenschaften, S. 21-43.

Krotz, Friedrich (2007): Mediatisierung. Fallstudien zum Wandel von Kommunikation. Wiesbaden: VS Verlag für Sozialwissenschaften.

Krotz, Friedrich (2015): Medienwandel in der Perspektive der Mediatisierungsforschung: Annäherung an ein Konzept. In: Kinnebrock, Susanne et al. (Hg.): Theorien des Medienwandels. Köln: Halem, S. 119-140.

Krüger, Julia (2015a): Social TV – Die Zukunft des Fernsehens: am Beispiel von joiz. Bachelorarbeit. Hochschule Mittweida. Verfügbar unter http://monami.hs-mittweida.de/frontdoor/index/index/docId/6055, zuletzt geprüft am 21.03.2016.

Krüger, Udo Michael (2001): Programmprofile im dualen Fernsehsystem 1991-2000. Eine Studie der ARD/ZDF-Medienkommission. Baden-Baden: Nomos.

Krüger, Udo Michael (2015b): Profile deutscher Fernsehprogramme – Tendenzen der Angebotsentwicklung. Programmanalyse 2014 – Teil 1: Sparten und Formen. In: Media Perspektiven (3), S. 145-163.

Krüger, Udo Michael (2016a): Funktionsteilung im dualen System: Sendungsformen, Themen und Akteure im Nonfictionangebot von ARD, ZDF, RTL und Sat.1. Programmanalyse 2015 – Teil 2. In: Media Perspektiven (6), S. 344-363.

Krüger, Udo Michael (2016b): Profile deutscher Fernsehprogramme – Tendenzen der Angebotsentwicklung. Programmanalyse 2015 (Teil 1): Sparten und Formen. In: Media Perspektiven (3), S. 166-185.

Kruse, Jan (2014): Qualitative Interviewforschung. Ein integrativer Ansatz. Weinheim, Basel: Beltz Juventa.

Kubey, Robert W. (1986): Television Use in Everyday Life: Coping with Unstructured Time. In: Journal of Communication 36 (3), S. 108-123.

Kubey, Robert W.; Mihaly Csikszentmihalyi (1990): Television and the Quality of Life: How Viewing Shapes Everyday Experience. Hillsdale: Erlbaum.

Kubicek, Herbert; Ulrich Schmid; Heiderose Wagner (1997): Bürgerinformation durch „neue" Medien? Analysen und Fallstudien zur Etablierung elektronischer Informationssysteme im Alltag. Opladen: Westdeutscher Verlag.

Kubinger, Klaus D.; Dieter Rasch; Takuya Yanagida (2011): Statistik in der Psychologie. Vom Einführungskurs bis zur Dissertation. Göttingen: Hogrefe.

Kübler, Hans-Dieter (2000): Mediale Kommunikation. Tübingen: Niemeyer.

Kübler, Hans-Dieter (2003): Kommunikation und Medien. Eine Einführung. 2., gänzlich überarb. Auflage. Münster: LIT.

Küchenhoff, Helmut; Thomas Knieper; Wolfgang Eichhorn; Harald Mathes; Kurt Watzka (2006): Statistik für Kommunikationswissenschaftler. 2. überarb. Auflage. Stuttgart: UTB.

Kuckartz, Udo (2006): Computergestützte Analyse qualitativer Daten. In: Diekmann, Andreas (Hg.): Methoden der Sozialforschung. Wiesbaden: VS Verlag für Sozialwissenschaften, S. 453-478.

Kuckartz, Udo (2010): Einführung in die computergestützte Analyse qualitativer Daten. 3., aktual. Auflage. Wiesbaden: VS Verlag für Sozialwissenschaften.

Kuckartz, Udo (2014): Qualitative Inhaltsanalyse. Methoden, Praxis, Computerunterstützung. 2. Auflage. Weinheim, Basel: Beltz Juventa.

Kuckartz, Udo; Thomas Ebert; Stefan Rädiker; Claus Stefer (2009): Evaluation online. Internetgestützte Befragung in der Praxis. Wiesbaden: VS Verlag für Sozialwissenschaften.

Kuckartz, Udo; Stefan Rädiker; Thomas Ebert; Julia Schehl (2010): Statistik. Eine verständliche Einführung. Wiesbaden: VS Verlag für Sozialwissenschaften.

Kühhirt, Uwe; Marco Rittermann (2007): Interaktive audiovisuelle Medien. München, Wien: Fachbuchverlag Leipzig im Carl-Hanser-Verlag.

Kuhlmann, Christoph (2008): Nebenbeimedium: Die künftige Rolle des Fernsehens? In: Kaumanns, Ralf et al. (Hg.): Auslaufmodell Fernsehen? Perspektiven des TV in der digitalen Medienwelt. Wiesbaden: Gabler, S. 97-112.

Kuhlmann, Christoph; Jens Wolling (2004): Fernsehen als Nebenbeimedium. Befragungsdaten und Tagebuchdaten im Vergleich. In: Medien & Kommunikationswissenschaft 52 (3), S. 386-411.

Kühne, Rinaldo (2013): Konzeptspezifikation und Messung. In: Möhring, Wiebke; Daniela Schlütz (Hg.): Handbuch standardisierte Erhebungsmethoden in der Kommunikationswissenschaft. Wiesbaden: Springer VS, S. 23-40.

Kulessa, Anja; Timo Schreiber; Max Soyer; Julian Windscheid; Michael Zellner (2014): Second Screen-Nutzung. Szenarien, Motive, Endgeräte und Verhalten. Unveröffentlichter Projektbericht. Universität Passau.

Kunczik, Michael; Astrid Zipfel (2005): Publizistik. Ein Studienhandbuch. 2., aktual. Auflage. Köln: Böhlau.

Kunow, Kristian (2014): Aktueller Stand der Digitalisierung in den deutschen (TV-) Haushalten. Juni 2014. In: Arbeitsgemeinschaft der Landesmedienanstalten (ALM) (Hg.): Digitalisierungsbericht 2014. Alles fließt! Neue Formen und alte Muster. Leipzig: Vistas, S. 34-45.

Kunow, Kristian (2015): Aktueller Stand der Digitalisierung in den deutschen (TV-) Haushalten. In: Arbeitsgemeinschaft der Landesmedienanstalten (ALM) (Hg.): Digitalisierungsbericht 2015. Digitale Weiten, analoge Inseln – Die Vermessung der Medienwelt. Leipzig: Vistas, S. 40-54.

Kunow, Kristian (2016): Aktueller Stand der digitalen Fernseh- und Videonutzung in Deutschland. In: Arbeitsgemeinschaft der Landesmedienanstalten (ALM) (Hg.): Digitalisierungsbericht 2016. Kreative Zerstörung oder digitale Balance: Medienplattformen zwischen Wettbewerb und Kooperation. Leipzig: Vistas, S. 36-52.

Künzler, Matthias; Christian Wassmer; Franziska Oehmer; Manuel Puppis (2013): Medien als Institutionen und Organisationen: Anachronismus in der Onlinewelt? In: Künzler, Matthias et al. (Hg.): Medien als Institutionen und Organisationen. Institutionalistische Ansätze in der Publizistik- und Kommunikationswissenschaft. Baden-Baden: Nomos, S. 13-25.

Kupferschmitt, Thomas (2015): Bewegtbildnutzung nimmt weiter zu – Habitualisierung bei 14- bis 29-Jährigen. Ergebnisse der ARD/ZDF-Onlinestudie 2015. In: Media Perspektiven (9), S. 383-391.

Kupferschmitt, Thomas (2016): Online-Videoreichweite steigt bei weiter geringer Nutzungsdauer. Ergebnisse der ARD/ZDF-Onlinestudie 2016. In: Media Perspektiven (9), S. 448-459.

Kurp, Matthias (2013): Digitale TV-Hybride. In: Tendenz (3), S. 12-14. Verfügbar unter http://www.blm.de/magazin_tendenz/3_13/files/tendenz_3_13_e_mag_5_200.pdf, zuletzt geprüft am 22.10.2013.

Kurz, Karin; Peter Prüfer; Margit Rexroth (1999): Zur Validität von Fragen in standardisierten Erhebungen: Ergebnisse des Einsatzes eines kognitiven Pretestinterviews. In: ZUMA-Nachrichten 44 (23), S. 83-107.

Kutsch, Horst B. (2007): Repräsentativität in der Online-Marktforschung. Lösungsansätze zur Reduktion von Verzerrungen bei Befragungen im Internet. Lohmar: Eul.

Kuzmany, Stefan (2013): Allein mit Millionen. In: Der Spiegel (13), S. 86-88.

La Sala, Louise; Jason Skues; Sharon Grant (2014): Personality Traits and Facebook Use: The Combined/Interactive Effect of Extraversion, Neuroticism and Conscientiousness. In: Social Networking 3 (5), S. 211-219.

Lamnek, Siegfried (2010): Qualitative Sozialforschung. 5., überarb. Auflage. Weinheim, Basel: Beltz.

Lang, Frieder R.; Oliver Lüdtke (2005): Der Big Five-Ansatz der Persönlichkeitsforschung: Instrumente und Vorgehen. In: Schumann, Siegfried; Harald Schoen (Hg.): Persönlichkeit. Eine vergessene Grösse der empirischen Sozialforschung. Wiesbaden: VS Verlag für Sozialwissenschaften, S. 29-39.

Lang, Norbert (2004): Multimedia. In: Faulstich, Werner (Hg.): Grundwissen Medien. Paderborn: Fink, S. 303-323.

Lang, Norbert; Bernard Bekavac (2004): World Wide Web. In: Faulstich, Werner (Hg.): Grundwissen Medien. Paderborn: Fink, S. 433-453.

Lange, Bernd-Peter (1980): Kommerzrundfunk versus Integrationsrundfunk. Zur ordnungspolitischen Legitimation alternativer Organisationsmodelle von Rundfunkveranstaltern. In: Media Perspektiven (3), S. 133-144.

Langenbucher, Wolfgang R. (1992): Fernsehen als epochales Phänomen. Oder: Vom Nutzen der Kulturkritik für die Erforschung langfristiger Medienwirkungen. In: Hickethier, Knut (Hg.): Fernsehen. Wahrnehmungswelt, Programminstitution und Marktkonkurrenz. Frankfurt am Main, New York: Lang, S. 15-22.

Langheinrich, Thomas (2013): Rundfunk als bewegte Tapete? In: Arbeitsgemeinschaft der Landesmedienanstalten (ALM) (Hg.): Programmbericht 2012. Fernsehen in Deutschland. Berlin: Vistas, S. 13-17.

LaRose, Robert (2010): The Problem of Media Habits. In: Communication Theory 20 (2), S. 194-222.

LaRose, Robert; Matthew S. Eastin (2004): A Social Cognitive Theory of Internet Uses and Gratifications: Toward a New Model of Media Attendance. In: Journal of Broadcasting & Electronic Media 48 (3), S. 358-377.

Larsson, Anders Olof (2013): Tweeting the Viewer. Use of Twitter in a Talk Show Context. In: Journal of Broadcasting & Electronic Media 57 (2), S. 135-152.

Lasswell, Harold Dwight (1948): The Structure and Function of Communication in Society. In: Bryson, Lyman (Hg.): The Communication of Ideas. A Series of Addresses. New York: Harper and Brothers, S. 37-51.

Latzer, Michael (1997): Mediamatik. Die Konvergenz von Telekommunikation, Computer und Rundfunk. Opladen: Westdeutscher Verlag.

Latzer, Michael (1999): Konvergenz. In: Latzer, Michael et al. (Hg.): Die Zukunft der Kommunikation. Phänomene und Trends in der Informationsgesellschaft. Innsbruck: Studien Verlag, S. 25-28.

Laumann, Jörg (2011): Am virtuellen Lagerfeuer. In: Tendenz (3), S. 24-26.

Lazarsfeld, Paul F.; Bernard Berelson; Hazel Gaudet (1948): The People's Choice. How the Voter Makes up His Mind in a Presidential Campaign. 2. Auflage. New York, London: Columbia University Press.

Leary, Mark R.; Robin M. Kowalski (1990): Impression Management: A Literature Review and Two-Component Model. In: Psychological Bulletin 107 (1), S. 34-47.

Lee, Barbara; Robert S. Lee (1995): How and Why People Watch TV: Implications for the Future of Interactive Television. In: Journal of Advertising Research 35 (6), S. 9-18.

Lee, Hye Jin; Mark Andrejevic (2014): Second-Screen Theory. From the Democtaric Surround to the Digital Enclosure. In: Holt, Jennifer; Kevin Sanson (Hg.): Connected Viewing. Selling, Streaming, & Sharing Media in the Digital Age. New York: Routledge, S. 40-61.

Leggewie, Claus; Christoph Bieber (2004): Interaktivität – Soziale Emergenzen im Cyberspace? In: Bieber, Christoph; Claus Leggewie (Hg.): Interaktivität. Ein transdisziplinärer Schlüsselbegriff. Frankfurt am Main, New York: Campus, S. 7-14.

Lehman-Wilzig, Sam; Nava Cohen-Avigdor (2004): The Natural Life Cycle of New Media Evolution: Inter-Media Struggle for Survival in the Internet Age. In: New Media & Society 6 (6), S. 707-730.

Leiner, Dominik J.; Ralf Hohlfeld; Oliver Quiring (2010): Sozialkapital in deutschsprachigen Onlinenetzwerken. In: Medien Journal 34 (4), S. 48-61.

Leung, Louis (2001): College Student Motives for Chatting on ICQ. In: New Media & Society 3 (4), S. 483-500.

Leung, Louis (2007): Stressful Life Events, Motives for Internet Use, and Social Support among Digital Kids. In: CyberPsychology & Behavior 10 (2), S. 204-214.

Leung, Louis (2009): User-Generated Content on the Internet: An Examination of Gratifications, Civic Engagement and Psychological Empowerment. In: New Media & Society 11 (8), S. 1327-1347.

Levy, Mark R. (1978): Television News Uses. A Cross-National Comparison. In: Journalism & Mass Communication Quarterly 55 (2), S. 334-337.

Levy, Mark R.; Sven Windahl (1984): Audience Activity and Gratifications: A Conceptual Clarification and Exploration. In: Communication Research 11 (1), S. 51-78.

Levy, Mark R.; Sven Windahl (1985): The Concept of Audience Activity. In: Rosengren, Karl Erik et al. (Hg.): Media Gratifications Research. Current Perspectives. Beverly Hills u. a.: Sage, S. 109-122.

Li, Charlene; Josh Bernoff (2008): Groundswell. Winning in a World Transformed by Social Technologies. Boston, Massachusetts: Havard University Press.

Lim, Joon Soo; YoungChan Hwang; Seyun Kim; Frank A. Biocca (2015): How Social Media Engagement Leads to Sports Channel Loyalty: Mediating Roles of Social Presence and Channel Commitment. In: Computers in Human Behavior 46, S. 158-167.

Lin, Carolyn A. (1993): Modeling the Gratification-Seeking Process of Television Viewing. In: Human Communication Research 20 (2), S. 224-244.

Lin, Carolyn A. (1999): Online-Service Adoption Likelihood. In: Journal of Advertising Research 39 (2), S. 79-89.

Lin, Jhih-Syuan; Yongjun Sung; Kuan-Ju Chen (2016): Social Television: Examining the Antecedents and Consequences of Connected TV Viewing. In: Computers in Human Behavior 58, S. 171-178.

Lindner-Braun, Christa (2007): Mediennutzung: Methodologische, methodische und theoretische Grundlagen. Münster: LIT.

Livaditi, Julia; Konstantina Vassilopoulou; Christos Lougos; Konstantinos Chorianopoulos (2003): Needs and Gratifications for Interactive TV Applications: Implications for Designers. Paper Presented at the Proceedings of the 36th Annual Hawaii International Conference on System Sciences (HICSS'03). Verfügbar unter https://www.computer.org/csdl/proceedings/hicss/2003/1874/04/187440100b.pdf, zuletzt geprüft am 21.04.2013.

Lochrie, Mark; Paul Coulton (2012a): Sharing the Vewing Experience through Second Screens. In: ACM (Hg.): EuroITV'12. Proceedings of the 10th European Conference on Interactive TV and Video. New York: ACM, S. 199-202.

Lochrie, Mark; Paul Coulton (2012b): The Role of Smartphones in Mass Participation TV. Verfügbar unter http://eprints.lancs.ac.uk/56136/1/The_Role_of_Smartphones_in_Mass_Participation_TV_.pdf, zuletzt geprüft am 01.06.2015.

Lochrie, Mark; Paul Coulton (2012c): Tweeting with the Telly On! In: IEEE (Hg.): Consumer Communications and Networking Conference (CCNC). Piscataway: IEEE, S. 729-731.

Loosen, Wiebke (2007): Entgrenzung des Journalismus: empirische Evidenzen ohne theoretische Basis? In: Publizistik 52 (1), S. 63-79.

Loosen, Wiebke; Jan-Hinrik Schmidt; Nele Heise; Julius Reimer; Mareike Scheler (2013): Publikumsinklusion bei der Tagesschau. Fallstudien auf dem DFG-Projekt „Die (Wieder-)Entdeckung des Publikums". Verfügbar unter http://www.hans-bredow-institut.de/webfm_send/709, zuletzt geprüft am 22.04.2013.

Loosen, Wiebke; Armin Scholl (2011): Validierung oder Ergänzung? Zur Praxis von Methodenkombinationen in der Journalismusforschung. In: Jandura, Olaf et al. (Hg.): Methoden der Journalismusforschung. Wiesbaden: VS Verlag für Sozialwissenschaften, S. 109-121.

Loosen, Wiebke; Armin Scholl (2012): Theorie und Praxis von Mehrmethodendesigns in der Kommunikationswissenschaft. In: Loosen, Wiebke (Hg.): Methodenkombinationen in der Kommunikationswissenschaft. Methodologische Herausforderungen und empirische Praxis. Köln: Halem, S. 9-25.

Lotz, Amanda D. (2007): The Television Will Be Revolutionized. New York: University Press.

Lucht, Jens (2006): Der öffentlich-rechtliche Rundfunk: ein Auslaufmodell? Grundlagen, Analysen, Perspektiven. Wiesbaden: VS Verlag für Sozialwissenschaften.

Ludes, Peter (1999): Programmgeschichte des Fernsehens. In: Wilke, Jürgen (Hg.): Mediengeschichte der Bundesrepublik Deutschland. Köln u. a.: Böhlau, S. 255-301.

Luhmann, Niklas (1984): Soziale Systeme. Grundriss einer allgemeinen Theorie. Frankfurt am Main: Suhrkamp.

Luhmann, Niklas (2001): Die Unwahrscheinlichkeit der Kommunikation. In: Luhmann, Niklas (Hg.): Aufsätze und Reden. Stuttgart: Reclam, S. 76-93.

Luhmann, Niklas (2009): Die Realität der Massenmedien. 4. Auflage. Wiesbaden: VS Verlag für Sozialwissenschaften.

Lule, Jack (2012): Globalization and Media. Global Village of Babel. Lanham: Rowman and Littlefield.

Lull, James (1980): The Social Uses of Television. In: Human Communication Research 6 (3), S. 197-209.

Lull, James (1988): The Family and Television in World Cultures. In: Lull, James (Hg.): World Families Watch Television. Newbury Park u. a.: Sage, S. 9-21.

Lull, James (1990): Inside Family Viewing. Ethnographic Research on Television's Audiences. London, New York: Routledge.

Mahr, Hans (2004): Interaktives Fernsehen: Status und Perspektiven. In: zu Salm, Christiane (Hg.): Zaubermaschine interaktives Fernsehen? TV-Zukunft zwischen Blütenträumen und Businessmodellen. Wiesbaden: Gabler, S. 91-109.

Maier, Michaela (2002): Zur Konvergenz des Fernsehens in Deutschland. Ergebnisse qualitativer und repräsentativer Zuschauerbefragungen. Dissertation, Universität Jena. Konstanz: UVK.

Maletzke, Gerhard (1963): Psychologie der Massenkommunikation. Hamburg: Hans-Bredow-Institut.

Maletzke, Gerhard (1978): Psychologie der Massenkommunikation. Theorie und Systematik. 2. Auflage. Hamburg: Hans-Bredow-Institut.

Maletzke, Gerhard (1984): Bausteine zur Kommunikationswissenschaft, 1949-1984. Ausgewählte Aufsätze zu Problemen, Begriffen, Perspektiven. Berlin: Spiess.

Maletzke, Gerhard (1988): Massenkommunikationstheorien. Tübingen: Niemeyer.

Maletzke, Gerhard (1998): Kommunikationswissenschaft im Überblick. Grundlagen, Probleme, Perspektiven. Opladen: Westdeutscher Verlag.

Maletzke, Gerhard (2002): Integration – eine gesellschaftliche Funktion der Massenmedien. In: Haas, Hannes; Otfried Jarren (Hg.): Mediensysteme im Wandel. Struktur, Organisation und Funktion der Massenmedien. Wien: Braumüller, S. 69-76.

Mantzari, Evangelia; George Lekakos; Adam Vrechopoulos (2008): Social TV: Introducing Virtual Socialization in the TV Experience. In: Darnell, Michael J. et al. (Hg.): Proceeding of the UXTV'08. The First International Conference on Designing Interactive User Experiences for TV and Video. New York: ACM, S. 81-84.

Marek, Roman (2013): Understanding YouTube. Über die Faszination eines Mediums. Bielefeld: Transcript.

Marinelli, Alberto; Romana Andò (2014): Multiscreening and Social TV. The Changing Landscape of TV Consumption in Italy. In: Journal of European Television History & Culture 3 (6), S. 24-36. Verfügbar unter http://viewjournal.eu/index.php/view/article/view/JETHC067/164, zuletzt geprüft am 30.12.2014.

Markmiller, Ines; Andreas Fahr (2008): Die Big Five in Fernsehnutzungsstudien: Eine Validierung von Kurzskalen zur Erhebung von Persönlichkeitsmerkmalen. In: Matthes, Jörg (Hg.): Die Brücke zwischen Theorie und Empirie: Operationalisierung, Messung und Validierung in der Kommunikationswissenschaft. Köln: Halem, S. 128-156.

Marschall, Stefan (1999): Alte und neue Öffentlichkeiten. Strukturmerkmale politischer Öffentlichkeit im Internet. In: Kamps, Klaus (Hg.): Elektronische Demokratie? Perspektiven politischer Partizipation. Opladen, Wiesbaden: Westdeutscher Verlag, S. 109-126.

Martens, Dirk; Jan Hefert (2013): Der Markt für Video-on-Demand in Deutschland. In: Media Perspektiven (2), S. 101-114.

Maslow, Abraham H. (1954): Motivation and Personality. New York: Harper and Row.

Mast, Claudia (1986): Was leisten die Medien? Funktionaler Strukturwandel in den Kommunikationssystemen. Osnabrück: Fromm.

Matthes, Jörg (2006): Eine falsche Dichotomie? Überlegungen zum selbstverständlichen Zusammenspiel qualitativer und quantitativer Forschung. In: Fahr, Andreas (Hg.): Zählen oder Verstehen? Zur aktuellen Diskussion um die Verwendung quantitativer und qualitativer Methoden in der empirischen Kommunikationswissenschaft. Köln: Halem, S. 91-107.

Matzen, Nea (2016): 20 Jahre tagesschau.de. Als das Internet noch Neuland war. Verfügbar unter https://www.tagesschau.de/inland/tagesschau-online-zwanzig-jahre-101.html, zuletzt geprüft am 17.08.2016.

Maurer, Marcus; Olaf Jandura (2009): Masse statt Klasse? Einige kritische Anmerkungen zu Repräsentativität und Validität von Online-Befragungen. In: Jackob, Nikolaus et al. (Hg.): Sozialforschung im Internet. Methodologie und Praxis der Online-Befragung. Wiesbaden: VS Verlag für Sozialwissenschaften, S. 61-73.

Mayer, Angelika M. (2013a): Qualität im Zeitalter von TV 3.0. Die Debatte zum öffentlich-rechtlichen Fernsehen. Wiesbaden: VS Verlag für Sozialwissenschaften.

Mayer, Horst Otto (2013b): Interview und schriftliche Befragung. Grundlagen und Methoden empirischer Sozialforschung. 6., überarb. Auflage. München: Oldenbourg.

Mayring, Philipp (2001): Kombination und Integration qualitativer und quantitativer Analyse. In: Forum Qualitative Sozialforschung 2 (1). Verfügbar unter http://www.qualitative-research.net/index.php/fqs/article/view/967/2111, zuletzt geprüft am 14.08.2015.

Mayring, Philipp (2002): Einführung in die qualitative Sozialforschung. Eine Anleitung zu qualitativem Denken. 5. Auflage. Weinheim, Basel: Beltz.

Mayring, Philipp (2013): Qualitative Inhaltsanalyse. In: Flick, Uwe et al. (Hg.): Qualitative Forschung. Ein Handbuch. Reinbek bei Hamburg: Rowohlt, S. 468-475.

Mayring, Philipp (2015): Qualitative Inhaltsanalyse. Grundlagen und Techniken. 12., aktual. und überarb. Auflage. Weinheim: Beltz.

McGinley, Maurice (2008): Social TV Is a Natural Progression of Traditional TV. Paper for the UXTV'08 Social TV Workshop. California. Verfügbar unter http://academia.edu/1852832/Social_TV_is_a_natural_progression_of_traditional_TV_Position_Paper_for_the_UXTV08_Social_TV_Workshop, zuletzt geprüft am 23.04.2014.

McLeod, Jack M.; Lee B. Becker (1981): The Uses and Gratifications Approach. In: Nimmo, Dan D.; Keith R. Sanders (Hg.): Handbook of Political Communication. Beverly Hills, London: Sage, S. 67-99.

McLuhan, Marshall (1962): The Gutenberg Galaxy. The Making of Typographic Man. Toronto: University Press.

McLuhan, Marshall (1964): Understanding Media. The Extensions of Man. New York: McGraw-Hill.

McLuhan, Marshall (1994): Die magischen Kanäle. Understanding Media. Dresden: Verlag der Kunst.

McPherson, Kimra; Kai Huotair; F. Yo-Shang Cheng; David Humphrey; Coye Cheshire; Andrew L. Brooks; Kai Huotari (2012): Glitter: A Mixed-Methods Study of Twitter Use During Glee Broadcasts. In: Poltrock, Steven; Carla Simone (Hg.): CSCW'12. Proceedings of the ACM 2012 Conference on Computer Supported Cooperative Work. New York: ACM, S. 167-170.

McQuail, Denis (Hg.) (1972): Sociology of Mass Communications. Harmondsworth: Penguin.

McQuail, Denis (1983): Mass Communication Theory. An Introduction. London u. a.: Sage.

McQuail, Denis (1984): With the Benefit of Hindsight: Reflections on Uses and Gratifications Research. In: Critical Studies in Mass Communication 2 (1), S. 177-193.

McQuail, Denis; Jay G. Blumler; J. R. Brown (1972): The Television Audience: A Revised Perspective. In: McQuail, Denis (Hg.): Sociology of Mass Communications. Harmondsworth: Penguin, S. 135-165.

Meckel, Miriam (1997): Die neue Übersichtlichkeit. Zur Entwicklung des Format-Fernsehens in Deutschland. In: Rundfunk und Fernsehen 54 (4), S. 475-485.

MediaCom (2015): „Social TV Buzz" Entwicklung 2014. Fast 6 Mio. Tweets & Facebook-Posts zu TV-Sendungen in 2014. Verfügbar unter http://www.mediacom.de/de/news/social-tv-buzz/2015/01/social-tv-buzz-entwicklung-2014.aspx, zuletzt geprüft am 21.01.2016.

MediaCom (2016a): „Social TV Buzz" April 2016. Böhmermann ist Gesprächsthema Nummer eins – #GoT fliegt. Verfügbar unter http://www.mediacom.de/de/news/social-tv-buzz/2016/mai/social-tv-buzz-april-2016.aspx?mobile=True, zuletzt geprüft am 12.06.2016.

MediaCom (2016b): „Social TV Buzz" Jahresauswertung 2015. TV-Zuschauer auf Facebook und Twitter: 2015 diskutierten sie am häufigsten über den Tatort. Verfügbar unter http://www.mediacom.de/de/news/social-tv-buzz/2016/januar/social-tv-buzz-jahresauswertung-2015.aspx, zuletzt geprüft am 23.01.2016.

Meedia (2012): Der Medien-Rommel zum „Wüstenfuchs"-Film. ARD-Dokumentation mit Second-Screen Angebot. Verfügbar unter http://meedia.de/fernsehen/medien-rommel-um-hitlers-wuestenfuchs/2012/11/01.html, zuletzt geprüft am 02.11.2012.

Mehler, Alexander; Tilmann Sutter (Hg.) (2010): Medienwandel als Wandel von Interaktionsformen. Wiesbaden: VS Verlag für Sozialwissenschaften.

Mehling, Gabriele (2007): Fernsehen mit Leib und Seele. Eine phänomenologische Interpretation des Fernsehens als Handeln. Konstanz: UVK.

Meier, Werner A. (1999): Was macht die Publizistik- und Kommunikationswissenschaft mit der Konvergenz? In: Latzer, Michael et al. (Hg.): Die Zukunft der Kommunikation. Phänomene und Trends in der Informationsgesellschaft. Innsbruck: Studien Verlag, S. 29-42.

Mende, Annette; Ekkehardt Oehmichen; Christian Schröter (2013): Gestaltenwandel und Aneignungsdynamik des Internets. In: Media Perspektiven (1), S. 33-49.

Menzl, Mathias (2012): Social TV: Stand und weitere Entwicklung. Verfügbar unter http://www.mathiasmenzl.ch/2012/09/11/social-tv-stand-und-weitere-entwicklung/, zuletzt geprüft am 02.10.2014.

Merten, Klaus (1977): Kommunikation. Eine Begriffs- und Prozeßanalyse. Opladen: Westdeutscher Verlag.

Merten, Klaus (1984): Vom Nutzen des „Uses and Gratifications Approach". Anmerkungen zu Palmgreen. In: Rundfunk und Fernsehen 32 (1), S. 66-72.

Merten, Klaus (1996): Konvergenz der Fernsehprogramme im dualen Rundfunk. In: Hömberg, Walter; Heinz Pürer (Hg.): Medien-Transformation. Zehn Jahre dualer Rundfunk in Deutschland. Konstanz: UVK, S. 152-171.

Merten, Klaus (1999): Einführung in die Kommunikationswissenschaft. Münster, Hamburg: LIT.

Merten, Lisa (2014): Ohne Twitter hätt ich schon längst abgeschaltet. #tatort. Eine Studie zum Einfluss von Social Media auf die Sendungsbewertung. Unveröffentlichte Masterarbeit. TU Dresden.

Merten, Lisa; René Welz; Gabriele Hooffacker; Uwe Kulisch; Juliane Datko; Tobias Thiergen; Sebastian Gomon; Verena Einwich; Marco Niebling-Gau; Matthias Degen; Andreas Köhler; Ralf Spiller; Verena Waßink; Sonja Kretzschmar (2016): Trends im Social und Mobile TV. In: Hooffacker, Gabriele; Cornelia Wolf (Hg.): Technische Innovationen – Medieninnovationen? Herausforderungen für Kommunikatoren, Konzepte und Nutzerforschung. Wiesbaden: Springer VS, S. 115-190.

Meyen, Michael (2001): Das „duale Publikum". Zum Einfluss des Medienangebots auf die Wünsche der Nutzer. In: Medien & Kommunikationswissenschaft 49 (1), S. 5-23.

Meyen, Michael (2004): Mediennutzung. Mediaforschung, Medienfunktionen, Nutzungsmuster. 2., überarb. Auflage. Konstanz: UVK.

Meyen, Michael (2009): Medialisierung. In: Medien & Kommunikationswissenschaft 57 (1), S. 23-38.

Meyen, Michael; Kathrin Dudenhöffer; Julia Huss; Senta Pfaff-Rüdiger (2009): Zuhause im Netz. Eine qualitative Studie zu Mustern und Motiven der Internetnutzung. In: Publizistik 54 (4), S. 513-532.

Meyen, Michael; Maria Löblich; Senta Pfaff-Rüdiger; Claudia Riesmeyer (2011): Qualitative Forschung in der Kommunikationswissenschaft. Eine praxisorientierte Einführung. Wiesbaden: VS Verlag für Sozialwissenschaften.

Meyen, Michael; Senta Pfaff (2006): Rezeption von Geschichte im Fernsehen. Eine qualitative Studie zu Nutzungsmotiven, Zuschauererwartungen und zur Bewertung einzelner Darstellungsformen. In: Media Perspektiven (2), S. 102-106.

Meyrowitz, Joshua (1994): Medium Theory. In: Crowley, David J.; David Mitchell (Hg.): Communication Theory Today. Cambridge, Oxford: Blackwell, S. 50-77.

Michel, Lutz P.; Aycha Riffi (2013): Bewegtbild 2020 – ein Blick in die Zukunft. In: Gräßer, Lars; Aycha Riffi (Hg.): Einfach fernsehen? Zur Zukunft des Bewegtbildes. München: kopaed, S. 19-27.

Michel, Sascha (2015a): „herr niebel hat hochwasserhosen…". Aneignungsprozesse multimodaler Aspekte von Polit-Talkshows im Social TV am Beispiel von Twitter. In: Girnth, Heiko; Sascha Michel (Hg.): Polit-Talkshow. Interdisziplinäre Perspektiven auf ein multimodales Format. Stuttgart: ibidem, S. 285-316.

Michel, Sascha (2015b): Zuschauerkommunikation in sozialen Netzwerken: Social TV. Am Beispiel des „Dschungelcamps" in Twitter. In: Der Sprachdienst (2), S. 51-67.

Michelis, Daniel (2015): Social Media Modell. In: Michelis, Daniel; Thomas Schildhauer (Hg.): Social Media Handbuch. Theorien, Methoden, Modelle und Praxis. Baden-Baden: Nomos, S. 23-37.

Midha, Anjali (2014a): Study: Exposure to TV Tweets Drives Consumers to Take Action – Both on and off of Twitter. Verfügbar unter https://blog.twitter.com/2014/study-exposure-to-tv-tweets-drives-consumers-to-take-action-both-on-and-off-of-twitter, zuletzt geprüft am 06.10.2014.

Midha, Anjali (2014b): Study: Live-Tweeting Lifts Tweet Volume, Builds a Social Audience for Your Show. Verfügbar unter https://blog.twitter.com/2014/study-live-tweeting-lifts-tweet-volume-builds-a-social-audience-for-your-show, zuletzt geprüft am 19.09.2014.

Midha, Anjali (2014c): TV x Twitter: New Findings for Advertisers and Networks. Verfügbar unter https://blog.twitter.com/2014/tv-x-twitter-new-findings-for-advertisers-and-networks, zuletzt geprüft am 05.02.2014.

Mikos, Lothar (1992): Kitzel des Unvorhergesehenen. Zum Live-Charakter des Fernsehens. In: Hickethier, Knut (Hg.): Fernsehen. Wahrnehmungswelt, Programminstitution und Marktkonkurrenz. Frankfurt am Main, New York: Lang, S. 181-191.

Mikos, Lothar (1994): Fernsehen im Erleben der Zuschauer. Vom lustvollen Umgang mit einem populären Medium. Berlin: Quintessenz.

Mikos, Lothar (2006): Imaginierte Gemeinschaft. Fans und internationaler Fußball in der reflexiven Moderne. In: Müller, Eggo; Jürgen Schwier (Hg.): Medienfussball im europäischen Vergleich. Köln: Halem, S. 92-119.

Mindshare (2012): Smart-TV – The next Big Thing? Verfügbar unter http://assets.mindshare.br.isotoma.com/xt-38ce6e46-ae35-11e1-ada9-0024e85b3c0c/PressReleaseMS_Juni2012_SmartTV.pdf, zuletzt geprüft am 21.03.2013.

Mischok, Konrad (2015): Wie erzielen deutsche Fernsehsendungen Interaktionen auf Facebook? Beschreibung und Evaluation der Strategien von Content-Anbietern. In: Buschow, Christopher; Beate Schneider (Hg.): Social TV in Deutschland. Leipzig: Vistas, S. 169-182.

Mischok, Konrad; Christopher Buschow; Beate Schneider (2014): Verschenktes Potenzial. In: kressreport (2), S. 30-31.

Mischok, Konrad; Beate Schneider; Christopher Buschow (2013): Wie erzielen deutsche Fernsehsendungen Interaktion auf Facebook? Verfügbar unter http://we.makesocial.tv/social-tv/wie-erzielen-deutsche-fernsehsendungen-interaktionen-auf-facebook/, zuletzt geprüft am 09.12.2013.

Misoch, Sabina (2015): Qualitative Interviews. Berlin: Walter de Gruyter.

Mitchell, Keith; Andrew Jones; Johnathan Ishmael; Race, Nicholas J. P. (2011): Social TV: The Impact of Social Awareness on Content Navigation within IPTV Systems. In: ACM Computer Entertainment 9 (3).

Mock, Thomas (2006): Was ist ein Medium? In: Publizistik 51 (2), S. 183-200.

Möhring, Wiebke; Daniela Schlütz (2010): Die Befragung in der Medien- und Kommunikationswissenschaft. Eine praxisorientierte Einführung. 2., überarb. Auflage. Wiesbaden: VS Verlag für Sozialwissenschaften.

Möhring, Wiebke; Daniela Schlütz (2013): Standardisierte Befragung: Grundprinzipien, Einsatz und Anwendung. In: Möhring, Wiebke; Daniela Schlütz (Hg.): Handbuch standardisierte Erhebungsmethoden in der Kommunikationswissenschaft. Wiesbaden: Springer VS, S. 183-200.

Montpetit, Marie-José (2009): Your Content, Your Networks, Your Devices: Social Networks Meet Your TV Experience. In: ACM Computer Entertainment 7 (3).

Montpetit, Marie-José; Pablo Cesar; Maja Matijasevic; Zhu Liu; John Crowcroft; Oscar Martinez-Bonastre (2012): Surveying the Social, Smart and Converged TV Landscape: Where Is Television Research Headed? Verfügbar unter http://arxiv.org/ftp/arxiv/papers/1209/1209.2905.pdf, zuletzt geprüft am 21.03.2013.

Montpetit, Marie-José; Natalie Klym; Emmanuel Blain (2010): The Future of Mobile TV. When Mobile TV Meets the Internet and Social Networking. In: Marcus, Aaron et al. (Hg.): Mobile TV: Customizing Content and Experience. London: Springer, S. 305-326.

Moreno, Jacob Levy (1974): Die Grundlagen der Soziometrie. Wege zur Neuordnung der Gesellschaft. 3. Auflage. Opladen: Westdeutscher Verlag.

Morgan, Bob (2015): Introducing New Tools and Resources for Broadcasters. Verfügbar unter https://media.fb.com/2015/10/06/new-tools-for-broadcast/, zuletzt geprüft am 13.11.2015.

Morley, David (1986): Family Television. Cultural Power and Domestic Leisure. London, New York: Routledge.

Morley, David (1996): Medienpublika aus Sicht der Cultural Studies. In: Hasebrink, Uwe; Friedrich Krotz (Hg.): Die Zuschauer als Fernsehregisseure? Zum Verständnis individueller Nutzungs- und Rezeptionsmuster. Baden-Baden: Nomos, S. 37-51.

Morris, Merrill; Christine Ogan (1996): The Internet as Mass Medium. In: Journal of Communication 46 (1), S. 39-50.

Morrison, Margaret; Dean M. Krugmann (2001): A Look at Mass and Computer Mediated Technologies: Understanding the Roles of Television and Computers in the Home. In: Journal of Broadcasting & Electronic Media 45 (1), S. 135-161.

Moschovitis, Christos J. P.; Hilary Poole; Tami Schuyler; Teresa M. Senft (1999): History of the Internet. A Chronology, 1843 to the Present. Santa Barbara: ABC-CLIO.

Moser, Markus (2013): Die Verschmelzung von Internet und Fernsehen. Grundlagen und Akzeptanz von SmartTV. Saarbrücken: Akademiker Verlag.

Mühl-Benninghausen, Wolfgang; Mike Friedrichsen (2010): Die Folgen der Individualisierung für die Medien- und Kommunikationskultur. In: Friedrichsen, Mike et al. (Hg.): Medienwandel durch Digitalisierung und Krise. Eine vergleichende Analyse zwischen Russland und Deutschland. Baden-Baden: Nomos, S. 33-53.

Mukherjee, Partha; Bernard J. Jansen (2014): Social TV and the Social Soundtrack: Significance of Second Screen Interaction during Television Viewing. In: Kennedy, William G. et al. (Hg.): Social Computing, Behavioral-Cultural Modeling and Prediction. 7th International Conference, SBP 2014, Washington, DC, USA, April 1-4, 2014. Cham u. a.: Springer, S. 317-324.

Mukherjee, Partha; Bernard J. Jansen (2015): Analyzing Second Screen Based Social Soundtrack of TV Viewers from Diverse Cultural Settings. In: Agarwal, Nitin et al. (Hg.): Social Computing, Behavioral-Cultural Modeling, and Prediction. 8th International Conference, SBP 2015 Washington, DC, USA, March 31 – April 3, 2015 Proceedings. Cham: Springer, S. 375-380.

Müller, Jens; Armin Rott (2014): Second Screen – (K)ein Streitgespräch. In: MedienWirtschaft 11 (1), S. 28-31.

Müller, Kathrin Friederike; Jutta Röser (2017): Wie Paare Second Screen beim Fernsehen nutzen: Eine ethnografische Studie zur Mediatisierung des Zuhauses. In: Göttlich, Udo et al. (Hg.): Ko-Orientierung in der Medienrezeption. Praktiken der Second Screen-Nutzung. Wiesbaden: Springer VS, S. 137-155.

Müller, Philipp (2016): Die Wahrnehmung des Medienwandels. Eine Exploration ihrer Dimensionen, Entstehungsbedingungen und Folgen. Wiesbaden: Springer VS.

Müller-Terpitz, Ralf; Alexandra Rauchhaus (2011): „Hybrid-TV". Eine neue Technik als Herausforderung für das Recht. In: Barmeyer, Christoph et al. (Hg.): Medien und Wandel. Berlin: Logos, S. 309-327.

Mummendey, Hans Dieter (1995): Psychologie der Selbstdarstellung. 2., überarb. und erw. Auflage. Göttingen: Hogrefe.

Mundhenke, Florian (2013): Der Medienwandel des Fernsehens als Funktionswandel und Wahrnehmungswandel: Medial Hybridisierung am Beispiel des Dokumentarischen. In: Breitenborn, Uwe et al. (Hg.): Medienumbrüche im Rundfunk seit 1950. Köln: Halem, S. 90-109.

Münker, Stefan (2002): Praxis Internet. Frankfurt am Main: Suhrkamp.

Münker, Stefan (2009): Emergenz digitaler Öffentlichkeiten. Die sozialen Medien im Web 2.0. Frankfurt am Main: Suhrkamp.

Münker, Stefan (2013): Augen im Fenster. Elemente der intermedialen Rekonfiguration des Fernsehens im Kontext digitaler Öffentlichkeiten. In: Freyermuth, Gundolf S.; Lisa Gotto (Hg.): Bildwerte. Visualität in der digitalen Medienkultur. Bielefeld: Transcript, S. 173-193.

Münker, Stefan (2015): Die sozialen Medien des Web 2.0. In: Michelis, Daniel; Thomas Schildhauer (Hg.): Social Media Handbuch. Theorien, Methoden, Modelle und Praxis. Baden-Baden: Nomos, S. 59-69.

Münker, Stefan; Alexander Roesler (Hg.) (2008): Was ist ein Medium? Frankfurt am Main: Suhrkamp.

Murray, Janet H. (2012): Transcending Transmedia: Emerging Story Telling Structures for the Emerging Convergence Platforms. In: ACM (Hg.): EuroITV'12. Proceedings of the 10th European Conference on Interactive TV and Video. New York: ACM, S. 1-5.

Murthy, Dhiraj (2012): Twitter. Social Communication in the Twitter Age. Oxford: Blackwell.

Naab, Teresa K. (2013): Gewohnheiten und Rituale der Fernsehnutzung. Theoretische Konzeption und methodische Perspektiven. Baden-Baden: Nomos.

Nadkarni, Ashwini; Stefan G. Hofmann (2012): Why Do People Use Facebook? In: Personality and Individual Differences 52 (3), S. 243-249.

Nagel, Wolfram; Valentin Fischer (2013): Multiscreen Experience Design. Prinzipien, Muster und Faktoren für die Strategieentwicklung und Konzeption digitaler Services für verschiedene Endgeräte. Schwäbisch Gmünd: digiparden.

Nagy, Judit; Anjali Midha (2014): The Value of Earned Audiences: How Social Interactions Amplify TV Impact. What Programmers and Advertisers Can Gain from Earned Social Impressions. In: Journal of Advertising Research 54 (4), S. 448-453.

Nandzik, Janna (2014): Immersive Storytelling dank Social Media. In: Bayerische Landesmedienzentrale für Neue Medien (BLM) (Hg.): 3. Deutscher Social TV Summit. Verfügbar unter https://www.youtube.com/watch?v=vUBbRzltMQk, zuletzt geprüft am 06.07.2014.

Napoli, Philip M. (2010): Revisiting „Mass Communication" and the „Work" of the Audience in the New Media Environment. In: Media, Culture & Society 32 (3), S. 505-516.

Narr, Kerstin (2013): Digitale Kollaboration im Kontext des Lernens – Voraussetzungen, Herausforderungen und Nutzen. Verfügbar unter http://www.ikosom.de/2013/05/17/digitale-kollaboration-im-kontext-des-lernens-voraussetzungen-herausforderungen-und-nutzen/, zuletzt geprüft am 11.06.2014.

Nathan, Mukesh; Chris Harrison; Svetlana Yarosh; Loren Terveen; Larry Stead; Brian Amento (2008): CollaboraTV: Making Television Viewing Social Again. In: Darnell, Michael J. et al. (Hg.): Proceeding of the UXTV'08. The First International Conference on Designing Interactive User Experiences for TV and Video. New York: ACM, S. 85-94.

Naumann, Stephan (2013): 5 Learnings zu Social TV am Beispiel von „Circus HalliGalli". Verfügbar unter http://we.makesocial.tv/social-tv/5-learnings-zu-social-tv-am-beispiel-von-circus-halligalli/?utm_source=feedly, zuletzt geprüft am 10.06.2013.

NDR (2015): Viel Lob für WhatsApp-Geschichte. Protokoll einer Flucht. Verfügbar unter http://www.ndr.de/fernsehen/sendungen/panorama3/Viel-Lob-fuer-WhatsApp-Geschichte,fluchtprotokoll168.html, zuletzt geprüft am 08.07.2015.

Nee, Rebecca C.; Dacis M. Dozier (2015): Second Screen Effects: Linking Multiscreen Media Use to Television Engagement and Incidental Learning. In: Convergence: The International Journal of Research into New Media Technologies. Published online before print. Verfügbar unter http://con.sagepub.com/content/early/2015/07/02/1354856515592510.abstract, zuletzt geprüft am 15.04.2016.

Neef, Andreas; Willi Schroll; Sven Hirsch (2011): TV 2020 – Die Zukunft des Fernsehens. Eine Trendstudie von Z_punkt. Verfügbar unter http://www.z-punkt.de/fileadmin/be_user/D_Publikationen/D_Zukunftsreports/TV-2020_Die_Zukunft_des_Fernsehens_Report.pdf, zuletzt geprüft am 19.12.2013.

Negroponte, Nicholas (1996): Being Digital. London: Coronet.

Neidhardt, Friedhelm (Hg.) (1994a): Öffentlichkeit, öffentliche Meinung, soziale Bewegungen. Sonderheft der Kölner Zeitschrift für Soziologie und Sozialpsychologie. Opladen: Westdeutscher Verlag.

Neidhardt, Friedhelm (1994b): Öffentlichkeit, öffentliche Meinung, soziale Bewegungen. In: Neidhardt, Friedhelm (Hg.): Öffentlichkeit, öffentliche Meinung, soziale Bewegungen. Sonderheft der Kölner Zeitschrift für Soziologie und Sozialpsychologie. Opladen: Westdeutscher Verlag, S. 7-41.

Networked Insights (2012): Social TV Survival Guide. Verfügbar unter http://info.networkedinsights.com/rs/networkedinsights/images/NI_SocTV_paper.pdf, zuletzt geprüft am 12.10.2012.

Neuberger, Christoph (2001): Strategien der Tageszeitungen im Internet. Ergebnisse einer Redaktionsbefragung. In: Maier-Rabler, Ursula; Michael Latzer (Hg.): Kommunikationskulturen zwischen Kontinuität und Wandel. Universelle Netzwerke für die Zivilgesellschaft. Konstanz: UVK, S. 237-254.

Neuberger, Christoph (2002): Rundfunk und Internet: Konkurrenz, Konvergenz, Kooperation – Online-Journalismus von Fernseh- und Hörfunkanbietern. In: Roters, Gunnar (Hg.): Content im Internet. Trends und Perspektiven. Berlin: Vistas, S. 55-63.

Neuberger, Christoph (2004): Lösen sich die Grenzen des Journalismus auf? Dimensionen und Defizite der Entgrenzungsthese. In: Roters, Gunnar et al. (Hg.): Medienzukunft – Zukunft der Medien. Baden-Baden: Nomos, S. 95-112.

Neuberger, Christoph (2007): Interaktivität, Interaktion, Internet. Eine Begriffsanalyse. In: Publizistik (52), S. 33-50.

Neuberger, Christoph (2008): Internet und Journalismusforschung. Theoretische Neujustierung und Forschungsagenda. In: Quandt, Thorsten; Wolfgang Schweiger (Hg.): Journalismus online, Partizipation oder Profession? Wiesbaden: VS Verlag für Sozialwissenschaften, S. 17-42.

Neuberger, Christoph (2009): Internet, Journalismus und Öffentlichkeit. Analyse des Medienumbruchs. In: Neuberger, Christoph et al. (Hg.): Journalismus im Internet. Profession, Partizipation, Technisierung. Wiesbaden: VS Verlag für Sozialwissenschaften, S. 19-105.

Neuberger, Christoph (2011): Soziale Netzwerke im Internet. Kommunikationswissenschaftliche Einordnung und Forschungsüberblick. In: Neuberger, Christoph; Volker Gehrau (Hg.): StudiVZ. Diffusion, Nutzung und Wirkung eines sozialen Netzwerks im Internet. Wiesbaden: VS Verlag für Sozialwissenschaften, S. 33-96.

Neuberger, Christoph (2012): Journalismus im Internet aus Nutzersicht. Ergebnisse einer Onlinebefragung. In: Media Perspektiven 40 (1), S. 41-55.

Neuberger, Christoph (2014): Die Identität und Qualität des Journalismus im Internet aus Sicht des Publikums. Ergebnisse einer Online-Befragung. In: Loosen, Wiebke; Marco Dohle (Hg.): Journalismus und (sein) Publikum. Schnittstellen zwischen Journalismusforschung und Rezeptions- und Wirkungsforschung. Wiesbaden: Springer VS, S. 229-251.

Neuberger, Christoph (2015): Interaktionsmodi und Medienwandel. In: Hahn, Oliver et al. (Hg.): Digitale Öffentlichkeit(en). Konstanz, München: UVK, S. 21-34.

Neuberger, Christoph; Volker Gehrau (Hg.) (2011): StudiVZ. Diffusion, Nutzung und Wirkung eines sozialen Netzwerks im Internet. Wiesbaden: VS Verlag für Sozialwissenschaften.

Neuberger, Christoph; Thorsten Quandt (2010): Internet-Journalismus: Vom traditionellen Gatekeeping zum partizipativen Journalismus? In: Schweiger, Wolfgang; Klaus Beck (Hg.): Handbuch Online-Kommunikation. Wiesbaden: VS Verlag für Sozialwissenschaften, S. 59-79.

Neumann-Braun, Klaus; Ulla P. Autenrieth (2011): Zur Einleitung: Soziale Beziehungen im Web 2.0 und deren Visualisierung. In: Neumann-Braun, Klaus; Ulla P. Autenrieth (Hg.): Freundschaft und Gemeinschaft im Social Web. Bildbezogenes Handeln und Peergroup-Kommunikation auf Facebook et Co. Baden-Baden: Nomos, S. 9-30.

Neverla, Irene (1992): Fernseh-Zeit. Zuschauer zwischen Zeitkalkül und Zeitvertreib. Eine Untersuchung zur Fernsehnutzung. München: Ölschläger.

Neverla, Irene (2007): Medienalltag und Zeithandeln. In: Röser, Jutta (Hg.): MedienAlltag. Domestizierungsprozesse alter und neuer Medien. Wiesbaden: VS Verlag für Sozialwissenschaften, S. 43-57.

Next Media (2014): 5 Fragen für 2014: Tom Klein (Hessischer Rundfunk). Verfügbar unter http://nextmediablog.de/cross-media/5-fragen-f%C3%BCr-2014-tom-klein-hessischer-rundfunk, zuletzt geprüft am 08.01.2014.

Nielsen (2012): Surfen vor dem Fernseher: Weltweite Trends im Dual-Screening. Verfügbar unter http://nielsen.com/de/de/insights/presseseite/2012/surfen-vor-dem-fernseher-weltweite-trends-im-dual-screening.html, zuletzt geprüft am 12.03.2014.

Nielsen (2014a): From Live to 24/7: Extending Twitter TV Engagement Beyond the Live Airing. Verfügbar unter http://www.nielsen.com/us/en/insights/news/2014/from-live-to-24-7-extending-twitter-tv-engagement-beyond-the-live-airing.html, zuletzt geprüft am 15.12.2014.

Nielsen (2014b): Living Social: How Second Screens Are Helping TV Make Fans. Verfügbar unter http://www.nielsen.com/us/en/insights/news/2014/living-social-how-second-screens-are-helping-tv-make-fans.html, zuletzt geprüft am 18.04.2016.

Nielsen (2015a): Brain Activity Predicts Social TV Engagement. Neuro-Twitter TV Linkage Study. Verfügbar unter http://www.nielsen.com/content/dam/nielsenglobal/co/docs/Reports/2015/Nielsen%20Neuro%20Report%20April%202015.pdf, zuletzt geprüft am 15.12.2015.

Nielsen (2015b): Screen Wars. The Battle for Eye Space in a TV-Everywhere World. Verfügbar unter http://www.nielsen.com/content/dam/corporate/us/en/reports-downloads/2015-reports/nielsen-global-digital-landscape-report-march-2015.pdf, zuletzt geprüft am 22.04.2015.

Nielsen (2016a): Nielsen to Launch „Social Content Ratings" with Measurement Across Twitter and Facebook. Verfügbar unter http://www.nielsen.com/us/en/press-room/2016/nielsen-to-launch-social-content-ratings-with-measurement-across-twitter-and-facebook.html, zuletzt geprüft am 12.05.2016.

Nielsen (2016b): Wie die Deutschen Video-on-Demand und klassisches Fernsehen nutzen. Verfügbar unter http://www.nielsen.com/de/de/insights/reports/ 2016/global-video-on-demand.html, zuletzt geprüft am 13.04.2016.

Nielsen, Jakob (2006): Participation Inequality: Encouraging More Users to Contribute. Verfügbar unter http://www.nngroup.com/articles/participation-inequality/, zuletzt geprüft am 13.12.2013.

Noam, Eli M. (1996): Cyber-TV. Thesen zur dritten Fernsehrevolution. Gütersloh: Bertelsmann Stiftung.

Nordlund, Jan-Erik (1978): Media Interaction. In: Communication Research 5 (2), S. 150-175.

Nuernbergk, Christian (2013): Anschlusskommunikation in der Netzwerköffentlichkeit. Ein inhalts- und netzwerkanalytischer Vergleich der Kommunikation im „Social Web" zum G8-Gipfel von Heiligendamm. Baden-Baden: Nomos.

Nuernbergk, Christian (2014): Partizipation durch Anschlusskommunikation in der Blogosphäre. Ergebnisse einer Inhalts- und Netzwerkanalyse. In: Einspänner-Pflock, Jessica et al. (Hg.): Digitale Gesellschaft – Partizipationskulturen im Netz. Berlin, Münster: LIT, S. 190-207.

O'Sullivan, Patrick B. (2009): Masspersonal Communication: Rethinking the Mass-Interpersonal Divide. Vortrag auf der International Communication Association Conference. New York. Verfügbar unter http://ilstu.academia.edu/ PatrickBOSullivan/Papers/457584/Masspersonal_communication_Rethinking_ the_mass_interpersonal_divide, zuletzt geprüft am 09.07.2014.

Obrist, Marianna; Elke Beck; Sara Kepplinger; Regina Bernhaupt; Manfred Tscheligi (2008): Local Communities: Back to Life (Live) Through IPTV. In: Tscheligi, Manfred et al. (Hg.): Changing Television Environments. 6th European Conference, EUROITV 2008, Salzburg, Austria, July 2008, Proceedings. Berlin, Heidelberg: Springer, S. 148-157.

Oehmichen, Ekkehardt (2007): Die neue MedienNutzer-Typologie MNT 2.0. Veränderungen und Charakteristika der Nutzertypen. In: Media Perspektiven (5), S. 226-234.

Oehmichen, Ekkehardt; Christa-Maria Ridder (Hg.) (2010): Die MedienNutzerTypologie 2.0. Aktualisierung und Weiterentwicklung des Analyseinstruments. Baden-Baden: Nomos.

Oehmichen, Ekkehardt; Christian Schröter (2000): Fernsehen, Hörfunk, Internet: Konkurrenz, Konvergenz oder Komplement? In: Media Perspektiven (8), S. 359-368.

Opaschowski, Horst (1993): Medienkonsum im Wandel. Aktuelle Ergebnisse aus der laufenden B.A.T. Grundlagenforschung. 2. Auflage. Hamburg: Universitätsverlag.

Opaschowski, Horst W. (2008a): Deutschland 2030. Wie wir in Zukunft leben. Gütersloh: Gütersloher Verlagshaus.

Opaschowski, Horst W. (2008b): Einführung in die Freizeitwissenschaft. 5. Auflage. Wiesbaden: VS Verlag für Sozialwissenschaften.

Opaschowski, Horst W.; Michael Pries; Ulrich Reinhardt (2006): Freizeitwirtschaft. Die Leitökonomie der Zukunft. Münster: LIT.

O'Reilly, Tim (2005): What Is Web 2.0. Design Patterns and Business Models for the next Generation of Software. Verfügbar unter http://oreilly.com/web2/archive/what-is-web-20.html, zuletzt geprüft am 04.06.2014.

Osofsky, Justin (2013): Helping People Discover Shared Interests on Facebook. Verfügbar unter https://www.facebook.com/notes/facebook-media/helping-people-discover-shared-interests-on-facebook/535391389829688, zuletzt geprüft am 13.06.2013.

Ottler, Simon (1998): Zapping. Zum selektiven Umgang mit Fernsehwerbung und dessen Bedeutung für die Vermarktung von Fernsehwerbezeit. München: Fischer.

Otto, Karin (2016): Was Snapchat für TV tun kann. Verfügbar unter http://www.wuv.de/medien/was_snapchat_fuer_tv_tun_kann, zuletzt geprüft am 24.06.2016.

Owen, Bruce M. (2000): The Internet Challenge to Television. 3. Auflage. Cambridge: Harvard University Press.

Pagani, Margherita; Alessandra Mirabello (2011): The Influence of Personal and Social-Interactive Engagement in Social TV Web Sites. In: International Journal of Electronic Commerce 16 (2), S. 41-67.

Palfrey, John; Urs Gasser (2008): Generation Internet. Die Digital Natives: Wie sie leben | Was sie denken | Wie sie arbeiten. Aus dem Amerikanischen von Franka Reinhart und Violeta Topalova. München: Hanser.

Palmgreen, Philip (1984a): Der „Uses and Gratifications Approach". Theoretische Perspektiven und praktische Relevanz. In: Renckstorf, Karsten; Will Teichert (Hg.): Empirische Publikumsforschung. Fragen der Medienpraxis – Antworten der Medienwissenschaft. Hamburg: Hans-Bredow-Institut, S. 69-81.

Palmgreen, Philip (1984b): Der „Uses and Gratifications Approach". Theoretische Perspektiven und praktische Relevanz. In: Rundfunk und Fernsehen 32 (1), S. 51-62.

Palmgreen, Philip; Jay D. Rayburn II (1979): Uses and Gratifications and Exposure to Public Television: A Discrepancy Approach. In: Communication Research 6 (2), S. 155-179.

Palmgreen, Philip; Jay D. Rayburn II (1982): Gratifications Sought and Media Exposure. An Expectancy Value Model. In: Communication Research 9 (4), S. 561-580.

Palmgreen, Philip; Jay D. Rayburn II (1985): An Expectancy Value Approach to Media Gratifications. In: Rosengren, Karl Erik et al. (Hg.): Media Gratifications Research. Current Perspectives. Beverly Hills u. a.: Sage, S. 61-72.

Palmgreen, Philip; Lawrence A. Wenner; Jay D. Rayburn II (1980): Relations Between Gratifications Sought and Obtained: A Study of Television News. In: Communication Research 7 (2), S. 161-192.

Palmgreen, Philip; Lawrence A. Wenner; Jay D. Rayburn II (1981): Gratification Discrepancies and News Program Choice. In: Communication Research 8 (4), S. 451-478.

Palmgreen, Philip; Lawrence A. Wenner; Karl Erik Rosengren (1985): Uses and Gratifications Research: The Past Ten Years. In: Rosengren, Karl Erik et al. (Hg.): Media Gratifications Research. Current Perspectives. Beverly Hills u. a.: Sage, S. 11-37.

Palvianinen, Jarmo; Kati Kuusinen; Kaisa Väänänänen-Vaino-Mattila (2013): Designing for Presence in Social Television Interaction. Paper presented at MUM 2013, Luleå, Sweden. Tampere University of Technology. Verfügbar unter http://bit.ly/2eXu9ii, zuletzt geprüft am 13.01.2014.

Papacharissi, Zizi (2007): Audiences as Media Producers: Content Analysis of 260 Blogs. In: Tremayne, Mark (Hg.): Blogging, citizenship, and the future of media. London, New York: Routledge, S. 21-38.

Papacharissi, Zizi (2009): Uses and Gratifications. In: Stacks, Don W.; Michael Brian Salwen (Hg.): An Integrated Approach to Communication Theory and Research. New York: Routledge, S. 137-152.

Papacharissi, Zizi; Andrew L. Mendelson (2007): An Exploratory Study of Reality Appeal: Uses and Gratifications of Reality TV Shows. In: Journal of Broadcasting & Electronic Media 51 (2), S. 355-370.

Papacharissi, Zizi; Andrew L. Mendelson (2011): Toward a New(er) Sociey: Uses, Gratifications and Social Capital on Facebook. In: Papathanassopoulos, Stylianos (Hg.): Media Perspectives for the 21st Century. London, New York: Routledge, S. 212-230.

Papacharissi, Zizi; Alan M. Rubin (2000): Predictors of Internet Use. In: Journal of Broadcasting & Electronic Media 44 (2), S. 175-196.

Park, Namsu; Kerk F. Kee; Sebastián Valenzuela (2009): Being Immersed in Social Networking Environment: Facebook Groups, Uses and Gratifications, and Social Outcomes. In: CyberPsychology & Behavior 12 (6), S. 729-733.

Paus-Haase, Ingrid; Uwe Hasebrink; Uwe Mattusch; Susanne Keuneke; Friedrich Krotz (1999): Talkshows im Alltag von Jugendlichen. Der tägliche Balanceakt zwischen Orientierung, Amüsement und Ablehnung. Opladen: Leske und Budrich.

Peiser, Wolfram (2008): Riepls „Gesetz" von der Komplementarität alter und neuer Medien. In: Arnold, Klaus et al. (Hg.): Kommunikationsgeschichte. Positionen und Werkzeug. Ein diskursives Hand- und Lehrbuch. Berlin: LIT, S. 155-183.

Pellikan, Leif (2011): Glotzen und surfen: Fernsehen ändert sich. Fernsehen wird dank Smartphones, Laptops und Tablets interaktiv. Die zeitliche Nutzung von TV und Web steigt, belegt das Digitalbarometer von TNS Emnid, IP Deutschland und W&V. In: Werben & Verkaufen (50), S. 80-81.

Pelz, Timo (2013a): Steht Social TV vor dem Ende? Wie Netflix sich aufmacht, den Trend zu ersticken. Verfügbar unter http://timopelz.tumblr.com/post/42827706159/steht-social-tv-vor-dem-ende-wie-netflix-sich, zuletzt geprüft am 11.02.2013.

Pelz, Timo (2013b): TV Everywhere: Das Ende von Social TV, wie wir es kennen. Verfügbar unter http://timopelz.tumblr.com/post/51663322430/tv-everywhere-das-ende-von-social-tv-wie-wir-es, zuletzt geprüft am 30.05.2013.

Perse, Elizabeth M.; Alan M. Rubin (1990): Chronic Loneliness and Television Use. In: Journal of Broadcasting & Electronic Media 34 (1), S. 37-53.

Peters, Bärbel; Kerstin Niederauer-Kopf; Matthias Eckert (2012): Die individualisierte Fernsehnutzung. Analysen zur Verweildauer und zum elevant Set. In: Media Perspektiven (2), S. 72-77.

Petersen, Thomas (2014): Der Fragebogen in der Sozialforschung. Konstanz: UVK.

Pevere, Geoff (2010): The Death of TV as We Know It. Verfügbar unter https://www.thestar.com/entertainment/television/2010/12/23/the_death_of_tv_as_we_know_it.html, zuletzt geprüft am 11.08.2016.

Pfaff-Rüdiger, Senta; Michael Meyen (2012): Soziales Kapital und praktischer Sinn. Wie das Internet die Sicht auf den Uses-and-Gratifications-Ansatz verändert. In: Jandura, Olaf et al. (Hg.): Theorieanpassungen in der digitalen Medienwelt. Baden-Baden: Nomos, S. 71-83.

Pflüger, Almut; Heiko Dobel (2014): Datenschutz in der Online-Forschung. In: Welker, Martin et al. (Hg.): Handbuch Online-Forschung. Sozialwissenschaftliche Datengewinnung und -auswertung in digitalen Netzen. Köln: Halem, S. 485-518.

Phaydon (2012): Couchpotato 3.0 – Wie wir in Zukunft fernsehen! Verfügbar unter http://de.slideshare.net/phaydon_de/couchpotato-30-wie-wir-in-zukunft-fernsehen?ref=http://www.social-tv-monitor.de/forschung/, zuletzt geprüft am 27.12.2012.

Plake, Klaus (2004): Handbuch Fernsehforschung. Befunde und Perspektiven. Wiesbaden: VS Verlag für Sozialwissenschaften.

Pörksen, Bernhard; Armin Scholl (2012): Entgrenzung des Journalismus. Analysen eines Mikro-Meso-Makro-Problems aus der Perspektive der konstruktivistischen Systemtheorie. In: Quandt, Thorsten; Bertram Scheufele (Hg.): Ebenen der Kommunikation. Mikro-Meso-Makro-Links in der Kommunikationswissenschaft. Wiesbaden: VS Verlag für Sozialwissenschaften, S. 25-53.

Porst, Rolf (2014): Fragebogen. Ein Arbeitsbuch. 4. Auflage. Wiesbaden: VS Verlag für Sozialwissenschaften.

Posch, Guillaume de; Marcus Englert (2008): Zukunft Fernsehen – Content ist King Kong. In: Kaumanns, Ralf et al. (Hg.): Auslaufmodell Fernsehen? Perspektiven des TV in der digitalen Medienwelt. Wiesbaden: Gabler, S. 163-172.

Possler, Daniel; Christopher Buschow; Lena Hautzer; Sven-Uwe Janietz (2016): Social-TV-Analyse zu „Ich bin ein Star – holt mich hier raus". Das Dschungelgezwitscher im Drei-Jahres-Vergleich. Verfügbar unter http://kress.de/news/detail/beitrag/133995-social-tv-analyse-zu-ich-bin-ein-star-holt-mich-hier-raus-das-dschungelgezwitscher-im-drei-jahres-vergleich.html, zuletzt geprüft am 05.02.2016.

Possler, Daniel; Lena Hautzer; Christopher Buschow; Helmut Scherer; Beate Schneider (2015): Die Dynamik von Social TV – Themenverläufe und Aufmerksamkeitsfaktoren der Twitter-Diskussion zum Dschungelcamp. In: Pagel, Sven (Hg.): Schnittstellen (in) der Medienökonomie. Baden-Baden: Nomos, S. 279-300.

Possler, Daniel; Lena Hautzer; Helmut Scherer; Beate Schneider; Christopher Buschow (2014): Die Dynamik von Social TV. Themenverläufe und inhaltliche Aufmerksamkeitsfaktoren. Vortrag im Rahmen der Tagung „Schnittstellen (in) der Medienökonomie", Jahrestagung der DGPuK-Fachgruppe „Medienökonomie". Mainz, 14.11.2014. Verfügbar unter http://medienoekonomie2014.hs-mainz.de/wp-content/uploads/2014/11/Panel_3a_Die_Dynamik_von_Social_TV.pdf, zuletzt geprüft am 14.01.2015.

Possler, Daniel; Martin Heuer; Anika Schoft (2015): Social TV und Community. Eine Analyse des sozialen Verhaltens von Social-TV-Nutzern. In: Buschow, Christopher; Beate Schneider (Hg.): Social TV in Deutschland. Leipzig: Vistas, S. 85-107.

Pöttker, Horst (2013): Öffentlichkeit. In: Bentele, Günter et al. (Hg.): Lexikon Kommunikations- und Medienwissenschaft. Wiesbaden: Springer VS, S. 252.

Prensky, Marc (2001): Digital Natives, Digital Immigrants. In: On the Horizon 9 (5), S. 1-6.

Primbs, Stefan (2015): Social Media für Journalisten. Redaktionell arbeiten mit Facebook, Twitter & Co. Wiesbaden: Springer VS.

Prommer, Elizabeth (2012): Fernsehgeschmack, Lebensstil und Comedy. Eine handlungstheoretische Analyse. Konstanz, München: UVK.

Pross, Harry (1972): Medienforschung. Film, Funk, Presse, Fernsehen. Darmstadt: Habel.

Proulx, Mike; Stacey Shepatin (2012): Social TV. How Marketers Can Reach and Engage Audiences by Connecting Television to the Web, Social Media, and Mobile. Hoboken: Wiley.

Przybylski, Pamela (2010): Heute Partner – morgen Konkurrenten? Strategien, Konzepte und Interaktionen von Fernsehunternehmen auf dem neuen Bewegtbild-Markt. Wiesbaden: VS Verlag für Sozialwissenschaften.

Puffert, André (2009): Fernsehen und soziale Interaktion. Über den Einfluss des sozialen Umfeldes auf das Fernsehverhalten der 12- bis 14-Jährigen. Hamburg: Dr. Kovač.

Pürer, Heinz (1998): Einführung in die Publizistikwissenschaft. Systematik, Fragestellungen, Theorieansätze, Forschungstechniken. 6. Auflage. Konstanz: UVK.

Pürer, Heinz (Hg.) (2014): Publizistik- und Kommunikationswissenschaft. 2., völlig überarb. und erw. Auflage. Konstanz, München: UVK.

Püschel, Ulrich (1993): „du mußt gucken und nicht so viel reden" – Verbale Aktivitäten bei der Fernsehrezeption. In: Holly, Werner; Ulrich Püschel (Hg.): Medienrezeption als Aneignung. Methoden und Perspektiven qualitativer Medienforschung. Wiesbaden: Westdeutscher Verlag, S. 115-136.

Puscher, Frank (2012): Mit dem Zweiten sieht man besser. In: c't magazin (26), S. 74-76.

Putnam, Robert D. (2000): Bowling Alone. The Collapse and Revival of American Community. New York: Simon and Schuster.

Pynta, Peter; Shaun A. S. Seixas; Geoffrey E. Nield; James Hier; Emilia Millward; Richard B. Silberstein (2014): The Power of Social Television: Can Social Media Build Viewer Engagement? A New Approach to Brain Imaging of Viewer Immersion. In: Journal of Advertising Research 54 (1), S. 71-80.

Qualman, Erik (2009): Socialnomics. Wie Social Media Wirtschaft und Gesellschaft verändern. Hoboken: Wiley.

Quandt, Roland (2007): Bill Gates gibt dem „alten" Fernsehen noch fünf Jahre. Verfügbar unter http://winfuture.de/news,29700.html, zuletzt geprüft am 11.08.2016.

Quan-Haase, Anabel; Alyson L. Young (2010): Uses and Gratifications of Social Media: A Comparison of Facebook and Instant Messaging. In: Bulletin of Science, Technology & Society 30 (5), S. 350-361.

Quintas-Froufe, Natalia; Ana González-Neira (2014): Active Audiences: Social Audience Participation in Television. In: Comunicar 22 (43).

Quintas-Froufe, Natalia; Ana González-Neira (2015): A New Challenge for Advertising on Mobile Devices: Social TV. In: INCO14 13 (1), S. 52-75.

Quiring, Oliver (2007a): Kommunikationsproblem interaktives Fernsehen? Informationsorientierte Erklärungen für Bekanntheit und Nutzung von sowie Einstellungen zu iTV. In: Publizistik 52 (3), S. 375-399.

Quiring, Oliver (2007b): Social Influences on the Acceptance and Adoption of Interactive Technologies. In: Hess, Thomas (Hg.): Ubiquität, Interaktivität, Konvergenz und die Medienbranche. Ergebnisse des interdisziplinären Forschungsprojektes intermedia. Göttlingen: Universitätsverlag, S. 109-126.

Quiring, Oliver; Wolfgang Schweiger (2006): Interaktivität – Ten Years After. Bestandsaufnahme und Analyserahmen. In: Medien & Kommunikationswissenschaft 54 (1), S. 5-24.

Raab-Steiner, Elisabeth; Michael Benesch (2012): Der Fragebogen. Von der Forschungsidee zur SPSS-Auswertung. 3., aktual. und überarb. Auflage. Wien: Facultas.

Raacke, John; Jennifer Bonds-Raacke (2008): MySpace and Facebook: Applying the Uses and Gratifications Theory to Exploring Friend-Networking Sites. In: CyberPsychology & Behavior 11 (2), S. 169-174.

Rafaeli, Sheizaf (1988): Interactivity. From New Media to Communication. In: Hawkins, Robert P. et al. (Hg.): Advancing Communication Science. Merging Mass and Interpersonal Processes. Newbury Park u. a.: Sage, S. 110-134.

Raffée, Hans (1994): Chancen und Risiken des interaktiven Fernsehens für öffent-lich-rechtliche Rundfunkanstalten aus Sicht des Marketing. In: Reinhard, Ulrike (Hg.): Interaktives Fernsehen. 2. Veranstaltung zum Thema „Rundfunk-Marketing" an der Universität Mannheim am 26. April 1994. Heidelberg, S. 23-37.

Rainie, Harrison; Barry Wellman (2012): Networked. The New Social Operating System. Cambridge, Massachusetts: MIT Press.

Ramisch, Fritz (2013): Social-TV: Couchfunk goes B2B und will neue Unterhal-tungsformen schaffen. Verfügbar unter http://mobilbranche.de/2013/07/social-tv-couchfunk/36962, zuletzt geprüft am 06.07.2013.

Rammstedt, Beatrice; Oilver P. John (2007): Measuring Personality in One Minute or Less: A 10-Item Short Version of the Big Five Inventory in English and German. In: Journal of Research in Personality 41 (1), S. 203-212.

Rammstedt, Beatrice; Karina Koch; Ingwer Borg; Tanja Reitz (2004): Entwicklung und Validierung einer Kurzskala für die Messung der Big-Five-Persönlichkeitsdimensionen in Umfragen. In: ZUMA-Nachrichten 55, S. 5-28.

Rao, Karthik (2014): Talking Social TV 2. Verfügbar unter http://www.researchexcellence.com/files/pdf/2015-01/id32_talking_social_tv_2_april_10th_2014.pdf, zuletzt geprüft am 16.03.2016.

Rau, Harald (2013): Einladung zur Kommunikationswissenschaft. Baden-Baden: Nomos.

Rayburn II, Jay D.; Philip Palmgreen; Tawney Acker (1984): Media Gratifications and Choosing a Morning News Program. In: Journalism & Mass Communicati-on Quarterly 61 (1), S. 149-156.

Reich, Sabine; Peter Vorderer (2013): Individual Differences in Need to Belong in Users of Social Networking Sites. In: Moy, Patricia (Hg.): Communication and Community. New York: Hampton Press, S. 129-148.

Reichertz, Jo (2005): Gütekriterien qualitativer Sozialforschung. In: Mikos, Lothar; Claudia Wegener (Hg.): Qualitative Medienforschung. Ein Handbuch. Konstanz: UVK, S. 571-579.

Reimann, Horst (1966): Kommunikationssysteme. Tübingen: Mohr Siebeck.

Reinhard, Ulrike; Michael Salmony (1994): Interaktives Fernsehen – Ein Definiti-onsversuch. In: Reinhard, Ulrike (Hg.): Interaktives Fernsehen. 2. Veranstaltung zum Thema „Rundfunk-Marketing" an der Universität Mannheim am 26. April 1994. Heidelberg, S. 141-143.

Reinhardt, Jan D.; Michael Jäckel (2002): Zurechnungsmodelle und Themenreportoires. Gedanken zur Integrationsleistung von Massenmedien in der Moderne. In: Imhof, Kurt et al. (Hg.): Integration und Medien. Wiesbaden: Westdeutscher Verlag, S. 77-92.

Reiss, Steven; James Wiltz (2004): Why People Watch Reality TV. In: Media Psychology 6 (4), S. 363-378.

Reitze, Helmut; Christa-Maria Ridder (2011): Massenkommunikation VIII. Eine Langzeitstudie zur Mediennutzung und Medienbewertung 1964 - 2010. Baden-Baden: Nomos.

Renckstorf, Karsten (1973): Alternative Ansätze der Massenkommunikationsforschung: Wirkungs- vs. Nutzenansatz. In: Rundfunk und Fernsehen 21 (2-3), S. 183-197.

Renckstorf, Karsten (1977): Neue Perspektiven in der Massenkommunikationsforschung. Beiträge zur Begründung eines alternativen Forschungsansatzes. Berlin: Spiess.

Renckstorf, Karsten (1989): Mediennutzung als soziales Handeln. Zur Entwicklung einer handlungstheoretischen Perspektive der empirischen (Massen-)Kommunikationsforschung. In: Kaase, Max; Winfried Schulz (Hg.): Massenkommunikation. Theorien, Methoden, Befunde. Opladen: Westdeutscher Verlag, S. 314-336.

Renner, Karl Nikolaus (2012): Fernsehen. Konstanz: UVK.

Renner, Karl-Heinz; Astrid Schütz; Franz Machilek (2005): Internet und Persönlichkeit: Stand der Forschung und Perspektiven. In: Report Psychologie 30, S. 464-471.

Research and Markets (2010): Social TV and the Emergence of Interactive TV, zuletzt geprüft am 08.10.2012.

Rheingold, Howard (1994): Virtuelle Gemeinschaften. Soziale Beziehungen im Zeitalter des Computers. Bonn, Paris: Addison-Wesley.

Richter, Annekathrin (2010): Die Konvergenz der Medien. Gesellschaftliche Auswirkungen eines crossmedialen Phänomens. In: Hohlfeld, Ralf et al. (Hg.): Crossmedia – Wer bleibt auf der Strecke? Beiträge aus Wissenschaft und Praxis. Berlin, Münster: LIT, S. 150-171.

Richter, Meike (2012): Wie man das Internet ins TV kriegt. Verfügbar unter http://we.makesocial.tv/social-tv/wie-man-das-internet-ins-tv-kriegt/?utm_source=we.makesocial.tv%29, zuletzt geprüft am 26.11.2012.

Ricke, Thorsten (2011): IPTV und Mobile TV. Neue Plattformanbieter und ihre rundfunkrechtliche Regulierung. Dissertation. Baden-Baden: Nomos.

Ridder, Christa-Maria; Bernhard Engel (2001): Massenkommunikation 2000: Images und Funktionen der Massenmedien im Vergleich. Ergebnisse der 8. Welle der ARD/ZDF-Langzeitstudie zur Mediennutzung und -bewertung. In: Media Perspektiven (3), S. 102-125.

Ridder, Christa-Maria; Bernhard Engel (2010): Massenkommunikation 2010: Funktionen und Images der Medien im Vergleich. Ergebnisse der 10. Welle der ARD/ZDF-Langzeitstudie zur Mediennutzung und -bewertung. In: Media Perspektiven (11), S. 537-548.

Riegler, Thomas (2011): Cyber-TV. Hybridtechnik – Fernsehen und Internet. Baden-Baden: Verlag für Technik und Handwerk.

Riepl, Wolfgang (1913): Das Nachrichtenwesen des Altertums mit besonderer Rücksicht auf die Römer. Leipzig, Berlin: Teubner.

Riesmeyer, Claudia (2011): Das Leitfadeninterview. Königsweg der qualitativen Journalismusforschung? In: Jandura, Olaf et al. (Hg.): Methoden der Journalismusforschung. Wiesbaden: VS Verlag für Sozialwissenschaften, S. 223-236.

Riley, John W.; Matilda White Riley (1959): Mass Communication and the Social System. In: Merton, Robert King (Hg.): Sociology Today. Problems and Perspectives. New York: Basic Books, S. 537-578.

Rimmelspacher, Udo (2007): Interaktives Fernsehen. Technik, Entwicklungspotenziale und Bedeutung im CRM. Aachen: Shaker.

Röbbeln, Stephan; Stefanie Aßmann (2012): Social TV – Wie kann man ein TV-Ereignis und Social Media verbinden. Verfügbar unter http://we.makesocial.tv/social-tv/social-tv-wie-kann-man-ein-tv-ereignis-und-social-media-verbinden/, zuletzt geprüft am 22.10.2012.

Roe, Keith; Jurgen Minnebo (2007): Antecedents of Adolescents' Motives for Television Use. In: Journal of Broadcasting & Electronic Media 51 (2), S. 305-315.

Roebuck, Kevin (2011): Social TV. High-Impact Strategies – What You Need to Know: Definitions, Adoptions, Impact, Benefits, Maturity, Vendors. Lexington: Trebbo.

Roettgers, Janko (2014a): GetGlue Successor TVtag Is Shutting Down. Verfügbar unter https://gigaom.com/2014/12/19/getglue-successor-tvtag-is-shutting-down/, zuletzt geprüft am 22.12.2014.

Roettgers, Janko (2014b): Let's Face It: Social TV Is Dead. Verfügbar unter http://gigaom.com/2014/01/29/lets-face-it-social-tv-is-dead/, zuletzt geprüft am 30.01.2014.

Roettgers, Janko (2015): Twitter Adds New TV Discovery Features, Starts Opening the Gates for TV Timelines. Verfügbar unter http://variety.com/2015/digital/news/twitter-adds-new-tv-discovery-features-starts-opening-the-gates-for-tv-timelines-1201603329/, zuletzt geprüft am 28.09.2015.

Rogers, Everett M. (1986): Communication Technology. The New Media in Society. New York: Free Press.

Rogers, Everett M. (2003): Diffusion of Innovations. 5. Auflage. New York: Free Press.

Rogers, Mark C.; Michael Epstein; Jimmie L. Reeves (2002): The Sopranos as HBO Brand Equity: The Art of Commerce in the Age of Digital Reproduction. In: Lavery, David (Hg.): This Thing of Ours. Investigating the Sopranos. New York: Columbia University Press, S. 42-57.

Rogers, Richard (2014): Debanalising Twitter. The Transformation of an Object of Study. In: Weller, Katrin et al. (Hg.): Twitter and Society. New York: Lang, S. IX-XXVI.

Rohde, Susanne (1994): Daten zur Soziologie des Alltags. Hamburg: Gesellschaft für erfahrungswissenschaftliche Soziologie.

Rohrmann, Bernd (1978): Empirische Studien zur Entwicklung von Antwortskalen für die sozialwissenschaftliche Forschung. In: Zeitschrift für Sozialpsychologie (9), S. 222-245.

Röll, Franz Josef (2013): Vom Smart TV zum transmedia Storytelling. In: Gräßer, Lars; Aycha Riffi (Hg.): Einfach fernsehen? Zur Zukunft des Bewegtbildes. München: kopaed, S. 81-90.

Ronge, Volker (1984): Massenmedienkonsum und seine Erforschung – eine Polemik gegen „Uses and Gratifications". In: Rundfunk und Fernsehen 32 (1), S. 73-82.

Ronneberger, Franz (1971): Sozialisation durch Massenkommunikation. Stuttgart: Enke.

Rösch, Eike; Daniel Seitz (2013): YouTube als Teil der Jugendkultur – eine kleine Genrekunde. In: Gräßer, Lars; Aycha Riffi (Hg.): Einfach fernsehen? Zur Zukunft des Bewegtbildes. München: kopaed, S. 45-51.

Rosenbaum, Steven (2014): Why Television Is Dead. Verfügbar unter http://www.forbes.com/sites/stevenrosenbaum/2014/01/28/why-television-is-dead/, zuletzt geprüft am 11.08.2016.

Rosenblatt, Paul C.; Michael R. Cunningham (1976): Television Watching and Family Tensions. In: Journal of Marriage and the Family 38, S. 105-111.

Rosengren, Karl Erik (1974): Uses and Gratifications. A Paradigm Outlined. In: Blumler, Jay G.; Elihu Katz (Hg.): The Uses of Mass Communications. Current Perspectives on Gratifications Research. Beverly Hills, London: Sage, S. 269-286.

Rosengren, Karl Erik (1996): Inhaltliche Theorien und formale Modelle in der Forschung über individuelle Mediennutzung. In: Hasebrink, Uwe; Friedrich Krotz (Hg.): Die Zuschauer als Fernsehregisseure? Zum Verständnis individueller Nutzungs- und Rezeptionsmuster. Baden-Baden: Nomos, S. 13-36.

Rosengren, Karl Erik; Lawrence A. Wenner; Philip Palmgreen (Hg.) (1985): Media Gratifications Research. Current Perspectives. Beverly Hills u. a.: Sage.

Rosengren, Karl Erik; Sven Windahl (1972): Mass Media Consumption as a Functional Alternative. In: McQuail, Denis (Hg.): Sociology of Mass Communications. Harmondsworth: Penguin, S. 166-194.

Ross, Craig; Emily S. Orr; Mia Sisic; Jaime M. Arseneault; Mary G. Simmering; R. Robert Orr (2009): Personality and Motivations Associated with Facebook Use. In: Computers in Human Behavior 25 (2), S. 578-586, zuletzt geprüft am 05.06.2015.

Rössler, Patrick (1988): Dallas und Schwarzwaldklinik. Eine Programmstudie über Seifenopern im deutschen Fernsehen. München: Fischer.

Rössler, Patrick (2003): Online-Kommunikation. In: Bentele, Günter et al. (Hg.): Öffentliche Kommunikation. Wiesbaden: Westdeutscher Verlag, S. 504-522.

Rössler, Patrick (2011): Skalenhandbuch Kommunikationswissenschaft. Wiesbaden: VS Verlag für Sozialwissenschaften.

Rössler, Patrick; Lena Hautzer; Marco Lünich (2014): Mediennutzung im Zeitalter von Social Navigation. Ein Mehrebenen-Ansatz zu theoretischen Modellierung von Selektionsprozessen im Internet. In: Loosen, Wiebke; Marco Dohle (Hg.): Journalismus und (sein) Publikum. Schnittstellen zwischen Journalismusforschung und Rezeptions- und Wirkungsforschung. Wiesbaden: Springer VS, S. 91-112.

Roth, Philipp (2016): Aktuelle Facebook Nutzerzahlen. Verfügbar unter http://allfacebook.de/zahlen_fakten/44224, zuletzt geprüft am 02.05.2016.

Rott, Armin; Christian Zabel (2009): Marktentwicklung als strategische Option für TV-Produktionsunternehmen: Perspektiven, Probleme und empirische Evidenz. In: Krone, Jan (Hg.): Fernsehen im Wandel. Mobile TV & IPTV in Deutschland und Österreich. Baden-Baden: Nomos, S. 93-106.

Rowghani, Ali (2013): Welcoming Bluefin Labs to the Flock. Verfügbar unter http://blog.twitter.com/2013/02/Welcome-Bluefin-Labs.html, zuletzt geprüft am 06.02.2013.

Roy, Deb (2013): Television's Future Has a Social Soundtrack. Verfügbar unter http://blogs.hbr.org/cs/2013/03/televisions_future_has_a_socia.html, zuletzt geprüft am 04.03.2013.

Roy, Sanjit K. (2009): Internet Uses and Gratifications. A Survey in the Indian Context. In: Computers in Human Behavior 25 (4), S. 878-886.

Rubin, Alan M. (1979): Television Use by Children and Adolescents. In: Human Communication Research 5 (2), S. 109-120.

Rubin, Alan M. (1981): An Examination of Television Viewing Motivations. In: Communication Research 8 (2), S. 141-165.

Rubin, Alan M. (1983): Television Uses and Gratifications: The Interactions of Viewing Patterns and Motivations. In: Journal of Broadcasting 27 (1), S. 37-51.

Rubin, Alan M. (2000): Die Uses-And-Gratifications-Perspektive der Medienwirkung. In: Schorr, Angela (Hg.): Publikums- und Wirkungsforschung. Ein Reader. Wiesbaden: Westdeutscher Verlag, S. 137-152.

Rubin, Alan M. (2009): Uses-and-Gratifications Perspective on Media Effects. In: Bryant, Jennings; Mary Beth Oliver (Hg.): Media Effects. Advances in Theory and Research. New York: Routledge, S. 165-184.

Rubin, Alan M.; Elizabeth M. Perse (1987a): Audience Activity and Soap Opera Involvement: A Uses and Effects Investigation. In: Human Communication Research 14 (2), S. 246-268.

Rubin, Alan M.; Elizabeth M. Perse (1987b): Audience Activity and Televison News Gratifications. In: Communication Research 14 (1), S. 58-84.

Rubin, Alan M.; Elizabeth M. Perse; Robert A. Powell (1985): Loneliness, Parasocial Interaction, and Local Television News Viewing. In: Human Communication Research 12 (2), S. 155-180.

Rubin, Rebecca B.; Elizabeth M. Perse; Carole A. Barbato (1988): Conceptualization and Measurement of Interpersonal Communication Motives. In: Human Communication Research 14 (4), S. 602-628.

Rudolph, Dominik (2014): YouTube und Fernsehen: Konkurrenz oder Ergänzung? Eine mehrstufige, vergleichende Analyse aus Nutzersicht unter besonderer Berücksichtigung der Digital Natives. Baden-Baden: Nomos.

Ruggiero, Thomas E. (2000): Uses and Gratifications Theory in the 21st Century. In: Mass Communication & Society 3 (1), S. 3-37.

Rühl, Manfred (1985): Integration durch Massenkommunikation? Kritische Anmerkungen zum Integrationsbegriff. In: Saxer, Ulrich (Hg.): Gleichheit oder Ungleichheit durch Massenmedien? Homogenisierung, Differenzierung der Gesellschaft durch Massenkommunikation. München: Ölschläger, S. 19-33.

Ruhrmann, Georg; Jörg-Uwe Nieland (1997): Interaktives Fernsehen. Entwicklung, Dimensionen, Fragen, Thesen. Opladen, Wiesbaden: Westdeutscher Verlag.

Rusch, Gebhard (2007): Fernsehdebatten – Theorien des Fernsehens als Neues Medium. In: Rusch, Gebhard et al. (Hg.): Theorien der Neuen Medien. Kino, Radio, Fernsehen, Computer. Paderborn: Fink, S. 277-343.

Rusli, Evelyn M. (2013): Facebook Woos TV Networks with Data. Verfügbar unter http://blogs.wsj.com/digits/2013/09/29/facebook-woos-tv-networks-with-more-data/, zuletzt geprüft am 01.10.2013.

Russel, Cristel Antonia (2004): People and „Their" Television Shows: An Overview of Television Connectedness. In: Shrum, L. J. (Hg.): The Psychology of Entertainment Media. Blurring the Lines between Entertainment and Persuasion. Mahwah: Erlbaum, S. 275-290.

Rutherford, Kevin (2014): The Few Who Write Wikipedia. Verfügbar unter https://en.wikipedia.org/wiki/Wikipedia:Wikipedia_Signpost/2014-01-22/Special_report, zuletzt geprüft am 12.04.2016.

Ryan, Johnny (2010): A History of the Internet and the Digital Future. 2. Auflage. London: Reaktion.

Samuely, Alex (2015): YouTube Makes Gains over Facebook, Twitter as Social TV Platform. Verfügbar unter http://www.mobilemarketer.com/cms/news/social-networks/21654.html, zuletzt geprüft am 10.05.2016.

Saxer, Ulrich (1975): Das Buch in der Medienkonkurrenz. In: Göpfert, Herbert Georg (Hg.): Lesen und leben. Eine Publikation des Börsenvereins des Deutschen Buchhandels in Frankfurt am Main zum 150. Jahrestag der Gründung des Börsenvereins der Deutschen Buchhändler am 30. April 1825 in Leipzig. Frankfurt am Main: Buchhändler-Vereinigung, S. 206-243.

Saxer, Ulrich (1980): Grenzen der Publizistikwissenschaft. Wissenschaftliche Reflexionen zur Zeitungs-/Publizistik-/Kommunikationswissenschaft seit 1945. In: Publizistik 25 (4), S. 525-543.

Saxer, Ulrich (1990): Integrationsfunktion und multikulturelle Gesellschaft. In: Media Perspektiven (11), S. 717-729.

Saxer, Ulrich (1998): Mediengesellschaft: Verständnisse und Mißverständnisse. In: Sarcinelli, Ulrich (Hg.): Politikvermittlung und Demokratie in der Mediengesellschaft. Beiträge zur politischen Kommunikationskultur. Opladen: Westdeutscher Verlag, S. 52-73.

Saxer, Ulrich (1999): Der Forschungsstand der Medienwissenschaft. In: Leonhard, Joachim-Felix et al. (Hg.): Medienwissenschaft. Ein Handbuch zur Entwicklung der Medien und Kommunikationsformen. Berlin, New York: Walter de Gruyter, S. 1-14.

Schächter, Markus (2011): Erloschenes Herdfeuer? Zur Integrationsfunktion der Medien im digitalen Zeitalter. In: Schneider, Siegfried; Hans Zehetmair (Hg.): Perspektiven einer wertorientierten Medienpolitik. München: HSS, S. 25-40.

Schade, Marvin (2016): „Terror"-Freispruch: ARD hat bei Voting 600.000 Zuschauer-Urteile registriert. Verfügbar unter http://meedia.de/2016/10/18/terror-freispruch-ard-hat-bei-voting-600-000-zuschauer-urteile-registriert/, zuletzt geprüft am 18.10.2016.

Schäfer, Bernd (1999): Entwicklung der Gruppensoziologie und Eigenständigkeit der Gruppe als Sozialgebilde. In: Schäfers, Bernhard (Hg.): Einführung in die Gruppensoziologie. Geschichte, Theorien, Analysen. Wiesbaden: Quelle und Meyer, S. 19-36.

Schäfer, Rainer (2004): Technische Grundlagen und Trends des interaktiven Fernsehens. In: zu Salm, Christiane (Hg.): Zaubermaschine interaktives Fernsehen? TV-Zukunft zwischen Blütenträumen und Businessmodellen. Wiesbaden: Gabler, S. 65-90.

Scharpf, Klaus Peter (2014): Wird die Fernsehnutzung im AGF-Fernsehpanel noch repräsentativ abgebildet? Ergebnisse des Externen Coincidental Checks 2014 des AGF-Fernsehpanels. MP 12/2014, S. 591-595. In: Media Perspektiven (12), S. 591-595.

Schatter, Günther (2010): Techniken gemeinschaftlicher Medienrezeption. Hintergrund, Anspruch und Tendenzen des Social TV. In: Felsmann, Klaus-Dieter (Hg.): Die Bedeutung der Unterhaltungsmedien für die Konstruktion des Politikbildes. Erweiterte Dokumentation zu den 13. Buckower Mediengesprächen 2009. München: kopaed, S. 67-77.

Schattle, Hans (2012): Globalization and Citizenship. Lanham: Rowman and Littlefield.

Schatz, Heribert (1994): Rundfunkentwicklung im „dualen System": die Konvergenzhypothese. In: Jarren, Otfried (Hg.): Politische Kommunikation in Hörfunk und Fernsehen. Opladen: Leske und Budrich, S. 67-79.

Schatz, Raimund; Lynne Baillie; Peter Fröhlich; Sebastian Egger (2008): Getting the Couch Potato to Engage in Conversation: Social TV in a Converging Media Environment. Paper for the EuroITV'2008. Salzburg. Verfügbar unter http://userver.ftw.at/~froehlich/papers/EuroITV08_SocTVWs_pospaper_Schatz_etal_CAMREADY.pdf, zuletzt geprüft am 08.10.2012.

Schatz, Raimund; Siegfried Wagner; Sebastian Egger; Norbert Jordan (2007): Mobile TV Becomes Social – Integrating Content with Communications. In: ITI 2007 et al. (Hg.): Proceedings of the ITI 2007 29th International Conference on Information Technology Interfaces. Zagreb: University of Zagreb, S. 263-270.

Schenk, Michael (2007): Medienwirkungsforschung. 3., vollst. überarb. Auflage. Tübingen: Mohr Siebeck.

Schenk, Michael (2009): Interpersonale Kommunikation. In: Noelle-Neumann, Elisabeth et al. (Hg.): Fischer Lexikon Publizistik Massenkommunikation. Frankfurt am Main: Fischer, S. 65-80.

Scherer, Helmut; Daniela Schlütz (2002): Gratifikationen à la minute: Die zeitnahe Erfassung von Gratifikationen. In: Rössler, Patrick et al. (Hg.): Empirische Perspektiven der Rezeptionsforschung. München: Fischer, S. 133-151.

Scherer, Helmut; Daniela Schlütz (2004): Das neue Medien-Menü: Fernsehen und WWW als funktionale Alternativen? In: Publizistik 49 (1), S. 6-24.

Schickler (2012): Social TV: The next Big Thing Im TV-Markt? Verfügbar unter http://www.schickler.de/expertise/presse/SCHICKLER-Kompakt-Social-TV.pdf, zuletzt geprüft am 19.11.2012.

Schieb, Jörg (2012): Social TV: Wenn man beim Fernsehen twittert… Verfügbar unter http://www.internet-abc.de/eltern/socialtv.php, zuletzt geprüft am 22.01.2013.

Schiewe, Jürgen (2004): Öffentlichkeit. Entstehung und Wandel in Deutschland. Paderborn: Schöningh.

Schirra, Steven; Huan Sun; Frank Bentley (2014): Together Alone: Motivations for Live-Tweeting a Television Series. Paper presented at CHI 2014, Toronto, Canada. Verfügbar unter http://web.mit.edu/bentley/www/papers/paper653.pdf, zuletzt geprüft am 13.01.2014.

Schlüter, Jan (2011): Quotencheck: „Berlin – Tag & Nacht". Verfügbar unter http://www.quotenmeter.de/cms/?p1=n&p2=52406&p3=, zuletzt geprüft am 23.05.2014.

Schmidt, Axel (2011a): Medien – Interaktion. Zum Zusammenhang von Handeln und Darstellen am Beispiel faktualer Fernsehformate. Baden-Baden: Nomos.

Schmidt, Christiane (2013a): Analyse von Leitfadeninterviews. In: Flick, Uwe et al. (Hg.): Qualitative Forschung. Ein Handbuch. Reinbek bei Hamburg: Rowohlt, S. 447-456.

Schmidt, Jan-Hinrik (2006): Social Software: Onlinegestütztes Informations-, Identitäts- und Beziehungsmanagement. In: Forschungsjournal Neue Soziale Bewegungen 19 (2), S. 37-47.

Schmidt, Jan-Hinrik (2011b): Das neue Netz. Merkmale, Praktiken und Folgen des Web 2.0. 2., überarb. Auflage. Konstanz: UVK.

Schmidt, Jan-Hinrik (2013b): Onlinebasierte Öffentlichkeiten: Praktiken, Arenen und Strukturen. In: Fraas, Claudia et al. (Hg.): Online-Diskurse. Theorien und Methoden transmedialer Online-Diskursforschung. Köln: Halem, S. 35-57.

Schmidt, Jan-Hinrik (2013c): Social Media. Wiesbaden: Springer VS.

Schmidt, Jan-Hinrik (2014a): Twitter and the Rise of Personal Publics. In: Weller, Katrin et al. (Hg.): Twitter and Society. New York: Lang, S. 3-14.

Schmidt, Jan-Hinrik; Martin Wilbers (2006): Wie ich blogge?! Erste Ergebnisse der Weblogbefragung 2005. Berichte der Forschungsstelle „Neue Kommunikationsmedien", Nr. 06-01. Verfügbar unter http://www.kowi.uni-bamberg.de/fonk/pdf/fonkbericht0601.pdf, zuletzt geprüft am 11.03.2016.

Schmidt, Manfred G. (2010): Demokratietheorien. Eine Einführung. 5. Auflage. Bonn: BPB.

Schmidt, Uschi (2014b): Social TV - Lagerfeuereffekt 2.0? Eine explorative und quantitative Inhaltsanalyse von Twitter Kommentaren. Masterarbeit. München: GRIN.

Schmitz, Bernhard; Claudia Alsdorf; Fritz Sang; Karl Tasche (1993): Der Einfluß psychologischer und familialer Rezipientenmerkmale auf die Fernsehmotivation. In: Rundfunk und Fernsehen 41 (1), S. 5-19.

Schneider, Beate; Christopher Buschow (2012): Social TV – Auf dem Weg zu einem neuen „Multi-Billion Dollar Business"? Verfügbar unter http://de.slideshare.net /chrias/social-tv-auf-dem-weg-zu-einem-neuen-multibillion-dollar-business, zuletzt geprüft am 24.10.2012.

Schneider, Beate; Christopher Buschow (2013): Fernsehen trifft auf Social Media. Was Social TV für Produktionsunternehmen bedeutet. In: Medienproduktion (4), S. 7-9.

Schneider, Beate; Christopher Buschow (2014): (Neue) politische Partizipation durch Begleitkommunikation? Potenziale und Herausforderungen von Social TV für die politische Kommunikation. Konferenz zum 20-jährigen Jubiläum des Instituts für vergleichende Medien- und Kommunikationsforschung der ÖAW. Wien, 06.11.2014. Verfügbar unter http://de.slideshare.net/chrias/ijk-schneider-buschowneuepolitischepartizipationsocialtv, zuletzt geprüft am 19.11.2014.

Schneider, Guido (2013): Das Ringen um die Währungsunion – Bewegtbildmessung im Fernsehen und Online. In: Arbeitsgemeinschaft der Landesmedienanstalten (ALM) (Hg.): Digitalisierungsbericht 2013. Rundfunk und Internet – These, Antithese, Synthese? Berlin: Vistas, S. 23-30.

Schneider, Norbert (2008): Faktoren des Wandels Massen- und Individualmedien auf dem Weg in eine digitale Gesellschaft. In: Kaumanns, Ralf et al. (Hg.): Auslaufmodell Fernsehen? Perspektiven des TV in der digitalen Medienwelt. Wiesbaden: Gabler, S. 21-33.

Schneider, Siegfried (2014): Grußwort von BLM-Präsident Siegfried Schneider zur Eröffnung des 3. Social-TV-Summit am 2. Juli 2014 im Literaturhaus München. Verfügbar unter http://medienpuls-bayern.de/uploads/files/958/bPF2AKq5xXyY.pdf, zuletzt geprüft am 28.04.2016.

Schneider, Siegfried (2016): Grußwort von BLM-Präsident Siegfried Schneider zur Eröffnung des 5. Deutschen Social TV Summit am 23. Juni 2016. Verfügbar unter https://www.blm.de/infothek/positionen_und_reden.cfm?object_ID=6170, zuletzt geprüft am 24.06.2016.

Schnell, Rainer; Paul B. Hill; Elke Esser (2013): Methoden der empirischen Sozialforschung. 10., überarb. Auflage. München: Oldenbourg.

Schock, Axel (2004): Vor 25 Jahren begann mit dem TED das Zeitalter der Zuschauer-Votings: Ruf doch mal an. Verfügbar unter http://www.berliner-zeitung.de/archiv/vor-25-jahren-begann-mit-dem-ted-das-zeitalter-der-zuschauer-votings-ruf-doch-mal-an,10810590,10205684.html, zuletzt geprüft am 21.02.2014.

Schoft, Anika (2015): Über die Faszination am Tatort-Twittern. Eine qualitative Analyse zur Gemeinschaftsrezeption beim Tatort. In: Buschow, Christopher; Beate Schneider (Hg.): Social TV in Deutschland. Leipzig: Vistas, S. 109-119.

Scholl, Armin (2015): Die Befragung. 3., überarb. Auflage. Konstanz, München: UTB.

Schönbach, Klaus (1984): Ein integratives Modell? Anmerkungen zu Palmgreen. In: Rundfunk und Fernsehen 32 (1), S. 63-65.

Schönbach, Klaus (1997): Das hyperaktive Publikum – Essay über eine Illusion. In: Publizistik 42 (3), S. 279-286.

Schönbach, Klaus (2004): Das hyperaktive Publikum – noch immer eine Illusion. Ein Essay, „revisited". In: zu Salm, Christiane (Hg.): Zaubermaschine interaktives Fernsehen? TV-Zukunft zwischen Blütenträumen und Businessmodellen. Wiesbaden: Gabler, S. 113-120.

Schorr, Angela; Martina Schorr-Neustadt (2000): Wer ist das Publikum von Reality-TV? Zuschauermerkmale und Nutzungsmotive. In: Schorr, Angela (Hg.): Publikums- und Wirkungsforschung. Ein Reader. Wiesbaden: Westdeutscher Verlag, S. 337-362.

Schössler, Julia (2001): Die Digitalisierung von Fernsehprogrammen. Perspektiven für private Veranstalter. Dissertation. Wiesbaden: Deutscher Universitäts-Verlag.

Schramm, Holger; Christoph Klimmt (2003): „Nach dem Spiel ist vor dem Spiel". Die Rezeption der Fußballweltmeisterschaft 2002 im Fernsehen. Eine Panel-Studie zur Entwicklung von Rezeptionsmotiven im Turnierverlauf. In: Medien & Kommunikationswissenschaft 51 (1), S. 55-79.

Schramm, Wilbur (Hg.) (1954): The Process and Effects of Mass Communication. Urbana: University of Illinois Press.

Schrape, Klaus (1995): Digitales Fernsehen. Marktchancen und ordnungspolitischer Regelungsbedarf: ein Bericht der Prognos AG. München: Fischer.

Schrape, Klaus (2001): Interaktive Medien und der Wandel der Mediennutzung. In: Roters, Gunnar et al. (Hg.): Interaktive Medien. Baden-Baden: Media-Tec, S. 15-23.

Schröder, Gerhard (2013a): Mehr als „nur" TV-Spots – Neue Chancen durch Second Screen. Verfügbar unter http://we.makesocial.tv/social-tv/mehr-als-nur-tv-spots-neue-chancen-durch-second-screen/, zuletzt geprüft am 26.02.2013.

Schröder, Jens (2013b): AGF lässt Nielsen Internet-Quoten messen. Verfügbar unter http://meedia.de/background/meedia-blogs/jens-schroeder/mr-analyzer-post/article/agf-l-sst-nielsen-internet-quoten-messen_100047601.html, zuletzt geprüft am 01.10.2013.

Schrøder, Kim; Kirsten Dronter; Stephen Kline; Catherine Murray (2003): Researching Audiences. London, New York: Anrold.

Schroer, Joachim; Guido Hertel (2009): Voluntary Engagement in an Open Web-Based Encyclopedia: Wikipedians and Why They Do It. In: Media Psychology 12 (1), S. 96-120.

Schröter, Andreas (2014): Was bedeutet der Second Screen für TV-Werbetreibende? In: Bayerische Landesmedienzentrale für Neue Medien (BLM) (Hg.): 3. Deutscher Social TV Summit. Verfügbar unter https://www.youtube.com/watch?v=hUnETvHe-bw, zuletzt geprüft am 06.07.2014.

Schüller, Janina (2015): Innovationsmanagement für TV-Unternehmen. Implikationen crossmedialer Contentkreation für Organisation und Personalwirtschaft. Wiesbaden: Springer Gabler.

Schulz, Winfried (2009): Kommunikationsprozess. In: Noelle-Neumann, Elisabeth et al. (Hg.): Fischer Lexikon Publizistik Massenkommunikation. Frankfurt am Main: Fischer, S. 169-199.

Schulz, Wolfgang (2008): Der Rundfunkbegriff im Kontext der neuen Medienordnung. In: Kaumanns, Ralf et al. (Hg.): Auslaufmodell Fernsehen? Perspektiven des TV in der digitalen Medienwelt. Wiesbaden: Gabler, S. 389-394.

Schünemann, Sonja; Dominik Rzepka (2012): ZDF blendet Hashtag ein. #berlindirekt wird weltweit diskutiert. Verfügbar unter http://www.zdf.de/Berlin-direkt/ZDF-blendet-Hashtag-ein-6597794.html, zuletzt geprüft am 08.02.2013.

Schwab, Irmela (2013): TV ist nicht mehr der First Screen. In: Tendenz (3), S. 24-25. Verfügbar unter http://www.blm.de/magazin_tendenz/3_13/files/tendenz_3_13_e_mag_5_200.pdf, zuletzt geprüft am 22.10.2013.

Schwalb, Edward M. (2003): iTV Handbook. Technologies and Standards. London: Prentice Hall PTR.

Schwarzkopf, Dietrich (1999): Geschichte des Fernsehens. In: Leonhard, Joachim-Felix et al. (Hg.): Medienwissenschaft. Ein Handbuch zur Entwicklung der Medien und Kommunikationsformen. Berlin, New York: Walter de Gruyter, S. 1539-1551.

Schweiger, Wolfgang (2006): Transmedialer Nutzungsstil und Rezipientenpersönlichkeit. Theoretische Überlegungen und empirische Hinweise. In: Publizistik 51 (3), S. 290-312.

Schweiger, Wolfgang (2007): Theorien der Mediennutzung. Eine Einführung. Wiesbaden: VS Verlag für Sozialwissenschaften.

Schwengler, Petra (2012): Social TV: Was geht und was noch besser werden muss. Verfügbar unter http://www.wuv.de/medien/social_tv_was_geht_und_was_noch_besser_werden_muss, zuletzt geprüft am 06.11.2012.

Schwengler, Petra (2013): Facebook plant Social-Media-Quoten für deutsche Sender. Verfügbar unter http://www.wuv.de/medien/facebook_plant_social_media_quoten_fuer_deutsche_sender, zuletzt geprüft am 08.10.2013.

Schwengler, Petra (2015): Weiblich, jung, gesucht: Wie TV-Marken Instagram nutzen. Verfügbar unter http://www.wuv.de/medien/weiblich_jung_gesucht_wie_tv_marken_instagram_nutzen, zuletzt geprüft am 26.11.2015.

Scolik, Reinhard (2007): Neue Distributionswege von Fernsehen. In: Scolik, Reinhard; Julia Wippersberg (Hg.): Was ist neu am neuen Fernsehen? Technik, Nutzung, Inhalt – digital, mobil, interaktiv. Wien: LIT, S. 7-12.

Scolik, Reinhard; Julia Wippersberg (2007): Einige Bemerkungen zum Interaktiven Fernsehen. In: Scolik, Reinhard; Julia Wippersberg (Hg.): Was ist neu am neuen Fernsehen? Technik, Nutzung, Inhalt – digital, mobil, interaktiv. Wien: LIT, S. 45-54.

Segado, Francisco; María-del-Mar Grandío; Erika Fernández-Gómez (2015): Social Media and Television: A Bibliographic Review on the Web of Science. In: El profesional de la informatión 24 (3), S. 227-234.

Seier, Andrea; Thomas Waitz (Hg.) (2014): Klassenproduktion. Fernsehen als Agentur des Sozialen. Münster: LIT.

Sen, William (2011): Social Media ist nicht „Soziale Medien". Eine Aufklärung für Digital Immigrants. Verfügbar unter http://www.social-media-magazin.de/index.php/heft-nr-2011-1/social-media-nicht-soziale-medien.html, zuletzt geprüft am 27.02.2013.

Serong, Julia (2014): Partizipation und Public Value Management im Journalismus. In: Einspänner-Pflock, Jessica et al. (Hg.): Digitale Gesellschaft – Partizipationskulturen im Netz. Berlin, Münster: LIT, S. 106-127.

Seufert, Wolfgang; Claudia Wilhelm (2013): Wie stark verdrängen oder ergänzen sich (neue und alte) Medien? In: Medien & Kommunikationswissenschaft 61 (4), S. 568-593.

SevenOne Media (2012a): Navigator Mediennutzung 2012, zuletzt geprüft am 15.01.2013.

SevenOne Media (2012b): Social TV auf dem Second Screen. „The Voice of Germany Connect". Verfügbar unter https://www.sevenonemedia.de/c/document_library/get_file?p_l_i_d=893305&folderId=1102215&name=DLFE-556291.pdf, zuletzt geprüft am 15.01.2013.

SevenOne Media (2013): Der Second Screen als Verstärker. Repräsentative Studie zur parallelen Nutzung von TV und Internet. Verfügbar unter https://www.screenforce.de/docs/default-source/second_screen_verstaerker-pdf, zuletzt geprüft am 31.05.2016.

SevenOne Media (2015a): Media Activity Guide 2015. Verfügbar unter http://viewer.zmags.com/publication/040b4926, zuletzt geprüft am 18.05.2016.

SevenOne Media (2015b): Relevant Set 2015. Welche Sender sind im Relevant Set der Zuschauer? Verfügbar unter https://www.sevenonemedia.de/web/sevenone/relevant-set, zuletzt geprüft am 27.02.2016.

Sewczyk, Jürgen; Holger Wenk (2012): Mehr als Fernsehen: Smart-TV, HbbTV & Co. Ein Überblick zu hybriden Geräten, konvergenten Diensten und innovativen TV-Trends. In: Media Perspektiven (4), S. 178-188.

Shade, Drew D.; Sarah Kornfield; Mary Beth Oliver (2015): The Uses and Gratifications of Media Migration: Investigating the Activities, Motivations, and Predictors of Migration Behaviors Originating in Entertainment Television. In: Journal of Broadcasting & Electronic Media 59 (2), S. 318-341.

Shannon, Claude E.; Watten Weaver (1949): The Mathematical Theory of Communication. Urbana: University of Illinois Press.

Shao, Guosong (2009): Understanding the Appeal of User-Generated Media: A Uses and Gratification Perspective. In: Internet Research 19 (1), S. 7-25.

Sheldon, Pavica (2008): Student Favorite: Facebook and Motives for Its Use. In: Southwestern Mass Communication Journal 23 (2), S. 39-53.

Shim, Hongjin; Poong Oh; Hyunjin Song; Yeonkyung Lee (2015): An Exploration of Motivations for Two Screen Viewing, social Interaction Behaviors, and Factors That Influence Viewing Intentions. In: CyberPsychology, Behavior, and Social Networking 18 (3), S. 158-164.

Shin, Dong-Hee (2013): Defining Sociability and Social Presence in Social TV. In: Computers in Human Behavior 29 (3), S. 939-947.

Shoemaker, Pamela J.; Tim P. Vos (2009): Gatekeeping Theory. New York: Routledge.

Sigler, Constanze (Hg.) (2013a): Social TV. München: GRIN.

Sigler, Constanze (2013b): Social TV – Herausforderungen und Potentiale. In: Sigler, Constanze (Hg.): Social TV. München: GRIN, S. 5-32.

Silverstone, Roger (1994): Television and Everyday Life. London, New York: Routledge.

Sinus (2015): Informationen zu den Sinus Milieus 2015. Verfügbar unter http://www.sinus-institut.de/fileadmin/user_data/sinus-institut/Downloadcenter/Informationen_zu_den_Sinus-Milieus.pdf, zuletzt geprüft am 23.08.2015.

Six, Ulrike; Uli Gleich (2000): Sozio-emotionale und kognitive Reaktionen auf Ereignisszenarien mit TV-Personen. Ein Experiment zur parasozialen Beziehung. In: Schorr, Angela (Hg.): Publikums- und Wirkungsforschung. Ein Reader. Wiesbaden: Westdeutscher Verlag, S. 363-383.

Skibbe, Linda Isabelle (2013): #SharingIsCaring: An Exploratory Study of Content of Tweets, Situation of Tweeting and Motivations to Use Twitter While Watching Television Series. Master's Thesis. University of Stockholm. Verfügbar unter http://www.diva-portal.org/smash/get/diva2:629112/FULLTEXT01.pdf, zuletzt geprüft am 20.08.2013.

Sky Media (2016): Sky360. Plattformübergreifende Reichweitenmessung. Verfügbar unter https://www.skymedia.de/advert/cms/static/pdf/sm_sky360_plattformuebergreifende_reichweitenmessung.pdf, zuletzt geprüft am 27.05.2016.

smartclip (2012): Multiscreen ist Realität: Wie Connected TV die Fernsehlandschaft verändert. Verfügbar unter http://www.smartclip.com/download/multiscreen_ctv_studie.pdf, zuletzt geprüft am 26.10.2012.

Smith, Chris (2013): Where's the Money in Social TV and Second Screening? Verfügbar unter http://www.theguardian.com/media-network/media-network-blog/2013/aug/09/social-tv-second-screening-money?CMP=twt_gu, zuletzt geprüft am 09.08.2013.

Snider, Mike (2013): Twitter Can Boost TV Ratings. Verfügbar unter http://www.usatoday.com/story/tech/personal/2013/08/06/nielsen-twitter-affects-tv-ratings/2613267/, zuletzt geprüft am 13.05.2014.

Sommer, Denise (2010): Nachrichten im Gespräch. Wesen und Wirkung von Anschlusskommunikation über Fernsehnachrichten. Baden-Baden: Nomos.

Song, Indeok; Robert LaRose; Matthew S. Eastin; Carolyn A. Lin (2004): Internet Gratifications and Internet Addiction: On the Uses and Abuses of New Media. In: CyberPsychology & Behavior 7 (4), S. 384-394.

Spiegel Online (2012): Soziales Netzwerk: Facebook zählt eine Milliarde Mitglieder. Verfügbar unter http://www.spiegel.de/netzwelt/web/facebook-zaehlt-eine-milliarde-mitglieder-a-859510.html.

Spieß, Timo (2012): Experiment im BR: Das Netz bestimmt, was läuft. Social TV. Verfügbar unter http://www.medien-monitor.com/Experiment-im-BR-Das-Netz-bes.1886.0.html, zuletzt geprüft am 18.11.2012.

Spieß, Timo; Annika Sehl (2013): Potenziale und Risiken von Social TV und Second Screen für den Fernsehjournalismus. Das Beispiel des Pilotprojekts „Rundshow" des Bayerischen Rundfunks. Paper für die Fachgruppentagung „Von analog nach digital - Journalismus und Technik" der DGPuK. München, 08.02.2013. Verfügbar unter http://www.journalismus-und-technik.ifkw.uni-muenchen.de/programm/spiess.pdf, zuletzt geprüft am 14.11.2013.

Spigel, Lynn; Jan Olsson (2004): Television after TV. Essays on a Medium in Transition. Durham: Duke University Press.

Springer, Nina; Helena Bilandzic; Heinz Pürer (2014): Mediaforschung (Reichweitenforschung). In: Pürer, Heinz (Hg.): Publizistik- und Kommunikationswissenschaft. Konstanz, München: UVK, S. 324-347.

Springer, Nina; Heinz Pürer; Wolfgang Eichhorn (2014): Computervermittelte Kommunikation. In: Pürer, Heinz (Hg.): Publizistik- und Kommunikationswissenschaft. Konstanz, München: UVK, S. 88-101.

Stadelmann, Anna (2012): Social TV und Social Radio: Die ARD lädt zum digitalen Lagerfeuer. Verfügbar unter http://we.makesocial.tv/social-tv/ard-laedt-zum-digitalen-lagerfeuer/, zuletzt geprüft am 05.12.2012.

Stadik, Michael (2013): Quantität plus Qualität. Werbung 2.0. In: Tendenz (3), S. 27-28. Verfügbar unter http://www.blm.de/magazin_tendenz/3_13/files/tendenz_3_13_e_mag_5_200.pdf, zuletzt geprüft am 22.10.2013.

Stafford, Thomas F.; Marla R. Stafford (2001): Identifying Motivations for the Use of Commercial Web Sites. In: Information Resources Management Journal 14 (1), S. 22-30.

Stark, Birgit (2006): Fernsehen in digitalen Medienumgebungen. Eine empirische Analyse des Zuschauerverhaltens. München: Fischer.

Statistisches Bundesamt (2015): Statistisches Jahrbuch. Deutschland und Internationales. Wiesbaden: Statistisches Bundesamt.

Stauff, Markus (2014): Zuschauern zuschauen. Fernsehen als social medium. In: Seier, Andrea; Thomas Waitz (Hg.): Klassenproduktion. Fernsehen als Agentur des Sozialen. Münster: LIT, S. 111-129.

Steinke, Ines (2013): Gütekriterien qualitativer Forschung. In: Flick, Uwe et al. (Hg.): Qualitative Forschung. Ein Handbuch. Reinbek bei Hamburg: Rowohlt, S. 319-331.

Steinmetz, Rüdiger (2013): Digitale Leuchtturmprojekte des lokalen/regionalen Rundfunks? Social-Media-Programmfeedback in Deutschland, Großbritannien und den USA. In: Arbeitsgemeinschaft der Landesmedienanstalten (ALM) (Hg.): Programmbericht 2012. Fernsehen in Deutschland. Berlin: Vistas, S. 138-162.

Stelter, Brian (2013): Study Links TV Viewership and Twitter Conversations. Verfügbar unter http://www.nytimes.com/2013/08/06/business/media/study-links-tv-viewership-and-twitter-conversations.html?_r=3&, zuletzt geprüft am 06.08.2013.

Stelzig, Kristina (2013): Second Screen: Analyse und Chancen am Beispiel des deutschen Fernsehmarktes. In: Sigler, Constanze (Hg.): Social TV. München: GRIN, S. 33-78.

Steuer, Philipp (2016): Snap Me If You Can. Das Buch für alle, die Snapchat endlich verstehen wollen.

Stiftung für Zukunftsfragen (2016): Freizeit-Monitor 2016. Fernsehen, Radio hören, Telefonieren: Die beliebtesten Freizeitbeschäftigungen der Deutschen. Verfügbar unter http://www.freizeitmonitor.de/zahlen/daten/statistik/freizeit-aktivitaeten/2016/die-beliebtesten-freizeitaktivitaeten-der-deutschen.html, zuletzt geprüft am 25.08.2016.

Stipp, Horst (2001): Der Konsument und die Zukunft des interaktiven Fernsehens. In: Media Perspektiven (7), S. 369-377.

Stipp, Horst (2009): Verdrängt Online-Sehen die Fernsehnutzung? In: Media Perspektiven (5), S. 226-232.

Stipp, Horst (2015): The State of Social TV in the US and Its Potential for Advertisers. In: Buschow, Christopher; Beate Schneider (Hg.): Social TV in Deutschland. Leipzig: Vistas, S. 201-214.

Stöber, Rudolf (2008): Kommunikations- und Medienwissenschaften. Eine Einführung. München: Beck.

Stockmann, Ralf (2004): Computer. In: Faulstich, Werner (Hg.): Grundwissen Medien. Paderborn: Fink, S. 157-181.

Stolz, Matthias (2016): Der Fernseher lebt! In: Zeit Magazin (20), S. 34-39.

Stoppacher, Timo (2012): Auswirkungen der Ausbreitung von neuen Medien auf die Fernsehnutzung. Bachelorarbeit. Rheinische Fachhochschule Köln. Verfügbar unter http://www.meistensdigital.de/wp-content/uploads/2013/01/BAThesis_Timo_Stoppacher_WEB.pdf, zuletzt geprüft am 08.01.2013.

Storll, Dieter; Miriam Friedmann (2011): Soziale Medien in der Ich-Gesellschaft? Ergebnisse einer Repräsentativbefragung. Verfügbar unter https://www.sevenonemedia.de/c/document_library/get_file?uuid=89fb436e-25a2-40c6-aaa7-69fd7c95152b&groupId=10143, zuletzt geprüft am 08.10.2012.

Strathoff, Pepe; Christoph Lutz (2015): Gemeinschaft schlägt Gesellschaft – Die vermeintliche Paradoxie des Privaten. In: Hahn, Oliver et al. (Hg.): Digitale Öffentlichkeit(en). Konstanz, München: UVK, S. 203-216.

Streif, Stephanie (2013): Eins, zwei oder drei… In: acquisa (4), S. 36-39.

Strippel, Christian (2013): Das soziale Fernsehen. Formen, Chancen und Herausforderungen. In: Arbeitsgemeinschaft der Landesmedienanstalten (ALM) (Hg.): Programmbericht 2012. Fernsehen in Deutschland. Berlin: Vistas, S. 193-197.

Strippel, Christian (2016): Buchbesprechung: Goldhammer, Klaus, Kerkau, Florian, Matejka, Moritz und Jan Schlüter. Social TV. Aktuelle Nutzung, Prognosen, Konsequenzen. In: Publizistik. Vorab online publiziert. Verfügbar unter http://link.springer.com/article/10.1007/s11616-016-0289-1, zuletzt geprüft am 01.10.2016.

Strippel, Christian (2017): Praktiken der Second-Screen-Nutzung. Konzeptioneller Rahmen für die Analyse der Parallelnutzung von zwei Bildschirmen. In: Göttlich, Udo et al. (Hg.): Ko-Orientierung in der Medienrezeption. Praktiken der Second Screen-Nutzung. Wiesbaden: Springer VS, S. 107-136.

Strohmeier, Gerd (2004): Politik und Massenmedien. Eine Einführung. Baden-Baden: Nomos.

Stüber, Jürgen (2012): Web-Trend „zweiter Bildschirm": Public Viewing via Internet. In: Berliner Morgenpost vom 09.07.2012 (185), S. 9.

Stückler, Moritz (2013): Hardware für TV-On-Demand. Mehr Unabhängigkeit und Spaß beim Zappen. In: t3n 31 (2), S. 36-38.

Suckfüll, Monika (2004): Rezeptionsmodalitäten. Ein integratives Konstrukt für die Medienwirkungsforschung. München: Fischer.

Summa, Giacomo (2011): Social TV: The Future of Television in the Internet Age. MIT Sloan School of Management. Cambridge. Verfügbar unter http://dspace.mit.edu/bitstream/handle/1721.1/65819/750648346.pdf?sequence=1, zuletzt geprüft am 08.10.2012.

Sundar, S. Shyam; Anthony M. Limperos (2013): Uses and Grats 2.0: New Gratifications for New Media. In: Journal of Broadcasting & Electronic Media 57 (4), S. 504-525.

Sutter, Béatrice (2013): Et la télévision devient sociale. Verfügbar unter http://www.docnews.fr/actualites/achat-media,television-devient-sociale,37,15494.html, zuletzt geprüft am 09.01.2013.

Sutter, Tilmann (1999): Medienkommunikation als Interaktion? Über den Aufklärungsbedarf eines spannungsreichen Problemfeldes. In: Publizistik 44 (3), S. 288-300.

Sutter, Tilmann (2001): Sinnstrukturen der Medienkommunikation. In: Charlton, Michael; Tilmann Sutter (Hg.): Massenkommunikation, Interaktion und soziales Handeln. Wiesbaden: Westdeutscher Verlag, S. 21-45.

Sutter, Tilmann (2010): Der Wandel von der Massenkommunikation zur Interaktivität neuer Medien. In: Mehler, Alexander; Tilmann Sutter (Hg.): Medienwandel als Wandel von Interaktionsformen. Wiesbaden: VS Verlag für Sozialwissenschaften, S. 83-105.

Swanson, David L. (1979): Political Communication Research and the Uses and Gratifications Models: A Critique. In: Communication Research 6 (1), S. 37-53.

SWR direkt (27.02.2013): Alles social! Im TV? Verfügbar unter http://www.swr.de/direkt/-/id=8760410/lqw8ql/index.html, zuletzt geprüft am 01.02.2013.

Taddicken, Monika (2009): Die Bedeutung von Methodeneffekten der Online-Befragung: Zusammenhänge zwischen computervermittelter Kommunikation und erreichbarer Datengüte. In: Jackob, Nikolaus et al. (Hg.): Sozialforschung im Internet. Methodologie und Praxis der Online-Befragung. Wiesbaden: VS Verlag für Sozialwissenschaften, S. 90-107.

Taddicken, Monika (2013): Online-Befragung. In: Möhring, Wiebke; Daniela Schlütz (Hg.): Handbuch standardisierte Erhebungsmethoden in der Kommunikationswissenschaft. Wiesbaden: Springer VS, S. 201-217.

Taddicken, Monika; Bernad Batinic (2014): Die standardisierte Online-Befragung. In: Welker, Martin et al. (Hg.): Handbuch Online-Forschung. Sozialwissenschaftliche Datengewinnung und -auswertung in digitalen Netzen. Köln: Halem, S. 151-175.

Tan, Wee-Kheng; Cheng-Yi Yang (2014): Internet Applications Use and Personality. In: Telematics and Informatics 31 (1), S. 27-38.

Tashakkori, Abbas; Charles Teddlie (1998): Mixed Methodology. Combining Qualitative and Quantitative Approaches. Thousand Oaks: Sage.

Taylor, Earl L. (2015): Audience Measurement in the Era of „Social TV". In: Research World 51, S. 55.

Teichert, Will (1973): Fernsehen als soziales Handeln (II). Entwürfe und Modelle zur dialogischen Kommunikation zwischen Publikum und Massenmedien. In: Rundfunk und Fernsehen 21 (4), S. 356-382.

Teichert, Will (1975): Bedürfnisstruktur und Mediennutzung. Fragestellung und Problematik des „Uses and Gratifications Approach". In: Rundfunk und Fernsehen 23 (3-4), S. 269-283.

Teichert, Will (1977): „fernsehen" und Interaktionen. Eine Stellungnahme zu Peter Hunzikers Aufsatz „Fernsehen in der Familie" – Eine Analyse der Gruppenstrukturen 11 (3), S. 286-296.

Thiedeke, Udo (2003): Virtuelle Gruppen: Begriff und Charakteristika. In: Thiedeke, Udo (Hg.): Virtuelle Gruppen. Charakteristika und Problemdimensionen. Wiesbaden: Westdeutscher Verlag, S. 23-67.

Thimm, Caja (2011): Ökosystem Internet – Zur Theorie digitaler Sozialität. In: Anastasiadis, Mario; Caja Thimm (Hg.): Social Media. Theorie und Praxis digitaler Sozialität. Frankfurt am Main: Lang, S. 21-42.

Thimm, Caja; Mark Dang-Anh; Jessica Einspänner (2011): Diskurssystem Twitter: Semiotische und handlungstheoretische Perspektiven. In: Anastasiadis, Mario; Caja Thimm (Hg.): Social Media. Theorie und Praxis digitaler Sozialität. Frankfurt am Main: Lang, S. 264-285.

ThinkWithGoogle (2016): YouTube ist immer mit dabei – deutsche Onliner nutzen Videoplattform geräteübergreifend. Verfügbar unter https://www.thinkwithgoogle.com/intl/de-de/article/youtube-ist-immer-mit-dabei-deutsche-onliner-nutzen-videoplattform-gerateubergreifend/, zuletzt geprüft am 12.05.2016.

Thoma, Helmut (2008): Fernsehen im Wandel: Woher oder wohin? In: Kaumanns, Ralf et al. (Hg.): Auslaufmodell Fernsehen? Perspektiven des TV in der digitalen Medienwelt. Wiesbaden: Gabler, S. 15-18.

Thomas, Günter (Hg.) (1998): Medien, Ritual, Religion. Zur religiösen Funktion des Fernsehens. Frankfurt am Main: Suhrkamp.

Thyssen, Stefanie (2013): Twitter-Eifer „furchtbar und völlig falsch". „Tatort"-Duo im Interview. Verfügbar unter http://www.tz.de/tv/tatort-duo-interview-wachtveitl-miro-nemec-twitter-eifer-furchtbar-voellig-falsch-3283674.html, zuletzt geprüft am 16.01.2014.

Tippelt, Florian; Thomas Kupferschmitt (2015): Social Web: Ausdifferenzierung der Nutzung – Potenziale für Medienanbieter. Ergebnisse der ARD/ZDF-Onlinestudie 2015. In: Media Perspektiven (10), S. 442-452.

TNS Infratest (2013): TNS Convergence Monitor. TV und Internet profitieren voneinander. Verfügbar unter https://www.tns-infratest.com/presse/pdf/Presse/2013-08-27_TNS_Infratest_ConvergenceMonitor_Parallel-Nutzung.pdf, zuletzt geprüft am 28.04.2016.

TNS Infratest (2015): TNS Convergence Monitor. Bewegtbild-Nutzung über das Internet gewinnt immer mehr an Bedeutung / Lineare TV-Nutzung bleibt konstant. Verfügbar unter http://www.tns-infratest.com/presse/pdf/Presse/2015-08-27_tns_infratest_convergence-monitor_web-anwendungen.pdf, zuletzt geprüft am 20.05.2016.

Toffler, Alvin (1980): The Third Wave. New York: Morrow.

Toffler, Alvin; Heidi Toffler (1995): Creating a New Civilization. The Politics of the Third Wave. Atlanta, Kansas City: Turner.

Tomorrow Focus Media (2014): Smart-TV Effects 2014-II. Verfügbar unter http://www.tomorrow-focus-media.de/marktforschung/digitalmarkt/info/smart-tv-effects-2014-ii/, zuletzt geprüft am 26.11.2014.

Tonndorf, Katrin; Cornelia Wolf (2014): Dialog und Nutzerpartizipation im Fokus digitaler Kommunikationsstrategien – Eine empirische Untersuchung von Unternehmens-Fanpages auf Facebook. In: Einspänner-Pflock, Jessica et al. (Hg.): Digitale Gesellschaft – Partizipationskulturen im Netz. Berlin, Münster: LIT, S. 84-105.

Tönnies, Ferdinand (1979): Gemeinschaft und Gesellschaft. Grundbegriffe der reinen Soziologie. 8. Auflage. Darmstadt: Wissenschaftliche Buchgesellschaft.

Töpfl, Florian (2011): Mediensysteme in Transformationsprozessen. Wie entstehen pluralistische Mediensysteme – und warum nicht? Baden-Baden: Nomos.

Tracy, S. J. (2010): Qualitative Quality: Eight „Big-Tent" Criteria for Excellent Qualitative Research. In: Qualitative Inquiry 16 (10), S. 837-851.

Trebbe, Joachim (2005): Cross-Media Links: Internetverweise im Fernsehen. In: Arbeitsgemeinschaft der Landesmedienanstalten (ALM) (Hg.): Fernsehen in Deutschland 2005. Programmforschung und Programmdiskurs. Berlin: Vistas, S. 79-88.

Trepte, Sabine; Eva Baumann (2004): „More and More" oder Kannibalisierung? Eine empirische Analyse der Nutzungskonvergenz von Nachrichten und Unterhaltungsangeboten in TV und WWW. In: Hasebrink, Uwe et al. (Hg.): Mediennutzung in konvergierenden Medienumgebungen. München: Fischer, S. 173-197.

Treumann, Klaus Peter (2005): Triangulation. In: Mikos, Lothar; Claudia Wegener (Hg.): Qualitative Medienforschung. Ein Handbuch. Konstanz: UVK, S. 209-221.

Trilling, Damian (2014): Two Different Debates? Investigating the Relationship Between a Political Debate on TV and Simultaneous Comments on Twitter. Verfügbar unter http://dx.doi.org/10.1177/0894439314537886, zuletzt geprüft am 01.11.2014.

Turner, Steve (2013): The Evolution of the Second Screen. Verfügbar unter http://www.wired.com/insights/2013/05/the-evolution-of-the-second-screen/, zuletzt geprüft am 27.05.2013.

Tuten, Tracy L.; Mirta Galesic; Michael Bosnjak (2004): Effects of Immediate versus Delayed Notification of Prize Draw Results on Response Behavior in Web Surveys: An Experiment. In: Social Science Computer Review 22 (3), S. 377-384.

Twitter Inc. (2016): Twitter Q1 2016 Shareholder Letter. Verfügbar unter http://files.shareholder.com/downloads/AMDA-2F526X/1958619383x0x887872/A29EDA0D-85C0-40EE-9124-12231E8CCF35/Q116_Shareholder_Letter_CS.pdf, zuletzt geprüft am 12.05.2016.

Uhlemann, Ingrid Andrea (2015): Einführung in die Statistik für Kommunikationswissenschaftler. Deskriptive und induktive Verfahren für das Bachelorstudium. Wiesbaden: Springer VS.

Ulrich, Anne; Joachim Knape (2015): Medienrhetorik des Fernsehens. Begriffe und Konzepte. Bielefeld: Transcript.

Ünal, Aylin (2015): Gefährliches Raubtier oder zahmes Pflänzchen? Netflix im Dschungel des deutschen Video‑on‑Demand-Markts. In: Arbeitsgemeinschaft der Landesmedienanstalten (ALM) (Hg.): Digitalisierungsbericht 2015. Digitale Weiten, analoge Inseln – Die Vermessung der Medienwelt. Leipzig: Vistas.

Unger, Viola; Castulus Kolo (2009): Meinungsführer in Online-Social-Networks. i-cod Studie (01). München: i-cod ldt.

United Internet Media (2014): Multi Screen – Der Blick ins Wohnzimmer. Bisherige & neue Erkenntnisse zu Multi Screen. Verfügbar unter http://united-internet-media.de/fileadmin/uim/media/home/Studien/Multi_Screen_Der_Blick_ins_Wohnzimmer.pdf, zuletzt geprüft am 18.04.2015.

United Internet Media (2015): Catch Me If You Can! 2.0. Verfügbar unter http://www.united-internet-media.de/fileadmin/uim/media/home/downloadcenter/studien/Catch_Me_If_You_Can_2.0_Update_2016.pdf, zuletzt geprüft am 13.01.2016.

Unz, Dagmar (2014): Mediennutzung – Was machen die Menschen mit den Medien? In: Blanz, Mathias et al. (Hg.): Kommunikation. Eine interdisziplinäre Einführung. Stuttgart: Kohlhammer, S. 159-167.

Unz, Dagmar; Mathias Blanz (2014): Mediale Kommunikation und Massenkommunikation. In: Blanz, Mathias et al. (Hg.): Kommunikation. Eine interdisziplinäre Einführung. Stuttgart: Kohlhammer, S. 107-123.

Uricchio, William (Hg.) (1991): Die Anfänge des deutschen Fernsehens. Kritische Annäherungen an die Entwicklung bis 1945. Tübingen: Niemeyer.

Uricchio, William (2004): Old Media as New Media: Television. In: Harries, Dan (Hg.): The New Media Book. London: BFI Publishing, S. 219-230.

Uricchio, William (2009): Contextualizing the Broadcast Era: Nation, Commerce, and Constraint. In: The ANNALS of the American Academy of Political and Social Science 625 (1), S. 60-73.

van Cauwenberge, Anna; Gabi Schaap; Rob van Roy (2014): „TV No Longer Commands Our Full Attention“: Effects of Second-Screen Viewing and Task Relevance on Cognitive Load and Learning from News. In: Computers in Human Behavior 38, S. 100-109.

van Deursen, Alexander J.; Jan A. van Dijk (2014): The Digital Divide Shifts to Differences in Usage. In: New Media & Society 16 (3), S. 507-526.

van Dijck, José; Thomas Poell (2015): Making Public Television Social? Public Service Broadcasting and the Challenges of Social Media. In: Television & New Media 16 (2), S. 148-164.

van Dijk, Jan A.; Loes de Vos (2001): Searching for the Holy Grail: Images of Interactive Television. In: New Media & Society 3 (4), S. 443-465.

van Eimeren, Birgit; Beate Frees (2012): 76 Prozent der Deutschen online – neue Nutzungssituationen durch mobile Endgeräte. Ergebnisse der ARD/ZDF-Onlinestudie 2012. In: Media Perspektiven (7-8), S. 362-379.

van Eimeren, Birgit; Beate Frees (2014): 79 Prozent der Deutschen online – Zuwachs bei mobiler Internetnutzung und Bewegtbild. Ergebnisse der ARD/ZDF-Onlinestudie 2014. In: Media Perspektiven (7-8), S. 378-396.

van Eimeren, Birgit; Christa-Maria Ridder (2002): Mediennutzung im neuen Jahrtausend – Langzeittrends und Entwicklungen in Deutschland. In: Müller-Kalthoff, Björn (Hg.): Cross-Media Management. Content-Strategien erfolgreich umsetzen. Berlin: Springer, S. 61-88.

van Es, Karin (2015): The Perks and Perils of Social TV: On the Participation Dilemma in NBCs the Voice. In: Television & New Media, S. 1-16.

van Es, Karin; Eggo Müller (2012): The Voice: Über das „Soziale" des sozialen Fernsehens. In: Montage AV 21 (1), S. 63-84.

van Es, Karin; Daniela van Geenen; Thomas Boeschoten (2015): Re-Imagining Television Audience Research: Tracing Viewing Patterns on Twitter. In: M/C Journal 18 (6). Verfügbar unter http://journal.media-culture.org.au/index.php/mcjournal/article/viewArticle/1032, zuletzt geprüft am 09.12.2015.

van Rinsum, Helmut (2016a): Business, not as usual. Wie die Sendergruppen ihre Geschäftsmodelle erweitern und neue Märkte erkunden. In: Arbeitsgemeinschaft der Landesmedienanstalten (ALM) (Hg.): Digitalisierungsbericht 2016. Kreative Zerstörung oder digitale Balance: Medienplattformen zwischen Wettbewerb und Kooperation. Leipzig: Vistas, S. 17-26.

van Rinsum, Helmut (2016b): ProSiebenSat.1: Investitionen in digitale Geschäftsmodelle jenseits des klassischen Fernsehmarktes. Beteiligungsstrategien eines Medienkonzerns. In: Media Perspektiven (1), S. 27-35.

Vanattenhoven, Jeroen; David Geerts (2016): Social Experiences within the Home Using Second Screen TV Applications. In: Multimedia Tools and Applications (Juni), S. 1-29.

Vesper, Sebastian (1998): Das Internet als Medium. Auftrittsanalysen und neue Nutzungsoptionen. Bardowick: Wissenschaftler-Verlag.

Viacom (2013): When Networks Network: TV Gets Social. Verfügbar unter http:// www.viacomadvertising.de/wp-content/uploads/2014/07/TV-Gets-Social.pdf, zuletzt geprüft am 15.12.2015.

Vickery, Graham; Sacha Wunsch-Vincent (2007): Participative Web and User-Created Content. Web 2.0, Wikis and Social Networking. Paris: OECD.

Vidyarthi, Neil (2012): The London 2012 Socialympics. Verfügbar unter http:// www.adweek.com/socialtimes/the-london-2012-socialympics-infographic/ 103811, zuletzt geprüft am 21.03.2016.

Vincent, Richard C.; Michael D. Basil (1997): College Students' News Gratifications, Media Use, and Current Events Knowledge. In: Journal of Broadcasting & Electronic Media 41 (3), S. 380-392.

Vlasic, Andreas (2004): Die Integrationsfunktion der Massenmedien. Begriffsgeschichte, Modelle, Operationalisierung. Wiesbaden: VS Verlag für Sozialwissenschaften.

Vlasic, Andreas; Hans-Bernd Brosius (2002): „Wetten dass…" – Massenmedien integrieren? Die Integrationsfunktion der Massenmedien: Zur empirischen Beschreibbarkeit eines normativen Paradigmas. In: Imhof, Kurt et al. (Hg.): Integration und Medien. Wiesbaden: Westdeutscher Verlag, S. 93-109.

Voigt, Charmaine (2012): Senderoffene Web-TV-Plattformen – Chancen und Risiken der neuen Bewegtbild-Unterhaltung. In: Kretzschmar, Judith; Florian Mundhenke (Hg.): Von der Flimmerkiste zum IP-TV? Umbrüche und Zukunftsperspektiven des Mediums Fernsehen: Festschrift für Rüdiger Steinmetz. München: Meidenbauer, S. 193-203.

von Gehlen, Dirk (2011): Journalisten müssen lernen zu telefonieren – das Internet als Dialogmedium. In: Jakubetz, Christian et al. (Hg.): Universalcode. Journalismus im digitalen Zeitalter. München: euryclia, S. 377-393.

von Gehlen, Dirk (2013): Videotext trifft auf Social Media: Teletwittern. Verfügbar unter http://www.dirkvongehlen.de/index.php/nachrichten/videotext-trifft-auf-social-media-teletwittern/, zuletzt geprüft am 18.01.2013.

Voorveld, Hilde A. M.; Vijay Viswanathan (2015): An Observational Study on How Situational Factors Influence Media Multitasking with TV: The Role of Genres, Dayparts, and Social Viewing. In: Media Psychology 18 (4), S. 499-526.

Vorderer, Peter (2000): Interactive Entertainment and Beyond. In: Zillmann, Dolf; Peter Vorderer (Hg.): Media Entertainment. The Psychology of Its Appeal. Mahwah: Erlbaum, S. 21-36.

Vorderer, Peter (2015): Der mediatisierte Lebenswandel. Permanently Online, Permanently Connected. In: Publizistik 60 (3), S. 259-276.

Voß, Jochen (2013): Jetzt wächst zusammen, was zusammengehört. In: Gräßer, Lars; Aycha Riffi (Hg.): Einfach fernsehen? Zur Zukunft des Bewegtbildes. München: kopaed, S. 29-36.

Vossen, Robert (2012): Meine Damen und Herren: Gestatten, die Nielsen-Twitter-TV-Quote. Verfügbar unter http://www.basicthinking.de/blog/2012/12/18/meine-damen-und herren-gestatten-die-nielsen-twitter-tv-quote/, zuletzt geprüft am 14.01.2013.

Wagner, Andreas (2013): Connected TV als Plattform für kommerzielle und öffentliche Kommunikation. Verfügbar unter http://www.rundfunk-institut.uni-koeln.de/institut/pdfs/294.pdf, zuletzt geprüft am 18.11.2013.

Wagner, Ulrike (2010): Medienhandeln, Medienkonvergenz und Sozialisation. Empirie und gesellschaftswissenschaftliche Perspektiven. München: kopaed.

Walker, Dylan; Lev Muchnik (2013): Does Twitter Drive Television Consumption? Evidence from a Large Scale Natural Experiment. Verfügbar unter http://smgworld.bu.edu/wise2013/files/2013/12/wise20130_submission_76.pdf&sa=X&scisig=AAGBfm0mgcto01ptuNBUyNPhn4gaaad91g&oi=scholaralrt, zuletzt geprüft am 12.02.2014.

Walsh, Gianfranco (2011): Grundlagen des Web 2.0. In: Walsh, Gianfranco et al. (Hg.): Web 2.0. Neue Perspektiven für Marketing und Medien. Heidelberg: Springer, S. 3-19.

Walsh, Mark (2013): Will Twitter Eliminate Social TV Apps? Verfügbar unter http://www.mediapost.com/publications/article/194656/will-twitter-eliminate-social-tv-apps.html, zuletzt geprüft am 02.03.2013.

Wang, Zheng; John M. Tchernev; Tyler Solloway (2012): A Dynamic Longitudinal Examination of Social Media Use, Needs, and Gratifications among College Students. In: Computers in Human Behavior 28 (5), S. 1829-1839.

Warren, Christina (2013): When Did the „Second Screen" Become a Thing? Verfügbar unter http://mashable.com/2013/05/02/second-screen/, zuletzt geprüft am 03.05.2013.

Wartanowa, Elena L. (2010): Konvergenz und Medien. In: Friedrichsen, Mike et al. (Hg.): Medienwandel durch Digitalisierung und Krise. Eine vergleichende Analyse zwischen Russland und Deutschland. Baden-Baden: Nomos, S. 95-102.

Watzlawick, Paul; Janet H. Beavin; Don D. Jackson (1996): Menschliche Kommunikation. Formen, Störungen, Paradoxien. 9., unveränd. Auflage. Bern: Huber.

Wauters, Robin (2013): As the Social TV Industry Comes of Age, Stay Tuned for What Facebook Has in Store. Verfügbar unter http://thenextweb.com/facebook/2013/02/09/facebook-social-tv-checkin-feature/?fromcat=all&utm_source=buffer&buffer_share=ebaed, zuletzt geprüft am 09.02.2013.

Weaver III, James B. (2003): Individual Differences in Television Viewing Motives. In: Personality and Individual Differences 35, S. 1427-1437.

Weber, Mathias (2015): Der soziale Rezipient. Medienrezeption als gemeinschaftliche Identitätsarbeit in Freundeskreisen Jugendlicher. Wiesbaden: Springer VS.

Weber, Mathias; Marc Ziegele (2012): Anschlusskommunikation revisited. Diskussion des Konzepts vor dem Hintergrund sich wandelnder Medienumgebungen und ausdifferenzierender Rezeptionssituationen. In: Jandura, Olaf et al. (Hg.): Theorieanpassungen in der digitalen Medienwelt. Baden-Baden: Nomos, S. 241-259.

Weber, Max (1976): Wirtschaft und Gesellschaft. Grundriss der verstehenden Soziologie. 5. Auflage. Tübingen: Mohr.

Webster, James G.; Jacob B. Wakshlag (1983): A Theory of Television Program Choice. In: Communication Research 10 (4), S. 430-446.

Wegener, Claudia (2014): First Screen – Second Screen – Multiscreen. Neue Parameter der Bewegtbildnutzung. In: Eichner, Susanne; Elizabeth Prommer (Hg.): Fernsehen: Europäische Perspektiven. Festschrift Prof. Dr. Lothar Mikos. Konstanz: UVK, S. 197-212.

Wei, Pei-Shan; Hsi-Peng Lu (2014): Why Do People Play Mobile Social Games? An Examination of Network Externalities and of Uses and Gratifications. In: Internet Research 24 (3), S. 313-331.

Weiguny, Bettina (2015): „ARD und ZDF braucht kein Mensch". Netflix-Gründer Reed Hastings revolutioniert das Fernsehen. Und das Arbeitsleben: Jeder soll so viel Urlaub machen, wie er mag. In: Frankfurter Allgemeine Sonntagszeitung vom 10.05.2015 (19), S. 29.

Weinberg, Tamar (2014): Social Media Marketing - Strategien für Twitter, Facebook & Co. 4. Auflage. Köln: O'Reilly.

Weiss, Andreas (1999): Wer sieht sich das nur an? Den Zuschauern von Daily-Talkshows auf der Spur. München: Fischer.

Weiß, Hans-Jürgen; Joachim Trebbe (2013): Fernsehvollprogramme im Internet. Das Programmangebot der Mediatheken. In: Arbeitsgemeinschaft der Landesmedienanstalten (ALM) (Hg.): Programmbericht 2012. Fernsehen in Deutschland. Berlin: Vistas, S. 97-125.

Weiße, Anne (2014): Twitter und das TV-Duell 2013. Eine Analyse der rezeptionsbegleitenden Kommunikation im Social Web. Unveröffentlichte Masterarbeit. Freie Universität Berlin.

Weitekamp, Lea (2014): Die Second-Screen-Profis: Das Startup wywy im Portrait. Verfügbar unter http://t3n.de/magazin/startup-portrait-wywy-second-screen-profis-235177/, zuletzt geprüft am 16.07.2014.

Welker, Martin (2014): Operationalisierung, Messung und Skalierung – Spezifika der Online-Forschung. In: Welker, Martin et al. (Hg.): Handbuch Online-Forschung. Sozialwissenschaftliche Datengewinnung und -auswertung in digitalen Netzen. Köln: Halem, S. 61-74.

Welker, Martin; Andrea Kloß (2014): Soziale Medien als Gegenstand und Instrument sozialwissenschaftlicher Forschung. In: König, Christian et al. (Hg.): Soziale Medien. Gegenstand und Instrument der Forschung. Wiesbaden: Springer VS, S. 29-51.

Welker, Martin; Andreas Werner; Joachim Scholz (2005): Online-Research. Markt- und Sozialforschung mit dem Internet. Heidelberg: dpunkt.

Wendelin, Manuel (2011): Medialisierung der Öffentlichkeit. Kontinuität und Wandel einer normativen Kategorie der Moderne. Köln: Halem.

Wendelin, Manuel (2014): Transparenz von Rezeptions- und Kommunikationsverhalten im Internet. Theoretische Überlegungen zur Veränderung der Öffentlichkeitsdynamiken zwischen Journalismus und Publikum. In: Loosen, Wiebke; Marco Dohle (Hg.): Journalismus und (sein) Publikum. Schnittstellen zwischen Journalismusforschung und Rezeptions- und Wirkungsforschung. Wiesbaden: Springer VS, S. 73-89.

Wenner, Lawrence A. (1982): Gratifications Sought and Obtained in Program Dependency. A Study of Network Evening News Programs and 60 Minutes. In: Communication Research 9 (4), S. 539-560.

Wenner, Lawrence A. (1985): The Nature of News Gratifications. In: Rosengren, Karl Erik et al. (Hg.): Media Gratifications Research. Current Perspectives. Beverly Hills u. a.: Sage, S. 171-191.

Werle, Martin (2008): Eingeschaltet oder abgemeldet? Interessen des Publikums im deutschen Radio- und Fernsehmarkt. Wiesbaden: VS Verlag für Sozialwissenschaften.

Werner, Andreas (2013): Social Media - Analytics & Monitoring. Verfahren und Werkzeuge zur Optimierung des ROI. Heidelberg: dpunkt.

Weßler, Hartmut (2002): Multiple Differenzierung und kommunikative Integration – Symbolische Gemeinschaften und Medien. In: Imhof, Kurt et al. (Hg.): Integration und Medien. Wiesbaden: Westdeutscher Verlag, S. 56-76.

Westerik, Henk (Hg.) (2009): The Social Embeddedness of Media Use. Action Theoretical Contributions to the Study of TV Use in Everyday Life. Berlin, New York: Mouton de Gruyter.

Westerik, Henk; Karsten Renckstorf (2009a): On the Use of an Action Theoretical Approach to Television (News) Viewing. In: Westerik, Henk (Hg.): The Social Embeddedness of Media Use. Action Theoretical Contributions to the Study of TV Use in Everyday Life. Berlin, New York: Mouton de Gruyter, S. 105-117.

Westerik, Henk; Karsten Renckstorf (2009b): The Social Embeddedness of Media Use: An Introduction. In: Westerik, Henk (Hg.): The Social Embeddedness of Media Use. Action Theoretical Contributions to the Study of TV Use in Everyday Life. Berlin, New York: Mouton de Gruyter, S. 1-7.

Westley, Bruce H.; Malcom McLean (1957): A Conceptual Model for Mass Communication Research. In: Journalism Quarterly 34, S. 31-38.

WhatsApp Blog (2016): Eine Milliarde. Verfügbar unter https://blog.whatsapp.com/616/Eine-Milliarde, zuletzt geprüft am 10.05.2016.

Wick, Klaudia (2013): Erlaubt ist… Was gefällt. Auswirkungen von Social TV. In: Tendenz (3), S. 20-22. Verfügbar unter http://www.blm.de/magazin_tendenz/3_13/files/tendenz_3_13_e_mag_5_200.pdf, zuletzt geprüft am 22.10.2013.

Wiens, Martin; Christopher Buschow; Beate Schneider (2015): Kommunikation über Bewegtbild: Warum Social TV für Journalisten mehr sein kann als nur das Vortragen von Tweets. Verfügbar unter http://www.fachjournalist.de/kommunikation-ueber-bewegtbild-warum-social-tv-fuer-journalisten-mehr-sein-kann-als-nur-das-vortragen-von-tweets/?output=pdf, zuletzt geprüft am 18.06.2015.

Wiese, Jens (2016): Offizielle Facebook Nutzerzahlen für Deutschland (Stand: Februar 2016). Verfügbar unter http://allfacebook.de/zahlen_fakten/erstmals-ganz-offiziell-facebook-nutzerzahlen-fuer-deutschland, zuletzt geprüft am 18.03.2016.

Wiesinger, Jasmin; Sven Pagel (2015): Medienforschung für Social TV und Second Screen. Effekte des partizipativen Fernsehens auf die Erfolgsmessung. In: Pagel, Sven (Hg.): Schnittstellen (in) der Medienökonomie. Baden-Baden: Nomos, S. 443-461.

Wilde, Thomas; Thomas Hess (2008): Entlinearisierung im Fernsehen. In: MedienWirtschaft (5), S. 26-30.

Wilhelm, Sybille (2013): Fernsehen und shoppen: Der Couch-Potato wird aktiv. Smart-TV und Second Screen: Immer mehr Verbraucher surfen parallel zum Fernsehen im Internet. Der „zweite Bildschirm" wird zum Verkaufskanal. Verfügbar unter http://www.derhandel.de/news/technik/pages/TV-Commerce-Fernsehen-und-shoppen-Der-Couch-Potato-wird-aktiv-9486.html, zuletzt geprüft am 17.02.2013.

Wilke, Jürgen (1999): Leitmedien und Zielgruppenorgane. In: Wilke, Jürgen (Hg.): Mediengeschichte der Bundesrepublik Deutschland. Köln u. a.: Böhlau, S. 302-329.

Wilke, Jürgen (2008): Grundzüge der Medien- und Kommunikationsgeschichte. Köln u. a.: Böhlau.

Wilke, Jürgen (2009): Multimedia/Online-Medien. In: Noelle-Neumann, Elisabeth et al. (Hg.): Fischer Lexikon Publizistik Massenkommunikation. Frankfurt am Main: Fischer, S. 329-358.

Wilke, Jürgen (2010): Die Digitalisierung und der Strukturwandel des Mediensystems. In: Friedrichsen, Mike et al. (Hg.): Medienwandel durch Digitalisierung und Krise. Eine vergleichende Analyse zwischen Russland und Deutschland. Baden-Baden: Nomos, S. 27-32.

Wilson, Tony (2004): The Playful Audience. From Talk Show Viewers to Internet Users. Cresskill: Hampton Press.

Winter, Wolfram (2008): Vision und Realität. Vermarktungsplattformen für bezahlte Inhalte im deutschen Fernsehen und in den neuen Medien. In: Kaumanns, Ralf et al. (Hg.): Auslaufmodell Fernsehen? Perspektiven des TV in der digitalen Medienwelt. Wiesbaden: Gabler, S. 352-367.

Wirth, Werner; Holger Schramm (2010): Medienrezeptionsforschung. In: Bonfadelli, Heinz et al. (Hg.): Einführung in die Publizistikwissenschaft. Bern: Haupt, S. 575-603.

Wirth, Werner; Wolfgang Schweiger (1999): Selektion neu betrachtet: Auswahlentscheidungen im Internet. In: Wirth, Werner; Wolfgang Schweiger (Hg.): Selektion im Internet. Empirische Analysen zu einem Schlüsselkonzept. Opladen: Westdeutscher Verlag, S. 43-70.

Wirtz, Bernd W. (2013): Medien- und Internetmanagement. 8. Auflage. Wiesbaden: Gabler.

Witzel, Andreas (1985): Das problemzentrierte Interview. In: Jüttemann, Gerd (Hg.): Qualitative Forschung in der Psychologie. Grundfragen, Verfahrensweisen, Anwendungsfelder. Weinheim: Beltz, S. 227-255.

Wladarsch, Jennifer (2014): Journalistische Inhalte in sozialen Onlinenetzwerken: Was Nutzer rezipieren und weiterkommunizieren. In: Loosen, Wiebke; Marco Dohle (Hg.): Journalismus und (sein) Publikum. Schnittstellen zwischen Journalismusforschung und Rezeptions- und Wirkungsforschung. Wiesbaden: Springer VS, S. 113-130.

Wodzicki, Katrin; Ulrike Cress (2014): Kommunikation in sozialen Netzwerken. In: Blanz, Mathias et al. (Hg.): Kommunikation. Eine interdisziplinäre Einführung. Stuttgart: Kohlhammer, S. 127-135.

Woelke, Jens (2013): Fernsehen nach der Einführung der dualen Rundfunkordnung. Programmsparten- und Formatentwicklungen privater Fernsehvollprogramme in Österreich und Deutschland im Vergleich. In: Arbeitsgemeinschaft der Landesmedienanstalten (ALM) (Hg.): Programmbericht 2012. Fernsehen in Deutschland. Berlin: Vistas, S. 163-178.

Wohn, D. Yvette; Eun-Kyung Na (2011): Tweeting about TV: Sharing Television Viewing Experiences via Social Media Message Streams. In: First Monday 16 (3-7). Verfügbar unter http://firstmonday.org/ojs/index.php/fm/article/view/3368/2779, zuletzt geprüft am 23.08.2013.

Wohn, Yvette D. (2013): History of Social Television. Verfügbar unter http://yvettewohn.com/2013/01/11/history-of-social-television/, zuletzt geprüft am 11.07.2014.

Woldt, Runar (2004): Interaktives Fernsehen – großes Potenzial, unklare Perspektiven. In: Media Perspektiven (7), S. 301-309.

Woldt, Runar (2013): Fernsehen „auf Abruf" – von der Nische in den Mainstream? In: Media Perspektiven (2), S. 115-125.

Wolf, Anna-Lena; Christopher Buschow; Beate Schneider (2015): Die strategische Bedeutung von Social TV. Eine Untersuchung der Social-TV-Aktivitäten zu Sendungen im deutschen Fernsehen. In: Medien Journal (3), S. 30-43.

Wolf, Cornelia (2014a): Journalistische Apps etablierter Medienunternehmen. In: Media Perspektiven (5), S. 271-282.

Wolf, Cornelia (2014b): Mobiler Journalismus. Angebote, Produktionsroutinen und redaktionelle Strategien deutscher Print- und Rundfunkredaktionen. Baden-Baden: Nomos.

Wolf, Cornelia; Ralf Hohlfeld (2012): Revolution in Journalism? Mobile Devices as a New Means of Publishing. In: Martin, Corinne; Thilo von Pape (Hg.): Images in Mobile Communication. New Content, New Uses, New Perspectives. Wiesbaden: Springer VS, S. 81-99.

Wolf, Michael (2012): Three Ways Social TV Analytics Is about to Change the TV Business. Verfügbar unter http://www.forbes.com/sites/michaelwolf/2012/11/ 13/three-ways-social-tv-analytics-is-about-to-change-the-tv-business/, zuletzt geprüft am 15.11.2012.

Wolfradt, Uwe; Jörg Doll (2001): Motives of Adolescents to Use the Internet as a Function of Personality Traits, Personal and Social Factors. In: Journal of Educational Computing Research 24 (1), S. 13-27.

Wolk, Alan (2015): Over the Top. How the Internet Is (Slowly but Surely) Changing the Television Industry: CreateSpace.

Wolling, Jens; Christoph Kuhlmann (2006): Zerstreute Aufmerksamkeit. Empirischer Test eines Erklärungsmodells für die Nebenbeinutzung des Fernsehens. In: Medien & Kommunikationswissenschaft 54, S. 386-411.

Womser, Kathrin (2013): Wenn Fernsehen alleine nicht genug ist. Eine qualitative Studie zu Motiven der Nutzung von Social TV auf Grundlage der Grounded Theory. Masterarbeit. Norderstedt: Diplomica.

Wood, Megan M.; Linda Baugham (2012): Glee Fandom and Twitter: Something New, or More of the Same Old Thing? In: Communication Studies 63 (3), S. 328-344.

Wright, Charles R. (1974): Functional Analysis and Mass Communication Revisited. In: Blumler, Jay G.; Elihu Katz (Hg.): The Uses of Mass Communications. Current Perspectives on Gratifications Research. Beverly Hills, London: Sage, S. 197-212.

Wu, Jen-Her; Shu-Ching Wang; Ho-Huang Tsai (2010): Falling in Love with Online Games: The Uses and Gratifications Perspective. In: Computers in Human Behavior 26 (6), S. 1862-1871.

Yanik, Alican (2013): Second Screen – Grundlagen und Nutzungsmuster. In: Sigler, Constanze (Hg.): Social TV. München: GRIN, S. 79-110.

Yarow, Jay (2015): The Death Of TV As We've Known It Is Finally Here. Verfügbar unter http://www.businessinsider.com/dish-internet-based-tv-includes-espn-2015-1?IR=T, zuletzt geprüft am 11.08.2016.

YouTube (2015): Statistik. Verfügbar unter https://www.youtube.com/yt/press/de/ statistics.html, zuletzt geprüft am 24.11.2015.

Zarges, Torsten (2014): „Die Frage, ob wir Rundfunk sind, steht im Raum". DWDL.de-Interview mit Mediakraft-CEO Spartacus Olsson. Verfügbar unter http://www.dwdl.de/interviews/45296/die_frage_ob_wir_rundfunk_sind_ steht_im_raum/, zuletzt geprüft am 02.04.2014.

Zattoo (2013): Zattoo und Couchfunk verknüpfen Social TV und Live TV. Verfügbar unter http://corporate.zattoo.com/de/zattoo-und-couchfunk-verknupfen-social-tv-und-live-tv/, zuletzt geprüft am 12.02.2013.

Zeit Online (2016): Twitter nennt erstmals Nutzerzahlen für Deutschland. Verfügbar unter http://www.zeit.de/digital/2016-03/soziale-medien-twitter-nutzerzahlen-deutschland, zuletzt geprüft am 01.05.2016.

Zentralverband der deutschen Werbewirtschaft (ZAW) (2016): Netto-Umsatzentwicklung der Werbeträger 2015. Verfügbar unter http://www.zaw.de/zaw/branchendaten/nettoumsatzentwicklung-der-werbetraeger/, zuletzt geprüft am 19.05.2016.

Zerback, Thomas; Marcus Maurer (2014): Repräsentativität in Online-Befragungen. In: Welker, Martin et al. (Hg.): Handbuch Online-Forschung. Sozialwissenschaftliche Datengewinnung und -auswertung in digitalen Netzen. Köln: Halem, S. 76-103.

Zerfaß, Ansgar; Swaran Sandhu (2008): Interaktive Kommunikation, Social Web und Open Innovation: Herausforderungen und Wirkungen im Unternehmenskontext. In: Zerfaß, Ansgar et al. (Hg.): Kommunikation, Partizipation und Wirkungen im Social Web. Strategien und Anwendungen. Köln: Halem, S. 283-310.

Zillich, Arne Freya (2013): Fernsehen als Event. Unterhaltungserleben bei der Fernsehrezeption in der Gruppe. Köln: Halem.

Zillien, Nicole (2006): Digitale Ungleichheit. Neue Technologien und alte Ungleichheiten in der Informations- und Wissensgesellschaft. Wiesbaden: VS Verlag für Sozialwissenschaften.

Zimmer, Jochen (2000): Interaktives Fernsehen – Durchbruch via Internet? In: Media Perspektiven (3), S. 110-126.

Zimmermann, Amelie (2015): Blurring the Line Between Fiction and Reality. Functional Transmedia Storytelling in the German TV Series About:Kate. In: Image 22 (3), S. 22-35.

Zubayr, Camille; Heinz Gerhard (2016): Tendenzen im Zuschauerverhalten. Fernsehgewohnheiten und Fernsehreichweiten im Jahr 2015. In: Media Perspektiven (3), S. 142-155.

ANHANG

Anhang I: Fragebogen der quantitativen Nutzerbefragung

Liebe Teilnehmerin, lieber Teilnehmer,

herzlich willkommen und vielen Dank, dass Du Dich für die Teilnahme an diesem Online-Fragebogen entschieden hast!

Diese Studie wird im Rahmen meines Dissertationsprojekts zum Thema „**Social TV**" am Lehrstuhl für Kommunikationswissenschaft der Universität Passau durchgeführt. Sie untersucht die auf das Fernsehprogramm bezogene Internetnutzung.

Bitte lies Dir die nachfolgenden Fragen aufmerksam durch und versuche sie der Reihe nach **spontan und ehrlich** zu beantworten. Deine Angaben werden natürlich **anonym** behandelt, dienen ausschließlich für wissenschaftliche Zwecke und werden nicht an Dritte weitergegeben. Das Ausfüllen des Fragebogens dauert ca. **10-15 Minuten**.

Unter allen Teilnehmern werden **fünf Gutscheine** im Wert von jeweils 20 Euro (Wahlmöglichkeit: iTunes oder Amazon) verlost.

Für Fragen oder Anregungen stehe ich gerne unter sozialestv@gmail.com zur Verfügung.

Herzlichen Dank für Deine Mithilfe!

Conrad Diefenbach

Eine Bemerkung zum Datenschutz
Dies ist eine anonyme Umfrage. In den Umfrageantworten werden keine persönlichen Informationen über Dich gespeichert, es sei denn, in einer Frage wird explizit danach gefragt.

1. **Nutzt Du das Internet zumindest manchmal vor, während oder nach dem Fernsehen, um einer oder mehreren der nachfolgenden Tätigkeiten nachzugehen:**

   - Online-Austausch mit anderen Personen über das Fernsehprogramm
   - Bewerten, Kommentieren von Sendungen
   - Lesen von Kommentaren anderer Zuschauer
   - Suchen nach Zusatzinformationen
   - Einchecken in eine Sendung bzw. posten, was man gerade ansieht
   - Teilnahme an Spielen, Abstimmungen, Gewinnspielen

   O Ja

   O Nein

   [Filter: Sofern „Nein" ausgewählt wird, ist die Befragung beendet.]

Bei den folgenden Fragen geht es um Deine private Internetnutzung. Hierzu zählt sowohl die Nutzung in der Freizeit zuhause als auch unterwegs auf allen internetfähigen Geräten.

2. **Wie oft nutzt Du das Internet in Deiner Freizeit durchschnittlich pro Woche?**

   O nie

   O seltener als 1-mal pro Woche

   O 1-mal pro Woche

   O 2-3-mal pro Woche

   O 4-6-mal pro Woche

   O täglich

3. **Wie lange nutzt Du das Internet durchschnittlich pro Tag für private Zwecke? Hiermit ist ausschließlich die aktive Nutzung gemeint, nicht eine im Hintergrund geöffnete Website.**

   Bitte gib die Nutzungszeit pro Tag in Stunden und Minuten an:

   | Stunden ▼ | : | Minuten ▼ |

4. **Wie oft nutzt Du nachfolgend aufgelisteten Plattformen durchschnittlich pro Woche?**

	nie	seltener als einmal pro Woche	einmal pro Woche	mehrmals pro Woche	täglich
Facebook	O	O	O	O	O
Google+	O	O	O	O	O
MySpace	O	O	O	O	O
Twitter	O	O	O	O	O

	nie	seltener als einmal pro Woche	einmal pro Woche	mehrmals pro Woche	täglich
Instagram	O	O	O	O	O
Tumblr	O	O	O	O	O
Live-Streaming-Apps (z.B. Periscope)	O	O	O	O	O
Berufliche Netzwerke (z.B. Xing, LinkedIn)	O	O	O	O	O
Messenger (z.B. WhatsApp, Threema, Snapchat)	O	O	O	O	O

5. **Wie oft rufst Du folgende Videoinhalte im Internet durchschnittlich pro Woche ab?**

	nie	seltener als einmal pro Woche	einmal pro Woche	mehrmals pro Woche	täglich
Videoportale (z.B. YouTube, Vimeo)	O	O	O	O	O
Fernsehsendungen live (über Mediatheken oder sonstige Plattformen)	O	O	O	O	O
Fernsehsendungen zeitversetzt (z. B. über Mediatheken)	O	O	O	O	O
Video-Streaming (z.B. Netflix, Amazon Video, Watchever)	O	O	O	O	O

Nun folgen ein paar Fragen zu Deiner Fernsehnutzung. Mit Fernsehen sind hierbei von Fernsehsendern angebotene Sendungen gemeint, die man entweder über klassische Empfangswege (z.B. Kabel, Satellit, DVB-T) oder über das Internet empfangen kann.

Hinweis: Nachfolgend ist oft die Bezeichnung „Sendung" zu finden. Damit sind alle Formate gemeint, die von Fernsehsendern angeboten werden.

6. **Wie oft schaust Du durchschnittlich pro Woche fern (auf jedem empfangs-fähigen Endgerät, live zum Ausstrahlungszeitpunkt)?**

    O   nie

    O   seltener als 1-mal pro Woche

    O   1-mal pro Woche

    O   2-3-mal pro Woche

    O   4-6-mal pro Woche

    O   täglich

7. **Wie lange siehst Du an einem Tag durchschnittlich fern (auf jedem empf-angsfähigen Endgerät, live zum Ausstrahlungszeitpunkt)?**

    Bitte gib die Nutzungszeit pro Tag in Stunden und Minuten an:

Stunden ▼	:	Minuten ▼

8. **Wie oft schaust Du im Fernsehen folgende Sendungen?**

	nie	selten	gelegentlich	oft	sehr oft
Nachrichten (z.B. Tagesschau, heute, RTL Aktuell)	O	O	O	O	O
Reportagen, Dokumentationen (z.B. 37 Grad, Weltspiegel)	O	O	O	O	O
Talkshows (z.B. Günther Jauch, hart aber fair)	O	O	O	O	O
Sportsendungen (z.B. Bundesliga, Sportschau)	O	O	O	O	O

	nie	selten	gelegentlich	oft	sehr oft
Filme (z.B. Herr der Ringe, Keinohrhase, Ice Age)	O	O	O	O	O
Serien (z.B. Big Bang Theory, Homeland, Simpsons)	O	O	O	O	O
Reality-TV (z.B. Berlin Tag & Nacht, Das perfekte Dinner, Newtopia)	O	O	O	O	O
Unterhaltungsshows (z.B. Verstehen Sie Spaß?, Schlag den Raab)	O	O	O	O	O
Quiz- und Ratesendungen (z.B. Wer wird Millionär)	O	O	O	O	O
Castingshows (z.B. DSDS, The Voice of Germany, Das Supertalent)	O	O	O	O	O
Werbespots	O	O	O	O	O

[Reihenfolge der Items randomisieren]

9. **Wie oft siehst Du Sendungen von folgenden Fernsehsendern?**

	nie	selten	gelegentlich	oft	sehr oft
Öffentlich-rechtliche Sender (z.B. ARD, ZDF, BR, WDR)	O	O	O	O	O
Privatsender (z.B. RTL, Sat.1, ProSieben, VOX, RTLII, Joiz)	O	O	O	O	O
Bezahlsender/Pay-TV (z.B. Sky, Unitymedia, Entertain)	O	O	O	O	O

10. Siehst Du eher allein oder in Gesellschaft fern?

    O ausschließlich allein

    O überwiegend allein

    O gleich häufig allein und in Gesellschaft

    O überwiegend in Gesellschaft

    O ausschließlich in Gesellschaft

11. Redest Du gern mit anderen anwesenden Personen, die gemeinsam mit Dir fernsehen, über das Gesehene?

    O Ja

    O Nein

12. Wie wichtig sind für Dich folgende Gründe fernzusehen?

Ich schaue Fernsehen...

	trifft überhaupt nicht zu	trifft eher nicht zu	teils-teils	trifft eher zu	trifft voll und ganz zu
um mich zu informieren.	O	O	O	O	O
um Denkanstöße zu bekommen.	O	O	O	O	O
um nützliche Dinge für meinen Alltag zu erfahren.	O	O	O	O	O
um zu entspannen.	O	O	O	O	O
um mich vom Alltag abzulenken.	O	O	O	O	O
um Spaß zu haben.	O	O	O	O	O
um Zeit zu vertreiben, wenn mir langweilig ist.	O	O	O	O	O
aus Gewohnheit.	O	O	O	O	O

	trifft überhaupt nicht zu	trifft eher nicht zu	teils-teils	trifft eher zu	trifft voll und ganz zu
um mich während des Fernsehens mit anderen anwesenden Personen über eine Sendung zu unterhalten.	O	O	O	O	O
um bei späteren Unterhaltungen über Sendungen mitreden zu können.	O	O	O	O	O
um Teil einer Gemeinschaft zu sein.	O	O	O	O	O
um Darsteller von Sendungen kennenzulernen.	O	O	O	O	O
um mich aktiv an einer Sendung zu beteiligen (z.B. Call-In-Show).	O	O	O	O	O
um bei Abstimmungen oder Gewinnspielen teilzunehmen.	O	O	O	O	O
um mir eine eigene Meinung zu bilden oder meine Meinung zu bestätigen.	O	O	O	O	O
um meine Meinung zu einer Sendung, dem Sendungsthema oder Darstellern zu äußern.	O	O	O	O	O
um anderen Personen zu zeigen, dass ich mich mit einer Sendung oder deren Thema gut auskenne.	O	O	O	O	O

[Reihenfolge der Items randomisieren]

13. Nachfolgend findest Du eine Liste von Angaben anderer Personen darüber, was ihnen die Fernsehnutzung bringt. Inwiefern treffen die einzelnen Aussagen auf Dich persönlich zu?

Durch meine Fernsehnutzung...

	trifft überhaupt nicht zu	trifft eher nicht zu	teils-teils	trifft eher zu	trifft voll und ganz zu
kann ich mich während des Fernsehens mit anderen anwesenden Personen über eine Sendung unterhalten.	O	O	O	O	O
kann ich bei späteren Unterhaltungen über Sendungen mitreden.	O	O	O	O	O
fühle ich mich als Teil einer Gemeinschaft.	O	O	O	O	O
habe ich das Gefühl, Darsteller von Sendungen gut zu kennen.	O	O	O	O	O
kann ich mich aktiv an einer Sendung beteiligen (z.B. Call-In-Show).	O	O	O	O	O
kann ich an Abstimmungen oder Gewinnspielen teilnehmen.	O	O	O	O	O

[Reihenfolge der Items randomisieren]

14. Nutzt Du während des Fernsehens ein zweites Gerät (z.B. PC, Laptop, Tablet, Smartphone)? Falls ja, gib bitte an wie oft dies vorkommt (egal ob mit oder ohne Bezug zum Fernsehprogramm).

O nie

O selten (bei jeder 6. TV-Nutzung oder seltener)

O gelegentlich (bei jeder 4. bis 5. TV-Nutzung)

O oft (bei jeder 2. bis 3. TV-Nutzung)

O sehr oft (bei jeder TV-Nutzung)

Jetzt geht es um Deine Nutzung von Social TV.

Social TV ist, ...

- wenn Du im Internet bzw. Sozialen Netzwerken mit anderen Personen über eine Fernsehsendung redest und/oder
- wenn Du Dich aktiv am Sendegeschehen beteiligst (z.B. an Abstimmungen teilnimmst, eigene Bilder postest) und/oder
- wenn Du Inhalte nur liest aber selbst nichts schreibst und/oder
- wenn Du zusätzliche programmbezogene Inhalte abrufst.

15. Wie oft nutzt Du Social TV durchschnittlich pro Woche?

- O   nie
- O   seltener als 1-mal pro Woche
- O   1-mal pro Woche
- O   2-3-mal pro Woche
- O   4-6-mal pro Woche
- O   täglich

16. Welchen Tätigkeiten gehst Du bei Deiner Social-TV-Nutzung wie oft nach?

	nie	selten	gelegentlich	oft	sehr oft
Infos einer Sendung, Sendungsthema, Darsteller oder Werbung suchen	O	O	O	O	O
Informieren, was Familie/Freunde gerade im Fernsehen anschauen	O	O	O	O	O
Lesen, was andere Personen zu einer Sendung schreiben	O	O	O	O	O
Sender, Sendung oder Darsteller „liken", „folgen" bzw. deren Nachrichten teilen/„retweeten"	O	O	O	O	O

	nie	selten	gelegentlich	oft	sehr oft
Posten, was ich gerade im Fernsehen anschaue bzw. in eine Sendung einchecken	O	O	O	O	O
Eigene Kommentare, Meinungen zu einer Sendung schreiben	O	O	O	O	O
An Abstimmungen, Gewinnspielen oder sonstigen Spielen mit Sendungsbezug (z.B. Tatort+) teilnehmen	O	O	O	O	O
Eigene Inhalte (Bilder, Videos etc.) beisteuern	O	O	O	O	O

[Reihenfolge der Items randomisieren]

17. Nach welchen Informationen suchst Du online?

Bitte wähle einen oder mehrere Punkte aus der Liste aus:

O Sendezeiten

O Informationen über eine Sendung bzw. deren Thema

O Informationen über Personen aus einer Sendung (z.B. Schauspieler)

O Informationen aus einer Sendung überprüfen

O Antworten für eine Quizsendung suchen

O Informationen über ein Produkt, das ich im Fernsehen gesehen habe

O Sonstiges, und zwar: _____

[Filter: Diese Frage erscheint nur, wenn mind. selten nach Infos gesucht wird]

18. Zu welchen Zeitpunkten nutzt Du Social TV?

	nie	selten	gelegentlich	oft	sehr oft
vor der Ausstrahlung	O	O	O	O	O
live während der Ausstrahlung	O	O	O	O	O
in den Werbepausen	O	O	O	O	O
nach der Ausstrahlung	O	O	O	O	O

19. Nutzt Du Social TV eher wenn Du allein oder in Gesellschaft fernsiehst?

- O ausschließlich wenn ich allein fernsehe
- O überwiegend wenn ich allein fernsehe
- O gleich häufig
- O überwiegend wenn ich in Gesellschaft fernsehe
- O ausschließlich wenn ich in Gesellschaft fernsehe

20. Wie oft nutzt Du folgende Geräte für Social TV? Falls Du eines dieser Geräte nicht besitzt, gib dies bitte an.

	besitze ich nicht	nie	selten	gelegentlich	oft	sehr oft
Fernsehgerät mit Internetzugang (Smart TV)	O	O	O	O	O	O
Internetfähiges Gerät, das an einen Fernseher angeschlossen ist (Set-Top-Box)	O	O	O	O	O	O
stationärer Computer	O	O	O	O	O	O

	besitze ich nicht	nie	selten	gelegentlich	oft	sehr oft
Laptop/Netbook	O	O	O	O	O	O
Tablet (z.B. iPad, Samsung Tab)	O	O	O	O	O	O
Smartphone/ Mobiltelefon	O	O	O	O	O	O

21. Wie oft nutzt Du folgende Plattformen für Social TV?

	nie	selten	gelegentlich	oft	sehr oft
Facebook	O	O	O	O	O
Google+	O	O	O	O	O
Twitter	O	O	O	O	O
Instagram	O	O	O	O	O
Tumblr	O	O	O	O	O
MySpace	O	O	O	O	O
YouTube	O	O	O	O	O
E-Mail	O	O	O	O	O
Messenger (z.B. WhatsApp, Threema, Snapchat)	O	O	O	O	O
Internetforen (z.B.moviepilot.de, serienjunkies.de, IMDb.com)	O	O	O	O	O
Plattformen von Sendern/Sendungen (z.B. social.ard.de)	O	O	O	O	O
Social-TV-Apps (z.B. Couchfunk, RTL Inside)	O	O	O	O	O
Live-Streaming-Apps (z.B. Periscope)	O	O	O	O	O

22. Welche der folgenden Social-TV-Apps nutzt Du?

Bitte wähle einen oder mehrere Punkte aus der Liste aus:

O Couchfunk

O Tweek

O Zwap.TV

O Layzapp

O Apps von Fernsehsendern (z.B. RTL Inside, Pro7 Connect)

O Apps von Fernsehsendungen (z.B. About:Kate, Lindenstraße)

O Ich nutze keine Social-TV-Apps

O Sonstige, und zwar: _____

[Filter: Diese Frage erscheint nur, wenn Social-TV-Apps mind. selten genutzt werden.]

23. Wie oft nutzt Du Social TV zu den folgenden Fernsehformaten?

	nie	selten	gelegentlich	oft	sehr oft
Nachrichten (z.B. Tagesschau, heute, RTL Aktuell)	O	O	O	O	O
Reportagen, Dokumentationen (z.B. 37 Grad, Weltspiegel)	O	O	O	O	O
Talkshows (z.B. Günther Jauch, hart aber fair)	O	O	O	O	O
Sportsendungen (z.B. Bundesliga, Sportschau)	O	O	O	O	O
Filme (z.B. Herr der Ringe, Keinohrhase, Ice Age)	O	O	O	O	O

	nie	selten	gelegentlich	oft	sehr oft
Serien (z.B. Big Bang Theory, Homeland, Simpsons)	O	O	O	O	O
Reality-TV (z.B. Berlin Tag & Nacht, Das perfekte Dinner)	O	O	O	O	O
Unterhaltungsshows (z.B. Verstehen Sie Spaß?, Schlag den Raab)	O	O	O	O	O
Quiz- und Ratesendungen (z.B. Wer wird Millionär)	O	O	O	O	O
Castingshows (z.B. DSDS, The Voice of Germany, Das Supertalent)	O	O	O	O	O
Werbespots	O	O	O	O	O

[Reihenfolge der Items randomisieren]

24. **Wenn Du Social TV zu anderen Fernsehformaten nutzt oder Sendungen keinem der genannten Formate zuordnen kannst, trage diese bitte in das nachfolgende Feld ein. Falls nicht, kannst Du das Feld leer lassen.**

```


```

25. **Fällt Dir spontan eine Sendung ein, die sich Deiner Meinung nach gut für Social-TV-Tätigkeiten eignet? Falls nicht, kannst Du diese Frage einfach überspringen.**

```

```

26. Wie wichtig sind für Dich folgende Gründe Social TV zu nutzen?

Ich nutze Social TV...

	trifft überhaupt nicht zu	trifft eher nicht zu	teils-teils	trifft eher zu	trifft voll und ganz zu
um mich zu informieren bzw. Zusatzinformationen zu einer Sendung oder Werbung zu suchen.	O	O	O	O	O
um zu erfahren, was andere Personen gerade anschauen.	O	O	O	O	O
um bei anderen Nutzern nachzufragen, wenn ich etwas in einer Sendung nicht verstehe.	O	O	O	O	O
um Denkanstöße zu bekommen.	O	O	O	O	O
um nützliche Dinge für meinen Alltag zu erfahren.	O	O	O	O	O
um zu entspannen.	O	O	O	O	O
um mich vom Alltag abzulenken.	O	O	O	O	O
um Spaß zu haben.	O	O	O	O	O
um eine Sendung intensiver zu erleben.	O	O	O	O	O
um Zeit zu vertreiben, wenn mir langweilig ist.	O	O	O	O	O
um Werbepausen zu überbrücken.	O	O	O	O	O
aus Gewohnheit.	O	O	O	O	O

[Reihenfolge der Items randomisieren]

Fortsetzung: Wie wichtig sind für Dich folgende Gründe Social TV zu nutzen?

Ich nutze Social TV…

	trifft überhaupt nicht zu	trifft eher nicht zu	teils-teils	trifft eher zu	trifft voll und ganz zu
um mich während des Fernsehens mit anderen Personen über eine Sendung zu unterhalten.	O	O	O	O	O
um bei späteren Unterhaltungen mitreden zu können.	O	O	O	O	O
um Teil einer Gemeinschaft zu sein.	O	O	O	O	O
um den Kontakt zu anderen Personen zu pflegen oder neue Kontakte zu knüpfen.	O	O	O	O	O
um mit Darstellern oder Sendungsmachern in Kontakt zu treten bzw. diese besser kennenzulernen.	O	O	O	O	O
um den Sendungsmachern Feedback zu geben.	O	O	O	O	O
um mich aktiv an der Gestaltung einer Sendung zu beteiligen.	O	O	O	O	O
um an Abstimmungen, Gewinnspielen oder sonstigen Spielen teilzunehmen.	O	O	O	O	O
um gemeinsam mit anderen Nutzern etwas zu erreichen.	O	O	O	O	O
um mir eine eigene Meinung zu bilden oder meine Meinung zu bestätigen.	O	O	O	O	O
um meine Meinung zu einer laufenden Sendung, dem Sendungsthema oder Darstellern zu äußern.	O	O	O	O	O
um anderen Personen zu zeigen, dass ich mich mit einer Sendung oder deren Thema gut auskenne.	O	O	O	O	O

[Reihenfolge der Items randomisieren]

27. Nachfolgend findest Du eine Liste von Angaben anderer Personen darüber, was ihnen die Nutzung von Social TV bringt. Inwiefern treffen die einzelnen Aussagen auf Dich persönlich zu?

Durch meine Social-TV-Nutzung…

	trifft überhaupt nicht zu	trifft eher nicht zu	teils-teils	trifft eher zu	trifft voll und ganz zu
kann ich mich während des Fernsehens mit anderen Personen über eine Sendung unterhalten.	O	O	O	O	O
kann ich bei späteren Unterhaltungen mitreden.	O	O	O	O	O
fühle ich mich weniger allein.	O	O	O	O	O
kann ich den Kontakt zu anderen Personen pflegen oder neue Kontakte knüpfen.	O	O	O	O	O
kann ich mit Darstellern oder Sendungsmachern in Kontakt treten bzw. diese besser kennenlernen.	O	O	O	O	O
kann ich den Sendungsmachern Feedback geben.	O	O	O	O	O
kann ich mich aktiv an der Gestaltung einer Sendung beteiligen.	O	O	O	O	O
kann ich bei Abstimmungen, Gewinnspielen oder sonstigen Spielen teilnehmen.	O	O	O	O	O
kann ich gemeinsam mit anderen Nutzern etwas erreichen.	O	O	O	O	O

[Reihenfolge der Items randomisieren]

28. Nachfolgend sind einige mögliche Nachteile der Social-TV-Nutzung aufgelistet. Welche treffen Deiner Meinung nach zu?

   ○ Durch die Nutzung verpasse ich etwas von der Sendung.

   ○ Die Spannung der Handlung leidet unter der Nutzung.

   ○ Ich bin durch die Nutzung schnell überfordert.

   ○ Bei der Nutzung muss ich aktiv sein und kann deshalb nicht entspannen.

   ○ Die Nutzung ist zu kompliziert.

   ○ Bei der Nutzung wird man schnell mit Werbung konfrontiert.

   ○ Ich habe bei der Nutzung Bedenken in Bezug auf den Datenschutz.

   ○ Die Nutzung von Social TV hat keine Nachteile.

   ○ Sonstiges, und zwar: _____

29. Fällt Dir etwas ein, was bei Social-TV-Angeboten verbessert werden könnte? Falls nicht, kannst Du diese Frage einfach überspringen.

Du hast es fast geschafft! Jetzt geht es noch darum, Deinen Charakter einzuschätzen.

30. Nachfolgend sind unterschiedliche Eigenschaften aufgelistet, die eine Person haben kann. Inwieweit treffen diese Aussagen auf Dich zu?

	trifft überhaupt nicht zu	trifft eher nicht zu	teils-teils	trifft eher zu	trifft voll und ganz zu
Ich bin eher zurückhaltend, reserviert.	○	○	○	○	○
Ich schenke anderen leicht Vertrauen, glaube an das Gute im Menschen.	○	○	○	○	○

	trifft überhaupt nicht zu	trifft eher nicht zu	teils-teils	trifft eher zu	trifft voll und ganz zu
Ich bin bequem, neige zu Faulheit.	O	O	O	O	O
Ich bin entspannt, lasse mich durch Stress nicht aus der Ruhe bringen.	O	O	O	O	O
Ich habe nur wenig künstlerisches Interesse.	O	O	O	O	O
Ich gehe aus mir heraus, bin gesellig.	O	O	O	O	O
Ich neige dazu, andere zu kritisieren.	O	O	O	O	O
Ich erledige Aufgaben gründlich.	O	O	O	O	O
Ich werde leicht nervös und unsicher.	O	O	O	O	O
Ich habe eine aktive Vorstellungskraft, bin phantasievoll.	O	O	O	O	O

[Reihenfolge der Items randomisieren]

Bitte beantworte abschließend noch ein paar Fragen zu Deiner Person.

31. Dein Geschlecht:

O weiblich

O männlich

32. Dein Alter:

Bitte trage Dein Alter numerisch in das leere Feld ein.

33. In welchem Bundesland wohnst Du?

Bitte wähle eine der folgenden Antworten aus:

Bitte auswählen...   ▼

34. Wie viele Personen leben in Deinem Haushalt – Du selbst mit einge-rechnet?

Bitte trage die Anzahl numerisch in das leere Feld ein.

35. Mit wem wohnst Du zusammen? *Die Frage bezieht sich auf Deinen Haupt-wohnsitz.*

  O mit (Ehe)Partner/in

  O mit Kind/ern

  O mit Eltern/teil

  O mit Geschwistern

  O in einer Wohngemeinschaft (WG)

  O mit sonstigen Personen, nämlich: _____

[Filter: Diese Frage erscheint nur, wenn mind. zwei Personen in einem Haushalt leben.]

36. Wie viele Fernsehgeräte gibt es in Deinem Haushalt (hiermit sind klas-sische TV-Geräte oder Fernsehgeräte mit Internetanbindung, also Smart TV, gemeint)?

Bitte trage die Anzahl numerisch in das leere Feld ein.

37. Was ist Dein höchster Bildungsabschluss?

○ (noch) keinen Schulabschluss

○ Hauptschulabschluss

○ Realschulabschluss/Mittlere Reife

○ (Fach-)Hochschulreife/(Fach-)Abitur

○ Ausbildung

○ Hochschulabschluss

○ Promotion/Habilitation

○ Sonstiges, und zwar: _____

38. Welche Tätigkeit übst Du momentan aus?

○ Schüler/in

○ in Ausbildung

○ Student/in oder Bewerber/in um einen Studienplatz

○ Angestellte/r

○ Selbstständig

○ Beamte/r

○ Arbeitslos/Arbeitssuchend

○ Hausfrau/Hausmann/Elternzeit

○ Rentner/in

○ Sonstiges, und zwar: _____

Hast Du zu dieser Befragung oder zum besseren Verständnis Deiner Antworten noch etwas anzumerken oder zu kritisieren? Falls ja, hast Du hier Gelegenheit dazu. Falls nicht, kannst Du diese Frage überspringen.

Verlosung

Wenn Du an der Verlosung von fünf Amazon-Gutscheinen im Wert von jeweils 20 Euro teilnehmen willst, kannst Du hier Deine E-Mail-Adresse eintragen.

Deine Antworten dieser Befragung bleiben natürlich weiterhin anonym und Deine E-Mail-Adresse wird nicht mit den Antworten in Verbindung gebracht oder an Dritte weitergegeben.

Wenn Du nicht an der Verlosung teilnehmen willst, kannst Du die Befragung einfach absenden.

Absenden ➪

Vielen Dank für Deine Teilnahme! Deine Antworten wurden übermittelt.

Die Gewinner der Verlosung werden nach Befragungsende benachrichtigt.

Falls Du Fragen oder Anregungen hast, kannst Du mich gerne **kontaktieren.**

Anhang II: Leitfaden der qualitativen Anbieterbefragung

Allgemeine Hinweise

- Vielen Dank, dass Sie mir die Gelegenheit zu einem Interview geben.
- Erläuterung des Dissertationsprojektes.
- Damit keine Informationen verloren gehen und ich das Gespräch auswerten kann, würde ich gleich eine Tonaufnahme starten. Sind Sie damit einverstanden?

TONAUFNAHME STARTEN!

Definition

- Ich verstehe unter Social TV Interaktionen via Internet, die sich auf das Fernsehprogramm beziehen.
- Dabei kann es sich um einen Austausch der Zuschauer untereinander, um eine Interaktion mit dem Sender oder aber die passive Nutzung wie das Lesen von Posts handeln.
- Die Nutzung kann mittels verschiedener Endgeräte (Smart TV oder Second Screen), auf diversen Plattformen (Twitter, Facebook, sendereigenen Angeboten etc.) entweder vor, während oder nach der Ausstrahlung einer Sendung stattfinden.

1. Sind Sie mit diesem Begriffsverständnis einverstanden, oder sehen Sie etwas anders? Welche Definition würden Sie vornehmen?
    - ➔ Aktiv und passive Nutzungsweisen?
    - ➔ Drei Zeitpunkte?

Rahmenbedingungen

2. **Zielgruppe:** Die Nutzerbefragung hat gezeigt, dass die Häufigkeit der klassischen Fernsehnutzung tendenziell mit steigendem Alter zunimmt, während die Social-TV-Nutzung abnimmt. Richten sich die Social-TV-Angebote Ihres Senders an alle Zuschauer oder eine bestimmte Zielgruppe bzw. Altersklasse?

   ➜ Welche Zielgruppe (Altersklasse) im Fokus?

3. **Infrastruktur:** Die befragten Personen nutzen Social TV zum größten Teil auf einem Second Screen (Smartphone) und mittels Facebook, Twitter und Instant Messaging. Smart TVs und spezielle Social-TV-Apps finden wenig Anklang. Was glauben Sie, warum dies so ist?

   ➜ Angebote eher auf eigenen (Apps) oder externe Plattformen?

   ➜ WhatsApp = private Kommunikation, trotzdem relevant?

   ➜ Relevanz von YouTube

   ➜ Relevanz nicht-linearer Angebote

4. **Formate:** Social TV wird laut der Nutzerbefragung mit abfallender Reihenfolge am häufigsten zu Serien, Unterhaltungsshows, Filmen, Sportsendungen und Informationssendungen genutzt. Haben Sie ähnliche Erfahrungen gemacht? Bei welchen Formaten funktioniert die Integration von Social-Media-Angeboten besonders gut, bei welchen eher weniger?

   ➜ Beispiel für gelungene und misslungene Verknüpfung

   ➜ Information vs. Unterhaltung

5. **Zeitpunkt:** Social TV kann sowohl synchron während der Ausstrahlung einer Sendung als auch asynchron (vorher/nachher) genutzt werden. Die Ergebnisse der Nutzerbefragung haben gezeigt, dass Social TV am häufigsten synchron zur Ausstrahlung genutzt wird, aber ganz dicht gefolgt von der Nutzung nach einer Sendung. Vor einer Sendung ist die Nutzung jedoch eher gering. Wie schätzen Sie dieses Ergebnis ein und welche Zeitpunkte halten Sie für besonders relevant?

   ➜ Stärkt die synchrone Nutzung das lineare Fernsehen?

   ➜ Zusammenhang zwischen dem Zeitpunkt der Nutzung und der verwendeten Plattform bzw. dem angeschauten Format?

6. **Praktiken:** Bei den befragten Social-TV-Nutzern überwiegen passive Nutzungsweisen wie das Lesen von Kommentaren bzw. Zusatzinfos zu Sendungen. Aktive Tätigkeiten wie die Beteiligung an einer Diskussion über eine Sendung bzw. das Teilnehmen an Abstimmungen etc. stehen demnach nicht im Vordergrund. Spiegelt sich dieses Nutzungsverhalten auch bei den Zuschauern Ihres Senders wider?

   → Welche Angebote stehen beim Sender im Vordergrund?

   → Werden eher aktive oder passive Nutzungsweisen gefördert?

   → Planung: Wie wird entschieden, welche Sendung mit Social Media verknüpft wird?

Motive und Hemmnisse

7. Was sind Ihrer Meinung nach die Hauptgründe für Ihre Zuschauer, Social-TV-Angebote zu nutzen?

8. Die Nutzer selbst haben folgende Hauptmotive für die Nutzung von Social TV genannt:

   I. Information (Zusatzinfos, Meinungsbildung, Denkanstöße etc.)

   II. Unterhaltung (Spaß, Entspannung, Ablenkung etc.)

   III. Zeitvertreib/Gewohnheit

   IV. Sozial-kommunikative Gründe (Kommunikation, Gemeinschaftserlebnis, Kontakte knüpfen bzw. pflegen etc.)

   V. Aktive Beteiligung (Abtimmungen, eigene Inhalte einreichen)

   → Wundert es Sie, dass soziale Aspekte nicht die primären Motive sind?

   → Erklärung für eventuelle Abweichungen von eigener Einschätzung?

9. Spielen die sozialen Beweggründe (also etwa die Kommunikation mit anderen Zuschauern während/nach dem Fernsehen oder das Gemeinschaftserlebnis) und die aktive Beteiligung bei Social TV eine andere Rolle als bei der klassischen Fernsehnutzung?

   Wenn ja, inwiefern?

   → Konfrontation mit den Ergebnissen der Nutzerbefragung

   → Wird das Medium Fernsehen durch Social TV zu einem sozialeren Medium?

10. In Bezug auf die Nachteile von Social TV haben 41% der Befragten geäußert, dass sie durch die Nutzung etwas von der Sendung verpassen und 33% glauben, dass die Spannung leidet. Haben Sie ähnliches Feedback in Bezug auf die Nachteile erhalten und inwiefern versuchen Sie die Nachteile bei Ihren Angeboten zu berücksichtigen?

    → 24% zu viel Werbung, 17% Bedenken in Bezug auf Datenschutz

    → Was tun, damit Social TV noch mehr Anklang findet?

Herausforderungen und Potentiale

11. Welche Herausforderungen ergeben sich durch Social TV aus Sendersicht?

    → Gibt es Herausforderungen, die es in der Prä-Social-TV-Ära nicht gab?

    → Welche Schwierigkeiten tauchen auf?

12. Wie schätzen sie den aktuellen Stand von Social TV in Deutschland ein und welche Potentiale sehen Sie für die Zukunft?

    → Gehört die Nutzung bereits zum Alltag, nimmt sie zu, stagniert sie?

    → Welche Zukunft hat Social TV?

    → Potentiale: Zukünftige Relevanz bei Ihrem Sender?

Ausklang

13. Gibt es noch etwas, das Sie zum Thema Social TV loswerden möchten bzw. das aus Ihrer Sicht in Zusammenhang mit dieser Thematik Erwähnung finden sollte?

Verwendung des Interviews

Sofern Sie keine Einwände haben, würde ich Ihren Namen in meiner Dissertation nennen und auch Zitate direkt verwenden, das Interview wird also nicht anonymisiert. Sind Sie damit einverstanden?

TONAUFNAHME BEENDEN!

Dank

- Herzlichen Dank für das Interview.
- Besteht Interesse an den Ergebnissen?

Anhang III: Inhaltsanalytisches Kategoriensystem

Haupt-kategorie	Unter-kategorie	Aus-prägung	Definition	Ankerbeispiel
Themenblock I: Social-TV-Begriffsverständnis				
1. Zustimmung zur Definition	Zustimmung	-	Der entwickelten Definition wird zugestimmt	„Das trifft das schon. Also es ist so, wie wir es wir hier auch benutzen."
	leichte Abweichung	-	Der entwickelten Definition wird mit leichten Abweichungen zugestimmt	„Wir definieren das etwas enger, man kann das aber auch dazu nehmen."
2. Nutzungs-zeitpunkte	synchron und asyn-chron	-	Die Social-TV-Nutzung kann vor, während oder nach der linearen Aus-strahlung erfolgen	„Wir haben die Ramp-up-Phase, die On-Air-Phase und die Catch-up-Phase, so nennen wir das."
	primär synchron	-	Die Social-TV-Nutzung findet primär parallel zur linearen Ausstrah-lung statt	„Es ist aber das, was Sie Social TV nennen, bis darauf, dass es gleichzeitig passiert. Also vorher und nachher sehen wir eigent-lich nicht so sehr."
3. Aktivität	aktiv und passiv	-	Social TV kann sowohl aktiv als auch passiv genutzt werden	„Ich bin voll dabei, dass Social TV der Austausch untereinander und auch mit dem TV-Sender ist und dass auch einfach nur das reine Konsumieren über die Sendung dazugehört."
	Differenzie-rung der passiven Nutzung	-	Innerhalb der passi-ven Nutzungsweisen muss differenziert werden, ob soziale Interaktion stattfin-det.	„Ich würde schon sagen, die Social-TV-Definition beinhaltet, dass soziale Austausche stattfinden oder dass mindestens zwei Leute irgendetwas ma-chen."
4. Begriffs-kritik	-	-	Der Begriff „Social TV" wird kritisiert	„Ich finde den Begriff Social TV problematisch, weil er eben auf TV bezogen ist."
Themenblock II: Rahmenbedingungen				
5. Alter	Jüngere Zuschauer im Fokus	-	Jüngere Zuschauer stehen im Fokus der Social-TV-Angebote	„[...] dass wir im Moment natürlich sehr stark die jungen Erwachsenen im Fokus haben."
	Offenheit für alle Alters-klassen	-	Die Angebote wer-den primär von Jüngeren genutzt, richten sich aber an alle Zuschauer.	„Wir triggern das an alle, und die Jungen nutzen es halt in der Regel häufiger als die älteren Zuschauer."

Haupt-kategorie	Unter-kategorie	Aus-prägung	Definition	Ankerbeispiel
	Format ist maßgebend	-	Das Format bestimmt die Zielgruppe und die entsprechende Altersklasse	„Das ist zumindest bei uns sehr davon abhängig, welches Produkt durch Social TV begleitet wird."
6. Hardware	Smart TV	komplizierte Usability	Smart TVs werden aufgrund zu komplizierter Bedienbarkeit selten für Social TV genutzt	„Ich glaube, so weit sind die TVs einfach noch nicht und der Umgang ist da einfach immer noch zu schwierig."
		geringe Markt-pene-tration	Smart TVs werden aufgrund ihrer geringen Verbreitung selten für Social TV genutzt	„Der Markt für HbbTV-kompatible Geräte ist zwar sehr stark am Wachsen, aber gleichzeitig ist die Marktpenetrationsrate noch nicht so hoch."
		zunehmende Nutzung	Die Nutzung via Smart TV wird zunehmen	„Ich glaube aber, dass das noch kommen wird."
	Vorteile des Second Screens	-	Second Screens werden aufgrund der weiten Verbreitung und der einfachen Bedienbarkeit für Social TV verwendet	„Die Mediennutzung hat sich durch Smartphones geändert. Das ist jetzt einfach gut anzusehen."
7. Platt-formen	Sendereigene Plattformen	geringe Nutzung	Die Nutzung sendereigener Plattformen für Social TV ist gering	„Das sind dann Größen, die sind Äonen entfernt von dem, was normalerweise an Grundrauschen stattfindet."
		Voraus-set-zungen für den Einsatz	Sendereigene Plattformen sind nur unter bestimmten Voraussetzungen für Social TV einsetzbar	„Die Inside App wird immer dann genutzt, wenn es aktiv zu werden gilt."
		Ziel: Alternative bieten	Sendereigene Plattformen werden als Alternative zu Social Networks angeboten	„Aber es war uns wichtig, eine Beteiligungsmöglichkeit anzubieten, die den Nutzer nicht zwingt, dass er sich anmelden muss."
	Social Media	etabliert und barriere-frei	Da die Social-Media-Nutzung weit verbreitet ist, kann hier barrierefreie Nutzung auf gewohnten Plattformen erfolgen	„Sich in ein soziales Netzwerk einzuloggen ist relativ einfach. Facebook hat in Deutschland, wie weltweit natürlich, unglaubliche Nutzungsraten."
		Nutzer abholen	Ziel ist es, die Social-TV-Nutzer abzuholen und auf eigene Plattformen zu lenken	„In der Overall-Strategy geht es dann darum, die Leute auf fremden Netzwerken zu erreichen und auf unsere eigenen Kanäle zu bringen."

Haupt-kategorie	Unter-kategorie	Aus-prägung	Definition	Ankerbeispiel
		Facebook vs. Twitter	Besonderheiten zu den Plattformen Facebook oder Twitter in Bezug auf Social TV	„Twitter müssen wir fürs Image machen und Facebook ist bei uns klar für Traffic und Reichweite zuständig."
	Instant Messaging	Relevanz	Instant Messaging wird als relevant für Social TV angesehen	„WhatsApp ist für uns auch eine signifikant wachsende Gruppe, die wir bedienen."
		Angebote	Bisherige Instant Messaging-Angebote der TV-Sender	„Wir haben zum Beispiel letztes Jahr bei The Voice ein Projekt gehabt, das WhatsApp Talent hieß."
		Schwie-rigkeiten	Die fehlende Infra-struktur auf Instant Messaging-Platt-formen bereitet den Sendern Schwierig-keiten bei der Platzierung von Social-TV-Angeboten	„WhatsApp ist für einen Sender aufwendig zu bedienen, weil die APIs nicht frei sind."
	Platzierung der Angebo-te	Fokus auf eigene Plattfor-men	Angebote werden überwiegend auf eigenen Plattformen platziert	„Wenn wir etwas bewer-ben, dann ist es der Mehr-wert zu einer Sendung, den man mit unserer Inside App nutzen kann."
		Fokus auf externe Plattfor-men	Angebote werden überwiegend auf externen Plattfor-men platziert	„Eher die externen Platt-formen mit Einbettung auf unseren Seiten."
		Mischung	Angebote werden auf eigenen und externen Plattfor-men platziert	„Wir versuchen eher einen integrierten Ansatz zu fahren, und alles zu kombi-nieren."
8. Formate	jedes Format ist geeignet	-	Die Social-TV-Nutzung ist nicht vom Format abhän-gig, da sich prinzipiell jedes Format eignet	„Auf ein Genre würde ich es jetzt gar nicht runterbre-chen wollen. Jedes Genre hat am Ende wieder seinen Reiz."
	geeignete Formate	allgemein	Bestimmte Formate eignen sich beson-ders gut für Social TV	„Für uns sind es eigentlich Serien und Doku-mentarfilme, bei denen Social TV am besten funkti-oniert."
		Live-Events	Live-Events eignen sich besonders gut für Social TV	„Alles was live ist, ist ein riesen Trigger, weil es da einfach dazugehört, gleich-zeitig bei diesem Live-Event teilzunehmen."
		Sport	Sport eignet sich besonders gut	„Sport funktioniert natür-lich immer."

Haupt-kategorie	Unter-kategorie	Aus-prägung	Definition	Ankerbeispiel
		Emotionen	Emotionale Formate eignen sich besonders gut für Social TV	„Also eine emotionale Bindung an bestimmte Themen ist sicherlich nicht ganz unwichtig oder etwas Außergewöhnliches, was mich dazu verleitet, irgendetwas dazu sagen zu müssen und zu können."
		Regelmäßigkeit	Regelmäßig wiederkehrende Formate eigenen sich besonders gut für Social TV	„Natürlich, Formate, die relativ regelmäßig wiederkehren, da ist es glaube ich relativ wichtig, dass man da eine Community bilden kann."
		Aktualität des Themas	Aktuelle, kontroverse Themen eignen sich besonders für Social TV	„[...] weil wir gemerkt haben, dass sich Aktualitätsthemen mit ein bisschen Hintergrund sehr gut dafür eignen."
	ungeeignete Formate	-	Bestimmte Formate sind nicht gut für Social TV geeignet	„[...], da ist nicht jede Sendung für Social TV geeignet."
	beschränkter Einsatz	-	Social TV wird nicht zu allen Formaten angeboten	„Vielleicht noch ein, zwei Formate, wo wir das vielleicht mal ausprobieren, aber ich glaube, das ist schon sehr beschränkt."
	Beispiele	positiv	Positive Beispiele für Social-TV-Formate	„Bei ProSieben ist gerade HalliGalli ja immer ein gutes Beispiel, da will ich natürlich auch dabei sein."
		negativ	Negative Beispiele für Social-TV-Formate	„Rising Star von RTL beispielsweise wurde vorzeitig abgesetzt."
	synchron	-	Synchrone Social-TV-Angebote und Nutzung, parallel zur linearen Ausstrahlung	„Der Höhepunkt ist dann meistens während der Ausstrahlung."
9. Zeitpunkte	asynchron	vor der Ausstrahlung	Social-TV-Angebote und Nutzung vor der linearen Ausstrahlung	„Wenn ein Format wie Topmodel anfängt, ist es natürlich relativ einfach vorher zu sagen, dass es bald wieder losgeht, dann fangen die Leute schon an zu sprechen."
		nach der Ausstrahlung	Social-TV-Angebote und Nutzung nach der linearen Ausstrahlung	„Im Nachhinein werden halt Kommentare abgesetzt, aber da kommuniziert man weniger miteinander."

Haupt-kategorie	Unter-kategorie	Aus-prägung	Definition	Ankerbeispiel
10. Social TV zu non-linearen Inhalten	Relevanz	-	Social TV zu non-linearen Inhalten spielt eine bedeutende Rolle	„Wir glauben alle, dass sich in den nächsten zehn, zwanzig Jahren viel mehr in Richtung Non-linear bewegen wird."
	YouTube	YouTube allgemein	Die YouTube-Strategie eines TV-Senders	„Wir haben jetzt angefangen eine sehr umfangreiche YouTube-Strategie zu entwickeln."
		YouTube für Social TV	Relevanz für YouTube für Social TV	„Es ist eine andere Erfolgsgeschichte, ich sehe es aber jetzt nicht wirklich als Social TV."
	Experimente der Sender	-	Experimente der Sender, Social TV zu non-linearen Inhalten anzubieten	„Wir haben auch selber Möglichkeiten eines kontextualisierten Videogenusses, das heißt Video Plus."
11. Nutzungs-praktiken	Aktivität nicht messbar	-	Die Aktivität der Social-TV-Nutzer ist nicht messbar	„Das kann man schlecht sagen, weil die passive Nutzungsweise ja erst mal nicht zu sehen ist, die drückt sich nirgendwo klar in Zahlen aus."
	aktiv	-	Die Relevanz der aktiven Social-TV-Nutzung wird beschrieben	„Bei den Heavy-Usern ist es tatsächlich so, dass die unsere Angebote und Mitmachmöglichkeiten sehr stark nutzen."
	passiv	-	Die Relevanz der passiven Social-TV-Nutzung wird beschrieben	„Das passive Nutzen macht schon den Großteil der Nutzung aus."
12. Angebote der Sender	Planung von Social-TV-Aktivitäten	Zusammenarbeit TV- und Online-Redaktion	Sowohl Social-Media- als auch TV-Redaktionen sind an Social-TV beteiligt	„Insofern sind das immer gemeinsame Aktionen von Fernsehredaktionen und dem Social-Media-Team."
		Nutzer machen Social TV	Die Nutzer machen Social TV, unabhängig von dem Angebot der Sender	„Egal ob die Fernsehsender das aktiv unterstützen oder ob es einfach ein Phänomen ist, das parallel passiert."
		Aufwandsabwägung	Ob sich ein Sender an Social TV beteiligt ist eine Aufwand-Nutzen-Abwägung	„Also das ist auch immer so eine Aufwand Ertrags Abwägung. Will man ein Format begleiten, weil man es für besonders wichtig hält, dann gibt es so etwas schon mal."

Hauptkategorie	Unterkategorie	Ausprägung	Definition	Ankerbeispiel
		Planungsmaßnahmen	Maßnahmen zur Planung von Social-TV-Aktivitäten werden erläutert	„Wir haben natürlich Planungslisten im Haus, die sich auf Themenabende und Serien für ungefähr die nächsten sechs Monate beziehen."
	Fokus der Angebote	aktiv	Die Angebote zielen primär auf eine aktive Nutzung ab	„Also da schauen wir schon, dass wir nicht auf Klicks oder so gehen, sondern dass wir ein kleines Zuschauer-Feedback haben, damit wir auch eine Diskussion anregen können."
		passiv	Die Angebote zielen primär auf eine passive Nutzung ab	„Ja. Das ist das, was nachgefragt wird."
		Mehrwert bieten	Die Angebote müssen den Nutzern einen Mehrwert liefern	„Es muss immer ein Mehrwert sein, so wie die Idol-Card-Aktion."
		Mischung	Die Angebote bedienen sowohl aktive als auch passive Nutzungsweisen	„Wir machen beides. Das hängt wieder sehr vom Thema ab."
Themenblock III: Motive und Hemmnisse der Nutzung				
13. Hauptmotive	allgemein	-	Verschiedene Motive sind Treiber der Social-TV-Nutzung	„Das ist vom Prinzip her den Motiven sehr ähnlich gelagert, warum man überhaupt Social Media nutzt."
	kognitiv	-	Kognitive Motive sind Treiber der Social-TV-Nutzung	„Ich denke, es geht hier darum, sich noch stärker mit einer Thematik zu befassen."
	affektiv	-	Affektive Motive sind Treiber der Social-TV-Nutzung	„Also es kann Spaß machen, [...] also Statistiken, Votings oder solche Geschichten."
	sozial	-	Soziale Motive sind Treiber der Social-TV-Nutzung	„Ich möchte stetig im Dialog sein, ich möchte vom Prinzip her zu jeder Zeit und überall über alle technischen Geräte in der jeweiligen Situation connected sein."
	Identität	-	Identitätsstiftende Motive sind Treiber der Social-TV-Nutzung	„Man möchte letztendlich gesehen werden."

Haupt-kategorie	Unter-kategorie	Aus-prägung	Definition	Ankerbeispiel
14. Relevanz sozialer Motive	Befragungs-effekte	-	Befragungseffekte wie die soziale Erwünschtheit oder eine mangelhafte Selbsteinschätzung führen dazu, dass soziale Motive nicht dominieren	„Social-TV-Nutzer, die sich selber als solche bezeichnen, auch wenn ich jetzt Ihre Methode nicht hinterfragen will, sind nicht unbedingt sehr repräsentativ, dabei gibt es soziale Erwünschtheit."
	andere Motive wichtiger	-	Soziale Motive stehen aufgrund der dominierenden passiven Nutzung bzw. dem Wunsch nach Lean-Back nicht im Vordergrund	„Man könnte es sich vielleicht so erklären, dass es eben doch einen höheren Grad an Interaktion bedarf."
15. Soziale Motive: TV vs. Social TV	TV war schon immer sozial	-	Fernsehen war schon immer ein soziales Medium, der soziale Aspekt hat sich lediglich verlagert	„Das gab es auch damals. Es wurde früher natürlich auch im Familienkreis über Fernsehsendungen gesprochen und es war immer Thema der Diskussion."
	TV wird durch Social TV sozialer	Pro	Argumente, warum Fernsehen durch Social TV sozialer wird	„Gefühlt würde ich sagen, es hat dann eher noch zugenommen, wie sich die Leute mit irgendeinem Thema wie Fußball oder so beschäftigen, weil es einfach so leicht ist."
		Contra	Argumente, warum Fernsehen durch Social TV nicht sozialer wird	„[...], ich glaube nicht, dass es sich grundsätzlich geändert hat."
		Unent-schieden	Es ist unklar, ob Fernsehen durch Social TV sozialer wird	„Es ist so eine Ja- und Nein-Antwort."
16. Hemmnisse der Nutzung	Ablenkung/ Überforderung	bekannt	Es ist bekannt, dass die Social-TV-Nutzung zu Ablenkung oder Überforderung führen kann	„Ja klar, die Angst der Leute dabei ist natürlich unisono, dass sie dann alles verpassen."
		nicht bekannt	Es ist nicht bekannt, dass die Social-TV-Nutzung zu Ablenkung oder Überforderung führen kann	„Nein, das haben wir jetzt so gar nicht auf dem Schirm."
	Gegen-maßnahmen	-	Maßnahmen, um dem Problem der Ablenkung entgegenzuwirken	„Es gibt zum Beispiel mittlerweile beim Tatort die Version, dass man nach der Sendung den Chat starten lässt."

Haupt-kategorie	Unter-kategorie	Aus-prägung	Definition	Ankerbeispiel
	Werbung	-	Es ist bekannt, dass sich manche Social-TV-Nutzung mit zu viel Werbung konfrontiert sehen	„Das ist so ein bisschen der Tod, den wir sterben müssen, weil wir Werbung machen müssen, im TV genauso wie Social, weil es einfach die wirklich relevante Erlösquelle für uns ist."
	Nutzung ist optional	-	Die Nutzung von Social IV ist optional, kein Zuschauer wird zur Nutzung genötigt	„Letztendlich entscheidet der Nutzer ja selbst. Fesselt ihn das lineare Programm so sehr, dass er die Begleitung nebenher nicht braucht, dann wird er das selber einstellen."
Themenblock IV: Chancen und Herausforderungen für TV-Sender				
17. Herausforderungen	Umgang mit Feedback	-	Der Umgang mit dem Feedback der Zuschauer ist eine Herausforderung für die Sender	„Wenn ich die Leute dazu motiviere, ihre Meinung offen zu sagen, kann auch immer etwas kommen, das uns nicht so sehr gefällt."
	Aufwand	-	Social TV ist für die Sender mit einem Aufwand verbunden	„Es ist verdammt viel Arbeit und deswegen können wir auch nur bei begrenzten Aktionen überhaupt etwas machen, weil wir die Leute gar nicht haben."
	non-lineare Nutzung	-	Die zunehmende non-lineare Bewegtbildnutzung führt zu neue Herausforderungen für Social-TV-Angebote	„Wir schlagen uns im Moment natürlich mit der Frage rum, ob dieser lineare Bezug eigentlich auf Dauer so sinnvoll ist."
	Sonstiges	-	Sonstige Herausforderungen für Sender, die aus Social TV resultieren	„Naja, Herausforderung ist natürlich schon, dass wir irgendwann messbar machen, was uns das bringt."
18. Chancen	Stärkung des linearen TV	Pro	Argumente, warum Social TV das lineare Fernsehen stärkt	„Wenn ich mich mit anderen über den Inhalt austauschen möchte, dann muss ich natürlich auch sicher sein, dass diese den Inhalt auch gerade sehen."
		Contra	Argumente, warum Social TV nicht das lineare Fernsehen stärkt	„Ich bilde mir auch nicht ein, dass viele Leute den Fernseher jetzt abends eingeschaltet haben, weil sie gesagt haben, ich habe das auf Snapchat gesehen."

Haupt-kategorie	Unter-kategorie	Aus-prägung	Definition	Ankerbeispiel
		Unent-schieden	Es ist unklar, ob Social TV das lineare Fernsehen stärkt	„Ich weiß nicht, ob das stimmt oder nicht stimmt."
	Zuschauer-bindung	-	Social TV kann zu einer stärkeren Zuschauerbindung führen	„Und dass wir uns eben freuen, wenn Leute sich über uns austauschen, weil dann die Bindung halt höher ist."
	direktes Feedback	-	Social TV bietet die Möglichkeit zum direkten Feedback der Zuschauer	„Wir finden es eigentlich schön, dass wir mit unseren Zuschauern ein bisschen näher zusammengerückt sind."
	Marketing	-	Social TV bietet neue Chancen für Marketingmaßnahmen und zur Monetarisierung	„Eine Show wie The Voice of Germany oder ähnliche Formate, die begreifen das natürlich auch als integrales Marketing und dass es auch einfach in der Zielgruppe ein ganz wichtiger Kommunikationskanal ist."
Themenblock V: Status quo und Zukunft				
19. Status quo	etabliert	-	Social TV hat sich etabliert, ist im Alltag angekommen	„Ich glaube, dass es ganz gut etabliert ist."
	noch nicht etabliert	-	Social TV hat sich noch nicht etabliert, ist noch nicht im Alltag angekommen	„Angekommen ist es auf keinen Fall."
20. Zukunft	Prognosen für die Entwicklung	-	Die zukünftige Entwicklung und vorhandenes Potential wird beschrieben	Vieles deutet „darauf hin, dass man da viel selbstverständlicher im Umgang wird, auch wenn man älter ist."
	neue Produktions-weisen	-	Social-TV-Angebote erfordern neue Produktionsweisen	„Dafür müssen aber die Strukturen zwischen digitalen Inhalteproduzenten oder Inhalteverbreitern und klassischen TV-Produzenten noch ein bisschen enger zusammenwachsen."
	Social TV bleibt Nebensache	-	Social TV bleibt für den Sender nur Nebensache, der Fokus liegt auf dem linearen Angebot	„Aber die Frage ist, ob die Leute das auf Dauer immer sehen wollen. Wir müssen ja schon auch sehen, dass wir noch ein bisschen einen oder mehrere Fernsehsender betreiben."